La planification financière personnelle

Une approche globale et intégrée

4e édition

Ouvrage accompagné de
MATÉRIEL COMPLÉMENTAIRE
www.groupemorin.com

À cette quatrième édition du volume *La planification financière personnelle* s'ajoutent des renseignements complémentaires disponibles sur le site Internet **www.groupemorin.com**. Ces renseignements permettront aux lecteurs de reproduire le matériel pédagogique présenté dans le manuel, à savoir :

♦ les tableaux et les figures de tous les chapitres ;

♦ les deux questionnaires relatifs à la situation personnelle et financière du client, en blanc ;

♦ les tables financières de l'annexe A.

Le site Internet permettra en outre aux auteurs d'ajouter de l'information à la suite des changements qui risquent de survenir dans le milieu financier québécois, en particulier :

♦ les faits saillants du budget fédéral et du budget provincial qui touchent à la planification financière personnelle (les meilleurs sites Internet résumant ces budgets gouvernementaux seront aussi mentionnés) ;

♦ les nouvelles lois qui régiront le milieu financier québécois et leurs conséquences sur la profession de planificateur financier ;

♦ les changements pertinents apportés au *Code civil du Québec*.

Cette liste n'est pas exhaustive, et d'autres données pourront s'y ajouter. Nous comptons également sur les lecteurs pour nous faire parvenir leurs suggestions et commentaires, ce dont nous les remercions à l'avance.

Rolland G. Plamondon
rgplamondon@videotron.ca

Pierre Sauvé

Rolland G. Plamondon
Pierre Sauvé

La planification financière personnelle

Une approche globale et intégrée

4e édition

gaëtan morin
éditeur

Données de catalogage avant publication (Canada)

Plamondon, Rolland G.

   La planification financière personnelle : une approche globale et intégrée

   4e éd.

   Comprend des réf. bibliogr. et un index.

   ISBN 2-89105-802-X

   1. Planification financière personnelle.   2. Finances personnelles.   3. Investissements – Planification.   4. Planification successorale.   5. Services financiers.   6. Planification financière personnelle – Problèmes et exercices.
I. Sauvé, Pierre, 1946-   .   II. Titre.

HG179.P54   2002   332.024   C2002-940468-1

Tableau de la couverture : *Grand slam*
   Œuvre de **Anne Van Mierlo**

D'origine hollandaise, Anne Van Mierlo vit au Canada depuis 30 ans. Elle possède un baccalauréat en arts plastiques
et en histoire de l'art de l'Université Concordia à Montréal.

Anne Van Mierlo poursuit une carrière professionnelle en arts visuels. Ses œuvres sont en exposition permanente
dans plusieurs galeries au Canada, aux États-Unis et en France. Elle a participé, entre autres, au Salon Biennal (Grand
Palais à Paris), au Salon International d'Art Contemporain (Nice, France), et à l'exposition Les Femmeuses à
Longueuil. On trouve ses œuvres notamment à The Shayne Gallery à Ville Mont-Royal.

Anne Van Mierlo est cofondatrice de La Maison des Arts Rive-Sud, où elle enseigne la peinture expérimentale.

Révision linguistique : Carole Laperrière

Consultez notre site,
www.groupemorin.com
Vous y trouverez du matériel
complémentaire pour plusieurs
de nos ouvrages.

Gaëtan Morin Éditeur ltée
171, boul. de Mortagne, Boucherville (Québec), Canada   J4B 6G4
Tél. : (450) 449-2369

Nous reconnaissons l'aide financière du gouvernement du Canada par l'entremise du Programme d'aide au développement de l'industrie de l'édition (PADIÉ) pour nos activités d'édition.

Gouvernement du Québec – Programme de crédit d'impôt pour l'édition de livres – Gestion SODEC.

Imprimé au Canada   1 2 3 4 5 6 7 8 9 0   11 10 09 08 07 06 05 04 03 02

Dépôt légal 2e trimestre 2002 – Bibliothèque nationale du Québec – Bibliothèque nationale du Canada

PRÉFACE

Dans le courant actuel de réorganisation et de restructuration du milieu financier, il importe que les intervenants de l'industrie financière se concertent pour assurer le mariage de leurs expertises. La notion de réseautage et de maillage revêt une importance primordiale dans cette mise en commun des connaissances et des compétences, et le planificateur financier, en tant que généraliste familiarisé avec tous les domaines de la planification financière, est appelé à jouer un rôle central dans ce contexte. Ayant comme but premier l'atteinte des objectifs de son client, il veillera en effet à ce que les spécialistes consultés par ce dernier respectent ses recommandations.

La profession de planificateur financier, qui a considérablement évolué depuis l'entrée en vigueur de la loi 134, devient de plus en plus prestigieuse en raison du rehaussement des critères d'admissibilité. Le nombre des diplômés en planification financière a franchi le cap des 5 000 en 2001, et la diversité des domaines dont ceux-ci proviennent ne cesse de s'accroître. Il n'est plus rare de rencontrer des personnes exerçant à la fois les professions de notaire, de planificateur financier et de conseiller en placements, ou des avocats agissant aussi comme planificateurs financiers, à titre d'exemples. Cette tendance à recruter des personnes possédant une formation pluridisciplinaire permet à la profession de s'ouvrir sur de nouvelles réalités.

La complexité de chaque domaine d'intervention et les changements constants survenant sur le plan de la législation et de la réglementation obligent le planificateur financier à maintenir ses connaissances à jour et à travailler en étroite collaboration avec d'autres planificateurs ou avec des experts spécialisés dans l'un ou l'autre des sept domaines de la planification financière, soit la fiscalité, la finance, la retraite, la succession, la législation, le placement et l'assurance. Par ailleurs, avec la globalisation des marchés, le nombre de produits financiers offerts a triplé au cours des cinq dernières années, ce qui ne simplifie guère la tâche du planificateur.

Il y a une génération à peine, le rôle de planificateur financier était tenu par l'employeur, qui prenait en charge le régime de retraite de ses employés et pourvoyait même à leurs besoins en matière d'assurance. De nos jours, la plupart des employeurs se sont dégagés de cette responsabilité qui incombe de plus en plus au travailleur lui-même. Le régime de retraite autrefois offert à l'employé en fonction de ses besoins personnels est aujourd'hui remplacé par des régimes collectifs. L'employé doit maintenant prendre lui-même ses décisions de placement et fixer ses objectifs de retraite. Dans la plupart des cas, celui-ci ne possède pas les compétences ni l'information qui lui permettraient de faire des choix éclairés. En outre, le rythme de vie actuel est si rapide que plusieurs personnes retardent la réalisation, sinon la planification, de leurs objectifs de retraite, d'assurance, voire d'investissement.

Dans ce contexte de rapides transformations socioéconomiques, la profession de planificateur financier fait face à des défis stimulants et exigeants. Afin de bien servir des clients de mieux en mieux renseignés, ou alors submergés par un flot continu d'information, ou encore tout simplement désinformés, le planificateur financier doit plus que jamais posséder une formation adéquate et une connaissance poussée de toutes les facettes du milieu financier. Cette quatrième édition de *La planification financière personnelle,* qui paraît à point nommé, saura répondre à ce besoin et s'impose par conséquent comme un outil indispensable à la formation des futurs planificateurs.

Michel Cusson, B.Comm., A.V.A., Pl.Fin.
Président
Réseau des intervenants de l'industrie financière

AVANT-PROPOS

Ce livre vise essentiellement à familiariser le lecteur avec la planification financière personnelle et le rôle du planificateur financier. Dans un monde économique de plus en plus complexe où sévissent l'inflation, le surendettement et une très grande volatilité des marchés boursiers, la planification financière personnelle s'impose. Nécessité pour la personne ou la famille qui se préoccupe de son avenir financier, elle permet d'adopter les moyens les plus efficaces pour atteindre ses objectifs et, par conséquent, une plus grande tranquillité d'esprit.

Tout comme les trois premières éditions, cette quatrième édition s'inscrit dans l'optique d'une approche modulaire et intégrée. De plus, elle fait une place majeure à la famille québécoise à la recherche du meilleur équilibre possible entre la qualité de vie désirée et l'indépendance financière. Elle aborde également le cas du travailleur autonome, dont la situation particulière est de plus en plus répandue aujourd'hui.

En rédigeant cette quatrième édition, nous avons tenu compte des développements récents dans le domaine de la planification financière en général, du nouveau *Code civil du Québec* et, en particulier, de la *Loi sur la distribution de produits et services financiers* (loi 188, adoptée le 19 juin 1999). Dans cette optique, les six modules de la planification financière personnelle ont été approfondis, restructurés et réorganisés pour mieux refléter la pratique professionnelle actuelle. Nous avons aussi pris en considération les nombreuses sources Internet, qui permettent aujourd'hui d'accéder à une immense bibliothèque virtuelle sur les finances personnelles et sur le milieu financier. Ainsi, nous avons répertorié plusieurs adresses utiles dans presque tous les chapitres.

L'intégration des mathématiques financières a également été réorganisée de façon à permettre l'utilisation des tables financières ou de la calculatrice dans la plupart des exemples et des exercices. Les formules qui accompagnent les tables financières ont été simplifiées et reflètent maintenant les symboles des touches de la calculatrice financière.

Le milieu institutionnel de la planification financière au Québec est actuellement dans une phase de réorganisation majeure qui amènera sûrement de profonds changements, particulièrement en ce qui regarde les intervenants de première ligne. Un des objectifs poursuivis est de simplifier tout le système financier québécois pour le consommateur. Grâce au site www.groupemorin.com, nous pourrons tenir nos lecteurs informés à ce sujet.

Il convient de souligner le concours de personnes qui ont rendu possible l'élaboration de cet ouvrage en ce qui a trait aux quatre premières éditions. En effet, pour mener à bien notre tâche, nous avons bénéficié de l'assistance de plusieurs collaborateurs qui méritent notre pleine reconnaissance.

Nous remercions Guylaine Lafleur et Denis Preston, du Fonds des professionnels inc., Marc-André Lamontagne, du Trust Banque Nationale, et Pierre Royer, de l'École des Hautes Études Commerciales de Montréal, de leur précieuse contribution.

Nous remercions également les personnes suivantes qui, par leur participation à des rencontres avec les auteurs, ont contribué à améliorer le contenu de cette nouvelle édition : Normand Barbeau et Gilles Bourassa, du Cégep de Saint-Hyacinthe ; Michel Briand, du Cégep de Granby Haute-Yamaska ; Pierre Denis, du Collège Montmorency ; Lorraine Dubuc et Charles Lafleur, du Collège de Maisonneuve ; Jean Fortin, du Collège Ahuntsic ; Andrée Foucault, du Collège de Valleyfield ; Francine Gagnon, du Cégep de Trois-Rivières ; Maher Loutfi, du Cégep régional de Lanaudière à Joliette ; Gérard Mangerel, du Collège Bois-de-Boulogne ; Pierre-Albert Pellerin et Toan-My Phan, du Cégep de Drummondville ; Juan Salazar, de l'Université du Québec à Hull ; Claude Tremblay, de l'Université du Québec à Montréal.

Nos remerciements s'adressent aussi à Lynda Higgins, professeure au Cégep de Lévis-Lauzon, qui a révisé le manuscrit de la première édition, et à Jean-Guy Grenier, administrateur fondateur de l'Institut québécois de planification financière, qui a préfacé les trois premières éditions de ce volume.

Un remerciement tout spécial à Michel Cusson, président du Réseau des intervenants de l'industrie financière (RIIF), qui a accepté de préfacer cette quatrième édition. Nous en sommes honorés et lui en sommes reconnaissants, car son leadership aura, ces dernières années, contribué à façonner le milieu de la planification financière personnelle au Québec.

Nous désirons également remercier l'équipe de Gaëtan Morin Éditeur d'avoir rendu possible la parution de cet ouvrage, en particulier Dominique Hovington, Christiane Desjardins et Lucie Turcotte. Un sincère merci à Carole Laperrière, réviseure linguistique, pour sa collaboration efficace.

Finalement, nous n'avons pu réaliser ce projet qu'au prix d'un temps précieux soustrait à la famille, plus particulièrement à nos conjointes Raymonde et Diane dont nous avons reçu compréhension et soutien : pour cela, l'ouvrage leur est dédié.

Rolland G. Plamondon
Pierre Sauvé

TABLE DES MATIÈRES

Préface V

Avant-propos VII

PARTIE **UN**
LES FONDEMENTS CONCEPTUELS
DE LA PLANIFICATION FINANCIÈRE PERSONNELLE

CHAPITRE **UN**
Les éléments de base de la planification financière personnelle

financière personnelle 03

Introduction 05
1.1 Qu'est-ce que la planification financière ? 05
1.2 La qualité de vie 06
    1.2.1 La hiérarchie des besoins 06
    1.2.2 Les composantes de la qualité de vie 06
    1.2.3 Le coût de vie et la qualité de vie 07
1.3 L'indépendance financière 08
    1.3.1 Les composantes de l'indépendance financière 08
    1.3.2 Les étapes de l'indépendance financière 09
1.4 La qualité de vie et l'indépendance financière 09
1.5 Le processus d'enrichissement 10
1.6 L'inflation 10
    1.6.1 L'indice des prix à la consommation 11
    1.6.2 L'indexation des revenus 13
    1.6.3 Le pouvoir d'achat 14
1.7 Les taux d'intérêt 14
    1.7.1 Le taux directeur et le taux officiel d'escompte 15
    1.7.2 Le taux préférentiel 16
    1.7.3 Les taux d'intérêt à la consommation 16
1.8 Les impôts directs et indirects 16
1.9 Le rendement réel 16
1.10 L'inflation et le rendement espéré 17
Sites Internet à visiter 17
Questions de révision 17

CHAPITRE **DEUX**

Un processus global et intégré 19

Introduction 21
2.1   Le schéma intégrateur 21
       2.1.1   Les variables contrôlables 21
       2.1.2   Les variables incontrôlables 22
       2.1.3   Le milieu financier 23
       2.1.4   Conclusion 23
2.2   Les étapes de la planification financière personnelle 23
       2.2.1   L'analyse de la situation 24
       2.2.2   La détermination des objectifs 26
       2.2.3   Le choix des moyens d'action 27
       2.2.4   Le contrôle de gestion 28
       2.2.5   Les caractéristiques de la démarche de planification
                financière personnelle 28
2.3   Une nouvelle approche modulaire et intégrée 29
2.4   Les méthodes de planification 30
       2.4.1   L'utilisation de sa propre compétence 30
       2.4.2   La séance de planification financière appliquée 30
       2.4.3   Le recours au planificateur financier 31
Sites Internet à visiter 34
Questions de révision 34

CHAPITRE **TROIS**

**Les fondements mathématiques de la planification
financière personnelle** 35

Introduction 37
3.1   Le calcul des intérêts et des annuités 37
       3.1.1   Les tables financières 37
       3.1.2   Les formules mathématiques 37
       3.1.3   La calculatrice financière 37
       3.1.4   Les logiciels 38
3.2   L'intérêt 38
       3.2.1   Les calculs relatifs aux taux d'intérêt 39
       3.2.2   L'intérêt simple et l'intérêt composé 42
       3.2.3   Le taux d'intérêt nominal et le taux d'intérêt effectif ... 43
       3.2.4   La conversion du taux nominal en taux effectif 43
       3.2.5   La conversion d'un taux nominal j_1 en un taux nominal j_2 ... 46
       3.2.6   Le remboursement d'une hypothèque 47
       3.2.7   La valeur finale d'un placement 48
       3.2.8   Les taux d'intérêt successifs 50
       3.2.9   La règle du 72 51
       3.2.10   La valeur actualisée d'un capital futur 52
3.3   L'annuité 53
       3.3.1   L'annuité constante 53
       3.3.2   L'annuité à progression géométrique 59

Conclusion 61
Sites Internet à visiter 61
Questions de révision 61
Exercices 62
Document : Le cas des Belledent 65

CHAPITRE **QUATRE**
L'impôt sur le revenu des particuliers 75

Introduction 77
4.1   La structure d'une déclaration de revenus 77
4.2   Les taux d'imposition marginal et moyen 81
4.3   Les principales sources de revenus 83
      4.3.1   Le revenu d'emploi 83
      4.3.2   Le revenu d'intérêts 85
      4.3.3   Le revenu de dividendes 86
      4.3.4   Le gain en capital 87
      4.3.5   Le revenu de location 89
      4.3.6   Le revenu d'entreprise 92
4.4   Les revenus non imposables et les dépenses non déductibles 95
4.5   L'impôt minimum 96
4.6   Les acomptes provisionnels 96
Sites Internet à visiter 97
Questions de révision 97
Exercices 97
Document : La déduction pour amortissement 101

PARTIE **DEUX**
**LES DOMAINES D'APPLICATION
DE LA PLANIFICATION FINANCIÈRE PERSONNELLE**

CHAPITRE **CINQ**
Le module Gestion budgétaire 107

Introduction 109
5.1   Le bilan personnel 109
      5.1.1   La présentation et l'évaluation des biens personnels
              et des placements 111
      5.1.2   L'exclusion de l'amortissement 112
      5.1.3   Le solde d'impôt à payer 112
      5.1.4   L'impôt éventuel 112
      5.1.5   Le bilan personnel et la planification financière personnelle 113
5.2   Les disponibilités financières et les liquidités 114
      5.2.1   Les revenus familiaux 116
      5.2.2   L'évaluation du coût de vie 117
      5.2.3   Les projets spéciaux 117

5.2.4   Les composantes du coût de vie 119
5.2.5   Le paiement du coût de vie par carte de crédit 120
5.3   La programmation des disponibilités financières 121
5.3.1   L'étalement du paiement des dettes 122
5.3.2   Les recommandations du planificateur financier 122
5.4   Les budgets 125
5.4.1   Le budget familial 126
5.4.2   Le budget de caisse mensuel 129
5.5   La gestion de l'endettement 133
5.5.1   Les solutions au surendettement 135
5.5.2   Le remboursement des dettes personnelles 135
5.5.3   L'épargne et l'investissement 137
Sites Internet à visiter 137
Questions de révision 137
Exercices 138
Document : Le cas du Dr Bonsoins 145

CHAPITRE SIX
Le module Planification fiscale 149

Introduction 151
6.1   La gestion fiscale 151
6.1.1   Le dossier fiscal ordonné 152
6.1.2   Le paiement des impôts à temps 152
6.1.3   Les déclarations de revenus conformes à la loi 153
6.2   Le fractionnement du revenu 153
6.2.1   Les règles d'attribution 153
6.2.2   Les stratégies pour fractionner le revenu 154
6.2.3   La cessation des règles d'attribution 156
6.3   Les régimes enregistrés 156
6.4   Le régime enregistré d'épargne-études (REÉÉ) 157
6.4.1   Les caractéristiques du REÉÉ 157
6.4.2   La Subvention canadienne pour l'épargne-études (SCÉÉ) 158
6.4.3   Les types de REÉÉ 159
6.4.4   L'utilisation d'un REÉÉ 159
6.4.5   Le REÉÉ : un avantage financier certain 160
6.4.6   Les sites internet 161
6.5   Le REÉR, placement fiscal par excellence 162
6.5.1   Le calcul de la cotisation maximale à un REÉR 162
6.5.2   La force exponentielle du REÉR 164
6.5.3   REÉR versus hors REÉR (revenu d'intérêt) 166
6.5.4   REÉR versus hors REÉR (gain en capital) 167
6.5.5   L'échéance du REÉR 169
6.5.6   Les placements admissibles au REÉR 169
6.5.7   Les types de REÉR 169
6.5.8   Le REÉR au conjoint 170
6.5.9   Le REÉR et l'hypothèque de la résidence principale 171
6.5.10 Les transferts 171

6.5.11 Les sites Internet 171
6.6   Le régime d'accession à la propriété (RAP) 172
     6.6.1   La règle des 90 jours 172
     6.6.2   Les futurs mariés 173
     6.6.3   Les avantages et les désavantages du RAP 173
6.7   Le régime d'encouragement à l'éducation permanente (REÉP) 173
6.8   Les fonds des syndicats québécois 174
     6.8.1   Des fonds d'actions 174
     6.8.2   Une économie fiscale importante 174
     6.8.3   Les retraits des fonds 175
     6.8.4   Des stratégies fiscales gagnantes 175
6.9   Les incitatifs fiscaux 176
     6.9.1   Le régime d'épargne-actions (RÉA) 176
     6.9.2   Les actions accréditives 177
     6.9.3   Les divers incitatifs fiscaux québécois 177
Sites Internet à visiter 178
Questions de révision 178
Exercices 179

CHAPITRE **SEPT**
Le module Retraite : la planification 183

Introduction 185
7.1   Les véhicules d'accumulation du capital de retraite 185
7.2   La retraite en fonction du coût de vie 186
7.3   Les régimes des particuliers 188
     7.3.1   Le calcul des mises de fonds dans un REÉR 188
     7.3.2   La règle d'or du 10 % 198
     7.3.3   Les mises de fonds et la capacité financière du client 199
     7.3.4   Les mises de fonds au-delà du REÉR 201
7.4   Les régimes de l'employeur 201
     7.4.1   Les RPA à prestations déterminées 202
     7.4.2   Les RPA à cotisations déterminées 204
     7.4.3   Le régime de participation différée aux bénéfices (RPDB) 205
     7.4.4   Le régime individuel de retraite (RIR) 206
     7.4.5   Le régime de retraite simplifié (RRS) 206
     7.4.6   Les régimes des employés de la fonction publique 207
     7.4.7   L'indemnité de départ et le REÉR 207
7.5   Les régimes publics 209
     7.5.1   Le Régime des rentes du Québec (RRQ) 209
     7.5.2   Le Programme de la sécurité de la vieillesse (SV) 210
     7.5.3   La prestation annuelle totale des régimes publics 210
Sites Internet à visiter 210
Questions de révision 211
Exercices 211
Document 1 : Le cas du Dr Bonsoins 215
Document 2 : La retraite et l'indépendance financière 217

CHAPITRE **HUIT**

Le module Retraite : l'après-REÉR 221

Introduction 223
8.1   Les fonds de revenus d'un REÉR 223
       8.1.1   Le retrait du REÉR 224
       8.1.2   La rente certaine 225
       8.1.3   La rente viagère 225
       8.1.4   Le fonds enregistré de revenu de retraite (FERR) 227
8.2   Les fonds de revenus d'un RPA 228
       8.2.1   Le compte de retraite immobilisé (CRI) 230
       8.2.2   Le fonds de revenu viager (FRV) 230
       8.2.3   Le revenu temporaire 231
8.3   Les facteurs qui influent sur le choix d'un régime enregistré
       de revenu de retraite 231
8.4   Les options de revenus de retraite à partir d'un capital
       non enregistré 232
       8.4.1   Le placement traditionnel 232
       8.4.2   La rente certaine 232
       8.4.3   La rente viagère 233
       8.4.4   La rente viagère dos à dos 233
       8.4.5   L'hypothèque inversée 235
Conclusion 236
Sites Internet à visiter 236
Questions de révision 237

CHAPITRE **NEUF**

**Le module Placements :
les produits et les marchés financiers** 239

Introduction 241
9.1   L'orientation du module Placements 241
9.2   Les caractéristiques d'un placement 242
       9.2.1   La liquidité 242
       9.2.2   Le rendement 242
       9.2.3   Le risque 242
       9.2.4   Le traitement fiscal 243
9.3   Les produits financiers 244
9.4   Les marchés financiers 244
       9.4.1   Le marché boursier 245
       9.4.2   Le marché hors bourse 248
       9.4.3   Le marché monétaire 249
       9.4.4   Le marché des fonds d'investissement 249
       9.4.5   Le marché immobilier 250
       9.4.6   Le marché Internet 250
9.5   Une typologie des produits financiers 250
       9.5.1   Les produits financiers sécuritaires (risque nul à très faible) 251
       9.5.2   Les produits financiers partiellement sécuritaires
                (risque faible à moyen) 256

9.5.3   Les produits financiers spéculatifs
        (risque moyen à très élevé) 263
9.6   Les produits dérivés 268
      9.6.1   Les options 269
      9.6.2   Les contrats à terme 270
9.7   Les fonds communs de placement (FCP) 270
9.8   Les fonds distincts 272
Conclusion 273
Sites Internet à visiter 273
Questions de révision 274
Exercices 274
Document : La mesure du rendement et du risque 277

CHAPITRE **DIX**
Le module Placements : la gestion de portefeuille 281

Introduction 283
10.1   Le portefeuille de placements et le modèle intégrateur 283
10.2   La relation entre le rendement et le risque d'un portefeuille 285
       10.2.1   Le rendement espéré par le client 285
       10.2.2   Le degré de risque toléré 286
10.3   La diversification d'un portefeuille de placements 286
       10.3.1   Les formes de diversification 288
       10.3.2   Le risque total d'un portefeuille 288
       10.3.3   La diversification internationale 290
       10.3.4   Le concept de corrélation 291
10.4   L'investissement à long terme 291
       10.4.1   L'instabilité des marchés boursiers 292
       10.4.2   La gestion passive 293
       10.4.3   La gestion active 294
       10.4.4   L'investissement en ligne 294
10.5   L'investissement périodique 295
10.6   La stratégie de placements 296
       10.6.1   Le profil de vie familial 296
       10.6.2   La recommandation du planificateur financier 297
10.7   Une politique prioritaire de placements 297
10.8   Le levier financier et l'investissement 298
10.9   Le rôle du planificateur financier 298
       10.9.1   La liquidation de placements 299
       10.9.2   La répartition stratégique des actifs d'un portefeuille 299
Sites Internet à visiter 300
Questions de révision 300
Exercices 301

CHAPITRE **ONZE**
Le module Assurances 303

Introduction 305

11.1 Les catégories d'assurance-vie 306
    11.1.1 L'assurance-vie familiale 306
    11.1.2 L'assurance-vie philanthropique 308
    11.1.3 L'assurance-vie commerciale 308
11.2 Le domaine de l'assurance-vie 308
    11.2.1 La prime en assurance-vie 309
    11.2.2 Un régime individuel ou un régime collectif 310
    11.2.3 L'assurance-vie minimale 311
11.3 Les produits d'assurance-vie 311
    11.3.1 L'assurance-vie temporaire 312
    11.3.2 L'assurance-vie entière 313
    11.3.3 Une comparaison entre une assurance-vie temporaire
           (T-10 ou T-100) et une assurance-vie entière 315
    11.3.4 L'assurance-vie universelle 316
11.4 L'analyse des besoins financiers en assurance-vie (ABF) 318
11.5 L'assurance invalidité 319
11.6 Les autres types d'assurances de personnes 320
    11.6.1 L'assurance responsabilité professionnelle 320
    11.6.2 L'assurance responsabilité civile 320
    11.6.3 L'assurance frais généraux 321
Conclusion 321
Questions de révision 321
Exercices 322

Document : Le cas du Dr Bonsoins : l'ABF 327

CHAPITRE **DOUZE**

Le module Planification successorale : la planification testamentaire 339

Introduction 341
12.1 Les objectifs généraux de la planification successorale 341
12.2 Les méthodes de transmission du patrimoine 342
12.3 Le *Code civil du Québec* 344
12.4 Le patrimoine familial 344
    12.4.1 Les biens qui composent le patrimoine familial 345
    12.4.2 Le partage des biens 345
12.5 Les régimes matrimoniaux 346
    12.5.1 Le régime de la société d'acquêts 346
    12.5.2 Le régime de la séparation de biens 347
    12.5.3 Le régime de la communauté de biens 347
12.6 Le *Code civil* et certains cas particuliers 348
12.7 Les conjoints de fait 349
12.8 La résidence familiale 349
12.9 Le transfert de biens entre vifs 350
    12.9.1 La donation 350
    12.9.2 Le produit de disposition 351

12.10   La planification testamentaire 353
        12.10.1   La succession 354
        12.10.2   Le testament, document privilégié 355
        12.10.3   Les formes de testament 355
        12.10.4   L'invalidité d'un testament 357
        12.10.5   Le contenu du testament 357
        12.10.6   La liquidation d'une succession et le rôle du liquidateur 358
        12.10.7   Le mandat en prévision de l'inaptitude 359
        12.10.8   Le testament biologique 360
12.11   Les fiducies 360
12.12   La fiscalité au décès 361
        12.12.1   L'imposition au décès 362
        12.12.2   Le bilan successoral 362
        12.12.3   L'état des liquidités successorales 364
        12.12.4   Les régimes enregistrés au décès 365
        12.12.5   Les biens non enregistrés au décès 366
12.13   L'assurance-vie 367
12.14   Les dons de bienfaisance planifiés 367
Conclusion 368
Sites Internet à visiter 369
Questions de révision 369
Exercices 371

CHAPITRE **TREIZE**
Le module Planification successorale : les fiducies 373

Introduction 375
13.1   La nature et les objectifs d'une fiducie 376
13.2   La classification des fiducies 376
13.3   Le patrimoine d'affectation 377
13.4   Les acteurs d'une fiducie 378
13.5   Le choix d'un fiduciaire 379
13.6   La fiducie personnelle 379
13.7   La fiducie entre vifs 380
        13.7.1   La fiscalité de la fiducie entre vifs 381
        13.7.2   Les particularités de la fiducie entre vifs 382
        13.7.3   Quelques exemples de fiducies entre vifs 382
13.8   La fiducie testamentaire 385
        13.8.1   Les caractéristiques légales et fiscales
                  de la fiducie testamentaire 386
13.9   Les nouvelles fiducies 388
13.10   La fiducie d'utilité privée 389
        13.10.1   La fiducie d'utilité privée non commerciale 389
        13.10.2   La fiducie d'utilité privée commerciale 390
13.11   La fiducie d'utilité sociale 390
Sites Internet à visiter 391
Questions de révision 391

PARTIE **TROIS**
DE LA PRATIQUE À LA VIE FINANCIÈRE

CHAPITRE **QUATORZE**
Le milieu financier 395

Introduction 397
14.1   Les services financiers 397
        14.1.1   La *Loi sur la distribution de produits*
                  et services financiers 399
14.2   Le Bureau des services financiers (BSF)
        et ses organismes partenaires 399
        14.2.1   La Chambre de la sécurité financière (CSF) 400
        14.2.2   La Commission des valeurs mobilières
                  du Québec (CVMQ) 400
        14.2.3   La Chambre de l'assurance de dommages (ChAD) 401
        14.2.4   Le Fonds d'indemnisation des services financiers (FISF) 401
14.3   L'Institut québécois de planification financière (IQPF) 401
        14.3.1   Le diplôme de planificateur financier 401
        14.3.2   La formation continue obligatoire 402
        14.3.3   Le Réseau des intervenants de l'industrie
                  financière (RIIF) 404
14.4   La Banque du Canada 404
14.5   Les institutions financières commerciales 405
        14.5.1   Les banques 405
        14.5.2   Les caisses populaires Desjardins 406
        14.5.3   Les fiducies 406
        14.5.4   Les compagnies d'assurances 407
        14.5.5   Les sociétés de valeurs mobilières 407
14.6   Les bourses 408
        14.6.1   Les bourses au Canada 408
        14.6.2   Les bourses aux États-Unis 408
14.7   Les organismes de contrôle et les associations du milieu financier 409
        14.7.1   L'Inspecteur général des institutions financières (IGIF) 409
        14.7.2   La Régie de l'assurance-dépôts du Québec (RADQ) 410
        14.7.3   L'Institut canadien des valeurs mobilières (ICVM) 410
        14.7.4   L'Association canadienne des courtiers
                  en valeurs mobilières (ACCOVAM) 410
        14.7.5   L'Institut des banquiers canadiens (IBC) 410
        14.7.6   L'Association des banquiers canadiens (ABC) 411
        14.7.7   L'Association canadienne des compagnies d'assurances
                  de personnes (ACCAP) 411
        14.7.8   L'Association de planification fiscale
                  et financière (APFF) 411
        14.7.9   La Fédération des associations coopératives
                  d'économie familiale (FACEF) 412
        14.7.10   L'Institut des fonds d'investissement du Canada (IFIC) 412
14.8   Les intermédiaires de marché 412

14.8.1   Les planificateurs financiers 413

14.8.2   Les administrateurs agréés 414

14.8.3   Les comptables 414

14.8.4   Les avocats et les notaires 415

14.8.5   Les courtiers en valeurs mobilières 415

14.8.6   Les gestionnaires de portefeuille 415

14.8.7   Les agents d'assurances et les courtiers d'assurances 416

14.8.8   Les conseillers des banques, des fiducies
et des caisses populaires 416

14.9   Les médias d'information en finances personnelles 416

Questions de révision 418

ANNEXE **A**
Les tables financières 419

ANNEXE **B**
L'analyse de la situation financière 433

Questionnaire n° 1 : Profil de la situation personnelle et familiale 435

Questionnaire n° 2 : Profil de la situation financière 441

ANNEXE **C**
Solutions des exercices 445

Bibliographie 481

Index 483

Avertissement

Dans cet ouvrage, le masculin est utilisé comme représentant des deux sexes, sans discrimination à l'égard des hommes et des femmes et dans le seul but d'alléger le texte.

LES FONDEMENTS CONCEPTUELS DE LA PLANIFICATION FINANCIÈRE PERSONNELLE

La planification financière personnelle (PFP) n'est pas une science exacte. Comme toutes les sciences appliquées telles que le génie ou la médecine, elle résulte d'un processus d'interaction entre la théorie et la pratique. En effet, le conseiller financier utilise les concepts et les technologies appropriés, mais il les applique selon son jugement personnel. Qui dit jugement dit art de bien juger, de bien analyser, de bien recommander. Par conséquent, on peut parler de la planification financière personnelle à la fois comme un art et comme une science appliquée. Les décisions prises en ce domaine font, bien sûr, appel à des connaissances scientifiques, à des schémas théoriques, à des leçons tirées de l'expérience et au bon jugement. La planification financière personnelle s'appuie largement sur les mathématiques financières, une science exacte, et sur des sciences sociales telles que l'économie et la comptabilité.

La planification financière est un processus administratif qui permet d'atteindre des objectifs très variés, qui concernent généralement la qualité de vie et l'indépendance financière. Là réside souvent le plus grand défi du conseiller financier : permettre au client d'atteindre le meilleur équilibre possible entre le qualitatif et le quantitatif. Dans ce sens, son travail emprunte certaines notions à l'étude du comportement humain.

Les techniques utilisées en planification financière sont souvent proposées par des universitaires et des conseillers financiers ; bien qu'elles s'appuient sur diverses théories économiques ou mathématiques, ces techniques découlent la plupart du temps de pratiques confirmées par l'expérience. Ainsi, la méthode modulaire et systémique proposée dans ce livre est le fruit de plusieurs années d'expérience dans le conseil en planification financière personnelle.

Cette première partie comprend quatre chapitres.

- **CHAPITRE 1**   Les éléments de base de la planification financière personnelle

- **CHAPITRE 2**   Un processus global et intégré

- **CHAPITRE 3**   Les fondements mathématiques de la planification financière personnelle

- **CHAPITRE 4**   L'impôt sur le revenu des particuliers

Les éléments de base de la planification financière personnelle

OBJECTIFS

- Définir la planification financière personnelle
- Définir la qualité de vie, la hiérarchie des besoins, le style de vie, le coût de vie et le budget familial
- Démontrer le concept d'équilibre entre la qualité de vie et l'indépendance financière
- Expliquer les principaux facteurs d'enrichissement
- Définir l'inflation et décrire ses effets sur le revenu
- Définir les taux d'intérêt du milieu financier
- Résumer l'approche du conseiller financier

PLAN

Introduction

1.1   Qu'est-ce que la planification financière ?

1.2   La qualité de vie
    1.2.1   La hiérarchie des besoins
    1.2.2   Les composantes de la qualité de vie
    1.2.3   Le coût de vie et la qualité de vie

1.3   L'indépendance financière
    1.3.1   Les composantes de l'indépendance financière
    1.3.2   Les étapes de l'indépendance financière

1.4   La qualité de vie et l'indépendance financière

1.5   Le processus d'enrichissement

1.6   L'inflation
    1.6.1   L'indice des prix à la consommation
    1.6.2   L'indexation des revenus
    1.6.3   Le pouvoir d'achat

1.7   Les taux d'intérêt
    1.7.1   Le taux directeur et le taux officiel d'escompte
    1.7.2   Le taux préférentiel
    1.7.3   Les taux d'intérêt à la consommation

1.8   Les impôts directs et indirects

1.9   Le rendement réel

1.10 L'inflation et le rendement espéré

Sites Internet à visiter

Questions de révision

INTRODUCTION

Dans ce chapitre introductif, nous définirons la planification financière personnelle ainsi que les principaux concepts qui s'y rattachent. Ensuite, nous traiterons des facteurs dont on doit tenir compte dans toute planification financière personnelle.

Nous aborderons d'abord les variables dites contrôlables, sur lesquelles la personne peut exercer un pouvoir, c'est-à-dire la qualité de vie, l'indépendance financière qui la soutient et l'enrichissement. Nous terminerons par les variables incontrôlables, soit l'inflation, les taux d'intérêt et les impôts.

Ainsi, la personne ne maîtrise pas vraiment ses revenus annuels (salaire, primes, etc.), mais elle décide à son gré des placements à effectuer. Elle n'a aucun pouvoir non plus sur l'inflation, les taux d'intérêt et les impôts directs ou indirects (taxes de toutes sortes). En fait, ces trois variables compliquent constamment le processus de planification financière.

1.1   QU'EST-CE QUE LA PLANIFICATION FINANCIÈRE ?

La planification financière personnelle ne se limite pas à l'étude d'états financiers, ni à l'application de notions fiscales, ni encore à l'analyse de placements. On planifie en fonction d'objectifs personnels, et ces objectifs concernent tout autant la qualité de vie que les finances personnelles.

Il existe plusieurs définitions de la planification financière personnelle. L'Institut québécois de planification financière (IQPF), seul établissement au Québec mandaté pour décerner le diplôme de planificateur financier, propose la définition suivante :

Définition de la planification financière

Protéger, gérer et faire accroître de façon optimale la valeur nette du patrimoine du client est l'objectif ultime de la planification financière personnelle intégrée.

La planification financière personnelle intégrée, sur un horizon temporel donné, est un processus structuré d'optimisation transdisciplinaire, fondé à partir d'interactions complexes entre les différents domaines d'intervention pour le client tels les finances, la fiscalité, les aspects légaux, la retraite, la succession, les placements et les assurances.

L'intervention en planification financière personnelle intégrée privilégie une approche systématique (globale et intégrée) qui se concrétise par l'analyse des besoins, des objectifs et des contraintes personnelles d'un client, par l'élaboration de recommandations et de mesures cohérentes (tactiques et stratégiques), par l'établissement et la mise en œuvre d'un plan d'action, d'un suivi, de l'évaluation de la performance et de la révision périodique dans l'ultime intérêt du client[1].

Cette excellente définition inclut les éléments essentiels d'une planification financière. Cependant, nous en proposons une autre, plus en accord avec notre approche, qui vise tant l'indépendance financière que la qualité de vie :

La planification financière personnelle est la gestion des revenus, des dépenses, des éléments d'actif et des dettes, selon un plan établi en vue d'atteindre des objectifs précis. Elle constitue un processus qui permet d'atteindre et de maintenir le meilleur équilibre possible entre la qualité de vie et l'indépendance financière d'un individu ou d'une famille.

1.2 LA QUALITÉ DE VIE

La qualité de vie est un concept dont la définition va bien au-delà des seules émotions ! Dans une large mesure, il s'agit d'une variable contrôlable sur laquelle la personne peut agir.

La qualité de vie est la résultante des événements quotidiens vécus par une personne ou une famille et représente l'ensemble des satisfactions ressenties au point de vue des besoins physiologiques, sociologiques et psychologiques.

1.2.1 LA HIÉRARCHIE DES BESOINS

Le psychologue Abraham Maslow (www.maslow.com) a proposé l'une des théories du comportement humain les plus populaires : la théorie de la hiérarchie des besoins. Nous avons pris la liberté de la résumer en trois grands paliers. Maslow soulignait que la satisfaction des besoins suit une séquence ascendante : on chercherait d'abord à satisfaire les besoins physiologiques (nourriture, vêtements, logement, etc.), puis les besoins sociologiques (amitié, respect, interaction avec les groupes sociaux, etc.) et enfin les besoins psychologiques (accomplissement personnel, réalisation de soi, etc.) (www.ship.edu/~cgboeree/maslow.html).

1.2.2 LES COMPOSANTES DE LA QUALITÉ DE VIE

Si la qualité de vie est fonction de la satisfaction des trois grandes catégories de besoins (physiologiques, sociologiques et psychologiques), on peut aussi la percevoir comme le rapport entre deux composantes : le style de vie et le coût de vie.

Le **style de vie** reflète la façon dont un individu ou une famille satisfait ses différents besoins. Certains auteurs emploient les expressions « mode de vie » ou « niveau de vie » plutôt que « style de vie ».

---

1. Gérald Bédard, professeur à l'IQPF, www.iqpf.org.

Le **coût de vie** « alimente » financièrement le style de vie. Le coût de vie est l'ensemble des dépenses, calculées sur une base mensuelle ou annuelle, engagées pour maintenir la qualité de vie. Partout dans ce volume, nous avons exclu les impôts sur le revenu du coût de vie ; en effet, cette dépense n'est nullement reliée au style de vie. Par contre, les taxes à la consommation (impôts indirects) sont toujours incluses dans les dépenses reliées au coût de vie.

1.2.3   LE COÛT DE VIE ET LA QUALITÉ DE VIE

Il n'est pas possible de traduire parfaitement le coût de vie en qualité de vie, et vice versa. Ainsi, on peut améliorer sa qualité de vie en satisfaisant des besoins d'ordre psychologique (réalisation de soi), sans pour cela augmenter son coût de vie. Une promenade dans la nature, la lecture d'un bon livre, la contemplation d'une œuvre d'art, par exemple, font appel à des facteurs de satisfaction intrinsèques à l'individu, liés à sa personnalité, à ses valeurs et à sa culture.

En revanche, la satisfaction des besoins sociologiques et, surtout, des besoins physiologiques passe le plus souvent par l'acquisition de biens de consommation et de services. On parle alors de facteurs de satisfaction extrinsèques à l'individu. Le fait d'acheter des vêtements ou des meubles, d'adhérer à un club de conditionnement physique ou de manger dans un restaurant chic se répercute directement sur le coût de vie.

On voit donc qu'il existe un lien étroit, mais pas automatique, entre le coût de vie et la qualité de vie. Pour le planificateur financier, « coût de vie » et « qualité de vie » sont souvent synonymes. Bien sûr, le conseiller doit respecter les valeurs, la culture et le style de vie de ses clients.

EXEMPLE

Deux familles ont exactement le même revenu annuel après impôt, soit 50 000 $. Le coût de vie de la famille A s'élève à 40 000 $, celui de la famille B, à 20 000 $. La qualité de vie de la famille A est-elle deux fois supérieure à celle de la famille B ? Peut-être que non ! Il est très possible que la famille B planifie son coût de vie familial, maîtrise ses dépenses et soit très satisfaite de sa qualité de vie.

Il faut garder à l'esprit que la qualité de vie est fonction non seulement du coût de vie mais aussi du style de vie, reflet de la personnalité et de la culture de l'individu. Une personne qui affectionne le faste aura probablement un style de vie flamboyant et un coût de vie élevé. Par ailleurs, une personne assez prudente aura probablement un coût de vie moindre. Le style de vie est aussi influencé par l'environnement, c'est-à-dire le milieu socioculturel, le milieu familial, le milieu de travail, les groupes de référence[2], etc.

---

2. Groupes qui servent de bases de comparaison, ou de référence, dans l'élaboration de valeurs, de croyances, d'attitudes ou de comportements.

Instrument privilégié pour maîtriser le coût de vie, le budget familial est l'élément régulateur du comportement. Il représente les prévisions du coût de vie, c'est-à-dire les dépenses reliées au logement, à l'alimentation, à l'habillement, au transport, à la santé, aux loisirs, aux vacances, etc. Il peut être établi par la personne ou par un planificateur financier professionnel.

1.3 L'INDÉPENDANCE FINANCIÈRE

L'indépendance financière est le second concept de la définition de la planification financière personnelle. Ce concept évoque probablement dans l'esprit de plusieurs des scènes de richesse incroyable et la possibilité d'acheter la maison et la voiture de ses rêves. Très concrètement, l'indépendance financière est accessible au plus grand nombre ; elle n'est pas réservée uniquement aux millionnaires !

L'indépendance financière est simplement la capacité financière de maintenir sa qualité de vie (coût de vie) à court, à moyen et à long terme, et cela avec la meilleure performance financière possible.

1.3.1 LES COMPOSANTES DE L'INDÉPENDANCE FINANCIÈRE

À ce stade, nous pouvons examiner brièvement les éléments qui composent l'indépendance financière (un concept qui revient souvent dans ce livre), soit la capacité financière et la performance financière.

La **capacité financière** est la quantité d'argent qui provient des revenus annuels de l'individu ou de la famille. Ces revenus doivent être assez stables pour qu'on puisse les projeter sur une période d'au moins trois ans. Les revenus annuels proviennent surtout de l'exercice d'une profession, d'un métier, d'un travail, mais également d'investissements. Les revenus serviront en partie à assumer le coût de vie, donc à maintenir la qualité de vie, à payer les impôts et les dettes, à réaliser certains projets et à investir.

On peut définir la **performance financière** comme la mesure du rendement global de ses placements. Celui-ci est fonction de plusieurs facteurs, dont le risque (la nature même du placement), la diversification (la répartition des différents placements en titres plus ou moins sécuritaires) et le temps (la période envisagée pour atteindre les objectifs à court, à moyen et à long terme et non nécessairement l'échéance du titre).

Ce rendement s'exprime généralement en pourcentage (%) d'une somme d'argent investie et peut provenir d'intérêts, de dividendes ou encore de l'accroissement (plus-value) du capital investi.

1.3.2   LES ÉTAPES DE L'INDÉPENDANCE FINANCIÈRE

Une personne atteint l'indépendance financière lorsqu'elle a franchi chacune des deux grandes étapes suivantes :

1. Se libérer de ses dettes personnelles et maintenir sa qualité de vie sans s'endetter pour autant. Par contre, on verra plus loin que certaines dettes sont très acceptables à court terme. On vise cette indépendance financière à moyen terme (en général de deux à cinq ans).

2. Prendre sa préretraite ou sa pleine retraite, tout en maintenant ses objectifs de qualité de vie. Il s'agit d'un travail à long terme (en général de 15 à 30 ans), à commencer le plus tôt possible.

Le planificateur financier peut structurer la situation financière du client pour l'année en cours, mais il se penche également sur le moyen terme, période pouvant aller jusqu'à cinq ans, parfois davantage. À ce moment, il établit le plan de la première étape de l'indépendance financière.

Le long terme porte souvent sur des périodes de 15, 20, 30 ans et même davantage. Le planificateur établit alors un plan qui conduit à la retraite, soit la seconde étape de l'indépendance financière. Le mot « retraite » n'a pas de connotation négative ; il représente surtout la capacité de se retirer, et non une date fatidique à laquelle on doit le faire. À cet égard, le rôle du planificateur est de fournir à son client la possibilité de se retirer en fonction d'objectifs clairement établis au départ. Dès lors, ce sera au client de décider de la nature de sa retraite. Rappelons que la retraite se prépare longtemps d'avance.

1.4   LA QUALITÉ DE VIE ET L'INDÉPENDANCE FINANCIÈRE

Nous avons défini la planification financière personnelle comme un processus qui permet d'atteindre le meilleur équilibre entre la qualité de vie et l'indépendance financière. C'est un véritable défi pour le planificateur financier ou la personne qui prend ses affaires en main, car, chez la plupart des gens, cet équilibre est précaire.

Il est facile d'améliorer sa qualité de vie par l'accumulation de dettes, et ainsi de mettre en péril son indépendance financière ! Par exemple, les jeunes couples sont souvent portés à s'endetter lourdement pour accéder au style de vie qu'ils désirent. Leurs objectifs à long terme peuvent en souffrir, même avec des revenus suffisants pour équilibrer le budget familial. Même les gens qui ont atteint un équilibre financier satisfaisant doivent rester prudents. La réalisation de nouveaux projets peut rompre temporairement cet équilibre et nuire à une bonne performance financière, car des emprunts sont souvent requis. Il faut s'assurer que ces projets ne changent pas les objectifs à long terme et, en général, il convient de revoir sa planification pour rétablir un meilleur équilibre le plus rapidement possible.

Le déséquilibre inverse existe aussi, mais il est plus rare. Des personnes cherchent à atteindre l'indépendance financière le plus rapidement possible, au détriment de leur qualité de vie. Amasser une fortune au prix d'une vie de privations n'est pas l'objectif visé par la planification financière. Enfin, soulignons que les personnes à revenus élevés ne sont pas forcément à l'abri de la faillite personnelle. Quelquefois, lorsque le conseiller financier intervient, il est malheureusement trop tard, et la faillite devient la seule issue.

1.5   LE PROCESSUS D'ENRICHISSEMENT

Pour certaines personnes, la richesse est un état d'esprit ; pour d'autres, c'est l'éducation ou la santé ; pour d'autres encore, ce sont les enfants. Il y en a aussi pour qui c'est plutôt l'accumulation de biens matériels. Pour le planificateur financier, c'est surtout l'atteinte d'un niveau acceptable d'indépendance financière grâce auquel on peut profiter de la qualité de vie désirée.

En planification financière, l'enrichissement se mesure par l'accroissement de la valeur nette. Cette dernière est la valeur de l'ensemble des biens moins la dette totale (actif moins passif). C'est en fait le concept du patrimoine.

Le processus d'enrichissement comprend trois étapes complémentaires, soit :

- ■ l'épargne ;
- ■ le remboursement des dettes ;
- ■ l'investissement.

Nous n'avons pas inclus dans ce processus les héritages et les gains de loterie, sur lesquels on n'a en général aucun pouvoir.

Le processus d'enrichissement est complexe et influencé par des facteurs dans une certaine mesure contrôlables et par des facteurs incontrôlables tels que l'inflation, les taux d'intérêt et les impôts sur le revenu. Nous aborderons dans ce chapitre les notions d'inflation et de taux d'intérêt. Le chapitre 4 est entièrement consacré à l'impôt des particuliers.

1.6   L'INFLATION

L'inflation est depuis un bon nombre d'années reconnue comme un ennemi économique redoutable au Canada. On peut définir l'inflation comme une **hausse soutenue du niveau général des prix.** Depuis plusieurs années, la Banque du Canada (www.banqueducanada.ca), qui est la banque centrale ou la banque des banques, se sert de sa politique monétaire pour combattre, entre autres, les pressions inflationnistes et soutenir le dollar canadien.

La situation économique canadienne est complexe, et la Banque du Canada doit utiliser sa politique monétaire pour équilibrer les différents facteurs de l'économie, à savoir le taux officiel d'escompte, la valeur du dollar, le taux d'inflation et, bien sûr, le taux de chômage. De plus, l'influence des taux d'intérêt américains sur notre économie est marquante.

1.6.1   L'INDICE DES PRIX À LA CONSOMMATION

L'indicateur le plus populaire de l'inflation est l'indice des prix à la consommation (IPC), car il mesure directement l'évolution du coût de vie.

Le tableau 1.1 illustre le « panier de l'IPC », qui représente les dépenses régulières de la famille canadienne. L'indice d'ensemble se compose de huit indices individuels pondérés par Statistique Canada (www.statcan.ca). Notons que dans ce tableau l'indice de référence est égal à 100 en 1992.

TABLEAU 1.1
Indice des prix à la consommation et composantes principales

	Juillet 2000	Juin 2000	Juillet 1999	Juillet à juin 2000	Juillet 1999 à juillet 2000
		Données non désaisonnalisées			
				Variation en %	
Ensemble	**114,1**	**113,7**	**110,8**	**0,4**	**3,0**
Aliments	113,4	112,9	111,3	0,4	1,9
Logement	108,7	108,1	104,8	0,6	3,7
Dépenses et équipement du ménage	110,5	109,9	109,2	0,5	1,2
Habillement et chaussures	104,7	104,6	104,5	0,1	0,2
Transports	131,2	131,8	124,7	−0,5	5,2
Santé et soins personnels	112,0	111,9	110,5	0,1	1,4
Loisirs, formation et lecture	124,9	123,9	121,6	0,8	2,7
Boissons alcoolisées et produits du tabac	98,0	97,9	94,7	0,1	3,5
Biens	111,4	111,3	107,8	0,1	3,3
Services	117,2	116,5	114,3	0,6	2,5
Ensemble sans les aliments et l'énergie	112,4	112,2	110,7	0,2	1,5
Énergie	129,5	128,4	109,9	0,9	17,8
Pouvoir d'achat du dollar à la consommation (en cents), par rapport à 1992	87,6	88,0	90,3		
Ensemble (1986 = 100)	146,2				

Source : www.statcan.ca/français.

Pour calculer ce taux d'inflation, on procède de la façon suivante en considérant l'IPC d'ensemble de juillet 2000 et celui de juillet 1999 : 114,1 – 110,8 = 3,3 ; 3,3 ÷ 110,8 = 3 %.

Ainsi, le taux d'inflation était de 3 % pour la période annuelle allant de juillet 1999 à juillet 2000. Le site Web de Statistique Canada offre un guide assez complet sur ce sujet.

La figure 1.1 illustre les taux annuels de variation de l'IPC au Canada de 1915 à 1995. La figure 1.2 montre la variation de l'IPC pour la période récente de novembre 1996 à novembre 2001. La baisse de l'IPC en 2001 est surtout due à la chute des prix de l'énergie (essence, etc.).

On se rappelle qu'au début des années 1980 l'inflation dépassait 12 % et les prêts hypothécaires tournaient autour de 22 %... une situation qui s'est avérée tragique pour plusieurs propriétaires. Voici d'autres exemples qui dépeignent l'effet de l'inflation :

FIGURE 1.1
Taux annuels de variation de l'IPC, Canada, 1915-1995

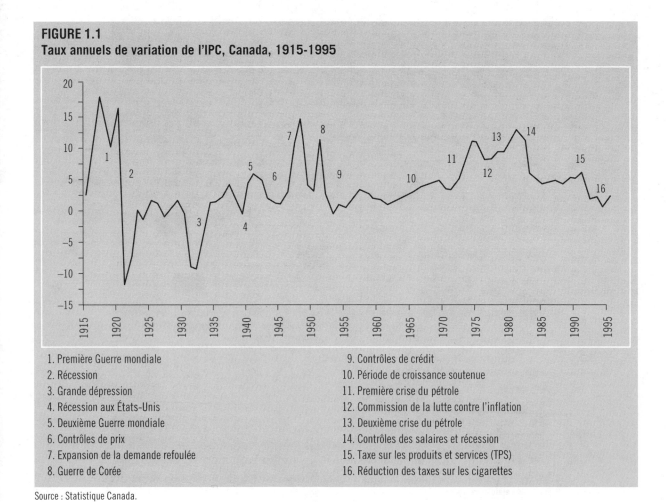

1. Première Guerre mondiale
2. Récession
3. Grande dépression
4. Récession aux États-Unis
5. Deuxième Guerre mondiale
6. Contrôles de prix
7. Expansion de la demande refoulée
8. Guerre de Corée
9. Contrôles de crédit
10. Période de croissance soutenue
11. Première crise du pétrole
12. Commission de la lutte contre l'inflation
13. Deuxième crise du pétrole
14. Contrôles des salaires et récession
15. Taxe sur les produits et services (TPS)
16. Réduction des taxes sur les cigarettes

Source : Statistique Canada.

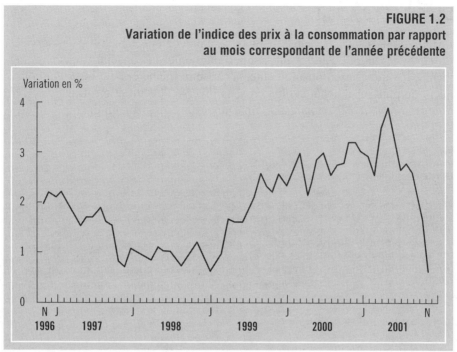

FIGURE 1.2
Variation de l'indice des prix à la consommation par rapport au mois correspondant de l'année précédente

Source : www.statcan.ca/français/Subjects/Cpi/cpi-en_f.htm.

■ De 1973 à 1998, soit pendant une période de 25 ans, l'inflation a été en moyenne de 5,7 %. Un cadre d'entreprise qui aurait gagné un salaire de 28 000 $ en 1973 devrait ainsi gagner 112 000 $ en 1998 pour obtenir la même valeur, soit 4 fois plus.

■ Le dollar canadien de 1950 valait 7,14 $ en dollars de 1995, ce qui représente une inflation moyenne de 4,5 %.

Il importe de souligner que la Banque du Canada mesure, pour le court terme, l'inflation à partir de l'IPC en **excluant** les composantes de l'énergie (l'essence par exemple) et de l'alimentation. La Banque du Canada vise à maintenir l'inflation à 2 %, c'est-à-dire au point médian de la fourchette cible de 1 % à 3 % (voir www.banqueducanada.ca sous « Inflation » pour la fourchette cible).

1.6.2   L'INDEXATION DES REVENUS

Les revenus de salaires et de pensions sont souvent partiellement protégés de l'inflation par l'indexation. L'indexation est le processus par lequel on augmente les revenus d'un taux semblable au taux d'inflation. En d'autres mots, si un salaire augmente de 3 % cette année et que l'inflation est de 3 %, ce salaire est économiquement le même qu'auparavant. Il a été indexé sur l'inflation. Les exemples donnés plus haut illustrent bien les ravages de l'inflation sur notre pouvoir d'achat.

1.6.3   LE POUVOIR D'ACHAT

Le pouvoir d'achat est la capacité financière d'acheter des biens ou des services. Lorsque le salaire ou le revenu annuel augmente, la capacité financière augmente ; lorsque l'inflation augmente, la capacité financière diminue. Par conséquent, le pouvoir d'achat évolue en sens inverse de l'inflation. Dans son livre *Simple… comme l'économie*[3], Alain Dubuc fait ressortir un exemple intéressant, que voici.

EXEMPLE

De 1950 à 1985, l'indice des salaires est passé de 100 à 1 006,3, les salaires passant de 45,08 $ à 453,62 $ par semaine. Par ailleurs, pour la même période, l'IPC est passé de 100 à 512. En divisant l'indice des salaires par l'IPC, on obtient l'indice du pouvoir d'achat, qui était de 1 en 1950, et de 1,97 en 1985. En 35 ans, le pouvoir d'achat aurait-il doublé ? D'après les chiffres, il semblerait que oui, mais on sait très bien que les impôts directs et indirects ont augmenté considérablement et grugent de plus en plus les revenus bruts.

Ainsi, du point de vue mathématique, le pouvoir d'achat est une notion précise et mesurable. Toutefois, lorsqu'on le relie à la qualité de vie, le pouvoir d'achat devient une notion imprécise, en raison notamment des impôts de toutes sortes qui augmentent. En outre, les impôts qui servent à payer des services publics tels que l'éducation, les soins de santé, les services sociaux, etc., influent positivement sur notre qualité de vie.

1.7   LES TAUX D'INTÉRÊT

L'**intérêt** est le loyer à payer pour l'utilisation d'une somme d'argent empruntée à un établissement financier (créancier) ; c'est aussi le loyer à percevoir lorsqu'on est soi-même la personne qui prête. Dans ce sens, un certificat de placement et un compte d'épargne représentent de l'argent qu'on « prête » à un établissement financier. Il existe différents taux d'intérêt dans le milieu financier, qu'il importe de distinguer : le taux directeur et le taux officiel d'escompte, le taux préférentiel et les taux d'intérêt en général que le consommateur perçoit par exemple sur des placements ou paie sur des emprunts personnels.

---

3. Les Éditions La Presse, Montréal, 1986, p. 123.

1.7.1   LE TAUX DIRECTEUR ET LE TAUX OFFICIEL D'ESCOMPTE

Le taux cible du financement à un jour, qui correspond au taux médian de la fourchette opérationnelle, est le **taux directeur** de la Banque du Canada. C'est le taux utilisé pour établir des comparaisons, par exemple sur le plan international. Le 27 novembre 2001, la Banque du Canada abaissait son taux directeur à 2,25 %, et le 15 janvier 2002, elle l'abaissait à 2 %.

Le **taux officiel d'escompte** correspond à la limite supérieure de la fourchette opérationnelle, dont la largeur est fixée à un demi-point, et il est toujours un quart de point plus élevé que le taux directeur. Par exemple, au 27 novembre 2001, le taux officiel d'escompte se situait à 2,5 %. Soulignons que la limite supérieure de la fourchette opérationnelle représente le taux auquel la Banque du Canada prête des fonds à un jour aux institutions financières admissibles et que la limite inférieure correspond au taux accordé à ces mêmes institutions pour leurs dépôts d'un jour auprès de la Banque du Canada. (Voir www.banqueducanada.ca, sous « Taux cible du financement à un jour (document d'information) » et « Annonce du taux directeur ».)

La figure 1.3 illustre la variation du taux d'escompte entre janvier 1995 et mai 1997, au moment (semaine du 6 mai 1997) où le taux officiel d'escompte s'établissait à 3,25 %.

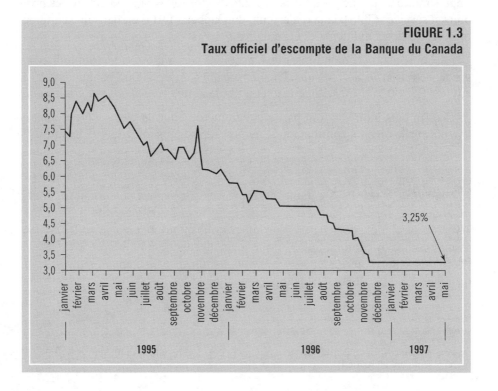

FIGURE 1.3
Taux officiel d'escompte de la Banque du Canada

1.7.2   LE TAUX PRÉFÉRENTIEL

Le taux préférentiel ou taux privilégié des banques, des fiducies et des caisses est le taux d'intérêt que celles-ci accordent à leurs meilleurs clients (en anglais, *prime rate*). Le taux préférentiel est généralement plus élevé que le taux d'escompte d'environ 1,5 % (ou 150 points[4]).

1.7.3   LES TAUX D'INTÉRÊT À LA CONSOMMATION

Les différents taux d'intérêt versés par les établissements financiers sur leurs comptes d'épargne, dépôts à terme, certificats de placement garanti, etc., sont généralement beaucoup moins élevés que le taux préférentiel. Par exemple, en décembre 2001, au moment où les taux préférentiels étaient d'environ 4,0 %, les établissements financiers offraient environ 3,5 % sur leurs certificats de placement garanti de 5 ans. Les prêts hypothécaires fermés variaient quant à eux de 5 % (1 an) à environ 7 % (5 ans).

1.8   LES IMPÔTS DIRECTS ET INDIRECTS

En tout premier lieu, il convient de distinguer les impôts directs des impôts indirects. Les impôts directs se résument aux impôts sur les revenus, alors que les impôts indirects incluent les taxes de toutes sortes telles que la taxe sur les produits et services (TPS), la taxe de vente du Québec (TVQ) et, dans une certaine mesure, les taxes municipales et scolaires.

Selon l'Institut Simon Fraser de Vancouver, les impôts, directs et indirects, grugent environ 50 % du revenu. Un ménage qui gagne 50 000 $ par année donne environ 25 000 $ à l'État d'une façon ou d'une autre.

Les impôts indirects font partie intégrante du coût de vie, contrairement à l'impôt sur le revenu, comme nous l'avons précisé plus tôt dans ce chapitre.

1.9   LE RENDEMENT RÉEL

Avec une inflation de 4 %, un placement qui rapporterait un intérêt de 10 % avant impôt n'offrirait en fait qu'un rendement réel de 6 %. Le rendement réel peut donc être défini comme le rendement d'un titre financier moins le taux d'inflation. (On peut aussi calculer le rendement réel après impôt. Par exemple,

---

4. L'expression 100 points signifie 1 % en intérêt ; par conséquent, un montant de 150 points représente un intérêt de 1,5 %.

pour un placement qui rapporterait 6 % après impôt avec un taux marginal de 40 %, le rendement réel après impôt et après inflation serait de 2 %.) Cette méthode de calcul du rendement réel est approximative. La formule exacte sera utilisée au module Placements.

1.10   L'INFLATION ET LE RENDEMENT ESPÉRÉ

Le conseiller financier doit planifier à moyen et à long terme pour son client. Pour ce faire, il doit utiliser des valeurs aussi exactes que possible pour tenir compte de l'inflation, des taux d'intérêt et, bien sûr, des impôts directs. Dans ce livre, notre approche se résume à utiliser un taux d'inflation de 2 % pour le moyen terme (de un an à cinq ans maximum) et un taux de 4 % pour le long terme (plus de cinq ans).

En ce qui concerne le rendement espéré sur les placements, nous prévoyons obtenir un rendement de 10 % avant impôt et avant inflation. Précisons que la notion de rendement espéré fait référence au gain réalisé au moyen d'un capital investi, que ce gain provienne des intérêts gagnés, des dividendes reçus ou de l'appréciation même du capital investi. En général, les spécialistes du milieu financier visent un rendement espéré de l'ordre de 8 % à 10 %.

C'est une approche modérée mais raisonnable. De toute manière, des révisions périodiques sont essentielles dans toute planification financière. Dans tout ce processus de planification, un mot d'ordre doit guider le conseiller financier : **prudence.**

SITES INTERNET À VISITER

- Abraham Maslow
  www.maslow.com
  www.ship.edu/~cgboeree/maslow.html

- Banque du Canada
  www.banqueducanada.ca

- Institut québécois de planification financière
  www.iqpf.org

- Statistique Canada
  www.statcan.ca

QUESTIONS DE RÉVISION

1. Qu'entend-on par «planification financière personnelle»?

2. Que signifie «qualité de vie»? Quelles en sont les deux composantes?

3. Qu'entend-on par « coût de vie » ?

4. Pourquoi le coût de vie est-il relié aux besoins physiologiques, sociologiques et psychologiques ?

5. Définissez l'expression « budget familial ».

6. Définissez l'expression « indépendance financière ». Expliquez clairement chacune des composantes de la définition proposée.

7. Que signifie l'expression « performance financière » ? De quels facteurs dépend-elle ?

8. Comment peut-on s'enrichir si l'on exclut le fait d'hériter ou de gagner à la loterie ?

9. Que signifie le terme « inflation » ?

10. Quel est l'indicateur de l'inflation le plus utilisé ? Que signifie-t-il ?

11. Qu'est-ce que le rendement réel avant et après impôt sur un titre financier ?

12. Que signifie l'expression « pouvoir d'achat » ? Quels sont les éléments qui l'influencent ?

13. Que signifient les expressions « taux officiel d'escompte », « taux directeur », « taux préférentiel » et « taux hypothécaire » ?

14. Quelle est l'approche du conseiller financier en ce qui concerne l'inflation et le rendement espéré ?

Un processus global et intégré

OBJECTIFS

- Présenter un schéma qui intègre l'environnement de la personne qui planifie

- Détailler les étapes du processus de planification financière et les résumer par une approche modulaire

- Définir les caractéristiques de la démarche de planification financière personnelle

- Préparer l'outil privilégié à utiliser pour la collecte des données : le questionnaire

- Définir le concept de retraite

- Expliquer la procédure à suivre pour aborder sa planification financière personnelle

PLAN

Introduction

2.1   Le schéma intégrateur
    2.1.1   Les variables contrôlables
    2.1.2   Les variables incontrôlables
    2.1.3   Le milieu financier
    2.1.4   Conclusion

2.2   Les étapes de la planification financière personnelle
    2.2.1   L'analyse de la situation
    2.2.2   La détermination des objectifs
    2.2.3   Le choix des moyens d'action
    2.2.4   Le contrôle de gestion
    2.2.5   Les caractéristiques de la démarche de planification financière personnelle

2.3   Une nouvelle approche modulaire et intégrée

2.4   Les méthodes de planification
    2.4.1   L'utilisation de sa propre compétence
    2.4.2   La séance de planification financière appliquée
    2.4.3   Le recours au planificateur financier

Sites Internet à visiter

Questions de révision

INTRODUCTION

Ce deuxième chapitre aborde le processus de planification financière personnelle et son environnement.

L'orientation de la planification financière personnelle est double :

■ Dans un premier temps, le planificateur présente des solutions concrètes à des problèmes financiers, fiscaux, de succession, mais aussi d'assurance-vie, de placements et de gestion budgétaire.

■ Dans un deuxième temps, le planificateur doit offrir au client un rapport final dont la structure, théorique et pratique, permettra à celui-ci d'atteindre le meilleur équilibre entre la qualité de vie et l'indépendance financière.

Cette orientation justifie l'importance que le planificateur financier doit accorder à l'environnement du client. Bien sûr, ce dernier peut évaluer lui-même l'environnement immédiat et l'environnement externe qui l'influencent.

2.1 LE SCHÉMA INTÉGRATEUR

La figure 2.1 présente un modèle qui englobe les principales variables de l'environnement du client.

Ce schéma intégrateur donne une vue d'ensemble des variables qui composent l'environnement immédiat et l'environnement externe d'une personne en ce qui concerne la planification financière.

Au cœur du schéma se trouvent, bien sûr, l'individu et sa personnalité. Par personnalité, nous entendons l'ensemble des éléments qui confèrent à un individu son caractère propre. Certaines personnes sont plus portées que d'autres à structurer leur avenir financier ; dans ce sens, la planification financière est un état d'esprit.

Du point de vue de la planification financière, l'environnement se divise en trois zones, soit :

■ les variables contrôlables (personnelles) ;

■ les variables incontrôlables (externes) ;

■ les institutions financières et les intermédiaires (le milieu financier).

2.1.1 LES VARIABLES CONTRÔLABLES

Les variables contrôlables concernent l'environnement immédiat d'une personne ; ce sont :

■ le coût de vie ;

■ le style de vie ;

■ le niveau d'épargne ;

FIGURE 2.1
Schéma intégrateur

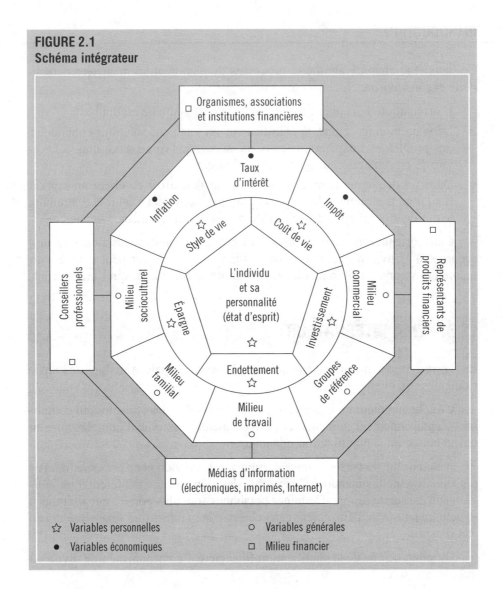

- Organismes, associations et institutions financières
- Taux d'intérêt
- Inflation
- Impôt
- Style de vie
- Coût de vie
- Conseillers professionnels
- Milieu socioculturel
- Milieu commercial
- Représentants de produits financiers
- L'individu et sa personnalité (état d'esprit)
- Épargne
- Investissement
- Milieu familial
- Endettement
- Groupes de référence
- Milieu de travail
- Médias d'information (électroniques, imprimés, Internet)

☆ Variables personnelles   o Variables générales
● Variables économiques   □ Milieu financier

■ le niveau d'endettement ;

■ l'investissement.

2.1.2   LES VARIABLES INCONTRÔLABLES

Les variables incontrôlables touchent l'environnement général et économique d'une personne. Elles constituent l'ensemble des éléments externes et incontrôlables qui influencent l'attitude d'une personne à l'égard de la planification financière ; elles sont de deux types, soit :

- les variables générales :
  - le milieu commercial,
  - les groupes de référence,
  - le milieu de travail,
  - le milieu familial,
  - le milieu socioculturel (religion, ethnie, etc.) ;
- les variables économiques :
  - l'inflation,
  - les taux d'intérêt,
  - l'impôt sur le revenu.

Nous avons traité de l'inflation et des taux d'intérêt au chapitre 1 (sections 1.6 et 1.7), car ce sont des notions capitales en matière de planification financière personnelle. Le chapitre 4 explique pour sa part les principales notions contenues dans la déclaration de revenus des particuliers. L'impôt à payer est un élément en partie contrôlable par différentes stratégies fiscales, mais la loi et les règlements de l'impôt, eux, sont des éléments tout à fait incontrôlables.

2.1.3   LE MILIEU FINANCIER

Par milieu financier, on entend les différentes institutions financières et les divers intermédiaires que le client consulte, ainsi que les médias spécialisés. Le conseiller en planification financière peut venir de n'importe lequel de ces secteurs. Le chapitre 14 est entièrement consacré au milieu financier.

2.1.4   CONCLUSION

Le schéma intégrateur présente les éléments qui interviennent dans le processus de planification financière. Le planificateur financier devra composer avec l'ensemble de ces éléments, dans le respect de la personnalité du client. Ainsi, il agit comme un guide qui aide le client à structurer les variables contrôlables de sa vie financière et suggère une stratégie qui tient compte des variables économiques incontrôlables et du milieu financier.

2.2   LES ÉTAPES DE LA PLANIFICATION FINANCIÈRE PERSONNELLE

Nous savons que l'objectif de la planification financière est l'atteinte du meilleur équilibre entre la qualité de vie et l'indépendance financière. C'est un processus ou une démarche qui utilise quatre grandes étapes, soit :

- l'analyse de la situation ;
- la détermination des objectifs ;
- le choix des moyens d'action ;
- le contrôle de gestion.

FIGURE 2.2
Étapes du processus de planification financière personnelle

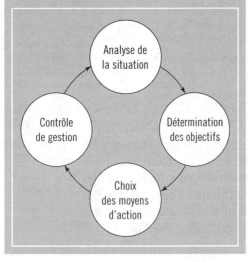

Comme le montre la figure 2.2, ces quatre étapes forment un processus dynamique et continu. Une fois enclenché, un tel processus réduit l'incertitude du client face à son avenir financier et lui permet de mieux coordonner le travail des professionnels qui l'entourent. Certains conseillers peuvent commencer par définir les objectifs et procéderont par la suite à l'analyse de la situation. En fait, ces deux étapes sont interchangeables. Un grand nombre de conseillers préféreront connaître la situation du client de façon à mieux évaluer le réalisme de ses objectifs.

Notons que certains organismes financiers s'occupant de formation utilisent un processus qui demande beaucoup plus d'étapes. Par exemple, l'Institut québécois de planification financière (IQPF) suggère une démarche en 10 étapes, où le planificateur financier :

1) explique la démarche au client et son rôle en tant que planificateur financier ;

2) précise son mandat avec le client ;

3) effectue la collecte des données ;

4) détermine les objectifs du client ;

5) analyse la situation actuelle du client ;

6) formule des recommandations et des stratégies ;

7) rédige le rapport de planification financière personnelle ;

8) présente le rapport au client ;

9) applique les recommandations et les stratégies appropriées ;

10) effectue régulièrement le suivi du dossier[1].

Cependant, ces 10 étapes s'intègrent parfaitement bien dans les 4 grandes étapes que nous avons décrites.

2.2.1 L'ANALYSE DE LA SITUATION

La question sous-jacente à cette première étape est celle-ci : **Où en est-on ?** Pour y répondre, il est nécessaire d'analyser la situation du client de façon à bien en comprendre tous les éléments. L'outil dont se sert le planificateur financier pour procéder à la collecte des données de base est le questionnaire. Nous aborderons ici les deux questionnaires qui forment l'annexe B de ce manuel.

---

1. IQPF, *Profil des consommateurs,* brochure.

Le questionnaire n⁰ 1 : Profil de la situation personnelle et familiale

Ce premier questionnaire est rempli par le client et son conjoint, le cas échéant. Il comprend 12 sections, composées chacune d'une série de questions, qui portent sur :

1) les renseignements généraux ;

2) les renseignements familiaux ;

3) le coût de vie mensuel ;

4) les projets spéciaux ;

5) la retraite ;

6) le revenu de travail ;

7) le revenu de location ;

8) les objectifs personnels et familiaux ;

9) les placements ;

10) la succession ;

11) les assurances ;

12) les commentaires.

À la fin du questionnaire se trouve une liste de documents à remettre au planificateur financier, qui en aura besoin pour effectuer son analyse et formuler ses recommandations.

Le planificateur remet ce questionnaire au client lors de leur première rencontre. L'examen des réponses prépare le client à répondre à un second questionnaire, objet de la deuxième rencontre.

Le questionnaire n⁰ 2 : Profil de la situation financière

Le questionnaire n° 2 a pour objet d'inventorier les différents éléments financiers que possède le client. En particulier, on y trouve des questions portant sur :

- les éléments d'actif tels que l'encaisse, les sommes à recevoir, les certificats de placement, les obligations et les actions, les REÉR, etc. ;
- les éléments d'actif immobiliers ;
- le passif, y compris les hypothèques, les dettes, etc.

Étant donné l'importance et la complexité de ces renseignements, il est préférable que le planificateur aide le client à remplir ce questionnaire. Il sera ensuite en mesure de composer le bilan personnel du client et de déterminer ainsi sa valeur nette.

L'analyse de la situation consiste à recueillir et à évaluer les renseignements qui serviront à prendre des décisions au moment d'établir la stratégie. À cette fin, les questionnaires mettent en évidence les forces et les faiblesses de la situation financière du client. L'analyse de la situation est un moyen privilégié pour sensibiliser le client à ses objectifs à court, à moyen et à long terme.

2.2.2 LA DÉTERMINATION DES OBJECTIFS

La question liée à cette deuxième étape est celle-ci : **Où veut-on aller ?** La planification financière personnelle permet à la personne qui exerce un métier ou une profession libérale, au cadre d'entreprise et à l'entrepreneur de s'adapter à des contraintes légales, économiques et fiscales constamment en évolution. De plus, si elle confie sa planification financière à un spécialiste, la personne pourra consacrer plus de temps à son travail, à son entreprise et à sa famille.

Déterminer les objectifs personnels, familiaux et très souvent professionnels du client représente la deuxième grande étape du processus de planification.

Fixer les objectifs consiste également à répondre à la question suivante : Pourquoi planifier ? Planifier, c'est établir ses priorités, c'est préparer l'avenir, mais c'est aussi se préparer pour l'avenir. C'est en outre établir de la façon la plus précise possible des objectifs à court, à moyen et à long terme, ce qui est parfois difficile pour le profane. Un bon planificateur doit être un peu psychologue, il doit savoir écouter et lire entre les lignes pour aider le client à fixer correctement ses objectifs.

Les objectifs à court terme

Le court terme vise généralement la première année de la planification financière. Entre autres objectifs, le client peut vouloir :

- équilibrer son budget familial ;
- structurer son cadre fiscal de façon à réduire ses impôts ;
- équilibrer son portefeuille d'assurances ;
- optimiser son portefeuille de placements ;
- rédiger son testament en fonction d'objectifs précis.

Les objectifs à moyen terme

Le moyen terme vise les prochaines années (habituellement jusqu'à cinq ans) et englobe les projets du client avec lesquels doit composer le conseiller financier.

Les objectifs à moyen terme consistent surtout en :

- l'atteinte de la première étape de l'indépendance financière ;
- la réalisation de divers projets personnels (voyage, piscine, rénovations, année sabbatique, etc.) ;
- l'atteinte de la tranquillité d'esprit que procure une situation redressée.

C'est généralement à la fin de cette période que la première étape de l'indépendance financière est atteinte : le budget est bien équilibré, les grands projets sont en préparation ou réalisés et, principalement, les dettes de consommation ont été remboursées.

Les objectifs à long terme

Les objectifs à long terme s'étendent généralement sur des périodes de 20 ans, 25 ans et parfois davantage, selon l'âge du client. Par ces objectifs, on cherche généralement à :

■ atteindre la deuxième étape de l'indépendance financière, qui conduit à la préretraite ou à la retraite ;

■ offrir une bonne instruction aux enfants ;

■ assurer la stabilité financière de la famille en cas de décès.

On doit réviser périodiquement ses objectifs à long terme, par exemple tous les trois ans ou tous les cinq ans, car ils peuvent varier avec le temps.

L'objectif commun à tous, et de ce fait le plus important, sur lequel doit se pencher sérieusement le planificateur est l'atteinte de la préretraite ou de la retraite dans les meilleures conditions possible.

En général, les gens ne se préoccupent pas suffisamment de leur retraite. Le jeune professionnel qui débute est loin de s'en inquiéter, et on le comprend. Certains professionnels dont les revenus sont élevés ne pensent à leur retraite que vers l'âge de 50 ans. S'il n'est jamais trop tard pour bien faire, il faut comprendre qu'une retraite se prépare de longue haleine. S'il ne reste que quelques années pour la préparer, les mises de fonds seront bien lourdes à assumer. Quelquefois, on peut y arriver en reportant sa retraite de plusieurs années et en se serrant la ceinture...

Le document présenté à la fin du chapitre 7, « La retraite et l'indépendance financière », explique en détail les différents contextes dans lesquels s'inscrit la retraite.

2.2.3   LE CHOIX DES MOYENS D'ACTION

Cette troisième étape doit répondre à la question suivante : **Comment y arriver ?** C'est ici qu'intervient, d'une façon particulière, le conseiller financier. Une fois l'analyse de la situation effectuée et les objectifs bien établis, il s'agit pour le conseiller de recommander à son client différents moyens d'action, qui forment la partie II du volume et qui correspondent aux six modules :

■ Équilibrer le budget familial (voir le module Gestion budgétaire, chapitre 5).

■ Évaluer les stratégies fiscales qui permettront d'économiser de l'impôt (voir le module Planification fiscale, chapitre 6).

■ Déterminer les sommes à investir annuellement afin d'atteindre le capital nécessaire à la retraite (voir le module Retraite : la planification, chapitre 7).

■ Déterminer les sommes à recevoir lors de la retraite ainsi que les véhicules financiers à utiliser (voir le module Retraite : l'après-REÉR, chapitre 8).

■ Constituer un portefeuille de placements qui respecte la personnalité et les objectifs du client. Déterminer les produits financiers que le client utilisera pour investir ses mises de fonds en vue de la retraite (voir le module Placements : les produits et les marchés financiers et la gestion de portefeuille, chapitres 9 et 10).

■ Déterminer les montants d'assurance-vie requis pour garantir une qualité de vie acceptable à la famille survivante (voir le module Assurances, chapitre 11).

■ Planifier dès aujourd'hui les moyens d'action pour réduire au minimum l'impact fiscal au décès et transmettre le patrimoine familial à la succession (voir le module Planification successorale : la planification testamentaire et les fiducies, chapitres 12 et 13).

2.2.4   LE CONTRÔLE DE GESTION

Évaluer sa gestion équivaut à répondre à la question suivante : **Qu'a-t-on fait ?** La planification constitue déjà une forme de contrôle proactif ou préventif. Cependant, nous faisons ici référence à deux autres types de contrôle, soit le contrôle continu et le contrôle rétroactif. Le contrôle continu permet au client d'évaluer sur une base régulière, mensuelle par exemple, l'efficacité de ses actions et de déterminer ainsi s'il suit fidèlement les recommandations du conseiller financier. Le conseiller propose, le client dispose. La mise en place et le suivi des décisions peuvent être effectués soit par le client, soit par le conseiller financier, idéalement par les deux.

De son côté, le contrôle rétroactif permet d'évaluer à des moments précis (après un an, deux ans, cinq ans) si les objectifs ont été atteints. Couplé aux objectifs à court, à moyen et à long terme, ce dernier type de contrôle s'effectue préférablement avec l'assistance du planificateur financier. Certains conseillers financiers recommandent au client un suivi sur une base régulière.

La planification financière ne fait pas exception aux grands principes de gestion énoncés par Henri Fayol. Il faut planifier et contrôler ses finances, mais également organiser ses affaires, diriger sa vie et coordonner ses activités de façon à atteindre ses objectifs. Dans ce sens, l'administration de ses affaires personnelles ressemble à celle d'une entreprise : pour les deux, il faut établir une structure et effectuer un suivi. Ce grand principe, qui s'applique à chacun des modules de la partie II, convient aussi au propos de ce chapitre.

2.2.5   LES CARACTÉRISTIQUES DE LA DÉMARCHE DE PLANIFICATION FINANCIÈRE PERSONNELLE

Le processus dont nous venons de décrire les quatre grandes étapes possède les caractéristiques suivantes :

■ Il est administratif, et ses domaines d'application sont multiples, soit les finances, la retraite, les assurances, la fiscalité, les placements et la succession (voir la deuxième partie de ce livre).

- Il est continu, et le document de planification financière doit être révisé périodiquement. Plus les objectifs sont fixés à court terme, plus les révisions seront rapprochées ; pour des objectifs à long terme, on procédera aux révisions tous les trois ou cinq ans, par exemple.

- Il est objectif, tant pour le client que pour le conseiller financier. En effet, que ce dernier représente ou non un produit financier particulier, il doit faire montre de la plus grande objectivité ; en ce sens, l'objectivité se traduit par l'intégrité professionnelle.

2.3   UNE NOUVELLE APPROCHE MODULAIRE ET INTÉGRÉE

La figure 2.3 présente les quatre grandes étapes de la démarche de planification financière personnelle relativement aux six modules qui caractérisent cette nouvelle approche modulaire et intégrée, soit la gestion budgétaire, la planification fiscale, la retraite, les placements, les assurances et la planification successorale.

Les **aspects légaux,** omniprésents dans le module Planification successorale, touchent également les domaines des assurances, des placements et de la fiscalité, à tel point qu'ils pourraient constituer un module à part entière comme les six autres. Nous avons cependant choisi d'inclure ces notions juridiques dans les passages pertinents de chacun des modules.

L'approche modulaire que nous proposons met en évidence l'interdépendance et les relations entre les modules. Bien sûr, une fois cette structure globale en place, le client a toujours la possibilité de consulter d'autres professionnels pour approfondir un aspect financier, fiscal ou légal.

Le rapport final, ou document de planification financière personnalisée, est le résultat de l'analyse systémique effectuée par le planificateur. Ce rapport final contient les principales recommandations du conseiller au client. Le conseiller doit s'assurer que le client saisit bien la nature des recommandations en utilisant une démarche professionnelle qui respecte les grandes règles de la communication interpersonnelle. L'Institut québécois de planification financière

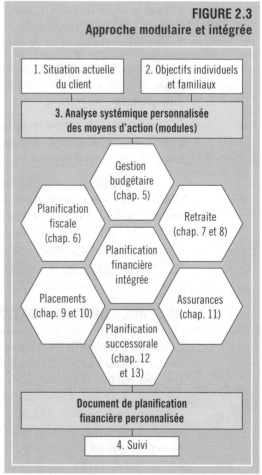

FIGURE 2.3
Approche modulaire et intégrée

1. Situation actuelle du client

2. Objectifs individuels et familiaux

3. Analyse systémique personnalisée des moyens d'action (modules)

Gestion budgétaire (chap. 5)

Planification fiscale (chap. 6)

Retraite (chap. 7 et 8)

Planification financière intégrée

Placements (chap. 9 et 10)

Assurances (chap. 11)

Planification successorale (chap. 12 et 13)

Document de planification financière personnalisée

4. Suivi

consacre d'ailleurs une partie de son cours de synthèse à l'importance de la communication interpersonnelle dans la profession de planificateur financier.

2.4 LES MÉTHODES DE PLANIFICATION

Il existe essentiellement trois méthodes de planification financière personnelle, soit :

- l'utilisation de sa propre compétence ;
- la séance de planification financière appliquée ;
- le recours au planificateur financier.

2.4.1 L'UTILISATION DE SA PROPRE COMPÉTENCE

Une première méthode consiste pour la personne à procéder en grande partie seule. Pour ce faire, elle doit disposer du temps nécessaire, posséder l'expertise requise et avoir un goût marqué pour l'administration des finances personnelles telle qu'elle est présentée dans ce livre. Soulignons que la planification financière diffère grandement de la spéculation boursière ou autre.

Si la personne doit acheter des produits financiers, elle devra en évaluer le degré de risque et la pertinence relativement à ses objectifs à court, à moyen et à long terme.

Le particulier à revenu moyen qui procède à sa propre planification financière aura grandement avantage à consulter différents spécialistes pour garantir une certaine objectivité et à harmoniser le plus possible leurs recommandations.

Pour la personne autodidacte, il existe une foule d'ouvrages bien écrits qui sensibilisent à la planification des finances personnelles. Par exemple, la Fédération des ACEF (associations coopératives d'économie familiale) du Québec publie une excellente brochure intitulée *Budget sur mesure* qui présente une méthode budgétaire simple et efficace pour reprendre ses finances en main (www.consommateur.qc.ca/facef).

2.4.2 LA SÉANCE DE PLANIFICATION FINANCIÈRE APPLIQUÉE

La séance de planification financière appliquée s'apparente à des séminaires en ateliers d'une journée ou deux. Ce type de séance poursuit différents objectifs. Il s'agit parfois d'une séance en bonne et due forme dont l'objectif principal consiste à former les personnes inscrites, et non à vendre des produits financiers. Une séance type peut inclure plusieurs personnes, durer deux jours et coûter relativement cher. Généralement, ces séances sont offertes par des instituts ou des corporations reconnus pour leur professionnalisme, et les animateurs sont hautement qualifiés.

À l'occasion de ces séances de planification financière appliquée, la personne reçoit des formulaires et de l'information pertinente dont elle pourra se servir pour poursuivre sa planification financière personnelle. Il existe également des séances gratuites, organisées par des firmes du milieu financier, notamment pour vendre des produits financiers particuliers tels que les REÉR.

Enfin, Option consommateurs (www.option-consommateurs.org) offre sur son site Internet beaucoup d'information sur la planification financière personnelle. Un autre excellent site est celui de l'Association coopérative d'économie familiale de l'Est de Montréal (www.consommateur.qc.ca.acefest).

2.4.3   LE RECOURS AU PLANIFICATEUR FINANCIER

On peut consulter un grand nombre de professionnels dans le but d'élucider un point précis ou de discuter d'une stratégie financière particulière. Ceux-ci peuvent être comptables, notaires, avocats, fiscalistes, agents ou courtiers d'assurances, courtiers en valeurs mobilières ou encore employés de banque, de fiducie (*trust*) ou de caisse populaire.

Les professionnels en planification financière offrent généralement leurs conseils sur une base horaire ou sur une base forfaitaire (montant fixe). Bien sûr, la grande majorité des établissements financiers engagés dans la vente de produits financiers offrent leurs services de consultation gratuitement. C'est le cas notamment des banques, des fiducies et des caisses populaires. Par contre, la gestion privée ou discrétionnaire de certains portefeuilles de placements par ces établissements financiers peut comporter des honoraires.

Le recours à un planificateur financier diplômé permet d'obtenir des recommandations professionnelles et surtout de remédier au manque de coordination entre les divers conseillers des domaines financier et fiscal.

Les entrevues

Dès la première entrevue, le conseiller sensibilise le client potentiel aux différents aspects d'une planification financière personnelle. Il l'informe des coûts approximatifs de ses services et lui remet le premier questionnaire à remplir. Si le client potentiel est marié et que la situation familiale s'y prête, il invite celui-ci à remplir ce premier questionnaire avec son conjoint, de façon que les deux s'engagent le plus possible dans la préparation et plus tard dans l'exécution de la planification financière.

Une ou deux semaines plus tard, une deuxième entrevue permettra de réviser ensemble les données recueillies dans le premier questionnaire et d'aborder le deuxième questionnaire, qui permet de déterminer le profil financier du client. Celui-ci mettra à la disposition du conseiller ses documents financiers et légaux. Bien sûr, avant de remplir ce deuxième questionnaire, le conseiller s'assure que le client potentiel et son conjoint ont bien l'intention de signer le contrat. Une fois les questionnaires remplis, le conseiller est en mesure d'évaluer les points majeurs à analyser et peut dès lors confirmer le coût approximatif déjà proposé ou l'ajuster à la hausse ou à la baisse. Le contrat contient une description détaillée du mandat, une évaluation des coûts et les signatures appropriées. Les documents personnels du client y sont annexés. Une fois le contrat signé, le planificateur financier se met à l'œuvre et prépare son dossier.

Le dossier du planificateur financier

Le dossier du planificateur financier est constitué de feuilles de travail qui servent à la rédaction du rapport final soumis au client. Ces feuilles de travail sont en quelque sorte le brouillon du planificateur financier. Cependant, le dossier doit être rédigé de telle sorte que le planificateur puisse s'y reporter aisément. Les renseignements de base qui composent les feuilles de travail proviennent de différentes sources, soit :

- les questionnaires nos 1 et 2 ;
- les déclarations de revenus ;
- les états financiers (s'il y a lieu) ;
- le résumé de la discussion avec le client et de l'entente conclue.

Les décisions du planificateur s'appuient en grande partie sur ces documents, qui sont très souvent informatisés.

Le rapport final

Le conseiller personnel remet au client un rapport final, c'est-à-dire un document de planification financière personnalisée. De plus, le planificateur explique le document au client et lui fait part de ses recommandations.

La remise du rapport final est aussi un moment privilégié pour discuter avec le client du type de suivi qui sera effectué.

Le rôle principal d'un document de planification financière personnelle est de faire ressortir les aspects majeurs d'une analyse financière. Il ne faudrait pas croire qu'une présentation verbale soit suffisante. Le client a besoin de comprendre les notions parfois complexes qui sont abordées. Un document final bien structuré pourra lui servir de guide et surtout de référence à l'occasion de discussions avec d'autres professionnels.

L'Association de planification fiscale et financière définit ainsi le rapport final[2] :

---

2. « La planification financière : une approche globale et intégrée », conférence présentée au 14e Congrès annuel de l'Association de planification fiscale et financière, Montréal, 4, 5 et 6 octobre 1989.

Le rapport est le document de présentation des résultats de l'analyse de la situation personnelle d'un individu et des autres informations pertinentes. Ce document est l'outil de livraison d'un message à transmettre dont le but est de parvenir à modifier certaines habitudes en plus de susciter la plupart du temps de nouvelles initiatives chez le client. Cet outil de communication qu'est le rapport se veut à la fois le fruit de la réflexion du planificateur et une source de référence continuelle pour le client.

Par conséquent, quelle qu'en soit la structure, le rapport doit être directif plutôt qu'informatif. Le client doit être en mesure de repérer facilement l'information qui lui est nécessaire pour poser des gestes, et ce d'une manière rapide et concise. C'est pourquoi la forme du rapport doit être conçue comme un résumé condensé de recommandations dont le développement et toutes les explications à l'appui apparaissent préférablement sous forme d'annexes.

Il est impératif de maintenir le plus possible une orientation pédagogique dans la rédaction de ces annexes, les thèses en planification financière personnelle étant futiles pour la majorité des clients. Le rapport devient en soi un aide-mémoire suite à une présentation habile et communicative du conseiller. En pratique, il ne faut pas hésiter à investir le temps nécessaire à la préparation de cette présentation aussi savante soit-elle. Le processus de communication ne se limite donc pas à la simple rédaction d'un rapport ; bien souvent, la compréhension prendra racine au cours de cette séance, et les résultats du travail complet en sont d'autant plus appréciés par la suite.

Un rapport final bien structuré contient sept parties :

- La lettre d'accompagnement, qui devrait être signée par le planificateur financier.

- La page de titre, qui sert à désigner le destinataire et le conseiller.

- La table des matières, qui reflète en détail tous les aspects du mandat.

- L'introduction, qui sert à présenter le document de planification financière personnelle et qui en fait ressortir les grandes orientations modulaires.

- La présentation des modules (objet principal du rapport), structurée de la façon suivante :
  - Titre du module ;
  - Objectifs poursuivis ;
  - Analyse ;
  - Recommandations ;
  - Annexes, tableaux et graphiques.

- Le plan d'action, qui résume sous forme de tableau les actions à entreprendre, l'échéancier et, souvent, les moyens de mise en œuvre. Le plan d'action précise en outre les responsabilités, quant aux actions et au suivi, qui seront assumées par le client, le planificateur et les autres conseillers.

- La conclusion, qui fait ressortir les solutions les plus importantes pour chaque module.

SITES INTERNET À VISITER

- Fédération des associations coopératives d'économie familiale
  www.consommateur.qc.ca/facef

- L'ACEF de l'Est de Montréal
  www.consommateur.qc.ca.acefest

- Option consommateurs
  www.option-consommateurs.org

QUESTIONS DE RÉVISION

1. Expliquez le sens des variables contrôlables du schéma intégrateur.

2. Décrivez une situation où une ou plusieurs variables générales incontrôlables viennent influencer un client positivement ou négativement par rapport à la planification personnelle.

3. Qui sont les intervenants financiers?

4. Quelles sont les quatre grandes étapes d'une planification financière? Quelle est la question principale à chaque étape? Quel est le sens de chaque étape?

5. Quelles sont les caractéristiques du processus?

6. Donnez trois exemples d'objectifs à court, à moyen et à long terme que vous pourriez poursuivre.

7. À quoi sert le questionnaire n° 1? Et le questionnaire n° 2?

8. Que signifie l'expression «approche modulaire et intégrée»?

9. Quelles sont les grandes approches utilisées pour planifier sa situation financière? Donnez les raisons pour lesquelles on choisit l'une plutôt que l'autre.

10. En quoi consiste le rapport final? Décrivez-en les parties principales.

Les fondements mathématiques de la planification financière personnelle

CHAPITRE TROIS

OBJECTIFS

- Appliquer les notions d'intérêt et d'annuité

- Résoudre, à l'aide des tables financières, des problèmes où il est question de taux d'intérêt et d'annuités

- Résoudre des problèmes à l'aide d'une calculatrice financière

PLAN

Introduction

3.1   Le calcul des intérêts et des annuités
    3.1.1   Les tables financières
    3.1.2   Les formules mathématiques
    3.1.3   La calculatrice financière
    3.1.4   Les logiciels

3.2   L'intérêt
    3.2.1   Les calculs relatifs aux taux d'intérêt
    3.2.2   L'intérêt simple et l'intérêt composé
    3.2.3   Le taux d'intérêt nominal et le taux d'intérêt effectif
    3.2.4   La conversion du taux nominal en taux effectif
    3.2.5   La conversion d'un taux nominal j_1 en un taux nominal j_2
    3.2.6   Le remboursement d'une hypothèque
    3.2.7   La valeur finale d'un placement (table III)
    3.2.8   Les taux d'intérêt successifs
    3.2.9   La règle du 72
    3.2.10   La valeur actualisée d'un capital futur (table IV)

3.3   L'annuité
    3.3.1   L'annuité constante
    3.3.2   L'annuité à progression géométrique

Conclusion

Sites Internet à visiter

Questions de révision

Exercices

Document : Le cas des Belledent

INTRODUCTION

Les mathématiques financières sont fondamentales pour comprendre plusieurs aspects de la planification financière personnelle tels que la retraite, les assurances et les placements. Deux thèmes majeurs sont abordés dans ce chapitre : le calcul de l'intérêt et l'utilisation de l'annuité. Les exemples présentés sont concrets et pertinents, et ils contribuent à démontrer que la planification financière personnelle est constituée d'éléments tous liés entre eux.

3.1   LE CALCUL DES INTÉRÊTS ET DES ANNUITÉS

Le calcul des intérêts et des annuités peut s'effectuer à l'aide de tables financières, de formules mathématiques, d'une calculatrice financière ou encore de logiciels.

3.1.1   LES TABLES FINANCIÈRES

Les tables financières sont de moins en moins utilisées par les conseillers, car la calculatrice financière et l'ordinateur ont pris rapidement la relève. Pour l'approche pédagogique de ce livre, les tables demeurent un excellent outil d'apprentissage et de travail. Elles ont l'avantage d'être à la portée de tous et sont faciles à utiliser.

Nous recommandons fortement à l'étudiant de lire très attentivement les renseignements généraux qui figurent à l'annexe A à la fin du livre, où nous expliquons l'utilisation des tables ; il pourra ainsi s'y référer au besoin.

3.1.2   LES FORMULES MATHÉMATIQUES

Les spécialistes en mathématiques financières utilisent les formules pour mieux faire comprendre les méthodes de calcul. Dans ce chapitre, nous utilisons très peu les formules, mais plutôt les tables financières, qui sont présentées à l'annexe A à la fin du volume (les formules figurent toutefois sur toutes les tables). Soulignons que la majorité des formules peuvent être résolues assez facilement avec une calculatrice financière.

3.1.3   LA CALCULATRICE FINANCIÈRE

La calculatrice que nous utilisons dans ce chapitre est la Sharp EL-733A. En ce qui concerne les tables I à VIII, tous les calculs sont en premier lieu effectués au moyen des tables financières, puis vérifiés à l'aide de cette calculatrice financière. Les tables IX, X et XI, qui concernent les annuités à progression géométrique, ne sont pas programmées sur la calculatrice EL-733A. Soulignons que tous les petits encadrés figurant dans ce volume (par exemple $\boxed{\text{PMT}}$, $\boxed{\text{PV}}$, etc.) renvoient aux touches de la calculatrice Sharp. Les formules utilisent également les mêmes sigles que la calculatrice dans le but d'en faciliter la compréhension.

Nous recommandons fortement à l'étudiant de se familiariser avec la calculatrice financière, car plusieurs problèmes ne peuvent être résolus efficacement avec les tables financières.

3.1.4   LES LOGICIELS

En planification financière, on utilise deux types de logiciels :

■ Les logiciels spécialisés en finances personnelles, qui sont destinés autant au professionnel qu'au consommateur averti. Ce sont des logiciels de traitement de données vendus sous format cédérom qui permettent des fonctions très spécifiques, comme le budget, la facturation, les décisions boursières, la déclaration de revenus, les transactions bancaires, etc. Certains de ces logiciels ont un lien Internet. Ces logiciels d'aide à la décision sont par exemple Makisoft Personnel, Microsoft Money et Quicken. Certains logiciels, axés sur la pédagogie, permettent de suivre un cours sur les finances personnelles.

■ Les logiciels intégrés de planification financière, tels que les logiciels FPS 2000 et FPS Briefcase de Publications CCH ltée (www.cch.ca) recommandés par le Réseau des intervenants de l'industrie financière (RIIF) (www.riif.org). Ces logiciels permettent de présenter une série de tableaux, de figures ou de graphiques relatifs à la planification financière d'un client. La très grande majorité de ces logiciels sont de type « maison », c'est-à-dire qu'ils ont été élaborés par une entreprise pour ses conseillers financiers.

Tous ces logiciels sont utiles mais ne remplacent ni l'expérience ni le jugement du planificateur ; ils constituent des outils intéressants, sans plus.

3.2   L'INTÉRÊT

Comme nous l'avons expliqué dans le chapitre 1 (section 1.7), l'intérêt est le loyer à payer pour l'utilisation d'une somme d'argent empruntée à quelqu'un d'autre (créancier) ; c'est aussi le loyer à percevoir lorsqu'on est soi-même la personne qui prête (débiteur).

Dans cette section, nous présentons certains concepts intimement liés aux taux d'intérêt : l'effet des hausses des taux d'intérêt sur les emprunteurs ; l'intérêt simple et l'intérêt composé ; le taux d'intérêt nominal et le taux d'intérêt effectif ; le taux d'intérêt annuel moyen ; la règle du 72.

En plus des notions très explicites de capital emprunté, de solde de capital et de versements mensuels, cinq concepts doivent être bien compris en ce qui concerne l'emprunt (prêt personnel ou prêt hypothécaire) :

- La **capitalisation des intérêts,** qui est l'addition des intérêts au capital et qui peut se faire tous les mois, tous les six mois ou tous les ans.

- La **période de capitalisation,** qui est l'intervalle de temps entre deux capitalisations consécutives. Par exemple, pour les prêts personnels, les périodes sont mensuelles et pour les prêts hypothécaires, les périodes sont semestrielles (tous les six mois ou deux fois l'an).

- L'**amortissement financier,** qui est simplement la diminution progressive du capital emprunté.

- La **période d'amortissement,** qui représente le nombre d'années nécessaires au remboursement complet du capital et des intérêts.

- Le **terme,** qui est la durée du contrat conclu entre le créancier et l'emprunteur et qui varie en général de un à cinq ans selon la nature de l'emprunt.

3.2.1   LES CALCULS RELATIFS AUX TAUX D'INTÉRÊT

Un prêt personnel

EXEMPLE

Vous voulez acheter une automobile de 15 000 $. Le concessionnaire vous offre une reprise de 3 000 $ pour votre ancienne voiture et un financement à 12 % pendant quatre ans pour le solde de 12 000 $.

Selon la table I, « Versements mensuels pour un prêt personnel de 1 000 $ (capitalisation mensuelle) », le paiement mensuel serait de 315,96 $, soit 26,33 $[1] × 12 pour 12 000 $. (La majorité des établissements financiers calculent des intérêts à partir de la date du prêt, mais le versement n'est généralement dû qu'à la fin de la période mensuelle.)

Pour tous les calculs financiers, il faut d'abord entrer la séquence suivante :

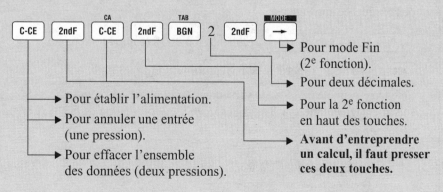

---

1. Les versements mensuels sont toujours exprimés en dollars et en cents.

Pour calculer le versement mensuel dans l'exemple précédent, il faut entrer la séquence suivante :

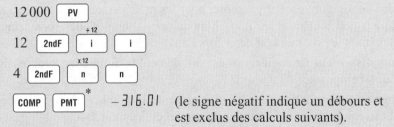

12 000 [PV]

12 [2ndF] [i]$^{\div 12}$ [i]

4 [2ndF] [n]$^{x\,12}$ [n]

[COMP] [PMT]* − 316.01   (le signe négatif indique un débours et est exclus des calculs suivants).

Pour calculer le versement mensuel figurant à la table I, il faut entrer la séquence suivante :

1 000 [PV]

12 [2ndF] [i]$^{\div 12}$ [i]   (ou encore 12 [i]$^{\div 12}$)

4 [2ndF] [n]$^{x\,12}$ [n]   (ou encore 4 [n]$^{x\,12}$)

[COMP] [PMT]   26.33   (voir la table I).

Une fois le versement mensuel calculé, on peut obtenir les soldes de capital en entrant :

20 [AMRT]** 19.73 (capital remboursé avec le 20e versement)

[AMRT] 6.60 (intérêt remboursé avec le 20e versement)

Note : la somme de ces deux montants (19,73 $ et 6,60 $) correspond au PMT de 26,33 $ calculé précédemment.

[AMRT] 640.35 (solde du capital).

On peut aussi vérifier le capital total (Σ des capitaux) et l'intérêt total (Σ des intérêts) payés par exemple du 1er (P_1) au 20e (P_2) versement inclusivement à l'aide de la séquence suivante :

1 [P1/P2] 20 [P1/P2] [ACC]*** 359.65 ou 360 $ (capital total payé)

[ACC] 167.02 (intérêt total payé).

Si le taux avait été de 15 %, le versement serait passé à 333,96 $ (27,83 $ × 12), soit une augmentation de 18,00 $ (333,96 $ − 315,96 $) ou de 5,7 % (18,00 $ ÷ 315,96 $).

---

* [COMP] réfère à *compute* = calculer.

[PMT] réfère à *payment* = versement.

** [AMRT] réfère à *amortization* = amortissement.

*** [ACC] réfère à *accumulation* = accumulation des montants.

Un prêt hypothécaire

EXEMPLE

Pour acheter une maison, vous contractez une hypothèque de 60 000 $ au taux de 12 %, amortissable sur 20 ans. La table II, « Versements mensuels pour un prêt hypothécaire de 1 000 $ (capitalisation semestrielle) », indique que le paiement mensuel serait de 648,60 $, soit 10,81 $ × 60 pour 60 000 $.

Pour obtenir ces chiffres à l'aide de la calculatrice, il faut faire les opérations suivantes :

En premier lieu, il faut convertir le taux hypothécaire en taux nominal (j) qui se capitalise 12 fois l'an. En effet, avec la calculatrice Sharp EL-733A, il est important de toujours s'assurer que la période de capitalisation (M) correspond exactement à la période des versements (PMT). Ce n'est pas le cas avec les hypothèques qui se remboursent mensuellement mais se capitalisent semestriellement.

Il faut donc traduire le taux nominal de 12 % en taux effectif puis en taux nominal qui se capitalise 12 fois l'an :

2 [2ndF] [FV]$^{\rightarrow EFF}$ *

12 [=] 12.36 [$x \rightarrow$M] [C-CE]   (non obligatoire)

12 [2ndF] [PV]$^{\rightarrow APR}$ ** [RM] $11.71 = j$

(nous illustrons la formule pour cette opération mathématique à la section 3.2.5 de la page 47)

et

60 000 [PV]

11,71 [2ndF] [i]$^{\div 12}$ [i]

20 [2ndF] [n]$^{x\,12}$ [n]

[COMP] [PMT] 648.56.

---

*   [FV]$^{\rightarrow EFF}$ La 2e fonction →EFF réfère à *effective rate* = taux effectif.

** [PV]$^{\rightarrow APR}$ La 2e fonction →APR réfère à *annual percentage rate* = taux nominal.

→

Pour vérifier le solde à la fin du terme de 5 ans (60 versements), il faut entrer la séquence suivante :

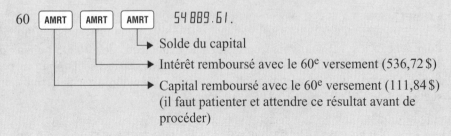

60 [AMRT] [AMRT] [AMRT]   54 889.61.

└▶ Solde du capital

└▶ Intérêt remboursé avec le 60e versement (536,72 $)

└▶ Capital remboursé avec le 60e versement (111,84 $) (il faut patienter et attendre ce résultat avant de procéder)

L'étudiant est encouragé à reprendre cet exemple avec des taux d'intérêt différents pour mesurer l'effet d'une augmentation ou d'une diminution de taux.

3.2.2 L'INTÉRÊT SIMPLE ET L'INTÉRÊT COMPOSÉ

L'**intérêt simple** est calculé en fonction du capital seulement, et non du capital et des intérêts accumulés.

EXEMPLE

Prenons un placement garanti de 2 000 $ à un taux annuel de 12 %. Quelle sera sa valeur, avant impôt, dans deux ans, si l'intérêt perçu est simple ? On aura 240 $ (2 000 $ × 12 %) d'intérêts par année et, après deux ans, une valeur capitalisée de 2 480 $ (2 000 $ + 240 $ + 240 $).

En général, tous les placements portent un intérêt composé. L'**intérêt** est dit **composé** lorsqu'on le calcule non seulement sur le capital, mais aussi sur les intérêts accumulés des périodes précédentes. En d'autres mots, il s'agit de l'intérêt perçu sur de l'intérêt accumulé et ajouté au capital.

EXEMPLE

Reprenons le placement garanti de 2 000 $ en supposant cette fois que l'intérêt est composé. La deuxième année, le taux de 12 % s'applique sur le capital et les intérêts de l'année précédente (2 000 $ + 240 $ = 2 240 $). On obtient donc 268,80 $ (2 240 $ × 12 %) en intérêts, pour un total de 2 508,80 $ (2 240 $ + 268,80 $) après deux ans.

3.2.3   LE TAUX D'INTÉRÊT NOMINAL ET LE TAUX D'INTÉRÊT EFFECTIF

Le **taux d'intérêt nominal** est le taux annuel qui se capitalise plusieurs fois par année. Les tables I et II offrent donc des taux nominaux, car dans le cas d'un prêt personnel (table I) le taux se capitalise tous les mois ou 12 fois l'an et, dans le cas d'un prêt hypothécaire (table II), le taux se capitalise tous les six mois ou deux fois l'an. Un prêt de 10 000 $ à 12 % amortissable sur cinq ans n'entraîne pas les mêmes paiements mensuels calculés selon la table I (222,50 $) ou la table II (221,00 $).

Le **taux d'intérêt effectif** est le taux réel, soit le taux qui ne se capitalise qu'une fois l'an. En d'autres termes, le taux d'intérêt effectif produit une valeur identique à celle qui est obtenue lorsqu'il y a une seule capitalisation par année. Si vous achetez une obligation d'épargne de 500 $ à un taux d'intérêt de 12 %, ce dernier est le taux effectif ou réel. Vous obtiendrez à la fin de l'année un capital équivalant à 560 $, soit 500 $ + (12 % × 500 $). La capitalisation de l'intérêt est annuelle. Il en va de même avec l'achat de certificats de placement garanti. Toutes les tables de l'annexe A, à l'exception des tables I et II, sont basées sur des taux effectifs ou réels.

Le taux effectif est très utile pour comparer sur une même base des taux d'intérêt capitalisés selon différentes fréquences.

3.2.4   LA CONVERSION DU TAUX NOMINAL EN TAUX EFFECTIF

Il est très utile de convertir un taux nominal en taux effectif pour bien apprécier le taux réel de l'emprunt. Établissons :

i = taux effectif en décimales ;

j = taux nominal en décimales ;

m = nombre de périodes de capitalisation par année.

L'équation est alors celle-ci :

$$i = \left(1 + \frac{j}{m}\right)^m - 1$$

EXEMPLE

Un taux nominal de 12 % capitalisé tous les trimestres, donc quatre fois l'an, équivaut à un taux effectif de 12,55 %. En effet :

$$i = \left(1 + \frac{0,12}{4}\right)^4 - 1$$

$$= (1,03)^4 - 1$$

$$= 0,1255 \text{ ou } 12,55\%$$

→

En utilisant la calculatrice, on aurait :

1,03 ▮y^x▮ 4 ▮=▮ $I.I255$ ▮−▮ 1

▮=▮ $0.I255$ ou 12,55 %.

On arriverait au même résultat en effectuant la séquence suivante, déjà intégrée à la calculatrice :

4 [2ndF] [FV →EFF]

12 ▮=▮ $I2.55.$

L'opération inverse permet de trouver le taux nominal de 12 % :

4 [2ndF] [PV →APR]

12.55 ▮=▮ $I2.$

EXEMPLE

Un intérêt de 15 % capitalisé mensuellement est équivalent à quel taux capitalisé semestriellement ?

12 [2ndF] [FV →EFF]

15 ▮=▮ $I6.08$

2 [2ndF] [PV →APR]

16,08 ▮=▮ $I5.48.$

Note : Les tables financières ne sont pas d'une grande utilité pour ce type de calcul.

EXEMPLE

Vous effectuez un emprunt personnel (dont l'intérêt est donc capitalisé mensuellement) de 1 000 $ pour deux ans à 12 %. Vous devez rembourser 1 129,68 $ (table I, 47,07 $ × 24), soit 129,68 $ en intérêts. Mais quel est vraiment le taux effectif ?

$$i = \left(1 + \frac{0,12}{12}\right)^{12} - 1$$

$$= 12,68\%$$

12 [2ndF] [FV]$^{\rightarrow EFF}$ (le chiffre 12 réfère ici à $m = 12$)

12 [=] *12.68* (le chiffre 12 réfère ici à 12 %).

Le tableau 3.1 permet d'obtenir le taux effectif directement à partir d'un taux nominal capitalisé m fois l'an. En effet, on trouve $i = 12,68\%$ lorsque $j = 12\%$ et $m = 12$. Le taux effectif est toujours supérieur au taux nominal, à moins que $m = 1$; dès lors, les taux sont équivalents ($i = j$).

À partir de ces données, on peut calculer [i] ou [n].

Pour trouver [i], on se sert de la séquence suivante[2] :

1 000 [+/−] [PV]

47,07 [PMT]

2 [2ndF] [n]$^{\text{x 12}}$ [n]

[COMP] [i] *1* (taux mensuel).

On aura alors :

$$j = m \times \boxed{i}$$

ou $j = 12 \times 1\% = 12\%$ (taux nominal annuel).

Dans le cas de [n], on aura :

1 000 [+/−] [PV]

47,07 [PMT]

2 [2ndF] [i]$^{\div 12}$ [i]

[COMP] [n] *24* périodes de remboursement.

Pour trouver n, on aura alors :

$$n = \boxed{n} \div m$$

ou $n = 24 \div 12 = 2$ ans (le terme ou la durée de l'emprunt).

---

2. Pour tous les calculs [COMP] [n] ou [COMP] [i], il est nécessaire d'utiliser la touche [+/−] avant d'entrer une donnée telle que [PV] ou [FV].

TABLEAU 3.1
Table de conversion des taux nominaux en taux effectifs (i)

Taux nominal (j)	Nombre de capitalisations annuelles (m)			
	2	4	6	12
1/4	0,250 156 3	0,250 234 5	0,250 260 6	0,250 286 7
1	1,002 500 0	1,003 756 3	1,004 175 9	1,004 596 1
2	2,010 000 0	2,015 050 1	2,016 740 9	2,018 435 6
3	3,022 500 0	3,033 919 1	3,037 750 9	3,041 595 7
4	4,040 000 0	4,060 401 0	4,067 262 2	4,074 154 3
5	5,062 500 0	5,094 533 7	5,105 331 3	5,116 189 8
6	6,090 000 0	6,136 355 1	6,152 015 1	6,167 781 2
7	7,122 500 0	7,185 903 1	7,207 370 5	7,229 008 1
8	8,160 000 0	8,243 216 0	8,271 455 1	8,299 950 7
9	9,202 500 0	9,308 331 9	9,344 326 4	9,380 689 8
10	10,250 000 0	10,381 289 1	10,426 042 4	10,471 306 7
11	11,302 500 0	11,462 125 9	11,516 661 4	11,571 883 6
12	12,360 000 0	12,550 881 0	12,616 241 9	12,682 503 0
13	13,422 500 0	13,647 592 8	13,724 842 7	13,803 248 2
14	14,490 000 0	14,752 300 1	14,842 522 9	14,934 202 9
15	15,562 500 0	15,865 041 5	15,969 341 8	16,075 451 8
16	16,640 000 0	16,985 856 0	17,105 359 2	17,227 079 8
17	17,722 500 0	18,114 782 5	18,250 635 1	18,389 172 8
18	18,810 000 0	19,251 860 1	19,405 229 7	19,561 817 1
19	19,902 500 0	20,397 127 8	20,569 203 5	20,745 099 8
20	21,000 000 0	21,550 625 0	21,742 617 4	21,939 108 5

3.2.5 LA CONVERSION D'UN TAUX NOMINAL j_1 EN UN TAUX NOMINAL j_2

Nous avons vu à la sous-section 3.2.1 (« Un prêt hypothécaire ») qu'il fallait traduire le taux nominal ($j_1 = 12\%$) en taux effectif (12,36 %) avant d'entreprendre le calcul du taux nominal requis ($j_2 = 11,71\%$) pour obtenir le versement hypothécaire mensuel.

Voyons d'abord la signification réelle de ces trois taux, puis une façon rapide de passer directement d'un taux nominal j_1 à un taux nominal j_2.

Des taux différents et un même résultat

EXEMPLE

Si vous investissiez 100 000 $ pour un an

1º   à 12 %, taux nominal ou $m = 2$ (capitalisation semi-annuelle),

2º   à 12,36 %, taux effectif ou $m = 1$ (capitalisation annuelle),

3º   à 11,71 %, taux nominal ou $m = 12$ (capitalisation mensuelle),

vous obtiendriez exactement le même montant à la fin de l'année, soit 112 360 $.

Si vous empruntiez à ces taux, vous auriez dans les trois cas remboursé le même montant d'intérêts, soit 12 360 $.

Une formule efficace et simple

$$j_2 = \left[\left(1 + \frac{j_1}{m_1} \right)^{\frac{m_1}{m_2}} - 1 \right] m_2$$

$$= \left[\left(1 + \frac{0{,}12}{2} \right)^{\frac{2}{12}} - 1 \right] 12$$

$$= 11{,}71\,\%$$

Nous avons passé du taux hypothécaire de 12 % (j_1) au taux nominal de 11,71 % (j_2). L'opération, qui s'effectue très facilement au moyen de la calculatrice, est illustrée dans l'exemple hypothécaire de la page 41.

3.2.6   LE REMBOURSEMENT D'UNE HYPOTHÈQUE

Est-il préférable de rembourser son hypothèque mensuellement ou hebdomadairement ? Les mathématiques financières offrent une réponse et l'industrie financière en propose d'autres. Voyons ce qu'il en ressort.

EXEMPLE

Une hypothèque de 50 000 $ à 12 % sur 25 ans va représenter des paiements mensuels de 516 $ (table II) ou de 515,93 $ (avec la calculatrice). Utilisons 516 $ pour simplifier l'approche.

→

Les intérêts payés en 25 ans seraient de 516 $ × 300 = 154 800 $ – 50 000 $ = 104 800 $.

Si l'on remboursait hebdomadairement, le taux j_1 de 12 % deviendrait équivalent à 11,67 % (j_2), le versement mensuel équivalent serait de 514,34 $, ou 514 $ pour simplifier, et les intérêts payés en 25 ans totaliseraient 104 200 $ (514 $ × 300 = 154 200 $ – 50 000 $).

Note : On arriverait au même résultat en calculant sur une base hebdomadaire, soit 11,67 % l'an ÷ 52 = 0,22436 % par semaine, et en utilisant n = 1 300 (25 × 52).

La différence entre le remboursement mensuel et le remboursement hebdomadaire est très minime, soit 104 800 $ – 104 200 $ = 600 $ d'économie en 25 ans.

Comment se fait-il alors que la majorité des établissements financiers au Québec recommandent des versements hebdomadaires ? La réponse est simple. Quand on divise le montant mensuel de 516 $ par 4, on obtient 129 $ par semaine. On rembourse donc 129 $ × 52 = 6 708 $, soit exactement 516 $ (un mois) de plus par année. L'astuce, avouons-le, est intelligente et permet de rembourser l'hypothèque sur quelque 17,5 années au lieu de 25 ans. C'est l'approche du « 13 à la douzaine ».

3.2.7   LA VALEUR FINALE D'UN PLACEMENT

La table III, « Valeur finale d'un capital de 1 000 $ placé à intérêt composé annuellement », introduit le facteur de multiplication.

EXEMPLE

Pour 1 000 $ de capital investi, la table III donne un facteur de 1 254,40[3]. Pour un placement garanti de 2 000 $ à 12 % pour deux ans, il suffit de multiplier la mise de fonds en dollars, donc 2 pour 2 000 $, par ce facteur pour trouver la valeur finale de 2 508,80 $.

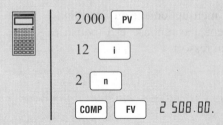

2 000   PV

12   i

2   n

COMP   FV   *2 508.80.*

---

3. Notons que nous n'utilisons que deux décimales (voir l'annexe A pour une explication détaillée).

L'intérêt composé peut être calculé par l'opération inverse.

2 000 **+/−** | PV |

2 508,80 | FV |

2 | n |

| COMP | | i | $12.$

La table III présente une période de capitalisation annuelle des intérêts, mais on pourrait s'en servir pour d'autres périodes de capitalisation. Reprenons l'exemple précédent.

EXEMPLE

Si la période de capitalisation était semestrielle, il faudrait simplement convertir le taux annuel de 12 % en taux périodique (semestriel) de 6 %. Le nombre de périodes passerait de deux (deux ans) à quatre (quatre semestres). Le facteur de multiplication devient 1 262,48[4], et la valeur du capital est de 2 524,96 $ (1 262,48 $ × 2).

2 000 | PV |

6 | i |

4 | n |

| COMP | | FV | $2\ 524.95.$

On peut aussi se servir du taux effectif annuel, qu'il faut en tout premier lieu calculer de la façon suivante :

2 | 2ndF | | FV | $^{\to \text{EFF}}$

12 **=** 12.36 (taux effectif) (on peut mettre ce chiffre en mémoire en pressant | X→M | | C-CE |)

$\longrightarrow$

4. Le facteur 1 262,476 96 devient 1 262,48 (voir l'annexe A).

et

2 000 [PV]

12,36 [i] ([RM] , s'il est en mémoire)

2 [n]

[COMP] [FV] 2 524.95.

La table III permet aussi d'évaluer les revenus futurs et le coût de vie futur tout en tenant compte de l'inflation. Le taux d'inflation devient l'équivalent du taux d'intérêt de la table.

EXEMPLE

Si les revenus d'un cadre d'entreprise étaient de 100 000 $ en 2001, cinq ans plus tard (en 2006), à 5 % d'inflation, ils seraient de 127 628 $ (1 276,281 56 × 100), en présumant que les revenus suivent l'inflation. Si le coût de vie du cadre était de 30 000 $ en 2001, il atteindrait 38 288,40 $ cinq ans plus tard (1 276,28 × 30), dans les mêmes conditions.

3.2.8 LES TAUX D'INTÉRÊT SUCCESSIFS

La table III propose une approche pour une période de capitalisation annuelle seulement. Mais si, pour un investissement de 1 000 $, on vous offrait pour la première année un taux nominal de 11 % capitalisé semestriellement, pour la deuxième année un taux de 15 % capitalisé semestriellement et enfin pour la troisième année un taux effectif de 8 % :

a) Quel serait le capital final accumulé ?

b) Quel serait le taux effectif annuel qui correspondrait à ces trois taux ?

Dans un tel cas, la table III est peu utile, mais la formule qui l'accompagne permet avec la calculatrice de trouver rapidement les réponses.

La formule générale propose :

$$FV = PV\left(1 + \frac{j}{m}\right)^{mn}$$

Dans le cas de plusieurs taux consécutifs, la formule devient :

$$FV = PV\left(1 + \frac{j_1}{m_1}\right)^{m_1 n_1}\left(1 + \frac{j_2}{m_2}\right)^{m_2 n_2}, \text{ etc.}$$

EXEMPLE

Les données exposées plus haut sont les suivantes :

$PV = 1\,000\,\$$

$j_1 = 11\,\%$ $m_1 = 2$ $n_1 = 1$
$j_2 = 15\,\%$ $m_2 = 2$ $n_2 = 1$
$j_3 = 8\,\%$ $m_3 = 1$ $n_3 = 1$

On trouve donc, pour la question a) :

$$FV = 1\,000 \left(1 + \frac{0{,}11}{2}\right)^{2 \times 1} \left(1 + \frac{0{,}15}{2}\right)^{2 \times 1} \left(1 + \frac{0{,}08}{1}\right)^{1 \times 1}$$

$$= 1\,389{,}14\,\$$$

et pour la question b) :

$FV = 1\,389{,}14\,\$$
$PV = \pm\,1\,000\,\$$
$i = 11{,}6\,\%$

On peut aussi déterminer le taux effectif annuel (i) de la façon suivante :

$$\left(1 + \frac{j}{m}\right)^{mn} = (1 + i)^n = \left(1 + \frac{j_1}{m_1}\right)^{m_1 n_1} \left(1 + \frac{j_2}{m_2}\right)^{m_2 n_2} \left(1 + \frac{j_3}{m_3}\right)^{m_3 n_3}$$

$$(1 + i)^3 = \left(1 + \frac{0{,}11}{2}\right)^2 \left(1 + \frac{0{,}15}{2}\right)^2 \left(1 + \frac{0{,}08}{1}\right)^1$$

(car $m = 1$)

$$= (1{,}113)\,(1{,}156)\,(1{,}08)$$

$$= 1{,}38914$$

d'où $i = 1{,}38914^{1/3} - 1$

$$= 11{,}6\,\% \text{ (valeur arrondie à 1 décimale près)}$$

3.2.9   LA RÈGLE DU 72

Très approximative, la règle du 72 permet de calculer la durée pour doubler une mise de fonds initiale à un taux d'intérêt composé. Il suffit de diviser 72 par ce taux d'intérêt. Ainsi, à un taux de 12 %, on met six ans approximativement pour doubler le capital (72 ÷ 12). On peut vérifier cette règle en se reportant à la table III ou encore en utilisant une calculatrice financière.

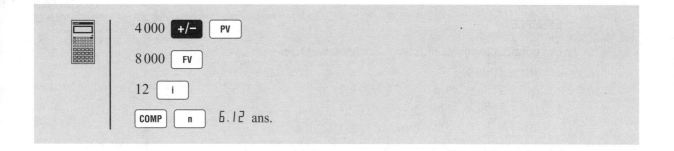

4 000 +/− PV

8 000 FV

12 i

COMP n   6.12 ans.

3.2.10   LA VALEUR ACTUALISÉE D'UN CAPITAL FUTUR

Combien doit-on investir aujourd'hui pour obtenir un capital déterminé dans un certain nombre d'années ? Pour trouver la réponse, il faut employer le processus inverse de celui que décrit la table III.

Si, dans deux ans, vous souhaitez avoir exactement 2 508,80 $ et qu'on vous offre un placement à 12 %, quelle mise de fonds devez-vous investir ? La table IV, « Valeur actualisée d'un capital de 1 000 $ placé à intérêt composé annuellement », révèle le facteur d'actualisation 797,19, et la valeur présente du placement est déterminée à 2 000 $ (797,19 × 2,508 8 pour 2 508,80 $). Par conséquent, la table IV est l'inverse ou la réciproque de la table III, et vice versa. Cependant, pour effectuer le calcul de réciprocité, il est nécessaire de se baser sur un capital de 1 $, donc 1 ÷ 1,254 4 = 0,797 19, et vice versa.

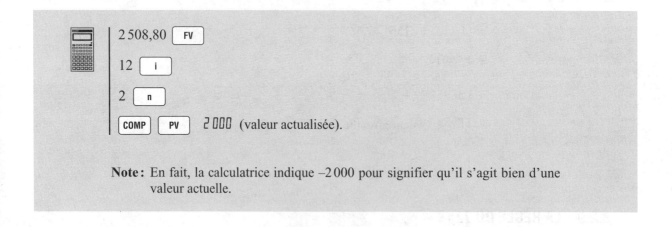

2 508,80 FV

12 i

2 n

COMP PV   2 000 (valeur actualisée).

Note : En fait, la calculatrice indique –2 000 pour signifier qu'il s'agit bien d'une valeur actuelle.

Jusqu'ici, nous avons négocié les tables III et IV avec des années entières. S'il s'agissait par exemple de 5 ans et 3 mois, l'étudiant pourrait toujours procéder avec la calculatrice en utilisant $n = 5{,}25$ ans. L'autre possibilité serait de procéder par trimestre ($n = 21$ pour 5 ans et 3 mois) et de convertir le taux d'intérêt effectif en taux périodique trimestriel.

3.3 L'ANNUITÉ

L'annuité est « un ensemble de versements effectués à des intervalles de temps égaux[5] » (par exemple, tous les mois ou tous les ans). Ces versements sont effectués soit pour payer une dette ou faire un placement. C'est la périodicité des versements qui caractérise l'annuité. Le versement lui-même, soit le montant du paiement mensuel pour rembourser le prêt, est appelé « terme ».

L'annuité est dite **simple** si la période de paiement coïncide avec la période de capitalisation. La majorité des prêts personnels sont des annuités simples, car ils sont remboursés et capitalisés mensuellement. L'annuité est dite **générale** si la période de paiement n'est pas égale à la période de capitalisation. Par exemple, les prêts hypothécaires sont habituellement des annuités générales, car ils sont remboursés mensuellement mais capitalisés semestriellement.

3.3.1 L'ANNUITÉ CONSTANTE

L'annuité est qualifiée de constante quand tous les termes sont égaux entre eux ; dans le cas contraire, l'annuité est variable.

Un investissement de 1 500 $ par année est une annuité constante ou fixe. Le remboursement d'un prêt personnel ou d'une hypothèque est aussi une annuité généralement constante, car le paiement mensuel est le même pour toute la période d'amortissement du prêt ou du terme hypothécaire.

Cependant, malgré l'uniformité des remboursements, les premiers versements hypothécaires contiennent une forte part d'intérêts, et les derniers représentent presque seulement du capital. La figure 3.1 illustre cette relation.

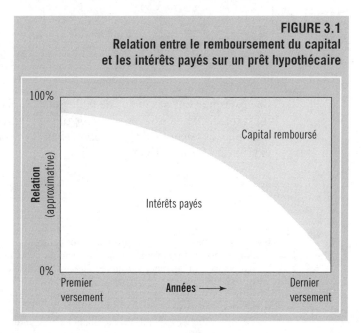

FIGURE 3.1
Relation entre le remboursement du capital et les intérêts payés sur un prêt hypothécaire

---

5. Louis Tawfik, *Méthodologie financière,* Montréal, Didact, 1990, p. 83.

La valeur finale d'une somme investie tous les ans (capitalisation annuelle)

Deux approches caractérisent l'investissement annuel, soit un **investissement en fin de période** (fin d'année) ou un **investissement en début de période** (début d'année).

EXEMPLE

Vous investissez tous les ans, en fin d'année, 1 500 $ dans des certificats de placement garanti. Quelle sera la valeur finale de votre portefeuille[6] dans 20 ans à 10 %?

La table V, « Valeur finale d'une annuité annuelle de 1 000 $ (en fin de période) », indique le facteur d'accumulation de 57 275. Il suffit donc de multiplier la mise de fonds annuelle par ce facteur pour déterminer la valeur finale, soit 85 912,50 $ (57 275 × 1,5 pour 1 500 $).

1 500 [PMT]

10 [i]

20 [n]

[COMP] [FV]   *85 912.50* ou 85 900,00 $[7] (valeur arrondie à 100 $ près).

Nous n'avons pas inclus de table pour les placements en début de période, car il est très facile de trouver la valeur finale relative à un tel placement: il suffit de multiplier la valeur finale d'une annuité en fin de période par (1 + taux de rendement exprimé en fraction décimale).

---

6. L'impôt à payer n'est pas considéré dans cet exemple.
7. Attardons-nous un instant sur la signification de ce nombre. Si une personne investit 1 500 $ par année (fin d'année) pendant 20 ans à 10 %, elle obtiendra la rondelette somme de 85 912,50 $ (comme dans le cas d'un investissement en REÉR qu'on effectue en franchise d'impôt). On remarque que l'utilisation de la table financière donne exactement le même résultat que la calculatrice. Mathématiquement, le nombre de 85 912,50 $ est exact. D'un point de vue pratique, le planificateur financier utiliserait probablement 85 900 $, soit un nombre significatif et pertinent. C'est l'approche que nous privilégions dans ce volume, surtout lorsqu'il s'agit de sommes d'argent extrapolées sur un grand nombre d'années. Pour arrondir à 100 $ près, la règle est la même que pour arrondir à 1 $ ou à deux décimales (voir l'annexe A). Ainsi, à 50 $ et plus on augmente, et à moins de 50 $ on réduit au 100 $ le plus près. Les exercices proposés à la fin du chapitre offrent des directives précises à ce sujet.

EXEMPLE

Reprenons l'exemple précédent, mais avec un investissement en début de période. Le capital de 85 912,50 $ est multiplié par 1,10 (1 + 10 %) comme taux de rendement, ce qui donne 94 503,75 $; ce dernier montant est la valeur finale du placement fait en début de période ; il est donc capitalisé annuellement.

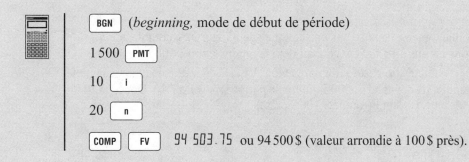

BGN (*beginning,* mode de début de période)

1 500 **PMT**

10 **i**

20 **n**

COMP **FV**   *94 503.75* ou 94 500 $ (valeur arrondie à 100 $ près).

La valeur finale d'une somme investie tous les mois (capitalisation mensuelle)

EXEMPLE

Reprenons notre mise annuelle de 1 500 $, mais cette fois en investissant 125 $ par mois (125 $ × 12 = 1 500 $). Il suffirait tout simplement de convertir le taux effectif de 10 % en taux nominal qui se capitalise 12 fois l'an. Par contre, *n* deviendra 240 (12 × 20).

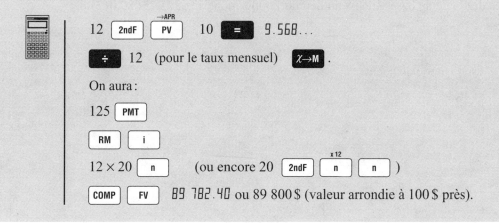

On voit l'importance d'investir mensuellement plutôt qu'annuellement, car on obtient 89 800 $ plutôt que 85 900 $ (voir à la page 54).

Le montant à investir annuellement pour obtenir un capital déterminé

On veut calculer le montant de l'**annuité,** en d'autres mots la somme à investir régulièrement pour obtenir le capital désiré. On doit pour cela suivre la même démarche qu'à l'exemple précédent, mais à l'inverse.

EXEMPLE

Si l'on voulait obtenir dans 20 ans une somme[8] de 85 912,50 $, combien devrait-on investir tous les ans à 10 % ? On connaît déjà la réponse, soit 1 500 $.

Le facteur d'actualisation est fourni par la table VI, « Valeur d'une annuité annuelle pour accumuler un capital de 1 000 $ (en fin de période) », soit 17,46. Donc, 85,912 5 × 17,46 = 1 500 $ (valeur arrondie à 100 $ près).

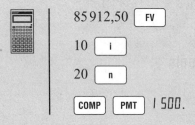

85 912,50 [FV]

10 [i]

20 [n]

[COMP] [PMT] *1 500.*

Pour des sommes investies en début de période, il suffit de diviser par (1 + taux d'intérêt exprimé en fraction décimale), soit 1,10, pour obtenir 1 363,64 $, au lieu de 1 500 $. Notons que la table VI est l'inverse ou la réciproque de la table V, et vice versa. Encore ici, on effectue la vérification de la réciprocité avec des facteurs basés sur 1 $ au lieu de 1 000 $, donc 1 ÷ 57,275 = 0,017 46.

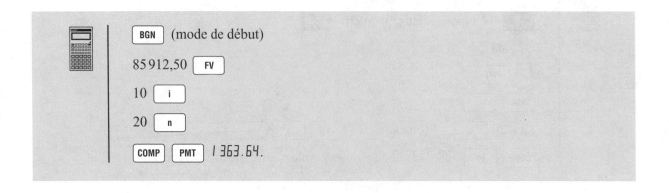

[BGN] (mode de début)

85 912,50 [FV]

10 [i]

20 [n]

[COMP] [PMT] *1 363.64.*

---

8. L'impôt à payer n'est pas considéré ici non plus.

Le capital nécessaire pour produire un revenu à la retraite

Il s'agit de déterminer le capital nécessaire pour produire des revenus annuels égaux pendant un certain nombre d'années. Par exemple, quel capital investi à 10 % est nécessaire pour assumer un coût de vie annuel de 25 000 $ pendant cinq ans ? Il est important de souligner que le capital s'annule en cinq ans, et que les revenus ne sont pas protégés de l'inflation, c'est-à-dire qu'ils ne sont pas indexés sur l'inflation.

Étant donné que le coût de vie annuel est soutenu par un revenu après impôt, nous utiliserons ici un taux d'intérêt après impôt, de façon que le capital ainsi défini puisse assumer le coût de vie. Si le taux d'imposition était de 30 %, il serait nécessaire d'ajuster le taux de rendement pour obtenir un taux après impôt de 7 %, soit :

■ intérêt avant impôt : 10 % ;
■ moins impôt (30 % × 10 %) : 3 % ;
■ intérêt net (ou après impôt) : 7 %.

Pour les calculs, nous nous reportons à la table VII, « Valeur du capital produisant un revenu[9] de 1 000 $ à la fin de chaque année (capitalisation annuelle) ».

EXEMPLE

Ici, le facteur d'actualisation serait 4 100,20 (7 %, 5 ans) et la capitalisation nécessaire, 102 505 $ (25 × 4 100,20 $). La capitalisation serait de 109 680,35 $ (102 505 $ × 1,07) pour des revenus en début d'année.

25 000 PMT

7 i

5 n

COMP   PV $102\ 505$ ou 102 500 $ (valeur arrondie à 100 $ près).

Avec BGN $109\ 680.28$ ou 109 700 $ (valeur arrondie à 100 $ près).

Le revenu annuel pour amortir un capital

On peut effectuer le calcul au moyen de la table VIII, « Valeur du revenu[10] annuel pour amortir un capital de 1 000 $ (en fin de période) ».

---

9. Par revenu, nous entendons l'encaissement annuel composé d'une portion du capital et du rendement sur ce capital. C'est une annuité annuelle.
10. Voir la note 9.

EXEMPLE

Si vous possédiez un capital de 102 505 $ investi à 10 % avant impôt, ou à 7 % après impôt, quel revenu pourriez-vous recevoir durant cinq ans ? Bien sûr, on connaît déjà la réponse, soit 25 000 $.

On trouve dans la table VIII, pour 7 % et $n = 5$ ans, le facteur de recouvrement du capital 243,89. Donc, 102,505 (pour 102 505) × 243,89 = 25 000 $ (valeur arrondie à 100 $ près).

On constate ici aussi que la table VII est la réciproque de la table VIII, et vice versa. De nouveau, on vérifie avec des facteurs basés sur 1 $, donc 1 ÷ 0,243 89 – 4,100 20.

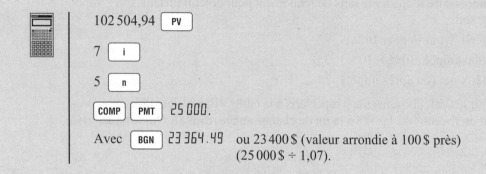

102 504,94 [PV]

7 [i]

5 [n]

[COMP] [PMT] *25 000.*

Avec [BGN] *23 364.49*   ou 23 400 $ (valeur arrondie à 100 $ près)
(25 000 $ ÷ 1,07).

Le revenu mensuel pour amortir un capital

Si l'on désire recevoir une rente mensuelle plutôt qu'annuelle, on doit calculer le taux périodique équivalent au taux effectif de 7 %.

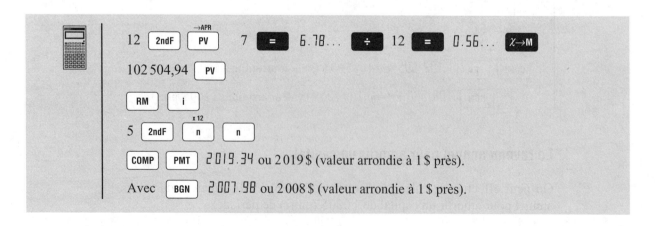

12 [2ndF] [PV]⟶APR   7 ▮=▮ *6.78...* ▮÷▮ 12 ▮=▮ *0.56...* [X→M]

102 504,94 [PV]

[RM] [i]

5 [2ndF] [n]ˣ¹² [n]

[COMP] [PMT] *2 019.34* ou 2 019 $ (valeur arrondie à 1 $ près).

Avec [BGN] *2 007.98* ou 2 008 $ (valeur arrondie à 1 $ près).

Voilà un exemple qui illustre très bien la nécessité d'utiliser une calculatrice financière pour effectuer certains calculs.

3.3.2   L'ANNUITÉ À PROGRESSION GÉOMÉTRIQUE

L'annuité à progression géométrique est «une annuité dont un terme quelconque est égal au précédent multiplié par un nombre constant appelé la raison de la progression[11]». Pour le planificateur financier, la raison correspond à l'inflation. Les annuités à progression géométrique sont en quelque sorte des annuités constantes indexées annuellement sur le taux d'inflation. Ce type d'annuité offre au planificateur financier et au client une approche beaucoup plus pratique et plus réaliste de certains calculs et de certaines situations.

Il faut souligner qu'on n'utilise pas cette approche pour le moment dans l'industrie financière en général. Par contre, son utilité la rendra sûrement plus populaire avec le temps. Les rentes viagères indexées sur le taux d'inflation en sont un exemple.

La valeur finale d'une somme investie tous les ans et majorée annuellement du taux d'inflation

À partir de l'investissement en fin de période, il est possible de connaître la valeur finale d'une série de versements majorée annuellement du taux d'inflation en utilisant la table IX, « Valeur finale d'une annuité de 1 000 $ comme versement initial, à progression géométrique (en fin de période) — Inflation de 4 %».

EXEMPLE

Prenons un investissement, pendant trois ans, de 1 000 $ l'an à 10 % d'intérêt, majoré annuellement du taux d'inflation de 4 %.

Selon la table IX ($n = 3$, 10 %, inflation de 4 %), la valeur finale de l'argent investi est de 3 436 $. Revoyons le calcul pour bien comprendre le mécanisme :

Capital, 1re année (fin)		1 000 $
Capital, 2e année (fin)	(1 000 $ × 1,04)	1 040
Intérêt, 2e année (fin)	(1 000 $ × 0,10)	100
Capital, 3e année (fin)	(1 040 $ × 1,04)	1 082 *
Intérêt, 3e année (fin)	(2 140 $ × 0,10)	214
TOTAL		3 436 $

* Valeur arrondie à 1 $ près.

---

11. André Brown et Michel Shaheen, *Mathématiques financières,* 2e édition, McGraw-Hill, Montréal, 1983, p. 139.

Dans le cas d'une annuité à progression géométrique, il est nécessaire de déterminer la raison, c'est-à-dire l'inflation qui majore continuellement (tous les ans) la mise de fonds initiale.

Pour des versements en début de période, il suffit de multiplier le facteur de la table IX (3 436) par l'ajustement du taux d'intérêt, soit 1,10 (1 + taux d'intérêt exprimé en fraction décimale), ce qui donne 3 780 $ (valeur arrondie à 1 $ près).

La valeur du versement initial d'une annuité à progression géométrique (en fin de période)

L'objectif est d'évaluer le premier versement, à partir duquel les versements suivants seront continuellement (tous les ans) majorés de l'inflation afin d'atteindre le capital déjà déterminé. La table X, « Valeur du versement initial d'une annuité à progression géométrique pour atteindre un capital de 10 000 $ (en fin de période) — Inflation de 4 % », donne immédiatement les valeurs du premier versement.

EXEMPLE

Pour obtenir 3 436 $ en capital dans 3 ans avec une inflation présumée de 4 % et un taux de rendement de 10 %, il faut débuter avec une mise de fonds initiale de 1 000 $ par année, soit 291,1 × 3,436 (pour 3 436 $) = 1 000 $ (valeur arrondie à 1 $ près). Par la suite, les mises de fonds seront majorées annuellement du taux d'inflation.

Le capital nécessaire à la retraite

La table XI, « Capital nécessaire pour alimenter une annuité[12] à progression géométrique de 10 000 $ (en fin de période) — Inflation de 4 % », donne le capital de retraite qui permettra de toucher des prestations qui augmentent annuellement avec le taux d'inflation, et ce jusqu'à ce que le solde du capital devienne nul.

---

12. Par annuité, nous entendons l'encaissement annuel composé d'une portion du capital et du rendement sur ce capital.

EXEMPLE

Une personne veut prendre sa retraite et évaluer la capitalisation nécessaire pour vivre de 60 à 80 ans, avec un revenu de 50 000 $ l'an majoré de l'inflation à partir de 61 ans (notons que le coût de vie de 50 000 $ l'an est soutenu par un revenu après impôt). Quel est le montant de capital nécessaire, à investir à 10 %, pour assumer un coût de vie de 50 000 $ l'an pendant 20 ans à un taux d'inflation de 4 % ?

Pour un coût de vie annuel de 50 000 $, nous estimons que le taux d'imposition serait approximativement de 40 %. Le rendement après impôt serait alors de 6 % (10 % − [40 % × 10 %]).

La table XI donne le capital nécessaire à un revenu de 10 000 $ l'an : 188 679 $. Pour un revenu de 50 000 $, il faut multiplier par 5 ; un montant de 943 395 $ est donc requis pour atteindre l'objectif de départ.

Si la personne possède cette somme, elle peut effectivement prendre sa retraite à 60 ans. Soulignons cependant qu'aucun revenu n'est prévu au-delà de 80 ans, car le capital sera dès lors épuisé.

CONCLUSION

Une bonne compréhension des tables financières est essentielle au planificateur financier moderne. Que ces tables soient informatisées ou non, elles représentent des outils très puissants dont peut profiter le conseiller financier.

Le document annexé à ce chapitre, « Le cas des Belledent », permet d'utiliser les tables financières et de s'initier au monde de la planification financière. Les solutions aux problèmes posés sont présentées à la fin du document.

SITES INTERNET À VISITER

■ Publications CCH ltée
www.cch.ca
■ Réseau des intervenants de l'industrie financière (RIIF)
www.riif.org

QUESTIONS DE RÉVISION

1. Qu'est-ce que l'intérêt ?

2. Quelle est la différence majeure entre les taux pour les prêts personnels et les taux pour les prêts hypothécaires ?

3. Qu'entend-on par « amortissement », « période d'amortissement » et « terme » d'un prêt hypothécaire ?

4. Quelle est la différence fondamentale entre un taux d'intérêt simple et un taux d'intérêt composé ?

5. Qu'entend-on par «taux d'intérêt nominal»?

6. Que veut-on dire par «capitalisation des intérêts»?

7. Quelle est la différence fondamentale entre le taux effectif ou réel et le taux nominal? Sous quelle condition les deux taux deviennent-ils égaux?

8. Comment peut-on convertir un taux nominal en un taux effectif?

9. Une annuité peut être constante ou variable. Quelle est la différence?

10. Comment s'appelle le versement périodique de l'annuité, par exemple le montant mensuel pour rembourser une hypothèque? Pour le remboursement d'une hypothèque, s'agit-il d'une annuité simple ou générale? Pourquoi?

11. Un prêt personnel est généralement remboursé selon une annuité constante et simple. Vrai ou faux? Justifiez votre réponse.

12. Que veut-on dire par «annuité en début de période» et «annuité en fin de période»? Par quelle formule convertit-on une annuité en fin de période en une annuité en début de période?

13. On désire amasser le capital nécessaire pour assumer un certain coût de vie dans un nombre d'années déterminé. Pour ce faire, on investira tous les ans une certaine somme d'argent fixe. Comment se nomme ce type d'annuité?

14. Qu'entend-on par «annuité à progression géométrique»?

15. Pourquoi l'annuité à progression géométrique est-elle plus adaptée aux besoins d'un jeune couple qui planifie sa retraite?

EXERCICES

1. Quel est le rendement réel en pourcentage et en dollars sur un certificat de dépôt de 2 000 $ à 10 % d'intérêt composé sur deux ans si l'inflation pour chaque année est de 5 %? Le conseiller désire utiliser deux décimales.

2. Vous empruntez 2 000 $ à 10 % pour deux ans. Quelle est la différence entre l'intérêt simple et l'intérêt composé à payer?

3. Vous faites un emprunt personnel de 2 000 $ à 15 % pour trois ans.

   a) Quel est le paiement mensuel? (Faire le calcul avec la table I, puis avec la calculatrice.)

   b) Quel est le solde du capital après deux ans? (Utiliser la calculatrice.)

4. Une maison vous coûte 100 000 $ et votre hypothèque, amortissable sur 25 ans, s'élève à 70 000 $ et porte un intérêt de 9 %.

   a) Quel sera le paiement mensuel? (Faire le calcul avec la table II, puis avec la calculatrice.)

   b) Quel sera le solde du capital après 60 paiements ou cinq ans? (Utiliser la calculatrice.)

   c) Si la période d'amortissement était réduite à 10 ans, quelle serait l'économie en intérêts? (Utiliser la table II.)

5. Vous avez gagné 25 000 $ cette année. Si l'inflation est constante à 6 % par année, combien devrez-vous gagner dans 25 ans pour simplement contrer l'inflation? (Arrondir à 100 $ près.)

6. Vous désirez investir 10 000 $ pour 1 an. Pour ce faire, vous consultez trois établissements financiers différents. Voici leurs offres respectives:

   1) Un taux de 12 % avec une capitalisation semestrielle.

   2) Un taux de 11,71 % avec une capitalisation mensuelle.

   3) Un taux de 12,36 % avec une capitalisation annuelle.

   a) Ces trois taux sont-ils équivalents?

   b) Quel serait le montant total reçu à la fin de l'année?

7. Vous obtenez un prêt de 10 000 $ au taux de 14 % pour cinq ans. Il s'agit d'un prêt personnel remboursé et capitalisé mensuellement.

a) Quel est le montant du versement mensuel?

b) Quel sera le montant total payé en intérêts?

c) Quel est le taux effectif du prêt?

Note: Ce type de prêt à la consommation est généralement offert au taux nominal, dans ce cas 14%. Le taux effectif n'est jamais présenté.

8. Vous désirez investir 1 000$ et doubler votre mise de fonds en six ans. Quel taux d'intérêt devrait-on vous offrir? Utilisez la règle du 72, la table et, enfin, la calculatrice financière. (Ne pas considérer l'impôt.)

9. Vous désirez acquérir une maison dans cinq ans et vous estimez que la somme de 12 900$ sera suffisante pour le comptant requis. Vous possédez actuellement 8 000$ que vous pouvez investir en certificats de placement garanti à 8%.

a) Votre capital de 8 000$ est-il suffisant?

b) À quel taux annuel devrez-vous l'investir pour obtenir les 12 900$ nécessaires? (Ne pas considérer l'impôt et arrondir à 100$ près.)

10. Vous investissez tous les ans (annuités constantes) la somme de 2 000$ à 10% d'intérêt. Vous prévoyez investir ces fonds pendant 15 ans. (Arrondir toutes les réponses à 100$ près.)

a) Quelle est la valeur du capital accumulé dans 15 ans si l'investissement annuel se fait en fin de période?

b) Quelle est la valeur du même capital si l'investissement annuel se fait en début de période?

11. Vous désirez acquérir une maison dans cinq ans et ne possédez aucun capital. Vous estimez que vous aurez besoin de 15 000$. Vous prévoyez un rendement après impôt de 7%. (Arrondir les réponses à 100$ près.)

a) Quel montant devrez-vous investir tous les ans pour un investissement en fin de période (annuités constantes)?

b) Quel montant devrez-vous investir tous les ans pour un investissement en début de période?

12. Pour assumer votre coût de vie à la retraite, vous estimez qu'il vous faudra, dans 30 ans, 775 000$ en capital. En considérant un rendement après impôt de 7%, répondez aux questions suivantes. (Arrondir à 100$ près.)

Annuités constantes

a) Quel devrait être le montant du versement annuel en fin de période pour atteindre le capital désiré? Faites le calcul avec des annuités constantes.

b) Quelle serait la capitalisation obtenue si l'investissement annuel (fin de période) était de 5 000$?

Annuités à progression géométrique

c) Quel serait le montant du premier versement si l'on utilisait des annuités à progression géométrique avec une inflation de 4%?

d) Si votre premier versement était de 5 000$ (en fin de période) et majoré tous les ans du taux d'inflation de 4%, quelle serait la capitalisation obtenue?

13. Vous avez 25 ans, et votre conseiller financier vous informe qu'il vous faudra un capital de 1 000 000$ à 65 ans (dans 40 ans) pour maintenir votre qualité de vie. Combien représente ce capital en valeur d'aujourd'hui, pour un taux d'inflation à long terme présumé à 6%? (Arrondir à 100$ près.)

14. Un client âgé de 60 ans veut prendre sa retraite immédiatement et vous consulte en tant que conseiller financier. Il possède un capital de 500 000$ qu'il peut investir à 7%, après impôt. Il vous pose alors les questions suivantes. (Arrondir à 100$ près.)

a) Quel serait son revenu annuel fixe (fin de période) s'il amortissait ce capital sur 10 ans?

b) Et s'il l'amortissait sur 20 ans?

c) Il vous fait savoir qu'il désire maintenir un coût de vie fixe dans le temps de 40 000$ l'an (fin de période) et vous demande quelle serait la capitalisation nécessaire. Il aimerait que cette capitalisation soit moindre que son capital de 500 000$ de façon à pouvoir réaliser certains projets avec le capital restant. Il vous suggère de considérer l'annulation du capital pour l'âge de 80 ans et de 85 ans.

15. Un de vos clients âgé de 65 ans prend sa retraite et il estime son coût de vie à 40 000 $ l'an (fin de période). Il souligne qu'il peut investir sans problème à un taux de 10 % avant impôt. (Arrondir à 100 $ près.)

   a) Quel taux d'intérêt après impôt obtiendrait-il sur ses placements si on considère un taux d'imposition de 40 % ?

   Annuités constantes

   b) Quel serait le capital nécessaire pour assumer le coût de vie pendant 25 ans si on considère un taux d'imposition de 40 % ?

   Annuités à progression géométrique

   c) Quel serait le capital de retraite nécessaire pour assumer le coût de vie ? Le client vous suggère les données suivantes : une inflation de 4 % ; un revenu protégé pendant 25 ans ; un taux de rendement après impôt de 6 %.

   d) Le solde du capital devient nul après 25 ans. Quel sera le revenu annuel pour cette dernière année ?

16. Votre client prévoit une retraite dans 25 ans. Son coût de vie annuel se chiffre actuellement à 30 000 $. (Arrondir à 100 $ près.)

   a) Le client vous suggère de considérer un taux d'inflation de 5 % pour déterminer son coût de vie à la retraite. Quel serait ce coût de vie ?

   b) Si en réalité l'inflation était de 6 % en moyenne durant ces 25 ans, quel serait le coût de vie du client à la retraite ? Quel serait alors le montant de l'écart entre les deux coûts de vie ?

   Annuités constantes

   c) Quelle serait la capitalisation additionnelle due à cet écart ? Prévoyez un rendement après impôt de 7 % et une période de 25 années de revenus stables.

   d) Quelle serait la mise de fonds additionnelle pour atteindre ce capital additionnel ? Prévoyez des mises annuelles fixes sur 25 ans avec un rendement de 7 % après impôt.

17. Vincent accepte de prêter 100 000 $ à son frère Marcel, qui lui remettrait la somme, capital et intérêts inclus, dans 10 ans seulement. Voici les conditions de l'entente :

   1) Un taux annuel de 12 % capitalisé semestriellement pour les 4 prochaines années.

   2) Un taux annuel de 18 % capitalisé trimestriellement pour les 6 années suivantes.

   a) Quel serait le taux effectif annuel correspondant à ces deux taux consécutifs ? (Arrondir à deux décimales près.) (Utiliser la formule.)

   b) Quel sera le montant total d'argent, capital et intérêts, que devra remettre Marcel à son frère Vincent dans 10 ans ? (Arrondir à 100 $ près.) (Utiliser la formule et la calculatrice.)

18. Une copine vous consulte au sujet d'un investissement qu'elle désire effectuer. En effet, un établissement financier reconnu lui promet que son investissement de 18 450 $ produira un montant total de 50 000 $ (capital et intérêts) dans exactement 20 ans. On lui garantit les taux suivants :

   1) Un taux annuel de 6 % pour les 10 premières années.

   2) Un taux de 4 % pour les 10 années suivantes.

   Dans les deux cas, les taux se capitalisent mensuellement.

   a) Quel serait, selon vous, le taux effectif annuel correspondant à ces deux taux successifs ? (N'utiliser qu'une seule démarche.)

   b) Un investissement de 18 450 $ peut-il produire un montant final de 50 000 $? (Arrondir à 100 $ près.) (Utiliser la formule et la calculatrice.)

LE CAS DES BELLEDENT

PLAN

Introduction

Mise en situation

Problèmes

1. Les disponibilités financières (2000-2001)
2. Les dettes
3. L'hypothèque
4. La piscine
5. Les placements acquis
6. Les placements futurs
7. Le capital nécessaire pour assumer le coût de vie à la retraite
8. Les mises de fonds

Solutions

Résumé

INTRODUCTION

L'exemple de la famille Belledent est purement fictif, mais les problèmes soulevés sont des plus concrets. Précisons que, pour un problème donné, il peut y avoir plusieurs solutions. Les stratégies financières proposées n'excluent pas d'autres choix et peuvent ne pas être les meilleures. Les aspects plus techniques des questions abordées ici sont étudiés dans la deuxième partie de ce livre.

Pour résoudre les problèmes, il faut utiliser les tables financières et les opérations expliquées tout au long de ce chapitre. (On peut utiliser la calculatrice pour vérifier les résultats.) Les solutions sont données plus loin dans ce document.

Le cas ne reflète pas nécessairement les conditions économiques des années indiquées (taux d'intérêt, etc.), mais il offre à l'étudiant la possibilité d'appliquer les notions de mathématiques financières expliquées au chapitre 3.

MISE EN SITUATION

Le Dr Molaire Belledent, de la clinique Denkiri, est dentiste depuis six ans; il s'est marié immédiatement après être devenu membre de l'Ordre des dentistes du Québec. Il y a quelques semaines, au début de mai 2000, il a célébré son trentième anniversaire de naissance.

Depuis un certain temps, Molaire Belledent réfléchit à sa situation familiale et financière. Ses dettes, qui se chiffrent à quelque 20 000 $ (valeur arrondie à 100 $ près), le tracassent un peu plus qu'il ne l'avoue à Canine, sa femme. Cette dernière lui a récemment glissé un mot au sujet d'une nouvelle acquisition dont toute la famille pourrait bénéficier, une piscine creusée en fibre de verre. Leurs deux enfants pourraient ainsi apprendre à nager malgré leur bas âge; Émail est âgée de quatre ans et sa petite sœur, Sagesse, a presque trois ans. Le couple Belledent envisage sérieusement d'acheter une piscine l'année suivante.

Molaire Belledent a récemment reçu une lettre de sa caisse populaire l'avisant que son hypothèque doit être renouvelée le 1er juillet 2000. Les taux d'intérêt sont relativement élevés, autour de 14 %. La maison, un très joli bungalow, a été achetée il y a deux ans au coût de 150 000 $.

Canine, âgée de 27 ans, est physiothérapeute, et ses économies ont contribué à l'achat de la maison. Depuis la naissance d'Émail, il y a quatre ans, Canine ne travaille plus. Elle veut retourner sur le marché du travail quand Sagesse ira à la maternelle. Mais Molaire et Canine parlent depuis peu d'un troisième enfant... De toute façon, elle envisage de reprendre son travail de physiothérapeute vers l'âge de 34 ans.

Le Dr Belledent sait que vous vous intéressez à la planification financière personnelle et désire connaître votre opinion sur des aspects précis de sa situation financière. Nous vous recommandons d'essayer de résoudre le problème puis d'analyser la solution, et ce avant de vous attaquer aux problèmes suivants.

PROBLÈMES

1. LES DISPONIBILITÉS FINANCIÈRES (2000-2001)

Au début de juin 2000, le Dr Belledent vous explique brièvement sa situation financière pour l'année qui vient, soit du 1er juillet 2000 au 30 juin 2001 :

Revenus professionnels prévus	115 000 $
Frais d'exploitation	30 000
Impôt à payer (approximativement)	28 000
Coût de vie	35 000

Le coût de vie comprend toutes les dépenses du couple, à savoir :

■ les dépenses relatives à la maison, incluant les paiements hypothécaires ;

■ l'automobile en location ;

■ les dépenses familiales (nourriture, vêtements, etc.) ;

■ les dépenses générales (vacances, etc.).

Cependant, le coût de vie n'inclut pas les paiements pour le remboursement des dettes. D'ailleurs, les dettes ne sont pas techniquement des dépenses. L'hypothèque est incluse au coût de vie, car elle représente généralement un engagement à long terme et devient en quelque sorte l'équivalent du coût d'un loyer.

Dans un premier temps, le Dr Belledent voudrait savoir quelles sont ses disponibilités financières. Pourriez-vous déterminer ces disponibilités pour l'année 2000-2001 ?

2. LES DETTES

Les dettes du Dr Belledent s'élèvent à quelque 20 000 $; elles proviennent de trois emprunts tout

récemment refinancés à 13 % pour une période de cinq ans et sont remboursables en tout temps. Molaire Belledent songe à demander une marge de crédit personnelle.

Également, depuis 1995, Molaire Belledent investit pour sa retraite ; il veut cette année (2000-2001) investir 5 000 $ en certificats de placement garanti (CPG).

a) Quels sont les paiements annuels et mensuels pour le remboursement des dettes ?

b) Quel est le montant du surplus de liquidités pour 2000-2001, après le remboursement des dettes et l'investissement en certificats de placement garanti ?

c) Croyez-vous qu'une marge de crédit personnelle aiderait Molaire à équilibrer son budget ? Expliquez pourquoi.

3. L'HYPOTHÈQUE

Le Dr Belledent doit renouveler son hypothèque résidentielle le 1er juillet 2000. Lorsqu'il rencontra le directeur de la caisse à la mi-mai, les taux d'intérêt sur les prêts hypothécaires oscillaient autour de 14 %. Le directeur, bien qu'il ne pût en être tout à fait sûr, prévoyait un taux semblable au mois de juillet 2000.

L'hypothèque originale du 1er juillet 1998 était de 102 300 $, financée à 12 % pour un terme de 2 ans, avec une période d'amortissement de 22 ans. Le directeur de la caisse expliqua à Molaire que le capital dû au 30 juin 2000 serait d'environ 100 000 $. Il sembla alors incroyable à Molaire, qui payait plus de 1 000 $ par mois d'hypothèque, soit plus de 24 000 $ après deux ans, que le capital n'eût diminué que de 2 300 $.

Après réflexion, Molaire envisageait de renouveler son hypothèque pour un terme de 2 ans à un taux de 14 % ; il pensait même essayer de l'amortir sur 10 ans plutôt que sur 20 ans.

a) À combien s'élevaient exactement les paiements hypothécaires mensuels et annuels de Molaire jusqu'au 30 juin 2000 ? (Arrondir à 100 $ près.)

b) Quel serait le coût mensuel et annuel de la nouvelle hypothèque amortie sur 20 ans ? (Arrondir à 100 $ près.)

c) Quel en serait le coût mensuel et annuel si la période d'amortissement passait de 20 ans à 10 ans ? (Arrondir à 100 $ près.)

d) Quel serait le montant des intérêts payés en moins avec un amortissement sur 10 ans ?

e) Quel effet sur le coût de vie de Molaire auront un amortissement sur 10 ans et un amortissement sur 20 ans ?

f) Quel serait l'effet de la nouvelle hypothèque (pour 10 ans et pour 20 ans) sur les surplus de liquidités pour l'année 2000-2001 ?

4. LA PISCINE

Canine avait reçu lors de son mariage, le samedi 16 juillet 1994, un cadeau de 2 000 $ de son père. En fait, il s'agissait d'un certificat de placement garanti à 12 % pour deux ans. Canine avait renouvelé le certificat à la mi-juillet 1996 ; après discussion avec le directeur de la succursale de la fiducie, elle avait opté pour un terme de cinq ans à 12 %. La tactique s'est avérée fructueuse. Canine se sentait à l'aise de soulever le sujet de la piscine, car son certificat viendrait à échéance en juillet 2001.

Au début de juin 2000, Molaire Belledent et sa femme étudiaient leur projet de piscine en s'informant auprès d'amis et de fabricants de piscines. L'un d'eux, de bonne réputation, qui avait installé la piscine du voisin, demandait 8 900 $ pour une piscine creusée en fibre de verre avec trottoir, équipement de filtration et chauffe-eau. De plus, si le client versait 4 400 $ comptant en juillet 2001, le fabricant finançait le solde de 4 500 $ par un prêt à 10 % d'intérêt, remboursable en cinq ans. Le taux courant était de 15 %. Le projet pourrait débuter au printemps 2001 et se terminer en juillet.

Dans toute cette histoire, le couple Belledent était quand même un peu hésitant. D'un côté, le projet plaisait à toute la famille ; de l'autre, il représentait une dette additionnelle. Le couple vous demande votre avis.

a) Que vaudra le certificat de Canine en juillet 2001 ? (Ignorer l'impôt pour ce calcul et arrondir à 1 $ près.)

b) Est-ce que ce capital serait suffisant pour fournir le comptant exigé par le fabricant ?

c) Que représente en paiements annuels l'offre du fabricant de financer le solde de 4 500 $ à 10 % pendant cinq ans ? (Arrondir à 1 $ près.)

d) À combien s'établirait le surplus de liquidités si les Belledent achetaient la piscine selon ces conditions ? (Présumer que les Belledent ont renouvelé leur hypothèque avec un amortissement de 10 ans. Arrondir à 100 $ près.)

e) Que devrait faire le couple Belledent au sujet de cette dette additionnelle ?

5. LES PLACEMENTS ACQUIS

La situation se clarifie dans l'esprit de Molaire : il amortit l'hypothèque sur 10 ans, et toute la famille se baigne dans la piscine en juillet 2001.

Un point demeure obscur : les mises de fonds nécessaires à la retraite. Molaire aimerait savoir quoi faire pour prendre une pleine retraite à 60 ans. Bien sûr, sur ce plan, il avait débuté en investissant dans des certificats de placement garanti 3 950 $ tous les ans depuis juillet 1995. Cinq années devaient représenter beaucoup plus que 20 000 $. Le directeur de la caisse lui avait suggéré d'utiliser un taux de rendement après impôt de 7 % pour calculer la somme exacte.

Les 3 950 $ étaient déposés en juillet de chaque année depuis 1995. C'était une habitude que le couple avait acquise depuis leur premier anniversaire de mariage, pour justement obtenir une retraite à 60 ans au plus tard.

a) Quelle est la valeur du portefeuille de placements en juillet 2000 ? (Les 3 950 $ sont investis en début de période. Arrondir à 100 $ près.)

b) Quelle sera la valeur de ce même portefeuille lorsque Molaire aura 60 ans ? (On se souvient qu'en mai 2000 Molaire a eu 30 ans. Arrondir à 100 $ près.)

6. LES PLACEMENTS FUTURS

L'intention de Molaire était d'investir annuellement, à partir de 2000-2001, 5 000 $ en certificats de placement garanti. Il se demande si ce montant est suffisant.

a) Quel capital obtiendrait Molaire en investissant 5 000 $ l'an, en fin de période, pendant 30 ans à un taux après impôt de 7 %? (Arrondir à 100 $ près.)

b) En tenant compte du capital de 24 300 $ déjà accumulé et des mises de fonds futures de 5 000 $ l'an, quel capital total posséderait Molaire à sa retraite dans 30 ans?

7. LE CAPITAL NÉCESSAIRE POUR ASSUMER LE COÛT DE VIE À LA RETRAITE

Présumons que le coût de vie de Molaire à sa retraite sera de 125 000 $ l'an. Selon les calculs précédents, Molaire détiendra un capital de 657 300 $ à 60 ans. Il voudrait savoir quel serait le capital nécessaire pour produire, pendant 20 ans, soit de 60 à 80 ans, un revenu de retraite indexé sur l'inflation et un revenu non protégé de l'inflation. Dans les deux cas, le capital s'annule dans 20 ans, à l'âge de 80 ans (c'est le choix du Dr Belledent). Enfin, il voudrait également pouvoir comparer le capital acquis avec le capital nécessaire. Répondez aux questions suivantes en utilisant un taux d'inflation de 6 % et un taux de rendement après impôt de 7 %.

a) Quel sera le capital nécessaire pour produire des revenus protégés de 125 000 $ pendant 20 ans?

b) Quel sera le capital nécessaire pour produire des revenus non protégés de 125 000 $ pendant 20 ans? (Arrondir à 100 $ près.)

c) Le capital prévu à 60 ans de 657 300 $ est-il suffisant?

8. LES MISES DE FONDS

Molaire Belledent a appris avec consternation que ses mises de fonds annuelles de 5 000 $ n'étaient pas suffisantes. Alors combien lui faudra-t-il investir par année, entre 30 et 60 ans? Molaire est inquiet avec raison, car, pour les prochaines années, il ne veut pas employer toutes ses disponibilités financières. Vous lui parlez des annuités à progression géométrique et lui en expliquez le fonctionnement. Il s'agit d'utiliser un taux d'inflation de 6 % et un taux de rendement après impôt de 7 %.

a) Faites un résumé des capitaux nécessaires à Molaire pour qu'il puisse prendre sa retraite à 60 ans.

b) Par la suite, déterminez les capitaux que devra accumuler Molaire en 30 ans. Considérez qu'il possédera déjà un certain capital à la retraite (voir la solution n° 5).

c) Quelles seraient les mises de fonds annuelles nécessaires pour annuler ces capitaux au moyen d'annuités constantes (mises de fonds fixes tous les ans)? Analysez la situation pour des revenus protégés et des revenus non protégés. (Arrondir à 100 $ près.)

d) Quelle serait la mise de fonds initiale si des annuités à progression géométrique étaient établies? Analysez la situation pour des revenus protégés et des revenus non protégés. (Arrondir à 100 $ près.)

e) Quelles seraient vos recommandations?

SOLUTIONS

1. LES DISPONIBILITÉS FINANCIÈRES (2000-2001)

Revenus professionnels	115 000 $
Moins: Frais d'exploitation	30 000
Revenus nets avant impôt	85 000
Moins: Impôt à payer	28 000
Revenus après impôt	57 000
Moins: Coût de vie	35 000
DISPONIBILITÉS FINANCIÈRES	22 000 $

Si les disponibilités sont insuffisantes pour les projets et la préparation de la retraite, le problème se résout soit par l'augmentation du revenu (ce qui demeure difficile), soit par une diminution du coût de vie.

2. LES DETTES

a) Paiements pour rembourser les dettes

- Table I, 5 ans, 13 %, facteur 22,75 pour 1 000 $
- 22,75 × 20 = 455 $ par mois
  455 $ × 12 = 5 460 $ par année

b) Disponibilités financières après le versement annuel des dettes et l'investissement en certificats de placement garanti

Disponibilités financières	22 000 $
Moins : Paiement des dettes	5 460
Moins : Achat des certificats (CPG)	5 000
SURPLUS DE LIQUIDITÉS	11 540 $

On voit immédiatement une possibilité d'accélérer le paiement des dettes, mais il faudra équilibrer cet aspect avec les autres opérations financières à suivre.

c) Marge de crédit

Quelquefois, il est possible que la consolidation des dettes et l'ouverture d'une marge de crédit puissent favoriser un meilleur équilibre budgétaire. Dans ce cas-ci, trois dettes viennent tout juste d'être financées (donc consolidées). L'avantage d'avoir une seule dette, c'est de faire un seul paiement. Si la marge de crédit peut offrir un meilleur taux d'intérêt, alors il y aurait avantage à en négocier une.

3. L'HYPOTHÈQUE

a) Paiements mensuels du 1er juillet 1998 au 30 juin 2000

- Montant : 102 300 $
- Taux d'intérêt : 12 %
- Terme : 2 ans (durée du contrat)
- Période d'amortissement : 22 ans
- Table II : facteur 10,58
- Paiement mensuel :

$$\frac{10,58 \times 102\,300\,\$}{1\,000} = 1\,082,33\,\$$$

- Paiement annuel : 1 082,33 $ × 12 = 12 987,96 $ ou 13 000 $ (valeur arrondie à 100 $ près)

b) Hypothèque amortie sur 20 ans

- Montant : environ 100 000 $ (vérifier ce solde avec la calculatrice : après avoir calculé le paiement mensuel, faire 24 [pour 24 mois], AMRT, AMRT, AMRT = environ 100 000 [valeur arrondie])
- Taux d'intérêt présumé : 14 %
- Période d'amortissement : 20 ans
- Paiement mensuel : 1 215,18 $
- Paiement annuel : 1 215,18 $ × 12 = 14 582,16 $ ou 14 600 $ (valeur arrondie à 100 $ près)

c) Hypothèque amortie sur 10 ans

- Paiement mensuel : 1 529,20 $
- Paiement annuel : 1 529,20 $ × 12 = 18 350,40 $ ou 18 400 $ (valeur arrondie à 100 $ près)

d) Intérêts payés en moins

- Amortissement sur 20 ans
  14 600 $ × 20 = 292 000 $ (en total des paiements)

Moins :	100 000	(en capital)
	192 000 $	(en intérêts)

- Amortissement sur 10 ans
  18 400 $ × 10 = 184 000 $ (en total des paiements)

Moins :	100 000	(en capital)
	84 000 $	(en intérêts)

Donc, 192 000 $ – 84 000 $ = 108 000 $ d'intérêts payés en moins.

e) Effet sur le coût de vie

- Amortissement sur 10 ans

Coût de vie moins ancienne hypothèque (35 000 $ – 13 000 $)	22 000 $
Plus : Hypothèque annuelle	18 400
COÛT DE VIE RAJUSTÉ	40 400 $

  (18 400 $ – 13 000 $ = 5 400 $ de plus en paiement d'hypothèque)

- Amortissement sur 20 ans

Coût de vie moins ancienne hypothèque	22 000 $
Plus : Hypothèque annuelle	14 600
COÛT DE VIE RAJUSTÉ	36 600 $

  (14 600 $ – 13 000 $ = 1 600 $ de plus en paiement d'hypothèque)

f) Surplus de liquidités

■ Amortissement sur 10 ans (année 2000-2001)

Revenus après impôt (voir la solution du problème n° 1)	57 000 $
Moins : Coût de vie (voir e) ci-dessus)	40 400
Disponibilités financières	16 600
Moins : Paiement des dettes	5 460
Moins : Achat de certificats	5 000
SURPLUS DE LIQUIDITÉS	6 140 $

■ Amortissement sur 20 ans

Revenus après impôt (voir la solution du problème n° 1)	57 000 $
Moins : Coût de vie (voir e) ci-dessus)	36 600
Disponibilités financières	20 400
Moins : Dettes et certificats	10 460
SURPLUS DE LIQUIDITÉS	9 940 $

4. LA PISCINE

a) Certificat de Canine

En juillet 1996, le certificat valait 2 508,80 $.

Table III, facteur 1 254,40 pour 12 % d'intérêt, 2 ans.

Donc, 1 254,40 $ × 2 (pour 2 000 $) = 2 508,80 $.

Le certificat est renouvelé en juillet 1996 pour cinq ans à 12 %.

Table III, 12 %, facteur 1 762,34.

Valeur du certificat en juillet 2001 = 4 421 $ (1 762,34 × 2,508 8) (valeur arrondie à 1 $ près).

b) Mise de fonds

La mise de fonds requise en juillet 2001 est de 4 400 $. Donc, le couple Belledent posséderait l'argent pour le montant à verser en juillet 2001.

c) Offre du fabricant

L'emprunt de 4 500 $ à 10 % paraît une excellente offre, étant donné la conjoncture. Les remboursements du financement représentent des montants mensuels de 95,63 $, pour un total annuel de 1 148 $ (table I, 5 ans, facteur 21,25 × 4,5 [pour 4 500 $] = 95,63 $).

d) Surplus de liquidités

Si les Belledent achetaient la piscine à ces conditions, le surplus de liquidités, qui est de 6 140 $ (voir la solution n° 3 f), amortissement sur 10 ans), serait ramené autour de 5 000 $ (6 140 $ – 1 148 $ = 4 992 $). Ils peuvent donc se permettre d'acheter leur piscine.

e) Stratégie

Si l'achat d'une piscine peut se calculer sur le plan financier, le bonheur et la joie d'une qualité de vie améliorée sont un peu plus difficiles à mesurer ! Un conseiller financier très rigoureux suggérerait aux Belledent de payer leurs dettes. Mais peut-être le père de Canine apprécierait-il beaucoup plus voir le résultat de son cadeau de 2 000 $ en piscine paysagée qu'en dettes payées. Tout est question de perspective et de priorité. Les Belledent ont les moyens d'acheter leur piscine s'ils le veulent. Dans ce cas-ci, le planificateur financier composerait avec le désir de ses clients et opterait probablement pour la dette additionnelle !

5. LES PLACEMENTS ACQUIS

a) Valeur du portefeuille de placements en juillet 2000

La valeur du portefeuille s'évalue comme suit :

■ Table V

■ 5 ans à 3 950 $, à 7 % après impôt

■ Facteur pour des mises en fin de période : 5 750,74 (pour 1 000 $) : 5 750,74 × 3,95 (pour 3 950 $) = 22 715 $

■ Investissement en début de période : 22 715 $ × 1,07 = 24 305 $

La valeur (arrondie à 100 $ près) du capital en juillet 2000 est de 24 300 $.

b) Valeur du même portefeuille à l'âge de 60 ans

■ Table III

■ 7 % après impôt

■ 60 – 30 = 30 ans, facteur 7 612,26

■ 7 612,26 × 24,3 (pour 24 300 $) = 184 978 $

La valeur (arrondie à 100 $ près) du capital à 60 ans est de 185 000 $.

6. LES PLACEMENTS FUTURS

a) Placements futurs
  - Table V
  - 7% après impôt
  - 30 ans, facteur 94 460,79
  - 94 460,79 × 5 (pour 5 000 $) = 472 304 $

  La valeur dans 30 ans sera de 472 300 $.

b) Capital total à la retraite
  - Capital détenu en juillet 2001 : 24 300 $
  - Ce montant produira 185 000 $ dans 30 ans (voir la solution n° 5).

Capital déjà acquis	185 000 $
Capital provenant des mises futures (voir a) ci-dessus)	472 300
CAPITAL TOTAL À 60 ANS	657 300 $

7. LE CAPITAL NÉCESSAIRE POUR ASSUMER LE COÛT DE VIE À LA RETRAITE

a) Pour des revenus protégés
  - Table XI
  - Inflation : 4%
  - Rendement après impôt : 7%
  - $n = 20$ ans (le solde du capital devient nul en 20 ans)
  - Facteur : 144 591
  - Coût de vie à 60 ans : 125 000 $
  - Capital à 60 ans :

  $$\frac{144\,591 \times 125\,000\,\$}{10\,000} = 1\,807\,400\,\$$$

b) Pour des revenus non protégés

  Cela signifie que les revenus sont les mêmes pendant 20 ans et n'augmentent pas année après année proportionnellement à l'inflation.
  - Inflation : 0%, même si celle-ci est présente dans l'économie
  - Rendement après impôt : 7%
  - $n = 20$ ans
  - Table VII
  - Facteur : 10 594,01

La signification du facteur 10 594,01 est qu'un tel montant d'argent qui rapporte un rendement après impôt de 7% peut produire un revenu annuel de 1 000 $ pendant 20 ans. Dans 20 ans, le solde est nul.
  - Coût de vie : 125 000 $
  - 10 594,01 × 125 (pour 125 000 $) = 1 324 251 ou 1 324 300 $ (valeur arrondie à 100 $ près)

c) Comparaison entre le capital que Molaire posséderait à 60 ans et le capital requis

  Revenus protégés

Âge de la retraite : 60 ans	
Placements présumés acquis (voir la solution n° 6)	657 300 $
Capitalisation nécessaire (voir 7 a)	1 807 400

  Revenus non protégés

Âge de la retraite : 60 ans	
Placements présumés acquis	657 300 $
Capitalisation nécessaire (voir 7 b)	1 324 300

  Ce tableau oblige à conclure que les mises de fonds annuelles de 5 000 $ sont insuffisantes.

8. LES MISES DE FONDS

a) Capitaux nécessaires à 60 ans
  - Revenus protégés : 1 807 400 $
  - Revenus non protégés : 1 324 300 $

b) Capitaux à accumuler en 30 ans

	Revenus protégés	Revenus non protégés
Capitaux nécessaires (voir la solution n° 7)	1 807 400 $	1 324 300 $
Moins : Capital déjà acquis (voir la solution n° 5)	185 000	185 000
CAPITAUX À ACCUMULER	1 622 400 $	1 139 300 $

c) Mises de fonds annuelles au moyen d'annuités constantes
  - Rendement après impôt : 7%
  - Inflation : 0% (non considérée)
  - $n = 30$ ans

- Table VI
- Facteur : 10,59

  Les mises de fonds annuelles pour des revenus protégés sont de :

  $10,59 \times 1\,622,4$ (pour $1\,622\,400$) = $17\,200\,\$$ (valeur arrondie à $100\,\$$ près).

  Les mises de fonds annuelles pour des revenus non protégés sont de :

  $10,59 \times 1\,139,3$ (pour $1\,139\,300$) = $12\,100\,\$$ (valeur arrondie à $100\,\$$ près).

  On peut conclure que les annuités constantes ou fixes n'avantagent pas Molaire. Pour des revenus non protégés, il faudrait plus que doubler les mises de fonds prévues de $5\,000\,\$$. Le surplus de liquidités de $5\,000\,\$$ (voir la solution n° 4) ne serait pas suffisant pour combler la différence.

d) Mise de fonds initiale au moyen d'annuités à progression géométrique
  - Rendement après impôt : 7 %
  - Inflation : 4 %
  - n = 30 ans (période de mises de fonds de 30 ans à 60 ans)
  - Table X
  - Facteur : 69

  La mise de fonds initiale pour des revenus protégés est de :

  $$\frac{1\,622\,400 \times 69}{10\,000} = 11\,200\,\$ \text{ (valeur arrondie à } 100\,\$ \text{ près)}$$

  La mise de fonds initiale pour des revenus non protégés est de :

  $$\frac{1\,139\,300 \times 69}{10\,000} = 7\,900\,\$ \text{ (valeur arrondie à } 100\,\$ \text{ près)}$$

  Ces mises de fonds doivent être augmentées chaque année selon l'inflation, calculée ici à 4 %.

e) Recommandations

  Plusieurs options s'offrent au Dr Belledent.
  - Considérer 60 ans comme l'âge de la préretraite et simplement retarder la pleine retraite. Il faudrait effectuer des calculs pour déterminer quand cette dernière sera possible.
  - Utiliser les disponibilités financières pour régler les dettes.
  - Réduire le coût de vie actuel afin d'investir le montant supplémentaire requis pour des revenus protégés.
  - Considérer une retraite à 60 ans mais avec des revenus non protégés.
  - Comme l'indique la mise en situation, Canine envisage de reprendre son travail de physiothérapeute dans environ sept ans. Il serait possible de réévaluer la situation financière des Belledent à ce moment-là. Entretemps, Molaire pourrait investir une partie de son surplus de liquidités et aussi conserver un fonds pour régler les dettes et pour faire face aux imprévus.

RÉSUMÉ

L'exemple des Belledent démontre bien le fait que la planification financière contient toujours deux dimensions, soit :

- une dimension financière ;
- une dimension comportementale.

Le conseiller financier doit donc composer avec ces deux dimensions, aussi importantes l'une que l'autre. Celui-ci peut toujours effectuer des calculs et suggérer des stratégies qui lui plaisent ; mais sont-elles réalistes pour le client ? Dans notre exemple, Molaire doit prendre conscience de l'importance de ne pas s'endetter. L'endettement n'est pas un problème financier, c'est un problème comportemental. Il serait donc, dans ce sens, intéressant de suggérer à Molaire de payer en tout premier lieu ses dettes, et ce le plus tôt possible. Il pourra continuer à investir pour sa retraite jusqu'au moment où Canine reprendra le travail. À ce moment-là, il faudra réévaluer toute la situation, car tout changement financier important dans la vie d'un couple justifie une remise à jour de la planification financière.

Voici comment se présente à court et à moyen terme la planification financière des Belledent :

- Payer les dettes le plus tôt possible.

- Bien maîtriser le coût de vie ; le réduire si c'est possible.

- Investir le maximum possible pour la retraite d'ici le retour au travail de Canine : de 7 000 $ à 8 000 $ l'an serait raisonnable. Réviser toute la situation dès le retour au travail de Canine ou avant si cela est nécessaire. D'ici là, ne pas s'endetter.

- La piscine est un bon projet pour la famille Belledent si l'on considère la situation globale. Le financement à 10 % est raisonnable, mais il faudra payer cette dette aussitôt que possible.

- L'hypothèque amortissable sur 10 ans représente une excellente stratégie. D'ici quelques années, il faudrait encore réduire cette période de façon à liquider l'hypothèque le plus tôt possible.

- Finalement, les Belledent se montrent responsables pour ce qui est de leur planification financière, et, à cet égard, ils méritent des félicitations.

L'impôt sur le revenu des particuliers

4

OBJECTIFS

- Comprendre la structure d'une déclaration de revenus
- Distinguer les principales sources de revenus
- Distinguer les crédits d'impôt non remboursables et les crédits d'impôt remboursables
- Appliquer le taux d'imposition marginal dans des situations concrètes

PLAN

Introduction

4.1   La structure d'une déclaration de revenus

4.2   Les taux d'imposition marginal et moyen

4.3   Les principales sources de revenus
     4.3.1   Le revenu d'emploi
     4.3.2   Le revenu d'intérêts
     4.3.3   Le revenu de dividendes
     4.3.4   Le gain en capital
     4.3.5   Le revenu de location
     4.3.6   Le revenu d'entreprise

4.4   Les revenus non imposables et les dépenses non déductibles

4.5   L'impôt minimum

4.6   Les acomptes provisionnels

Sites Internet à visiter

Questions de révision

Exercices

Document : La déduction pour amortissement

INTRODUCTION

Tout résident du Québec est assujetti à la fois à l'impôt fédéral et à l'impôt provincial sur les revenus qu'il reçoit de sources québécoises, canadiennes ou étrangères. Les résidents québécois doivent remplir tous les ans deux formulaires de déclaration de revenus, l'un fédéral et l'autre provincial. Les résidents des autres provinces ne produisent qu'une déclaration fédérale qui inclut les impôts provinciaux. Pour un particulier, la déclaration de revenus couvre l'année civile, soit la période du 1er janvier au 31 décembre de chaque année ; le contribuable a jusqu'au 30 avril de l'année suivante pour remettre sa déclaration de revenus et payer le solde d'impôt dû.

Le but de ce chapitre est de comprendre la déclaration de revenus des particuliers. Les stratégies fiscales qui consistent à réduire l'effet des impôts sur les revenus et les biens seront analysées dans la deuxième partie de ce livre, au chapitre 6, intitulé « Le module Planification fiscale ».

4.1   LA STRUCTURE D'UNE DÉCLARATION DE REVENUS

La structure d'une déclaration de revenus concerne le passage du revenu total au solde dû ou au remboursement à recevoir. Il faut souligner que, malgré une certaine harmonisation entre le fédéral et le provincial, les deux façons de calculer les impôts à payer ne sont pas identiques. Dans leurs grandes lignes, cependant, les deux processus sont semblables et sont résumés au tableau 4.1.

Le revenu total

L'ensemble des revenus qui sont présentés dans une déclaration de revenus composent le revenu total. Les sources de revenus les plus fréquentes sont le revenu d'emploi, les prestations d'assurance-emploi, les divers revenus de pension, les revenus de biens ou de placements (intérêts, dividendes, revenu de location). Plus rarement, on trouve le revenu d'entreprise et les gains en capital. Pour avoir une liste plus complète des sources de revenus, on peut consulter un formulaire de déclaration de revenus.

Pour certaines sources de revenus, comme les revenus de location et d'entreprise, l'administration fiscale demande de produire un état qui présente les revenus moins les dépenses afin de dégager le bénéfice net pour déclaration fiscale. Ce dernier montant est présenté à la ligne appropriée dans la section « Revenu total » de la déclaration de revenus. Les dépenses présentées à cet état sont dites déductibles en ce sens que la loi permet de les soustraire ou de les déduire du revenu.

TABLEAU 4.1
Structure d'une déclaration de revenus (fédérale et provinciale) (2000)

Revenu total
- revenu d'emploi
- prestations d'assurance-emploi
- revenu de pension
- revenu de placements
- revenu d'entreprise
- gain en capital
- etc.

–

Déductions du revenu total
- cotisations à un régime de pension agréé
- cotisations à un régime enregistré d'épargne-retraite
- cotisations syndicales et professionnelles
- pension alimentaire payée
- etc.

=

Revenu net

–

Déductions du revenu net
- pertes d'entreprise des années précédentes
- pertes nettes en capital d'autres années

=

Revenu imposable

×

Taux d'imposition

=

Impôt sur le revenu imposable

–

Crédits d'impôt

Crédits non remboursables :
- montant personnel de base
- montant pour conjoint
- montant pour enfants à charge
- montant en raison de l'âge
- cotisations à l'assurance-emploi
- cotisations au Régime des rentes du Québec
- etc.

Crédits remboursables :
- impôt payé à l'avance
- abattement du Québec
- paiements en trop d'assurance-emploi
- paiements en trop au Régime des rentes du Québec
- etc.

=

Solde dû ou remboursement

Les déductions du revenu total

Les déductions du revenu total sont les montants à soustraire ou à déduire du revenu total, comme les cotisations à un régime de pension agréé (RPA) ou à un régime enregistré d'épargne-retraite (REÉR), les cotisations syndicales, etc.

Le revenu net

Le revenu net est la différence entre le revenu total et les déductions du revenu total.

Les déductions du revenu net

Les déductions du revenu net sont les montants à soustraire du revenu net, comme les pertes d'exploitation ou les pertes nettes en capital des années passées, etc. Parce que ces déductions sont peu fréquentes, elles ne seront pas étudiées dans le présent volume.

Le revenu imposable

Le revenu imposable est la différence entre le revenu net et les déductions du revenu net.

L'impôt selon le revenu imposable

À partir du revenu imposable, une grille de calcul détaillée permet de déterminer un montant d'impôt. Ce montant s'appelle « impôt fédéral sur le revenu » au fédéral, et « impôt sur le revenu imposable » au Québec. Les grilles de calcul (fédérale et provinciale) sont conçues à partir de la table du taux d'imposition marginal (voir le tableau 4.2).

Les crédits d'impôt

Déterminés par l'administration fiscale, les crédits d'impôt viennent diminuer le montant d'impôt évalué à partir du revenu imposable. On les divise en deux catégories :

Les crédits non remboursables. Le total des crédits non remboursables est établi à partir d'un pourcentage (17 % au fédéral, 22 % au provincial) appliqué sur l'ensemble des crédits non remboursables réclamés. Les crédits non remboursables les plus fréquents sont les suivants :

■ Le montant de base : ce montant est offert à tous, sans exception. En 2000, il était de 7 231 $ au fédéral ; au provincial, il était de 5 900 $ au régime d'imposition général et de 8 415 $ au régime d'imposition simplifié[1].

■ Le montant pour conjoint : ce montant est offert au contribuable dont le conjoint a un faible revenu (en 2000, en deçà de 6 754 $ au fédéral).

■ Les cotisations au Régime des rentes du Québec : les cotisations payées au cours de l'année par un employé, plus les contributions à payer dans le cas d'un travailleur autonome.

■ Les cotisations à l'assurance-emploi : les cotisations payées au cours de l'année par un employé.

■ Les frais médicaux, en partie.

Le total des crédits non remboursables est déduit du montant d'impôt établi à partir d'une grille de calcul. Si le total des crédits excède ce montant d'impôt, le solde n'est pas récupérable par le contribuable et le fisc n'a aucun remboursement à effectuer à cet effet ; c'est pourquoi ils sont qualifiés de non remboursables.

Les crédits remboursables. Si le total des crédits remboursables excède le montant de l'impôt à payer, le contribuable a droit à un remboursement ; ces crédits viennent d'abord diminuer l'impôt à payer. Les crédits sont remboursables au plein montant, c'est-à-dire qu'ils ne sont pas établis à partir d'un pourcentage comme le sont les crédits non remboursables. Les crédits remboursables les plus courants sont ceux-ci :

■ Les retenues d'impôt sur le salaire : les montants d'impôt prélevés sur les salaires sont en fait de l'impôt payé d'avance.

■ Les acomptes provisionnels : il s'agit de versements trimestriels représentant des montants d'impôt payés d'avance dans le cas des revenus de profession, d'entreprise non incorporée, de placements, etc. Comme on le verra à la section 4.6, les contribuables salariés sont aussi, dans certains cas, obligés de verser des acomptes provisionnels.

■ Les paiements en trop à l'assurance-emploi : si les cotisations du contribuable dépassent le maximum prévu pour l'assurance-emploi, l'excédent devient remboursable par le fédéral, ce programme étant de sa compétence. Cette situation s'applique souvent aux personnes qui ont occupé plus d'un emploi au cours d'une année fiscale.

---

1. Depuis 1998, il existe au Québec deux régimes d'imposition : le régime d'imposition général et le régime d'imposition simplifié. En fait, c'est le régime d'imposition simplifié qui est nouveau. Ce dernier se veut plus avantageux pour les particuliers qui bénéficient de peu de déductions et de peu de crédits d'impôt. Il incombe au contribuable de présenter sa déclaration sous une des deux formes admissibles. Selon les estimations du gouvernement provincial, 80 % des particuliers ont avantage à produire une déclaration de revenus simplifiée.

■ Les paiements en trop au Régime des rentes du Québec : si les cotisations du contribuable dépassent le maximum annuel exigé pour le Régime des rentes du Québec, l'excédent devient remboursable par le gouvernement du Québec, ce régime étant de compétence provinciale.

■ L'abattement du Québec remboursable : le gouvernement fédéral accorde un remboursement automatique et sans condition de 16,5 % d'impôt, avant considération des crédits remboursables, à tous les résidents du Québec. Il accorde cet abattement en guise de compensation au lieu de participer à certains programmes à frais partagés avec le Québec.

4.2 LES TAUX D'IMPOSITION MARGINAL ET MOYEN

Le **taux d'imposition marginal** est le pourcentage déterminé du revenu imposable qui doit être versé au fisc pour chaque tranche de revenus imposables. C'est le taux d'imposition qui s'applique à chaque dollar de revenu supplémentaire. Le tableau 4.2 présente les taux marginaux fédéral et provincial.

Dans le présent ouvrage, l'expression « taux d'imposition marginal » désigne le taux d'imposition marginal combiné, c'est-à-dire la somme des taux du fédéral et du provincial (Québec) (voir le tableau 4.3). En 2000, le taux marginal combiné le plus bas était de 33,2 %, et ce pour un revenu imposable de moins de 26 000 $. Le taux marginal combiné le plus élevé était de 50,7 %, à partir de 60 010 $ de revenu imposable, et ce pour les contribuables du Québec.

Il est important pour le contribuable de connaître son taux d'imposition marginal, car c'est ce taux qui sert à calculer l'impôt à payer sur une source additionnelle de revenus. L'exemple de M. Lafortune, présenté à la page 82, illustre ce point.

Le **taux d'imposition moyen ou effectif** est le taux auquel est imposé l'ensemble des revenus d'un particulier. Une fois les impôts à payer correctement calculés (sans tenir compte des retenues salariales ou des versements trimestriels), on peut obtenir le taux moyen en divisant simplement le montant des impôts par le revenu imposable.

Contrairement au taux marginal, qui est le même pour tous, le taux moyen varie d'un contribuable à l'autre, car les crédits non remboursables ne sont pas nécessairement les mêmes pour tous les contribuables.

TABLEAU 4.2
Revenu imposable et taux d'imposition marginal (2000)

Revenu imposable	Taux marginal fédéral (avant surtaxe et abattement)	Taux marginal Québec
Moins de 30 000 $	17 %	
30 001 $ à 60 009 $	25 %	
60 010 $ et plus	29 %	
Moins de 26 000 $		19 %
26 001 $ à 52 000 $		22,5 %
52 001 $ et plus		25 %

Note : Ce tableau ainsi que le tableau 4.3 ont été établis à partir des tables d'imposition de l'année 2000, en vigueur au moment où nous avons rédigé le présent chapitre. Le lecteur peut obtenir les tables d'imposition les plus récentes en consultant deux excellents sites Internet : celui du Centre québécois de formation en fiscalité (www.cqff.com) et celui du Groupe Servicas (www.servicas.com).

TABLEAU 4.3
Taux moyen et taux marginal combiné pour le Québec (2000)

Revenu imposable	Taux moyen combiné fédéral et provincial (%)	Taux marginal fédéral (%)	provincial (%)	combiné (%)
10 000 $	2,4	14,2	19,0	33,2
15 000	12,7	14,2	19,0	33,2
20 000	17,8	14,2	19,0	33,2
25 000	20,9	14,2	19,0	33,2
30 000	23,4	20,9	22,5	43,4
35 000	26,2	20,9	22,5	43,4
40 000	28,4	20,9	22,5	43,4
45 000	30,1	20,9	22,5	43,4
50 000	31,4	20,9	22,5	43,4
60 000	33,7	24,2	25,0	49,2
70 000	35,2	24,2	25,0	49,2
80 000	37,1	25,7	25,0	50,7
90 000	38,7	25,7	25,0	50.7
100 000	39,9	25,7	25,0	50,7
110 000	40,9	25,7	25,0	50,7
120 000	41,7	25,7	25,0	50,7
130 000	42,3	25,7	25,0	50,7

Note: Les revenus imposables ne comprennent ni dividendes de sociétés canadiennes ni gains en capital. Au fédéral, les taux tiennent compte de l'abattement de 16,5 % de l'impôt de base offert aux résidents du Québec. Le taux moyen combiné est déterminé pour les contribuables célibataires. Les taux ne tiennent pas compte de la contribution au Fonds des services de santé du Québec.

EXEMPLE

M. Lafortune prévoit un revenu imposable de 30 000 $. On lui offre un travail à temps partiel qui lui rapportera un revenu de 3 000 $. L'impôt supplémentaire qu'il devra payer sur ces honoraires sera de 1 302 $, soit 3 000 $ × 43,4 % comme taux marginal (voir le tableau 4.3).

Le taux d'imposition marginal permet aussi d'évaluer l'économie fiscale que rapporte un placement de type régime enregistré d'épargne-retraite (REÉR) par exemple, c'est-à-dire un placement qui engendre une économie d'impôt. Si votre taux d'imposition marginal est de 50 % et que vous investissez 3 000 $ dans un tel placement, vous réduisez d'autant votre revenu total et vous économisez automatiquement 1 500 $ d'impôt (50 % × 3 000 $) pour l'année en cours.

Le calcul du taux marginal est important aussi pour les familles ayant deux revenus, en ce qu'il leur permet de déterminer, par exemple, quel conjoint devra investir dans des abris fiscaux. Évidemment, celui qui est imposé au taux marginal le plus élevé bénéficiera davantage de l'économie d'impôt à laquelle donne droit un abri fiscal.

4.3   **LES PRINCIPALES SOURCES DE REVENUS**

Nous présentons dans cette section les principales sources de revenus des particuliers, soit :

- le revenu d'emploi ;
- le revenu d'intérêts ;
- le revenu de dividendes ;
- le gain en capital ;
- le revenu de location ;
- le revenu d'entreprise.

Cette liste n'est pas exhaustive, mais elle permet au lecteur de se familiariser avec les sources de revenus les plus courantes.

4.3.1   **LE REVENU D'EMPLOI**

Le revenu d'emploi est simplement le revenu relié à une charge ou à un emploi. Ce revenu représente la forme la plus fréquente de tous les revenus.

L'employeur doit évaluer, à partir de ses livres comptables (journal des salaires), tous les montants relatifs au salaire. Il doit évaluer le salaire brut, les commissions et les avantages imposables ainsi que les retenues à la source qu'il faut inclure à la déclaration de revenus. Il doit présenter tous ces renseignements sur le formulaire T4 pour le fédéral et sur le Relevé 1 pour le provincial. Ces formulaires sont présentés en quatre duplicata : un pour le gouvernement concerné, deux pour l'employé et un pour les dossiers de l'employeur. Ces formulaires sont indispensables à l'employé lorsqu'il remplit sa déclaration de revenus.

En guise d'illustrations sont présentés à la page suivante les formulaires T4 et Relevé 1 de M. Jean Lassocié.

Le salaire brut et le salaire net

Le salaire brut est le salaire convenu entre l'employeur et l'employé. De ce montant, l'employeur prélève une portion à chaque paie : les retenues à la source. Le salaire net est le salaire effectivement reçu, après que les retenues à la source ont été effectuées. Selon les formulaires T4 et Relevé 1 de M. Jean Lassocié, voici le calcul effectué pour obtenir le salaire net :

EXEMPLE

Salaire brut	57 728,00 $
Moins : Retenues à la source	22 805,43
SALAIRE NET	34 922,57 $

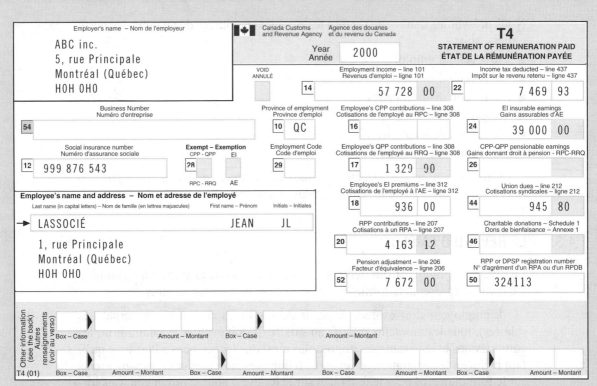

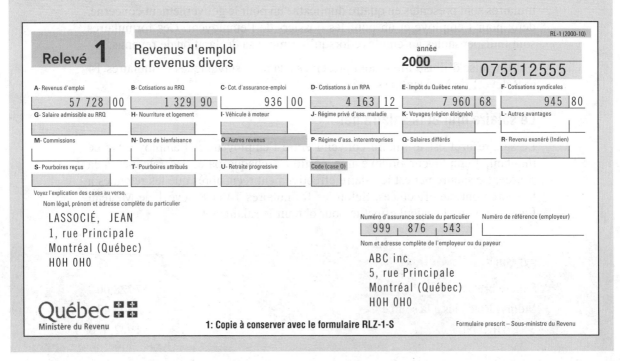

Les retenues à la source

Les principaux éléments à retenir du salaire sont les suivants :

■ La contribution au Régime des rentes du Québec, dont l'objectif premier est de financer les rentes payables au contribuable au moment de sa retraite.

■ La contribution à l'assurance-emploi, afin de financer en partie le programme fédéral d'assurance-emploi.

■ Les impôts fédéral et provincial, qui représentent de l'impôt payé à l'avance et qui sont établis par l'employeur à l'aide de tables fournies à cet effet. Ils constituent un crédit remboursable.

Il existe d'autres retenues à la source qui ne sont pas exigées par la loi, mais qui proviennent plutôt d'une entente entre l'employeur et les employés, souvent par l'entremise d'un syndicat ; il s'agit, entre autres, des contributions à un régime de pension agréé, des cotisations syndicales, etc. Les retenues à la source qui sont admissibles pour l'impôt seront présentées au formulaire T4 et au Relevé 1. Certaines retenues à la source ne sont pas admissibles et ne figureront donc pas sur ces formulaires.

Les avantages imposables

Les avantages imposables sont des bénéfices dont jouit un employé dans le cadre de son emploi, mais qui ne sont pas sous la forme d'un salaire. C'est l'employeur qui doit évaluer et présenter ces avantages imposables aux cases appropriées du formulaire T4 et du Relevé 1. Ces montants doivent s'ajouter au salaire brut ; ils seront donc inscrits à la case 14 du T4 et à la case A du Relevé 1.

Les avantages imposables les plus fréquents sont les suivants :

■ L'usage personnel de l'automobile fournie et payée par l'employeur. Le mode d'évaluation est fixé par la loi de l'impôt. Les vendeurs à commission et les représentants commerciaux bénéficient souvent de ce genre d'avantage.

■ Le prêt accordé par un employeur à son employé, sans intérêt ou à un taux inférieur au taux prescrit (taux reconnu par l'impôt).

■ Tout bien donné par l'employeur à son employé. La juste valeur marchande de ce bien constitue l'avantage imposable. Si un employeur paie un voyage d'agrément à son employé, la valeur marchande de ce don est imposable.

En pratique, c'est le comptable de l'employeur qui évalue les avantages imposables et les inclut au formulaire T4 et au Relevé 1.

4.3.2 LE REVENU D'INTÉRÊTS

Si le contribuable encaisse ses intérêts tous les ans, les montants ainsi gagnés deviennent imposables l'année de l'encaissement. Le payeur doit présenter un formulaire T5 ou T600 (pour le fédéral) et un Relevé 3 (pour le provincial) indiquant les montants effectivement payés au contribuable.

Pour une période d'encaissement qui excède une année, comme dans le cas d'obligations d'épargne à intérêt composé, le législateur a instauré certaines règles afin de récupérer l'impôt avant l'année d'encaissement. Ainsi, pour les placements acquis depuis le 1er janvier 1990, la loi oblige le contribuable à déclarer le revenu couru annuellement au jour d'anniversaire du placement ou au jour de liquidation du placement s'il est plus rapproché. Cela signifie que l'intérêt gagné sur un placement fait depuis 1990 sera imposé une année plus tard, qu'il soit encaissé ou non. Il incombe au payeur d'envoyer au contribuable investisseur un formulaire T5 ou T600 (pour le fédéral) et un Relevé 3 (pour le provincial) indiquant le revenu annuel ainsi gagné.

EXEMPLE

Date d'acquisition du titre : 1er juillet 20X1

Obligation à intérêt composé : 10 000 $

Taux d'intérêt offert : 7 %

Liquidation du titre : 31 mars 20X3

Année d'imposition	Montant d'intérêt imposable
20X1	0 $
20X2 (1er juillet 20X1 au 30 juin 20X2)	700 (7 % × 10 000 $)
20X3 (1er juillet 20X2 au 31 mars 20X3)	562 (7 % × 10 700 $ × [9 mois ÷ 12 mois])

4.3.3 LE REVENU DE DIVIDENDES

Cet autre type de revenu de placements doit aussi être ajouté au revenu total. Le dividende imposable, reçu de corporations canadiennes, doit être majoré de 25 % et, par ailleurs, il donne droit à un crédit pour dividendes, crédit qui ne peut pas générer de remboursement d'impôt.

EXEMPLE

Dividendes de compagnies canadiennes	1 000 $
Majoration : 25 %	
Montant imposable	1 250
Crédit pour dividendes (valeurs arrondies à 1 $ près)	
• au fédéral (13 1/3 %) :	
1 250 $ × 13 1/3 %	167
• au provincial (10,83 %) :	
1 250 $ × 10,83 %	135

Les dividendes reçus de compagnies étrangères doivent être imposés au montant effectivement reçu plus l'impôt prélevé à la source par le pays étranger (s'il y a lieu). Ces dividendes en monnaie étrangère doivent être convertis en monnaie canadienne selon le taux de change approprié et donnent droit à un crédit pour impôt étranger (s'il y a lieu).

Le tableau 4.4 présente les taux d'imposition liés aux revenus d'intérêts et aux revenus de dividendes.

4.3.4   LE GAIN EN CAPITAL

Contrairement à la majorité des revenus, qui sont totalement imposables, seuls 50 % des gains en capital sont assujettis à l'impôt fédéral et à l'impôt provincial.

TABLEAU 4.4
Comparaison entre les revenus d'intérêts et les revenus de dividendes (2000)

Revenu imposable	Taux d'imposition* applicable sur	
	intérêts	dividendes
10 000 $	33,2 %	14,0 %
16 000 $	33,2 %	14,0 %
20 000 $	33,2 %	14,0 %
28 000 $	36,7 %	18,4 %
32 000 $	43,4 %	26,8 %
40 000 $	43,4 %	26,8 %
54 000 $	45,9 %	29,9 %
62 000 $	49,2 %	34,1 %
80 000 $	50,7 %	35,0 %

*   Taux calculés en fonction du crédit personnel de base de 1 229,27 $ au fédéral et de 1 298 $ au provincial.

Jusqu'au 27 février 2000, le taux d'inclusion sur gains en capital était de 75 %, et ce depuis un bon nombre d'années. Du 28 février au 17 octobre 2000, il était de 66 2/3 %. Depuis le 18 octobre 2000, il est passé à 50 %.

Lorsqu'il y a disposition (ou aliénation) d'un bien en immobilisation, il peut y avoir **gain** ou **perte en capital.** Les biens en immobilisation comprennent les actions, les obligations, les hypothèques (pour le créancier), les terrains et les immeubles, que l'on présente habituellement sous les rubriques Placements ou Immobilisations du bilan. Les biens personnels d'un individu peuvent aussi engendrer un gain en capital. Le calcul du gain ou de la perte en capital s'effectue seulement lorsqu'il y a disposition d'éléments d'actif. Les dispositions peuvent être réelles ou présumées. La disposition est réelle lorsqu'il y a par exemple une vente, donc une disposition volontaire ; la disposition est présumée lorsque le contribuable décède, lorsqu'il ne réside plus au Canada ou lorsqu'un changement survient dans l'usage d'un bien. Dans la présente sous-section, nous allons nous attarder aux situations relatives à la vente d'immeubles et d'actions de compagnie.

Les immobilisations

Soulignons d'abord que la résidence principale (et qui a toujours été considérée comme telle) ne peut engendrer ni gain ni perte en capital au moment de sa cession ; s'il existe une deuxième résidence, celle-ci est assujettie à l'impôt sur le gain en capital.

L'exemple qui suit illustre la situation relative à deux immeubles de location, le premier n'étant pas habité par le propriétaire, et le second l'étant en partie. Dans ce dernier cas, le pourcentage de superficie louée s'applique pour évaluer le gain en capital, car la portion résidentielle n'est pas imposable.

EXEMPLE

DÉTERMINATION DU GAIN EN CAPITAL
(vente d'immobilisations)

Immeuble de location non habité par le propriétaire

Produit de disposition (vente)	400 000 $
Moins : Prix de base rajusté (coût en capital)	308 000
Débours et dépenses (frais de courtage)	24 000
Gain en capital	68 000 $
Portion imposable : 50 %	
GAIN EN CAPITAL IMPOSABLE	34 000 $

Immeuble de location habité en partie par le propriétaire
(superficie louée de 50 %)

Produit de disposition (vente)	200 000 $
Prix de base rajusté (coût en capital)	120 000
Débours et dépenses (frais de courtage)	12 000
Sous-total	68 000 $
Superficie locative : 50 %	
Gain en capital	34 000
Portion imposable : 50 %	
GAIN EN CAPITAL IMPOSABLE	17 000 $

Les actions de compagnie

Quand plusieurs transactions concernent l'achat d'actions d'une même compagnie, il est possible que le prix des actions soit différent. Il faut utiliser la méthode du coût moyen pour évaluer le prix de base des actions.

EXEMPLE

DÉTERMINATION DU PRIX DE BASE D'UNE ACTION DE COMPAGNIE
(évaluation selon le coût moyen)

Actions d'ABC ltée

20X1-05-25 : achat de 1 000 actions à 10 $ l'action	10 000 $
20X2-01-22 : achat de 1 000 actions à 12 $ l'action	12 000
20X4-06-15 : achat de 2 000 actions à 15 $ l'action	30 000
20X6-01-22 : vente de 500 actions à 16 $ l'action	8 000

COÛT MOYEN au 22 janvier 20X6 : 13 $ l'action
(10 000 $ + 12 000 $ + 30 000 $ = 52 000 $; 52 000 $ ÷ 4 000 actions)

L'exemple suivant illustre la prochaine étape, qui est la détermination du gain (ou de la perte) en capital imposable. On utilise le prix de base de 13 $ l'action déjà calculé.

EXEMPLE

DÉTERMINATION DU GAIN (PERTE) EN CAPITAL IMPOSABLE
(actions de compagnie)

Actions d'ABC ltée

Produit de disposition (vente)	8 000 $
Prix de base rajusté (500 actions × 13 $)	6 500
Débours et dépenses (frais de courtage)	50
Gain (perte) en capital	1 450 $
Portion imposable : 50 %	
GAIN (PERTE) EN CAPITAL IMPOSABLE	725 $

La perte en capital

Le traitement de la perte en capital est fonction de la nature de l'actif générant la perte.

Une perte en capital subie sur un bien à usage personnel (automobile, meubles, bateau, chalet, résidence privée, etc.) n'est pas admissible comme perte. La perte reliée à ce genre d'actif est due à l'usure, la consommation d'un tel bien constituant une dépense d'intérêt personnel.

Une perte sur un bien meuble déterminé (biens précieux, biens de collections de toutes sortes, bijoux, tableaux, etc.) doit être diminuée du gain en capital réalisé sur un autre bien meuble déterminé. Toutefois, le solde restant de la perte peut être reporté trois ans en arrière et sept ans en avant, toujours en diminution d'un gain sur un autre bien meuble déterminé.

La perte en capital générée sur un bien tel qu'une action, une obligation, un terrain et autres actifs semblables vient diminuer le gain en capital sur un bien quelconque réalisé la même année. Le solde de la perte peut être reporté trois ans en arrière et un nombre indéterminé d'années en avant (jusqu'au décès), peu importe sa nature.

Un bien amortissable ne peut engendrer une perte en capital. La disposition d'un actif amortissable vient affecter le calcul d'amortissement et, le cas échéant, peut générer une perte finale entièrement déductible.

4.3.5   LE REVENU DE LOCATION

De plus en plus de gens s'intéressent aux placements immobiliers. Le revenu qui découle de la possession d'un ou de plusieurs immeubles s'appelle revenu de location. Nous traiterons de deux situations différentes, soit :

■ le revenu d'un immeuble de location non habité par le propriétaire ;

■ le revenu d'un immeuble de location habité en partie par le propriétaire.

Dans les deux cas, le contribuable doit fournir un état qui présente le revenu moins les dépenses déductibles, ce qui permet ainsi de dégager le revenu de location. Nous avons également inclus dans les deux cas la déduction pour amortissement. Le concept de l'amortissement, incluant les notions de déduction, de perte finale et de récupération, n'est pas simple. C'est pourquoi nous l'examinons plus en détail dans le document qui figure à la fin de ce chapitre. Le lecteur intéressé pourra s'y référer.

Le revenu d'un immeuble de location non habité par le propriétaire

Si une personne possède un immeuble de location qu'elle n'habite pas, le revenu de location se détermine de la façon suivante :

Loyers bruts

Moins : Dépenses engagées pour l'immeuble

Moins : Déduction pour amortissement (DPA)

Égale : Revenu de location

Les loyers bruts sont les sommes provenant des locataires pour la période du 1er janvier au 31 décembre de l'année. Les dépenses engagées pour l'immeuble sont les dépenses d'entretien, l'intérêt sur le paiement hypothécaire et les autres dépenses relatives à l'immeuble. Le remboursement des dettes (portion du capital) reliées à l'immeuble n'est pas déductible.

EXEMPLE

Immeuble de location
ÉTAT DES RÉSULTATS
du 1er janvier au 31 décembre 20X1

Loyers bruts		23 200 $
Frais d'exploitation		
Taxes municipale et scolaire	7 200 $	
Peinture	2 200	
Plomberie	1 200	
Assurances	600	
Intérêt sur hypothèque	4 400	15 600
Loyers nets avant amortissement		7 600 $
Moins : DPA au taux de 5 % sur la fraction non amortie		
du coût en capital (FNACC) de 100 000 $		5 000
REVENU DE LOCATION		2 600 $

Le revenu d'un immeuble de location habité en partie par le propriétaire

Si un contribuable possède un immeuble dont une partie sert à la location, un duplex ou un triplex par exemple, il faut jumeler le revenu et les dépenses relatives à la location, et présenter un état des résultats afin d'établir clairement le revenu de location. Il faut déterminer ce revenu ainsi :

Loyers bruts

Moins : Dépenses engagées pour les logements destinés à la location

Moins : Dépenses communes pour l'immeuble (au prorata de la superficie louée)

Moins : Déduction pour amortissement (au prorata de la superficie louée)

Égale : Revenu de location

EXEMPLE

Immeuble de location

ÉTAT DES RÉSULTATS

du 1er janvier au 31 décembre 20X1

Loyers bruts		10 000 $
Frais d'exploitation		
Dépenses engagées pour les logements destinés à la location		
Peinture	600 $	
Plomberie	800	1 400
Dépenses communes pour l'immeuble		
Taxe foncière	4 200	
Assurances	800	
Intérêt sur hypothèque	8 000	
	13 000 $	
Pourcentage de la superficie louée : 50 %		
Dépenses communes admissibles		6 500
Loyers nets avant amortissement		2 100 $
Moins : DPA (catégorie 3 au taux de 5 %) sur la FNACC		
de 50 000 $ (FNACC pour l'ensemble de l'immeuble =		
100 000 $ × 50 % pour la portion louée × 5 % = 2 500 $)		
Maximum admissible		2 100 ⁽¹⁾
REVENU DE LOCATION		0 $

(1) La déduction pour amortissement ne peut provoquer une perte ni augmenter une perte existante. Le maximum admissible pour ramener le revenu à 0 est de 2 100 $. Pour l'année suivante, le solde de la fraction non amortie du coût en capital égale 47 900 $ (soit 100 000 $ × 50 % = 50 000 $; 50 000 $ − 2 100 $).

Les dépenses engagées pour les logements destinés à la location sont la peinture, la plomberie, l'électricité, le chauffage s'il y a lieu, l'entretien, les réparations, etc. Les dépenses communes, qui touchent l'ensemble de l'immeuble, sont en général la taxe foncière (municipale et scolaire), l'intérêt sur l'hypothèque, les assurances, la déduction pour amortissement et le chauffage s'il s'agit d'un chauffage central. Ces dépenses sont déductibles au prorata de la superficie louée de l'immeuble.

4.3.6   LE REVENU D'ENTREPRISE

Le revenu d'entreprise est le bénéfice qui découle de l'exploitation commerciale ou professionnelle d'une entreprise par un individu ou un groupe de personnes. Un cabinet professionnel, composé d'un ou de plusieurs membres, engendre un revenu d'entreprise. Il n'est pas nécessaire d'exercer sa profession dans un établissement commercial ; un comptable, par exemple, peut exercer sa profession dans le sous-sol de sa résidence privée. En fait, à partir du moment où un contribuable prend un risque financier, fait de la vente au sens large ou fournit des services, il doit se considérer comme exploitant une entreprise. Ainsi, même le travailleur autonome entre dans cette catégorie. La personne qui a un revenu d'entreprise doit effectuer à l'avance, en guise de paiement d'impôt, des versements trimestriels (ou acomptes provisionnels) quatre fois l'an (aux mois de mars, de juin, de septembre et de décembre) sauf pour la première année d'exploitation.

Il existe trois formes juridiques d'entreprises : l'entreprise à propriétaire unique, la société commerciale et la compagnie. Du point de vue fiscal, le propriétaire unique doit inclure dans sa déclaration de revenus le bénéfice qui découle de son entreprise. Les propriétaires d'une société commerciale doivent inclure dans leur déclaration de revenus personnelle le bénéfice qui leur revient en fonction de leur participation dans la société. Ainsi, l'entreprise à propriétaire unique ou la société commerciale ne paient pas d'impôt à titre d'entreprises ; ce sont les propriétaires qui en paient selon leur part de bénéfice provenant de l'entreprise. Par ailleurs, la compagnie, dont les propriétaires sont les actionnaires, doit payer ses propres impôts à partir des formulaires T2 (au fédéral) et C-17 (au provincial). Les actionnaires d'une compagnie ne vont payer l'impôt que sur le dividende reçu de leur compagnie. Si un actionnaire travaille pour sa compagnie, il recevra un salaire, donc un revenu d'emploi, comme tout autre employé qui n'est pas actionnaire. Ainsi, du point de vue légal, la compagnie est une entité distincte de ses propriétaires.

Les retraits ou prélèvements

Le contribuable qui possède une entreprise non incorporée ne peut prélever un salaire duquel il soustrairait les retenues à la source, comme c'est le cas pour un employé. En fait, le propriétaire fait des retraits ou des prélèvements. En comptabilité, ces montants sont considérés comme des diminutions du compte Avoir, ce qui ne constitue pas une charge pour l'entreprise. De même, du point de vue fiscal, les retraits ne sont pas déductibles pour l'entreprise ni ne sont des revenus pour le contribuable qui les reçoit.

Le Régime des rentes du Québec

Pour un salarié, la contribution au Régime des rentes du Québec est retenue à la source. Un contribuable à son compte doit aussi contribuer à ce régime. Comme il a été mentionné précédemment, ce contribuable ne reçoit pas de salaire, mais il doit effectuer un retrait sans retenues à la source. La contribution au Régime des rentes du Québec doit être précisée lors de la déclaration de revenus provinciale et payée à ce moment. Pour un salarié, cette contribution est payée en parts égales par le contribuable et par l'entreprise. Il y a donc une double contribution. Le contribuable autonome, considéré comme patron et employé à la fois, doit payer la double contribution. Ce montant ainsi payable est admissible sous forme de crédit d'impôt non remboursable.

Si un contribuable est à la fois travailleur à son compte et salarié ayant contribué au Régime des rentes du Québec par son salaire, sa contribution additionnelle comme travailleur autonome doit être évaluée selon la forme prescrite par l'administration fiscale.

L'état des résultats

Comme preuve de revenu d'entreprise, on exige la présentation des états financiers. Le point de départ est le bénéfice comptable déterminé à l'état des résultats plus ou moins certains rajustements pour en arriver au revenu fiscal d'entreprise.

EXEMPLE

Société Jean et Paul enr.

ÉTAT DES RÉSULTATS

du 1er juin 20X1 au 31 mai 20X2

Chiffre d'affaires net		100 000 $
Coût des marchandises vendues		35 000
Marge bénéficiaire brute		65 000 $
Frais d'exploitation		
Salaires	23 800 $	
Avantages sociaux	1 800	
Amortissement	2 000	
Frais de représentation	1 200	
Électricité	2 400	
Entretien et réparations	1 800	
Loyer	15 000	

→

Téléphone	1 700	
Intérêts et frais bancaires	300	50 000
Bénéfice d'exploitation		15 000 $
Autre revenu		
Gain de Loto-Québec		5 000
BÉNÉFICE NET		20 000 $

S'il y a perte d'exploitation, c'est-à-dire que les charges admises par l'impôt excèdent le revenu imposable, ce montant de perte est présenté entre parenthèses à la déclaration de revenus du contribuable et vient se soustraire des autres revenus. Si la perte est importante au point d'annuler tous les autres revenus de l'année en question, le solde de la perte d'exploitation sera reporté sur l'impôt des trois années précédentes et des sept années subséquentes.

EXEMPLE

Société Jean et Paul enr.

DÉTERMINATION DU REVENU FISCAL D'ENTREPRISE

Bénéfice comptable (selon l'état des résultats)			20 000 $
Plus : Charges non déductibles incluses à l'état des résultats[1]			
• Amortissement		2 000 $	
• Frais de représentation (50 % × 1 200 $)		600	
Produits imposables non inclus à l'état des résultats[2]			
• Montant reçu d'avance (aucune réserve ne sera imputée à ce montant)		1 000	3 600
Moins : Charges déductibles non incluses à l'état des résultats[3]			
• Déduction pour amortissement		2 000	
Produits non imposables inclus à l'état des résultats[4]			
• Gain de Loto-Québec		5 000	7 000
REVENU FISCAL D'ENTREPRISE			16 600 $
Répartition entre les associés :			
M. Jean Lassocié (60 % × 16 600 $)			9 960 $
M. Paul Partenaire (40 % × 16 600 $)			6 640 $

(1) Les charges d'exploitation non déductibles sont rares. À titre d'exemples, mentionnons deux charges non déductibles à ajouter au bénéfice comptable :
  • L'amortissement comptable. Cette charge inscrite à l'état des résultats n'est pas déductible. Elle est remplacée par la déduction pour amortissement.
  • Les frais de représentation. Ces frais sont déductibles à 50 % ; ce 50 % doit donc s'ajouter au bénéfice comptable.

(2) Les montants reçus d'avance pour des ventes à effectuer ou des services à rendre ultérieurement figurent au bilan et sont considérés comme une dette en comptabilité, dans l'attente d'être virés à un compte de produits. En fiscalité, ces montants sont imposables, du moins en partie, car une réserve pour montants reçus d'avance peut être réclamée en déduction.

(3) La déduction pour amortissement n'est pas incluse à l'état des résultats ; cependant, elle constitue une charge déductible d'impôt.

(4) Un gain de loterie est non imposable. Il doit donc se soustraire du bénéfice comptable s'il est présenté à la rubrique Autre revenu à l'état des résultats.

La comptabilité d'exercice et la comptabilité de caisse

La comptabilité d'exercice consiste à enregistrer les revenus lorsqu'ils sont gagnés et les dépenses lorsqu'elles sont engagées, sans considération du moment de la rentrée ou de la sortie des fonds. Il peut s'agir, par exemple, d'une vente ou d'un achat à crédit. Ceux-ci s'inscriront au bilan sous les rubriques Comptes clients et Comptes fournisseurs. Par opposition, la comptabilité de caisse consiste à enregistrer les revenus et les dépenses au moment de la rentrée ou de la sortie des fonds.

La loi de l'impôt stipule que les entreprises doivent utiliser la comptabilité d'exercice ; cependant, les agriculteurs et les pêcheurs ont le choix entre la comptabilité de caisse et la comptabilité d'exercice.

4.4 LES REVENUS NON IMPOSABLES ET LES DÉPENSES NON DÉDUCTIBLES

Comme son nom l'indique, le **revenu non imposable** est un revenu sur lequel il n'y a aucun impôt à payer.

L'administration fiscale ne demande pas de produire, de déclarer ni de présenter les revenus qui sont non imposables.

Voici quelques exemples de revenus non imposables :

- Les prestations fiscales pour enfants (programme fédéral), qui ont remplacé depuis le 1er janvier 1993 les allocations familiales ainsi que les deux crédits d'impôt fédéraux.

- Le produit d'une assurance-vie (capital de protection remis à l'héritier).

- Les gains de hasard (gain de loterie, de casino, de courses, etc.).

- L'encaissement provenant d'un emprunt fait à un établissement financier ou à un individu.

- Les dons et les héritages.

- L'allocation familiale provinciale provenant de la Régie des rentes du Québec.
- Le gain réalisé au moment de la vente de la résidence principale.

Une **dépense** est qualifiée de **non déductible** lorsqu'elle ne peut être réclamée à titre de déduction ou de crédit.

Voici quelques exemples de dépenses non déductibles :

- Les frais personnels et de subsistance (logement, nourriture, sorties, achat de meubles, d'une automobile à des fins personnelles, etc.).
- En règle générale, les dépenses dont le but n'est pas d'engendrer ni de créer un revenu imposable ; par exemple, tout emprunt, quelle que soit sa source, servant à rembourser une dette personnelle non déductible, telle une hypothèque résidentielle.

4.5 L'IMPÔT MINIMUM

L'impôt minimum de remplacement (IMR) existe depuis 1986. Malgré les nombreux changements qui y ont été apportés, son but principal demeure le même : rendre le système fiscal plus équitable pour tous les contribuables et éviter ainsi que quelques contribuables bien nantis utilisent des abris fiscaux à outrance et ne paient pas leur juste part d'impôt. Grâce à l'IMR, les contribuables qui peuvent se payer de nombreux abris fiscaux se verront assujettir un impôt minimum.

4.6 LES ACOMPTES PROVISIONNELS

Les acomptes provisionnels d'impôt sur le revenu sont avant tout des paiements partiels d'impôt pour l'année courante. Les acomptes provisionnels ou versements trimestriels sont faits périodiquement par les contribuables. Les travailleurs autonomes et les professionnels ont l'obligation de verser ces acomptes quatre fois l'an, soit les 15 mars, 15 juin, 15 septembre et 15 décembre de l'année courante. Le contribuable salarié doit aussi verser des acomptes provisionnels dans les cas suivants :

- S'il estime devoir payer plus de 1 200 $ d'impôt pour l'année courante en plus de l'impôt retenu à la source.
- Si le montant d'impôt qu'il avait à payer pour l'une ou l'autre des deux années précédant l'année courante était supérieur à 1 200 $ en plus de l'impôt qui était retenu à la source.

Le contribuable peut effectuer lui-même le calcul relatif aux acomptes provisionnels mais, en général, les deux ministères concernés s'en chargent.

SITES INTERNET À VISITER

- Centre québécois de formation en fiscalité
  www.cqff.com
- Cour canadienne de l'impôt
  www.tcc-cci.gc.ca/fin.gc.ca
- Finances Canada
  www.fin.gc.ca
- Finances Québec
  www.finances.gouv.qc.ca
- Groupe Servicas
  www.servicas.com
- Revenu Canada (Agence des douanes et du revenu du Canada)
  www.ccra-adrc.gc.ca
- Revenu Québec
  www.revenu.gouv.qc.ca

QUESTIONS DE RÉVISION

1. Distinguez «revenu imposable» et «revenu total».

2. Distinguez «dépenses déductibles» et «dépenses non déductibles».

3. Expliquez la différence entre «crédit d'impôt remboursable» et «crédit d'impôt non remboursable».

4. Définissez les termes «remboursement à recevoir» et «solde dû».

5. Que signifie l'expression «taux d'imposition marginal»?

6. Pourquoi est-il important de connaître son taux marginal?

7. Quels sont le plus bas taux et le plus haut taux marginal combiné en 1996?

8. Quelle tranche de revenus imposables correspond au plus haut taux marginal combiné?

9. Que signifie l'expression «déduction pour amortissement»? Est-il toujours avantageux d'utiliser cette déduction?

10. Nommez les principaux revenus imposables.

11. Qu'est-ce qu'un formulaire T4?

12. Distinguez «salaire brut» et «salaire net».

13. Quelles sont les principales retenues à la source?

14. Que signifie l'expression «gain en capital»?

EXERCICES

1. Dans chacune des situations, déterminez l'impact fiscal. (Arrondir au dollar près.)

   a) M. Charron a un revenu imposable de 25 000 $ et prévoit investir 2 000 $ en REÉR

   cette année. Déterminez l'économie fiscale reliée au REÉR.

   b) M. Mello prévoit un salaire brut de 48 000 $ cette année et des contributions à un régime de pension agréé (RPA) de 3 000 $. On lui offre de travailler des heures supplémentaires qui rapporteraient 4 000 $ cette année. Évaluez l'impôt supplémentaire relié au revenu de 4 000 $.

2. Dans chacune des situations, déterminez l'impact fiscal. (Arrondir au dollar près.)

    a) M. Lanteigne a un revenu imposable de 62 000 $ et prévoit gagner 3 000 $ en intérêts cette année. Évaluez l'impôt supplémentaire sur les gains d'intérêts.

    b) M. Guyen vous présente son T4 de l'an dernier et vous demande d'évaluer l'économie fiscale reliée aux cotisations à son RPA.

Salaire brut	45 600 $
Cotisations au Régime des rentes du Québec	700
Cotisations à l'assurance-emploi	900
Cotisations à un régime de pension agréé	4 000
Impôt fédéral déduit	6 000 $

3. Déterminez l'impôt à payer ou le remboursement à recevoir dans chacun des cas suivants :

	Cas 1	Cas 2	Cas 3	Cas 4
Impôt sur le revenu imposable	7 000 $	5 000 $	6 000 $	8 000 $
Crédits d'impôt non remboursables	4 000	6 000	2 000	9 000
Crédits d'impôt remboursables	5 000	2 000	1 000	1 000

4. Déterminez l'impôt à payer ou le remboursement à recevoir dans chacun des cas suivants :

	Cas 1	Cas 2	Cas 3	Cas 4
Impôt sur le revenu imposable	5 000 $	4 000 $	4 000 $	6 000 $
Crédits d'impôt non remboursables	7 000	3 000	5 000	1 000
Crédits d'impôt remboursables	4 000	2 000	2 000	4 000

5. Dans chacun des cas énumérés, dites s'il s'agit d'un revenu imposable (RI), d'un revenu non imposable (RNI), d'une déduction (D), d'un crédit non remboursable (CNR) ou d'un crédit remboursable (CR).

    a) Intérêts reçus.

    b) Crédit de base.

    c) Cotisations au Régime des rentes du Québec.

    d) Prestations d'assurance-vie.

    e) Versements trimestriels d'impôt.

    f) Salaire brut.

    g) Cotisations syndicales.

    h) Gain de loterie.

    i) Gain en capital.

    j) Cotisations à un régime de pension agréé.

    k) Prestations fiscales pour enfants.

6. Dans chacun des cas énumérés, dites s'il s'agit d'un revenu imposable (RI), d'un revenu non imposable (RNI), d'une déduction (D), d'un crédit non remboursable (CNR) ou d'un crédit remboursable (CR).

    a) Prestations de rentes du Québec.

    b) Crédit pour enfants à charge.

    c) Cotisations à l'assurance-emploi.

    d) Impôt déduit à la source.

    e) Dividendes de compagnies étrangères.

    f) Cotisations professionnelles.

    g) Crédit pour conjoint.

    h) Gain au Casino de Montréal.

    i) Profit sur la vente de la résidence principale.

    j) Revenu de location.

7. M. Duplan habite un duplex dont il occupe la moitié de la superficie. Cet immeuble a été construit en 1968 et il est classé dans la catégorie 3[2].

Revenu de location	2 000 $
Dépenses reliées à l'immeuble	
Taxe municipale	1 400
Assurances	600
Chauffage central	800
Peinture pour le logement loué	140
Installation d'un foyer dans le logement du propriétaire	1 500
Entretien et réparations — logement loué	600
Entretien et réparations — logement du propriétaire	400
Déduction pour amortissement, relative à la partie locative	2 000

Présentez un état des résultats qui précise le revenu imposable de location.

8. M. Lafortune a un immeuble de six logements et vous présente ses résultats financiers pour l'année terminée.

Loyers bruts	36 000 $
Taxe foncière	6 000
Assurances	1 200
Entretien et réparations	3 600
Remboursement hypothécaire	20 400

En ce qui concerne le remboursement hypothécaire, la remise de capital a été de 4 000 $. Le coût de l'immeuble a été de 255 000 $. La fraction non amortie du coût en capital (FNACC) est de 167 000 $. Le taux d'amortissement est de 4 %.

a) Présentez l'état des résultats en réclamant le maximum en amortissement.

b) Si la fraction non amortie du coût en capital était de 244 000 $, quels auraient été le revenu de location et le solde de la FNACC à amortir pour l'an prochain ?

9. M. Beaupré vous soumet son Relevé 1 :

Salaire brut	24 000 $
Cotisations au Régime des rentes du Québec	650
Cotisations à l'assurance-emploi	920
Cotisations à un régime de pension agréé	3 200
Impôt du Québec déduit	3 400
Salaire net	15 830

Il a reçu au cours de l'année 900 $ en intérêts et 600 $ en dividendes d'une compagnie canadienne imposable. Il a également touché un héritage de 3 000 $. En outre, il a vendu pour 60 000 $ un chalet qu'il a payé 50 000 $ la même année.

M. Beaupré est marié et a à sa charge un enfant de quatre ans. Son épouse a gagné 20 000 $ au cours de l'année.

Présentez la liste des revenus et des déductions afin de dégager le revenu imposable.

10. M. Beaudoin vous soumet son Relevé 1 :

Salaire brut	23 000 $
Cotisations au Régime des rentes du Québec	640
Cotisations à l'assurance-emploi	910
Cotisations à un régime de pension agréé	3 000
Impôt du Québec déduit	3 200
Salaire net	15 250

Il a reçu au cours de l'année 1 200 $ en intérêts et 800 $ en dividendes d'une compagnie canadienne imposable. Il a également gagné 1 000 $ au Casino de Montréal. En outre, il a vendu pour 80 000 $ un chalet qu'il a payé 60 000 $ la même année.

M. Beaudoin est marié et a à sa charge un enfant de quatre ans. Son épouse a gagné 30 000 $ au cours de l'année.

2. Voir le document annexé à ce chapitre pour une explication des catégories.

Présentez la liste des revenus et des déductions afin de dégager le revenu imposable.

11. M. Allaire a effectué les transactions suivantes de 20X1 à 20X3 :

	Achat	Vente
Immeuble A	240 000 $	280 000 $
Immeuble B	120 000	115 000
Immeuble C	180 000	160 000

Les immeubles A, B et C ont été acquis respectivement le 15 janvier 20X1, le 15 mars 20X1 et le 31 août 20X1. Ils ont tous été vendus le 31 octobre 20X3. Les immeubles sont tous classés dans la catégorie 1.

Préparez, pour chacun des immeubles, un tableau présentant la déduction pour amortissement de 20X1 à 20X3, la récupération d'amortissement ou la perte finale en 20X3, ainsi que le gain en capital et le gain en capital imposable.

12. M. Boursier a fait les transactions suivantes à la Bourse de Montréal :

20X1

02-15	Achat de 300 actions, ABC ltée	3 000 $
03-20	Achat de 500 actions, XYZ ltée	4 000
06-26	Achat de 500 actions, ABC ltée	6 000
08-28	Vente de 200 actions, XYZ ltée	1 800
09-22	Vente de 100 actions, ABC ltée	1 100
10-01	Achat de 300 actions, XYZ ltée	2 700
11-01	Vente de 200 actions, XYZ ltée	1 600

Les frais de courtage sont de 3 % du prix de vente.

a) Évaluez le coût moyen des actions détenues à la fin de l'année, ainsi que le nombre de ces actions.

b) Déterminez le gain (ou la perte) en capital net pour l'année.

c) Comment peut-on traiter la perte nette en capital subie cette année ?

LA DÉDUCTION POUR AMORTISSEMENT

PLAN

L'amortissement

La règle du demi-taux

La perte finale et la récupération de l'amortissement

Les particularités de l'immeuble de location

L'AMORTISSEMENT

La loi de l'impôt permet de déduire une dépense qui s'appelle «déduction pour amortissement» (DPA). Celle-ci s'appuie sur le principe de l'amortissement utilisé en comptabilité. L'amortissement est la répartition sur plusieurs exercices financiers du coût des éléments d'actif qui se détériorent avec le temps, tels un immeuble, une automobile, de l'équipement, etc. Un terrain et des placements ne peuvent donc pas s'amortir.

Il existe plusieurs méthodes de calcul d'amortissement en comptabilité. En fiscalité, la loi impose un mode de calcul précis que nous expliquons dans les pages qui suivent. Le montant de cette déduction se calcule à partir d'un pourcentage établi par l'impôt en fonction de la nature de l'actif. Les biens amortissables de même nature sont regroupés et forment une catégorie, comme on peut le voir ici:

Nature de l'actif	Catégorie	Taux
Bâtiment à structure solide acquis après 1987	1	4%
Bâtiment à structure solide acquis avant 1988	3	5%
Bâtiment de bois (ou stuc sur pans de bois)	6	10%

Le taux représente le pourcentage maximal qu'on peut utiliser pour évaluer la déduction pour amortissement. Le contribuable n'est pas tenu d'utiliser ce taux maximal. En fait, il peut choisir n'importe quel pourcentage moins élevé que le taux maximal, ou simplement ne pas réclamer la déduction.

Ce pourcentage s'applique sur le solde résiduel, c'est-à-dire sur le coût moins la déduction pour amortissement déjà réclamée en déduction. Ce solde résiduel s'appelle «fraction non amortie du coût en capital» (FNACC) ou «coût en capital non amorti» (CCNA).

Pour l'année d'acquisition, le calcul de l'amortissement ne se fait pas au prorata du nombre de jours d'acquisition du bien amortissable.

EXEMPLE

Coût à l'acquisition, 1996 (immeuble de catégorie 3)	200 000 $
Déduction pour amortissement de 1996 (5%)	10 000
Fraction non amortie du coût en capital (début 1997)	190 000
Déduction pour amortissement de 1997 (5%)	9 500
Fraction non amortie du coût en capital (début 1998)	180 500
Déduction pour amortissement de 1998	4 000
Fraction non amortie du coût en capital (début 1999)	176 500

Remarquons que pour 1998 le contribuable choisit de réclamer en déduction pour amortissement un montant inférieur au taux maximal de 5%.

LA RÈGLE DU DEMI-TAUX

Selon la règle du demi-taux, on doit présenter la déduction pour amortissement d'un actif acquis après le 13 novembre 1981 durant son année d'acquisition, à 50 % du montant autrement admissible.

EXEMPLE

Achat d'un immeuble en 2001	200 000 $
Déduction pour amortissement : 5 %	
(5 % × 200 000 $ = 10 000 $)	
(1/2 [demi-taux] × 10 000 $)	5 000
FRACTION NON AMORTIE DU COÛT EN CAPITAL	195 000 $

LA PERTE FINALE ET LA RÉCUPÉRATION DE L'AMORTISSEMENT

La perte sur un actif est l'excédent du coût en capital sur le produit de disposition d'éléments d'actif. Il y a plusieurs formes de disposition d'actif : la vente, l'expropriation, le don, le produit d'assurances (par exemple dans le cas d'un incendie), le legs au décès, etc. Nous étudierons la situation la plus fréquente, soit la vente.

EXEMPLE

Produit de disposition (prix de vente)	100 000 $
Coût en capital (coût de l'actif)	135 000
PERTE À LA DISPOSITION	(35 000 $)

L'impôt accepte que l'ensemble des montants d'amortissement dont a bénéficié ce contribuable année après année coïncide avec 35 000 $. Si l'amortissement utilisé au fil des ans n'est pas suffisant, le solde qui reste à prendre s'appelle «perte finale» et est déductible d'impôt. La **perte finale** est le solde (la fraction non amortie du coût en capital) à la fin d'une année où il n'y a plus d'actif pour justifier l'existence de la catégorie. **Il ne peut y avoir de perte en capital sur un bien amortissable.** Si on a utilisé trop d'amortissement, l'excédent s'appelle **récupération de l'amortissement** et est imposable en totalité. La récupération de l'amortissement peut exister même s'il reste un ou plusieurs éléments d'actif dans une catégorie. Au moment de la disposition d'un élément d'actif, on doit soustraire de la FNACC (ou solde résiduel) le moindre du produit de disposition ou du coût en capital afin d'exclure le profit sur la vente de cet actif (gain en capital) de la présente analyse.

Les éléments d'actif intangibles tels que l'achalandage, les brevets, etc., peuvent faire l'objet d'une déduction pour amortissement, mais de façon différente de celle qui est décrite ici. Ce sujet ne sera pas abordé dans le présent volume.

EXEMPLE

	Cas 1	Cas 2	Cas 3
Coût en capital	100 000 $	100 000 $	100 000 $
Déduction pour amortissement, année 1, 5 %, demi-taux : 2,5 %	2 500	2 500	2 500
Fraction non amortie du coût en capital	97 500	97 500	97 500
Déduction pour amortissement, année 2 : 5 %	4 875	4 875	4 875
Fraction non amortie du coût en capital	92 625	92 625	92 625
Produit de disposition, année 3	75 000	95 000	110 000
Moindre du coût ou du produit de disposition	75 000	95 000	100 000 [(1)]
PERTE FINALE DÉDUCTIBLE, année 4	17 625 $ [(2)]		
RÉCUPÉRATION DE L'AMORTISSEMENT IMPOSABLE, année 4		2 375 $ [(3)]	7 375 $ [(4)]

(1)   La déduction pour amortissement a été effectuée à partir du coût en capital de 100 000 $. L'excédent, qui représente la vente à profit, soit 10 000 $, est exclu de la présente analyse et sera traité comme gain en capital (voir la sous-section 4.3.4).

(2)   92 625 $ − 75 000 $ = 17 625 $
ou

Perte (100 000 $ − 75 000 $)	25 000 $
Amortissement (2 500 $ + 4 875 $)	(7 375)
PERTE FINALE (à réclamer)	17 625 $

(3)   92 625 $ − 95 000 $ = − 2 375 $
ou

Perte (100 000 $ − 95 000 $)	5 000 $
Amortissement (2 500 $ + 4 875 $)	(7 375)
RÉCUPÉRATION DE L'AMORTISSEMENT EN TROP	(2 375 $)

(4)   92 625 $ − 100 000 $ = − 7 375 $
ou

Perte (100 000 $ − 100 000 $)	0 $
Amortissement (2 500 $ + 4 875 $)	(7 375)
RÉCUPÉRATION DE L'AMORTISSEMENT EN TROP	(7 375 $)

Cet exemple constitue la règle générale, mais il y a des exceptions à cette règle. Ce sujet ne sera pas abordé dans le présent volume.

L'amortissement est avantageux, car il permet, alors qu'on possède un actif amortissable, de déduire annuellement un certain montant et donc de payer moins d'impôt. Par ailleurs, ce montant est éventuellement récupérable par l'impôt, comme on vient de le voir. On peut donc décider de ne pas réclamer cette déduction et ainsi éviter la récupération de l'amortissement future. Si le taux d'imposition marginal est relativement bas au cours des années où l'on réclame la déduction pour amortissement par rapport au taux anticipé lors de la disposition, il n'y a pas d'économie à utiliser cette déduction pour amortissement. Le contribuable a le choix d'utiliser ou non cette déduction.

tissement, de récupération ou de perte finale, le cas échéant.

La déduction pour amortissement sur les immeubles de location ne peut engendrer une perte ni augmenter une perte déjà existante. En d'autres termes, si l'immeuble présente une perte ou un bénéfice net égal à zéro, on ne peut déduire la dépense d'amortissement l'année en question. Dans ce cas, le solde de la fraction non amortie du coût en capital à utiliser l'année suivante sera le même que celui de l'année précédente.

LES PARTICULARITÉS DE L'IMMEUBLE DE LOCATION

Les éléments d'actif destinés à la location qui valent 50 000 $ et plus sont traités individuellement et ne sont pas regroupés aux fins de détermination d'amor-

LES DOMAINES D'APPLICATION DE LA PLANIFICATION FINANCIÈRE PERSONNELLE

Nous avons déjà souligné que la planification financière personnelle consiste à élaborer et à mettre en application des stratégies basées sur des renseignements provenant de sources très variées.

La figure 2.3, intitulée « Approche modulaire et intégrée », illustre les six modules qui représentent justement les domaines d'application de la planification financière personnelle. Ces domaines relèvent de sources compétentes en matière de droit, de finance, d'économie et de fiscalité.

Soulignons que l'Institut québécois de planification financière (www.iqpf.org ; voir aussi le chapitre 14 pour plus d'information) utilise l'expression « domaine d'intervention en planification financière personnelle » pour désigner essentiellement le même contenu que nos modules (voir à cet effet le chapitre 2).

Ces six modules ou domaines d'application forment un ensemble parfaitement intégré qui comprend cinq grandes phases :

- La phase de budgétisation (chapitre 5) ;
- La phase d'accumulation du patrimoine (chapitres 6, 7, 9 et 10) ;
- La phase d'utilisation du capital (chapitre 8) ;
- La phase de protection (chapitre 11) ;
- La phase de transmission du patrimoine (chapitres 12 et 13).

Ces cinq phases sont **continuellement présentes** dans la vie de tout individu, de toute famille. Elles ne forment pas des étapes mais bien une continuité. Nous y reviendrons dans chacun des modules.

Cette deuxième partie du manuel, qui présente les six modules de la planification financière personnelle, comprend neuf chapitres (certains modules s'étendent sur plus d'un chapitre).

- CHAPITRE **5**   Le module Gestion budgétaire
- CHAPITRE **6**   Le module Planification fiscale
- CHAPITRE **7**   Le module Retraite : la planification
- CHAPITRE **8**   Le module Retraite : l'après-REÉR
- CHAPITRE **9**   Le module Placements : les produits et les marchés financiers
- CHAPITRE **10**   Le module Placements : la gestion de portefeuille
- CHAPITRE **11**   Le module Assurances
- CHAPITRE **12**   Le module Planification successorale : la planification testamentaire
- CHAPITRE **13**   Le module Planification successorale : les fiducies

Le module Gestion budgétaire

OBJECTIFS

■ Effectuer l'analyse de la situation financière d'un client salarié

■ Établir et analyser le bilan personnel du client salarié

■ Déterminer les disponibilités financières et les liquidités

■ Organiser les disponibilités financières et les placements disponibles de façon à atteindre la première étape de l'indépendance financière

■ Décrire le budget familial

■ Justifier l'utilisation d'un sommaire des dépenses mensuelles pour mieux les gérer

■ Établir un parallèle entre le budget de caisse et la programmation des disponibilités financières

■ Aborder le surendettement de la société québécoise

■ Illustrer les questionnaires que le professionnel en planification financière utilise

■ Faire ressortir les particularités du travail autonome

PLAN

Introduction

5.1   Le bilan personnel

     5.1.1   La présentation et l'évaluation des biens personnels et des placements

     5.1.2   L'exclusion de l'amortissement

     5.1.3   Le solde d'impôt à payer

     5.1.4   L'impôt éventuel

     5.1.5   Le bilan personnel et la planification financière personnelle

5.2   Les disponibilités financières et les liquidités

     5.2.1   Les revenus familiaux

     5.2.2   L'évaluation du coût de vie

     5.2.3   Les projets spéciaux

     5.2.4   Les composantes du coût de vie

     5.2.5   Le paiement du coût de vie par carte de crédit

5.3   La programmation des disponibilités financières

     5.3.1   L'étalement du paiement des dettes

     5.3.2   Les recommandations du planificateur financier

5.4   Les budgets

     5.4.1   Le budget familial

     5.4.2   Le budget de caisse mensuel

5.5   La gestion de l'endettement

     5.5.1   Les solutions au surendettement

     5.5.2   Le remboursement des dettes personnelles

     5.5.3   L'épargne et l'investissement

Sites Internet à visiter

Questions de révision

Exercices

Document : Le cas du Dr Bonsoins

INTRODUCTION

Le point de départ de la planification financière personnelle est une réflexion sur la situation financière du client. Cette réflexion s'amorce par la **phase de budgétisation,** qui comprend quatre étapes :

■ L'établissement du bilan personnel ou familial du client.

■ Le calcul des disponibilités financières et des liquidités.

■ La programmation des disponibilités financières dans le but de payer les dettes.

■ L'élaboration des budgets.

La phase de budgétisation a pour objectif essentiel d'atteindre la première étape de l'indépendance financière, soit la liquidation des dettes personnelles (dettes de consommation). Cette indépendance doit permettre au client de jouir d'une pleine qualité de vie sans devoir s'endetter à des fins personnelles.

Afin d'illustrer les différents états financiers liés à la gestion budgétaire, nous utilisons l'exemple de la famille Simard-Lajoie, une famille de salariés.

Francine Simard et Claude Lajoie ont consulté la firme de planificateurs financiers Les modules intégrés inc. L'annexe B à la fin du manuel contient les questionnaires qu'ils ont remplis. La famille compte deux enfants, Nathalie, six ans, et Jean-Michel, un an.

Le document présenté à la fin du chapitre décrit les particularités rattachées au travail autonome ou à une profession. Nous utilisons l'exemple d'un omnipraticien, le Dr Bonsoins.

5.1   LE BILAN PERSONNEL

Il est important d'établir d'une façon précise la situation financière du client. Pour ce faire, le planificateur financier lui dresse son bilan personnel.

Il y a plusieurs façons de définir le bilan personnel. En termes simples, disons que le bilan est l'image financière d'une personne ou d'un ménage à une date donnée, soit à la date du début de la planification. Ce portrait fait clairement ressortir les trois éléments suivants : l'actif, le passif et la valeur nette. L'**actif** est la description précise de tous les biens que possède le client : argent, placements, biens personnels, etc. Le **passif** décrit toutes les dettes : solde des cartes de crédit, emprunts, hypothèque, etc. La **valeur nette** représente la différence entre l'actif et le passif.

Le tableau 5.1 illustre le bilan de la famille Simard-Lajoie. Le mode de présentation suggéré ici a pour but de faciliter la démarche du planificateur financier et de présenter au client sa réalité financière la plus complète possible.

Le bilan personnel d'un salarié ou d'une famille de salariés se distingue du bilan d'une entreprise par plusieurs aspects, soit :

- la présentation et l'évaluation des biens personnels et des placements ;
- l'exclusion de l'amortissement ;
- le solde d'impôt à payer ;
- l'impôt éventuel.

TABLEAU 5.1
Bilan de la famille Simard-Lajoie au 1er novembre 2001
(valeurs arrondies à 1 $ près)

ACTIF		
Liquidités		
Encaisse		1 800 $
Placements (valeur marchande)		
Certificats de placement garanti	16 000 $	
Intérêt couru, après impôt	144	
Fonds accumulés — REÉR	6 216	22 360
Biens personnels (valeur marchande)		
Résidence	122 000	
Automobile	19 000	
Meubles	18 000	159 000
TOTAL DE L'ACTIF		183 160 $
PASSIF		
Dettes à court terme		
Solde des cartes de crédit	3 900 $	
Solde de l'impôt 2000	925	4 825 $
Dettes à long terme		
Solde du prêt automobile	20 217	
Solde de l'hypothèque	57 602	77 819
Impôt éventuel sur REÉR (40 % d'impôt)		2 486
VALEUR NETTE		98 030
TOTAL DU PASSIF ET DE LA VALEUR NETTE		183 160 $

Note : Claude Lajoie cotise à un régime de pension agréé (RPA) avec son employeur. Certains planificateurs financiers voudront inclure au bilan la valeur d'un tel régime. Dans le cas de Claude Lajoie, cette valeur était inconnue au moment du bilan (voir le questionnaire n° 2 de l'annexe B, à la fin du manuel).

5.1.1   LA PRÉSENTATION ET L'ÉVALUATION DES BIENS PERSONNELS ET DES PLACEMENTS

Dans un bilan personnel, les biens et les placements doivent être évalués à leur juste valeur marchande, et ce de manière prudente. La valeur marchande d'un actif est la somme d'argent qu'on obtiendrait si on vendait l'actif en question ou la valeur vraisemblable en cas de liquidation.

- Pour connaître la valeur des actions, il faut consulter les cotes boursières qui paraissent tous les jours dans différents journaux.

- Pour établir la valeur d'une résidence, il faut recourir à une firme spécialisée ou consulter un courtier en immeubles. Il est possible de se fier à l'évaluation fournie par le client si elle est jugée valable.

- Pour les biens à usage personnel (meubles, automobile, bateau, etc.), une évaluation approximative suffit généralement.

Si le client possède des titres qui produisent de l'intérêt (obligations diverses, certificats de placement garanti, comptes d'épargne, etc.), il y aura en date du bilan un intérêt gagné mais non encaissé relativement à ces titres. C'est ce qu'on appelle l'**intérêt couru.** Ces montants, qui doivent être présentés au bilan sous la rubrique Intérêt couru, après impôt, sont calculés de la façon suivante :

$$\left(\text{Valeur nominale du placement} \times \text{Taux d'intérêt} \times \frac{\text{Mois courus}^{1}}{12 \text{ mois}} \right) - \text{Impôt}$$

EXEMPLE

Dans le cas des Simard-Lajoie, la situation est la suivante : Claude Lajoie détient quatre certificats de placement garanti pour un total de 16 000 $ (trois certificats valent 5 000 $ et un, 1 000 $). Ils rapportent 6 % d'intérêt par année. L'échéance des certificats est le 31 juillet 2002. Le 31 juillet 2001 est la date du dernier encaissement des intérêts.

$$\text{Intérêt couru} = \left(16\,000\,\$ \times 6\,\% \times \frac{3 \text{ mois courus}}{12 \text{ mois}} \right) = 240\,\$$$

Cette évaluation d'intérêt couru est faite avant considération d'impôt. Les revenus d'intérêts étant imposables, il serait plus précis de présenter l'intérêt couru après impôt[2] ; ainsi :

$$\text{Intérêt couru, après impôt} = 240\,\$ - (240\,\$ \times 40\,\% \text{ en taux marginal})$$
$$= 144\,\$$$

---

1. Les mois courus égalent le nombre de mois depuis le dernier encaissement de l'intérêt ou depuis l'acquisition du titre jusqu'à la date du bilan.
2. Le taux marginal est expliqué au chapitre 4 (section 4.2).

5.1.2 L'EXCLUSION DE L'AMORTISSEMENT

Dans un bilan personnel, l'amortissement des éléments d'actif immobilisés n'existe pas. Le principe comptable du rapprochement des produits et des charges (ou des revenus et des dépenses) qui sous-tend le principe d'amortissement comptable n'y a pas sa place. Bien au contraire, les éléments d'actif immobilisés doivent être présentés à leur valeur marchande vraisemblable.

5.1.3 LE SOLDE D'IMPÔT À PAYER

Le solde d'impôt à payer représente simplement les montants d'impôt non encore payés. Notons que des pénalités assez lourdes frappent les personnes qui ne produisent pas leur déclaration de revenus à temps. L'administration fiscale peut également corriger certains calculs, tenir compte d'autres revenus non déclarés ou refuser certaines dépenses à titre de déductions. Elle fait alors parvenir au contribuable un avis de cotisation, qui peut faire état d'une cotisation supplémentaire. Le contribuable a la possibilité de contester cette décision en remplissant le formulaire approprié (l'avis d'opposition), auquel il joindra toutes les pièces pertinentes. Toute cotisation non encore payée constitue une dette directe à l'égard du fisc.

Chez le couple Simard-Lajoie, l'impôt à payer de l'année dernière consiste en une dette de 925 $ (voir le questionnaire nº 2 de l'annexe B, à la fin du manuel).

5.1.4 L'IMPÔT ÉVENTUEL

L'impôt éventuel peut être défini comme étant l'impôt greffé à un actif présenté au bilan, cet actif étant le plus souvent, pour un individu, un régime enregistré d'épargne-retraite (REÉR). Un **REÉR** est un véhicule de placement enregistré qui permet d'accumuler des fonds pour la retraite en franchise d'impôt, c'est-à-dire sans payer d'impôt annuellement. Cependant, les fonds accumulés sont imposables en totalité au moment de leur retrait.

EXEMPLE

En ce qui concerne la famille Simard-Lajoie, le seul impôt éventuel concerne les fonds investis dans un REÉR, qui s'élèvent à 6 216 $.

Fonds accumulés dans un REÉR	6 216 $
Taux d'imposition : 40 %	
IMPÔT ÉVENTUEL SUR LE REÉR	2 486 $

Il y a donc un impôt éventuel à payer sur les fonds placés dans un REÉR. Si le client effectue un retrait au cours d'une année où ses revenus sont élevés, il pourra payer un taux d'imposition marginal de près de 50 % sur ce retrait. Comme on le verra au chapitre 8, il existe plusieurs façons de retirer un REÉR, et certaines permettent de payer moins d'impôt. Il est rarement possible d'avoir une évaluation précise à ce sujet. Dans ce volume, nous utiliserons le plus souvent un taux marginal de 40 %, comme dans le cas de Claude Lajoie.

Notons finalement que l'impôt éventuel peut également s'appliquer sur le gain en capital et sur la récupération de l'amortissement fiscal. En effet, un contribuable qui posséderait un immeuble de location (habité ou non par lui) verrait celui-ci présenté à sa juste valeur marchande sous l'actif dans son bilan. Par contre, le passif pourrait très bien indiquer un impôt éventuel sur le gain en capital et, si tel est le cas, sur la récupération de l'amortissement fiscal.

5.1.5   LE BILAN PERSONNEL ET LA PLANIFICATION FINANCIÈRE PERSONNELLE

Une fois établi, le bilan devient le point de départ de la planification financière personnelle. Il fournit l'occasion au planificateur financier d'amener le client à réfléchir plus particulièrement sur des points précis, soit :

- les biens liquides présentés au bilan ;
- l'évaluation de la valeur nette.

Les biens liquides présentés au bilan

Les biens liquides qui figurent au bilan doivent être suffisants pour permettre au client de maintenir une **réserve de base.** Cette réserve est le montant dont peut disposer le client en cas d'imprévu. Il est suggéré d'avoir en réserve de base un montant égal à trois mois de coût de vie. Son coût de vie annuel étant de 41 500 $, la famille Simard-Lajoie devrait avoir une réserve de 10 375 $ (41 500 $ ÷ 4). Cet argent devrait être investi dans des placements sécuritaires et liquides tels les obligations d'épargne, les dépôts à très court terme ou encore les bons du Trésor.

EXEMPLE

Le bilan de la famille Simard-Lajoie indique les biens liquides suivants :

Encaisse	1 800 $
Certificats de placement garanti	16 000
Intérêt couru, après impôt	144
TOTAL DES BIENS LIQUIDES	17 944 $

Les biens liquides sont suffisants pour alimenter la réserve de base et, éventuellement, pour régler certaines dettes personnelles.

L'évaluation de la valeur nette

La valeur nette est la différence entre l'actif et le passif inscrits au bilan. Il est toujours intéressant pour le client de connaître exactement sa valeur nette. Établi périodiquement, de préférence tous les ans, le bilan permet d'évaluer l'augmentation ou la diminution de la valeur nette d'une année à l'autre et elle lui indique s'il s'enrichit ou s'il s'appauvrit.

Le ratio de la valeur nette permet de mieux visualiser la portion de l'actif qui appartient en propre au client, dans ce cas-ci à la famille Simard-Lajoie. Ce ratio se calcule comme suit:

Valeur nette ÷ Total de l'actif = Ratio de la valeur nette

98 030 $ ÷ 183 160 $ = 54 %

Cela signifie que 54 % de l'actif total de la famille lui appartient en propre, après libération de toute dette. Plus ce ratio est élevé, meilleure est la situation financière du client.

5.2   LES DISPONIBILITÉS FINANCIÈRES ET LES LIQUIDITÉS

En bref, le calcul des disponibilités financières et des liquidités se présente comme suit:

Revenus familiaux (de diverses sources)
Moins: Retenues salariales[3]
Moins: Coût de vie
DISPONIBILITÉS FINANCIÈRES
Moins: Versements prévisibles sur emprunts
EXCÉDENT (DÉFICIT) DE LIQUIDITÉS

L'état intitulé «Disponibilités financières et liquidités» a pour objet de déterminer la capacité d'épargne du client à court, à moyen et à long terme (voir le tableau 5.2). Il présente le calcul des disponibilités financières et des liquidités de la famille Simard-Lajoie. Les notes à la fin du tableau expliquent plus en détail certaines composantes et certains calculs.

Les disponibilités financières représentent la portion des revenus servant prioritairement à payer les versements sur emprunts et mesurent par conséquent la capacité d'épargne du client lorsque ces dettes seront définitivement réglées, soit à long terme.

---

3. Les retenues salariales incluent les impôts fédéral et provincial déduits à la source (voir la note (1) du tableau 5.2). Il faut cependant souligner que plusieurs salariés occupent de nos jours plusieurs emplois et doivent payer, en plus des retenues à la source, leurs impôts par acomptes provisionnels (voir www.ccra-adrc.gc.ca, sous «Sujets sélectionnés — Acomptes provisionnels»). Pour ces personnes de plus en plus nombreuses, il faudra ajouter aux retenues à la source les versements trimestriels. Cet ajustement est nécessaire, sinon les disponibilités financières seront surévaluées.

TABLEAU 5.2
Disponibilités financières et liquidités — Famille Simard-Lajoie
(valeurs arrondies à 1 $ près)

Du 1er novembre au 31 octobre	2001-2002	2002-2003	2003-2004	2004-2005
Salaire brut — Claude Lajoie	55 600 $			
Retenues salariales (incluant l'impôt)[1]	(21 000)			
Salaire net[2]	34 600 $	35 292 $	35 998 $	36 718 $
Revenu de placements — Claude Lajoie[3]	960	300	300	300
Impôt marginal (40 %)[4]	(384)	(120)	(120)	(120)
Revenu de placements, après impôt	576 $	180 $	180 $	180 $
Salaire brut — Francine Simard	16 000			
Retenues salariales (incluant l'impôt)	(3 300)			
Salaire net	12 700 $	12 954	13 213	13 477
Prestations fiscales pour enfants[5]	1 200	1 200	1 200	1 200
REVENU TOTAL, APRÈS IMPÔT	49 076 $	49 626 $	50 591 $	51 575 $
Moins : Coût de vie[6]	40 500	41 310	42 136	42 979
DISPONIBILITÉS FINANCIÈRES	8 576 $	8 316 $	8 455 $	8 596 $
Moins : Versements sur emprunts[7]	5 484	5 484	5 484	5 484
EXCÉDENT DE LIQUIDITÉS	3 092 $	2 832 $	2 971 $	3 112 $

(1) Les retenues salariales représentent les cotisations à un régime de pension agréé (RPA), les cotisations syndicales, les cotisations au Régime des rentes du Québec (RRQ), etc., incluant les impôts déduits à la source.

(2) Nous présumons l'inflation égale à 2 % à moyen terme. Les salaires et le coût de vie seront donc extrapolés à 2 %. Certains planificateurs financiers voudront utiliser 3 % et même plus (taux en vigueur en 2001). Par contre, nous utilisons, comme nous l'avons indiqué à la section 1.10, un taux d'inflation de 4 % à long terme.

(3) 16 000 $ × 6 % = 960 $ pour 2001-2002. Cependant, les certificats viennent tous à échéance le 31 juillet 2002. Comme nous le verrons plus loin, Claude Lajoie devra liquider 11 000 $ de ces fonds et en conserver 5 000 $ pour les années qui viennent en guise de réserve de base, d'où 5 000 $ × 6 % = 300 $ pour les années suivantes.

(4) Comme nous l'avons indiqué à la sous-section 5.1.4, le taux d'imposition marginal est estimé à 40 % basé sur le revenu imposable de Claude. Ce revenu imposable tient compte des déductions relatives au REÉR dont Claude s'est prévalu depuis son mariage. Ce taux est toujours une estimation, même si les dernières déclarations de revenus peuvent servir de référence. Dans le cas d'un salaire plus élevé, un taux de 45 % à 50 % serait par contre plus approprié.

(5) La **prestation fiscale canadienne pour enfants** (PFCE) est un paiement mensuel **non imposable** versé par l'Agence des douanes et du Revenu du Canada (ADRC) aux familles pour les aider à subvenir aux besoins de leurs enfants. Ce paiement peut être augmenté de la prestation nationale pour enfants pour les familles à faible revenu. La famille Simard-Lajoie compte deux enfants, Nathalie, six ans, et Jean-Michel, un an (voir le questionnaire n° 1 de l'annexe B, à la fin du manuel). L'ADRC fournit une feuille de calcul qui tient compte du revenu net familial, de l'âge des enfants, etc. Les Simard-Lajoie reçoivent actuellement 100 $ par mois, ou 1 200 $ par année (voir le questionnaire n° 1).

→

TABLEAU 5.2
Disponibilités financières et liquidités — Famille Simard-Lajoie
(valeurs arrondies à 1 $ près) [*suite*]

(6) Comme nous l'avons indiqué dans la note 2, le coût de vie est aussi extrapolé à 2%. On verra plus loin que le coût de vie représente l'ensemble des débours domestiques, incluant l'hypothèque résidentielle (voir le questionnaire n° 1). L'extrapolation est donc ici une approximation, car l'hypothèque et la location à long terme d'une automobile peuvent représenter des versements stables pour plusieurs années. Une solution peut être de déduire ces montants stables du coût de vie, d'extrapoler la différence à 2% puis de rajouter ces mêmes montants au résultat. Si les versements stables représentent plus de 20% du coût de vie, il sera avantageux d'utiliser cette dernière approche.

(7) Les montants des versements sur emprunts proviennent du questionnaire n° 2 (voir l'annexe B, à la fin du manuel). Le paiement mensuel du prêt automobile est de 457 $ (table I, 9%, 5 ans, facteur 20,76 ; 20,76 × 22 [pour 22 000 $] = 456,72 $, soit 457 $ à 1 $ près). Par conséquent, 457 $ × 12 mois = 5 484 $ par année.

Lorsqu'on déduit de ces disponibilités financières les versements sur emprunts à effectuer pour les années à venir, on obtient l'excédent (ou le déficit) de liquidités, qui représente en fait la capacité d'épargne pour le nombre d'années couvert par l'état, soit à court et à moyen terme.

Les sous-sections qui suivent expliquent les grandes lignes du tableau.

5.2.1   LES REVENUS FAMILIAUX

Les déclarations de revenus des années précédentes peuvent servir pour déterminer les revenus familiaux. Il s'agira de présenter les montants que l'on reçoit régulièrement de différentes sources, à savoir les salaires, les prestations d'assurance-emploi, les revenus d'intérêts ou de dividendes sur placements, les prestations fiscales pour enfants, les pensions alimentaires, etc.

Il est important de présenter ces montants après impôt et, en général, comme dans le cas des Simard-Lajoie, après les déductions par l'employeur de toutes les retenues à la source. Chaque source de revenu doit donc être examinée en fonction de cette préoccupation. Par exemple, l'employé reçoit son salaire après impôt, les retenues ayant auparavant été effectuées par l'employeur. Par contre, les intérêts ne font l'objet d'aucune retenue d'impôt et doivent donc être assujettis au taux marginal d'imposition.

En ce qui concerne les autres revenus reliés aux placements (dividendes, gains en capital, revenus de location), il s'agit pour le planificateur d'appliquer le traitement fiscal approprié à chaque source de revenu.

Le montant total après impôt est donc le **revenu disponible** pour payer le coût de vie et acquitter les versements mensuels sur les emprunts.

5.2.2   L'ÉVALUATION DU COÛT DE VIE

Le coût de vie représente l'ensemble des dépenses domestiques engagées d'une façon régulière pour maintenir la qualité de vie durant l'année qui vient. Lorsque le client remplit avec sa conjointe le questionnaire n° 1 (voir l'annexe B), il indique le coût de vie prévu pour l'année qui vient, soit pour les 12 prochains mois. Cette estimation doit être faite avec le plus grand soin, car une sous-évaluation du coût de vie peut avoir des effets fâcheux sur l'évaluation des disponibilités financières actuelles et futures, le coût de vie étant majoré du taux d'inflation prévu, soit 2 % dans le cas de la famille Simard-Lajoie.

Deux caractéristiques principales se rattachent à la notion de coût de vie : la continuité et la constance. La continuité signifie que les éléments qui composent le coût de vie reviennent d'année en année ; la constance, que le coût de vie augmente annuellement, mais uniquement en fonction de l'inflation et non en fonction de dépenses supplémentaires. Cela ne veut pas dire qu'il ne peut y avoir de modifications importantes au coût de vie, par exemple, à l'achat d'une maison ou à l'arrivée d'un enfant.

Bien que certaines factures puissent être acquittées annuellement ou deux fois l'an (les assurances par exemple), il est préférable de les présenter mensuellement. Le tableau 5.3 présente le coût de vie mensuel de la famille Simard-Lajoie pour l'année à venir, soit du 1er novembre 2001 au 31 octobre 2002. On remarque qu'une proportion de 5 % s'ajoute au total annuel pour parer aux imprévus. Cet ajout est déterminé par le planificateur et son client.

Le coût de vie n'inclut pas les sorties de fonds suivantes :

- Les impôts sur le revenu (les impôts indirects telles les taxes à la consommation sont inclus dans le coût de vie).
- Les versements mensuels sur emprunts, sauf pour l'hypothèque résidentielle. (Nous verrons plus loin que les disponibilités financières [tableau 5.2] serviront à acquitter l'endettement de consommation le plus rapidement possible.)
- Le paiement mensuel des cartes de crédit.
- Les éventuels projets spéciaux.

5.2.3   LES PROJETS SPÉCIAUX

Il ne faut pas inclure les projets spéciaux dans l'évaluation du coût de vie, qui représente les dépenses répétitives de mois en mois et d'année en année.

Un projet spécial est une dépense importante qui ne survient qu'une seule fois (ou peu de fois) au cours d'une période de 3 à 10 ans. Des exemples de projets spéciaux seraient l'installation d'une piscine, un voyage spécial, une rénovation majeure, l'achat d'une nouvelle automobile ou l'acquisition d'une résidence secondaire.

TABLEAU 5.3
Coût de vie mensuel pour l'année 2001-2002 — Famille Simard-Lajoie
(1er novembre 2001)

A) Maison		B) Transport	
Loyer	—	Essence et huile (auto)	140$
Hypothèque*	534$	Entretien (auto)	50
Téléphone	60	Assurance automobile	60
Câble	40	Automobile*	—
Chauffage	75	Immatriculation et permis	50
Électricité	75	Stationnement	40
Taxes (total)	200	Location d'un garage	40
Entretien*	36	Taxis	40
Assurances (feu, vol, etc.)	60	Métro ou autobus	—
Ameublement*	30	Autres frais	—
Autres frais	—		
TOTAL MENSUEL (A)	1 110$	TOTAL MENSUEL (B)	420$
C) Famille		**D) Divers**	
Alimentation*	650$	Vacances et voyages*	275$
Habillement	80	Assurance-vie	25
Frais de scolarité	—	Autres assurances	—
Sports et loisirs*	75	Dons ou cadeaux	30
Sorties au restaurant	140	Aide ménagère	—
Pharmacie et cosmétiques	65	Pension alimentaire	—
Journaux et magazines	25	Autres frais	—
Tabac et alcool	60	TOTAL MENSUEL (D)	330$
Frais de garderie	75	TOTAL GÉNÉRAL MENSUEL (A) (B) (C) (D)	3 215$
Dentiste ou optométriste	50		
Allocation aux enfants	—		
Loterie	10	TOTAL ANNUEL	38 580$
Argent de poche	125	Ajouter 5 % pour imprévus	1 929
Autres frais	—	Coût de vie annuel	40 509$
TOTAL MENSUEL (C)	1 355$	COÛT DE VIE ANNUEL (à 100$ près)	40 500$

* Ces éléments sont décrits à la sous-section 5.2.4.

Dans la plupart des cas, il est aisé de différencier coût de vie et projets spéciaux. En pratique, beaucoup de clients ont tendance à inclure certains projets spéciaux dans le calcul du coût de vie. Si un projet apparemment spécial présente un caractère répétitif, il faut l'inclure dans l'évaluation du coût de vie. Par exemple, si on décide de dépenser 2 000$ systématiquement tous les ans pour l'aménagement et la rénovation d'une maison, ce montant doit être présenté au coût de vie. Dans les cas ambigus, le planificateur financier tranchera, un coût ne pouvant être inclus dans deux éléments à la fois.

On évalue la provision annuelle pour projets spéciaux de la famille Simard-Lajoie par le questionnaire n° 1 (voir l'annexe B). Cette évaluation, qui couvre une dizaine d'années à venir, est une véritable estimation des projets futurs du couple en fonction de leur coût de vie, mais aussi de leur style de vie.

5.2.4   LES COMPOSANTES DU COÛT DE VIE

Les composantes du coût de vie présentées au tableau 5.3 reflètent la classification publiée par Statistique Canada (www.statcan.ca) selon l'indice des prix à la consommation (IPC). Nous avons regroupé ces composantes en quatre catégories : maison, transport, famille et divers. La majorité des éléments de chaque catégorie sont explicites, mais certains requièrent une brève explication.

La maison

Hypothèque : Le versement hypothécaire de la maison fait partie du coût de vie. Essentiellement, c'est l'équivalent du loyer à payer, ce qui justifie son inclusion au coût de vie. De plus, c'est souvent un emprunt à très long terme pour un actif qui, en général, tendra à prendre de la valeur.

Entretien : Il est question ici de l'achat de produits nettoyants, des frais reliés à la peinture, au déneigement, à la plomberie, à l'électricité, à l'entretien de la pelouse ou aux réparations générales.

Ameublement : Il s'agit de la réparation, de la location ou de l'achat de meubles ou d'appareils ménagers.

Le transport

Automobile : Le montant qui figure au coût de vie pour le véhicule familial doit être un débours mensuel, par exemple le coût de location à long terme, et non le paiement mensuel pour rembourser un emprunt ordinaire. Ce paiement mensuel figure sous « Versements sur emprunts » au tableau 5.2. Cependant, certains modes de financement de type prêt-rachat offerts par les établissements financiers s'apparentent à une location à long terme. Plusieurs consommateurs utilisent ces modes de financement sur une base régulière, comme une location ; par conséquent, ces montants mensuels peuvent être inclus au coût de vie. Pour sa part, l'achat comptant d'une automobile devient simplement la réalisation d'un projet spécial.

La famille

Alimentation : Il s'agit ici des dépenses d'épicerie engagées pour nourrir la famille : boucherie, charcuterie, pâtisserie, poissonnerie, etc. Notons que ces dépenses ne comprennent pas les sorties au restaurant, qui font l'objet d'un traitement à part.

Sports et loisirs : Il est question ici de l'achat ou de la location d'équipement sportif, des sorties au théâtre, au cinéma ou au centre sportif, des soirées sociales, etc. Les frais de restaurant ne sont pas inclus ici.

Divers

Vacances et voyages : Dans cette catégorie se trouvent les vacances régulières annuelles ou semi-annuelles. Les voyages plus onéreux et effectués plus rarement (tous les cinq ans ou plus) seront considérés comme des projets spéciaux.

5.2.5   LE PAIEMENT DU COÛT DE VIE PAR CARTE DE CRÉDIT

On acquitte généralement les dépenses reliées au coût de vie de quatre façons :
- en payant comptant ou avec une carte de débit ;
- en empruntant (prêt ordinaire à la consommation) ;
- en utilisant une marge de crédit ;
- en utilisant une carte de crédit.

Avant d'aborder le remboursement des dettes de consommation (section 5.3) et la gestion de l'endettement (section 5.5), voyons brièvement l'utilisation de la carte de crédit pour payer le coût de vie. En effet, il est possible de s'en servir comme outil de gestion ou comme source de financement.

La carte de crédit comme outil de gestion

Certains utilisent la carte de crédit comme mode de paiement. En effet, les cartes de crédit nous évitent de garder sur nous des sommes d'argent importantes et constituent un outil précieux en cas d'imprévu ou d'accident.

Certains utilisateurs apprécient pour leur part le relevé de compte mensuel, qui présente de façon complète et détaillée toutes les dépenses du mois, ce qui permet l'analyse et la gestion des coûts à partir de normes budgétaires ou d'objectifs préalablement établis.

La carte de crédit comme source de financement

Certaines personnes financent une partie de leur coût de vie à même leur carte de crédit. Ainsi, elles voient parfois le solde de dette de leur carte augmenter constamment, mois après mois et même année après année. C'est une habitude à proscrire, les cartes de crédit présentent le coût d'intérêt le plus élevé de toutes les sources de financement disponibles.

Le planificateur financier doit recommander fortement de ne pas utiliser la carte de crédit comme source de financement. Il doit suggérer de payer le solde à la réception du compte ou quelques jours après afin d'éviter les charges d'intérêt et l'accumulation d'une dette considérable, donc de l'utiliser comme mode de paiement.

Si l'utilisateur a fait preuve d'excès dans sa consommation ou dans l'accumulation de cette dette sur une longue durée, le planificateur doit lui recommander de remettre ses cartes de crédit aux établissements financiers concernés et de ne plus les utiliser par la suite. Il pourra les remplacer par la carte de débit, qui prélève automatiquement du compte bancaire de l'utilisateur un montant égal à l'achat.

Il est intéressant de noter qu'en janvier 2002 le taux d'escompte de la Banque du Canada est de 2,25 % et le taux des prêts ordinaires, aux alentours de 10 %. Par contre, les cartes de crédit des grands magasins entraînent des intérêts de près de 30 % dans certains cas. Quand aux diverses cartes bancaires, leurs taux varient mais peuvent parfois approcher les 20 %. Certaines cartes offrent des taux plus bas, mais elles entraînent des frais annuels élevés ou elles ne sont pas offertes à tous.

Nous renvoyons le lecteur intéressé à une excellente présentation de l'Université du Québec à Trois-Rivières dans Internet (www.uqtr.ca/cours/bfi-1006, sous « Module 2 "La gestion de la dette" »). Nous y reviendrons à la section 5.5, car ce site contient des renseignements de grande valeur pour ce qui est de la gestion de l'endettement.

5.3   LA PROGRAMMATION DES DISPONIBILITÉS FINANCIÈRES

Le calcul des disponibilités financières étant terminé, il faut maintenant prévoir l'utilisation de ces fonds et des autres fonds disponibles comme les placements. L'objectif de cette section du plan financier est d'atteindre la **première étape de l'indépendance financière** qui, rappelons-le, consiste à libérer le client de ses dettes personnelles et à lui permettre de ne plus s'endetter pour assumer son coût de vie et réaliser ses projets spéciaux. Le plan financier du client est conçu dans cette optique. Il n'y a donc pas de place pour l'endettement lié à l'utilisation des cartes de crédit ou des marges de crédit. Si le client utilise une carte de crédit, il doit comprendre qu'elle constitue un outil de paiement d'éléments de coût de vie et qu'il doit payer le solde du compte à la réception de ce dernier afin d'éviter les frais en intérêts. Le tableau 5.4 illustre la programmation des disponibilités pour la famille Simard-Lajoie. Toutes les valeurs de ce tableau proviennent des tableaux présentés précédemment ou des questionnaires remplis par le client (voir les questionnaires de l'annexe B). Lorsque le planificateur remet le rapport final, il est important qu'il insiste sur cette étape en soulignant l'avantage de se libérer des dettes, avec démonstration claire à l'appui.

Le tableau 5.4 permet de suggérer au client l'utilisation de ses disponibilités financières et de certains de ses placements pour atteindre l'équilibre entre différents éléments, soit :

- le paiement prioritaire des dettes personnelles ;
- l'investissement dans un REÉR ;
- les débours relatifs aux projets spéciaux ;
- le maintien de la réserve de base.

De plus, il illustre bien les rentrées (recettes ou encaissements) et les sorties (débours ou décaissements) d'argent prévues pour les prochaines années.

5.3.1   L'ÉTALEMENT DU PAIEMENT DES DETTES

La période que couvre la programmation des disponibilités financières dépend prioritairement de l'étalement du paiement des dettes. La date du début de la programmation est le 1er novembre 2001, soit la date du début de la planification. Généralement, la durée devrait varier entre un an et quatre ans. Après ce laps de temps, les dettes acceptables sont les suivantes :

- Les dettes relatives à un investissement, lorsque l'intérêt est déductible d'impôt.
- Les dettes relatives à un investissement dans un REÉR acquittées **en un an** grâce aux remboursements d'impôt.
- L'hypothèque de la résidence personnelle, car le montant en est souvent élevé et il s'agit d'un emprunt garanti par un actif qui, en général, s'apprécie avec les années.
- Une dette contractée dans une situation urgente.

5.3.2   LES RECOMMANDATIONS DU PLANIFICATEUR FINANCIER

Le tableau 5.4 propose au client un plan de santé financière en vue d'atteindre la première étape de l'indépendance financière par le remboursement des dettes.

Comme l'investissement dans un REÉR et les projets spéciaux font aussi partie de la programmation des disponibilités financières, qui est au cœur même de la gestion budgétaire, il est très important pour le client de bien en comprendre les enjeux. C'est le rôle du planificateur de les expliquer et de faire des recommandations concrètes au client. En voici quelques-unes.

Ne plus s'endetter

La toute première recommandation concerne le processus de l'endettement. En effet, l'endettement, considéré par plusieurs comme un problème strictement financier, est beaucoup plus un **problème comportemental. Le crédit permet d'obtenir des biens sans posséder l'argent.** Peu de gens réalisent qu'avec un taux marginal d'imposition de 50 % le remboursement d'une dette qui porte intérêt à 15 % équivaut à un **placement garanti** de 30 %. Le client doit donc éviter l'endettement dans la mesure du possible. Nous reviendrons sur ce point à la section 5.5.

TABLEAU 5.4
Programmation des disponibilités financières — Famille Simard-Lajoie

Du 1er novembre au 31 octobre	2001-2002	2002-2003	2003-2004	2004-2005
RECETTES				
Encaisse au début[1]	1 800 $	3 487 $	4 239 $	5 130 $
Placements à liquider[2]	11 000			
Disponibilités financières[3]	8 576	8 316	8 455	8 596
Total	21 376 $	11 803 $	12 694 $	13 726 $
DÉBOURS				
Comptes engagés[4]				
Solde des cartes de crédit	3 900 $			
Impôt 2000, non payé	925			
Paiements mensuels (automobile)	5 484	5 484 $	5 484 $	5 484 $
Total	10 309 $	5 484 $	5 484 $	5 484 $
Paiements suggérés[5]				
REÉR investi[6]	1 800 $	1 800 $	1 800 $	1 800 $
Économie d'impôt sur REÉR	(720)	(720)	(720)	(720)
REÉÉ investi[7]	1 000	1 000	1 000	1 000
Règlement — auto[8]				2 670
Rénovations — maison[9]	5 500			
Total	7 580 $	2 080 $	2 080 $	4 750 $
SOLDE DE FIN DE PÉRIODE[10]	3 487 $	4 239 $	5 130 $	3 492 $
Certificats de placement garanti	5 000	5 000	5 000	5 000
RÉSERVE DE BASE[11]	8 487 $	9 239 $	10 130 $	8 492 $

(1) **L'encaisse au début**

On se réfère au bilan si ce dernier est daté du début de la programmation. En pratique, il se peut que le bilan soit daté de quelques jours avant la date du début du tableau. La façon la plus simple de résoudre ce problème est de s'enquérir auprès du client du solde de l'encaisse au début du mois de la programmation. L'idéal est de produire le bilan en date du début de la programmation des disponibilités financières.

L'encaisse de la famille Simard-Lajoie au début est de 1 800 $ (1 000 $ pour Claude et 800 $ pour Francine) ; pour les années suivantes, l'encaisse est le solde de la fin de l'exercice précédent présenté au tableau.

(2) **Les placements à liquider**

On suggère la liquidation de certains placements afin de régler les dettes au plus tôt. Il ne faut pas disposer de placements qui comportent un fardeau fiscal, tel un REÉR. S'il s'agit d'actions, il faut être prudent et suggérer la vente de celles qui n'ont pas ou ont peu de probabilités de prendre de la valeur à court et à moyen terme. Les placements paraissent au bilan.

Dans le cas des Simard-Lajoie, on trouve au bilan (tableau 5.1) des certificats de placement garanti d'une valeur totale de 16 000 $ (voir aussi la sous-section 5.1.1 et le questionnaire nº 2 de l'annexe B, à la fin du manuel).

Il s'agit de quatre certificats (trois de 5 000 $ et un de 1 000 $) dont l'échéance est le 31 juillet 2002. Trois certificats totalisant 11 000 $ (deux de 5 000 $ et un de 1 000 $) seront liquidés à cette date et le certificat restant, de 5 000 $, sera renouvelé à 6 %. Ce dernier servira à alimenter la réserve de base.

→

TABLEAU 5.4
Programmation des disponibilités financières — Famille Simard-Lajoie (*suite*)

(3) **Les disponibilités financières**

Les disponibilités financières sont précisées dans le calcul des disponibilités financières (voir le tableau 5.2). Nous utilisons les disponibilités financières avant le paiement mensuel des dettes, car le paiement de ces dettes est prévu au tableau de programmation.

(4) **Les comptes engagés**

Il s'agit des paiements obligatoires que le client doit effectuer: emprunts, impôt, etc. Le solde de ces comptes paraît au bilan personnel. Par conséquent, il est nécessaire soit d'acquitter le solde de la dette au complet, soit d'effectuer les paiements mensuels obligatoires et d'acquitter le solde plus tard. C'est le cas pour le prêt automobile.

Le questionnaire n° 2 indique que les mensualités relatives au prêt automobile sont de 457$ par mois (5484$ par année).

(5) **Les paiements suggérés**

Dans cette section, on suggère d'effectuer certains débours. C'est donc ici que se situent les véritables recommandations du planificateur à l'intention de son client, qui doit bien comprendre l'intérêt de procéder à de tels paiements.

(6) **L'investissement dans un REÉR**

Le montant suggéré pour l'investissement dans un REÉR tient compte du niveau des dettes, des projets spéciaux et de la réserve de base à maintenir. On suggère ici 1800$ l'an en REÉR, et ce pour les quatre prochaines années. L'investissement dans un REÉR étant déductible d'impôt, il est important de calculer l'économie d'impôt et de la présenter en diminution du montant investi dans ce REÉR. Le taux marginal de Claude Lajoie est de 40%; l'économie d'impôt grâce au REÉR est donc de 1800$ × 40%, soit 720$.

Afin de profiter au maximum de la déduction fiscale (le taux marginal de Claude Lajoie étant supérieur à celui de sa conjointe) et aussi de conserver des liquidités suffisantes pour les autres besoins du couple, le planificateur ne suggère pas à Francine Simard d'investir dans un REÉR. Le montant non investi annuellement dans un REÉR peut être reporté à des années ultérieures; cette stratégie ne pénalise donc pas la famille Simard-Lajoie, ou plus particulièrement Francine. D'ailleurs, Claude pourra toujours investir au nom de Francine.

(7) **Le régime enregistré d'épargne-études**

Bénéficiant d'une subvention fédérale de 20%, ce régime est le véhicule par excellence pour investir dans les études des enfants. Le planificateur financier a recommandé au couple Simard-Lajoie de débuter avec un régime familial comportant des mises annuelles de 1000$. Il sera important, une fois les dettes réglées, de corriger à la hausse ces cotisations annuelles. Le régime enregistré d'épargne-études (REÉÉ) est décrit en détail au chapitre 6 (section 6.4).

(8) **Le règlement des dettes personnelles**

Il convient de suggérer au client de régler ses dettes, en commençant par celles dont le taux d'intérêt est le plus élevé. Avant de suggérer un remboursement de capital, il faut toujours s'assurer que le client a la possibilité financière et légale de le faire. Par possibilité légale, on entend que le client peut régler ses dettes au cours de l'année sans pénalité; anticiper le paiement d'une dette hypothécaire, par exemple, peut entraîner des pénalités dans certains cas.

Un aspect très important entre en jeu ici: sur le plan psychologique, le client n'est peut-être pas prêt à rembourser ses dettes. Certains remboursements pourraient en effet lui sembler trop élevés, même s'ils sont financièrement justifiés. Il doit donc exister une certaine complicité entre le planificateur et son client afin que cette question soit éclaircie.

L'automobile. Le solde de la dette sur l'automobile en date du 31 octobre 2005 sera de 2670$. Pour déterminer ce solde avec la calculatrice, il faut d'abord calculer les mensualités (PV = 22000$, i = 9%, n = 5 et PMT = 457$), et ce en utilisant la fonction ⌈2ndF⌉ pour taux nominal. Puis il s'agit simplement d'entrer le nombre de mois du 1er mai 2001 au 31 octobre 2005, soit 54 mois exactement, et par la suite d'entrer ⌈AMRT⌉ trois fois pour obtenir le solde de 2670$. Claude et Francine envisagent une location ou un prêt-rachat pour la prochaine automobile (voir le questionnaire n° 2 à ce sujet).

L'hypothèque. Quant à l'hypothèque de 60000$ contractée le 1er novembre 1999 pour un terme de 5 ans (voir le questionnaire n° 2), il n'est pas possible de la rabattre plus rapidement que par les versements mensuels réguliers de 534$ inclus au coût de vie. Le calcul du solde, expliqué à la sous-section 3.2.1, indique un solde de capital de 57602$ au 31 octobre 2001 (après 24 mois) et de 53111$ au 31 octobre 2004 à la fin du terme de 5 ans, c'est-à-dire 1 an avant la fin de la période couverte par le tableau 5.4. Si l'on appliquait les mêmes conditions au renouvellement de l'hypothèque au 1er novembre 2004, on aurait au 31 octobre 2005 un solde de 51331$. Nous aborderons à la sous-section 5.3.2 les diverses possibilités qui s'offrent à Claude et à Francine.

(9) Les projets spéciaux

Les deux projets spéciaux du couple sont précisés au questionnaire n° 1. Le plus urgent pour 2001-2002 concerne l'ajout d'un garage à la maison, projet estimé à 5 500 $ que nous avons programmé comme il a été prévu. Le deuxième projet concerne une piscine creusée, estimée à 9 500 $. Le tableau 5.4 indique clairement l'impossibilité de réaliser ce projet durant les quatre années concernées. Par contre, Francine et Claude semblaient conscients de cette tournure de situation, car ils indiquaient au questionnaire n° 1 « si possible ». Cette situation démontre parfaitement bien le grand dilemme dans lequel est plongée la société d'aujourd'hui, à savoir vivre sans dettes et sans les biens matériels désirés ou s'endetter et posséder ces biens comme tout le monde. Nous reviendrons sur ce point à la section 5.5.

(10) Le solde en fin de période

Ce solde constitue la différence entre les recettes et les débours. Il représente le solde d'encaisse disponible pour les prochaines années.

(11) La réserve de base

La réserve de base est constituée du solde d'encaisse et, si nécessaire, de placements à court terme. Elle doit être égale à trois mois de coût de vie. L'utilité de ce fonds est de se protéger contre les imprévus, les accidents, etc., mais il n'est pas impératif; c'est un coussin sécuritaire à posséder dans la mesure du possible.

Pour la famille Simard-Lajoie, la réserve de base devrait idéalement s'élever à environ 10 125 $ (40 500 $ ÷ 4), ce qui représente 3 mois de coût de vie. On peut rapidement constater au tableau 5.4 que les Simard-Lajoie ont une réserve d'environ 2 mois 1/2, ce qui est acceptable.

Réduire le coût de vie

Comme nous l'avons indiqué, la réserve de base n'est pas un impératif. Si la piscine est un projet qui tient vraiment à cœur aux Simard-Lajoie, ces derniers pourraient très bien étaler le paiement de la piscine, par exemple sur trois ans, en réduisant la réserve de base.

Rembourser l'hypothèque le plus rapidement possible

Nous savons qu'au 31 octobre 2004 le terme de l'hypothèque vient à échéance. À ce moment, le solde du capital sera de 53 111 $ (voir la note n° 8 du tableau 5.4). Le planificateur doit informer son client de l'importance de rembourser cette dette dans les plus brefs délais. Par exemple, il lui recommandera de renouveler au 1er novembre 2004 avec la plus courte période d'amortissement possible. Il lui suggérera également d'utiliser les remboursements d'impôt sur les futurs investissements en REÉR pour rabattre l'hypothèque. Durant la période de programmation, ces remboursements ont servi à alimenter les disponibilités financières, mais à partir du 1er novembre 2005 ils pourront servir à rembourser l'hypothèque le plus rapidement possible.

5.4 LES BUDGETS

La dernière étape de la phase de budgétisation consiste en l'élaboration de deux budgets : le budget familial, dont l'objectif est de faciliter l'atteinte du coût de vie établi pour l'année qui vient, et le budget de caisse, dont le but est de faciliter l'application du plan présenté au tableau 5.4, soit la programmation des disponibilités financières.

5.4.1   LE BUDGET FAMILIAL

Le budget familial (coût de vie budgétisé) est l'instrument privilégié pour gérer le coût de vie. Dans la majorité des cas, il est nécessaire de budgétiser annuellement, sinon mensuellement, pour bien maîtriser le coût de vie, généralement assujetti aux pressions inflationnistes et au désir d'augmenter la qualité de vie familiale par l'accroissement des diverses dépenses ou des emprunts. Le coût de vie est un constat de fait, tandis que le budget permet de corriger les mauvaises habitudes d'achat et de consommation.

Le budget familial servira donc à modifier le coût de vie. En général, le planificateur financier se limite à suggérer des compressions budgétaires globales (si nécessaire, bien sûr) sans entrer dans les détails. À titre d'exemple, nous présentons au tableau 5.5 le budget familial des Simard-Lajoie. Il comporte deux colonnes : Coût de vie projeté et Coût de vie budgétisé. La première colonne reflète le coût de vie pour l'année à venir, soit du 1er novembre 2001 au 31 octobre 2002. La deuxième colonne représente la recommandation du planificateur. Dans le cas de la famille Simard-Lajoie, il n'y a aucune recommandation ferme pour 2001-2002. Cependant, si le projet spécial de la piscine était réalisé, il faudrait examiner de plus près le budget de 2002-2003.

Pour certaines familles qui désirent mieux suivre leur budget familial, on suggère d'utiliser un **sommaire des dépenses mensuelles.** Le tableau 5.6 illustre le procédé à suivre. Il s'agit pour le client de noter les dépenses réelles assumées pendant le mois, puis de comparer ces montants avec ceux du coût de vie selon le budget, d'inscrire l'écart et, si possible, de l'expliquer afin d'améliorer la situation les mois suivants.

Le client peut se servir d'un livre comptable tel qu'un journal à colonnes multiples en guise de sommaire des dépenses mensuelles. Quatre aspects, qui correspondent à chacun des titres de colonnes, importent au sujet du sommaire :

■   La prévision budgétaire. Les données proviennent du tableau 5.5, qui indique le coût de vie budgétisé. Le client peut établir un budget hebdomadaire si un contrôle plus serré est nécessaire.

■   Le résultat réel. Ce sont les dépenses réelles effectuées durant la semaine ou le mois.

■   L'écart. Il s'agit de la différence entre la prévision et les dépenses réelles.

■   L'explication. Elle porte sur l'écart négatif ou défavorable afin que le client réfléchisse sur certains coûts et évite les mêmes pièges les mois suivants.

En résumé, le budget familial sert à présenter le coût de vie budgétisé pour l'année qui vient, selon les recommandations du planificateur. Dans le cas où les disponibilités financières seraient insuffisantes pour acquitter les versements mensuels sur emprunts et pour générer de l'épargne jugée importante, des réductions au coût de vie seraient proposées au client.

TABLEAU 5.5
TABLEAU 5.5
Budget familial pour l'année 2001-2002 — Famille Simard-Lajoie

	Coût de vie projeté	Coût de vie budgétisé		Coût de vie projeté	Coût de vie budgétisé
A) Maison			**B) Transport**		
Loyer	—		Essence et huile (auto)	140 $	
Hypothèque	534 $		Entretien (auto)	50	
Téléphone	60		Assurance automobile	60	
Câble	40		Automobile	—	
Chauffage	75		Immatriculation et permis	50	
Électricité	75		Stationnement	40	
Taxes (total)	200		Location d'un garage	40	
Entretien	36		Taxis	40	
Assurances (feu, vol, etc.)	60		Métro ou autobus	—	
Ameublement	30		Autres frais	—	
Autres frais	—				
TOTAL MENSUEL (A)	1 110 $	$	TOTAL MENSUEL (B)	420 $	$
C) Famille			**D) Divers**		
Alimentation	650 $		Vacances et voyages	275 $	
Habillement	80		Assurance-vie	25	
Frais de scolarité	—		Autres assurances	—	
Sports et loisirs	75		Dons ou cadeaux	30	
Sorties au restaurant	140		Aide ménagère	—	
Pharmacie et cosmétiques	65		Pension alimentaire	—	
Journaux et magazines	25		Autres frais	—	
Tabac et alcool	60		TOTAL MENSUEL (D)	330 $	
Frais de garderie	75		TOTAL GÉNÉRAL MENSUEL (A) (B) (C) (D)	3 215 $	
Dentiste ou optométriste	50				
Allocation aux enfants	—				
Loterie	10		TOTAL ANNUEL	38 580 $	
Argent de poche	125		Ajouter 5 % pour imprévus	1 929	
Autres frais	—		Coût de vie annuel	40 509 $	
TOTAL MENSUEL (C)	1 355 $	$	COÛT DE VIE ANNUEL (à 100 $ près)	40 500 $	$

Le respect du coût de vie est pour certaines personnes une tâche difficile à concrétiser, ce qui justifie par le fait même une méthode de contrôle adéquate comme le sommaire des dépenses. Afin de faciliter l'atteinte du coût de vie budgétisé, il importe d'inscrire les dépenses réelles engagées de semaine en semaine (ou de mois en mois), de comparer ces coûts réels avec ceux budgétisés, d'en dégager la différence et ainsi de provoquer une réflexion permettant d'améliorer la situation pour les mois à venir.

TABLEAU 5.6
Sommaire des dépenses mensuelles

	Prévision budgétaire	Résultat réel	Écart	Explication
A) Maison				
Loyer				
Hypothèque				
Téléphone				
Câble				
Chauffage				
Électricité				
Taxes (total)				
Entretien				
Assurances (feu, vol, etc.)				
Ameublement				
Autres frais				
TOTAL MENSUEL (A)				
B) Transport				
Essence et huile (auto)				
Entretien (auto)				
Assurance automobile				
Automobile				
Immatriculation et permis				
Stationnement				
Location d'un garage				
Taxis				
Métro ou autobus				
Autres frais				
TOTAL MENSUEL (B)				
C) Famille				
Alimentation				
Habillement				
Frais de scolarité				
Sports et loisirs				
Sorties au restaurant				
Pharmacie et cosmétiques				
Journaux et magazines				
Tabac et alcool				
Frais de garderie				
Dentiste ou optométriste				
Allocation aux enfants				
Loterie				
Argent de poche				
Autres frais				
TOTAL MENSUEL (C)				

	Prévision budgétaire	Résultat réel	Écart	Explication
D) Divers				
Vacances et voyages				_____
Assurance-vie				_____
Autres assurances				_____
Dons ou cadeaux				_____
Aide ménagère				_____
Pension alimentaire				_____
Autres frais	_____	_____	_____	_____
TOTAL MENSUEL (D)				
TOTAL GÉNÉRAL MENSUEL (A) (B) (C) (D)				
TOTAL ANNUEL				
Ajouter 5 % pour imprévus	_____	_____	_____	
Coût de vie annuel				
COÛT DE VIE ANNUEL (à 100 $ près)				

5.4.2   LE BUDGET DE CAISSE MENSUEL

Le budget de caisse mensuel de la famille Simard-Lajoie est présenté au tableau 5.7.

Un budget de caisse mensuel rend compte des mouvements prévisibles de l'encaisse. Il constitue un échéancier à respecter, c'est-à-dire qu'il précise les mois où les recettes seront encaissées, où les paiements doivent être effectués. On y trouve le détail des encaissements (recettes) et tous les débours prévisibles relativement au coût de vie, au paiement des dettes, aux placements (REÉR) et autres. Parfois, un budget de caisse hebdomadaire est requis plutôt qu'un budget de caisse mensuel.

Le rapport final destiné au client comporte en général le budget de caisse mensuel applicable seulement pour l'année à venir. On suggère fortement au client de reproduire annuellement ce budget de caisse, compte tenu des changements importants qui ont pu se produire durant l'année écoulée. Le client doit bien comprendre que ce budget est un outil de contrôle important dans la mesure où il permet de visualiser les mouvements de l'encaisse, facilitant ainsi la compréhension des actions à entreprendre. Ce procédé permet l'atteinte des objectifs à court et à moyen terme établis dans la programmation des disponibilités financières.

L'élaboration du budget de caisse comprend quatre phases, soit :

■ la préparation du budget de caisse mensuel ;

■ le contrôle de l'exactitude ;

■ la détermination du mois idéal de règlement des dettes ;

■ la suggestion d'utiliser plusieurs comptes bancaires.

TABLEAU 5.7
Budget de caisse mensuel — Famille Simard-Lajoie

2001-2002	Total à répartir	Nov.	Déc.	Janv.	Févr.	Mars	Avril	Mai	Juin	Juillet	Août	Sept.	Oct.
Encaisse au début[1]		1800$	484$	493$	502$	511$	520$	529$	538$	567$	3236$	3445$	3654$
Recettes													
Salaire — Claude[2]	34600$	2883	2883	2883	2883	2883	2883	2883	2883	2883	2883	2883	2883
Salaire — Francine[2]	12700	1058	1058	1058	1058	1058	1058	1058	1058	1058	1058	1058	1058
Intérêt encaissé[3]	960									960			
Prestations fiscales	1200	100	100	100	100	100	100	100	100	100	100	100	100
Placements à liquider[4]	11000									11000			
Remboursement d'impôt[5]	720								720				
Emprunt pour REÉR[6]					1800								
Débours													
Coût de vie[7]	40500	3375	3375	3375	3375	3375	3375	3375	3375	3375	3375	3375	3375
Dettes et paiements divers[8]													
Solde des cartes de crédit*	3900	600	200	200	200	200	200	200	900	1200			
Impôt de l'année précédente	925	925											
Paiements mensuels du prêt automobile	5484	457	457	457	457	457	457	457	457	457	457	457	457
REÉR à investir	1800				1800								
REÉÉ à investir	1000									1000			
Rénovations — maison	5500									5500			
Remise du prêt pour REÉR*										1800			
Réserve pour impôt[9]													384
SOLDE À LA FIN		484$	493$	502$	511$	520$	529$	538$	567$	3236$	3445$	3654$	3479$**

* Pour simplifier, nous n'avons pas tenu compte des intérêts qui s'accumulent sur le solde.

** Écart de 8$ par rapport au tableau 5.4 (3487$) en raison de l'arrondissement des valeurs dans ce tableau-ci.

(1) **L'encaisse au début**

Ce montant de 1 800 $, présenté au tableau 5.4 (encaisse au début, novembre 2001), est reporté ici au budget de caisse mensuel.

(2) **Les salaires nets**

Les salaires nets de Claude et de Francine proviennent du tableau 5.2. Ils doivent être divisés par 12 pour la présentation mensuelle :

- Claude : 34 600 $ ÷ 12 = 2 883 $;
- Francine : 12 700 $ ÷ 12 = 1 058 $.

(3) **L'intérêt encaissé**

L'intérêt doit être indiqué dans le budget de caisse le mois où il est encaissé, soit dans notre exemple le 31 juillet 2002. Ainsi, l'intérêt sur les certificats de placement garanti est de 960 $, soit 16 000 $ × 6 % (voir le tableau 5.2).

(4) **Les placements à liquider**

Le montant des placements à liquider est indiqué au tableau 5.4. Le 31 juillet 2002 est la date d'échéance. Le montant de 11 000 $ représente la liquidation des deux certificats de 5 000 $ et celui de 1 000 $.

(5) **Le remboursement d'impôt**

Le remboursement d'impôt sur REÉR au montant de 720 $ (40 % × 1 800 $), présenté au tableau 5.4, devrait se faire en mai ou en juin 2002. Prévoyons-le pour juin.

(6) **L'emprunt pour REÉR**

Il est nécessaire ici d'emprunter la somme de 1 800 $ afin d'investir dans un REÉR en février, dernier mois pour profiter de la déduction en 2001.

(7) **Le coût de vie**

Le coût de vie annuel est présenté au tableau 5.2 et provient du questionnaire n° 1 (voir l'annexe B, à la fin du manuel). Il suffit de diviser ce montant par 12 afin de le présenter sur une base mensuelle :

- Coût de vie annuel : 40 500 $ ÷ 12 ;
- Coût de vie mensuel : 3 375 $.

(8) **Les dettes et les paiements divers**

Le reste du budget de caisse est consacré aux dettes et aux paiements divers ; le tout provient du tableau 5.4. On inscrit ces montants aux mois les plus rapprochés en s'assurant que le solde de fin de mois est positif. Les mensualités (automobile) sont étalées sur 12 mois afin de refléter la réalité. L'investissement en REÉR doit se faire au plus tard en février 2002. La remise du prêt de 1 800 $ pour un REÉR peut être faite en juillet 2002.

(9) **La réserve pour impôt**

L'impôt de 384 $ sur les intérêts gagnés sera payé plus tard, en avril 2003, car les intérêts seront encaissés en 2002. Il serait bon de mettre alors cette somme en réserve pour l'impôt.

La préparation du budget de caisse mensuel

Pour préparer le budget de caisse mensuel, le planificateur se sert de différents montants. Ceux-ci proviennent du tableau des disponibilités financières et des liquidités (tableau 5.2), en ce qui concerne les différents revenus et le coût de vie, et de la programmation des disponibilités financières (tableau 5.4), en ce qui touche la liquidation des placements, le paiement des dettes, le REÉR et les projets spéciaux, s'il y a lieu. Par ailleurs, d'autres tableaux peuvent servir de référence pour établir certains montants du budget de caisse.

Les notes qui accompagnent le tableau 5.7 expliquent précisément la provenance des différents montants dans le cas de la famille Simard-Lajoie.

Le contrôle de l'exactitude

Le contrôle de l'exactitude est effectué en comparant le solde de l'encaisse de fin d'année (calculé dans le budget de caisse) et le solde au tableau de programmation des disponibilités financières. Les deux montants doivent coïncider, ce qui prouve que tous les montants ont été pris en considération.

Dans le cas de la famille Simard-Lajoie, on trouve au tableau de programmation des disponibilités (tableau 5.4) un montant de 3 487 $ par rapport à un montant de 3 479 $ au budget de caisse (tableau 5.7), la différence s'expliquant par l'arrondissement des valeurs au budget de caisse au moment de la division des montants annuels par 12.

Le mois idéal de règlement des dettes

Quand une dette doit être réglée l'année de l'établissement du budget de caisse, elle est présentée au dernier mois du budget. Par ailleurs, dans bien des cas, il est possible de payer ce compte plus tôt dans l'année, ce qui permet d'économiser de l'intérêt. En général, il est préférable de proposer le paiement à une date raisonnable. À cet effet, le planificateur doit suggérer au client de payer le compte au mois le plus approprié selon le contexte ou encore, s'il s'agit d'un gros montant, de l'étaler sur plusieurs mois de façon à réduire la pression tant financière que psychologique qu'exerce un tel débours.

L'utilisation de plusieurs comptes bancaires

Afin de faciliter la vérification de toutes ces opérations et de mieux visualiser les résultats, on suggère généralement l'utilisation d'au moins deux comptes bancaires :

■ Un compte avec opérations dans lequel est déposé mensuellement le montant global nécessaire au coût de vie et à certains autres débours afin d'y effectuer les retraits correspondants.

■ Un compte d'épargne approprié dans lequel sont déposés tous les fonds disponibles, incluant le salaire de Francine. Les fonds destinés au compte avec opérations proviennent d'un virement à même ce compte d'épargne. Le solde constitue la réserve de base qui rapporte un peu d'intérêt dans l'attente de placements plus avantageux.

5.5   LA GESTION DE L'ENDETTEMENT

En guise de conclusion à ce module, nous aborderons brièvement la gestion de la dette personnelle dans une société surendettée. Il existe plusieurs dictons ou proverbes qui concernent l'endettement, par exemple : « Jadis, les gens se passaient de choses pour avoir de l'argent ; aujourd'hui, ils se passent d'argent pour avoir des choses. » Il y a une part de vérité dans une telle affirmation.

La gestion de l'endettement est de plus en plus complexe pour les familles, car celles-ci se servent du crédit pour améliorer leur qualité de vie ; une stratégie à court terme très dangereuse. En effet, non seulement le crédit peut réduire le pouvoir d'achat mais, d'une façon plus insidieuse, il encourage les achats inutiles et peut très rapidement devenir une habitude de vie. Le crédit n'est pas mauvais en soi ; c'est son usage abusif qui l'est.

L'Université du Québec à Trois-Rivières (UQTR) publie dans Internet un document fort intéressant qui aborde le crédit à la consommation sous divers angles. Le site (www.uqtr.ca/cours/bfi-1006) propose plusieurs modules, dont le deuxième, « La gestion de la dette », traite de ce sujet plus en profondeur et comprend 110 diapositives. Le lecteur intéressé y trouvera l'historique du crédit à partir de l'Antiquité.

Le tableau 5.8 montre l'évolution du taux d'endettement et du taux d'épargne personnelle au Québec, et ce

TABLEAU 5.8

Évolution du taux d'endettement et du taux d'épargne personnelle au Québec

Années	Taux d'épargne personnelle (%)	Taux d'endettement en % du revenu disponible		
		Consommation	Hypothèque	Total
1984	13,4	17,0	33,6	50,7
1985	11,0	18,3	35,7	54,1
1986	8,2	19,3	40,6	59,9
1987	7,3	21,4	45,4	66,8
1988	6,9	21,1	51,1	72,3
1989	8,3	21,0	51,3	72,3
1990	9,6	20,7	52,8	73,5
1991	9,8	20,7	54,6	76,2
1992	9,7	20,8	57,1	77,9
1993	9,6	20,7	57,8	78,5
1994	7,7	21,7	60,5	82,2
1995	7,8	21,8	59,8	81,5
1996	6,1	22,2	60,1	82,4
1997	3,6	22,9	60,4	83,3
1998	2,1	23,7	60,2	83,9
1999*	0,3	24,2	60,1	84,3

* Estimation.

Source : Confédération des caisses Desjardins, 2000-01-31.

en fonction du revenu disponible que nous avons qualifié de salaire ou de revenu après impôt au tableau 5.2 et à la section 5.2.1.

En 1999, le taux d'endettement des Québécois atteignait 84,3 % du **revenu disponible.** Rappelons que pour obtenir les disponibilités financières il faut déduire le coût de vie. Or le tableau 5.8 illustre bien que l'endettement des Québécois est établi en fonction du revenu net, donc du **revenu avant le paiement du coût de vie.** Ce dernier devrait donc être acquitté avec 15,7 % (100 % – 84,3 %) du revenu disponible. Si l'on refait les calculs pour les Simard-Lajoie (tableau 5.2), on réalise la pleine signification de ces chiffres. Bien sûr, ce taux inclut l'endettement de consommation (dettes personnelles, etc.) plus la dette hypothécaire, qui comprend une portion de plus en plus grande d'argent emprunté pour d'autres buts que le paiement de la maison. Le tableau 5.8 montre que le taux d'endettement est passé de 50,7 % en 1984 à 84,3 % en 1999. Le taux d'épargne est passé de 13,4 % à 0,3 % pour la même période.

La famille surendettée a trop souvent recours à la consolidation des dettes de consommation au lieu de s'attaquer à la source du problème, le **budget familial.** Consolider des dettes consiste à refinancer un certain nombre de dettes pour en obtenir une seule, dans le but de réduire le montant mensuel alloué au remboursement des emprunts en échelonnant le remboursement sur une plus longue période. Les causes du surendettement sont multiples : utilisation excessive des cartes de crédit, accès de plus en plus facile aux marges de crédit et aux emprunts en général, etc. Les études de consommation confirment ces causes invoquées par les familles surendettées pour expliquer leur endettement. Très peu de gens mentionnent les valeurs sociales qui favorisent le matérialisme et plus particulièrement l'insouciance à l'égard du budget familial.

Le surendettement est un usage abusif du crédit, un processus d'appauvrissement. Le **crédit,** à savoir la capacité d'obtenir d'un établissement financier de l'argent ou d'un commerce un bien ou un service contre la promesse de remboursement plus tard, est un avantage en soi. Mais le crédit entraîne un coût (intérêts) et l'obligation de rembourser, ce qui peut constituer un lourd fardeau, particulièrement pour celui qui en abuse. L'obsession d'atteindre un niveau de vie élevé par l'achat de biens matériels peut facilement conduire au surendettement, qui constitue aujourd'hui un véritable problème social.

Il est vrai que l'endettement est facilité par la plupart des établissements financiers (cartes de crédit, prêts personnels, marges de crédit, etc.) et encouragé par les détaillants, qui utilisent des techniques de commercialisation de plus en plus raffinées et efficaces.

L'endettement n'est pas un problème financier, c'est un problème comportemental. La seule solution possible doit traiter la cause du problème et éliminer l'étouffement qu'entraîne le surendettement : c'est ce que permet une saine gestion financière, grâce à laquelle il est possible de changer ses habitudes de consommation.

Par contre, certains facteurs du contexte socioéconomique devraient pousser plusieurs personnes à réfléchir. En voici quelques-uns :

- Les gouvernements ne viennent en aide qu'aux plus démunis, et l'État-providence est en voie de disparition.

- La classe moyenne est certainement la plus touchée par les récessions économiques et les hausses de taxes et d'impôts.

- Les jeunes familles épargnent de moins en moins, et le nombre de faillites augmente.

- De nombreuses personnes arrivent à la retraite avec une pension insuffisante pour leur assurer la qualité de vie espérée.

5.5.1   LES SOLUTIONS AU SURENDETTEMENT

Il existe plusieurs solutions concrètes au surendettement. En voici quelques-unes :

- Le réaménagement du budget familial ;
- La liquidation de certains actifs ;
- La consolidation des dettes ;
- La proposition de consommateur ;
- Le dépôt volontaire (loi Lacombe) ;
- La faillite.

Le site Internet www.syndics.ca contient des renseignements très utiles sur le surendettement. Le site www.consommateur.qc.ca/acefest (sous « Vingt-huit associations de consommateurs », « ACEF de l'Est de Montréal », « Endettement ») est aussi un excellent site qui traite des solutions au surendettement, y compris le dépôt volontaire et la faillite.

5.5.2   LE REMBOURSEMENT DES DETTES PERSONNELLES

Nous avons discuté d'endettement à plusieurs reprises dans ce chapitre et de la nécessité de rembourser le plus rapidement possible les dettes personnelles. Voyons maintenant la raison qui justifie une telle décision.

Tout emprunt dont le capital sert à financer un bien personnel tel qu'une voiture, des meubles, un chalet, etc., est une dette personnelle. L'intérêt sur ce type de dette n'est pas déductible d'impôt. Par contre, tout emprunt dont le capital sert à acheter un bien qui produira un revenu imposable dans l'année ou au cours des années à venir est considéré comme un placement ou un investissement. L'intérêt qui y est lié est déductible d'impôt, ce qui réduit considérablement le coût réel du financement.

Une dette personnelle doit donc être réglée au plus vite parce que l'intérêt n'est pas déductible d'impôt, au contraire des dettes pour investissement, qui peuvent durer plus longtemps à cause du caractère déductible de l'intérêt. Le coût d'une dette personnelle est extrêmement élevé. À titre d'exemple, une personne responsable d'une hypothèque personnelle de 100 000 $, payable en

20 ans, dont le taux d'intérêt annuel est de 12 %, paiera en 20 ans 259 440 $, soit 159 440 $ en intérêts[4]. Payer ses dettes constitue un véritable placement, et l'économie en intérêts rapporte davantage que la plupart des placements. Cependant, il faut admettre que l'hypothèque résidentielle, même si l'intérêt payé n'est pas déductible, représente une forme d'endettement acceptable parce que l'actif hypothéqué prend de la valeur au fil des ans, contrairement à la majorité des biens de consommation (voiture, meubles, etc.), qui en perdent.

EXEMPLE

Afin de déterminer le coût réel de l'intérêt payé sur un emprunt personnel, supposons que vous ayez en main 9 000 $ et que vous désiriez acheter du mobilier à ce prix. Deux choix s'offrent à vous :

■   Emprunter à 14 % pour l'achat du mobilier et investir 9 000 $ à 10 % :

Montant investi	9 000 $
Taux de rendement : 10 %	
Gains, avant impôt	900
Taux d'imposition marginal : 50 %	
Gains, après impôt	450
Montant emprunté	9 000
Taux d'intérêt : 14 %	
Coût de l'intérêt	1 260
COÛT RÉEL DU FINANCEMENT (1 260 $ – 450 $)	810 $ l'an

■   Payer le mobilier comptant. Le coût réel du financement est alors à zéro. Cette stratégie fait économiser 810 $ la première année par rapport au choix précédent.

On peut exprimer la même réalité en partant des taux d'intérêt :

■   Si vous investissez et vous empruntez :

Gains en intérêt, avant impôt	10 %
Taux d'imposition marginal	50 %
GAINS EN INTÉRÊT, APRÈS IMPÔT (50 % × 10 %)	5 %

■   Si vous payez comptant, l'économie d'intérêt est de 14 %. L'économie globale en intérêt est alors de 9 % (14 % – 5 %), et l'économie en valeur monétaire est de 810 $ (9 % × 9 000 $).

Le premier choix entraîne un coût réel de 810 $ la première année, tandis que le deuxième choix n'entraîne aucun coût. Ce calcul démontre qu'il est toujours plus avantageux de payer comptant les produits de consommation plutôt

---

4.   Table II, 12 %, 20 ans, facteur 10,81 pour 1 000 $, donc 10,81 × 100 (pour 100 000 $) × 12 mois × 20 ans = 259 440 $.

que de s'endetter pour les acquérir et que **le meilleur placement demeure le remboursement d'une dette.** Dans notre exemple, éviter d'emprunter un montant dont l'intérêt n'est pas déductible équivaut à faire un placement après impôt de 9%, c'est-à-dire un placement dont le rendement est de 18% avant impôt à un taux marginal de 50%. Sur le plan financier, ce rendement est excellent.

5.5.3   L'ÉPARGNE ET L'INVESTISSEMENT

L'épargne, dont nous avons abondamment parlé dans ce chapitre, consiste à générer un excédent de liquidités, et l'investissement sert à canaliser cette épargne vers des produits financiers qui répondent à des besoins et qui permettront à moyen terme de réaliser des projets spéciaux et à long terme d'atteindre la deuxième étape de l'indépendance financière, soit la retraite. Nous avons vu précédemment que le remboursement des dettes constitue le **meilleur placement** possible et, dans cette optique, il est intimement lié aux concepts d'épargne et d'investissement.

SITES INTERNET À VISITER

- Agence des douanes et du revenu du Canada
  www.ccra-adrc.gc.ca

- Institut québécois de planification financière
  www.iqpf.org

- Jean Fortin et associés
  www.syndics.ca

- Le Réseau de protection du consommateur du Québec
  (sous « Vingt-huit associations de consommateurs », « ACEF de l'Est de Montréal », « Endettement »)
  www.consommateur.qc.ca

- Statistique Canada
  www.statcan.ca

- Université du Québec à Trois-Rivières : Module 2, « La gestion de la dette »
  www.uqtr.ca/cours/bfi-1006

QUESTIONS DE RÉVISION

1. Quelles différences existe-t-il entre un bilan d'entreprise et un bilan personnel ?

2. Quels sont les éléments qui peuvent composer l'impôt éventuel ?

3. Pourquoi y a-t-il un impôt éventuel sur le montant global du REÉR ?

4. Que signifie l'expression « valeur nette » dans un bilan ?

5. Désignez deux documents financiers qui font partie d'une saine gestion budgétaire.

6. Que signifient les expressions « disponibilités financières » et « excédent de liquidités » ?

7. Quelle est l'utilité d'une réserve de base ?

8. Présentez en blanc (sans chiffres) le tableau des disponibilités financières et des liquidités d'un salarié qui n'a pas d'autre source de revenu.

9. Quelle est la différence entre « salaire brut » et « salaire net » ?

10. L'intérêt provenant d'un REÉR figure-t-il dans le tableau des disponibilités financières et des liquidités ? dans le revenu de placements ? Expliquez votre réponse.

11. Quelle différence existe-t-il entre « coût de vie » et « projets spéciaux » ?

12. À quoi sert le tableau de programmation des disponibilités financières ?

13. Quelles sont les dettes acceptables après la période (quatre ans maximum) précisée au tableau de programmation des disponibilités financières ?

14. Décrivez les grandes composantes du tableau de programmation des disponibilités financières.

15. Expliquez l'importance de régler les dettes dont l'intérêt n'est pas déductible d'impôt. En général, de quelle nature sont ces dettes ?

16. Comment évalue-t-on les recettes du client au tableau de programmation des disponibilités financières ?

17. Que signifie l'expression « comptes engagés » ?

18. Quelle est la relation entre la première étape de l'indépendance financière et le tableau de programmation des disponibilités financières ?

19. Quels sont les deux outils financiers qui sont la base du système de contrôle du coût de vie proposé et de la programmation des disponibilités financières ?

20. Quelles sont les grandes catégories qui composent un budget familial ?

21. À quoi sert un budget de caisse ?

22. Le sommaire des dépenses mensuelles reprend les grandes catégories du budget familial. Comment fonctionne-t-il ?

23. Quelle différence y a-t-il entre un budget familial et le coût de vie ?

24. Puisque aucune dette n'est incluse au coût de vie, pourquoi y inclure l'hypothèque ?

EXERCICES

1. Voici quelques données concernant la famille Bellehumeur (période du 1er septembre 2001 au 31 août 2002) :

   ■ Salaires prévus de Marcel et de Nathalie : 45 400 $ après impôt.

   ■ Coût de vie prévu

A) Maison	700 $	
B) Transport	600	
C) Famille	900	
D) Divers	400	
	2 600 $ par mois.	

   ■ Versements mensuels prévus sur emprunts personnels : 800 $ par mois.

   Les Bellehumeur sont locataires et désirent acheter une maison d'ici peu. Ils ne possèdent pas de voiture, mais aimeraient en acquérir une. Le conseiller de l'établissement financier avec lequel ils font affaire les avise qu'il faudrait investir 4 000 $ annuellement pour la retraite, car ils n'ont présentement aucun régime de pension.

   a) Quel est le coût de vie annuel des Bellehumeur ?

   b) Quel est l'excédent ou le déficit de liquidités ?

2. M. Thébert vous demande de préparer son bilan personnel. Le 31 juillet 2001, il vous soumet les renseignements suivants :

- 860 $ dans un compte bancaire ;

- 174 $ en paiement mensuel bancaire pour l'automobile ;

- 560 $ au dernier compte de la carte de crédit ;

- 12 300 $ en montant payé pour les meubles de la maison ;

- 11 714 $ en montant payé pour l'automobile ;

- 6 000 $ en dépôts à terme acquis le 1er février 2001, 7 % de rendement ;

- 18 400 $ sur le dernier relevé relatif au REÉR (40 % en taux d'imposition moyen pour libérer le REÉR) ;

- 6 500 $ en valeur marchande de l'automobile ;

- 3 850 $ en solde d'emprunt bancaire pour l'automobile ;

- 5 500 $ en valeur marchande des meubles de la maison ;

- 53 % en taux d'imposition marginal.

Arrondir les résultats à 1 $ près.

3. Serge et Aline Lebrun vous demandent de préparer leur bilan familial pour le 31 août 2001. Ils vous fournissent les renseignements suivants :

- Le taux d'imposition marginal de Serge est de 36 %, celui d'Aline, de 38 %.

- Serge et Aline Lebrun ont chacun un compte bancaire ; les deux comptes totalisent 3 550 $.

- Serge Lebrun possède une obligation d'épargne depuis le 1er juin 2001, à 7 %, 5 000 $.

- Le solde de leurs cartes de crédit est de 400 $.

- La résidence familiale est au nom des deux conjoints ; elle a été achetée au coût de 90 000 $, et sa valeur marchande est de 110 000 $.

- L'hypothèque résidentielle signée il y a quelques années pour un montant de 84 000 $ présente un solde actuel de 66 600 $; les paiements mensuels sont de 724 $.

- Les meubles de la résidence ont été payés environ 22 000 $; leur valeur marchande est de 14 000 $.

- L'automobile au nom d'Aline vaut 8 000 $ et a été payée 12 500 $.

- Il y a un emprunt bancaire sur l'automobile, à 11 % ; le solde actuel est de 5 400 $.

- Le fonds en REÉR au nom de Serge présente à cette date un solde accumulé de 14 980 $ (40 % en taux d'imposition moyen pour libérer le REÉR).

Arrondir les résultats à 1 $ près.

4. Voici les détails figurant au T4 et au Relevé 1 de M. Lebœuf pour la présente année :

Salaire brut	55 700 $
Contributions au RRQ	752
Cotisations à l'assurance-emploi	1 162
Cotisations à un régime de pension agréé	3 953
Cotisations syndicales	890
Impôt du Québec	7 097
Impôt fédéral	7 158

On suppose que les retenues à la source ont été établies correctement.

Le coût de vie de M. Lebœuf sera de 20 000 $ l'an prochain et de 4 700 $ en versements annuels sur emprunts, et ce pour les quatre prochaines années.

Il prévoit gagner 900 $ en intérêts avant impôt l'an prochain. Après l'encaissement de ces intérêts, il prévoit utiliser le placement pour payer de nouveaux meubles ; ainsi, il n'aura plus de gains d'intérêt les années suivantes.

Le taux d'inflation prévu pour les prochaines années est de 3 %. On suppose que le salaire suivra cette progression. Prévoyez que l'augmentation annuelle salariale (salaire net) s'appliquera à partir d'avril. Le taux d'imposition marginal de M. Lebœuf est de 49 %.

M. Lebœuf vous demande de faire le calcul de ses disponibilités financières et de ses liquidités pour les trois prochaines années, et ce à partir du mois d'avril qui vient.

Arrondir les résultats à 1 $ près.

5. Voici un résumé des salaires des 12 derniers mois de Paul et Pauline Jeanneau :

	Paul	Pauline
Salaire brut	55 400 $	56 200 $
Retenues salariales	20 600	21 000
SALAIRE NET	34 800 $	35 200 $
Taux d'imposition marginal	47 %	47 %

Paul Jeanneau possède 20 000 $ en obligations d'épargne. Le taux d'intérêt est de 7 % ; il compte conserver ce placement pour au moins cinq ans.

Pauline Jeanneau possède un certificat de placement garanti de cinq ans d'une valeur de 30 000 $, acquis le 1er décembre dernier à 7 % l'an.

On présume que l'inflation sera de 3 % pour les trois prochaines années et que les salaires suivront cette progression.

Le coût de vie des 12 derniers mois a été de 36 000 $. Les versements mensuels pour les quatre prochaines années sont les suivants :

	Paul	Pauline
Versement mensuel pour l'auto	480 $	412 $
Versement mensuel pour les rénovations	612	

Faites le calcul des disponibilités financières et des liquidités du couple Jeanneau pour les trois prochaines années, la date de départ étant le 1er septembre 2001 (fin : 31 août 2004).

Arrondir les résultats à 1 $ près.

6. M. Turgeon vous demande de préparer son bilan personnel. Le 30 mai 2001, il vous soumet donc les renseignements suivants :

■ Investissement en REÉR depuis sept ans : 16 000 $.

■ Intérêts accumulés en REÉR jusqu'à ce jour : 3 400 $.

■ Achat de meubles à crédit de 6 000 $ chez Brault-Parizeau inc. le 1er mai 2001. Ce montant est payable six mois après l'achat. Les six premiers mois ne comportent pas d'intérêt. Après cette période, l'intérêt est de 24 % l'an.

■ Avis de cotisation reçu le 7 mai 2001 pour la déclaration de revenus du Québec de l'année précédente ; solde dû : 2 200 $.

■ Coût de l'automobile : 16 000 $; valeur actuelle : 8 400 $.

■ Coût des meubles de la maison : 20 000 $; valeur actuelle : 8 000 $.

■ Coût de la résidence : 125 000 $; valeur actuelle : 165 000 $.

■ Achat d'un dépôt à terme de 8 000 $ le 1er avril 2001, à 8 % l'an, échéance six mois plus tard.

■ Taux d'imposition marginal de M. Turgeon : 47 % ; taux d'imposition sur REÉR : 40 %.

Arrondir les résultats à 1 $ près.

7. Jean et Jeanne Beaulieu vous demandent de préparer leur bilan familial en date du 31 mai 2002. Ils vous présentent les renseignements suivants :

■ Le taux d'imposition marginal de Jean est de 53 %, celui de Jeanne est de 47 %.

■ Le 1er janvier 2002, ils ont acheté des meubles à crédit chez Léon Meublant inc. pour un montant de 4 000 $. Les paiements débutent le 1er juillet 2002 ; le taux d'intérêt sera de 24 % (aucun intérêt n'est à payer d'ici là).

■ Le coût total des meubles de leur maison est d'environ 29 000 $; la valeur marchande est de 18 000 $, incluant les meubles achetés chez Léon Meublant inc. le 1er janvier 2002.

■ Le couple obtient une marge de crédit de 15 000 $ le 1er février 2002. Jean et Jeanne ont utilisé 5 000 $ pour différents achats depuis cette date. (La dette relative à une marge de crédit est toujours le montant utilisé et non le montant de la marge.)

■ La résidence familiale au nom de Jean et Jeanne a été payée 80 000 $. Elle vaut présentement 110 000 $. L'hypothèque présente un solde actuel de 72 000 $. L'intérêt est de 8 %.

■ Ils ont un compte bancaire en commun, et le solde est de 940 $.

■ Jeanne Beaulieu a une obligation d'épargne acquise le 1er novembre 2001 à 6 3/4 %, pour un montant de 4 500 $.

■ Elle possède aussi un fonds accumulé en REÉR de 12 000 $; le taux effectif pour libérer le REÉR est de 40 %.

■ Ils ont une automobile en commun, payée 18 000 $ et valant aujourd'hui 12 000 $.

8. M. Benoit vous présente son dernier relevé de salaire. Il est payé toutes les deux semaines, pour un total de 26 paies par année.

Salaire brut	1 630,76 $
Régime des rentes du Québec	28,92
Cotisations à l'assurance-emploi	44,69
Cotisations syndicales	18,84
Impôt du Québec	274,07
Impôt fédéral	226,57

On suppose que les retenues salariales sont effectuées correctement.

Le coût de vie de M. Benoit sera, l'an prochain, de 17 700 $ et de 3 600 $ en versements annuels sur emprunts, et ce pour les quatre prochaines années. On présume que le taux d'inflation sera de 3 % pour les quatre prochaines années.

Il prévoit gagner 1 400 $ en intérêts cette année. Après l'encaissement des intérêts, il compte liquider le placement afin de rénover sa maison. Ainsi, il n'aura pas de revenu d'intérêts pour les années qui suivent. Le taux d'imposition marginal de M. Benoit est de 47 %.

M. Benoit vous demande de faire le calcul de ses disponibilités financières et de ses liquidités pour les quatre prochaines années, et ce à partir du 1er mars 2001. Prévoyez qu'à cette date l'augmentation annuelle salariale de 3 % s'appliquera.

Arrondir les résultats à 1 $ près.

9. Voici un résumé des salaires des 12 derniers mois de Maurice et de Nicole Couture :

	Nicole	Maurice
Salaire brut	22 000 $	10 000 $
Retenues salariales	5 200	1 100
SALAIRE NET	16 800 $	8 900 $

Nicole possède un dépôt à terme de 5 000 $ acquis le 1er août dernier pour 1 an à 7 %. Elle compte utiliser ces fonds pour un voyage et ne désire donc pas renouveler ce titre l'an prochain. Le taux d'imposition marginal de Nicole est de 37 %.

Maurice a 800 $ dans un compte bancaire ne rapportant pas d'intérêt.

Voici en détail les paiements mensuels effectués par le couple Couture :

	Nicole	Maurice
Versement mensuel pour l'auto	312 $	284 $
Versement mensuel pour les meubles		320

Le 1er août 2001, il reste 24 paiements mensuels pour l'auto de Nicole, 32 paiements pour l'auto de Maurice et 7 paiements pour les meubles. Le coût de vie mensuel moyen des 12 derniers mois a été de 1 400 $.

L'inflation est présumée égale à 3 % pour les prochaines années. Les salaires suivront cette progression.

Présentez le calcul des disponibilités financières et des liquidités du couple Couture à partir du 1er août 2001, et ce pour les quatre prochaines années.

Arrondir les résultats à 1 $ près.

10. Vous devez dresser le tableau de programmation des disponibilités financières de M. Bonneau pour les trois prochaines années. Vous avez en main son bilan personnel ainsi que le calcul des disponibilités financières et des liquidités. De plus, il vous donne les renseignements suivants :

- Il est locataire.

- Il détient 6 000 $ en obligations d'épargne (voir le bilan) qu'il compte conserver pour les prochaines années en guise de réserve de base, ce qui correspond à environ 25 % du coût de vie annuel.

- Pour les trois prochaines années, il prévoit investir respectivement 4 000 $, 4 500 $ et 5 000 $ dans des REÉR. Puisqu'il est salarié, l'économie fiscale reliée au REÉR ne paraît pas dans le calcul des disponibilités financières et des liquidités.

M. Bonneau
BILAN PERSONNEL
au 1er juillet 2001

ACTIF

Liquidités		
Encaisse		2 200 $
Placements		
Obligations d'épargne[1]	6 000 $	
Intérêt couru, après impôt[2]	130	
Fonds accumulés dans un REÉR	37 800	43 930
Biens personnels (valeur marchande)		
Meubles	9 000	
Automobile	7 000	16 000
TOTAL DE L'ACTIF		62 130 $

PASSIF

Dettes à court terme	
Solde des cartes de crédit	2 800 $
Dettes à long terme	
Emprunt bancaire — automobile[3]	10 410
Impôt éventuel sur REÉR	15 120
VALEUR NETTE	33 800
TOTAL DU PASSIF ET DE LA VALEUR NETTE	62 130 $

(1) Placements acquis le 1er novembre de l'année précédente, 6 %, encaissables annuellement.

(2) 6 000 $ × 6 % × (8 mois ÷ 12 mois) = 240 $ d'intérêt. Intérêt couru après impôt = 240 $ – (240 $ × 46 % de taux marginal) = 130 $.

(3) Emprunt consenti le 1er mars 2001, 11 000 $ à 9 % pour 5 ans. Solde de 10 410 $ (calculatrice : 4 puis [AMRT] 3 fois, et ce après le calcul de PMT).

M. Bonneau
DISPONIBILITÉS FINANCIÈRES ET LIQUIDITÉS
1er juillet

	2001-2002	2002-2003	2003-2004
Salaire brut	42 300 $		
Retenues salariales (incluant l'impôt)	15 400		
Salaire net	26 900 $	27 707 $	28 538 $
Intérêt	360	360	360
Impôt (360 $ × 46 % de taux marginal)	166	166	166
Intérêt, après impôt	194 $	194 $	194 $
REVENU TOTAL, APRÈS IMPÔT	27 094 $	27 901 $	28 732 $
Coût de vie	20 500	21 115	21 748
DISPONIBILITÉS FINANCIÈRES	6 594 $	6 786 $	6 984 $
Moins : Versements annuels sur emprunts	2 740	2 740	2 740
EXCÉDENT DE LIQUIDITÉS	3 854 $	4 046 $	4 244 $

11. M. Huneault désire effectuer sa planification financière. Vous avez son bilan personnel ainsi que le calcul des disponibilités financières et des liquidités. Il vous demande de préparer le tableau de programmation des disponibilités financières en tenant compte des renseignements suivants :

- Le paiement hypothécaire est inclus au coût de vie.

- Il doit faire réparer la toiture de sa maison immédiatement pour une somme de 3 000 $.

- Les montants à investir en REÉR sont les suivants :

	2001-2002	2002-2003	2003-2004
Montants à investir	4 630 $	5 000 $	5 370 $
Économie d'impôt	2 130	2 300	2 470

- Il désire conserver une réserve de base d'environ 6 000 $ la première année, d'environ 10 000 $ la deuxième année et d'environ 7 000 $ la troisième.

M. Huneault
DISPONIBILITÉS FINANCIÈRES ET LIQUIDITÉS

Du 1er septembre au 31 août	2001-2002	2002-2003	2003-2004
Salaire net	42 000 $	44 100 $	46 300 $
Salaire net du conjoint	8 000	8 400	8 800
REVENU TOTAL (après impôt)	50 000 $	52 500 $	55 100 $
Coût de vie	39 000	40 900	43 000
DISPONIBILITÉS FINANCIÈRES	11 000 $	11 600 $	12 100 $
Moins : Versements prévisibles sur emprunts	4 926	4 926	4 926
EXCÉDENT DE LIQUIDITÉS	6 074 $	6 674 $	7 174 $

M. Huneault
BILAN PERSONNEL
au 1er septembre 2001

ACTIF

Liquidités
Encaisse 17 500 $
Placements (valeur marchande)
Fonds accumulés dans un REÉR 21 500
Biens personnels (valeur marchande)
Maison (duplex) 130 000 $
Meubles 18 000
Automobile 14 000 162 000
TOTAL DE L'ACTIF 201 000 $

PASSIF

Dettes à court terme
Solde des cartes de crédit 2 500 $
Impôt de l'an dernier 3 000 5 500 $
Dettes à long terme
Emprunt bancaire — automobile (acquise le 1er février 2001, 8 000 $, 12 %, 5 ans) 7 288
Emprunt bancaire — meubles (acquis le 1er juillet 2001, 7 000 $, 12 %, 3 ans) 6 671
Hypothèque résidentielle* 15 600 29 559
Impôt éventuel sur REÉR 8 600
VALEUR NETTE 157 341
TOTAL DU PASSIF ET DE LA VALEUR NETTE 201 000 $

* Renouvelée le 31 août 2001, taux de 11 %, période d'amortissement de 10 ans.

Note : Pour calculer les soldes des emprunts, vous devez utiliser une calculatrice.

Le solde de l'hypothèque résidentielle sera de 12 518 $ après 3 ans, le solde de la dette sur les meubles sera de 2 202 $ dans 2 ans, celui de la dette sur l'auto sera de 5 961 $ dans 1 an, et ce par rapport à la date du bilan, soit le 12 septembre 2001.

12. M. Samson vous demande d'établir un budget de caisse mensuel d'après les tableaux suivants.

M. Samson
DISPONIBILITÉS FINANCIÈRES ET LIQUIDITÉS

Juillet	2001	2002	2003
Salaire net	50 700 $	52 900 $	55 700 $
Intérêts	700		
Impôt marginal (50 %)	(350)		
REVENU TOTAL, APRÈS IMPÔT	51 050 $	52 900 $	55 700 $
Moins : Coût de vie	33 400	35 100	36 800
DISPONIBILITÉS FINANCIÈRES	17 650 $	17 800 $	18 900 $
Moins : Versements mensuels sur emprunts	8 641	5 139	5 139
EXCÉDENT DE LIQUIDITÉS	9 009 $	12 661 $	13 761 $

M. Samson
PROGRAMMATION DES DISPONIBILITÉS FINANCIÈRES

Juillet	2001	2002	2003
RECETTES			
Encaisse au début	8 000 $	13 283 $	15 694 $
Placements à liquider (1er juillet 2001)	18 000		
Disponibilités financières	17 650	17 800	18 900
	43 650 $	31 083 $	34 594 $
DÉBOURS			
Montants à payer			
Solde des cartes de crédit	2 000 $		
Impôt de l'an dernier	3 300		
Paiement de l'automobile	5 139	5 139 $	5 139 $
Paiement des meubles	3 502		
	13 941 $	5 139 $	5 139 $

M. Samson
PROGRAMMATION DES DISPONIBILITÉS FINANCIÈRES (*suite*)

Paiements proposés			
REÉR (juillet 2001)	4 500 $	4 500 $	4 500 $
Économie d'impôt	(2 250)	(2 250)	(2 250)
Règlement de l'automobile (fin juin 2003)			4 374
Règlement des meubles (fin juin 2001)	7 176		
Rénovations de la maison	7 000	8 000	9 000
	16 426 $	10 250 $	15 624 $
SOLDE EN FIN DE PÉRIODE	13 283 $	15 694 $	13 831 $

13. Vous avez en main le calcul des disponibilités financières et des liquidités ainsi que la programmation des disponibilités financières de M. Belhumeur, professeur de mathématique. Présentez le budget de caisse mensuel. Prévoyez le remboursement d'impôt pour juin.

Septembre	2001	2002	2003
Salaire net	42 000 $	44 100 $	46 300 $
Salaire net du conjoint	8 000	8 400	8 800
Intérêts	1 800		
Impôt marginal (50 %)	(900)		
TOTAL DES REVENUS, APRÈS IMPÔT	50 900 $	52 500 $	55 100 $
Coût de vie	39 000	40 900	43 000
DISPONIBILITÉS FINANCIÈRES	11 900 $	11 600 $	12 100 $
Moins : Versements sur emprunts	4 926	2 790	
EXCÉDENT DE LIQUIDITÉS	6 974 $	8 810 $	12 10 $

M. Belhumeur
PROGRAMMATION DES DISPONIBILITÉS FINANCIÈRES

Septembre	2001	2002	2003
RECETTES			
Encaisse au début	500 $	11 800 $	14 100 $
Placements à liquider (septembre 2001)	17 000		
Disponibilités financières	11 900	11 600	12 100
	29 400 $	23 400 $	26 200 $
DÉBOURS			
Montants à payer			
Solde des cartes de crédit	2 500 $		
Impôt de l'an dernier	3 000		
Paiement de l'automobile	2 136		
Paiement des meubles	2 790	2 790 $	
	10 426 $	2 790 $	
Paiements suggérés			
REÉR	2 500 $*	2 700 $	2 900 $
Économie d'impôt	(1 250)	(1 350)	(1 450)
Règlement de l'automobile (août 2001)	5 960		
Règlement des meubles (août 2002)		2 198	
Règlement de l'hypothèque résidentielle (août 2003)			12 518
Projet de façade de maison		3 000	
	7 210 $	6 548 $	13 968 $
SOLDE EN FIN DE PÉRIODE	11 764 $	14 062 $	12 232 $

* Le montant de 2 500 $ sera investi en septembre 2001.

LE CAS DU Dᴿ BONSOINS

PLAN

Introduction

Les états financiers

■ Le bilan familial

■ Les disponibilités financières et les liquidités

■ La programmation des disponibilités financières

Conclusion

INTRODUCTION

Ce document traite de l'indépendance financière du travailleur autonome, qu'il s'agisse d'un professionnel qui travaille seul ou au sein d'une société (par exemple une clinique médicale ou dentaire) ou d'une personne en affaires dont l'entreprise n'est pas formée en compagnie ni en corporation.

En gros, le processus pour atteindre la première étape de l'indépendance financière est le même dans le cas du travailleur autonome que dans celui du salarié, soit l'établissement d'un bilan, le calcul des disponibilités financières et des liquidités ainsi que la programmation des disponibilités financières.

Nous étudierons le cas du Dʳ Bistouri Bonsoins, un personnage fictif qui représente un client typique pour ce genre d'analyse.

Le Dʳ Bonsoins est omnipraticien, membre de la Fédération des médecins omnipraticiens du Québec (FMOQ) et de la Corporation professionnelle des médecins du Québec. Au moment de l'analyse, au 1ᵉʳ avril 2001, le Dʳ Bonsoins a 36 ans (il est né le 15 février 1965). Sa femme, Iode, 32 ans, est hygiéniste dentaire et travaille actuellement à temps partiel. Le couple Bonsoins a deux enfants, Cyro, sept ans, et Pilule, six ans. Pour simplifier le document, nous n'avons pas inclus les questionnaires remplis par le couple Bonsoins; cependant, les différents tableaux

rendent compte des renseignements recueillis. Aussi, chaque tableau contiendra des notes explicatives sur les points très importants qui démarquent le travailleur autonome du travailleur salarié.

D'autres modules reprendront dans un document le cas du Dʳ Bonsoins, en particulier le module Retraite et le module Assurances.

LES ÉTATS FINANCIERS

Comme dans le cas du salarié, les trois états suivants sont inclus dans le processus menant à la première étape de l'indépendance financière :

■ Le bilan familial.

■ Les disponibilités financières et les liquidités.

■ La programmation des disponibilités financières.

Notre objectif est de présenter la manière d'établir ces états; c'est pourquoi nous n'avons inclus aucun détail au sujet des emprunts (versements, soldes, etc.). Les états eux-mêmes devraient suffire pour tracer le profil financier de la famille Bonsoins.

Famille Bonsoins
BILAN FAMILIAL
au 1ᵉʳ avril 2001

ACTIF

Liquidités		
Encaisse	23 800 $	
Comptes débiteurs (RAMQ)	9 000	32 800 $
Placements (JVM)		
Dépôts à terme	34 000	
Intérêt couru	3 100[1]	
Fonds REÉR	25 000	62 100

Famille Bonsoins
BILAN FAMILIAL
au 1er avril 2001 (*suite*)

ACTIF

Biens personnels (JVM)

Résidence familiale	250 000	
Ameublement	60 000	
Automobile	25 000	335 000
TOTAL DE L'ACTIF		429 900 $

PASSIF

Dettes à court terme

Solde des cartes de crédit	200 $	
Impôt 2000 (impayé)	1 000	
Acomptes provisionnels (retard)[2]	4 725	5 925 $

Dettes à long terme

Prêt – automobile	13 900 $

Prêt – meubles	24 150	
Hypothèque résidentielle	55 327	93 377
Impôt éventuel		
Impôt sur REÉR (40 %)[3]	10 000 $	10 000
VALEUR NETTE		320 598 $
TOTAL DU PASSIF ET DE LA VALEUR NETTE		429 900 $

(1) L'impôt sur cet intérêt est inclus dans le montant d'impôt figurant ci-dessous dans le calcul des disponibilités financières et des liquidités.

(2) Acomptes provisionnels
Un paiement en retard devient en quelque sorte une dette envers le fisc et figure ainsi au bilan sous la rubrique Dettes à court terme.
Malheureusement, le jeune entrepreneur ou le jeune professionnel minimisent souvent l'importance de ces acomptes provisionnels et se retrouvent avec une dette parfois lourde à supporter.

(3) Nous utilisons un taux d'imposition moyen de 40 %.

Famille Bonsoins
DISPONIBILITÉS FINANCIÈRES ET LIQUIDITÉS

Du 1er avril au 31 mars	2001-2002	2002-2003	2003-2004	2004-2005
Revenu brut (Bistouri)	112 000 $	117 600 $	123 480 $	129 654 $
Frais d'exploitation (débours)	29 600	31 080	32 634	34 266
Revenu net[1]	82 400	86 520	90 846	95 388
Impôt 35 %[2]	28 840	30 282	31 796	33 386
Revenu, après impôt	53 560 $	56 238 $	59 050 $	62 002 $
À 100 $ près	53 600	56 200	59 100	62 000
Plus : Salaire net (Iode)	4 100	4 700	5 500	20 000
Revenu total	57 700 $	60 900 $	64 600 $	82 000 $
Plus : Intérêt couru	3 100	—	—	—
Moins : Coût de vie[3]	46 000	46 900	47 900	48 800
Disponibilités financières	14 800 $	14 000 $	16 700 $	33 200 $
Moins : Versements sur emprunts				
Automobile	5 580	5 580	5 580	—
Meubles	6 600	6 600	6 600	6 600
	12 180 $	12 180 $	12 180 $	6 600 $
Excédent (déficit) de liquidités	2 620 $	1 820 $	4 520 $	26 600 $

(1) Généralement, l'impôt et les autres déductions sont déjà prélevés du revenu de travail d'un salarié. Ce n'est pas le cas pour le travailleur autonome, pour qui il faut en premier lieu déterminer un revenu net en déduisant les débours relatifs aux frais d'exploitation tels que les salaires payés, les fournitures de bureau, les assurances, etc. De plus, il faut soustraire les impôts à payer pour obtenir un revenu net total après impôt. C'est ce dernier qui servira de base pour déduire le coût de vie et obtenir les disponibilités financières. Les versements mensuels sur emprunts permettront par la suite d'établir l'excédent (ou le déficit) de liquidités.

(2) La meilleure façon d'évaluer ce taux d'imposition est d'utiliser un logiciel d'impôt et de produire une déclaration de revenus. Le montant d'impôt servira à établir les acomptes provisionnels des 15 mars, 15 juin, 15 septembre et 15 décembre. Ce taux a été établi en tenant compte de la déduction en REÉR indiquée au tableau de la programmation des disponibilités financières et de l'impôt sur les revenus d'intérêt.

(3) Le coût de vie inclut des paiements hypothécaires s'élevant à 10 600 $ annuellement.

Famille Bonsoins PROGRAMMATION DES DISPONIBILITÉS FINANCIÈRES				
Du 1er avril au 31 mars	2001-2002	2002-2003	2003-2004	2004-2005
RECETTES				
Encaisse au début	23 800 $	11 500 $	11 400 $	4 500 $
Placements à liquider	34 000			
Disponibilités financières	14 800	14 000	16 700	33 200
	72 600 $	25 500 $	28 100 $	37 700 $
DÉBOURS (ENGAGÉS)				
Solde des cartes de crédit	200 $			
Impôt 2000	1 000			
Acomptes provisionnels (retard)	4 725			
Versements — auto	5 580			
Versements — meubles	6 600	6 600 $	6 600 $	—
	18 105 $	6 600 $	6 600 $	—
PAIEMENTS (SUGGÉRÉS)[1]				
REÉR	7 500 $	7 500 $	7 500 $	7 500 $
Règlement — auto	10 500			
Règlement — meubles			9 500	
Règlement — hypothèque				10 500
Prêt au père	18 000			
Projet (patio)	7 000			
	43 000 $	7 500 $	17 000 $	18 000 $
SOLDE EN FIN DE PÉRIODE	11 495 $	11 400 $	4 500 $	19 700 $
À 100 $ près	11 500 $	11 400 $	4 500 $	19 700 $

(1) La procédure est sensiblement la même que pour le salarié. Il existe toutefois une différence importante: l'investissement en REÉR est pris en considération dans le calcul de l'impôt présenté au calcul des disponibilités financières et des liquidités. Le remboursement d'impôt ne figure donc pas dans la programmation des disponibilités financières.

CONCLUSION

La santé financière de la famille Bonsoins devrait être excellente à partir du 31 mars 2005.

Le coût de vie étant de 46 000 $ l'an, la réserve devrait se chiffrer aux environs de 11 500 $, soit trois mois de coût de vie. La seule année qui pose un problème est 2003-2004.

Le Dr Bonsoins pourrait régler cette difficulté en prêtant à son père la somme de 18 000 $, mais répartie de la façon suivante: 11 000 $ en 2001-2002 et 7 000 $ en 2004-2005.

Le module Planification fiscale

OBJECTIFS

- Définir une gestion fiscale ordonnée
- Connaître les différentes méthodes de fractionnement
- Décrire la stratégie pour financer les frais de scolarité, soit le REÉÉ
- Définir le REÉR comme le véhicule de placement par excellence
- Comprendre les régimes dérivés du REÉR, soit le RAP et le REÉP
- Connaître les incitatifs fiscaux en tant qu'investissements stratégiques

PLAN

Introduction

6.1   La gestion fiscale
        6.1.1   Le dossier fiscal ordonné
        6.1.2   Le paiement des impôts à temps
        6.1.3   Les déclarations de revenus conformes à la loi

6.2   Le fractionnement du revenu
        6.2.1   Les règles d'attribution
        6.2.2   Les stratégies pour fractionner le revenu
        6.2.3   La cessation des règles d'attribution

6.3   Les régimes enregistrés

6.4   Le régime enregistré d'épargne-études (REÉÉ)
        6.4.1   Les caractéristiques du REÉÉ
        6.4.2   La Subvention canadienne pour l'épargne-études (SCÉÉ)
        6.4.3   Les types de REÉÉ
        6.4.4   L'utilisation d'un REÉÉ
        6.4.5   Le REÉÉ : un avantage financier certain
        6.4.6   Les sites Internet

6.5   Le REÉR, placement fiscal par excellence
        6.5.1   Le calcul de la cotisation maximale à un REÉR
        6.5.2   Le temps au service du REÉR
        6.5.3   La force exponentielle du REÉR
        6.5.4   REÉR versus hors REÉR (gain en capital)
        6.5.5   L'échéance du REÉR
        6.5.6   Les placements admissibles au REÉR
        6.5.7   Les types de REÉR
        6.5.8   Le REÉR au conjoint
        6.5.9   Le REÉR et l'hypothèque de la résidence principale
        6.5.10 Les transferts
        6.5.11 Les sites Internet

6.6   Le régime d'accession à la propriété (RAP)
        6.6.1   La règle des 90 jours
        6.6.2   Les futurs mariés
        6.6.3   Les avantages et les désavantages du RAP

6.7   Le régime d'encouragement à l'éducation permanente (REÉP)

6.8   Les fonds des syndicats québécois
        6.8.1   Des fonds d'actions
        6.8.2   Une économie fiscale importante
        6.8.3   Les retraits des fonds
        6.8.4   Des stratégies fiscales gagnantes

6.9   Les incitatifs fiscaux
        6.9.1   Le régime d'épargne-actions (RÉA)
        6.9.2   Les actions accréditives
        6.9.3   Les divers incitatifs fiscaux québécois

Sites Internet à visiter

Questions de révision

Exercices

INTRODUCTION

La **planification fiscale** vise à atteindre des objectifs financiers assortis d'une économie maximale d'impôt, en conformité avec la loi et les règlements de l'impôt. Elle doit faciliter l'atteinte d'objectifs personnels prévus par le client et pour celui-ci. Il est donc souhaitable de l'intégrer au processus de planification financière globale.

La planification fiscale diffère entièrement de l'**évasion fiscale,** qui concerne les activités illégales destinées à réduire l'impôt à payer par dissimulation ou fausse déclaration de revenus, ou encore par réclamation de dépenses ou de déductions inexistantes. L'évasion fiscale est sanctionnée par des pénalités, des amendes et même des peines d'emprisonnement. Par ailleurs, l'**évitement fiscal** est un moyen légal de se soustraire à l'impôt en se prévalant des failles des lois fiscales. Notons que l'impôt minimum de remplacement (IMR) oblige toutefois tous les contribuables à payer un impôt minimal. Ainsi, même le contribuable qui utilise d'une façon substantielle des abris fiscaux pourrait être assujetti à un impôt minimal, calculé différemment d'un ordre de gouvernement à l'autre.

Dans le présent ouvrage, nous examinons des stratégies relativement simples à appliquer aux particuliers, en prenant soin de faire des suggestions qui respectent les mesures législatives et s'intègrent au processus de planification financière globale.

Les **stratégies fiscales** désignent la série d'actions ou de moyens destinés à réduire le fardeau fiscal des contribuables. Elles portent sur cinq volets, soit :

- la gestion fiscale ;

- le fractionnement du revenu ;

- les régimes enregistrés tels que le REÉÉ, le REÉR, le RAP et le REÉP ;

- les fonds des syndicats québécois ;

- les incitatifs fiscaux.

6.1   LA GESTION FISCALE

La gestion fiscale consiste à adopter des mesures dans le but d'éviter de payer de l'intérêt ou de subir des pénalités et, de façon plus large, de faire en sorte qu'aucun problème ne survienne dans les transactions avec le fisc. Trois mesures doivent être considérées dans cette optique, soit :

- un dossier fiscal ordonné ;

- le paiement des impôts à temps ;

- la production de déclarations de revenus conformes à la loi.

6.1.1   LE DOSSIER FISCAL ORDONNÉ

Les enquêteurs du fisc peuvent vérifier le dossier fiscal de tout contribuable. Celui-ci doit donc être ordonné et contenir tous les renseignements pertinents aux déclarations de revenus. Habituellement, les fonctionnaires de l'impôt font porter leur vérification sur les trois dernières années. Cependant, le travailleur autonome doit conserver tous les reçus de dépenses réclamées pour une période de six ans.

6.1.2   LE PAIEMENT DES IMPÔTS À TEMPS

Un intérêt s'applique sur les montants d'impôt payés en retard. Le 30 avril d'une année est la date limite de production de la déclaration de revenus de l'année précédente (du 1er janvier au 31 décembre) et du paiement du solde dû. Si le solde à payer n'est pas réglé à cette date, il faudra payer de l'intérêt. De plus, le fisc peut refuser certaines dépenses présentées à titre de déduction. Ce refus est présenté à l'avis de cotisation envoyé au contribuable. Dans ce cas, le fisc exigera de l'intérêt, selon le taux prescrit, à partir de la date statutaire de la déclaration. Le tableau 6.1 présente les taux d'intérêt prescrits pour l'année 2000. Ces

TABLEAU 6.1
Taux d'intérêt prescrits — 2000*

Trimestre	1er	2^e	3^e	4^e
Fédéral				
Sur les montants d'impôt en souffrance	9,0 %	10,0 %	10,0 %	10,0 %
Sur les acomptes provisionnels insuffisants[1]	13,5/9,0	15,0/10,0	15,0/10,0	15,0/10,0
Sur les montants d'impôt à recevoir	7,0	8,0	8,0	8,0
Sur les avantages imposables	5,0	6,0	6,0	6,0
Québec				
Sur les montants d'impôt en souffrance	9,0	10,0	10,0	10,0
Sur les acomptes provisionnels insuffisants[2]	19,0	20,0	20,0	20,0
Sur les montants d'impôt à recevoir	4,40	4,40	4,75	4,75
Sur les avantages imposables	5,0	6,0	6,0	6,0

(1) Si les intérêts sur les acomptes provisionnels insuffisants au fédéral dépassent 1000 $, le taux sur l'excédent est calculé en majorant de 50 % le taux d'intérêt sur les impôts en souffrance. Cependant, si les intérêts sur les acomptes provisionnels insuffisants sont inférieurs à 1000 $ pour l'année, le taux en vigueur pour les acomptes provisionnels est alors le même que pour les impôts en souffrance, soit 9 % ou 10 %.

(2) Au Québec, le taux de 20 % ou de 19 % s'applique lorsque le contribuable n'a pas effectué 90 % ou plus des versements qu'il devait effectuer au moment prévu. Autrement, le taux est de 10 % ou de 9 % selon le trimestre.

* Dernière mise à jour: 14 novembre 2000.

Source: www.cqff.com, sous «Tableaux utiles».

taux sont capitalisés quotidiennement. Le tableau montre que les pénalités en intérêts sont très élevées si les versements sont insuffisants ou inexistants. Remarquons que ce tableau aborde le sujet des acomptes provisionnels d'impôt sur le revenu, sujet qui a été couvert au chapitre 4 sur le revenu.

De plus, lorsqu'un contribuable produit une déclaration après la date limite, il est passible d'une pénalité de 5 % sur le solde d'impôt impayé. Une seconde pénalité de 1 % par mois (pour un maximum de 12 mois de retard) s'ajoute à la première.

Le contribuable peut contester une révision à la hausse de ses impôts en faisant parvenir au fisc un avis d'opposition dans les 90 jours qui suivent la réception de l'avis de cotisation.

On voit que les intérêts et les diverses pénalités peuvent rapidement atteindre des sommes considérables. En outre, ils ne peuvent être déduits dans le calcul du revenu imposable. Prendre l'habitude de payer ses impôts à temps relève donc d'une saine gestion financière.

6.1.3   LES DÉCLARATIONS DE REVENUS CONFORMES À LA LOI

Un contribuable qui fait volontairement une déclaration erronée afin de frauder le fisc est passible d'une pénalité de 50 % de l'impôt sur le revenu non déclaré, en plus de l'intérêt calculé sur les paiements en retard et sur la pénalité. Le fisc peut entamer des poursuites judiciaires contre un tel contribuable. Le planificateur devrait donc suggérer à son client la plus grande vigilance dans la production de sa déclaration de revenus, afin d'éviter ces inexactitudes qui peuvent être très coûteuses.

6.2   LE FRACTIONNEMENT DU REVENU

Le fractionnement du revenu, deuxième volet des stratégies fiscales, vise une économie d'impôt par transfert de revenu. Ainsi, le conjoint dont le revenu est le plus élevé peut transférer une partie de ce revenu à un autre membre de la famille dans le but de bénéficier d'un traitement fiscal global plus favorable. Il peut s'agir d'un transfert à un conjoint ou à un enfant mineur ou majeur qui jouit d'un taux d'imposition inférieur.

6.2.1   LES RÈGLES D'ATTRIBUTION

Les mécanismes dont le but est de fractionner le revenu sont généralement assujettis à des règles antiévitement. Ces règles, appelées « règles d'attribution », stipulent que lorsqu'une personne transfère un bien par vente à un prix inférieur à la valeur marchande, par don ou par prêt sans intérêt ou à un taux d'intérêt inférieur au taux prescrit[1] à son conjoint[2] ou à une personne (avec un lien de dépendance, tel son enfant) de moins de 18 ans, **les revenus de biens découlant de ces placements sont imposables au nom de l'auteur du transfert.** Cette mesure a été prise par le législateur afin d'éviter le transfert de fonds au conjoint ou aux enfants mineurs dans le but de payer moins d'impôt. Les gains en capital qui découlent d'un bien transféré au conjoint font partie des règles d'attribution, c'est-à-dire qu'ils sont imposables au nom de l'auteur du transfert du bien.

Les règles d'attribution peuvent s'appliquer si un prêt sans intérêt ou à un taux faible est consenti à une personne apparentée (père, mère, enfant, frère, sœur, etc.) et s'il est raisonnable de croire que le prêt ainsi consenti a comme princial objectif de réduire l'impôt.

6.2.2 LES STRATÉGIES POUR FRACTIONNER LE REVENU

Certaines stratégies sont entièrement admises pour fractionner le revenu. Il est cependant suggéré de conserver toutes les pièces justificatives en cas de vérification ultérieure par le fisc. Nous présentons ici certaines stratégies de fractionnement simples qui respectent les règles d'attribution. Ces dernières ne s'appliquant pas, les revenus qui découlent de ces stratégies de fractionnement seront imposés au nom du bénéficiaire.

Le prêt entre conjoints. Il s'agit ici de prêts de biens ou d'argent qui portent intérêt au taux prescrit (tableau 6.1, «sur les avantages imposables») pourvu que les intérêts soient effectivement payés dans les 30 jours après la fin de l'année.

Le financement des études d'un enfant mineur. Le placement résultant d'un don à un enfant mineur peut produire un revenu (intérêts ou dividendes) ou encore un gain en capital. S'il s'agit d'intérêts ou de dividendes, le donateur sera imposé sur la première génération du revenu mais non sur la deuxième génération (le revenu produit par le revenu). Par contre, les règles d'attribution ne s'appliquent pas aux gains en capital. Cette exemption offre à certaines familles une avenue intéressante pour accumuler des fonds afin de payer les études des enfants de moins de 18 ans. Le gain en capital réalisé serait imposé au nom de l'enfant mineur. Soulignons que cette stratégie complète le REÉÉ, que nous verrons plus loin, qui est maintenant admissible à la subvention fédérale de 20 %.

Le don à un enfant majeur. Un don en capital à un enfant majeur (18 ans et plus) n'entraîne pas l'ouverture des règles d'attribution. Un don en argent n'entraîne pas de gain en capital pour l'auteur du transfert, et peut être utilisé par l'enfant pour quelque raison que ce soit, un REÉR par exemple.

---

1. Les lignes «sur les avantages imposables» du tableau 6.1 montrent le taux d'intérêt minimal à exiger.
2. Depuis 1993, la notion de conjoint inclut le conjoint de fait.

Le transfert d'un bien à sa juste valeur marchande (JVM). Les règles d'attribution ne s'appliquent pas aux biens (actions, immeubles de rapport) faisant l'objet d'un transfert à la juste valeur marchande (JVM). L'objectif est de transférer un bien qui possède un excellent potentiel de croissance. Il peut s'agir d'un transfert à un conjoint ou à un enfant majeur. Les revenus ou les gains futurs seront imposés au nom du bénéficiaire du transfert, et ce à un taux d'imposition plus faible. Néanmoins, cette stratégie peut entraîner un gain en capital pour l'auteur du transfert si le prix de base rajusté est inférieur à la juste valeur marchande du bien transféré.

Le prêt pour un revenu d'entreprise. Une personne peut prêter ou donner du capital à son conjoint afin qu'il puisse investir dans une entreprise non incorporée dont il est membre actif. Le revenu d'entreprise ainsi engendré sera imposé au nom du conjoint propriétaire de l'entreprise. Étant donné que le revenu provient davantage de l'effort et du travail du conjoint que du capital, le fisc accepte le fait que le revenu soit imposé au nom du conjoint actif de l'entreprise. Par ailleurs, le gain en capital réalisé au moment de la disposition de l'entreprise sera imposé au nom de l'auteur du transfert, c'est-à-dire de celui qui a prêté ou donné le capital en question. Si le prêt ou le don est fait à un enfant de moins de 18 ans, les mêmes règles s'appliquent, sauf que le gain en capital à la disposition de l'entreprise sera imposé au nom de l'enfant.

Les prestations fiscales pour enfants. Il est possible de transférer ou de prêter les sommes relatives aux prestations fiscales pour enfants à l'enfant ou aux enfants concernés. Dès lors, les revenus découlant de ces fonds ne font pas partie des règles d'attribution ; en conséquence, ils sont imposables au nom de l'enfant ou des enfants bénéficiaires. Pour effectuer ce type de transfert, il faut verser les prestations fiscales dans un compte pour enfant mineur.

Le paiement du coût de vie. La plupart du temps, lorsque dans un couple les deux conjoints travaillent, ils participent tous deux au paiement du coût de vie. Si la différence entre les taux marginaux des conjoints est importante, il serait intéressant d'accumuler du capital au nom de celui qui a le plus faible taux d'imposition en permettant à cette personne d'investir son salaire, le coût de vie étant soutenu par le conjoint dont le taux marginal est le plus élevé.

Le salaire ou les honoraires de consultation au conjoint et aux enfants. La loi permet à un contribuable en affaires de verser à son conjoint ou à ses enfants un salaire ou des honoraires de consultation pour autant que le travail est effectué dans le cadre d'une entreprise, et que le montant est « raisonnable » et versé en fonction de la valeur réelle du travail effectué. L'économie est intéressante si l'écart entre les taux marginaux de celui qui verse le salaire et de celui qui le reçoit est grand. De cette économie, il convient de soustraire les paiements relatifs aux salaires, soit l'assurance-emploi, l'assurance-maladie du Québec et le Régime des rentes du Québec, tout en tenant compte de l'économie d'impôt sur ces montants déductibles. Par ailleurs, précisons que le conjoint (ou les enfants s'il y a lieu) devient alors bénéficiaire du Régime des rentes du Québec, ce qui peut constituer un avantage intéressant.

Le paiement de certains montants dus par le conjoint. Cette stratégie consiste à payer des montants d'argent dus par le conjoint. Par exemple, il peut s'agir de payer directement l'impôt du conjoint au moment de sa déclaration de revenus. Il peut aussi s'agir de payer les acomptes provisionnels du conjoint, ou encore de payer les intérêts d'emprunt (non le remboursement du capital) si le conjoint a contracté un prêt pour investir. Dans tous les cas, les fonds que le conjoint utilisera pour payer ces montants pourront être investis en son nom sans que les règles d'attribution s'appliquent.

Le REÉR au nom du conjoint. Le fait d'investir dans un REÉR au nom du conjoint est une excellente forme de fractionnement de revenu dans certains cas. Ce sujet est traité plus loin, à la sous-section 6.5.8.

L'investissement en REÉÉ. L'investissement dans un REÉÉ au nom des enfants est un autre excellent moyen de fractionner le revenu futur, car les retraits du REÉÉ seront imposés au nom des enfants. La subvention fédérale de 20 % rend cette stratégie encore plus judicieuse. Le REÉÉ est traité plus loin, à la section 6.4.

Les autres stratégies de fractionnement. Il existe d'autres stratégies de fractionnement qui doivent être évaluées en tenant compte des règles d'attribution et des règles sur le gain en capital. En voici quelques-unes :

■ Dons pour l'achat de biens de consommation qui ne produisent aucun revenu.

■ Vente d'un bien (résidence familiale) qui ne génère aucun revenu.

■ Gel successoral qui permet de transférer à des héritiers (enfants) la plus-value future des actions d'une entreprise, par exemple.

6.2.3   LA CESSATION DES RÈGLES D'ATTRIBUTION

Les règles d'attribution cessent de s'appliquer :

■ au moment du décès de l'auteur du transfert ;

■ au moment de la séparation ou du divorce de l'auteur du transfert et de son conjoint bénéficiaire ;

■ à l'occasion d'un changement de résidence (départ du pays) de l'auteur du transfert ;

■ lorsque l'enfant bénéficiaire atteint 18 ans, sauf si le transfert consiste en un prêt à un taux d'intérêt inférieur au taux prescrit.

6.3   LES RÉGIMES ENREGISTRÉS

Ce troisième volet des stratégies fiscales est d'une importance capitale, car il concerne les différents régimes enregistrés, tels le REÉÉ, le REÉR, le RAP et le REÉP, ces deux derniers étant des régimes dérivés du REÉR.

Nous accorderons à chacun de ces régimes une place de choix, comme si chacun d'eux représentait un volet particulier des stratégies fiscales.

Un régime enregistré est un fonds constitué de placements usuels (actions, obligations, titres divers) qui sont « enregistrés » pour l'impôt, pour différentes raisons et sous différentes formes. On distingue :

■ les placements enregistrés (donc les régimes comme le REÉR et le REÉÉ qui les contiennent), dont les revenus en intérêts, en dividendes et en gain en capital s'accroissent en franchise d'impôt, ce qui n'est pas le cas des placements non enregistrés ;

■ les cotisations aux régimes enregistrés, qui sont toujours limitées d'une façon ou d'une autre, ce qui n'est pas le cas des placements non enregistrés.

6.4   LE RÉGIME ENREGISTRÉ D'ÉPARGNE-ÉTUDES (REÉÉ)

Le financement des études universitaires préoccupe de plus en plus les parents qui planifient leur propre avenir financier et celui de leurs enfants. Plusieurs experts estiment que le coût de quatre années d'études universitaires (scolarité, logement et nourriture) d'ici quelques années pourra représenter plus de 50 000 $. Afin de financer ces études spécialisées, nous proposons le régime enregistré d'épargne-études (REÉÉ).

Le REÉÉ est un régime enregistré qui permet la croissance des revenus de placements en franchise d'impôt jusqu'à ce que le ou les bénéficiaires puissent fréquenter à plein temps un collège, une université ou tout autre établissement d'enseignement postsecondaire admissible.

6.4.1   LES CARACTÉRISTIQUES DU REÉÉ

Depuis le budget fédéral du 28 février 1998, la popularité des REÉÉ a connu une croissance phénoménale pour un grand nombre de raisons : divers facteurs sociologiques, souplesse des nouveaux REÉÉ, entrée en vigueur de la Subvention canadienne pour l'épargne-études (SCÉÉ). Le REÉÉ demeure tout de même un régime complexe, et nous nous limiterons à en souligner les aspects les plus pertinents.

■ Les parents, les grands-parents, la parenté et les amis peuvent se réunir pour verser ensemble ou individuellement un total de 4 000 $ par année dans un REÉÉ pour un bénéficiaire déterminé. Ces cotisations ne sont pas déductibles des revenus du souscripteur. De ce fait, le capital n'est pas imposable lorsqu'il est remis à ce dernier. La date limite de cotisation est le 31 décembre de chaque année.

■ Les cotisations totales versées dans un REÉÉ au nom d'un bénéficiaire sont limitées à un maximum de 42 000 $ à vie.

- Le gouvernement fédéral accorde une subvention pouvant atteindre 400 $ l'an (voir la sous-section 6.4.2).

- Les revenus des sommes investies (incluant les revenus de la subvention) dans un REÉÉ s'accroissent en franchise d'impôt aussi longtemps que dure l'investissement.

- Dans le cas d'un régime non familial, les parents peuvent cotiser jusqu'à 22 ans après le début du régime. Dans le cas d'un régime familial, les souscripteurs peuvent cotiser jusqu'au 21e anniversaire de l'enfant. Nous verrons plus loin les divers types de régimes.

- Un REÉÉ doit être résilié avant la fin de sa 26e année d'existence. En fait, le REÉÉ a une durée maximale de 25 années civiles actives.

- À l'encaissement des fonds, le capital est remis au souscripteur. Comme nous l'avons souligné plus haut, le montant reçu n'est pas imposable, les cotisations n'ayant pas été déduites. Les revenus accumulés seront remis à l'enfant étudiant et seront pleinement imposables à son nom.

6.4.2   LA SUBVENTION CANADIENNE POUR L'ÉPARGNE-ÉTUDES (SCÉÉ)

La Subvention canadienne pour l'épargne-études (SCÉÉ) est une subvention que verse le gouvernement fédéral directement dans le REÉÉ d'un bénéficiaire. Cette subvention est limitée à un maximum annuel de 400 $, soit 20 % de la toute première tranche de 2 000 $ de cotisation par année et par bénéficiaire. La subvention peut être versée jusqu'à la fin de l'année civile au cours de laquelle l'enfant atteint l'âge de 17 ans. Par conséquent, elle peut totaliser 7 200 $ (400 $ × 18 ans = 7 200 $). Soulignons que les droits à la subvention peuvent être reportés. Voici un exemple de calcul de subvention.

EXEMPLE

Année	Investissement en REÉÉ	Montant de la subvention
1998	3 000 $	400 $
1999	1 700	340 [1]
2000	4 000	460 [2]

(1)   1 700 $ × 20 % = 340 $.
     La fraction non utilisée, soit 20 % (2 000 $ – 1 700 $), fait l'objet d'un report dans le futur pourvu que l'investissement futur excède 2 000 $. Dans ce cas-ci, l'investissement de l'année 2000 est de 4 000 $, ce qui excède le montant de 2 300 $ exigé (300 $ pour 1999 et 2 000 $ pour 2000).

(2)   20 % × (2 000 $ – 1 700 $ de 1999)   60 $
     plus
     20 % × 2 000 $ de l'année 2000   400
     Total   460 $

Soulignons enfin que le bénéficiaire doit posséder un numéro d'assurance sociale (NAS) pour recevoir la subvention.

6.4.3 LES TYPES DE REÉÉ

Il existe trois types de REÉÉ : les régimes individuels, les régimes familiaux et les régimes collectifs.

Les régimes individuels. Ces régimes peuvent être traditionnels ; ils sont alors distribués par les établissements financiers (caisses, banques). Ils peuvent aussi être autogérés, ce qui convient davantage aux personnes intéressées à la gestion d'un tel portefeuille ; ils sont alors commercialisés par les maisons de courtage. Un seul bénéficiaire pourra profiter de ce type de régime. Il s'avère donc moins souple qu'un régime familial.

Les régimes familiaux. Ces régimes sont semblables aux régimes individuels, sauf qu'on peut nommer plusieurs bénéficiaires. Ceux-ci doivent toutefois être liés par les liens du sang ou de l'adoption. Si on remplace un bénéficiaire, le nouveau bénéficiaire doit être le frère ou la sœur de l'ancien bénéficiaire.

Les régimes collectifs. Ces régimes, qui sont les plus anciens, sont offerts par les fondations à but non lucratif. Les fonds des souscripteurs sont en fait administrés par une fiducie qui veille à les investir d'une façon sécuritaire. On peut nommer jusqu'à trois bénéficiaires (trois bourses d'études) et remplacer un bénéficiaire par un autre bénéficiaire. Certains régimes collectifs étant moins flexibles que d'autres, il importe de chercher avec soin celui qui convient le mieux, car certains d'entre eux offrent de nombreux avantages.

6.4.4 L'UTILISATION D'UN REÉÉ

Dès que l'étudiant est inscrit à temps plein dans un établissement admissible, il peut commencer à utiliser son REÉÉ pour payer ses frais de scolarité. En effet, les revenus accumulés sur les montants cotisés seront versés au bénéficiaire sous forme de paiement d'aide aux études (PAE). Les revenus que l'étudiant recevra sont imposables en son nom. En revanche, il ne paiera en général que peu d'impôt, ses revenus étant peu élevés. La condition essentielle est que l'étudiant commence ses études avant le dernier jour de la 25e année où le régime est entré en vigueur.

Si le bénéficiaire d'un REÉÉ ne fait pas d'études, qu'arrive-t-il au capital investi ? Qu'arrive-t-il aux revenus générés par les cotisations ? Qu'arrive-t-il à la subvention fédérale et aux revenus qui en découlent ?

- Le capital (les cotisations) peut être retiré en tout temps sans pénalité fiscale. Ce montant est remis au souscripteur.
- Si le régime existe depuis 10 ans et si le bénéficiaire a atteint l'âge de 21 ans (ou s'il est décédé), le souscripteur peut retirer les revenus accumulés sous forme de paiement de revenus accumulés. Il peut transférer les revenus du

REÉÉ à son REÉR ou à celui de son conjoint si, bien sûr, les cotisations inutilisées le permettent. Le maximum ainsi transférable est de 50 000 $. Les revenus non transférés au REÉR seront imposés au taux marginal et assujettis de plus à une pénalité de 20 % (12 % au fédéral et 8 % au Québec).

■ La subvention fédérale (SCÉÉ) doit être retournée au gouvernement, mais non les revenus générés par cette subvention.

■ La subvention peut être conservée si un nouveau bénéficiaire est permis par le régime. Celui-ci poursuit son existence avec ce nouveau bénéficiaire (frère ou sœur de moins de 21 ans).

6.4.5 LE REÉÉ : UN AVANTAGE FINANCIER CERTAIN

Comparons un investissement dans un REÉÉ par rapport à un investissement traditionnel non enregistré générant surtout de l'intérêt.

EXEMPLE

Investissement dans un REÉÉ

Un dépôt annuel de 2 000 $ à 5 % pendant 15 ans effectué en début de période donne le résultat suivant :

En mode [BGN]

2 000 [PMT]

5 [i]

15 [n]

[COMP] [FV] $45\ 315.$

Où

Capital investi (2 000 $ × 15 ans)	30 000 $
Rendement (REÉÉ) (45 315 $ − 30 000 $)	<u>15 315</u>
Total du fonds investi	45 315 $

Plus : Subvention de 400 $ (2 000 $ × 20 %)
investie annuellement à 5 % pendant 15 ans
(la subvention est présumée être reçue en fin de période)

400 [PMT]

5 [i]

15 [n]

[COMP] [FV] $8\ 631.$

Total produit par le REÉÉ (45 315 $ + 8 631 $)	53 946 $
	ou 53 900 $ (à 100 $ près)

Investissement hors REÉÉ

Si le parent, imposé au taux marginal de 50 %, place ce même montant, le rendement net tombe à 2,5 % et le résultat est le suivant :

Total du fonds investi hors REÉÉ   36 800 $ (à 100 $ près)

Voici le calcul pour obtenir ce résultat :

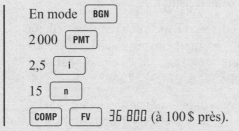

En mode   [**BGN**]

2 000   [**PMT**]

2,5   [**i**]

15   [**n**]

[**COMP**]   [**FV**]   *36 800* (à 100 $ près).

Avantage financier du REÉÉ

Total produit par le REÉÉ – total du fonds investi hors REÉÉ :
53 900 $ – 36 800 $ = 17 100 $.

L'avantage d'un REÉÉ est évident. Le calcul ne montre pas l'économie fiscale du contribuable. En fait, celle-ci dépend des revenus accumulés, des taux marginaux du parent et de l'enfant à l'encaissement des revenus, de la perte du crédit provincial relatif aux enfants à charge ainsi que de la perte du crédit fédéral relatif aux études universitaires des enfants.

6.4.6   LES SITES INTERNET

En plus des brochures distribuées par les établissements financiers qui commercialisent ces régimes, de nombreux sites Internet traitent des REÉÉ. En voici quelques-uns :

- www.gc.ca

  Le site du gouvernement canadien est très bien construit, et nous nous en sommes inspirés dans cette section. Il s'agit d'utiliser l'index sous « S » et sous « Subvention canadienne pour l'épargne-étude ». Le site offre également une liste assez exhaustive des « fournisseurs » canadiens de REÉÉ.

- www.cba.ca

  Il s'agit du site de l'Association des banquiers canadiens. Sous « Publications », le site offre de nombreuses brochures en format PDF portant sur les REÉÉ. La présentation est excellente et bien structurée.

- Plusieurs autres sites financiers offrent de l'information sur les REÉÉ, par exemple Cyberpresse, Webfin, Aimfunds (une excellente source) et Quicken (voir le chapitre 14).

6.5 LE REÉR, PLACEMENT FISCAL PAR EXCELLENCE

Le régime enregistré d'épargne-retraite (REÉR) est le véhicule financier par excellence de la préparation à la retraite. Le REÉR, mode d'épargne privilégié, représente aussi un placement fiscal dont aucun contribuable admissible ne devrait se priver. Voici ses principales caractéristiques :

■ Les contributions annuelles versées dans un REÉR peuvent être déduites en totalité du revenu imposable, tant au fédéral qu'au provincial. Pour une contribution de 1 000 $, un contribuable imposé à un taux marginal de 47 % recevra par conséquent une diminution d'impôt de 470 $.

■ Pour une année d'imposition donnée, la date limite de cotisation à un REÉR est fixée au 1er mars de l'année suivante. En effet, les cotisations peuvent être versées tout au long de l'année d'imposition et dans les 60 jours qui suivent la fin de l'année en question.

■ Le capital s'accumule dans le régime en franchise d'impôt. Ainsi, le revenu de placements produit par les sommes accumulées dans un REÉR — qu'il s'agisse d'intérêts, de dividendes ou même de gains en capital — n'est pas imposable annuellement.

■ Le REÉR est un régime de revenus différés, donc un régime de report d'impôt. Lorsque les sommes accumulées sont retirées en totalité ou en partie, elles deviennent automatiquement imposables, l'année de l'opération, au taux d'imposition du contribuable. À ce moment-là, il est possible que le taux d'imposition soit inférieur à celui qui était applicable au moment des cotisations. Ainsi, le retrait d'une partie d'un REÉR à l'occasion d'une année sabbatique peut s'avérer une stratégie rentable.

■ Les intérêts sur un emprunt destiné à un REÉR ne sont pas déductibles du revenu imposable. Il peut quand même être avantageux d'emprunter afin d'investir dans un REÉR, à condition de rembourser le prêt durant l'année qui suit l'emprunt. Cette stratégie permet d'investir au plus tôt dans sa retraite et de bénéficier de la déduction sur le REÉR.

■ Le REÉR est un véhicule financier qui peut contenir différents placements (actions, obligations, etc.), tout comme le REÉÉ.

6.5.1 LE CALCUL DE LA COTISATION MAXIMALE À UN REÉR

Il est facile de connaître le montant des cotisations déductibles à un REÉR. En effet, dans l'avis de cotisation annuel envoyé par Revenu Canada, on informe le contribuable du montant maximal déductible auquel il a droit pour l'année en cours. Voici le calcul auquel procède Revenu Canada :

Le moindre de :

■ 13 500 $[3] ;

■ 18 % du revenu gagné l'année précédente ;

moins :   • facteur d'équivalence (FÉ) de l'année précédente dans le cas d'un salarié bénéficiaire d'un RPA ;
        • facteur d'équivalence pour services passés (FÉSP) pour l'année en cours ;

plus :   • report des cotisations inutilisées (depuis 1991) ;
      • facteur d'équivalence rectifié (FÉR)[4] ;

égale :   • montant déductible en REÉR pour l'année en cours.

Clarifions brièvement quelques-uns de ces points, soit le revenu gagné, le facteur d'équivalence (FÉ), le facteur d'équivalence pour services passés (FÉSP) et le report des cotisations inutilisées.

■ Le **revenu gagné** nécessite un calcul assez complexe, mais il inclut en gros :
  • les revenus nets d'emploi ;
  • les pensions alimentaires imposables reçues ;
  • les revenus de location nets ;
  • les revenus nets provenant de l'exploitation d'une entreprise.

Notons que le revenu gagné ne comprend pas les diverses prestations de retraite provenant des régimes gouvernementaux, des régimes privés d'entreprises ou encore des régimes individuels (REÉR). Par contre, les pensions alimentaires versées réduisent le revenu gagné.

■ Le **facteur d'équivalence (FÉ),** dont le montant calculé par l'employeur est toujours présenté au feuillet T4 (fédéral), vient diminuer la cotisation à un REÉR. Revenu Canada se sert de ce montant pour faire le calcul.

Les contribuables qui ne sont pas membres d'un régime de pension agréé (RPA) ne sont pas concernés par le FÉ. Ce sont soit des travailleurs autonomes, soit des professionnels ou des salariés qui ne participent pas à un RPA de leur employeur.

Les contribuables membres d'un RPA bénéficient d'une caisse de retraite et, par conséquent, possèdent un FÉ qui vient diminuer leur cotisation à un REÉR. Le module Retraite abordera ce sujet plus en profondeur.

■ Le **facteur d'équivalence pour services passés (FÉSP)** représente des avantages (améliorations aux prestations, etc.) dont l'employé aurait pu bénéficier après 1989. Le FÉSP vient aussi diminuer la cotisation déductible à un REÉR.

---

3. Le plafond de la cotisation à un REÉR a été bloqué à 13 500 $ jusqu'en 2003. Il devrait être porté à 14 500 $ en 2004.
4. Une personne qui quitte son emploi sans prendre sa retraite peut avoir droit au facteur de rectification, dont le but est justement de redonner des droits perdus à cause des FÉ passés.

■ Le **report des cotisations inutilisées** permet, depuis 1991, de reporter indéfiniment les cotisations au REÉR non utilisées. L'avis de cotisation annuel envoyé par Revenu Canada mentionne ce montant de cotisations inutilisées.

Les contributions excédentaires

Depuis 1996, il est possible d'investir un montant excédentaire de 2 000 $. Cet excédent est cumulatif à vie, et toute contribution dépassant 2 000 $ sera pénalisée au taux de 1 % par mois. Cette contribution excédentaire n'est pas déductible du revenu, mais elle s'accumule en franchise d'impôt. Elle est donc intéressante pour un contribuable qui laissera croître cette somme en franchise d'impôt pour une période d'au moins une quinzaine d'années environ.

6.5.2 LA FORCE EXPONENTIELLE DU REÉR

Le REÉR est une force financière qui suit, comme nous le verrons à la sous-section 6.5.3, une courbe exponentielle.

On peut exprimer mathématiquement cette force par l'équation suivante :

$$F = f(M, R, T)$$

où F = Force financière (capital accumulé)
   f = « Fonction de », « dérive » ou « dépend de »
   M = Montant d'argent investi annuellement en dollars
   R = Rendement en pourcentage
   T = Temps en années

Le REÉR est le meilleur véhicule financier durant la phase d'accumulation du capital, et le montant accumulé, selon l'objectif visé, dépendra du montant d'argent investi, du rendement et de l'élément temps. C'est sur ce dernier que nous allons nous attarder, car il est le moins bien compris. Le lecteur aura vite compris que plus on cotise annuellement (par exemple 3 000 $ au lieu de 1 000 $) et plus le rendement est élevé (par exemple 10 % au lieu de 8 %), plus le capital accumulé sera appréciable. Mais qu'en est-il de l'élément temps ?

Prenons un exemple pour bien concrétiser l'effet exponentiel du temps.

EXEMPLE

Nathalie et Gilbert viennent tout juste de terminer leurs études. Ils ont tous les deux 28 ans. Nathalie se propose d'investir 3 000 $ annuellement pendant les 7 prochaines années, soit de 28 ans à 34 ans inclusivement, et ce en début de période. Elle n'envisage aucune autre cotisation avant sa retraite à l'âge de 65 ans. Gilbert se propose du bon temps entre 28 ans et 35 ans, moment où il commencera ses cotisations de 3 000 $ l'an (en début d'année) jusqu'à 65 ans inclusivement, ce qui fait donc

31 années de cotisations. Nathalie aura contribué pour un montant total de 21 000 $ (7 × 3 000 $) et Gilbert, pour un montant total de 93 000 $ (31 × 3 000 $). Dans les deux cas, un rendement de 10 % est utilisé.

Gilbert affirme à Nathalie qu'à sa retraite à 65 ans il aura beaucoup plus de capital qu'elle. A-t-il raison ? Le tableau 6.2 montre l'essentiel des calculs arrondis à 1 $ près.

TABLEAU 6.2
La force exponentielle du REÉR (les calculs)

Nathalie		Renseignements généraux		Gilbert	
Dépôts (début d'année)	Capital et intérêts (fin d'année)	Année	Âge en début de période	Dépôts (début d'année)	Capital et intérêts (fin d'année)
3 000 $	3 300 $[1]	1	28		
3 000 $	31 308 $[2]	7	34		
		8	35	3 000 $	3 300 $
	600 936 $[3]	38	65	3 000 $	600 413 $[4]
Total 21 000 $				Total 93 000 $	

(1) Taux de 10 % en franchise d'impôt (REÉR).
   Donc 3 000 $ × 1,1 = 3 300 $ en fin d'année.
(2) Table V, 7 ans, 10 % ; facteur 9 487,17.
   Donc 9 487,17 × 3,3 (pour 3 300 $) = 31 307,66 $ ou 31 308 $ (à 1 $ près pour extrapolation).
(3) Table III, 31 ans, 10 % ; facteur 19 194,34. (Le montant de 31 308 $ est le capital accumulé à 34 ans, donc à extrapoler de 35 à 65 ans inclusivement. Ainsi, le capital sera investi pour 31 ans et non pour 30 ans. Pour bien comprendre cette situation, on peut prendre pour exemple un investissement de l'âge de 25 ans à 30 ans inclusivement ; on constate alors qu'il s'agit bien de 6 ans et non de 5 ans.)
   Donc 19 194,34 × 31,308 (pour 31 308 $) = 600 936 $.
(4) Table V, 31 ans, 10 % ; facteur 181 943,43.
   Donc 181 943,43 × 3,3 (pour 3 300 $ par année) = 600 413 $.

Cet exemple montre très bien que Nathalie avait raison de commencer à cotiser le plus tôt possible. L'avantage de commencer tôt est évident, car le temps est le plus grand allié du REÉR. Le dicton selon lequel « le temps, c'est de l'argent » est particulièrement vrai quand il s'agit du REÉR.

Nous suggérons au lecteur intéressé de consulter le site Internet du Centre québécois de formation en fiscalité (CQFF), à l'adresse suivante : www.cqff.com. Sous le titre « L'importance de commencer tôt : le facteur temps ! », un excellent exemple permet de saisir l'importance de ce principe.

6.5.3   REÉR VERSUS HORS REÉR (REVENU D'INTÉRÊT)

Afin d'illustrer la force exponentielle du REÉR, comparons les capitalisations qui résultent d'un investissement enregistré (REÉR) et d'un investissement non enregistré. Pour simplifier, nous utilisons un placement non enregistré qui ne génère que de l'intérêt, car l'imposition du gain en capital est différente (voir la sous-section 6.5.4).

EXEMPLE

Pour sa retraite, M. Choisy se demande s'il doit investir dans un véhicule enregistré comme le REÉR, qui contiendrait des placements sécuritaires tels des certificats de placement garanti (CPG), ou encore investir dans ces derniers mais hors REÉR. M. Choisy envisage une retraite dans 25 ans. Utilisons un taux marginal de 40% et un taux de rendement de 10% l'an.

Investissement dans un REÉR

- Investissement annuel : 5 000 $ (en fin de période)
- Durée : 25 ans
- Taux de rendement avant impôt : 10 %
- Taux d'imposition présumé au retrait du fonds : 40 %
- Fonds accumulés après 25 ans :

5 (pour 5 000 $) × 98 347,06 (table V) (à 100 $ près)	491 700 $
Impôt lors du retrait (40 %) (à 100 $ près)	196 700
FONDS ENREGISTRÉ, LIBRE D'IMPÔT	295 000 $

Investissement dans des certificats de placement garanti

- Investissement annuel : 3 000 $* (en fin de période)
- Durée : 25 ans
- Taux de rendement après impôt : 6 %**
- Fonds accumulés après 25 ans :

3 (pour 3 000 $) × 54 864,51 (table V) (à 100 $ près)	164 600 $
FONDS NON ENREGISTRÉ, LIBRE D'IMPÔT	164 600 $

* Un investissement de 5 000 $ en REÉR rapporte une diminution d'impôt de 2 000 $ à un taux de 40 %. Ainsi, le débours annuel sur ce REÉR correspond à 3 000 $. Nous devons donc suggérer un investissement de ce montant en certificats de placement garanti.

** Le taux avant impôt est de 10 %. À un taux marginal de 40 %, le rendement annuel est de 6 % l'an.

Avantage financier du REÉR

Fonds REÉR, libre d'impôt	295 000 $
Moins : Fonds non enregistré, libre d'impôt	164 600
Avantage du REÉR	130 400 $

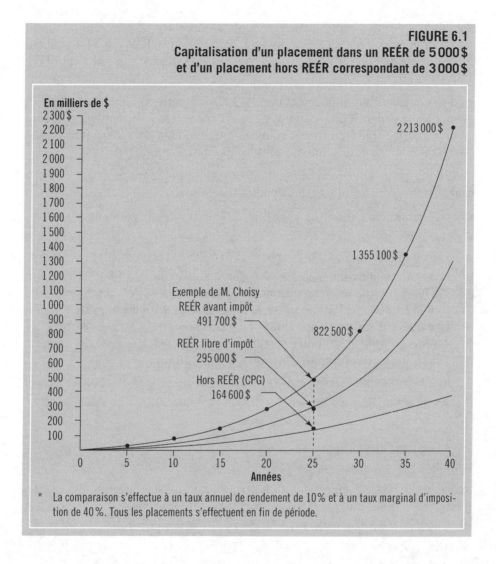

FIGURE 6.1
Capitalisation d'un placement dans un REÉR de 5 000 $
et d'un placement hors REÉR correspondant de 3 000 $

* La comparaison s'effectue à un taux annuel de rendement de 10 % et à un taux marginal d'imposition de 40 %. Tous les placements s'effectuent en fin de période.

La figure 6.1 illustre clairement le fait que le REÉR est un instrument des plus puissants à long terme, et ce parce que les rendements s'accumulent en franchise d'impôt. Ces mêmes rendements perdent leur identité dans un REÉR et, au moment du retrait, l'imposition s'effectue en fonction du revenu, tout comme dans le cas d'un salaire.

6.5.4   REÉR VERSUS HORS REÉR (GAIN EN CAPITAL)

Depuis le budget fédéral du 18 octobre 2000, le gain en capital n'est imposé qu'à 50 %. (La sous-section 4.3.4 traite des taux d'inclusion relatifs au gain en capital.) La question se pose donc : est-il toujours aussi avantageux d'investir dans un REÉR lorsque les fonds produisent **exclusivement** du gain en capital ?

Dans le cas de M. Choisy (voir l'exemple ci-dessous), la première partie du calcul serait exactement la même, à savoir 5 000 $ l'an en REÉR à 10 % pendant 25 ans, ce qui donne 491 700 $ avant impôt et 295 000 $ une fois le REÉR libéré d'impôt.

Pour évaluer l'investissement hors REÉR, il importe de prendre en considération, dès le départ, l'économie d'impôt qu'apporte le REÉR ; c'est pourquoi un montant de 5 000 $ en REÉR équivaut à un montant de 3 000 $ hors REÉR (40 % d'impôt marginal), comme dans le cas de M. Choisy.

En revanche, le gain en capital n'étant imposé qu'au moment du retrait, la capitalisation hors REÉR serait calculée comme suit :

■ Investissement annuel (hors REÉR) : 3 000 $ (en fin de période) ;

■ Durée : 25 ans ;

■ Taux de rendement : 10 % (imposition dans 25 ans seulement) ;

■ Fonds accumulés après 25 ans : 3 (pour 3 000 $) × 98 347,06 (table V), soit 295 000 $, le même montant que celui obtenu dans l'exemple précédent pour le REÉR libéré d'impôt. **Ici, le montant de 295 000 $ hors REÉR doit être libéré d'impôt relativement au gain en capital :**

• donc 295 000 $ – 75 000 $ (3 000 $ × 25) = 220 000 $,

• 220 000 $ × 20 % (50 % × 40 %) = 44 000 $ d'impôt,

• 295 000 $ – 44 000 $ = 251 000 $.

Avantage du REÉR : 295 000 $ – 251 000 $ = 44 000 $.

EXEMPLE

Reprenons le même exemple que ci-dessus, mais en considérant cette fois que les fonds hors REÉR sont retirés et, par conséquent, imposés chaque année.

■ Investissement annuel (hors REÉR) : 3 000 $ (fin de période)

■ Durée : 25 ans

■ Taux de rendement après impôt : 8 %, soit 10 % – (10 % × 50 % × 40 %)

■ Fonds accumulés après 25 ans : 219 300 $

Avantage du REÉR : 295 000 $ – 219 300 $ = 75 700 $

L'avantage de 75 700 $ ou de 44 000 $ est, bien sûr, moins prononcé que dans le cas de M. Choisy, où l'on considérait des revenus en intérêts plutôt que du gain en capital, mais il est toujours présent quand même. Soulignons finalement qu'une telle approche (investir dans des produits financiers qui ne produisent que du gain en capital, c'est-à-dire dans des actions spéculatives) est très peu réaliste à long terme.

6.5.5   L'ÉCHÉANCE DU REÉR

Le REÉR vient à échéance le 31 décembre de l'année où le contribuable atteint 69 ans. Il sera dès lors très important pour celui-ci de convertir son REÉR en un régime de liquidation du capital comme le FERR, sinon son REÉR sera automatiquement désenregistré, les impôts seront donc retenus et le REÉR après impôt sera déposé dans son compte. Nous aborderons ce sujet ainsi que les retraits du REÉR au module Retraite : l'après-REÉR.

6.5.6   LES PLACEMENTS ADMISSIBLES AU REÉR

Le REÉR peut dorénavant contenir une variété de produits financiers tels que des certificats de placement garanti (CPG), des actions, des obligations, des fonds communs de placement. La section 9.5 du module Placements définit ces différents placements. On peut aussi y inclure jusqu'à 30 %[5] de produits étrangers (contenu international). Le profil exact du REÉR dépendra surtout des objectifs poursuivis par le client et de sa « zone de confort ». La majorité des placements modernes sont admissibles. Par contre, on ne peut y inclure des métaux précieux, des œuvres d'art, des antiquités et des terrains sans immeubles.

6.5.7   LES TYPES DE REÉR

Il n'existe pas de classification unique pour les REÉR, qui se définissent soit par leur contenu (types de placements) ou encore par leur application (REÉR individuel ou REÉR collectif).

Le REÉR garanti. Ce type de REÉR ne contient que des placements garantis comme les CPG, les dépôts à terme, les obligations d'épargne[6], les fonds du marché monétaire, etc.

Le REÉR — fonds commun de placement (FCP). Les fonds d'investissement permettent une diversification de titres et sont gérés par des professionnels qui surveillent le marché ; c'est pourquoi ils sont si populaires auprès de nombreux investisseurs. On peut acheter des fonds de tout genre : fonds d'actions, fonds d'obligations, fonds internationaux, fonds équilibrés, qui contiennent une variété de produits, etc. Il est généralement recommandé de posséder quatre ou cinq fonds.

Le REÉR autogéré. Il s'agit d'un REÉR commercialisé par les maisons de courtage. L'investisseur doit gérer lui-même les montants ainsi investis. Les actions et les obligations gouvernementales et de compagnies sont les produits

---

5.   50 % s'il s'agit d'un fonds de syndicat québécois.
6.   Voir www.gc.ca, sous la lettre « R » dans l'index, et sous « Régime d'épargne retraite du Canada (Le) : Option REÉR ».

les plus populaires de ces fonds. Certains investisseurs qui recherchent ce type de REÉR s'intéressent en général beaucoup plus à la gestion active (*market timing*) qu'à la gestion passive (*buy and hold*) (voir le module Placements à ce sujet). Le REÉR autogéré peut donner naissance au **REÉR hypothèque,** qui consiste en quelque sorte à emprunter de son REÉR l'argent nécessaire pour payer son hypothèque résidentielle, et ce à un taux inférieur ou supérieur au marché, selon ses objectifs. L'investisseur est ainsi débiteur et créancier en même temps. La complexité du REÉR hypothèque ne le rend pas très populaire.

Le REÉR collectif. Un REÉR collectif se présente essentiellement comme un ensemble de REÉR individuels offerts aux employés d'une entreprise qui a décidé d'implanter un tel régime et, dans certains cas, d'y cotiser. Pour un salarié, le REÉR collectif peut s'avérer très avantageux pour deux raisons : 1° l'épargne forcée, qui l'oblige à verser des cotisations périodiques sous forme de retenues salariales ; 2° l'économie d'impôt immédiatement réalisée.

Le REÉR immobilisé. Ce type de REÉR sera abordé au module Retraite : l'après-REÉR, car il concerne des cotisations à un régime de pension agréé (RPA) d'employeur qui ne peuvent être retirées et qui doivent être transférées dans un REÉR immobilisé (au Québec, un compte de retraite immobilisé — CRI). Le rentier devra convertir son REÉR immobilisé en un régime de liquidation (rente ou fonds de revenu viager). Nous y reviendrons.

6.5.8   LE REÉR AU CONJOINT

Un contribuable peut cotiser au REÉR de son conjoint en vue de fractionner son revenu à la retraite et de profiter de l'un des avantages du REÉR, à savoir la déductibilité des cotisations. La limite déductible pour ce contribuable reste la même. Précisons que depuis le budget fédéral du 25 février 1992, les conjoints de fait sont considérés de la même façon que les personnes mariées.

Les contributions au régime du conjoint lui appartiennent en droit. Par ailleurs, tout capital REÉR fait automatiquement partie du patrimoine familial en vertu de la *Loi sur le patrimoine familial* (loi 146), entrée en vigueur le 1er juillet 1989.

Le REÉR doit être conservé au moins deux ans par le conjoint, sinon il sera imposé au nom du conjoint cotisant. On veut ainsi éviter un abus de la stratégie du fractionnement du revenu. Après deux ans, au retrait du REÉR, le conjoint sera imposé sur les fonds en son nom, d'où la notion de fractionnement du revenu. Le conjoint étant sans doute imposé à un taux moindre, le couple bénéficiera par le fait même d'une économie d'impôt. En fait, l'objectif de ce fractionnement est d'équilibrer le plus possible les taux d'imposition des deux conjoints.

À partir de 65 ans, le crédit pour revenus de retraite s'applique aux retraits provenant d'un REÉR, et ce pour chacun des deux conjoints rentiers.

6.5.9   LE REÉR ET L'HYPOTHÈQUE DE LA RÉSIDENCE PRINCIPALE

Faut-il contribuer à un REÉR ou payer plus rapidement l'hypothèque sur la résidence principale ? Voilà une question qui a fait couler beaucoup d'encre. Plusieurs spécialistes sont arrivés à des conclusions diamétralement opposées selon les hypothèses ou les critères de base utilisés. Pour nous, les deux approches doivent être poursuivies en même temps. En effet, contribuer à un REÉR annuellement est plus qu'une méthode efficace pour investir, c'est aussi acquérir une discipline face à l'épargne et s'engager d'une manière résolue vers l'atteinte de l'indépendance financière à la retraite. Une bonne stratégie serait d'investir le maximum en REÉR et de se servir du remboursement d'impôt pour rabaisser l'hypothèque résidentielle.

6.5.10   LES TRANSFERTS

On peut procéder à un transfert entre REÉR ou simplement à un transfert de certains fonds à un REÉR. Le transfert doit s'effectuer d'un établissement financier à un autre, sans passer par le contribuable, pour conserver les fonds en franchise d'impôt. Si le contribuable touche à ces fonds, ils seront automatiquement désenregistrés.

Le transfert entre REÉR. Il est toujours possible de transférer les fonds d'un REÉR sans aucune incidence fiscale, et ce d'un fonds à un autre fonds ou d'un établissement financier à un autre.

Le transfert du REÉR au décès. Le transfert du REÉR au décès peut également n'avoir aucune incidence fiscale s'il fait l'objet d'un legs au conjoint ou au conjoint de fait.

Le transfert du REÉR à la suite d'un divorce ou d'une séparation. Le REÉR fait partie du patrimoine familial, et son transfert d'un conjoint à l'autre, au moment d'un divorce ou d'une séparation, n'a aucune incidence fiscale.

Le transfert des prestations gouvernementales. Les prestations de sécurité de la vieillesse ou du Régime des rentes du Québec ne peuvent plus être transférées dans un REÉR.

Le transfert de l'allocation de retraite. Les allocations de retraite, à savoir une indemnité de départ ou une indemnité reçue au moment d'un licenciement collectif ou d'une retraite prématurée, peuvent être transférées dans un REÉR, à l'abri de l'impôt, mais à certaines conditions. Ce point particulier sera abordé plus en profondeur au module Retraite : la planification.

6.5.11   LES SITES INTERNET

Le REÉR est l'un des véhicules financiers les plus populaires de la dernière décennie. Plusieurs sites financiers offrent maintenant de l'information sur ce type de régime. Le chapitre 14 en désigne quelques-uns. L'étudiant est aussi fortement encouragé à lire les nombreux magazines québécois traitant de finances personnelles.

Les sites suivants sont excellents :

- www.gc.ca ;
- www.webfin.com ;
- www.cqff.com.

6.6   LE RÉGIME D'ACCESSION À LA PROPRIÉTÉ (RAP)

Le régime d'accession à la propriété (RAP) est un régime dérivé du REÉR qui permet aux contribuables, depuis le 25 février 1992, d'emprunter en franchise d'impôt jusqu'à 20 000 $ de leur REÉR dans le but de financer l'achat ou la construction d'une première maison. Le RAP s'applique tant au provincial qu'au fédéral et devait prendre fin le 1er mars 1994, mais le budget fédéral de février 1994 a permis qu'il soit transformé en un régime permanent. Il faut cependant que l'habitation admissible soit acquise avant le 1er octobre de l'année civile qui suit celle du retrait (par exemple, en retirant les fonds en décembre 2001, on peut acheter l'habitation jusqu'au 30 septembre 2002). Pour tirer profit de ce programme, il est très important que l'acheteur prévoie la liquidité nécessaire pour rembourser le montant retiré par fractions étalées, pendant la période de 15 ans exigée, sinon le retrait de son REÉR devient imposable. Le premier remboursement doit être effectué au plus tard à la fin de la deuxième année civile suivant l'année du retrait.

L'expression « acheteur d'une première maison » désigne des conjoints n'ayant pas possédé de maison (résidence principale) au cours des cinq années civiles commençant avant la date du retrait. Notons qu'un couple peut retirer un maximum de 40 000 $ (20 000 $ chacun) pourvu que les deux deviennent conjointement propriétaires de la maison. L'acheteur devra d'abord s'assurer que les fonds du REÉR sont disponibles, car ils peuvent être bloqués (par exemple ceux provenant d'un REÉR collectif ou de placements à long terme comme les obligations). Au décès, le solde devient imposable dans l'année du décès, mais le conjoint survivant peut choisir de rembourser le solde sur la période restante.

6.6.1   LA RÈGLE DES 90 JOURS

Deux situations sont particulièrement visées par la règle du 90 jours. La première concerne les contributions au REÉR effectuées pour se prévaloir du RAP. Les fonds provenant du REÉR doivent être conservés au moins 90 jours pour être déductibles. Bien sûr, si le montant du REÉR excède celui du retrait pour le RAP, la règle ne s'applique pas.

La deuxième situation concerne les personnes qui n'ont pas de REÉR ou qui possèdent des cotisations inutilisées dans un REÉR modeste. Ces personnes pourront emprunter d'un établissement financier les fonds nécessaires. C'est une stratégie très populaire depuis quelques années, qu'on observe surtout chez les jeunes couples. Encore ici, la régle des 90 jours devient essentielle.

6.6.2   LES FUTURS MARIÉS

Si le futur conjoint possède déjà une maison et que le couple envisage d'emprunter des fonds pour bénéficier d'un RAP et habiter la maison après le mariage, il sera important de le faire avant le mariage, car après ce ne sera plus possible. Les conjoints de fait auront avantage à consulter un spécialiste dans une situation semblable.

6.6.3   LES AVANTAGES ET LES DÉSAVANTAGES DU RAP

Le RAP peut s'avérer une stratégie intéressante pour le jeune couple qui désire améliorer sa qualité de vie, car il n'y a aucun intérêt à payer sur les montants à rembourser. Par conséquent, les paiements mensuels seront moindres et l'hypothèque risque d'être moins élevée à la fin de la période de remboursement, sans compter la plus-value de la maison.

Par contre, il faut prendre en considération la perte que subira le REÉR en matière de croissance exponentielle du capital en franchise d'impôt. Il peut en effet être très coûteux d'utiliser le REÉR comme source de financement. Le REÉR est un véhicule de retraite qui requiert des mises de fonds annuelles spécifiques, comme nous le verrons au module Retraite. L'utilisation du RAP nécessite des actions combinées et rigoureuses telles que :

■ rembourser le RAP en 5 ans, par exemple, plutôt qu'en 15 ans ;

■ effectuer des contributions additionnelles au REÉR selon la capitalisation requise à la retraite ;

■ utiliser les remboursements d'impôt provenant de l'investissement en REÉR pour rabaisser l'hypothèque ou payer les dettes.

En général, si le contribuable ou le couple possèdent des fonds hors REÉR, il sera préférable et beaucoup plus efficace de les utiliser pour « rapper ». La seule autre considération serait de maintenir une réserve de base suffisante.

Les sites Internet dont nous avons fait mention dans la sous-section 6.5.11 offrent également des renseignements relatifs au RAP.

6.7   LE RÉGIME D'ENCOURAGEMENT À L'ÉDUCATION PERMANENTE (REÉP)

À l'instar du RAP, le régime d'encouragement à l'éducation permanente (REÉP) est un régime dérivé du REÉR. En vigueur depuis 1999, il permet de retirer de son REÉR, en franchise d'impôt, jusqu'à 20 000 $ sur 4 ans avec un retrait annuel maximal de 10 000 $. La date limite pour bénéficier du régime est le 31 décembre de chaque année. Les deux conjoints d'un couple peuvent le faire si chacun possède les liquidités au REÉR ; les conjoints peuvent donc retirer en tout 40 000 $.

Au moment d'effectuer le retrait, il faut détenir d'un établissement agréé (cégeps et universités, par exemple) une preuve confirmant l'admission à temps plein à un programme d'études, et ce avant le mois de mars de l'année suivante.

Le retrait constitue un prêt à rembourser sans intérêt sur une période maximale de 10 ans, en versements égaux. Comme avec le RAP, tout montant dû mais non remboursé devient automatiquement imposable. Un contribuable peut s'inscrire plusieurs fois à ce programme à condition d'avoir remboursé entièrement ses retraits antérieurs. Les actions combinées et rigoureuses que nous avons suggérées pour le RAP s'appliquent aussi au REÉP.

6.8 LES FONDS DES SYNDICATS QUÉBÉCOIS

Les fonds des syndicats québécois forment le quatrième volet des stratégies fiscales. Il existe actuellement deux fonds de syndicat au Québec : le Fonds de solidarité FTQ lancé par la FTQ en 1984 (www.fondsftq.com) et la Fondaction, lancée par la CSN en 1996 (www.fondaction.com).

Ces deux fonds ont des objectifs communs, à savoir participer à l'essor économique du Québec en favorisant le maintien et la création d'emplois et en fournissant à certaines entreprises les capitaux nécessaires à leur développement. Voyons brièvement leurs caractéristiques.

6.8.1 DES FONDS D'ACTIONS

Les fonds émettent des actions directement au public sans passer par une maison de courtage ; il n'y a donc pas de marché secondaire (ou grand public) pour ce type d'actions.

Il appartient aux fonds de racheter les actions et de remettre les montants d'argent aux investisseurs. La valeur des actions du Fonds de solidarité (FTQ) est passée de 10 $ en 1984, lors du lancement du Fonds, à 18,95 $ au 30 juin 1996 et à 24,98 $ au 14 mars 2002. Quand à la Fondaction (CSN), la valeur de ses actions est passée de 10 $ au 30 juin 1996 à 12,38 $ au 1er février 2002.

6.8.2 UNE ÉCONOMIE FISCALE IMPORTANTE

Les actions de ces deux fonds donnent droit à deux crédits d'impôt, qui réduisent l'impôt de l'actionnaire de 30 % (15 % au fédéral et 15 % au Québec). Cette économie peut atteindre 1 500 $ par année pour une souscription de 5 000 $, ce montant étant le maximum annuel admissible.

Il est en outre possible d'enregistrer cet investissement dans un REÉR et d'obtenir l'économie d'impôt habituelle consentie à tout REÉR.

EXEMPLE

Un investissement de 5 000 $ ne nécessitera à l'investisseur, avec un taux marginal de 40 %, qu'une mise de fonds de 1 500 $:

Investissement dans un REÉR	5 000 $
Taux marginal : 40 %	
Économie due au REÉR	2 000
Crédit fédéral de 15 %	750
Crédit provincial de 15 %	750
ÉCONOMIE D'IMPÔT	3 500 *

* Avec un taux marginal de 50 %, l'économie serait de 4 000 $, soit 80 % de la mise de fonds au lieu de 70 % comme ici.

6.8.3   LES RETRAITS DES FONDS

En général, un investissement dans ces fonds est un investissement à long terme servant à bâtir une retraite ou une préretraite. Toutefois, ces fonds peuvent racheter les actions dans beaucoup d'autres circonstances. La politique d'achat de gré à gré a été amendée au fil des ans et permet, à certaines conditions, un rachat des actions à compter de 55 ans et même parfois à compter de 50 ans (retour aux études, maladie grave, accès à la propriété, problèmes financiers, etc.).

6.8.4   DES STRATÉGIES FISCALES GAGNANTES

Voici trois situations où l'utilisation d'un fonds de syndicat peut s'avérer très avantageuse :

■   Une personne ou un couple âgés de 50 ans ou plus peuvent utiliser efficacement ce type d'investissement pour quelques années seulement, étant plus près de la retraite. Certaines personnes sont soucieuses du rendement à très long terme des fonds qui contiennent uniquement des actions. Les fonds de la FTQ et de la CSN sont très bien gérés.

■   Un couple avec enfants qui investit dans ce type de fonds 3 000 $, 4 000 $ et même 5 000 $ par année bénéficierait d'une économie d'impôt appréciable (70 % et plus), comme nous l'avons calculé plus haut. Cette économie d'impôt pourrait très bien servir à alimenter un REÉÉ pour les enfants ou encore à rabattre l'hypothèque.

■ Une jeune personne ou un jeune couple qui débute peut utiliser ces fonds dans un REÉR collectif, et profiter ainsi à chaque paie de l'économie fiscale. Sur un REÉR de 1 000 $ par année, les retenues salariales ne seraient que d'environ 10 $ tous les 15 jours. Une très belle économie et une façon intelligente d'économiser !

6.9 LES INCITATIFS FISCAUX

Les incitatifs fiscaux, qui constituent le cinquième et dernier volet des stratégies fiscales, sont souvent qualifiés d'abris fiscaux ou d'investissements stratégiques, mais ce sont beaucoup plus des placements axés sur l'économie d'impôt immédiate et sur le gain en capital à moyen terme. La caractéristique majeure de ce type d'investissement est sans contredit le fait que le coût à l'acquisition est déductible en tout ou en partie au provincial et, dans le cas des actions accréditives, au provincial et au fédéral. Ce sont tous des placements de nature spéculative qui doivent s'inscrire dans une saine gestion stratégique de portefeuille, comme nous le verrons au module Placements.

Les modalités qui caractérisent ces placements changent très fréquemment (presque à chaque budget) et le traitement fiscal peut donc varier d'une réforme fiscale à l'autre. Notre objectif ne consiste pas à analyser tous les détails fiscaux et légaux de ces placements mais à informer le lecteur qu'ils existent. Nous débuterons avec les deux plus connus, le RÉA et les actions accréditives, et terminerons avec divers autres abris fiscaux québécois.

6.9.1 LE RÉGIME D'ÉPARGNE-ACTIONS (RÉA)

Le régime d'épargne-actions (RÉA), abri fiscal créé en 1979, vise à favoriser le développement économique du Québec. Ce régime permet aux entreprises de financer leurs besoins par l'émission d'actions ordinaires plutôt que par des emprunts. Le régime encourage aussi les Québécois à devenir détenteurs d'actions, tout en réduisant leur fardeau fiscal. C'est un authentique instrument de capitalisation de l'entreprise québécoise.

Le RÉA permet à un contribuable québécois de déduire de son revenu imposable une partie ou la totalité du coût à l'acquisition. Pour que l'économie d'impôt devienne permanente, un contribuable doit conserver dans le RÉA sa contribution initiale pendant au moins deux ans, en fait pendant une période couvrant trois « 31 décembre » consécutifs. Il est cependant permis de remplacer les actions acquises par d'autres actions de RÉA, à l'intérieur du même laps de temps. Après cette période de deux ans, on peut disposer de ces titres, sans pénalité ni coût fiscal. Il est possible d'inclure ces titres dans un REÉR autogéré et de bénéficier ainsi de la déduction sur REÉR, tant au provincial qu'au fédéral. On peut se procurer ce produit auprès d'un courtier en valeurs mobilières. La date limite pour l'achat d'un RÉA est le 31 décembre de chaque année.

Les sociétés admissibles au RÉA doivent avoir leur siège social au Québec, compter au moins cinq employés depuis deux ans et détenir des actions d'au moins 2 M $ et d'au plus 350 M $. Pour plus de renseignements au sujet des RÉA, vous pouvez consulter le site Internet www.revenu.gouv.qc.ca/fr/formulaires/rl/rl-7_g.asp.

6.9.2 LES ACTIONS ACCRÉDITIVES

Une action accréditive est une action ordinaire émise par une entreprise spéculative dans le domaine de l'exploration minière, pétrolière ou gazière, ou acquise par l'intermédiaire d'une société en commandite. Il s'agit d'un placement hautement spéculatif. Comme nous l'avons indiqué plus haut, cet abri fiscal relève tant du provincial que du fédéral.

6.9.3 LES DIVERS INCITATIFS FISCAUX QUÉBÉCOIS

La Société de placement dans l'entreprise québécoise (SPEQ)

La Société de placement dans l'entreprise québécoise (SPEQ) est une société fermée, donc privée, dont la principale activité consiste à investir dans les PME québécoises (généralement non inscrites en bourse) en y acquérant une part minoritaire du capital-actions.

Il importe de souligner que le montant de la déduction est établi en fonction de la somme investie et d'autres critères, telle la nature des investissements effectués par la SPEQ. Cet abri fiscal, à risque élevé, très peu liquide, s'adresse aux particuliers qui possèdent des revenus très élevés et qui ont déjà investi en vue de leur retraite. Il s'agit de placements spéculatifs. La date limite pour acquérir des actions de la SPEQ est fixée au 31 décembre de chaque année. On peut transférer ses actions de la SPEQ dans un REÉR et profiter ainsi de la déduction de ce dernier, tant au provincial qu'au fédéral.

Les projets de recherche-développement (R-D)

Les projets de recherche-développement (R-D) permettent à certaines entreprises dans le domaine médical ou pharmaceutique, par exemple, de recueillir des fonds destinés à des travaux de recherche. L'investisseur intéressé par ce type d'abri fiscal achète des actions d'une société à capital de risque, par l'intermédiaire d'un courtier. Il s'agit d'investissements hautement spéculatifs.

Le régime d'investissement coopératif (RIC)

Le régime d'investissement coopératif (RIC) peut être assimilé au RÉA. Il s'agit cependant d'acquérir des parts dans une coopérative admissible et régie par la *Loi sur les coopératives*. Les parts doivent également être acquises au plus tard le 31 décembre.

Les productions cinématographiques

La loi encourage le contribuable, par le biais d'une déduction fiscale, à investir dans ce type de fonds, pour favoriser la production de films. Ce type de placement, hautement spéculatif, doit être effectué avant le 31 décembre.

SITES INTERNET À VISITER

- Agence des douanes et du revenu du Canada
  www.ccra-adrc.gc.ca

- Association des banquiers canadiens
  www.cba.ca

- Centre québécois de formation en fiscalité
  www.cqff.com

- Fondaction de la CSN
  www.fondaction.com

- Fonds de solidarité de la FTQ
  www.fondsftq.com

- Gouvernement du Canada (voir l'index pour tous les programmes)
  www.gc.ca

- Le site pour vos finances
  www.webfin.com

- Ministère du Revenu du Québec
  www.revenu.gouv.qc.ca/fr/formulaires/rl/rl-7_g.asp.

QUESTIONS DE RÉVISION

1. En quoi consiste une saine gestion fiscale ?

2. Que signifie l'expression « taux d'intérêt prescrit » ?

3. Quel est le but principal des règles d'attribution ?

4. Nommez au moins trois stratégies pour fractionner le revenu.

5. Pourquoi un REÉÉ est-il aujourd'hui nécessaire pour les études des enfants ?

6. Désignez trois grandes caractéristiques du REÉÉ.

7. En quoi consiste la SCÉÉ ?

8. Si le bénéficiaire ne fait pas d'études, qu'arrive-t-il avec le REÉÉ ?

9. Les cotisations au REÉÉ (donc le capital investi) peuvent-elles être perdues ?

10. Donnez deux grandes caractéristiques du REÉR.

11. Comment se calcule la cotisation maximale à un REÉR ?

12. Pourquoi un professionnel à son compte ne possède-t-il pas de facteur d'équivalence (FÉ) ?

13. D'où vient la force exponentielle du REÉR ?

14. Aujourd'hui, le gain en capital hors REÉR n'est imposé qu'à 50 % lorsqu'il est réalisé. Dans ce cas, l'investissement dans un REÉR est-il toujours justifié ?

15. En quoi consiste le RAP ?

16. Quel est le plus grand danger du RAP ? Quels seraient les moyens d'y remédier ?

17. Les fonds des syndicats du Québec possèdent des caractéristiques intéressantes ; quelles sont-elles ?

18. Les incitatifs fiscaux ou investissements stratégiques sont en général très spéculatifs, alors pourquoi les acheter ?

19. Quelle est la différence fondamentale entre le contenu du présent chapitre, qui traite de fiscalité, et celui du chapitre 4, qui aborde également cette notion ?

EXERCICES

1. Mme Labelle a 35 ans. Elle désire investir 2 000 $ l'an pendant les 25 prochaines années (en début d'année), soit de 35 à 59 ans inclusivement. Le capital serait donc disponible pour ses 60 ans. Elle se demande si elle devrait investir dans un REÉR, à un taux de rendement de 10 %, qui lui paraît raisonnable à long terme, ou en dépôts garantis (hors REÉR) offrant le même taux de rendement. Un impôt de 30 % serait suffisant pour libérer le REÉR. Elle vous consulte à ce sujet. Que lui recommandez-vous ? (Arrondir les données à 100 $ près.)

2. M. Renault a 42 ans. Il souhaite placer 10 000 $ l'an pendant les cinq prochaines années (en fin de période) et vous demande s'il a intérêt à opter pour un REÉR ou pour des certificats de placement garanti. Il n'a aucunement besoin de ces fonds à moyen terme. Le taux de rendement sur ces placements serait de 10 %, son taux marginal est de 50 %. Faites une analyse comparative de ces deux types de placements. Supposez qu'un impôt de 35 % serait suffisant pour libérer le REÉR. (Arrondir à 100 $ près.)

3. Un ami vous fait part de son intention d'investir 10 000 $ dans son REÉR uniquement en actions générant du gain en capital, et ce pour 10 ans. Son taux marginal est de 50 % et il s'attend à un rendement de 10 %.

   Votre ami comprend très bien qu'un tel investissement se compare à un investissement de 5 000 $ hors REÉR grâce à l'économie d'impôt liée à l'investissement dans un REÉR. Il s'inquiète tout de même, car selon lui le gain en capital ne serait que de 50 % sur un investissement semblable hors REÉR. Prévoyez ce même pourcentage dans 10 ans.

   a) Comment pourriez-vous assurer à votre ami qu'il fait la bonne chose en investissant dans un REÉR ?

   b) Commentez l'approche de votre ami relativement à l'investissement.

4. Claude et Roger, des amis de longue date, discutent de REÉR ensemble. Claude est planificateur financier et fait remarquer à son ami la grande importance de cotiser le plus tôt possible à un REÉR. Roger aura 28 ans prochainement, et Claude lui soumet la proposition suivante : « Si tu débutes à 28 ans et que tu investis 4 000 $ l'an dans un REÉR en début d'année pendant 7 ans, soit de 28 ans à 34 ans inclusivement, tu obtiendras sensiblement le même capital à 65 ans que si tu débutais à l'âge de 35 ans et que tu investissais 4 000 $ l'an pendant 31 ans, soit de 35 ans à 65 ans inclusivement. »

   a) Dressez un tableau qui illustre les deux situations décrites par Claude. Utilisez un taux de rendement de 10 %. (Arrondir les montants à extrapoler à 1 $ près et les capitaux de fin à 100 $ près.)

   b) Quelles seraient les mises de fonds respectives dans chacune des deux situations ?

   c) Quels seraient les capitaux accumulés à 65 ans dans chaque situation ?

d) Comment expliquer qu'un investissement aussi minime que celui requis dans la première situation produise un capital semblable à celui de la deuxième situation, où l'investissement total est beaucoup plus grand?

5. Claudia a commencé ses cotisations à un REÉR pendant qu'elle était étudiante en commerce international au cégep. En effet, elle a pris la bonne habitude de déposer 2 000 $ l'an, en début d'année. Aujourd'hui, Claudia est au tout début de ses 30 ans. Pendant 10 ans (de 20 ans à 29 ans), elle a versé 2 000 $ l'an et se retrouve à 30 ans avec une jolie somme d'argent. À l'âge de 26 ans, elle s'est mariée avec Marc-André, et le couple a maintenant deux enfants. Claudia, qui est aujourd'hui directrice commerciale pour une grande entreprise, a accepté d'être mutée en Europe avec sa famille. Comme elle avait suivi un cours de planification financière quand elle fréquentait le cégep, elle a assuré à son conjoint que, même sans aucune autre contribution au REÉR de sa vie (de 30 ans à 65 ans), elle serait millionnaire à 65 ans. Son mari, surpris, lui a répondu qu'il ne pouvait comprendre comment un investissement de 2 000 $ pendant 10 ans (donc 20 000 $ au total) pouvait produire un million de dollars. « Avec un taux de rendement de 10 %, nous aurons ce million de dollars à 65 ans », lui a-t-elle affirmé. Il lui suggère qu'il aurait peut-être mieux valu ne rien investir pendant ces 10 années et profiter pleinement de la vie. « Et puis, ajoute-t-il, nous aurions pu investir 2 000 $ l'an (en début d'année) pendant 36 ans (de 30 ans à 65 ans inclusivement). Cet investissement global de 72 000 $ (36 × 2 000 $ l'an) rapporterait sûrement beaucoup plus qu'un million de dollars! »

a) Dressez un tableau illustrant les deux situations discutées par Claudia et Marc-André. (Arrondir les montants à extrapoler à 1 $ près et les capitaux accumulés à 100 $ près.)

b) Quel est le capital accumulé par Claudia au bout de 10 ans (fin d'année) (taux de rendement de 10 %)?

c) Quel serait le capital accumulé à 65 ans si Claudia cessait ses investissements au bout

de 10 ans? A-t-elle raison de dire qu'elle serait millionnaire à 65 ans?

d) L'estimation de Marc-André est-elle juste? Quel serait le capital s'ils n'investissaient qu'à partir de 30 ans jusqu'à 65 ans, en début d'année?

6. Deux frères jumeaux, âgés de 45 ans, investissent chacun dans un certificat de placement garanti au taux annuel de 10 % (en début d'année) pendant 25 ans (soit de 45 ans à 69 ans inclusivement). Tous les deux ont un taux d'imposition marginal de 50 %. Le premier, Richard, place 7 500 $ à l'abri de l'impôt dans un REÉR et le deuxième, Yvon, ne peut mettre que 3 750 $ dans des placements traditionnels après avoir payé ses impôts. (Arrondir les valeurs à 1 $ près.)

a) Quel capital Richard et Yvon auront-ils accumulé en 5 ans? 10 ans? 15 ans? 20 ans? 25 ans?

b) Si Richard retire son REÉR à 69 ans (fin d'année), combien lui reste-t-il? Supposez un taux d'imposition marginal de 50 %.

c) Si Richard constitue une rente viagère[7] assortie d'une garantie de 15 ans, combien reçoit-il après impôt, chaque mois? chaque année? Supposez des prestations de 1 % par mois des fonds disponibles et un taux d'imposition marginal de 50 %.

d) Si Yvon, à 69 ans (fin d'année), décide de vivre de l'intérêt de son capital investi à 10 %, quel montant reçoit-il après impôt, chaque mois? chaque année? Supposez un taux d'imposition marginal de 50 %.

e) Richard a investi dans une rente viagère et ne possède plus de capital tandis qu'Yvon possède toujours son capital. Il y a cependant une différence énorme dans les revenus annuels après impôt. Quelle est cette différence? En faveur de qui?

---

7. Comme nous le verrons à la section 8.4, la rente viagère assure un revenu au retraité jusqu'à son décès, avec ou sans période de garantie.

f) Si Richard, à 69 ans (fin d'année), décide d'investir cette différence à 10 % avec 50 % de taux d'imposition marginal, quel capital peut-il amasser en 5 ans ? en 10 ans ? Combien lui faudra-t-il d'années pour rivaliser en capital avec son frère Yvon ?

7. L'un de vos clients vous informe qu'il a fait un don de 15 000 $ à sa conjointe pour qu'elle puisse l'investir dans un dépôt à terme rapportant un intérêt de 8 %. Par conséquent, dans un an exactement, sa conjointe aura selon lui un beau montant de 1 200 $ en intérêts et, n'ayant aucun autre revenu, elle n'aura aucun impôt à payer. Il vous demande ce que vous en pensez. Que lui dites-vous ?

8. Vous êtes planificateur financier et Nathalie, l'une de vos bonnes copines, vous demande votre opinion au sujet du prêt de 25 000 $ qu'elle a récemment accordé à André, son conjoint. Vous examinez le bilan qu'elle a dressé elle-même et, sous la rubrique Actif, vous remarquez un poste qui s'intitule Prêt au conjoint : 25 000 $. Votre copine vous explique qu'il s'agit d'un prêt sans intérêt pour qu'André achète des bons du Trésor, car il est imposé à un taux marginal beaucoup plus bas que le sien. « De cette façon, nous économiserons de l'impôt sur le revenu, vous dit-elle. » Nathalie est propriétaire de sa propre entreprise et André a récemment quitté son emploi.

  a) Quelles remarques ferez-vous à Nathalie ?

  b) Faites une recommandation à Nathalie au sujet des actions à entreprendre pour corriger la situation.

  c) Suggérez-lui une stratégie fiscale qu'elle aurait pu utiliser pour éviter le problème.

9. Mme Blanchet, une de vos clientes, vous consulte au sujet de l'éducation future de ses trois enfants. Elle sait qu'elle peut investir dans un REÉÉ en régime familial et ne nommer qu'un seul bénéficiaire, mais son intention est plutôt d'en nommer deux. Elle a donc décidé d'investir dans un régime collectif, offert par une fondation bien connue, et de contracter deux bourses d'études (donc deux REÉÉ). La première serait pour Jean-Michel, deux ans, et la seconde pour Anne-Marie, trois ans. Si l'un des deux ne fait pas d'études, il sera possible de transférer (à certaines conditions) le contrat à Nathalie, âgée de six mois. Son intention est de verser 3 000 $ par année (1 500 $ par contrat) (fin d'année).

Elle vous demande s'il ne serait pas plus rentable d'investir dans d'autres types de produits financiers plutôt que dans un REÉÉ. Mme Blanchet est imposée au taux marginal de 50 %. Préparez un bref rapport pour cette cliente en prévoyant un taux de rendement de 10 % pour le REÉÉ, et ce sur une base de 15 ans. (Arrondir les résultats à 100 $ près.)

10. Au 31 décembre 1999, le REÉR de Francine affiche un total de 10 000 $. Le 28 février 2000, elle y verse 7 000 $; le 3 mai 2000, elle en retire 15 000 $ grâce au RAP pour effectuer le versement initial sur l'achat d'une maison. Les jeux sont faits lorsqu'elle vous consulte à ce sujet. Que lui dites-vous ?

11. Votre employeur vous encourage à participer à un fonds de travailleurs du Québec admissible au REÉR. Votre taux d'imposition marginal se situe à 45 %, et vous décidez d'investir 3 000 $ par année pour les prochaines années. Votre employeur se charge d'ajuster votre paie en fonction de vos contributions brutes et des économies d'impôt qu'elles procurent. Vous êtes payé tous les 15 jours.

  a) Quelle sera votre économie totale d'impôt sur une base annuelle ?

  b) Quelle sera votre contribution nette par période de paie ?

12. Le 15 janvier 2000, Marcel verse 10 000 $ dans son REÉR 1999. Depuis longtemps, il songe à s'acheter une maison par le biais du programme RAP. Le 22 mars 2000, il décide de retirer de son REÉR le maximum admissible, soit 20 000 $, dans le but d'effectuer la mise de fonds initiale. Au début de l'année 2000, le REÉR de Marcel se chiffrait à 15 000 $.

Sa contribution de 10 000 $ à son REÉR 1999 sera-t-elle acceptée par le fisc ?

Le module Retraite : la planification

CHAPITRE SEPT

OBJECTIFS

■ Définir la deuxième étape de l'indépendance financière

■ Résumer les principaux véhicules d'accumulation du capital de retraite

■ Expliquer la retraite en fonction du coût de vie

■ Illustrer la pyramide de la retraite

■ Expliquer le calcul des mises de fonds en REÉR pour la retraite

■ Différencier les capitaux enregistrés des capitaux non enregistrés

■ Expliquer la règle d'or du 10 %

■ Expliquer le portefeuille hors REÉR

■ Analyser les différents régimes de l'employeur

■ Définir le régime de pension agréé (RPA)

■ Différencier les régimes à prestations déterminées des régimes à cotisations déterminées

■ Illustrer le calcul du transfert au REÉR de l'indemnité de départ

■ Expliquer les grands régimes publics

■ Analyser les contextes de la retraite

PLAN

Introduction

7.1   Les véhicules d'accumulation du capital de retraite

7.2   La retraite en fonction du coût de vie

7.3   Les régimes des particuliers
    7.3.1   Le calcul des mises de fonds dans un REÉR
    7.3.2   La règle d'or du 10 %
    7.3.3   Les mises de fonds et la capacité financière du client
    7.3.4   Les mises de fonds au-delà du REÉR

7.4   Les régimes de l'employeur
    7.4.1   Les RPA à prestations déterminées
    7.4.2   Les RPA à cotisations déterminées
    7.4.3   Le régime de participation différée aux bénéfices (RPDB)
    7.4.4   Le régime individuel de retraite (RIR)
    7.4.5   Le régime de retraite simplifié (RRS)
    7.4.6   Les régimes des employés de la fonction publique
    7.4.7   L'indemnité de départ et le REÉR

7.5   Les régimes publics
    7.5.1   Le Régime des rentes du Québec (RRQ)
    7.5.2   Le Programme de la sécurité de la vieillesse (SV)
    7.5.3   La prestation annuelle totale des régimes publics

Sites Internet à visiter

Questions de révision

Exercices

Document 1 : Le cas du Dr Bonsoins

Document 2 : La retraite et l'indépendance financière

INTRODUCTION

La planification de la retraite implique l'atteinte de la **deuxième étape de l'indépendance financière,** soit la capacité de se retirer, dans un contexte libre de toute dette, tout en maintenant sa qualité de vie. Nous avons déjà touché cette question au chapitre 5, plus particulièrement dans la programmation des disponibilités financières (tableau 5.4). Le présent chapitre est la suite logique du chapitre 5, car il permet de déterminer les mises de fonds requises pour la retraite. Entre les deux, le chapitre 6 a permis de mieux comprendre le REÉR, véhicule financier par excellence qui va littéralement « transporter » les mises de fonds requises jusqu'à la retraite, et ce dans la majorité des cas.

La retraite est un concept beaucoup plus complexe qu'il n'y paraît de prime abord et qui soulève beaucoup de questions, car il ne fait pas l'unanimité. Ainsi, une majorité (62 %) de Canadiens (dont 64 % des 15-24 ans) ne sont pas d'accord avec la retraite obligatoire à 65 ans[1]. Pour de plus en plus de personnes, la retraite consiste à faire ce que l'on aime aussi longtemps que possible. En fait, la retraite s'inscrit dans différents contextes, soit le contexte personnel, le contexte social et le contexte financier. Le document 2 annexé à ce chapitre (« La retraite et l'indépendance financière ») expose ce triple contexte dans ses grandes lignes.

L'objectif de ce chapitre n'est pas de proposer un âge spécifique pour prendre sa retraite, mais plutôt de souligner l'importance de cette deuxième étape de l'indépendance financière, car elle représente la **tranquillité d'esprit, quelles que soient les activités personnelles ou professionnelles de la personne à ce moment-là.**

Faisant suite à la phase de budgétisation, qui consistait à rembourser ses dettes (voir le chapitre 5), la **phase de capitalisation ou d'accumulation du capital** concerne la planification de la retraite. Dans cette optique, ce chapitre présente les véhicules qui permettent d'accumuler ce capital.

7.1   LES VÉHICULES D'ACCUMULATION DU CAPITAL DE RETRAITE

Il existe trois catégories de véhicules financiers permettant d'accumuler des fonds pour la retraite :
■ Les régimes publics :
   • Le Régime de rentes du Québec (RRQ),
   • Le Programme de la sécurité de la vieillesse (SV) ;

---

1. Statistique Canada, *L'éducation, l'informatique et la retraite sous l'angle des ressources humaines*, 1992, p. 121.

FIGURE 7.1
La pyramide de la retraite

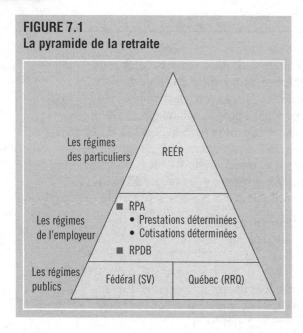

- Les régimes de l'employeur :
  - Les régimes de pension agréés (RPA),
  - Les régimes de participation différée aux bénéfices (RPDB) ;
- Les régimes des particuliers :
  - Les régimes enregistrés d'épargne-retraite (REÉR).

Cette liste n'est pas exhaustive, comme on le verra plus loin, mais elle est représentative des régimes les plus importants.

La personne qui prépare sa retraite doit envisager ces régimes comme une pyramide à escalader, ce qu'illustre bien la figure 7.1. Avant d'examiner ces divers types de régimes, nous désirons clarifier notre approche d'analyse de la retraite en fonction du coût de vie.

7.2   LA RETRAITE EN FONCTION DU COÛT DE VIE

La méthode d'analyse de la retraite que nous privilégions est fonction du coût de vie du client, donc en rapport avec sa qualité de vie. On verra que le coût de vie est ajusté pour les dépenses extraordinaires qui surviendront au cours de la retraite.

Une approche différente consiste à utiliser le **revenu brut** (par exemple, 70 % du revenu brut à la retraite) comme base de calcul au lieu du coût de vie. Bien qu'elle soit valable, cette approche nécessite des mises de fonds nécessaires non seulement au coût de vie mais aussi à l'investissement. Cette méthode est intéressante lorsqu'il existe une relation étroite entre le coût de vie et le revenu brut.

La méthode d'analyse de la retraite en fonction du coût de vie nécessite d'établir, en tout premier lieu, le **coût de vie rajusté pour la retraite.** Le tableau 7.1 présente ce calcul pour le couple Simard-Lajoie. Comme il est indiqué dans l'annexe B, Claude Lajoie désire prendre sa retraite à l'âge de 65 ans. Sa femme, Francine, sera alors âgée de 62 ans. Par ailleurs, ils aimeraient aussi faire l'analyse de la retraite à 60 ans pour Claude et à 57 ans pour Francine. Nous utilisons au tableau 7.1 l'âge de Claude comme point de référence. Les éléments qui composent ce tableau sont les suivants.

TABLEAU 7.1
Coût de vie rajusté pour la retraite — Couple Simard-Lajoie
(valeurs arrondies à 100 $ près)

	2005-2006	Âge de la retraite 65 ans	Âge de la retraite 60 ans
Coût de vie[1*]	43 800 $		
Ajustements (réduction ou augmentation)[2]	—		
Moins : Versements hypothécaires annuels[3]	6 400		
Moins : Frais reliés aux enfants[4]	5 400		
Plus : Provision annuelle pour projets spéciaux à la retraite[5]	6 000		
COÛT DE VIE RAJUSTÉ POUR LA RETRAITE[6]	38 000 $	118 500 $	97 400 $

*   Ces éléments sont expliqués dans la section 7.2.

(1)   Le coût de vie au début des mises de fonds

Selon le calcul des disponibilités financières du couple Simard-Lajoie (tableau 5.2), son coût de vie pour la dernière année, soit 2004-2005, est de 42 979 $. Les mises de fonds ne débuteront que l'année suivante, soit en 2005-2006, l'année qui suit la programmation des disponibilités financières. Par conséquent, on doit extrapoler ce coût de vie d'un an :

$$42\,979\ \$ \times 1,02 = 43\,839\ \$ \text{ ou } 43\,800\ \$ \text{ (à } 100\ \$ \text{ près).}$$

On suppose que les Simard-Lajoie désirent maintenir la même qualité de vie au début des mises de fonds qu'au début de la retraite. Les révisions du plan financier tous les deux ou trois ans permettront de faire les corrections appropriées.

(2)   Les ajustements (réduction ou augmentation)

La réduction possible s'explique par la diminution de certains besoins de consommation tels que le déplacement pour se rendre au travail, l'utilisation de l'automobile, l'habillement, etc. Dans certains cas, cependant, le coût de vie augmente. Cette situation se produit lorsque le client prévoit, pour sa retraite, des voyages plus fréquents, l'achat d'une résidence secondaire, etc. On applique cette réduction directement sur le coût de vie. Dans le cas du couple Simard-Lajoie, aucun ajustement ne sera appliqué au coût de vie.

(3)   Les versements hypothécaires annuels

Durant la période couverte par la programmation des disponibilités financières, les versements hypothécaires ont été effectués, mais aucune portion additionnelle du capital n'a été remboursée. Toutefois, on présume que l'hypothèque sera entièrement payée au moment de la retraite de Claude et de Francine, dans 25 à 30 ans. La stratégie consistera à investir dans un REÉR et à utiliser l'économie d'impôt pour rabattre l'hypothèque. Au moment de la première révision de leur planification financière, il faudra examiner le remboursement complet de l'hypo-thèque. Dans le tableau 7.1, on retranche donc le versement annuel de l'hypo-thèque, soit 6 408 $ l'an ou 6 400 $ (à 100 $ près). En fait, l'hypothèque sera renouvelée en novembre 2004, mais nous utiliserons les versements actuels aux fins de projection.

(4) Les frais reliés aux enfants

Les frais reliés aux enfants seront aussi retranchés du coût de vie à la retraite, car les enfants ne seront plus à la charge de leurs parents. Pour 2005-2006, on évalue donc ces frais à environ 5 400 $ (table III, 4 ans, 2 % ; 1 082,43 × 5 [pour 5 000 $] = 5 412,15 $ ou 5 400 $, à 100 $ près) ; cette évaluation, qui figure dans le questionnaire n° 1 (annexe B du manuel) rempli par le couple Simard-Lajoie, s'établit en effet à 5 000 $ pour 2001-2002.

(5) La provision annuelle pour projets spéciaux à la retraite

À la retraite, le client n'a plus de revenu de travail permettant de générer un excédent de liquidités nécessaires aux projets spéciaux. Il faut donc prévoir pour la retraite un montant d'argent pour le renouvellement d'éléments d'actif (meu-bles, auto, etc.) et pour les projets spéciaux (rénovations, voyages, etc.). Le montant alloué doit être raisonnable, fondé sur un excédent de liquidités réel possible tout au long de la vie active du client. Ce montant de 6 000 $ est précisé dans le questionnaire n° 1 (annexe B du manuel).

(6) Le coût de vie rajusté pour la retraite

Le coût de vie rajusté pour la retraite est donc de 38 000 $ à 36 ans (en 2005-2006). À partir de ce montant, on peut évaluer le coût de vie à la retraite à 65 ans et à 60 ans.

- ■ À 65 ans (table III, 4 % d'inflation, $n = 29$ ans) :
  facteur 3 118,65 × 38 (pour 38 000 $)   118 509 $
  ou   118 500 $
- ■ À 60 ans (table III, 4 % d'inflation, $n = 24$ ans) :
  facteur 2 563,30 × 38 (pour 38 000 $)   97 405 $
  ou   97 400 $
  Les valeurs finales sont arrondies à 100 $ près.

7.3 LES RÉGIMES DES PARTICULIERS

7.3.1 LE CALCUL DES MISES DE FONDS DANS UN REÉR

Comme le REÉR a déjà été décrit en détail au chapitre précédent, nous nous atta-cherons ici au calcul des mises de fonds requises pour la retraite. Le tableau 7.2 présente le calcul des mises de fonds dans un REÉR pour la retraite du couple Simard-Lajoie à 65 ans et à 60 ans.

Note : Nous avons scindé le calcul en deux tableaux (7.1 et 7.2) afin de mieux illustrer l'approche à suivre. Certains exercices à la fin du chapitre permettent de combiner les deux tableaux en un seul.

(1) Le coût de vie rajusté pour la retraite

Ces montants représentent le coût de vie servant de base à l'évaluation des besoins financiers pour la retraite. Ils proviennent du tableau 7.1.

(2) Les revenus après impôt

Étant donné que ces revenus sont entièrement imposables, il faut les présenter après paiement d'impôt, d'où l'expression « après impôt ».

Pour ce faire, il faut établir un taux d'imposition réaliste. Il est illusoire de prévoir précisément le taux d'imposition pour les années de retraite ; cependant, il est possible de déterminer un taux qui reflète un ordre de grandeur raisonnable, compte tenu du contexte actuel.

Le coût de vie étant déjà précisé, il est alors utile d'établir une relation entre le coût de vie et le taux d'imposition à la retraite. En effet, il faut garantir ce coût de vie à la retraite au moyen d'un revenu suffisant. Plus le coût de vie pour la retraite est élevé, plus le revenu imposable devra l'être et, en conséquence, plus le taux d'imposition sera élevé.

TABLEAU 7.2
Mises de fonds requises en REÉR pour la retraite —
Couple Simard-Lajoie
(valeurs arrondies à 100 $ près)

	Âge de la retraite	
	65 ans	60 ans
Coût de vie rajusté pour la retraite[1*]	118 500 $	97 400 $
Moins : Revenus après impôt[2]		
Régime de pension agréé	61 400	44 900
Régime des rentes du Québec	18 800	7 900
Programme de la sécurité de la vieillesse	—	—
Recettes nécessaires[3]	38 300	44 600
Capital pour recettes nécessaires[4]	547 100	637 100
Capital précédent sous forme de REÉR[5]	683 900	796 400
Moins : Fonds accumulés en REÉR[6]	276 900	171 900
Capital à accumuler sous forme de REÉR[7]	407 000	624 500
MISES DE FONDS REQUISES EN REÉR[8]		
Annuités constantes	2 700	7 100

*   Ces éléments sont expliqués dans la sous-section 7.3.1.

TABLEAU 7.3
Taux moyen d'imposition à la retraite

Taux moyen d'imposition sur le revenu imposable	Coût de vie d'un couple à 65 ans	Coût de vie d'un célibataire
10 %	23 000 $ à 27 999 $	—
20 %	28 000 $ à 33 999 $	13 000 $ à 15 999 $
25 %	34 000 $ à 37 999 $	16 000 $ à 22 999 $
30 %	38 000 $ à 42 999 $	23 000 $ à 31 999 $
35 %	43 000 $ à 49 999 $	32 000 $ à 43 999 $
40 %	50 000 $ à 69 999 $	44 000 $ à 65 999 $
43 %	70 000 $ et plus	66 000 $ et plus

Pour déterminer le taux moyen d'imposition à la retraite, nous avons procédé à plusieurs simulations fiscales informatisées dans le contexte de la fiscalité du début des années 2000 (voir le tableau 7.3).

Si le planificateur désire obtenir un taux plus juste compte tenu des besoins et des exigences du client, il devra procéder à une simulation à partir d'un logiciel d'impôt, en tenant compte des variables fiscales particulières au client.

Pour un coût de vie de 38 000 $ l'an, il serait réaliste d'utiliser un taux d'imposition sur le revenu à la retraite de 30 %. Quoi qu'il en soit, ce taux est laissé à la discrétion du planificateur, et ce en considération du contexte économique existant.

Abordons maintenant les revenus à la retraite, soit le régime de pension agréé, le Régime des rentes du Québec et le Programme de la sécurité de la vieillesse.

Le régime de pension agréé (RPA)

Claude Lajoie bénéficie d'un régime de pension agréé (RPA) offert par son employeur. Ce régime stipule qu'à 65 ans il recevra 45 %[2] du salaire de la dernière année de travail, soit de 64 ans à 65 ans. S'il prend sa retraite à 60 ans, il recevra, selon le contrat du RPA, 40 % du salaire de la dernière année de travail. (Soulignons que Francine, son épouse, ne bénéficie pas d'un régime de pension agréé.)

Le calcul suivant permet d'établir le revenu de pension après impôt de Claude Lajoie.

Âge de la retraite : 65 ans

Salaire brut actuel, à 32 ans	55 600 $
Salaire brut de 64 à 65 ans (table III, augmentation salariale de 4 %, 32 ans pour atteindre 64 ans, d'où 3 508,06 × 55,6 [pour 55 600 $])	195 048
Revenu de pension à 65 ans (45 % × 195 048 $)	87 772
Impôt (30 %)	26 332
Revenu de pension à 65 ans, après impôt	61 440 $
REVENU DE PENSION À 65 ANS, APRÈS IMPÔT (à 100 $ près)	61 400 $

Âge de la retraite : 60 ans

Salaire brut actuel, à 32 ans	55 600 $
Salaire brut de 59 à 60 ans (table III, augmentation salariale de 4 %, 27 ans pour atteindre 59 ans, d'où 2 883,37 × 55,6 [pour 55 600 $])	160 315
Revenu de pension à 60 ans (40 % × 160 315 $)	64 126
Impôt (30 %)	19 238
Revenu de pension à 60 ans, après impôt	44 888 $
REVENU DE PENSION À 60 ANS, APRÈS IMPÔT (à 100 $ près)	44 900 $

---

2. 1,5 % × 30 années de service créditées = 45 % ; il s'agit d'une estimation.

Le Régime des rentes du Québec (RRQ)

Il faut déterminer le montant maximal payé par la Régie des rentes du Québec à la date de la planification. Pour obtenir ce renseignement, on peut communiquer avec cet organisme ou évaluer approximativement le montant en consultant le site www.rrq.gouv.qc.ca, qui fournit le tableau des rentes. En 2001, le versement annuel maximal était de 9 300 $ par année. Il faut extrapoler ce montant jusqu'à l'âge de la retraite. Mentionnons que nous extrapolons en général à 4 %, mais dans le cas d'un tel régime public une extrapolation de 2 % à long terme serait prudente. Les rentes du Québec étant imposables en totalité, le versement annuel doit être présenté après impôt. Ces prestations débutent habituellement à 65 ans, mais elles peuvent commencer à l'âge de 60 ans (dans ce cas, les prestations sont réduites à 70 %).

Âge de la retraite : 65 ans

Rentes du Québec (2001)	9 300 $*
Facteur d'extrapolation : 1 922,23	
(table III, augmentation moyenne de 2 %, 33 ans [65 – 32])	
Rentes du Québec à 65 ans, avant impôt	
(1 922,23 × 9,3 [pour 9 300 $])	17 877
Impôt (30 %)	5 363
Rentes du Québec, après impôt, Claude	12 514
Rentes du Québec, après impôt, Francine	6 257**
Rentes du Québec, après impôt	18 771 $
RENTES DU QUÉBEC, APRÈS IMPÔT	
(à 100 $ près)	18 800 $

   * Montant maximal payé par la Régie en 2001.

** Lorsque Claude Lajoie prendra sa retraite à 65 ans, son épouse, Francine, aura 62 ans et pourra bénéficier du Régime des rentes du Québec. Nous assumons que les rentes annuelles après impôt de Francine seront d'environ 50 % de celles de Claude, soit 6 257 $ (12 514 $ ÷ 2).

Âge de la retraite : 60 ans

Rentes du Québec (2001)	9 300 $
Facteur d'extrapolation : 1 741,02	
(table III, augmentation moyenne de 2 %, 28 ans [60 – 32])	
Rentes du Québec à 60 ans, avant impôt	
(1 741,02 × 9,3 [pour 9 300 $])	16 191
Maximum admissible : 70 %	11 334
Impôt (30 %)	3 400
Rentes du Québec, après impôt, Claude*	7 934 $
RENTES DU QUÉBEC, APRÈS IMPÔT	
(à 100 $ près)	7 900 $

  * Lorsque Claude prendra sa retraite à 60 ans, Francine n'aura que 57 ans et ne pourra bénéficier du RRQ.

Le Programme de la sécurité de la vieillesse

L'intention du gouvernement fédéral est de réduire considérablement, sinon d'abolir, les prestations de la sécurité de la vieillesse (SV) pour ceux qui bénéficieraient de revenus élevés à la retraite. Dans ce contexte, il est probable que la plupart des gens qui jouissent d'un fonds de retraite appréciable et d'une bonne accumulation de fonds en REÉR ne bénéficieront jamais de ce régime. En conséquence, il serait plus prudent de ne pas tenir compte de ce revenu potentiel pour le couple Simard-Lajoie. Quoi qu'il en soit, il est laissé à la discrétion du planificateur financier d'ajouter ou non un certain montant relativement à ce régime. Nous reviendrons sur le Programme de la sécurité de la vieillesse à la sous-section 7.5.2.

(3) Les recettes nécessaires

Le coût de vie rajusté pour la retraite moins les revenus prévisibles après impôt à l'âge de la retraite permet de déterminer ce qui manque en recettes pour assumer le coût de vie, d'où l'expression « recettes nécessaires ».

	Âge de la retraite	
	65 ans	**60 ans**
RECETTES NÉCESSAIRES	38 300 $	44 600 $

(4) Le capital pour recettes nécessaires

Le capital pour recettes nécessaires est le montant requis pour produire les recettes nécessaires déterminées précédemment. Le revenu provenant de ce capital est imposable ; il faut donc évaluer ce montant pour obtenir le revenu après impôt.

L'évaluation de ce capital est une opération délicate. En effet, il s'agit d'arriver à une capitalisation raisonnable qui entraîne des mises de fonds acceptables, car si ces dernières étaient trop importantes, elles amèneraient une diminution du coût de vie, impossible dans certains cas. Ici, on fait face au dilemme suivant : mieux vivre aujourd'hui ou mieux vivre à la retraite. Un des rôles de la planification financière est de résoudre ce dilemme le plus intelligemment possible. Dans cette optique, les objectifs du client deviennent des considérations majeures non seulement dans le calcul du capital, mais également dans la façon de l'investir et de l'utiliser. Il existe trois méthodes pour évaluer ce capital :

- la méthode du diviseur du taux de rendement ;
- la méthode du nombre d'années pour épuiser le capital ;
- la méthode du nombre d'années protégées.

La méthode du diviseur du taux de rendement

La méthode du diviseur du taux de rendement consiste à diviser les recettes nécessaires par le taux de rendement après impôt. Cette méthode permet de calculer la valeur actuelle d'une perpétuité qui, essentiellement, consiste en une annuité dont les versements se poursuivent indéfiniment[3].

C = Le capital pour recettes nécessaires

R = La perpétuité ou les recettes

I = Le taux d'intérêt

Âge de la retraite : 65 ans

Recettes nécessaires à 65 ans	38 300 $

Taux de rendement pour accumuler le capital : 10 %

Taux d'imposition approximatif pour le coût de vie : 30 %

Taux de rendement du capital après impôt : 7 %
(10 % [30 % × 10 %])

Capital nécessaire (38 300 $ ÷ 7 %)	547 143 $
CAPITAL NÉCESSAIRE (à 100 $ près)	547 100 $

Âge de la retraite : 60 ans

Recettes nécessaires à 60 ans	44 600 $
Capital nécessaire (44 600 $ ÷ 7 %)	637 143 $
CAPITAL NÉCESSAIRE (à 100 $ près)	637 100 $

On suggère ici un taux de rendement à long terme de 10 %. Ce taux est toujours laissé à la discrétion du planificateur. Le taux est, bien sûr, ajusté au taux d'imposition de 30 %. Le capital nécessaire à 65 ans ainsi obtenu (547 100 $) peut être utilisé par le client de plusieurs façons. En effet, certains clients voudront conserver leur capital pour différents objectifs personnels (pour la sécurité, pour laisser une succession, etc.) et donc assumer le coût de vie à partir du rendement gagné sans toucher au capital. D'autres voudront gruger le capital pour principalement combattre l'inflation et maintenir ainsi leur coût de vie intact. On ne parlera plus alors de perpétuité, car le capital s'épuise graduellement. La même approche est utilisée pour la retraite à 60 ans.

---

3. La formule pour calculer une perpétuité étant R = C/I, on peut poser C = R/I. En d'autres termes, il suffit tout simplement de diviser le revenu de 38 300 $ par le taux d'intérêt de 7 %. Il faut noter que l'on ne peut résoudre l'équation au moyen des touches ⎡ PV ⎤, ⎡ PMT ⎤ et ⎡ i ⎤ de la calculatrice, car ⎡ n ⎤ est infini.

La méthode du nombre d'années pour épuiser le capital

Cette méthode nécessite l'utilisation de la table VII et la détermination du nombre d'années pour épuiser le capital. Le client choisit par exemple 35 ans, soit l'atteinte de l'âge de 100 ans, pour épuiser le capital.

Table VII, facteur 12 947 × 38,3 (pour 38 300 $) = 495 900 $ (à 100 $ près).

Le capital obtenu est inférieur d'environ 10 % à celui de 547 100 $ calculé précédemment pour la retraite à 65 ans.

La méthode du nombre d'années protégées

Le planificateur peut, s'il le juge nécessaire, établir un capital dont le nombre d'années protégées de l'inflation pourrait être de 20 ans, 25 ans ou même plus. Il s'agit d'utiliser la table XI selon le nombre d'années de protection, le taux d'inflation et le taux de rendement après impôt.

Avec 4 % d'inflation, le capital nécessaire sera de 804 800 $ (facteur 210 133 pour 35 ans, comme dans la méthode précédente), montant qui est très supérieur à 547 100 $. On peut en conclure que cette approche n'est pas très réaliste pour la majorité des clients.

Dans le présent chapitre, nous utilisons la méthode du diviseur du taux de rendement.

(5) Le capital précédent sous forme de REÉR

Il faut maintenant déterminer le capital en REÉR (capital enregistré) nécessaire à 65 ans et à 60 ans, et ce à partir d'un capital qui a été accumulé sur une base hors REÉR (capital non enregistré). Il s'agit donc d'en faire la conversion.

Deux questions se posent au sujet de ce **processus de conversion, pourquoi** et **comment.**

Le pourquoi : L'unique raison pour laquelle il faut convertir le capital hors REÉR en capital REÉR, c'est que ce dernier est le véhicule financier que nous allons utiliser pour accumuler les mises de fonds. Il est donc nécessaire d'arrimer la **nature du capital** avec la **nature enregistrée** des mises de fonds (REÉR). Un capital **non enregistré** n'est pas imposé s'il est retiré ; par contre, un **capital enregistré** est imposé. Le montant de 547 100 $, par exemple, est un capital non enregistré. Il ne serait aucunement nécessaire de le convertir, si, à la retraite, le capital n'était jamais grugé. Toutefois, le planificateur financier serait mal avisé d'assumer que le capital ne serait pas touché, et il ferait montre de peu de prudence. On doit donc envisager un capital enregistré.

Le comment : La question qui se pose ici est «**Comment convertir un capital non enregistré en capital enregistré ?**» En d'autres termes, quel **facteur de conversion** devons-nous utiliser ? Nous avons déjà souligné que le retrait d'un capital enregistré est imposable ; par conséquent, on doit se demander comment sera retiré le capital REÉR au moment de la retraite. Si le retrait se faisait d'un seul coup, nous recommanderions sans hésitation l'utilisation du taux d'imposition marginal maximal, soit environ 50 %. Mais le but du REÉR est d'alimenter les revenus nécessaires à la retraite, et ce pour de très nombreuses années. Pendant ces années, deux forces financières s'opposent : l'imposition des retraits, qui est une **force négative,** et le comportement exponentiel du capital REÉR restant qui continue à s'accroître en franchise d'impôt, qui est une **force positive.** Plusieurs simulations indiquent qu'un **facteur de conversion de 20 %** serait raisonnable, car il permet de prendre ces deux forces en considération. Certains planificateurs préfèrent utiliser un facteur qui correspond au taux d'imposition effectif ou moyen du client (à la retraite, ce taux moyen est souvent moindre, donc d'environ 30 % par exemple). Plusieurs des logiciels qui permettent ce type de simulation utilisent le taux d'imposition moyen. Cette approche est simple et prudente, car elle surestime légèrement le capital REÉR requis. Les mises annuelles seront ainsi un peu plus substantielles. Le lecteur intéressé peut reprendre tous les calculs sur cette base pour effectuer les comparaisons.

	Âge de la retraite	
	65 ans	**60 ans**
Capital pour recettes nécessaires	547 100 $	637 100 $
ÉQUIVALENCE EN CAPITAL REÉR		
(547 100 $ ÷ 80 %)	683 900 $	
(637 100 $ ÷ 80 %)		
(à 100 $ près)		796 400 $

TABLEAU 7.4 — Conversion du capital non enregistré en capital enregistré

Nous utiliserons dans tous nos exemples et exercices un facteur de conversion de 20 %, mais c'est un choix qui revient au planificateur financier.

Le tableau 7.4 résume cette conversion.

(6) Les fonds accumulés en REÉR

Ce montant représente l'évaluation du REÉR déjà acquis pour le couple Simard-Lajoie, donc présenté au bilan personnel de 2001. De plus, les investissements prévisibles en REÉR pour la période de programmation des disponibilités financières seront aussi présentés dans ce fonds, car les mises de fonds annuelles à investir débutent après la période de programmation des disponibilités financières.

Âge de la retraite : 65 ans (selon le tableau 7.2)
REÉR au bilan personnel (novembre 2001, 32 ans)   6 216 $
Rendement estimé à long terme : 10 %
Facteur d'extrapolation : 23 225,15
(table III, rendement de 10 %, 33 ans [65 – 32 ans])
REÉR ACCUMULÉ À 65 ANS
(6,216 [pour 6 216 $] × 23 225,15)   144 370 $

REÉR au tableau de programmation des disponibilités
financières (1 800 $ l'an pendant 4 ans)

Rendement moyen estimé : 10 %

Facteur d'extrapolation : 4 641
(table V, 10 %, 4 ans)

REÉR accumulé à 36 ans (voir le tableau 5.4, note 6) (1,8 [pour 1 800 $, montant investi annuellement] × 4 641 $)	8 354 $

VALEUR DE CE REÉR À 65 ANS

Facteur d'extrapolation : 15 863,09 (table III, rendement de 10 %, 29 ans [65 − 36 ans] ; 15 863,09 × 8,354)	132 520
Total en REÉR à 65 ans	276 890 $
TOTAL EN REÉR À 65 ANS (à 100 $ près)	276 900 $

Âge de la retraite : 60 ans (selon le tableau 7.2)

REÉR au bilan personnel	6 216 $

Facteur d'extrapolation : 14 420,99
(table III, rendement de 10 %, 28 ans [60 − 32 ans])

REÉR ACCUMULÉ À 60 ANS (14 420,99 × 6,216)	89 641 $

REÉR au tableau de programmation des disponibilités
financières

REÉR accumulé à 36 ans	8 354 $

VALEUR DE CE REÉR À 60 ANS

Facteur d'extrapolation : 9 849,73 (table III, rendement de 10 %, 24 ans [60 − 36 ans] ; 9 849,73 × 8,354)	82 285
Total en REÉR à 60 ans	171 926 $
TOTAL EN REÉR À 60 ANS (à 100 $ près)	171 900 $

(7) Le capital à accumuler sous forme de REÉR

Pour le couple Simard-Lajoie (selon le tableau 7.2)

	Âge de la retraite	
	65 ans	**60 ans**
Capital REÉR requis	683 900 $	796 400 $
Fonds REÉR déjà accumulés	276 900	171 900
CAPITAL À ACCUMULER EN REÉR	407 000 $	624 500 $

(8) Les mises de fonds requises en REÉR

Les mises de fonds en REÉR doivent être effectuées après l'atteinte de la première étape de l'indépendance financière. Le client ayant réglé ses dettes (sauf l'hypothèque), il peut maintenant utiliser ses liquidités pour préparer sa retraite ou atteindre d'autres objectifs.

Claude Lajoie a 32 ans au moment de l'analyse (1er novembre 2001). Le couple Simard-Lajoie pourra donc commencer à effectuer ses mises de fonds pour atteindre la deuxième étape de l'indépendance financière lorsque Claude aura 36 ans, soit à partir de 2005-2006.

Il faut souligner que ces mises de fonds serviront à accumuler le capital REÉR requis à 65 ans et à 60 ans, donc dans 29 ans et 24 ans respectivement. Il n'y aura pas de mise de fonds à l'âge de 65 ans et de 60 ans.

Par prudence, nous devrons toujours supposer que les mises de fonds pour établir le capital nécessaire à la retraite seront investies en fin de période, même si le client a toujours avantage à les effectuer le plus tôt possible dans l'année. Ces mises de fonds doivent provenir d'argent neuf. Dans notre exemple, les mises de fonds proviennent du revenu de travail.

Selon le tableau 7.2

Âge de la retraite : 65 ans (annuités constantes)

Capital à accumuler (REÉR)	407 000 $
Taux de rendement : 10 %	
Nombre d'années : 29 (65 – 36)	
Table VI, facteur 6,73	
Mises de fonds	
6,73 × 407 (pour 407 000 $)	2 739 $
MISES DE FONDS	
(à 100 $ près)	2 700 $ l'an

Note : Les mises de fonds sont plus que raisonnables ; des mises de fonds à progression géométrique, qui seraient de 500 $ comme première mise, seraient peu utiles dans ce cas.

Âge de la retraite : 60 ans (annuités constantes)

Capital à accumuler (REÉR)	624 500 $
Taux de rendement : 10 %	
Nombre d'années : 24 (60 – 36) ou 5 de moins qu'à 65 ans	
Table VI, facteur 11,30	
Mises de fonds	
11,30 × 624,5 (pour 624 500 $)	7 057 $
MISES DE FONDS	
(à 100 $ près)	7 100 $ l'an

7.3.2 LA RÈGLE D'OR DU 10%

La règle du 10% est exprimée de façon différente selon les conseillers financiers, mais David Chilton[4] en résume l'essentiel : **«Investis 10% de tous tes revenus dans un programme de croissance à long terme.»** En d'autres termes, **«Paie-toi en premier.»**

Voici notre interprétation de cette règle :

■ Il s'agit d'investir 10% du **revenu familial net** dans un ou plusieurs régimes d'accumulation du capital. Certaines personnes participent déjà à un régime de pension agréé (RPA) de leur employeur. Il faut donc prendre en considération les **contributions de l'employé.** Si, par exemple, ces contributions représentent 5% du revenu familial net, il faut investir l'autre 5% dans un REÉR.

■ Les régimes publics ne sont pas concernés dans l'application de cette règle.

■ Cette règle n'est qu'un complément au calcul des mises de fonds en REÉR. En effet, ce calcul représente un guide beaucoup plus précis des besoins en capitaux et en mises de fonds du client. **Par contre, la proportion de 10% est un minimum à investir.** Pour certains, cette part n'est pas suffisante. Tout dépend des objectifs du client, de son âge, etc.

EXEMPLE

La règle d'or et la famille Simard-Lajoie

Selon le tableau 5.2

Salaire net de Claude en 2004-2005	36 718 $
Salaire net de Francine	13 477
Total	50 195 $
Salaire net total pour 2005-2006*	
50 195 $ × 1,02	51 200 $ (à 100 $ près)

* Les mises de fonds débutent en 2005-2006.

Règle d'or : 10% de 51 200 $	5 100 $ (à 100 $ près)

Selon le point 9 du questionnaire n° 2 de l'annexe B

Cotisations de Claude au RPA de l'employeur	1 300 $ en 2001
Valeurs des cotisations en 2005-2006	
1,3 × 1 082,43 (table III, $n = 4$, $i = 2$)	1 400 $ (à 100 $ près)
Montant à investir	
5 100 $ − 1 400 $	3 700 $ l'an

Selon la règle d'or, le couple Simard-Lajoie devrait investir 3 700 $ l'an pour sa retraite. Les calculs du tableau 7.2 indiquent 2 700 $ l'an pour une retraite à 65 ans

---

4. *Un barbier riche : le bon sens appliqué à la planification financière*, Saint-Laurent, Trécarré, 1997, p. 38 et 43.

et 7 100 $ l'an pour une retraite à 60 ans. Claude et Francine auront sûrement d'importantes décisions à prendre. Voyons maintenant leur capacité financière relativement à ces chiffres révélateurs.

7.3.3   LES MISES DE FONDS ET LA CAPACITÉ FINANCIÈRE DU CLIENT

La question qui se pose ici est de savoir si le client peut réellement faire les mises de fonds requises pour l'atteinte de la retraite. Aussi une comparaison entre les disponibilités financières et les mises de fonds requises est-elle nécessaire.

Dans la présente sous-section, nous allons discuter des possibilités d'intervention qui s'offrent au planificateur lorsque les disponibilités financières diffèrent (à savoir qu'elles sont supérieures ou inférieures) des mises de fonds requises, ce qui se produit le plus souvent.

Nous examinerons trois situations :

- La capacité d'épargne à court et à moyen terme des Simard-Lajoie ;
- Une capacité d'épargne plus que suffisante ;
- Une capacité d'épargne insuffisante.

EXEMPLE

La capacité d'épargne des Simard-Lajoie

Selon le tableau 5.2, la famille Simard-Lajoie aurait au 31 octobre 2005 une **capacité d'épargne à court terme** égale à ses disponibilités financières de 8 596 $. Cependant, les mises de fonds pour la retraite ne débuteront qu'en 2005-2006, au moment où les dettes seront réglées (sauf l'hypothèque). Quelles seront ces disponibilités en 2005-2006 ? Pour les déterminer, on peut reprendre les calculs du tableau 5.2 en ajoutant une 5e colonne pour 2005-2006, ce qui révélera des disponibilités de 8 700 $ (à 100 $ près). Ce calcul n'est toutefois pas vraiment nécessaire. Premièrement, toutes proportions gardées, les revenus et le coût de vie vont augmenter de 2 %, mais les disponibilités également*. Deuxièmement, même si on procède avec une certaine rigueur, cette évaluation demeure une approximation qu'il faut réviser périodiquement.

Donc 8 596 $ × 1,02 = 8 700 $ (à 100 $ près).

La capacité d'épargne des Simard-Lajoie à court terme est de 8 700 $.

Pour établir la **capacité d'épargne à moyen terme,** il faut tenir compte des projets spéciaux mentionnés au questionnaire n° 1 de l'annexe B.

Capacité d'épargne à court terme	8 700 $
Moins : Provision pour projets spéciaux	6 000
Capacité d'épargne à moyen terme**	2 700 $

* Par exemple, si on extrapole à 2 % un revenu net de 100 $ et un coût de vie de 60 $, on s'aperçoit que les disponibilités de 40 $ augmentent, elles aussi, au taux de 2 %.

** Cette capacité d'épargne à moyen terme va augmenter et devenir une capacité à plus long terme aussitôt l'hypothèque remboursée.

Conclusion : Les mises de fonds de 2 700 $ pour une retraite à 65 ans correspondent à la capacité d'épargne à moyen terme des Simard-Lajoie, qui est aussi de 2 700 $.

Une capacité d'épargne plus que suffisante

Dans le cas où la capacité d'épargne du client surpasse les mises requises, le planificateur financier et son client peuvent envisager plusieurs possibilités :

- Rembourser (comme dans le cas des Simard-Lajoie) l'hypothèque le plus rapidement possible (si ce n'est pas déjà fait).
- Investir pour une retraite à 60 ans ou avant.
- Réaliser plus tôt des projets spéciaux prévus pour plus tard (la piscine des Simard-Lajoie, par exemple).
- Augmenter la qualité de vie par une augmentation du coût de vie (acquisition d'une résidence plus luxueuse, par exemple).
- Constituer un fonds pour la succession (legs à la famille, à des organismes de charité, etc.).

Quel que soit l'usage que l'on fera du surplus, il importe d'exercer un bon contrôle budgétaire, car contrairement à ce que croient la majorité des gens, plus on a de l'argent, plus on doit le gérer.

Une capacité d'épargne insuffisante

Le cas où la capacité d'épargne du client est inférieure aux mises requises se produit surtout quand l'âge de retraite envisagé est inférieur à 65 ans. Pour les Simard-Lajoie, par exemple, une retraite à 60 ans nécessite des mises de fonds de 7 100 $ l'an. Dans ce cas, on peut suggérer les solutions suivantes :

- Diminuer le coût de vie.
- Réduire l'ampleur des projets spéciaux ou encore diminuer la provision pour ces projets[5].
- Reporter la retraite à plus tard (c'est souvent l'unique solution).

---

5. La provision pour les projets spéciaux du couple Simard-Lajoie se chiffre à 6 000 $ l'an. Appliquée tous les ans pour les 10, 15 ou 25 années à venir, cette provision est énorme pour un coût de vie de 40 000 $ à 45 000 $. Il n'y a pas de règle d'or ici, mais un pourcentage de 10 % (donc un montant de 4 000 $ à 4 500 $ l'an) paraît raisonnable. La capacité d'épargne des Simard-Lajoie en serait accrue.

7.3.4   LES MISES DE FONDS AU-DELÀ DU REÉR

Qu'arrive-t-il si les mises requises sont plus élevées que celles permises par la loi dans un régime enregistré comme le REÉR (18 % du revenu gagné ou 13 500 $) ?

Pour la majorité de gens, le portefeuille est enregistré, c'est-à-dire qu'il fait partie du REÉR. En revanche, certaines personnes fournissent la contribution maximale à leur REÉR et désirent investir leur surplus. Quelques recommandations s'imposent dans ce cas :

- ■ L'assurance-vie universelle est un excellent véhicule pour ces personnes, car le fonds de capitalisation s'accumule en franchise d'impôt (le module Assurances explique plus en détail cette stratégie).

- ■ Il est toujours préférable d'investir hors REÉR dans des titres qui rapportent des dividendes ou du gain en capital, et ce dans le but de bénéficier de l'avantage fiscal.

- ■ Si le placement hors REÉR concerne des fonds d'investissement, il est généralement préférable d'investir **en début d'année.** En effet, peu importe la date d'achat des unités du fonds, l'investisseur recevra un formulaire T3 du fédéral et un Relevé 3 du provincial qui reflétera sa quote-part des revenus du fonds pour toute l'année de l'achat (fiducie d'investissement). Il n'y a donc aucune relation entre les montants qu'il se verra attribuer et les montants qu'il recevra. Notons également que les revenus des fonds non enregistrés conservent leur caractère fiscal (dividendes, intérêts, gains en capital).

7.4   LES RÉGIMES DE L'EMPLOYEUR

Selon les lois, fédérales ou provinciales, le régime de retraite de l'employeur prendra des noms différents. Nous nous en tiendrons à l'expression « régime de pension agréé » (RPA), où agréé signifie « enregistré ».

Un RPA est un véhicule financier enregistré (comme le REÉR) d'un employeur dans le but de procurer une rente viagère (une prestation de fonds à vie) aux salariés de l'entreprise qui participent au régime.

Il existe deux principaux types de régimes :

- ■ les RPA à prestations déterminées (RPAPD) ;
- ■ les RPA à cotisations déterminées (RPACD).

Soulignons qu'en l'an 2000 environ 46 % des travailleurs québécois participaient à un RPA, et qu'il s'agissait dans une grande proportion d'un RPA à prestations déterminées, ce type de régime étant populaire auprès des instances gouvernementales.

7.4.1 LES RPA À PRESTATIONS DÉTERMINÉES

L'employeur est le seul à assumer les risques associés à un régime à prestations déterminées, car ses cotisations futures pour garantir les prestations des employés sont inconnues. Les cotisations de l'employé sont par contre connues (voir la figure 7.2).

FIGURE 7.2
Le régime de retraite à prestations déterminées

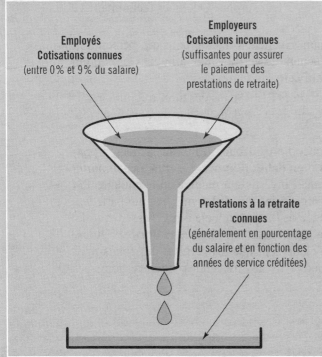

Source: IQPF, *Planification financière personnelle*, La Collection de l'IQPF, tome 5: *Retraite*, p. 115 et 116. (Cet ouvrage est offert en format livre et cédérom.)

La rente à recevoir

La rente que recevra l'employé à sa retraite est aussi connue et dépendra d'une formule comme la suivante:

1,5 % × Salaire final[6] × Nombre d'années de service créditées

Selon ce calcul, une trentaine d'années de service créditées représentera une rente de 45 % (1,5 % × 30) du salaire final (comme dans le cas de Claude Lajoie).

Certains régimes offrent le maximum permis par la loi, soit 2 % du salaire, mais la majorité des régimes offrent moins de 2 %.

La rente maximale

La rente maximale payable sera **le moindre de** :
- 2 % du salaire final × Nombre d'années de service ;
- 1 722,22 $[7] × Nombre d'années de service.

La rente payable au décès

En vertu des dispositions de la *Loi sur les régimes complémentaires de retraite* (loi 116), les participants qui ont un conjoint au moment de la retraite sont

---

6. La moyenne des cinq dernières années, par exemple.
7. Sans entrer dans le détail, il s'agit du maximum de 15 500 $ qu'on pourra investir dans un REÉR en 2004 divisé par le facteur 9 (9 $ de capital pour 1 $ de revenu), selon le principe actuariel des vases communicants.

obligés d'opter pour un contrat qui prévoit, à leur décès, que 60 % de la rente devient payable au conjoint survivant. Par contre, ce dernier peut renoncer à ce droit en signant les documents appropriés. On peut aussi choisir une rente réversible à 100 % pour le conjoint survivant, mais celle-ci sera réduite pour les deux conjoints.

Le REÉR et le RPA à prestations déterminées

Le participant à un RPA se voit attribuer un **facteur d'équivalence** (FÉ) qui tient compte des avantages qu'il a reçus en tant que membre participant du régime. Ce FÉ est calculé par l'employeur et vient amoindrir la cotisation maximale de l'employé dans un REÉR. Dans le cas des RPAPD, le calcul actuariel est assez complexe. En gros, la contribution au REÉR du participant sera réduite de 9 $ pour chaque 1 $ de **rente gagnée** dans le régime de l'employeur. Lorsque, par exemple, la rente gagnée atteint la limite légale de 2 % du salaire ou encore 1 722,22 $ pour une année donnée, la cotisation permise au REÉR est de 600 $, soit le minimum prescrit par la loi.

EXEMPLE

Les **droits de rente** de Mme Fonctionnaire pour l'année 1999 s'élèvent à 1 000 $. Son FÉ pour l'année 1999 se calcule comme suit :

FÉ pour 2000 $= 9 \times 1\,000\,\$ - 600\,\$$

$= 9\,000\,\$ - 600\,\$$

$= 8\,400\,\$$ (montant que l'employeur fournira à la participante)

Supposons maintenant que son **revenu gagné** aux fins du REÉR (soit 18 % des montants admissibles) était de 11 400 $. Sa cotisation au REÉR pour 2000 serait limitée à 3 000 $ (11 400 $ – 8 400 $), sans autres considérations.

Les régimes à cotisations déterminées sont en train de prendre la relève des régimes à prestations déterminées qui, bien qu'ils demeurent populaires dans la fonction publique (professeurs de cégep, pompiers, fonctionnaires, policiers, etc.), tendent à disparaître pour des raisons évidentes.

André Matte, spécialiste en rentes, relate dans son livre[8] qu'en 1981, au moment où le taux d'intérêt du marché se situait à plus de 17 %, l'achat d'une rente viagère annuelle de 35 000 $ pour un employé âgé de 65 ans coûtait à l'employeur moins de 215 000 $. En 1999, une rente identique coûtait plus de 425 000 $. Dans les RPAPD, c'est l'employeur qui subit les fluctuations du marché ; dans les RPACD, c'est l'employé qui est touché.

---

8. André M. Matte, *L'après-REÉR*, coll. « Affaires Plus », Éditions Transcontinental, 1999, p. 92.

7.4.2   LES RPA À COTISATIONS DÉTERMINÉES

Dans un régime à cotisations déterminées, les cotisations de l'employé et de l'employeur sont connues (voir la figure 7.3). Les prestations sont cependant inconnues et dépendront de la somme totale accumulée dans le régime, mais aussi des conditions économiques existantes au moment de l'achat de la rente (par exemple, les taux d'intérêt en vigueur).

La cotisation maximale

Le plafond des cotisations à un RPACD est le même que pour un REÉR, soit le moindre de :

■   18 % de la rémunération versée par l'employeur ;

■   13 500 $ (jusqu'en 2002 ; ce montant sera de 14 500 $ en 2003 et de 15 500 $ en 2004).

Soulignons que cette limite inclut les cotisations de l'employé et de l'employeur.

FIGURE 7.3
Le régime de retraite à cotisations déterminées

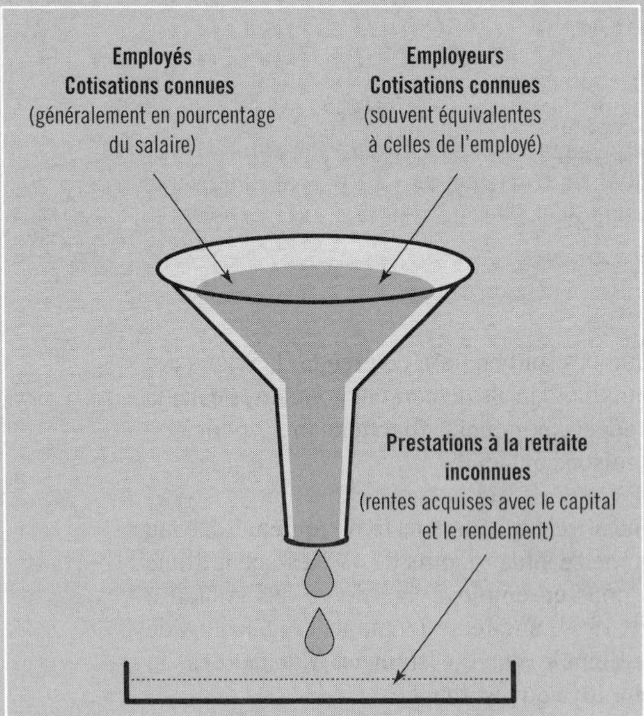

Source : IQPF, *Planification financière personnelle*, La Collection de l'IQPF, tome 5 : *Retraite*, p. 115 et 116. (Cet ouvrage est offert en format livre et cédérom.)

Le REÉR et le RPA à cotisations déterminées

Le facteur d'équivalence (FÉ) d'un participant à un RPACD représente tout simplement le total de toutes les cotisations versées par lui-même et par son employeur au cours de l'année précédente.

La rente à recevoir

Le participant reçoit des relevés qui lui indiquent les montants accumulés dans le régime, les performances, etc. Au moment de sa retraite, il devra acheter une rente viagère qui sera, bien sûr, assujettie aux taux d'intérêt en cours, comme c'est le cas avec les REÉR collectifs. Les prestations n'étant pas déterminées, le participant doit chercher pour trouver la rente la plus avantageuse. Il peut obtenir certaines cotations du régime, mais en général il entreprendra les démarches lui-même ou il consultera un courtier en rentes, qui est rémunéré par les compagnies d'assurances.

Actuellement (janvier 2002), le taux directeur de la Banque du Canada se situe à 2 % et les taux préférentiels, aux alentours de 4 %. Beaucoup de retraités bénéficiant d'un RPACD connaissent une situation délicate, les régimes de pension ayant tous subi les soubresauts boursiers, ce qui a entraîné la diminution du montant accumulé (c'est aussi le cas de la grande majorité des portefeuilles privés, même les mieux gérés). Le participant a deux choix : attendre que les conditions économiques deviennent favorables ou accepter une rente de moindre envergure.

La rente payable au décès

La rente payable au décès est fondée sur le même principe que dans le cas d'un RPAPD (voir ci-dessus).

EXEMPLE

M. Fortune, cadre supérieur dans une grande entreprise québécoise, a un revenu gagné aux fins du REÉR de 100 000 $ pour 1999. Par conséquent, sa cotisation maximale à un REÉR pour l'année 2000 est limitée à 13 500 $, soit le moindre de 18 % de 100 000 $ ou de 13 500 $.

Par contre, M. Fortune participe à un RPACD, dont voici les cotisations pour 1999 :
- cotisations de l'employé : 5 200 $;
- cotisations de l'employeur : 5 800 $.

Quel montant M. Fortune pourra-t-il verser dans son REÉR en 2000 ? Voici le calcul :

Cotisation maximale à un REÉR pour l'année 2000 : 13 500 $

Moins :   11 000 (5 200 $ + 5 800 $)

Égale :   2 500 $

Voilà une excellente occasion pour réfléchir à la règle d'or du 10 %. M. Fortune devra investir hors REÉR environ 2 300 $* (montant exact à déterminer) au minimum sans même considérer le calcul de ses mises de fonds.

*   Selon l'hypothèse d'un revenu net annuel de 48 000 $.

7.4.3   LE RÉGIME DE PARTICIPATION DIFFÉRÉE AUX BÉNÉFICES (RPDB)

Dans un régime de participation différée aux bénéfices (RPDB), le montant de la rente à la retraite n'est pas déterminé à l'avance, tout comme dans un RPACD. C'est un régime d'intéressement différé qui s'adresse surtout aux cadres supérieurs des entreprises. Voici ses principales caractéristiques :

- ■ Les cotisations sont versées seulement par l'employeur (depuis 1991), au nom de l'employé.

- ■ Ces cotisations se limitent au moindre de 18 % de la rémunération de l'employé ou de 6 750 $ pour 1996 à 2002. Ce montant passera probablement à 7 250 $ en 2003 et à 7 750 $ en 2004. On prévoit à partir de 2005 une indexation basée sur la hausse du salaire moyen.

- ■ Les cotisations sont versées à même les bénéfices de l'entreprise.

- ■ Au moment du retrait, l'employé peut opter pour une rente viagère, un montant forfaitaire ou encore pour un étalement sur 10 ans ou moins. À certaines conditions, le RPDB peut être transféré dans le REÉR de l'employé.

- ■ Le RPDB ne fait pas partie du patrimoine familial (*Loi sur le patrimoine familial*, ou loi 146).

7.4.4   LE RÉGIME INDIVIDUEL DE RETRAITE (RIR)

Le régime individuel de retraite, aussi appelé régime de pension individuel (RPI), s'adresse aux propriétaires-exploitants d'une entreprise, aux dirigeants d'une entreprise ou aux professionnels indépendants âgés de plus de 45 ans et qui ont un revenu annuel de 100 000 $ et plus. En général, ces personnes cotisent déjà au maximum à leur REÉR, mais elles estiment que ce dernier ne pourra générer des revenus suffisants à la retraite.

Les cotisations à un RIR ne sont pas assujetties à un plafond uniforme, comme c'est le cas avec le REÉR par exemple. En effet, le plafond du RIR varie en fonction de certains facteurs (âge, sexe, etc.). Par exemple, pour un cadre supérieur de 55 ans, le plafond pourrait se situer au-delà de 18 500 $. Par suite du budget fédéral de mars 1996, certains avantages du RIR ont été annulés ou amoindris (par exemple l'indexation des salaires, reportée jusqu'en 2005), de sorte qu'il est préférable de consulter un actuaire avant d'envisager un tel régime.

Soulignons que le RIR est régi au fédéral par la *Loi de l'impôt sur le revenu* et au Québec par la *Loi sur les régimes complémentaires de retraite*.

7.4.5   LE RÉGIME DE RETRAITE SIMPLIFIÉ (RRS)

Le régime de retraite simplifié a été lancé en 1994 par la Régie des rentes du Québec. Le régime a été conçu spécialement pour répondre aux besoins des petites et moyennes entreprises (PME) dans le but de favoriser la participation de leurs employés à un régime de retraite. Pour leur part, les grandes entreprises administrent généralement des régimes traditionnels (RPA). Le RRS permet le transfert des responsabilités normalement dévolues à l'employeur ou au comité de retraite à un établissement financier chargé de mettre le régime sur pied et, bien sûr, de l'administrer. Plusieurs aspects caractérisent ce régime :

- Les tâches administratives de l'employeur sont réduites au minimum.

- Plusieurs employeurs peuvent adhérer au même régime offert par l'établissement financier, ce qui réduit les frais d'administration.

- Le RRS est un régime à cotisations déterminées ; le montant des cotisations patronales et, le cas échéant, celui des cotisations de l'employé sont donc fixés à l'avance. La rente versée au participant est établie en fonction du capital accumulé dans son compte, mais également en fonction de l'état du marché au moment de l'achat de la rente.

- Les cotisations patronales appartiennent au participant dès leur versement.

- Toutes les cotisations (patronales et salariales) sont immobilisées, c'est-à-dire qu'elles ne pourront être retirées avant la retraite. Cette condition garantit que l'épargne accumulée servira à la retraite et non à d'autres buts.

- Le RRS prévoit qu'au décès du participant le solde du compte est payable à son conjoint survivant ou, faute de conjoint survivant, à ses ayants droit.

7.4.6   LES RÉGIMES DES EMPLOYÉS DE LA FONCTION PUBLIQUE

Les gouvernements provincial et fédéral sont aussi des employeurs qui possèdent leur propre régime de retraite.

Au provincial (Québec)

Les employés du gouvernement québécois bénéficient d'un excellent régime de retraite à prestations déterminées, soit le Régime de retraite des employés du gouvernement et des organismes publics (RREGOP). Pour plus de renseignements sur ce régime, nous suggérons au lecteur de consulter le site www.carra.gouv.qc.ca.

Au fédéral

Les fonctionnaires fédéraux possèdent également un très bon régime de pension, qui est administré par Travaux publics et Services gouvernementaux Canada (TPSGC). La Direction des pensions de TPSGC est le principal administrateur du régime, conformément à la *Loi sur la pension de la fonction publique*. Pour de plus amples renseignements, on consultera le site www.tpsgc.gc.ca (sous « Infocentre », « Ce que nous faisons », « Direction des pensions »).

7.4.7   L'INDEMNITÉ DE DÉPART ET LE REÉR

Au moment d'une mise à pied ou d'une retraite anticipée, l'employé pourra se voir offrir une indemnité de départ (ou indemnité de cessation d'emploi). En fait, il s'agit d'un montant d'argent qui sert à souligner les années de service de l'employé. En général, l'indemnité de départ inclura les congés de maladie remboursables mais non utilisés.

Plusieurs possibilités sur le plan fiscal s'offrent au contribuable qui a reçu une indemnité de départ :

- La somme totale perçue peut être ajoutée aux revenus de l'année.
- L'indemnité peut être versée par tranches, étalées en général sur un maximum de deux ans.
- Il est possible de transférer la somme (en partie ou en tout) dans un autre RPA de l'employé ou dans son REÉR. Voyons cette dernière stratégie.

Le transfert au REÉR de l'employé

Le transfert d'une indemnité de départ dans un REÉR s'applique uniquement au REÉR de l'employé, et non à celui du conjoint. Voici les règles concernant les montants du transfert :

- 2 000 $ par année de service complète ou partielle pour les années antérieures à 1996 ;

PLUS :

- 1 500 $ par année complète ou partielle pour les années antérieures à 1989 au cours desquelles l'employé ne participait pas au RPA de l'entreprise.

EXEMPLE

Richard a reçu de son employeur une offre de retraite anticipée. Voici les données de la situation :

- Indemnité de départ : 70 000 $;
- Date d'engagement : 1er décembre 1976 ;
- Date de cessation d'emploi proposée : 20 janvier 2001 ;
- Adhésion au RPA de l'employeur : début de 1981.

Le montant transférable au REÉR de Richard se calcule ainsi :

20 ans (1976 à 1995) × 2 000 $	40 000 $
Plus : 5 ans (1976 à 1980) × 1 500 $	7 500
Montant transférable	47 500 $

Quel serait le montant entièrement imposable si Richard versait dans son REÉR pour 2001 le montant des droits inutilisés, soit 10 500 $?

Indemnité de départ	70 000 $
Moins : Montant transférable au REÉR	47 500
Moins : Cotisation normale au REÉR	10 500
SOLDE IMPOSABLE	12 000 $

Soulignons trois points importants relativement au transfert dans un REÉR :

- Le transfert d'une indemnité de départ dans un REÉR ne modifie en rien la cotisation normale au REÉR.

- Une retenue fiscale s'applique sur le solde imposable de 12 000 $ selon le taux prescrit.

- L'indemnité de départ n'est pas touchée par l'impôt minimum de remplacement (IMR).

7.5   LES RÉGIMES PUBLICS

Il existe pour les Québécois deux régimes publics, soit le Régime des rentes du Québec (RRQ) et le Programme de la sécurité de la vieillesse (SV). Plusieurs régimes secondaires se rattachent à ces deux régimes fondamentaux. Beaucoup de gens à faible revenu comptent littéralement sur ces régimes pour vivre. Selon une étude de la firme Ad Hoc Recherche[9], plus de la moitié des retraités considèrent ces deux régimes comme leurs principales sources de revenus. Ceux qui appartiennent à la classe moyenne et qui possèdent des RPA ou des REÉR les considèrent comme des revenus d'appoint. Nous décrirons chaque régime très brièvement ; le lecteur trouvera de plus amples renseignements dans les excellents sites Internet qui y sont consacrés.

7.5.1   LE RÉGIME DES RENTES DU QUÉBEC (RRQ)

Le Régime des rentes du Québec (www.rrq.gouv.qc.ca) est un régime obligatoire. C'est en fait un régime d'assurance public qui vise à offrir aux travailleurs une protection financière de base à la retraite. Il prévoit une prestation au décès et une rente au conjoint survivant, de même qu'une rente en cas d'invalidité.

Le RRQ est financé par des cotisations provenant des travailleurs et des employeurs. L'employé et l'employeur versent chacun 4,3 % (2001) du salaire dont la partie est comprise entre l'exemption générale et le maximum des gains admissibles (MGA de 38 300 $ en 2001). Le travailleur autonome verse lui-même le total de 8,6 %. Les cotisations annuelles sont limitées à un maximum d'environ 1 500 $ pour le salarié et d'environ 3 000 $ pour le travailleur autonome.

La rente de retraite peut débuter à 60 ans, mais avec une perte actuarielle de 30 % (5 % par année avant 65 ans). En 2001, la rente maximale est de 775 $ par mois ou 9 300 $ par année.

Depuis le 1er janvier 1998, le montant de la prestation au décès est fixé à 2 500 $ et constitue un versement unique.

Les prestations du RRQ sont entièrement imposables.

---

9. « Les REÉR et la retraite », *Journal Les Affaires*, 6 février 1999, p. C1-C5.

7.5.2   LE PROGRAMME DE LA SÉCURITÉ DE LA VIEILLESSE (SV)

Le site Internet consacré au Programme de la sécurité de la vieillesse (www.hrdc-drhc.gc.ca) est très bien structuré (voir « Les aînés »). Le programme prévoit une pension mensuelle pour la plupart des Canadiens âgés d'au moins 65 ans. En général, une personne est admissible à une pension intégrale si elle a vécu au Canada pendant au moins 40 ans après l'âge de 18 ans.

Le montant de la pension varie en fonction de la durée de résidence au Canada. De juillet à septembre 2001, la prestation maximale est de 436,55 $ par mois ou environ 5 239 $ par année. La pension est indexée sur l'indice des prix à la consommation (IPC). Un supplément de revenu garanti est prévu pour les familles à faible revenu.

Les pensionnés dont le **revenu personnel net** est supérieur à 55 309 $[10] (2001) doivent rembourser une partie du montant maximal de pension prévu pour la SV. L'intégralité des prestations de la SV doit être remboursée lorsque le revenu personnel net atteint 90 070 $[11] (2001). En fait, le gouvernement se base sur la déclaration de revenus et les montants sont simplement déduits des prestations mensuelles avant même qu'elles soient émises.

La pension de la SV est entièrement imposable.

7.5.3   LA PRESTATION ANNUELLE TOTALE DES RÉGIMES PUBLICS

Pour un contribuable qui recevrait le maximum prévu en 2001, les deux régimes représentent donc :

RRQ	9 300 $
SV	5 239
TOTAL	14 539 $

Bien sûr, selon le revenu personnel net du contribuable, la pension de la SV pourra être réduite ou supprimée. Il restera les prestations du RRQ qui, rappelons-le, est un régime obligatoire.

SITES INTERNET À VISITER

- Commission administrative des régimes de retraite et d'assurance
  www.carra.gouv.qc.ca

- Institut québécois de planification financière
  www.iqpf.org

---

10. Ce montant est majoré d'environ 2 % l'an depuis 1999.
11. Ce montant est aussi majoré d'environ 2 % l'an depuis 1999.

■ Programme de la sécurité de la vieillesse (Développement des ressources humaines Canada)
www.hrdc-drhc.gc.ca

■ Régie des rentes du Québec
www.rrq.gouv.qc.ca

■ Travaux publics et Services gouvernementaux Canada
www.tpsgc.gc.ca (sous « Infocentre », « Ce que nous faisons », « Direction des pensions »)

QUESTIONS DE RÉVISION

1. Expliquez les différents véhicules d'accumulation du capital de retraite.

2. Quelles sont les deux grandes méthodes d'analyse de la retraite ? Laquelle privilégions-nous dans ce volume ? Pourquoi ?

3. Qu'est-ce que la pyramide de la retraite ?

4. Pourquoi doit-on arrimer la nature du capital à accumuler dans un REÉR avec la nature des mises de fonds ?

5. Pour quelle raison majeure ne doit-on pas considérer la pension de la sécurité de la vieillesse dans le calcul des mises de fonds en REÉR ?

6. Le calcul des mises de fonds en REÉR inclut les recettes nécessaires à la retraite. On traduit ensuite ces recettes en capital, lequel va justement procurer ces recettes. Quelle méthode doit-on utiliser pour effectuer cette opération ?

7. Si votre client doit investir des sommes annuelles dans des fonds non enregistrés, quelles recommandations lui ferez-vous ?

8. Que signifie fondamentalement la règle d'or du 10 %, compte tenu qu'on peut déterminer les mises de fonds par des calculs assez précis ?

9. Quelles sont les caractéristiques majeures des deux principaux régimes de l'employeur ?

10. Comment se calcule le facteur d'équivalence d'un régime de pension agréé à cotisations déterminées ?

11. Quelles sont les caractéristiques des deux grands régimes de retraite publics qui s'adressent aux Québécois ?

12. Comment peut-on s'assurer que le client a la capacité d'effectuer les mises de fonds requises pour la retraite ?

13. Si les mises de fonds requises pour la retraite sont supérieures à la capacité d'épargne du client, que conseillera le planificateur financier ?

14. Quelles possibilités s'offrent au client dont la capacité d'épargne est largement suffisante ?

EXERCICES

1. Votre client, M. Blanchet, a 58 ans et vient de terminer sa période de programmation des disponibilités financières. Il désire prendre sa retraite à 65 ans. Il vous demande de déterminer le capital sous forme de REÉR à cet âge compte tenu des données suivantes :

■ Coût de vie pour l'année qui vient (58-59 ans) : 35 000 $.

■ Coût de l'hypothèque résidentielle payée au complet à 58 ans : 8 000 $.

■ Frais reliés aux enfants : 3 000 $ l'an.

■ Provision pour projets spéciaux : 5 000 $ l'an.

■ Inflation : 4 %.

■ Réduction du coût de vie prévue à 65 ans : 15 %.

■ Rentes du Québec : 5 000 $ avant impôt en valeur d'aujourd'hui. Présumez que les rentes suivront une inflation de 2 %.

■ Taux d'imposition à la retraite : 30 %.

■ Taux de rendement des mises de fonds : 10 %.

Arrondir les résultats à 100 $ près.

2. André et Marie sont conjoints de fait depuis 17 ans. Aujourd'hui, en 2001, ils ont tous deux 45 ans (presque 46 ans) et envisagent une retraite dorée à 60 ans. Professionnels, ils occupent tous deux un bon emploi et ont un coût de vie actuel (en 2001) de 45 000 $ l'an. Ils aiment bien vivre, voyager et fréquenter les bons restaurants. Depuis plusieurs années, toutes leurs liquidités sont réinvesties dans leur résidence familiale, dont la valeur marchande est de plus de 300 000 $.

André possède un régime de pension agréé de son employeur qui lui procurera un revenu annuel de 20 000 $ l'an, après impôt, en dollars de 2001. Toutefois, Marie ne bénéficie d'aucun régime de son employeur. Ils ne possèdent aucun REÉR et discutent actuellement de la possibilité d'investir chacun 2 500 $ l'an (5 000 $ au total) dans le but de maintenir, à 60 ans, leur coût de vie de 45 000 $.

Le coût de vie ainsi que la pension d'André seront extrapolés à 4 % pour les 15 prochaines années. On estime que les capitaux de retraite (en REÉR) seront investis à un taux de 7 % après impôt. Par contre, les mises annuelles en REÉR seraient investies à un taux de 10 %. Utilisez un taux de transformation de 20 % pour convertir le capital hors REÉR en capital REÉR.

a) Quelles seraient les mises de fonds (REÉR) annuelles (annuités constantes) pour maintenir leur coût de vie à 60 ans ? Leurs mises de fonds individuelles de 2 500 $ seraient-elles suffisantes ?

b) Que recommanderiez-vous à André et à Marie ?

Arrondir les totaux à 100 $ près et procéder avec la méthode du diviseur pour la détermination du capital.

3. Déterminez la valeur des mises de fonds annuelles en annuités constantes à effectuer dans chacune des situations qui suivent.

L'inflation et le rendement après impôt sur placements sont de 6 %. Supposez que les mises de fonds sont hors REÉR et qu'elles sont effectuées en fin de période. (Arrondir les résultats à 100 $ près.)

a) M. Lajoie a 45 ans. Il désire un capital de 1 000 000 $ à 65 ans, sans mise de fonds à 65 ans. Il n'a aucun placement actuellement.

b) M. Aubin a 42 ans. Il veut prendre sa retraite à 50 ans. Vous avez évalué le capital nécessaire à 50 ans à 720 000 $. Aucune mise de fonds ne sera effectuée à 50 ans.

c) M. Lafortune a 40 ans. Il veut être millionnaire dans cinq ans. Il possède actuellement 400 000 $ de placements.

4. M. Hautbois vous consulte dans le but d'établir sa planification financière. Il a 39 ans. Selon le tableau de programmation des disponibilités financières, vous prévoyez qu'il atteindra la première étape de l'indépendance financière à 43 ans et qu'il pourra ainsi entreprendre les mises de fonds pour sa retraite (à 65 ans) à partir de l'âge de 44 ans. M. Hautbois est particulièrement intéressé à connaître les mises de fonds requises tant en annuités constantes qu'en annuités à progression géométrique. Il y aurait des mises de 44 ans à 64 ans inclusivement, donc 21 années de contribution, et par conséquent aucune mise à 65 ans.

a) Il vous demande de calculer les mises de fonds en REÉR pour sa retraite.

Vous estimez ensemble les données suivantes pour l'âge de 44 ans :

Coût de vie	45 000 $ l'an
Frais reliés aux enfants	5 500 $ l'an
Rentes du Québec avant impôt	8 000 $ l'an

Fonds REÉR accumulés   55 000 $

RPA de l'employeur avant
impôt à partir de 65 ans   30 300 $ l'an

Vous vous entendez également sur les points suivants :

- Une inflation de 4 % à long terme sauf pour le RRQ, dont la hausse sera extrapolée à 2 %.

- Un taux d'imposition de 30 % pour le capital de retraite.

- Un taux de rendement de 10 % pour les mises de fonds en REÉR.

- L'hypothèque, qui représente des débours annuels de 11 600 $, sera réglée à l'âge de 44 ans et donc à la retraite.

- Pour la retraite, le coût de vie ne serait pas ajusté à la hausse ni à la baisse.

- Il devrait cependant y avoir une provision de 4 500 $ l'an pour les projets spéciaux à la retraite.

- Un taux de 20 % s'applique pour convertir le capital hors REÉR en capital REÉR.

Arrondir les résultats à 100 $ près.

b) M. Hautbois a un revenu net annuel de 60 000 $ et il verse au RPA de son employeur une somme de 2 000 $ l'an. Analysez les mises de fonds en a) suivant la règle d'or du 10 %.

5. Analysez le projet de retraite de M. Juneau en utilisant la méthode d'analyse en fonction du coût de vie. Voici les caractéristiques de sa situation (valeurs arrondies à 100 $ près) :

- M. Juneau désire prendre sa retraite à 65 ans.

- Il a 42 ans.

- Il prévoit effectuer ses premières mises de fonds dans 5 ans (à 47 ans), au moment où toutes ses dettes personnelles seront réglées.

- Son coût de vie de 42 à 43 ans est de 32 600 $, et il prévoit une hausse de 5 % pour la retraite.

- L'hypothèque de sa résidence sera réglée à la retraite ; elle est actuellement de 12 000 $ l'an, et ce pour les 5 prochaines années.

- M. Juneau a deux enfants ; les frais annuels sont estimés à 4 500 $ pour les 5 prochaines années.

- La provision pour projets spéciaux est évaluée à 5 000 $ pour les 5 prochaines années.

- Le revenu provenant de la Régie des rentes du Québec sera de 7 000 $ l'an (à 42 ans) en valeur d'aujourd'hui ; présumez que les rentes suivront une inflation de 2 %.

- Les fonds accumulés en REÉR seront de 45 000 $ à 47 ans.

- Le taux d'inflation présumé est de 4 % à long terme, et de 2 % à moyen terme.

- Le rendement avant impôt sur les mises de fonds en REÉR est de 10 %.

- Le taux d'imposition en général serait de 30 % à la retraite.

- M. Juneau prévoit recevoir une rente viagère à 65 ans évaluée à 21 000 $ l'an après impôt.

- Un taux de 20 % s'applique pour convertir le capital hors REÉR en capital REÉR.

Quelles seraient les mises de fonds nécessaires pour la retraite ? (Arrondir à 100 $ près.)

6. Diane est technicienne de laboratoire et travaille chez Labo Techno inc. depuis le 1er décembre 1975. Elle a été mise à pied le 22 juillet 1997 ; son employeur lui offre une indemnité de départ de 58 000 $. Diane a commencé à participer au RPA de son employeur à partir de 1979. Elle vous consulte en tant que planificateur financier au sujet de cette indemnité, dont les documents doivent être signés pour le 1er septembre 1997. L'employeur n'accepte pas de répartir l'indemnité par tranches sur deux ans ; Diane doit donc composer avec cette somme pour 1997. Elle vous informe qu'elle a pour 10 000 $ de droits non utilisés en REÉR. Que lui recommandez-vous ? Préparez un bref rapport qui illustre les faits.

LE CAS DU DR BONSOINS

PLAN

Introduction

Les données financières

La capacité d'épargne de la famille Bonsoins

Le calcul des mises de fonds en REÉR pour la retraite

Conclusion

INTRODUCTION

La famille Bonsoins, que nous avons présentée au document du chapitre 5, servira d'exemple pour illustrer le calcul des mises de fonds en REÉR nécessaires pour la retraite dans le cas d'un travailleur autonome. Rappelons que le Dr Bonsoins et sa femme, Iode, ont deux enfants, Cyro et Pilule, âgés respectivement de 7 ans et 6 ans à la date du bilan (1er avril 2001).

Le but de ce document est d'illustrer le processus à suivre sans entrer dans les détails sur le plan financier. Soulignons toutefois quelques données financières concernant la famille Bonsoins.

LES DONNÉES FINANCIÈRES

■ Les mises de fonds en REÉR déterminées au tableau de programmation des disponibilités financières s'élèvent à 7 500 $ l'an pour les années 2001-2002, 2002-2003, 2003-2004 et 2004-2005 (du 1er avril au 31 mars).

■ Le coût de vie est de 46 000 $ en 2001-2002 et de 48 800 $ en 2004-2005. Aucun ajustement n'est requis pour la retraite.

■ Le taux d'imposition présumé à la retraite est de 40 %.

■ Les enfants représentent une dépense annuelle de 6 500 $ (moyenne de 5 à 10 ans).

■ La provision pour projets spéciaux se chiffre à 11 000 $ l'an (moyenne de 5 à 10 ans).

■ Les disponibilités financières au 31 mars 2005 sont de 33 200 $; pour 2005-2006 (l'année du début des mises de fonds), elles seraient donc de : 33 200 $ × 1,02 = 33 864 $ ou 33 900 $ (à 100 $ près).

■ Les Bonsoins ne bénéficient d'aucun RPA.

■ La pension de la sécurité de la vieillesse ne sera pas considérée dans le calcul.

■ Le revenu provenant de la Régie des rentes du Québec serait de 9 300 $ en 2001.

■ Le Dr Bonsoins désire examiner les possibilités de retraite à 60 ans et à 65 ans (à 56 ans et à 60 ans pour Iode).

LA CAPACITÉ D'ÉPARGNE DE LA FAMILLE BONSOINS

Capacité à court terme

Disponibilités financières (2005-2006)	33 900 $
Plus : Versements hypothécaires	10 600
CAPACITÉ À COURT TERME	44 500 $

Capacité à long terme

Capacité à court terme	44 500 $
Moins : Projets spéciaux	11 000
CAPACITÉ À LONG TERME	33 500 $

LE CALCUL DES MISES DE FONDS EN REÉR POUR LA RETRAITE

Âge de la retraite	1er avril 2001	
	65 ans	60 ans
Coût de vie rajusté[1]	113 800 $	93 600 $
Moins : RRQ[2]	23 000	9 700
RECETTES NÉCESSAIRES	90 800 $	83 900 $
Capital requis[3]	1 513 300	1 398 300
Capital REÉR[4]	1 891 600	1 747 900
Moins : Capital REÉR accumulé[5]	480 300	773 600
CAPITAL À ACCUMULER	1 411 300 $	974 300 $
MISES DE FONDS ANNUELLES EN REÉR[6]	14 400 $	17 000 $

(1) Coût de vie rajusté pour la retraite

Coût de vie 2004-2005	48 800 $
Moins : Versements hypothécaires	10 600
Frais reliés aux enfants	6 500
Plus : Provision pour projets spéciaux	11 000
Coût de vie rajusté pour la retraite	42 700 $

Pour 60 ans : $n = 20$, $i = 4\%$; coût de vie rajusté : 93 600 $.

Pour 65 ans : $n = 25$, $i = 4\%$; coût de vie rajusté : 113 800 $.

(2) RRQ : 9 300 $ en 2001; $n = 20$ et 25, $i = 2\%$.

Pour 65 ans : FV = 15 300 $ plus 50 % pour Iode (7 700 $) = 23 000 $ (à 100 $ près).

Pour 60 ans : 9 300 $ × 70 %; FV = 9 700 $.

Iode aura 56 ans, donc le RRQ ne s'applique pas.

(3) Recettes divisées par 0,06 pour 40 % d'impôt moyen.

(4) Facteur de conversion de 20 %.

(5) REÉR au bilan : 25 000 $.

Donc pour 60 ans : $n = 24$, $i = 10\%$; FV = 246 200 $.

Pour 65 ans : $n = 29$, $i = 10\%$; FV = 396 600 $.

REÉR durant la programmation (4 ans à 7 500 $); FV = 34 800 $.

Donc pour 60 ans : $n = 20$; FV = 234 100 $.

Pour 65 ans : $n = 25$; FV = 377 000 $.

Capital REÉR accumulé à 60 ans : 480 300 $ (246 200 $ + 234 100 $).

À 65 ans : 773 600 $ (396 600 $ + 377 000 $).

(6) Pour $n = 20$ et 25, $i = 10\%$; PMT = 14 400 $ et 17 000 $.

CONCLUSION

Les mises de fonds sont appréciables, mais la famille Bonsoins possède une capacité d'épargne à long terme de 33 500 $ par année. La retraite à 60 ans est possible avec des mises de l'ordre de 17 000 $ l'an, donc des mises REÉR et hors REÉR.

Le travailleur autonome, à moins d'être salarié, ne bénéficie pas d'un régime de pension agréé (RPA). Le calcul des cotisations maximales annuelles à un REÉR ne tient pas compte du facteur d'équivalence (FÉ) qui vient diminuer la déduction pour REÉR. Par conséquent, le travailleur autonome peut verser un montant supérieur à un salarié participant à un RPA.

Le cas du Dr Bonsoins montre que la règle d'or ne s'applique pas toujours, car des mises de fonds de 10 % du revenu familial net représenteraient environ 8 300 $ l'an, ce qui est nettement insuffisant. On constate l'importance d'effectuer les calculs appropriés à l'aide d'une calculatrice ou d'un logiciel.

LA RETRAITE ET L'INDÉPENDANCE FINANCIÈRE

PLAN

La retraite : hier, aujourd'hui et demain

Les contextes de la retraite

- Le contexte personnel
- Le contexte social
- Le contexte financier

Conclusion

LA RETRAITE : HIER, AUJOURD'HUI ET DEMAIN

Le sujet est de taille, car il est au cœur même de la planification stratégique ou à long terme ! Nous avons vu que la deuxième étape de l'indépendance financière est atteinte lorsqu'une personne peut prendre sa retraite et maintenir sa qualité de vie sans devoir poursuivre un travail rémunéré.

Voilà plusieurs années, le concept de la préretraite a fait son apparition, plus particulièrement chez certains groupes de travailleurs autonomes (membres de professions libérales, entrepreneurs, etc.). Il s'agit d'une période où une personne ne travaille qu'environ 50 % de son temps, donc ne reçoit que 50 % de ce que lui rapporte un emploi ou une activité à temps plein. Cette situation est beaucoup moins fréquente chez les cadres salariés, qui participent généralement à un régime de pension agréé (RPA). Ils peuvent parfois prendre une pleine retraite vers 60 ans ou plus tôt sans pénalité, selon leur ancienneté.

Le style de vie amené par la retraite se traduit très souvent de nos jours par de nouvelles activités, comme des voyages, le bénévolat, des activités sportives et culturelles. Il s'ensuit que le coût de vie n'est pas nécessairement réduit à la retraite ; il peut même augmenter, et le planificateur financier aura à évaluer cet aspect avec son client.

Bien sûr, au cours de la vie active, on peut changer d'emploi et même de profession ; mais il ne s'agit ici que d'un virage professionnel et non d'une retraite. La retraite survient au moment de l'abandon d'un emploi, d'une fonction ou d'une activité.

Une retraite non préparée peut avoir des conséquences financières et psychologiques très graves. Au début, le retraité est tout heureux de son nouveau statut, mais il se sent souvent désabusé lorsque le quotidien le contraint à faire face à son inactivité sociale, professionnelle et souvent familiale, quand ce n'est pas à de sérieuses difficultés financières. Heureusement, le retraité d'aujourd'hui est beaucoup plus en forme et plus actif que celui des générations précédentes.

LES CONTEXTES DE LA RETRAITE

Les experts sont unanimes : une retraite ne s'improvise pas, mais se planifie pendant la vie active. On vit sa retraite comme on vit sa vie. Le but ultime de la planification financière, la préparation de la retraite, s'inscrit en général dans un triple contexte : social, personnel et financier.

L'examen de ces trois contextes, souvent perçus comme formant un tout, permet de mieux comprendre le rôle de la planification financière. Cette dernière se centre surtout sur l'aspect financier, mais elle doit aussi prendre en considération les deux autres, car les trois s'influencent mutuellement.

LE CONTEXTE PERSONNEL

Le contexte personnel est un contexte de nature psychologique qui varie en fonction des rêves, de la santé, des talents, des conditions financières et familiales, etc., de chacun. La retraite n'est pas perçue de la même façon par toutes les personnes.

Pour certains, la retraite est une rupture complète avec l'activité valorisée qu'est le travail à temps plein. Pour d'autres, c'est une période qui leur permettra de s'adonner à leurs loisirs, de se joindre à des associations récréatives et de s'adapter à une nouvelle vie avec leur conjoint.

En revanche, pour beaucoup de personnes financièrement indépendantes, la retraite consiste tout simplement à continuer de travailler, car c'est une activité qu'ils aiment faire. Ces gens d'âge mûr se sentent jeunes, sont en bonne condition physique et se montrent d'excellents travailleurs; pour eux, le travail est souvent aussi gratifiant que leurs loisirs favoris. Le fait d'atteindre l'indépendance financière leur permet de vivre en toute tranquillité d'esprit, de fixer leur propre échéancier et surtout de vivre leur vie comme une aventure plutôt que comme un gagne-pain.

Le planificateur financier n'intervient pas directement dans un tel contexte, si ce n'est pour offrir au client la possibilité de se retirer à l'âge de son choix, donc d'atteindre l'indépendance financière au moment désiré. Quelle que soit sa perception de la retraite, il serait sage de planifier son indépendance financière pour l'âge de 60 ou 65 ans au plus tard, quitte à continuer à travailler si tel est son désir.

LE CONTEXTE SOCIAL

Au début du siècle, les gens travaillaient jusqu'à leur mort ou jusqu'au moment où la faiblesse ou la maladie les forçaient à arrêter. Dans les régions rurales, malgré certains mythes, il n'y avait pas tellement de gens âgés. Vers 1900, l'espérance de vie au Québec était de 45 ans pour les hommes et de 48 ans pour les femmes; en 1930, de 56 ans et de 58 ans, et aujourd'hui, de 74 ans et de 81 ans respectivement. Toutefois, un homme qui a atteint 65 ans peut espérer vivre jusqu'à 81 ans et une femme, jusqu'à 84 ans.

Dans ce contexte, on comprend que le concept de planification financière personnelle n'ait vraiment percé que vers le début des années 1970. Il s'est toutefois littéralement imposé au cours de la dernière décennie. On vit donc plus vieux, et il est nécessaire de préparer cette période privilégiée de l'existence. Pour le jeune professionnel qui débute, la retraite semble bien loin ! Mais, comme le dit la fable, « rien ne sert de courir, il faut partir à point ».

La régression du taux de natalité et une plus grande longévité feront que, vers l'an 2030, on trouvera au Québec environ six fois plus de gens âgés de 65 ans et plus qu'en 1950, et trois fois plus qu'en 1985. De 1985 à 2030, le nombre de personnes de 18 à 64 ans, donc en âge de travailler, demeurera presque constant, soit de l'ordre de 4 000 000.

Ces chiffres sont lourds de sens. Le taux de dépendance, défini dans ce contexte comme le rapport des gens âgés de 65 ans et plus et des gens de 18 à 64 ans en âge de travailler, passera de 15 % à 45 %. Une chose est certaine : il est utopique de penser que l'État-providence viendra résoudre les problèmes financiers des retraités des années 2000. **Actuellement, une majorité de gens retraités qui ne reçoivent que les rentes et les pensions gouvernementales vivent sous le seuil de la pauvreté.**

Le message est clair : chaque individu, même celui qui contribue à un RPA, doit prendre les moyens d'atteindre l'indépendance financière.

Si une personne veut maintenir sa qualité de vie à la retraite, elle devra souvent faire des mises de fonds additionnelles (dans un REÉR par exemple) pour ajouter au régime proposé par son employeur.

LE CONTEXTE FINANCIER

C'est ici qu'intervient particulièrement le planificateur financier. La question fondamentale qu'il se pose est la suivante : De quel capital le client aura-t-il besoin pour maintenir sa qualité de vie à la retraite ? La détermination de ce capital permet d'établir les mises de fonds annuelles que le client devra investir pour atteindre l'indépendance financière au moment de la retraite.

Certaines études sérieuses[1] montrent que beaucoup de Québécois ont des **attentes très élevées** par rapport à leur portefeuille de placements, tandis que d'autres comptent sur l'État pour combler leurs besoins à la retraite. Ces derniers économisent très peu ou pas du tout. C'est très malheureux, car on constate aujourd'hui que beaucoup de ces personnes le regrettent amèrement quand elles parviennent à la retraite.

La planification de la retraite est un long processus qui doit débuter aussitôt que possible, car, comme on l'a vu, les mises de fonds dans un REÉR ont un comportement exponentiel lié au temps. Nous reconnaissons cependant que des facteurs personnels, professionnels et familiaux favorisent le début de ce processus financier, soit l'atteinte d'une certaine stabilité professionnelle et d'une maturité personnelle caractérisée par le souci d'équilibrer le budget familial.

---

1. « Les REÉR et la retraite », *Journal Les Affaires*, 6 février 1999, p. C1-C5. Cet article est basé sur une étude de la firme Ad Hoc Recherche menée du 25 novembre au 7 décembre 1998.

CONCLUSION

Planifier sa retraite n'est plus un luxe, c'est une nécessité. La retraite peut constituer une période privilégiée de l'existence, à condition de la préparer sérieusement.

La meilleure façon pour une personne de conserver à la retraite la qualité de vie déjà acquise est d'avoir atteint l'indépendance financière. En effet, la personne qui prend à cœur sa planification financière se donne les moyens de se retirer à l'âge de son choix. La retraite, parce qu'on l'a préparée, cesse alors d'être une fatalité qui fait peur et qu'on subit.

Le module Retraite : l'après-REÉR

CHAPITRE HUIT

OBJECTIFS

- Comprendre le concept de liquidation du capital
- Distinguer les biens réalisables et les biens non réalisables
- Différencier les fonds enregistrés et les fonds non enregistrés
- Définir les options de conversion d'un REÉR
- Analyser la rente viagère et la rente certaine
- Définir le FERR
- Déterminer la nature des retenues à la source pour le retrait d'un REÉR et d'un FERR
- Définir les options de revenus à partir d'un RPA
- Comprendre le CRI et le FRV
- Analyser les facteurs qui influent sur le choix d'un régime enregistré
- Définir les options de revenus de retraite à partir d'un capital non enregistré
- Comprendre la rente viagère dos à dos
- Expliquer les avantages et les désavantages de l'hypothèque inversée

PLAN

Introduction

8.1   Les fonds de revenus d'un REÉR
    8.1.1   Le retrait du REÉR
    8.1.2   La rente certaine
    8.1.3   La rente viagère
    8.1.4   Le fonds enregistré de revenu de retraite (FERR)

8.2   Les fonds de revenus d'un RPA
    8.2.1   Le compte de retraite immobilisé (CRI)
    8.2.2   Le fonds de revenu viager (FRV)
    8.2.3   Le revenu temporaire

8.3   Les facteurs qui influent sur le choix d'un régime enregistré de revenu de retraite

8.4   Les options de revenus de retraite à partir d'un capital non enregistré
    8.4.1   Le placement traditionnel
    8.4.2   La rente certaine
    8.4.3   La rente viagère
    8.4.4   La rente viagère dos à dos
    8.4.5   L'hypothèque inversée

Conclusion

Sites Internet à visiter

Questions de révision

INTRODUCTION

La planification au moment de la retraite concerne principalement l'investissement du capital de retraite de façon à satisfaire ses besoins financiers tout en réduisant au minimum l'impôt à payer. Le marché de l'après-REÉR est devenu l'un des plus importants marchés financiers au Canada. Le REÉR constitue le fer de lance de toute planification de retraite. À la retraite, il est primordial de bien comprendre les options de conversion du portefeuille de REÉR et du portefeuille hors REÉR en vue de choisir la meilleure option de revenus de retraite en fonction des objectifs du client.

Le rôle du planificateur financier est de recommander au client la meilleure combinaison de **revenus de retraite** non seulement à même le portefeuille de REÉR, mais également dans tous les autres placements produisant des revenus. Le planificateur doit aussi prendre en considération les nouveaux revenus de retraite tels que les pensions privées et les pensions d'État (Régime des rentes du Québec et Programme de la sécurité de la vieillesse). Il n'existe pas une seule et unique formule « magique », mais une foule de formules qui se combinent et se complètent pour offrir au client les revenus appropriés.

La retraite se caractérise par la phase de **liquidation du capital.** Les biens accumulés pour cette importante étape de la vie sont de deux ordres :

- les biens non réalisables ;
- les biens réalisables.

Les **biens non réalisables** sont ceux que le client entend conserver (ne pas liquider) et transmettre à sa succession (nous verrons la phase de transmission du capital aux chapitres 12 et 13). Le client ne possédera pas seulement les fonds accumulés dans un REÉR et dans des placements hors REÉR. Il aura très souvent une résidence, des meubles, des objets de collection et dans certains cas une résidence secondaire, un immeuble de rapport ou encore un bateau, un avion, etc. Il lui revient de décider s'il les liquidera ou s'il les transmettra à sa succession. C'est une décision très importante à prendre au début de la retraite afin d'établir le capital disponible.

À l'inverse, les **biens réalisables** sont ceux que le client choisit de liquider, ce qui peut comprendre le REÉR, le portefeuille hors REÉR et même dans certains cas la résidence familiale, au moyen d'une hypothèque inversée. Les biens ou fonds réalisables se divisent en deux groupes :

- les fonds enregistrés (portefeuille de REÉR) ;
- les fonds non enregistrés (portefeuille hors REÉR).

8.1   LES FONDS DE REVENUS D'UN REÉR

La figure 8.1 illustre les options de revenus de retraite à partir d'un capital de REÉR.

FIGURE 8.1
Les fonds de revenus d'un REÉR

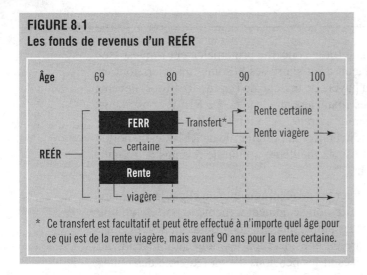

* Ce transfert est facultatif et peut être effectué à n'importe quel âge pour ce qui est de la rente viagère, mais avant 90 ans pour la rente certaine.

Le REÉR est un capital enregistré qui s'accumule en franchise d'impôt. D'une façon générale, quatre options de conversion s'offrent au détenteur d'un REÉR, soit :

- le retrait du REÉR ;
- la rente certaine ;
- la rente viagère ;
- le fonds enregistré de revenu de retraite (FERR).

Il est possible de combiner ces options dans les proportions désirées. Pour la personne qui procède seule à cette planification et qui n'est pas experte, la prudence est de rigueur. En effet, le choix d'une option peut être irrévocable et pourrait menacer sa tranquillité d'esprit et sa situation financière. C'est dans ce sens que l'appui d'un conseiller financier peut s'avérer le meilleur choix. Il faut bien comprendre que la période de retraite peut s'échelonner de 60 ans à plus de 90 ans, soit une période aussi longue que toute la vie active au travail. Quelle que soit l'option choisie, le REÉR doit être converti avant la fin de la 69e année de vie du client, sinon ce dernier sera imposé sur le montant global l'année suivante.

8.1.1 **LE RETRAIT DU REÉR**

Le retrait du REÉR peut être total ou partiel. Dans le cas d'un retrait total, le client dispose de la totalité des fonds, moins l'impôt à payer qui risque d'être très lourd si son taux d'imposition est élevé.

TABLEAU 8.1
Taux des retenues à la source*

Montant	Provincial	Fédéral	Total
5 000 $ et moins	16 % en 2002	5 %	21 % en 2002
5 001 $ à 15 000 $	20 % en 2002	10 %	30 % en 2002
15 001 $ et plus	20 % en 2002	15 %	35 % en 2002

* Taux modifiés à la suite du budget provincial du 29 mars 2001.

Source : Centre québécois de formation en fiscalité (www.cqff.com).

Dans le cas de retraits partiels, il sera imposé sur le montant retiré, toujours en fonction de son taux d'imposition marginal relatif à l'année civile du retrait. D'ailleurs, au moment du retrait partiel, l'établissement financier doit effectuer les retenues fiscales à même le retrait. Le client pourra réclamer ces retenues à titre de crédit remboursable dans sa déclaration de l'année en question. Le tableau 8.1 présente les retenues applicables aux retraits pour l'année 2002.

8.1.2   LA RENTE CERTAINE

La rente certaine (ou rente à terme) assure au client des prestations de capital et d'intérêts étalées sur une période déterminée.

La rente certaine doit s'étaler jusqu'à l'âge de 90 ans. Les rentes certaines peuvent procurer un revenu mensuel nivelé pendant la durée établie au contrat. Les montants annuels reçus sont imposables l'année de l'encaissement. Le montant de la rente n'est pas fonction de l'espérance de vie du client (donc de son âge) ni de son sexe. En fait, ce montant mensuel appelé « **arrérage** » dépend de quatre facteurs, soit :

■ le nombre d'années précisées dans le contrat, normalement 90 ans moins l'âge du client ou celui de son conjoint (le montant est le même pour un homme ou une femme) ;

■ le montant des fonds investis ;

■ le taux de rendement au moment de l'achat de la rente ;

■ l'établissement qui émet la rente.

Voici les principales caractéristiques de la rente certaine :

■ Elle permet de conserver des fonds en vue de la succession.

■ Au décès du rentier, les fonds restants de la rente, appelés aussi « valeur escomptée », pourront être versés au REÉR du conjoint survivant si ce dernier est âgé de moins de 69 ans et si le contrat le permet. Ce transfert s'effectue sans aucune imposition ; par contre, les retraits par le conjoint seront imposés. Le conjoint survivant peut également choisir de recevoir la rente jusqu'à la fin de la période de garantie, selon les clauses du contrat original.

■ Lorsqu'un enfant ou un petit-enfant mineur et à charge est bénéficiaire d'un REÉR (rentier sans conjoint), son tuteur peut opter pour une rente certaine qui s'étalera jusqu'à l'âge de 18 ans. Les revenus seront alors imposables au nom de l'enfant.

■ Les arrérages de la rente certaine sont généralement plus élevés que ceux de la rente viagère. Par conséquent, ce produit financier est avantageux pour le client plus âgé et moins en santé qui désire recevoir un revenu garanti sans se préoccuper de gérer son portefeuille.

La grande majorité des établissements financiers commercialisent ce type de produit. Au moment de l'achat d'une rente certaine, il est utile de consulter un spécialiste en rentes.

8.1.3   LA RENTE VIAGÈRE

Comme son nom l'indique, la rente viagère assure un revenu jusqu'au décès du rentier. Toutefois, elle peut comporter une période minimale de garantie de paiement aux héritiers ou au conjoint survivant. Lorsqu'il n'y a aucune période de garantie, on parle de rente viagère pure. Le client recherche surtout la sécurité et le meilleur revenu possible pour le restant de sa vie. **Les arrérages annuels d'une rente viagère achetée à partir d'un REÉR sont entièrement imposables.**

Plusieurs facteurs influent sur l'arrérage[1] ou montant mensuel à recevoir de cette rente.

Le sexe. Les rentes viagères sont basées sur l'espérance de vie, qui diffère chez les hommes et les femmes.

L'âge. Plus le client est âgé, plus le montant de la prestation versée sera élevé.

Les compagnies d'assurances. Ces établissements, qui sont d'ailleurs les seuls habilités à offrir ce type de rente, proposent à leurs clients des montants plus élevés quand, par exemple, ils ont de grands besoins financiers. Les écarts d'arrérages entre les différentes compagnies peuvent facilement atteindre de 10% à 15%, surtout dans les périodes d'instabilité des taux d'intérêt. Il faut donc faire des comparaisons ou, préférablement, consulter un spécialiste, tel un courtier en rentes.

Le montant à investir. Plus le montant est considérable, plus les prestations seront élevées. Un capital de 100 000$, par exemple, pourra procurer une rente viagère un peu plus élevée que le double de la rente d'un capital de 50 000$, car l'intérêt offert sera alors plus élevé.

La période de garantie. Au décès du rentier, même quelques semaines après la réception du premier arrérage, la rente viagère pure cesse automatiquement. Dans un tel cas, la succession n'hérite pas des fonds investis selon le type de contrat signé. Les arrérages ont été calculés par les actuaires en fonction de cette éventualité du décès. Pour remédier à ce qui pourrait être un sérieux problème pour certaines personnes, il est possible de constituer une rente viagère à terme garanti de 5, 10 ou 15 ans. Bien sûr, les montants d'arrérages diminuent avec l'augmentation de la période de garantie. Dans l'éventualité d'un décès, la compagnie d'assurances s'engage alors à poursuivre les versements mensuels aux héritiers, et ce jusqu'à la fin de la période de garantie.

La réversion en faveur du conjoint. Il s'agit ici de **rentes viagères réversibles ou conjointes** qui, au décès du rentier, continuent à être payées jusqu'au décès du conjoint survivant. Ce type de rentes procure des paiements mensuels moins élevés, mais peut s'avérer un excellent choix si l'objectif consiste à maintenir la qualité de vie du conjoint. Soulignons qu'il s'agit d'un produit peu courant.

Les autres types de rentes viagères. Les rentes viagères déjà mentionnées sont **immédiates,** ce qui signifie que les prestations débuteront un mois après la réception des fonds à investir (prime). On pourra aussi constituer une rente viagère **différée,** c'est-à-dire que le premier paiement s'effectuera 5 ou 10 ans

---

1. Pour établir le taux de rente, donc l'arrérage, les actuaires s'appuient sur des tables qui illustrent l'espérance de vie des individus d'un groupe cible, en prenant en considération leur sexe et leur âge.

après la constitution de la rente. D'autres options sont aussi offertes par les compagnies d'assurances, par exemple la rente viagère indexée.

8.1.4   LE FONDS ENREGISTRÉ DE REVENU DE RETRAITE (FERR)

Le fonds enregistré de revenu de retraite (FERR) s'achète uniquement à même un REÉR. Et comme dans un REÉR, les fonds s'accumulent à l'abri de l'impôt ; en ce sens, le FERR est une extension du REÉR.

Le FERR est devenu la plus souple et souvent la plus avantageuse des options de retraite. Mais là encore, il doit s'inscrire dans une approche globale de planification de la retraite. Le grave danger du FERR est la possibilité d'épuiser tout le capital très rapidement, car il n'existe aucun maximum aux retraits annuels, en dehors de la valeur escomptée du fonds.

Le principal objectif du FERR consiste à verser un revenu mensuel ou annuel régulier selon les besoins.

Voici les principales caractéristiques du FERR :

■ Le transfert d'un REÉR à un FERR peut s'effectuer à n'importe quel âge, au plus tard à la fin de la 69e année de vie du client.

■ Le FERR, tout comme le REÉR, est un véhicule financier qui peut contenir une variété d'instruments financiers selon les objectifs du client.

■ Une fois le transfert effectué et le FERR meublé de produits financiers appropriés, un montant minimal doit être retiré annuellement. L'âge du plus jeune des conjoints peut servir de référence pour le calcul des retraits minimaux. Le tableau 8.2 présente ces retraits.

■ En ce qui concerne les retenues d'impôt, les établissements financiers ne retiennent en général aucun impôt sur le minimum obligatoire de retrait, mais ils appliquent les pourcentages du tableau 8.1 à l'excédent du retrait (au-delà du minimum). Par contre, le consommateur peut exiger de son établissement financier des retenues plus élevées qui lui conviennent mieux.

■ Le FERR peut être liquidé en tout temps si les fonds sont investis dans des placements qui le permettent. Par

TABLEAU 8.2
Pourcentage des retraits minimaux à même un FERR

Âge	% *	Âge	%	Âge***	%
71**	7,38	81	8,99	91	14,73
72	7,48	82	9,27	92	16,12
73	7,59	83	9,58	93	17,92
74	7,71	84	9,93	94	20,00***
75	7,85	85	10,33	95	20,00
76	7,99	86	10,79	96	20,00
77	8,15	87	11,33	97	20,00
78	8,33	88	11,96	98	20,00
79	8,53	89	12,71	99	20,00
80	8,75	90	13,62	100 et plus	20,00

*   Pourcentage de la valeur du FERR en début d'année.

**   Pour les personnes âgées de moins de 71 ans, la formule suivante s'applique :

$$\text{Retrait minimal} = \frac{\text{Valeur du FERR (début d'année)}}{90 - \hat{A}ge \text{ (détenteur ou conjoint)}}$$

*** À compter de l'âge de 94 ans, les retraits minimaux équivalent à 20 % de la valeur du FERR en début d'année.

ailleurs, il peut être transféré dans une rente viagère ou dans une rente certaine. Lors du décès du rentier, le FERR, tout comme le REÉR, peut être transféré en franchise d'impôt au conjoint survivant.

EXEMPLE

M. Retraité possède un capital FERR de 100 000 $ au 1er janvier 2001. Le capital est placé à 10 % et les retraits se feraient en début d'année, à partir de 2001, au moment où M. Retraité aurait 71 ans exactement.

a)   Quels seront les retraits minimaux (en début d'année) pour chacune des trois prochaines années ?

b)   Quel capital possédera M. Retraité au début de 2005, à l'âge de 75 ans ?

RETRAITS MINIMAUX D'UN FERR

Début d'année	Âge	Capital en début d'année	−	Retrait en début d'année	+	Intérêt de 10 %	=	Solde en fin d'année
2001	71 ans	100 000 $	−	7 380 $ (7,38 %)	+	9 262 $	=	101 882 $
2002	72 ans	101 882	−	7 621 * (7,48 %)	+	9 426	=	103 687
2003	73 ans	103 687	−	7 870 (7,59 %)	+	9 582	=	105 399
2004	74 ans	105 399	−	8 126 (7,71 %)	+	9 727	=	107 000
2005	75 ans	107 000 **						

* Cet encadré illustre les réponses à la question a).

** Cet encadré illustre la réponse à la question b).

Note : Cet exemple est excellent pour démontrer que le FERR, s'il est investi à un taux supérieur au retrait minimal, permet de conserver le capital qui peut, au décès, être transféré au conjoint en franchise d'impôt.

8.2   LES FONDS DE REVENUS D'UN RPA

Les régimes de pension agréés (RPA) sont essentiellement des instruments à capital enregistré, comme le REÉR.

Le tout premier but des régimes de pension agréés est de fournir à l'employé, au moment d'une retraite dite « normale », une **rente viagère** garantie (RPA à prestations déterminées) ou non garantie (RPA à cotisations déterminées). Dans certaines situations, l'employé ne recevra pas cette rente maximale de retraite :

■ par exemple s'il quitte son emploi avant la retraite normale ;
■ s'il divorce.

La figure 8.2 schématise les diverses options possibles pour transférer les droits acquis de l'employé dans les cas mentionnés ci-dessus, à savoir la retraite normale, la cessation d'emploi et le divorce.

La retraite normale. L'employé recevra une rente viagère. Selon la *Loi sur les régimes complémentaires de retraite* (loi 116, 1er janvier 1990), cette rente devrait être conjointe (réversible à 60 %), sauf si le conjoint renonce à ce droit.

La cessation d'emploi. Lorsqu'un employé membre d'un RPA quitte son emploi, il doit transférer ses droits acquis dans un REÉR immobilisé (régime à charte fédérale) ou dans un compte de retraite immobilisé (CRI) (régime à charte provinciale). Le rentier pourra opter soit pour une rente viagère conjointe, soit pour un fonds de revenu viager (FRV). Les sous-sections 8.2.1 et 8.2.2 expliquent le CRI et le FRV.

S'il s'agit d'un RPA à prestations déterminées (RPAPD), le transfert dans un CRI doit s'effectuer 10 ans ou plus **avant** l'âge normal de la retraite de l'employé. Sinon, l'employé recevra une rente immédiate ou différée.

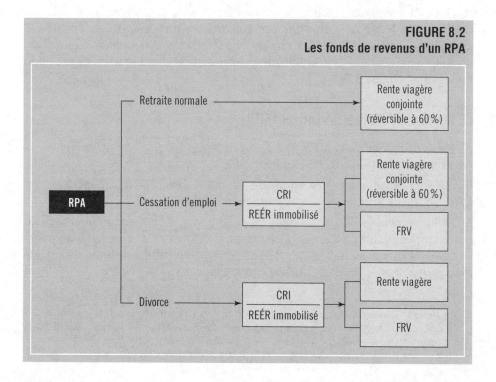

FIGURE 8.2
Les fonds de revenus d'un RPA

S'il s'agit d'un RPA à cotisations déterminées (RPACD), les conditions du transfert sont stipulées dans le contrat du régime. Par exemple, l'employé aura droit aux cotisations de l'employeur en plus des siennes s'il possède une ancienneté de 8 ans ou de 10 ans selon le régime. Si l'employé quitte son emploi (volontairement ou non) avant cette période d'admissibilité, il n'a pas droit aux contributions de l'employeur. Il ne peut encaisser les fonds, qui doivent absolument être transférés dans un REÉR immobilisé ou dans un CRI.

Le divorce. Le RPA faisant partie du patrimoine familial (*Loi sur le patrimoine familial,* loi 146, 1er juillet 1989), la période officielle de vie commune sera considérée dans le transfert des droits. Le conjoint membre du RPA verra 50 % de ses droits acquis durant cette période transférés au CRI du conjoint non membre. Les droits acquis avant et après cette période appartiennent toujours au conjoint membre du RPA. Le conjoint non membre pourra transformer son CRI en rente viagère individuelle ou en FRV (voir la figure 8.2).

8.2.1   LE COMPTE DE RETRAITE IMMOBILISÉ (CRI)

Le compte de retraite immobilisé (CRI) est un REÉR particulier dans lequel ont été versées des sommes provenant d'un RPA. C'est un véhicule d'accumulation de fonds et non de liquidation de fonds. En effet, aucun montant ne peut être retiré d'un CRI, car celui-ci doit servir à procurer un revenu à la retraite[2]. Tout comme le REÉR, il permet la croissance du capital en franchise d'impôt et doit être converti en un régime de revenus de retraite au plus tard avant la fin de l'année où la personne atteint 69 ans.

Le CRI s'apparente au REÉR immobilisé et, en fait, remplace ce dernier au Québec dans le but de mettre fin aux nombreuses sorties de fonds des REÉR immobilisés attribuables à des erreurs administratives. Les deux régimes de revenus de retraite qu'on peut obtenir à partir du CRI sont la rente viagère ou le FRV (voir la figure 8.2).

8.2.2   LE FONDS DE REVENU VIAGER (FRV)

Le fonds de revenu viager (FRV) est issu de la *Loi sur les régimes complémentaires de retraite* (loi 116, 1er janvier 1990).

La source de fonds pour l'acquisition d'un FRV doit obligatoirement être un CRI ou un REÉR immobilisé qui provient d'un RPA et non d'un REÉR.

Tout comme le FERR, le fonds de revenu viager est un régime enregistré qui fructifie à l'abri de l'impôt. Cependant, il est assorti de restrictions importantes concernant les modalités de retrait. Les **retraits minimaux** sont les mêmes que dans le cas d'un FERR (voir le tableau 8.2).

---

2. Depuis le 1er janvier 1998, une personne âgée de 65 ans ou plus peut retirer le solde de son CRI ou de son FRV si le total des montants accumulés dans ces régimes ne dépasse pas 40 % du maximum du gain admissible (MGA) de l'année de la demande. En 2001, le MGA est de 38 300 $; les montants accumulés ne doivent donc pas dépasser 15 320 $.

Quant aux retraits maximaux[3], leur calcul se fonde sur l'âge et le taux Cansim de Statistique Canada. Pour résumer cette approche un peu complexe, disons que les **retraits maximaux** entre 70 ans et 80 ans sont d'environ 8 % à 12 % du capital au 1er janvier. Ajoutons qu'aucun retrait maximal n'est rattaché au FERR sauf, bien sûr, la valeur du fonds lui-même.

Depuis le 1er janvier 1998, il n'est plus nécessaire de convertir le FRV en rente viagère avant la fin de l'année où le rentier atteint 80 ans. (Voir www.rrq.gouv.qc.ca sous « Régimes privés de retraite », puis sous « Fonds de revenu viager ».)

8.2.3 LE REVENU TEMPORAIRE

Les personnes âgées entre 54 et 65 ans peuvent retirer un montant additionnel de leur FRV en plus du montant maximal permis, à titre de revenu temporaire. Cette mesure permet d'augmenter les revenus des personnes qui ne reçoivent pas encore une rente de la RRQ. La limite de 65 ans s'explique par le fait que c'est habituellement à compter de cet âge qu'on reçoit la pension de la sécurité de la vieillesse (SV). (Voir www.rrq.gouv.qc.ca sous « Régimes privés de retraite », puis sous « Fonds de revenu viager (revenu temporaire) ».)

8.3 LES FACTEURS QUI INFLUENT SUR LE CHOIX D'UN RÉGIME ENREGISTRÉ DE REVENU DE RETRAITE

Il n'y a pas de règle ni de formule toute faite permettant de choisir entre un FERR, un FRV ou une rente. En outre, il est toujours possible de choisir une combinaison de véhicules, par exemple 50 % en FERR et 50 % en rente viagère.

Par conséquent, le planificateur doit prendre en considération un grand nombre de facteurs pour établir la meilleure combinaison de revenus de retraite pour son client, tels :

- les revenus de régimes de pension privés ou publics ;
- l'ampleur et la composition du capital de retraite du client ;
- les besoins financiers mensuels du client et leur évolution dans le temps, c'est-à-dire à 75 ans, à 80 ans, à 90 ans et plus ;
- la personnalité et la santé du client ;
- le degré de risque acceptable afin d'atteindre les objectifs ;
- les répercussions fiscales de chaque option ;

---

3. Depuis le 1er janvier 1998, une personne âgée de 65 ans ou plus peut retirer le solde de son CRI ou de son FRV si le total des montants accumulés dans ces régimes ne dépasse pas 40 % du maximum du gain admissible (MGA) de l'année de la demande. En 2001, le MGA est de 38 300 $; les montants accumulés ne doivent donc pas dépasser 15 320 $.

■ la nécessité d'utiliser un certain capital en vue de constituer une succession ;

■ le contexte économique (les taux d'intérêt).

La liste n'est pas exhaustive, mais elle est représentative des questions dont doivent discuter le client et le planificateur.

8.4 LES OPTIONS DE REVENUS DE RETRAITE À PARTIR D'UN CAPITAL NON ENREGISTRÉ

Le capital non enregistré est un capital traditionnel qu'on peut retirer sans aucune retenue d'impôt ; c'est donc un capital hors REÉR et hors RPA.

Plusieurs options s'offrent au retraité à partir d'un capital non enregistré, soit :

■ le placement traditionnel ;

■ la rente certaine ;

■ la rente viagère ;

■ la rente viagère dos à dos ;

■ l'hypothèque inversée.

8.4.1 LE PLACEMENT TRADITIONNEL

Le placement traditionnel représente simplement l'investissement d'un capital dans un ensemble de produits choisis tels que les certificats de placement garanti, les dépôts à terme, les bons du Trésor, ou dans des véhicules financiers tels que les fonds mutuels, etc.

8.4.2 LA RENTE CERTAINE

Si les fonds utilisés ne proviennent pas d'un REÉR, la rente certaine peut être prescrite ou non prescrite. Une **rente certaine prescrite** (rente non agréée) signifie que les revenus d'intérêts sont nivelés en fonction de la durée de la rente. Le nombre d'années de versement de la rente est fixé par le contribuable, et l'imposition se fait par exemple de la façon suivante.

EXEMPLE

Supposons un montant de 100 000 $ (fonds ne provenant pas d'un REÉR) à placer dans une rente prescrite à terme fixe de 10 ans, pour une personne de 70 ans. Le remboursement annuel du capital de 10 000 $ (100 000 $ ÷ 10 ans) est non imposable. Tout l'excédent représentant les intérêts est entièrement imposable, mais ces derniers sont nivelés en fonction de la durée de la rente, ce qui a pour effet de différer l'imposition.

Les rentes certaines prescrites assurent un revenu nivelé, tout en offrant au client la possibilité de laisser la valeur escomptée à ses héritiers. Elles peuvent être constituées auprès d'une fiducie, d'une compagnie d'assurances et même de certaines banques.

On peut aussi acheter des **rentes certaines non prescrites** dont les arrérages sont constants, mais qui sont composés d'une portion d'intérêt qui va en diminuant.

8.4.3   LA RENTE VIAGÈRE

De même que pour la rente certaine, la rente viagère hors REÉR peut être prescrite ou non prescrite. Une **rente viagère prescrite** (rente non agréée) engendre des arrérages annuels composés d'une portion en capital et d'une portion en intérêts, toutes deux nivelées pour la vie, et l'imposition s'effectue comme suit.

EXEMPLE

Supposons un montant de 100 000 $ (fonds ne provenant pas d'un REÉR) à placer dans une rente viagère.

Afin de calculer le remboursement annuel du capital non imposable, on divise 100 000 $ par l'espérance de vie. Par exemple, pour une espérance de vie de 20 ans, le montant non imposable serait de 5 000 $ (100 000 $ ÷ 20). L'excédent, soit l'intérêt, est entièrement imposable. Si la rente prescrite annuelle s'élève à 12 000 $, l'excédent annuel de 7 000 $ (12 000 $ − 5 000 $), considéré comme un intérêt, est imposable.

Notons que si la rente prescrite est indexée, elle perd automatiquement son statut de rente prescrite.

Dans le cas d'une **rente viagère non prescrite**, les intérêts ne sont pas nivelés et s'apparentent à ceux d'une hypothèque traditionnelle, c'est-à-dire qu'ils sont élevés au début mais diminuent au fil des ans.

La rente viagère peut être pure (sans période de garantie) ou elle peut comporter une période de garantie.

8.4.4   LA RENTE VIAGÈRE DOS À DOS

La rente viagère dos à dos (de l'anglais *back-to-back annuity*) peut s'avérer intéressante dans la situation suivante :

■ Une personne désire jouir d'un certain capital hors REÉR sa vie durant.

■ Elle désire laisser un héritage à sa succession.

■ Elle est assurable.

La rente viagère dos à dos est une rente viagère prescrite et pure, à savoir sans garantie minimale au décès, couplée à une assurance temporaire de 100 ans (T-100). Ce type de rente peut s'avérer plus rentable qu'un simple investissement de capital dans un produit financier traditionnel, tel un certificat de placement garanti (CPG), et ce en raison de la nature même de l'imposition d'une rente viagère prescrite (intérêts nivelés) et du montant relativement élevé de l'arrérage d'une rente viagère pure.

Illustrons notre propos avec deux situations. Dans la première, une personne investit 100 000 $ dans un placement traditionnel et jouit des intérêts, qui sont pleinement imposables. Elle ne touche aucunement au capital destiné à la succession. Dans la seconde situation, une personne investit dans une rente viagère dos à dos et reçoit un revenu net annuel supérieur à celui qu'elle recevrait dans la première situation. De plus, à son décès la succession reçoit le capital assuré de 100 000 $.

EXEMPLE

M. Protégé est âgé de 71 ans et possède un capital hors REÉR de 100 000 $. Son planificateur financier dresse un tableau de comparaison pour lui expliquer la rente viagère dos à dos.

Placement traditionnel et rente dos à dos
(Capital assuré : 100 000 $)

	Certificat de placement garanti	Annuité + assurance T-100
Rente viagère sans garantie	—	100 000 $
Certificat de placement garanti de 5 ans à 7,75 % (7,5 % payable mensuellement)	100 000 $	
Revenu brut annualisé (estimation)	7 500	13 000
Partie imposable (intérêts reçus)	7 500	5 400
Moins : Impôt (taux marginal : 50 %)	3 750	2 700
Revenu net après impôt	3 750	10 300
Moins : Prime d'assurance* (homme de 71 ans, non fumeur)	—	3 900
Revenu net après assurance	3 750	6 400
Capital disponible du vivant du rentier	100 000	—
Capital disponible au décès	100 000	100 000

* Les montants ne sont présentés qu'à titre d'exemple et ne reflètent pas les coûts réels d'assurance.

La rente dos à dos possède un rendement beaucoup plus élevé que celui d'un certificat de placement garanti (placement traditionnel).

Il faut cependant reconnaître que la rente dos à dos est moins rentable qu'auparavant, principalement en raison de l'augmentation des primes pour les assurances temporaires de 100 ans. La rente viagère dos à dos peut s'avérer rentable pour un homme âgé d'au moins 60 ans et pour une femme âgée d'au moins 65 ans.

8.4.5 L'HYPOTHÈQUE INVERSÉE

La résidence principale peut procurer des recettes additionnelles dans certains cas. Examinons la situation suivante :

- Un couple arrive à la retraite (65 ans) après avoir atteint l'indépendance financière. Le couple n'a aucune dette.
- Il désire conserver sa résidence principale pendant environ huit ans encore. Elle est entièrement payée.
- Outre la résidence et les capitaux nécessaires à la retraite, le couple ne possède qu'un capital minime destiné aux imprévus.
- Les revenus (pensions et placements) suffisent à alimenter le coût de vie.

Le couple prévoit effectuer de nombreux voyages, mais les revenus annuels sont insuffisants pour alimenter le nouveau coût de vie. Que faire ? L'hypothèque inversée, c'est-à-dire l'inverse d'une hypothèque, constitue une solution. Le contrat permet au couple de recevoir mensuellement le montant nécessaire destiné à financer l'excédent du coût de vie. Les montants reçus sont non imposables, car ils constituent un prêt et non un revenu. L'hypothèque contractée devra être remboursée au plus tard à la vente de la résidence, soit dans huit années selon les prévisions. D'ailleurs, la valeur de la résidence va probablement augmenter, ce qui peut compenser, en partie, le capital à rembourser.

L'hypothèque inversée peut donc comporter certains **avantages** pour les personnes âgées d'au moins 62 ans, comme tirer parti de la valeur nette de leur résidence et ainsi recevoir un revenu non imposable pendant un certain nombre d'années. Le propriétaire conserve sa maison et peut continuer d'y demeurer. De plus, les revenus engendrés ne modifient pas la pension de la sécurité de la vieillesse, le cas échéant.

Par contre, l'hypothèque inversée comporte de **nombreux désavantages.** Si l'emprunteur choisit de rembourser son prêt au moment de la vente de la propriété, par exemple dans 8 ans, un prêt de 75 000 $ à 9 % atteindra environ 150 000 $. Si la valeur de la propriété n'a pas beaucoup augmenté, cette option n'aura pas été avantageuse.

En outre, une fois l'argent dépensé, les personnes qui changent d'idée et ne désirent plus vendre leur propriété se retrouvent dans une situation financière grave qui peut affecter leur moral. D'autres verront leur succession diminuer fortement. L'hypothèque inversée ne devrait être utilisée qu'en dernier recours et avec les conseils éclairés d'un bon planificateur financier. Si toutes les autres possibilités de sources de revenus ont été épuisées, il faudra peut-être penser à vendre la maison et à en acheter une moins chère, ou tout simplement à louer un appartement.

CONCLUSION

Le retraité doit suivre minutieusement les étapes fondamentales de toute planification au moment de la retraite, soit :

- ■ l'analyse de la situation au début de la retraite ;
- ■ la définition des objectifs à la retraite ;
- ■ la recherche des moyens d'action (FERR, rente viagère, etc.) ;
- ■ la planification des rentrées et des sorties de fonds.

Les décisions prises au début d'une retraite sont souvent irréversibles. Il s'agit d'un point important pour les nombreuses personnes de 55 ans et plus qui choisissent des régimes et des placements destinés à contribuer à la qualité de vie et au coût de vie jusqu'à un âge avancé, soit 80 ans, 90 ans et plus. Un rentier qui détient un capital d'au moins 200 000 $ dans son REÉR doit absolument songer à la gestion de son portefeuille ou du moins au recours à un conseiller financier pour établir une bonne stratégie d'ensemble.

Toutes les stratégies à appliquer au moment de la retraite doivent procéder d'une sérieuse analyse de la situation financière et faire l'objet de grandes précautions.

SITES INTERNET À VISITER

- ■ Centre québécois de formation en fiscalité
  www.cqff.com
- ■ Régie des rentes du Québec
  www.rrq.gouv.qc.ca

QUESTIONS DE RÉVISION

1. Expliquez la phase de liquidation du capital et situez-la par rapport aux quatre autres phases de la planification financière (définies dans l'introduction de la partie II du volume).

2. Quelle différence y a-t-il entre les biens réalisables et les biens non réalisables ?

3. Expliquez brièvement les caractéristiques principales des produits de revenus de retraite suivants : REÉR, FERR et rente viagère enregistrée.

4. Énumérez les diverses options de retrait d'un REÉR.

5. Nommez deux avantages et deux désavantages du FERR.

6. Pourquoi une retenue à la source s'applique-t-elle au retrait d'un REÉR ? Désignez une situation où il n'y aurait pas de retenue à la source et expliquez pourquoi.

7. Quel est le principe fondamental de la rente certaine ?

8. La rente viagère achetée avec un REÉR est-elle imposable ? Pourquoi ?

9. Pourquoi les taux de rente (pour une rente viagère enregistrée ou non enregistrée) sont-ils différents selon le sexe et selon l'âge ?

10. Comment se calculent les retraits minimaux d'un FERR ? Désignez les trois éléments majeurs qui

feront qu'une personne recevra x \$ par mois et une autre personne, y \$ par mois.

11. Définissez les options de revenus de retraite à partir d'un RPA. Que se passe-t-il si l'employé quitte son emploi avant la retraite normale ?

12. Dans le cas d'un divorce, qu'arrive-t-il au RPA du conjoint membre ?

13. En quoi consiste un CRI ?

14. Qu'est-ce qu'un FRV ?

15. Pourquoi le gouvernement du Québec a-t-il instauré le revenu temporaire ?

16. Désignez quatre facteurs qui influent sur le choix d'un régime enregistré de revenu de retraite.

17. Quelles sont les options de revenus de retraite à partir d'un capital non enregistré ?

18. La rente certaine peut être achetée avec du capital enregistré ou non enregistré. Décrivez les types de rentes qu'on peut obtenir dans chaque cas.

19. La rente viagère peut être achetée avec du capital enregistré ou non enregistré. Décrivez les types de rentes qu'on peut obtenir dans chaque cas.

20. Quels sont les avantages et les désavantages de l'hypothèque inversée pour un couple âgé de 65 ans ?

Le module Placements : les produits et les marchés financiers

CHAPITRE NEUF

OBJECTIFS

- Définir les caractéristiques d'un placement
- Illustrer et expliquer la relation entre le rendement et le risque
- Établir une classification des produits financiers (bons du Trésor, obligations gouvernementales, actions, fonds d'investissement, etc.)
- Définir les grands marchés financiers (marché boursier, marché hors bourse, etc.)
- Faire connaître les sites Internet intéressants
- Établir une typologie des produits financiers
- Définir les produits dérivés de la Bourse de Montréal
- Décrire les fonds communs de placement
- Définir les fonds distincts
- Expliquer le calcul du rendement et du risque

PLAN

Introduction

9.1   L'orientation du module Placements

9.2   Les caractéristiques d'un placement
    9.2.1   La liquidité
    9.2.2   Le rendement
    9.2.3   Le risque
    9.2.4   Le traitement fiscal

9.3   Les produits financiers

9.4   Les marchés financiers
    9.4.1   Le marché boursier
    9.4.2   Le marché hors bourse
    9.4.3   Le marché monétaire
    9.4.4   Le marché des fonds d'investissement
    9.4.5   Le marché immobilier
    9.4.6   Le marché Internet

9.5   Une typologie des produits financiers
    9.5.1   Les produits financiers sécuritaires (risque nul à très faible)
    9.5.2   Les produits financiers partiellement sécuritaires (risque faible à moyen)
    9.5.3   Les produits financiers spéculatifs (risque moyen à très élevé)

9.6   Les produits dérivés
    9.6.1   Les options
    9.6.2   Les contrats à terme

9.7   Les fonds communs de placement (FCP)

9.8   Les fonds distincts

Conclusion

Sites Internet à visiter

Questions de révision

Exercices

Document : La mesure du rendement et du risque

INTRODUCTION

Le module Placements a deux objectifs principaux :

■ Présenter les divers produits financiers disponibles (actions, obligations, etc.), les marchés financiers (marché boursier, marché monétaire, etc.) qui les contiennent, ainsi que les intermédiaires du milieu institutionnel (bourses, banques, assureurs, planificateurs financiers, courtiers en valeurs mobilières, etc.). Ce premier objectif est le propos du chapitre 9.

■ Proposer une théorie de gestion de portefeuille, à savoir une stratégie de placements fondée sur un modèle intégrateur. Ce deuxième objectif forme le chapitre 10.

9.1   L'ORIENTATION DU MODULE PLACEMENTS

Le module Placements répond à la question suivante : « Quels sont les produits et les véhicules financiers disponibles qui permettent au client d'atteindre ses objectifs à court, à moyen et à long terme ? » Il ne fait aucun doute que la composition du portefeuille de placements revêt une grande importance dans cette optique. Toute stratégie de placements doit cependant tenir compte de la nature de ces objectifs et du degré de tolérance au risque du client. Le planificateur financier doit donc composer avec tous ces éléments afin de faire des recommandations qui permettent véritablement au client d'atteindre ses objectifs.

Le module Placements concerne les moyens d'action, une étape qui suit l'analyse de la situation financière et la détermination des objectifs, mais qui précède le suivi (voir la section 2.2 à ce sujet). Il s'agit donc de choisir, à l'intérieur d'une vaste gamme d'instruments financiers de tout genre, ceux qui permettent au client d'atteindre ses objectifs à court et à moyen terme, mais surtout à long terme.

Les instruments financiers comprennent les produits financiers eux-mêmes, c'est-à-dire les dépôts à terme, les bons du Trésor, les obligations, les actions, etc., ainsi que les véhicules financiers qui les contiennent, soit les régimes tels les REÉR (enregistrés), les fonds communs de placement (qui peuvent être enregistrés ou non). Rappelons que les régimes enregistrés ont été traités au module Planification fiscale (chapitre 6).

Le module Placements porte donc sur l'**investissement,** qui consiste à canaliser l'épargne (une fois les dettes réglées) vers des instruments financiers appelés **placements,** dans le but parfois de gagner à court terme un revenu ou de réaliser un gain en capital, mais surtout de préparer à plus long terme sa retraite, donc d'atteindre la deuxième étape de l'indépendance financière. Dans cette optique, soulignons que le module Placements traite de planification financière et non de spéculation financière, une activité qui s'apparente beaucoup plus à un jeu de hasard, quoi qu'on en dise. Le module s'adresse donc beaucoup plus à l'investisseur qu'au spéculateur. Nous y reviendrons.

9.2 LES CARACTÉRISTIQUES D'UN PLACEMENT

De façon générale, un produit financier, ou placement, possède quatre caractéristiques, soit :

- la liquidité ;
- le rendement ;
- le risque ;
- le traitement fiscal.

9.2.1 LA LIQUIDITÉ

La liquidité désigne le degré de facilité avec lequel il est possible de reprendre sa mise de fonds initiale. Le placement le plus liquide est le compte d'épargne, car on peut en retirer des montants en tout temps.

9.2.2 LE RENDEMENT

Le rendement fait référence au gain réalisé ou au gain espéré au moyen du capital investi. Il couvre deux réalités, soit :

- le revenu courant engendré par un placement, que ce soit sous forme d'intérêt, de dividende ou de revenu de location (pour les biens immobiliers) ;
- la plus-value ou appréciation du capital investi, qui signifie que le prix de vente ou la valeur marchande excède le coût à l'acquisition (à la vente d'une action, par exemple).

Le rendement recherché est souvent appelé « rendement escompté » ou « rendement espéré ».

9.2.3 LE RISQUE

Le risque désigne le degré d'incertitude en ce qui concerne le rendement d'un titre et la possibilité de perdre une portion du capital investi (ou le tout) à la disposition de ce titre ou encore de perdre des revenus pour obtenir le rendement espéré.

Le risque est toujours lié aux facteurs susceptibles de compromettre le rendement, que ce soit sur le plan de la nature du produit financier lui-même (un dépôt à terme est sûrement moins risqué qu'une action minière) ou sur le plan du marché et de l'économie en général (par exemple, les taux d'intérêt pourront augmenter et ainsi influer positivement sur les certificats garantis et négativement sur les obligations négociables).

Cette relation entre le risque et le rendement est illustrée à la figure 9.1 (voir aussi le document annexé à ce chapitre). Bien sûr, il existe des rendements qui ne comportent aucun risque. C'est le cas des produits financiers tels que le compte d'épargne, le dépôt à terme et le certificat de placement garanti. Lorsque le rendement espéré est très élevé, le risque l'est également, et on peut s'attendre par conséquent à une forte probabilité de fluctuation.

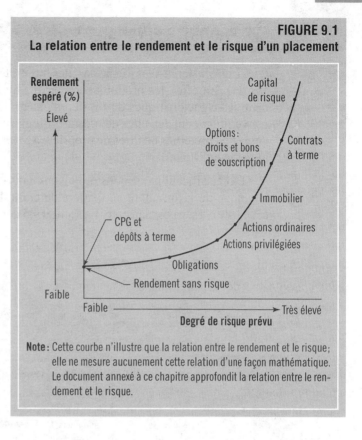

FIGURE 9.1

La relation entre le rendement et le risque d'un placement

Note : Cette courbe n'illustre que la relation entre le rendement et le risque ; elle ne mesure aucunement cette relation d'une façon mathématique. Le document annexé à ce chapitre approfondit la relation entre le rendement et le risque.

9.2.4 LE TRAITEMENT FISCAL

Le traitement fiscal concerne les règles fiscales applicables à l'acquisition, à la disposition et à la perception de revenus d'un placement ; ces règles sont fortement liées à l'attrait qu'exerce un placement par rapport à un autre. L'impôt, coût obligatoire relié au revenu de placement, force le contribuable qui veut bien évaluer la rentabilité d'un placement à toujours tenir compte du revenu après impôt.

Soulignons, au passage, que tout avantage fiscal doit être accompagné d'une rentabilité satisfaisante. En d'autres termes, on ne doit pas acheter l'avantage fiscal, mais le placement lui-même, tout en tenant compte de l'avantage fiscal.

Par exemple, certains incitatifs fiscaux (voir le chapitre 6) permettent des déductions importantes, mais ce sont la plupart du temps des placements hautement spéculatifs qu'il faut évaluer en fonction des objectifs poursuivis et du tempérament financier du client.

9.3   LES PRODUITS FINANCIERS

Il existe plusieurs classifications des produits financiers, mais aucune n'est absolue. En effet, les produits sont parfois hybrides, c'est-à-dire qu'ils possèdent des caractéristiques de plusieurs catégories. Par exemple, les obligations convertibles sont des titres de créance (d'emprunt) à revenu fixe, mais elles peuvent être converties en titres de propriété à revenu variable (dividendes plus gain ou perte en capital).

La classification que nous proposons dans le tableau 9.1 repose sur la caractéristique du **risque,** tant en matière de **capital** investi que de **revenu** généré ; cette liste n'est pas exhaustive. La section 9.5 définit les produits les plus courants.

TABLEAU 9.1
Une classification des produits financiers* selon la caractéristique du risque

Les produits financiers sécuritaires (risque nul à très faible)	Les produits financiers partiellement sécuritaires (risque faible à moyen)	Les produits financiers spéculatifs (risque moyen à très élevé)
■ Les comptes bancaires	■ Les CPG boursiers ou indiciels	■ Les actions ordinaires
■ Les obligations d'épargne	■ Les obligations gouvernementales et municipales	■ Les immeubles de location
■ Les dépôts à terme	■ Les obligations à coupons détachés	■ Les fonds communs de placement spécialisé
■ Les certificats de placement garanti (CPG)	■ Les obligations et débentures d'entreprises	■ Les parts de sociétés en commandite et les parts de fiducie
■ Les bons du Trésor	■ Les actions privilégiées	■ Les droits de souscription
■ Les fonds communs de placement (FCP) du marché monétaire	■ Les actions ordinaires de premier ordre	■ Les bons de souscription
■ Les fonds distincts	■ Les fonds communs de placement équilibré	■ Les options
■ La résidence familiale (bungalow, duplex, etc.)		■ Les contrats à terme
		■ Les diamants, les œuvres d'art et les métaux précieux

* La Commission des valeurs mobilières du Québec publie une excellente brochure intitulée *Les produits financiers — Liquidité, risque et rendement — Comment s'y retrouver,* qui traite de plusieurs placements présentés dans ce tableau (www.cvmq.com).

9.4   LES MARCHÉS FINANCIERS

Les divers produits financiers sont négociés sur les marchés financiers qui les contiennent (par exemple, le marché boursier contient les produits négociés sur les diverses bourses). La classification qui suit propose six grandes catégories de marchés financiers. Soulignons qu'il existe toutefois d'autres classifications, et que certains produits peuvent figurer dans plus d'une catégorie (par exemple, le marché Internet peut permettre d'acheter des produits boursiers comme des produits hors bourse). Voici ces six catégories :

■ Le marché boursier ;
■ Le marché hors bourse ;
■ Le marché monétaire ;
■ Le marché des fonds d'investissement ;
■ Le marché immobilier ;
■ Le marché Internet.

9.4.1   LE MARCHÉ BOURSIER

Nous n'examinerons pas dans cette catégorie le **marché boursier primaire**, c'est-à-dire le marché où l'émission des titres a lieu pour la première fois. Ces transactions concernent beaucoup plus les entreprises émettrices des titres que les particuliers. Notre intérêt se porte plutôt sur le **marché boursier secondaire**, qui représente l'ensemble des négociations boursières entre les investisseurs (acheteurs et vendeurs) en tant que particuliers. Le marché institutionnel, à savoir les entreprises qui achètent et vendent sur le marché secondaire, ne sera pas non plus étudié ici. **Dans l'optique du marché secondaire, on peut définir le marché boursier comme un marché public où se négocient principalement l'achat et la vente d'actions de sociétés inscrites à la bourse.** La société qui a émis les actions originalement ne perçoit aucun revenu à l'occasion d'une transaction sur le marché secondaire. En ce qui concerne le marché boursier, précisons quatre points très importants : 1) le rôle des courtiers ; 2) la raison d'être d'une bourse ; 3) le but des indices boursiers ; 4) les références Internet.

Le rôle des courtiers en valeurs mobilières

Sur le marché boursier secondaire, le courtier agit en général comme **mandataire** (en anglais, *broker*), c'est-à-dire qu'il ne prend pas possession des titres et est rémunéré par commission (courtage) imputée au client représenté.

La bourse

Une bourse est essentiellement un organisme sans but lucratif que des firmes de courtage membres détiennent et exploitent. C'est l'institution qui facilite tous les échanges entre les investisseurs. En 1999 s'est concrétisé le projet de restructuration des bourses canadiennes. Trois bourses pancanadiennes ont ainsi été créées, chacune ayant sa spécialité. La Bourse de Toronto est devenue la bourse des grandes entreprises et des grandes capitalisations. La Bourse de Calgary se consacre aux titres de faible capitalisation ou au capital de risque. Enfin, la Bourse de Montréal se spécialise dans les produits dérivés tels que les options et les contrats à terme qui s'adressent surtout aux investisseurs institutionnels.

Le parquet des actions de la Bourse de Montréal a fermé définitivement le 3 décembre 1999.

Les indices boursiers

Les indices boursiers permettent de mesurer l'évolution des différents marchés financiers dans leur ensemble ou de certains secteurs en particulier tels que celui des banques, des assurances, etc. Ce sont des statistiques qui mesurent la performance d'un groupe d'actions cotées en bourse.

La figure 9.2 affiche les indices TSE 300 et NASDAQ. On remarque qu'entre juillet 2000 et juillet 2001 le TSE 300 a dégringolé d'environ 3 900 points, passant de près de 11 500 points à près de 7 600 points[1], ce qui représente une baisse d'environ 34 % (figure a). Pour la même période, le NASDAQ a baissé d'environ 50 %, passant de près de 4 000 points à près de 2 000 points (figure b).

Le tableau 9.2 illustre les principaux indices boursiers au Canada et aux États-Unis. Parmi les plus importants, on trouve au Canada le TSE 300 de la Bourse de Toronto, et aux États-Unis le Dow Jones Industrial Average (DJ 30 ind.) de la Bourse de New York. Le Dow Jones est le plus ancien des indices boursiers et reflète une moyenne des prix de 30 entreprises industrielles parmi les plus importantes du New York Stock Exchange (NYSE). L'un des indices les plus surveillés aux États-Unis est le Standard & Poor 500 (S & P 500) parce

FIGURE 9.2
Les indices TSE 300 et NASDAQ

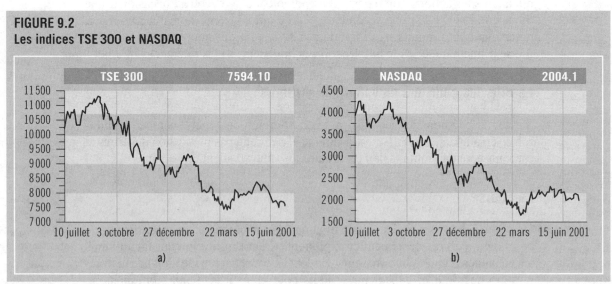

Source : *La Presse*, 7 juillet 2001, p. C7-C8.

---

1. Au moment d'écrire ces lignes, le 25 janvier 2002, l'indice TSE se situe environ au même niveau qu'en juillet 2001, c'est-à-dire à près de 7 600 points.

TABLEAU 9.2
Les indices boursiers

	Fermeture 00-04-07	Variation en 1 semaine	Ratio cours-bén.	52 semaines	
				Haut	Bas
Bourse de Toronto					
TSE 300	8 473,51	−991,68	28,91	10 176,70	6 171,51
TSE 200	480,89	−33,99	43,21	547,03	400,32
TSE 100	520,55	−64,52	27,55	632,80	403,99
S & P/TSE 60	505,84	−54,12	n.d.	604,89	390,40
TSE 35	465,39	−40,97	21,22	536,13	379,25
Canadian Venture Exchange					
CDNX	3 362,90	−868,49	n.d.	4 526,06	1 977,32
Bourses (États-Unis)					
DJ, 30 ind.	10 305,77	−805,71	21,90	11 568,80	9 063,26
DJ, transport	2 727,04	−100,68	8,60	3 797,05	2 623,83
DJ, services publics	303,86	10,78	15,60	336,03	268,59
DJ, 65 actions	2 979,84	−151,50	n.d.	3 369,20	2 817,21
DJ, Internet, composé	236,57	−31,29	n.d.	506,84	142,24
NYSE, composé	611,49	−47,94	n.d.	663,12	462,69
Amex	857,97	−130,72	n.d.	1 033,33	861,39
S & P 500	1 356,56	−159,79	28,16	1 527,46	1 205,46
NASDAQ	3 321,29	−1 125,16	n.d.	5 048,62	1 357,09
Bourses (international)					
Francfort (Dax)	7 214,83	−4,09	n.d.	7 975,95	3896,08
Hong-Kong (H.S.)	16 142,76	−4,72	n.d.	17 831,86	6660,42
Londres (F.T.100)	6 178,10	−5,96	n.d.	6 930,20	4648,70
Mexique (IPC)	6 315,91	−16,24	n.d.	8 177,42	2856,10
Paris (CAC)	6 065,71	−3,84	n.d.	6 510,28	2959,97
Tokyo (Nikkei 225)	20 434,68	0,90	n.d.	20 434,68	12879,97
Eur., Australasia, Extr.-Orient	1 095,00	−7,10	n.d.	1 112,60	662,80

Source : *Les Affaires*, 22 avril 2000, p. 77.

qu'il regroupe 500 entreprises. L'équivalent de cet indice au Canada est le
S & P/TSE 60. Pour sa part, le NASDAQ est un indice hors bourse ; nous y
reviendrons dans la prochaine sous-section.

Pour terminer, soulignons que la Bourse de Calgary (qui possède des
bureaux à Vancouver, à Winnipeg et à Toronto) utilise l'indice CDNX du Canadian Venture Exchange, dont le siège social est situé à Calgary. Cet indice
reflète les titres à faible capitalisation et les titres axés sur le capital de risque
(*venture capital*).

Les références Internet

Le nombre de **sites financiers** dans Internet est considérable, et il s'accroît sans cesse. Le chapitre 14, qui traite du milieu financier, en présente quelques-uns. Les magazines et les journaux d'affaires publient régulièrement des listes à ce sujet. Par exemple, le journal *La Presse* publie annuellement un guide intitulé *Vos finances personnelles* dont un numéro est consacré aux sites financiers (« Internet à votre service »).

Voici quelques sites fort intéressants en ce qui touche le marché boursier. Soulignons que cette liste n'est pas exhaustive et pourrait être enrichie de nombreux autres sites.

- www.hec.ca
  Site de l'École des Hautes Études Commerciales de Montréal, sous « Services et ressources » et « Salle des marchés »; liens avec les grandes bourses nord-américaines.

- www.cba.ca
  Site de l'Association des banquiers canadiens, sous « Publications — excellentes références ».

- www.webfin.com
  Informations boursières.

- www.finance-net.com
  Répertoire de plus de 1 000 sites classés par secteurs et par pays.

- www.ific.ca
  Site de l'Institut des fonds d'investissement du Canada.

- www.bloomberg.com
  Indices boursiers.

- www.wsrn.com
  Wall Street Research Net.

- www.quicken.com
  Renseignements financiers en tout genre.

9.4.2 LE MARCHÉ HORS BOURSE

Le marché hors bourse ou hors cote ne constitue pas un marché central, mais couvre plutôt les actions de certaines sociétés non inscrites à la bourse de même que **l'ensemble des opérations sur les obligations gouvernementales et municipales ainsi que sur les obligations de sociétés.** Les opérations sur ces titres se font par l'intermédiaire d'un courtier en valeurs mobilières qui joue généralement un rôle de **contrepartiste** (en anglais, *investment dealer*). Il agit en quelque sorte comme un détaillant qui prend possession d'un produit (en l'achetant à un certain coût) pour le revendre à profit. Ce dernier provient, bien sûr, de la différence entre le coût payé et le prix de vente, en d'autres mots de la marge bénéficiaire.

Il existe aux États-Unis un important marché hors bourse, la National Association of Securities Dealers Automated Quotations (NASDAQ), dont on a beaucoup parlé en 2000-2001 à la suite de la chute dramatique des titres technologiques, un domaine que privilégie ce marché (voir la figure 9.2 b). C'est un marché électronique, donc virtuel et sans parquet, maintenu par un grand nombre de courtiers américains et établi à Washington.

Le marché hors bourse canadien est beaucoup moins développé et relève du Canadian Dealing Network Inc. (CDNI), une filiale de la Bourse de Toronto.

L'importance du marché hors bourse est telle que le volume des transactions quotidiennes effectuées par la NASDAQ équivaut à plus du double du volume des transactions de la Bourse de New York. Le volume annuel des transactions du marché obligataire (hors bourse) est également plus que le double de celui du marché des actions boursières.

9.4.3   LE MARCHÉ MONÉTAIRE

Le marché monétaire peut être de deux ordres. D'une part, il peut être constitué du marché monétaire « classique » qui inclut, en majeure partie, des titres qui se négocient à court terme, tels les bons du Trésor, mais également une foule de titres comme les acceptations bancaires, le papier commercial et les dépôts en eurodollars[2]. Ce sont surtout les marchés institutionnels qui s'intéressent à ces derniers titres.

D'autre part, le marché monétaire peut aussi inclure les titres de capitaux qui ne sont pas négociés, mais simplement achetés, tels les obligations d'épargne, les dépôts à terme et, bien sûr, les certificats de placement garanti (CPG). Les particuliers s'intéressent vivement à ces titres de capitaux qui, soulignons-le, peuvent être inclus dans un fonds commun de placement. Depuis le décloisonnement des établissements financiers au Québec, le marché monétaire en général a pris un essor considérable, les banques, les sociétés de fiducie et les caisses populaires y jouant un rôle prépondérant.

9.4.4   LE MARCHÉ DES FONDS D'INVESTISSEMENT

Les fonds d'investissement ou fonds communs de placement (FCP) sont devenus depuis quelques années des véhicules de placement privilégiés par un grand nombre d'investisseurs. Il existe aujourd'hui un vaste choix de fonds qui répondent à presque tous les besoins. Nous les examinerons plus en détail à la section 9.7. (Pour de plus amples renseignements, on peut consulter le site www.ific.ca.)

---

2. Ces titres sont décrits dans nombre de sites Internet qui contiennent des glossaires (par exemple, www.cba.ca).

9.4.5   LE MARCHÉ IMMOBILIER

Le marché immobilier comprend aussi bien le marché résidentiel (achat et vente de la résidence principale) que le marché d'investissement dans les immeubles de location. L'immobilier constitue un marché très important et appartient à un domaine spécialisé du module Placements. Nous en reparlerons brièvement à la section 9.5, qui présente une typologie des divers produits financiers.

9.4.6   LE MARCHÉ INTERNET

L'achat de produits financiers comprend une foule de services bancaires disponibles dans Internet en plus de l'investissement en ligne. Ces réalités ont fait leur apparition aux États-Unis au milieu des années 1990. Avec Internet, les établissements financiers sont désormais à l'ère de l'automatisation.

La croissance phénoménale du marché Internet est principalement due à la technologie informatique. Au Québec, il existe déjà un bon nombre de courtiers en ligne. Toutes les banques, de même que la majorité des maisons de courtage traditionnelles, exploitent des firmes de courtage consacrées au service dans Internet. C'est sans contredit une révolution à beaucoup de points de vue. Toutefois, les commissions des courtiers en ligne sont considérablement moins élevées que celles des courtiers à escompte et des courtiers traditionnels. On trouve dans ce marché les grandes banques, Desjardins, ainsi que les firmes Charles Schwab, E-Trade, Merrill Lynch, Nesbitt Burns et Tassé et Associés, pour n'en nommer que quelques-unes. Ces firmes témoignent du fait que le marché Internet est solidement implanté au Québec. Il faut cependant souligner que pour une grande majorité de clients l'investissement en ligne est beaucoup plus une forme de spéculation qu'un investissement planifié selon des objectifs à long terme.

9.5   UNE TYPOLOGIE DES PRODUITS FINANCIERS

Voyons maintenant la définition des produits financiers les plus courants ainsi que leurs caractéristiques sur le plan financier et fiscal (revoir le tableau 9.1 pour la liste complète des produits).

Nous avons déjà présenté à la section 9.2 les quatre grandes caractéristiques de tout produit financier, soit la liquidité, le rendement, le risque et le traitement fiscal. Au tableau 9.1, nous avons utilisé le **risque** comme base de référence pour classifier les produits. Nous continuerons avec cette approche, en soulignant que la notion de risque et par conséquent celle de sécurité concernent ici uniquement la nature du produit et non l'établissement financier ou l'intermédiaire qui émet les titres ou gère le portefeuille.

9.5.1   LES PRODUITS FINANCIERS SÉCURITAIRES (RISQUE NUL À TRÈS FAIBLE)

Les obligations d'épargne

Les obligations d'épargne sont émises chaque année, en octobre, par le gouvernement fédéral et le gouvernement provincial à l'occasion de certaines campagnes. Ces obligations sont vendues dans tous les établissements financiers et, très souvent, par l'intermédiaire des employeurs qui effectuent alors les retenues appropriées sur les salaires. Les obligations d'épargne ne produisent que de l'intérêt, sans pertes ni gains en capital possibles.

Il existe maintenant deux types d'obligations d'épargne, tant au Québec qu'au fédéral. La première catégorie comprend les **obligations dites traditionnelles,** qui sont encaissables en tout temps à leur pleine valeur plus, bien sûr, les intérêts courus. La seule condition est de les conserver au moins trois mois, sinon aucun intérêt ne sera versé lors de l'encaissement.

La deuxième catégorie renferme les **obligations d'épargne à prime** (ou à taux progressifs) qui sont émises pour 10 ans, mais qui ne sont encaissables qu'à leur date anniversaire d'émission (sauf en cas de décès), et ce durant un mois. Elles offrent par conséquent un meilleur rendement que les obligations traditionnelles.

Les dépôts à terme

Les dépôts à terme sont des produits dont le capital est garanti pendant une période variant de 30 jours à 5 ans. L'acheteur peut les encaisser avant leur date d'échéance, mais en payant une pénalité. Les dépôts à terme nécessitent souvent des mises de fonds minimales de l'ordre de 5 000 $. Par contre, ils rapportent généralement un peu plus que les obligations d'épargne, selon le type. Si la durée des dépôts est courte, mensuelle par exemple, il incombe au client de les renouveler, de les encaisser ou de s'en servir à d'autres fins.

Les dépôts à terme ne produisent que de l'intérêt, sans pertes ni gains en capital possibles. Tous les établissements financiers en vendent.

Les certificats de placement garanti (CPG)

Les certificats de placement garanti (CPG) sont assortis d'une échéance qui varie de un à cinq ans. Ils rapportent plus que les dépôts à terme. Ils ne requièrent que des mises de fonds minimales de 500 $ ou de 1 000 $ selon l'établissement financier. Les certificats de placement garanti ne produisent que de l'intérêt, sans pertes ni gains en capital. Ils sont émis par les banques, les sociétés de fiducie et les caisses populaires. Les CPG ne peuvent être encaissés avant la date d'échéance. Certains titres permettent toutefois l'encaissement avant l'échéance, moyennant un rendement moins élevé que prévu.

Les bons du Trésor

Les bons du Trésor sont des titres à court terme de 98 jours[3], de 182 jours ou de 364 jours qui sont émis toutes les deux semaines par les gouvernements (par le fédéral surtout) afin de couvrir leurs besoins financiers à court terme. Les bons du Trésor s'achètent à escompte. **L'escompte est la différence entre la valeur promise à l'échéance et le prix payé.**

EXEMPLE

Un bon du Trésor de 98 jours d'une valeur nominale de 5 000 $ est acheté à 4 870 $. À l'échéance, l'acheteur reçoit 5 000 $. L'escompte est donc de 130 $ (5 000 $ – 4 870 $). Voici comment se calcule le rendement nominal annuel :

$$\text{Taux de rendement nominal annuel*} = \frac{\text{Valeur nominale} - \text{Prix d'achat}}{\text{Prix d'achat}} \times \frac{365}{\text{Terme}}$$

Donc $\dfrac{5\,000\,\$ - 4\,870\,\$}{4\,870\,\$} \times \dfrac{365}{98} = 0{,}099$ ou $9{,}9\,\%$

* Le taux de rendement nominal annuel est publié dans la presse financière.

En pratique, on voudra connaître aussi le taux de rendement effectif (EFF) annuel :

$$\text{Taux EFF annuel} = (1 + \text{taux périodique})^{\frac{365}{98}} - 1$$

où le taux périodique $= \dfrac{\text{Escompte}}{\text{Prix}} = \dfrac{130\,\$}{4\,870\,\$} = 2{,}67\,\%$

et $(1 + 0{,}0267)^{\frac{365}{98}} - 1 = 10{,}3\,\%$ *

* Pour résoudre cette formule mathématique, il est préférable de diviser en premier lieu 365 par 98, puis de mettre le résultat en mémoire. Il suffira par la suite d'utiliser la touche $\boxed{y^x}$.

    365 $\boxed{\div}$ 98 $\boxed{=}$ $\boxed{\text{2ndF}}$ $\boxed{\overset{\to\text{EFF}}{\text{FV}}}$ 9,9 $\boxed{=}$ $10.3.$

À partir du taux nominal annuel de 9,9 % et de la valeur nominale du bon, soit 5 000 $, on peut trouver facilement le prix à payer pour le bon du Trésor à l'aide de la formule ou de la calculatrice. La réponse est connue (4 870 $), mais le lecteur intéressé peut reprendre les calculs :

---

3. Depuis le 16 septembre 1997, les bons du Trésor de 98 jours ont remplacé ceux de 91 jours.

$$\text{Prix} = \frac{\text{Valeur nominale}}{1 + \left(\text{Taux} \times \dfrac{n}{365}\right)}$$

$$= \frac{5\,000\,\$}{1 + \left(0,099 \times \dfrac{98}{365}\right)}$$

$$= 4\,870\,\$$$

Notons que, du point de vue fiscal, les gains réalisés sont assimilés à de l'intérêt et imposés comme tels et non comme gains en capital. Les bons du Trésor sont vendus dans les établissements financiers et chez les courtiers en valeurs mobilières. S'ils sont revendus avant l'échéance, leur prix sera celui du marché. Il est nécessaire de placer des montants minimaux de 5 000 $ dans ce genre de produit financier.

Les fonds communs de placement (FCP)

Les fonds communs de placement (FCP) peuvent contenir tous les produits financiers, du plus sécuritaire au plus risqué. En ce sens, on pourrait les inclure dans chaque catégorie de produits financiers. Étant donné leurs caractéristiques particulières, nous leur réservons un traitement à part, dans la section 9.7.

La résidence principale

L'expression « résidence principale » désigne la résidence familiale occupée par le propriétaire : une maison unifamiliale (bungalow, cottage, par exemple), un duplex, un triplex ou encore un logement en copropriété.

L'achat d'une résidence principale représente beaucoup plus un choix de style de vie qu'une décision d'investir fondée sur l'évaluation des avantages financiers de l'achat par rapport à ceux de la location. Il importe donc de déterminer les besoins actuels et futurs en tenant compte, par exemple, des éléments suivants : le trajet jusqu'au travail, la proximité des écoles, des parcs et des centres commerciaux.

L'achat d'une maison constitue un investissement à long terme. Contrairement aux autres biens de consommation, telle une auto, dont la valeur déprécie d'année en année, une résidence tend à prendre de la valeur dans une conjoncture normale. En théorie, on estime que la valeur d'une maison augmente approximativement au rythme de l'inflation. En fait, bien d'autres variables entrent en ligne de compte. En général, la valeur d'une maison bien située et bien entretenue augmente sensiblement à long terme. Pour de nombreuses personnes, l'achat d'une maison représente l'opération financière la plus importante de leur vie.

La disposition d'une résidence familiale n'est pas considérée comme un gain en capital ; elle n'entraîne donc aucun impôt à payer. Cependant, dans le cas d'un duplex ou d'un triplex, la portion louée est assujettie au gain en capital de la même façon que pour un immeuble de location.

L'investissement dans une résidence

L'investissement dans une résidence se heurte à deux obstacles majeurs que les acheteurs doivent surmonter :

- La mise de fonds initiale. Il n'existe pas de normes précises afin de déterminer la mise de fonds initiale, qui se situe en général entre 10 % et 25 % du prix de la maison. Comme nous l'avons démontré à plusieurs reprises dans les chapitres précédents, les intérêts payés sur les hypothèques sont très élevés après plusieurs années. Une mise de fonds initiale maximale, pourvu qu'elle s'insère dans un plan intégré sur plusieurs années, et un remboursement rapide du solde hypothécaire sont donc préférables. Outre la mise de fonds initiale, il est très important d'évaluer avec le plus de précision possible les frais de démarrage (frais juridiques, arpentage, aménagement intérieur et extérieur de la nouvelle maison, notamment).

- La capacité de payer. La majorité des analystes recommandent que le montant consacré au logement (remboursement d'hypothèque, taxes, frais d'entretien, assurance, chauffage et électricité) ne dépasse pas 35 % du revenu net. Il s'agit d'une norme parfaitement valable, car il est nécessaire que les versements hypothécaires ne mettent pas en péril les autres objectifs fixés par le client. Cependant, plusieurs établissements financiers utilisent une norme de 32 % du revenu brut.

L'achat ou la location

Est-il préférable d'acheter ou de louer son logement ? Le problème est multidimensionnel et doit tenir compte de plusieurs éléments, soit :

- le style de vie recherché ;
- la capacité financière d'acheter la maison désirée et de maintenir la qualité de vie ;
- le nombre de personnes (adultes et enfants) ;
- le type d'investissement recherché.

Nous avons comparé l'achat d'une maison unifamiliale et la location d'un logement raisonnablement équivalent. La maison achetée est hypotéquée sur 20 à 25 ans. Le coût d'habitation comprend les versements hypothécaires (dont une portion représente le capital), les taxes, l'assurance, le chauffage, l'électricité, l'entretien principal annuel et parfois le transport si la résidence est située en banlieue. Pour ce qui est du logement, au loyer s'ajoutent l'assurance, l'entretien, le chauffage et l'électricité. Toutes les dépenses sont indexées à 4 %, mais les versements hypothécaires restent fixes.

Trois constatations majeures ressortent :

■ La première est qu'au bout de 20 à 25 ans les débours de l'un et de l'autre sont à peu près équivalents. L'hypothèque étant réglée, le propriétaire voit ses débours diminuer considérablement, ce qui l'avantage.

■ La deuxième constatation, peut-être plus significative, est que si le locataire investit les écarts annuels favorables (vu ses débours moindres que ceux d'un propriétaire) durant ces 20 à 25 années, les capitalisations finales obtenues par l'un ou l'autre sont sensiblement identiques, si on compare la plus-value de la maison au fonds accumulé par le locataire.

■ La dernière constatation porte sur le fait qu'on ne peut présumer que le locataire est suffisamment discipliné pour épargner les écarts monétaires qui lui sont favorables et les investir pendant 20 ou 25 ans d'une façon efficace.

En général, l'achat d'une maison constitue un excellent investissement et, dans de nombreux cas, permet de réaliser un rêve personnel ou familial.

Cependant, ce n'est pas le style de vie recherché par tous. Pour de nombreuses personnes, la location d'un logement leur procure une certaine liberté d'action tout en leur permettant d'investir selon leurs goûts et leurs aptitudes.

Signalons aussi que plus la résidence est coûteuse, plus il est difficile de trouver un équivalent acceptable comme logement, et plus ce dernier sera proportionnellement onéreux.

La valeur d'une résidence principale

La loi économique de l'offre et de la demande détermine le prix d'une maison. Plus la demande est forte, plus la maison prend de la valeur. De nombreux facteurs jouent sur l'offre et la demande d'une maison, donc sur la valeur de la propriété. Ils peuvent être groupés en trois points principaux :

■ L'emplacement. Tous les courtiers et agents immobiliers affirment que l'élément primordial de la valeur d'une propriété est son emplacement. Dans certains quartiers, la demande de maisons est très forte, et le stock immobilier est de plus grande valeur.

■ La qualité intrinsèque de la résidence. La qualité intrinsèque de la résidence concerne la fabrication et l'attrait de la maison. Les éléments importants portent sur la fondation, l'apparence, l'âge de la construction, la qualité des matériaux utilisés et surtout le cachet particulier.

■ La conjoncture économique. La vigueur de l'économie et les taux d'intérêt influent aussi sur la valeur d'une propriété. En période de taux d'intérêt élevés ou de récession économique, par exemple, les maisons sont plus difficiles à vendre, ce qui a pour effet d'abaisser leur valeur marchande. Pour les personnes qui vendent leur propriété afin d'en acheter une autre, ce point est de moindre importance, car la vente et l'achat portent sur des montants moins élevés.

9.5.2 LES PRODUITS FINANCIERS PARTIELLEMENT SÉCURITAIRES (RISQUE FAIBLE À MOYEN)

Nous traitons ici des placements partiellement sécuritaires qui englobent les meilleurs produits des marchés financiers, mais qui offrent tout de même un certain degré de risque au sujet du capital placé ou du rendement.

Les CPG boursiers ou indiciels

Les CPG boursiers ou indiciels sont liés à la performance de certains indices boursiers. Presque tous les établissements financiers en émettent depuis leur introduction en 1993. Leurs avantages peuvent se résumer à deux points :

■ Le capital investi (de 500 $ à 1 000 $ minimum selon l'établissement) est garanti à 100 %.

■ Le potentiel de rendement est supérieur aux CPG traditionnels, mais il n'est pas garanti.

Leurs désavantages sont plus nombreux :

■ Du point de vue fiscal, le revenu est un produit d'intérêt et n'est pas considéré comme un gain en capital (c'est donc un placement bien adapté au REÉR).

■ Tout comme les CPG traditionnels, ils ne sont pas très liquides et doivent donc être conservés jusqu'à l'échéance.

■ Le rendement est relié à l'appréciation de l'indice boursier, généralement sans égard aux dividendes versés. L'effet d'une situation défavorable peut être considérable sur les CPG boursiers de cinq ans et sept ans, par exemple.

■ Certains CPG boursiers ont un rendement maximal, par exemple 30 % sur 3 ans. Advenant une importante appréciation du marché, l'investisseur verrait son rendement total limité à ce taux de 30 % sur 3 ans.

Ce type de placement répond très bien aux besoins de l'investisseur qui désire éviter une perte de capital, mais qui veut quand même profiter d'une appréciation des indices boursiers sur une période de deux ou trois ans. On trouve des CPG boursiers reliés aux indices canadiens comme le TSE 300 ou le S & P/TSE 60, aux indices américains comme le S & P 500 et même à certains indices internationaux comme l'indice japonais Nikkei 225.

Les obligations gouvernementales et municipales

Les obligations gouvernementales et municipales sont des obligations traditionnelles avec coupons ou des obligations à coupons détachés, qui sont des titres d'emprunt à long terme.

Une obligation est un prêt consenti par un investisseur (l'obligataire) à un gouvernement ou une compagnie moyennant un montant d'intérêt, généralement semestriel, et ce pour un terme précis. Il s'agit donc ici de titres de créance à long terme, qu'il ne faut pas confondre avec les obligations d'épargne (voir la sous-section 9.5.1).

Voici quelques termes usuels qui s'appliquent aux caractéristiques des obligations en général :

Valeur nominale (ou au pair) : Le capital ou la valeur à l'échéance.

Date d'échéance : La date à laquelle le capital (valeur nominale) est remboursé. Les intérêts cessent de courir à cette date.

Taux du coupon : Le taux du coupon est inscrit sur le titre et sert à calculer les intérêts.

Coupon : La partie détachable de l'obligation, qui représente le montant en intérêt.

Taux de rendement exigé : Le taux que désire obtenir l'investisseur sur son placement. Ce taux est fonction du marché.

Sur le plan fiscal, les obligations gouvernementales et municipales comportent les contraintes suivantes :

- Les intérêts courus sur les coupons sont imposables à 100 %, au taux marginal de l'investisseur.
- À l'échéance, l'investisseur recevra la valeur nominale de l'obligation (1 000 $, 10 000 $, etc.). La différence entre cette valeur nominale et le prix payé représentera soit un gain, soit une perte en capital.
- Si l'obligation est vendue avant sa date d'échéance, la différence entre le prix payé et le montant vendu apportera un gain ou une perte en capital.

La valeur (ou prix) d'une obligation

Pour établir la valeur d'une obligation, il suffit de connaître la valeur nominale, le nombre de périodes d'ici l'échéance, le taux du coupon et le taux exigé par l'investisseur.

Le prix à payer ou la valeur de l'obligation est en fait la valeur actuelle de l'encaissement de tous les coupons futurs (intérêts) plus la valeur actuelle de l'encaissement de la valeur nominale à l'échéance, et ce à partir d'un taux de rendement établi.

$$\begin{array}{ccc} \text{Valeur actuelle} & \text{Valeur actuelle de} & \text{Valeur actuelle de} \\ \text{de l'obligation} & = \text{l'ensemble des coupons} + \text{l'encaissement à l'échéance} \end{array}$$

ou

$\boxed{\text{PV}}$ de l'obligation $= \boxed{\text{PV}}$ des coupons $+ \boxed{\text{PV}}$ du titre à l'échéance.

On peut résoudre mathématiquement cette équation à l'aide des tables financières ou de la calculatrice financière.

EXEMPLE

Une obligation gouvernementale avec coupons de 10 000 $ a été émise le 1er juin 1992 avec une échéance de 20 ans, soit le 1er juin 2012. Elle porte intérêt à 7 % (les coupons sont semi-annuels). La détentrice de cette obligation recevra donc 350 $ en intérêt tous les six mois, soit en juin et en décembre de chaque année. Le 1er juin 2012, cette obligataire recevra le dernier montant d'intérêt de 350 $ plus la valeur nominale de l'obligation, soit 10 000 $.

1. Nous sommes le 1er juin 2000. Si le taux de rendement nominal exigé et capitalisé deux fois l'an est de 10 %, quelle est la valeur actuelle de l'obligation ? Donc quel est le prix à payer ?

2. Si le taux exigé passait à 12 %, quelle serait la valeur de l'obligation ?

3. Si le taux exigé s'établissait à seulement 5 %, quel serait le prix à payer, toujours au 1er juin 2000 ?

Solutions

On peut résoudre ces problèmes à l'aide des tables financières ou de la calculatrice. Avant tout, il faut comprendre que la valeur actuelle (PV) comporte deux paramètres :

| PV | de l'obligation = | PV | des coupons + | PV | de l'obligation principale

1. **À partir des tables**

PV des coupons : table VII, $n = 24$ semestres, $i = 5$ % par semestre ; facteur = 13 798,64 pour 1 000 $ et 4 829,52 $ pour 350 $.

PV de l'obligation principale : table IV, $n = 24$ semestres, $i = 5$ % par semestre ; facteur = 310,07 pour 1 000 $ et 3 100,70 $ pour 10 000 $ (310,07 × 10).

PV de l'obligation : 4 829,52 $ + 3 100,70 $ = 7 930,22 $.

L'obligation se vend donc à escompte, car le taux exigé (10 %) est plus élevé que le taux des coupons (7 %). L'augmentation du taux de 3 points de pourcentage (10 % − 7 %) a entraîné une réduction de presque 21 % de la valeur de l'obligation.

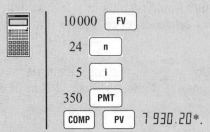

10 000   FV

24   n

5   i

350   PMT

COMP   PV   ⁊ ⁊30.20*.

* La différence de 2 ¢ provient de l'arrondissement des facteurs des tables.

2. **Avec la calculatrice**

Pour ce calcul, il suffit de conserver les données précédentes et d'appliquer 6 % [i] pour obtenir [PV] $6\,862.24$.

Le taux exigé étant supérieur au taux du coupon (12 % par rapport à 7 %), l'obligation se vendrait à escompte d'une façon encore plus marquée que dans le cas précédent au taux de 10 %.

L'étudiant est encouragé à faire le calcul avec les tables financières.

3. **Avec la calculatrice**

Pour 2,5 % [i], [PV] $11\,788.50$.

Comme le taux exigé (5 %) est moindre que le taux des coupons (7 %), l'obligation se vendrait **à prime** (11 788,50 $). Ici, une diminution de 2 points de pourcentage (7 % – 5 %) a amené une augmentation du prix de presque 18 %.

La relation entre le taux du coupon, le rendement requis et le prix d'une obligation

On peut résumer cette relation en trois points, en considérant que la valeur nominale ou valeur au pair d'une obligation a un indice de 100.

■ Si le taux du coupon est inférieur au rendement requis, le prix sera inférieur à la valeur nominale (il aura un indice inférieur à 100). L'obligation se vend alors à escompte (voir les points 1 et 2 de l'exemple précédent ; au point 2, l'obligation se vend à un indice inférieur, car le taux exigé est plus élevé).

■ Si le taux du coupon est supérieur au rendement requis, le prix sera supérieur à la valeur nominale (il aura un indice supérieur à 100). L'obligation se vend alors à prime (voir le point 3 de l'exemple précédent).

■ Si le taux du coupon est égal au rendement requis, le prix sera égal à la valeur nominale (il aura un indice de 100). L'obligation se vend au pair ou à sa valeur nominale (dans l'exemple précédent, ce calcul n'a pas été effectué, mais l'étudiant est encouragé à le faire).

La stratégie active et la stratégie passive

La stratégie active consiste à vendre ou à acheter des obligations selon le marché. Par exemple, un obligataire qui prévoit une forte hausse des taux d'intérêt pour la semaine prochaine aura avantage à vendre aujourd'hui ses fonds d'obligation, car lorsque les taux d'intérêt augmentent la valeur des obligations baisse, et vice versa. Un obligataire qui prévoit une forte baisse pourra attendre que la valeur de ses fonds d'obligation augmente et les vendre à profit, encaissant ainsi un gain en capital (imposable à 50 %).

En revanche, plusieurs obligataires investissent à long terme pour bénéficier des revenus garantis pour plusieurs années et de la valeur nominale de l'obligation à l'échéance. C'est ce qu'on appelle la stratégie passive.

La détermination du taux de rendement d'une obligation

Les courtiers proposent souvent aux investisseurs des obligations à partir d'un prix déterminé. Par exemple, on offrira une obligation dont la valeur nominale est de 5 000 $ à un prix de 4 800 $. La seule façon de juger de la validité de ce prix est d'établir le taux de rendement sur ce titre.

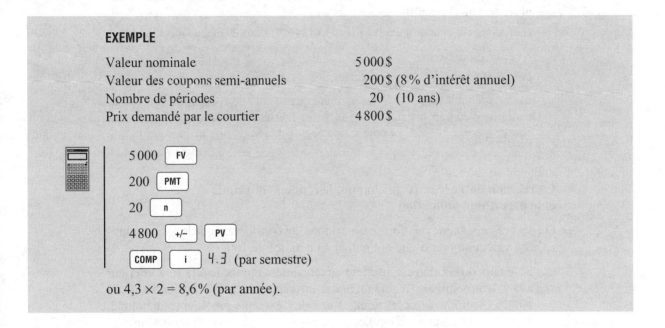

EXEMPLE

Valeur nominale	5 000 $
Valeur des coupons semi-annuels	200 $ (8 % d'intérêt annuel)
Nombre de périodes	20 (10 ans)
Prix demandé par le courtier	4 800 $

5 000   FV

200   PMT

20   n

4 800   +/−   PV

COMP   i   4.3   (par semestre)

ou 4,3 × 2 = 8,6 % (par année).

Les obligations à coupons détachés

Depuis le milieu des années 1980, on trouve sur le marché des obligations à coupons détachés (en anglais, *stripped bonds*), qui sont presque exclusivement gouvernementales. C'est la maison de courtage qui décide de détacher les coupons de l'obligation principale. Chaque coupon devient une obligation vendue séparément de l'obligation principale et donne droit à un remboursement d'un montant fixe, soit le montant inscrit sur le coupon. Cette obligation-coupon est achetée à escompte. Une obligation traditionnelle qui contient 30 coupons devient ainsi une obligation principale de 30 obligations-coupons.

Du point de vue fiscal, la différence entre le prix payé (achat à escompte) et la valeur nominale à l'échéance représente de l'intérêt et non du gain en capital. Par contre, le gain en capital réalisé par la vente à profit avant la date d'échéance serait réduit du montant des intérêts courus et imposés annuellement.

Soulignons que ce type d'investissement est très bien adapté au REÉR auto-géré, car il génère de l'intérêt et l'investisseur connaît exactement les montants et les dates d'encaissement.

EXEMPLE

Une grande maison de courtage achète pour 500 000 $ un lot d'obligations de 10 000 $ chacune. Il s'agit d'obligations gouvernementales échéant dans 15 ans avec des coupons semi-annuels portant un taux d'intérêt de 10 %. Le taux du marché pour des titres semblables est de 8 %. Émises le 1er juin 1995, elles viennent à échéance le 1er juin 2010. La maison de courtage décide de détacher les coupons sur plusieurs de ces obligations, créant ainsi 31 obligations qui seront vendues séparément.

1. Quelle est la valeur (le prix à payer) de l'obligation principale au 1er juin 1995 ?

2. Quelle est la valeur de l'obligation-coupon n° 1 au 1er juin 1995 ?

3. Quelle est la valeur de l'obligation-coupon n° 30 au 1er juin 1995 ?

Solutions

1.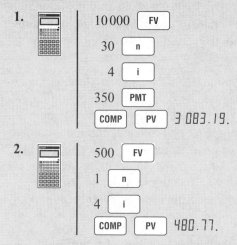

   10 000 [FV]

   30 [n]

   4 [i]

   350 [PMT]

   [COMP] [PV] 3 083.19.

2. 500 [FV]

   1 [n]

   4 [i]

   [COMP] [PV] 480.77.

3. Comme à la solution n° 2, mais avec $n = 30$.

   30 [n]

   [COMP] [PV] 154.16.

Les obligations d'entreprises

Selon leur situation financière et leurs besoins, les entreprises émettent de nombreux autres types d'obligations, dont voici les principaux.

Les débentures. Les débentures sont des obligations dépourvues de garantie, c'est-à-dire que l'entreprise ne met en gage aucun bien spécifique. Seule la réputation de bon payeur de l'entreprise tient lieu de garantie.

Les obligations convertibles. Ces obligations peuvent être échangées contre un certain nombre d'actions ordinaires de l'entreprise émettrice. En général, l'obligataire bénéficie d'une certaine période de temps pour faire la transaction, qui s'effectue sans l'entremise d'un courtier, donc sans frais.

Mentionnons que les grandes agences d'évaluation, tel le Dominion Bond Rating Service (DBRS) de Toronto, offrent des indicateurs de qualité pour les titres émis par les diverses entreprises et par les gouvernements. Par exemple, les meilleurs titres porteront la mention AAA, AA, A ou BBB. Les titres cotés BB, B ou CCC sont de moindre qualité.

Les actions privilégiées

Les actions privilégiées sont des titres de propriété qui ne comportent en général aucun droit de vote. Elles permettent cependant au détenteur de recevoir des dividendes fixes non reliés au profit de l'entreprise. En fait, le terme « privilégié » renvoie à la priorité qu'a le détenteur de ces actions sur les actionnaires ordinaires. Tout comme les obligations, les actions privilégiées reçoivent des cotes qui vont de « qualité supérieure » (P1) à « spéculatives » (P5).

Pour ce qui est du risque, l'action privilégiée se situe entre l'obligation et l'action ordinaire de premier ordre. Elle possède certaines caractéristiques de l'obligation (par exemple, le revenu fixe) et certaines caractéristiques de l'action ordinaire (ce sont des titres de propriété). D'ailleurs, certaines actions privilégiées sont convertibles en actions ordinaires. La majorité des actions privilégiées permettent des dividendes cumulatifs ; par conséquent, les dividendes non déclarés sont automatiquement reportés aux exercices financiers futurs et doivent être payés avant que les actionnaires ordinaires puissent recevoir des dividendes.

Comme on le sait, les revenus de dividendes font l'objet d'un traitement fiscal particulier par rapport aux revenus d'intérêts. En effet, le montant du dividende reçu est majoré de 25 %. En revanche, l'investisseur bénéficie de crédits d'impôt non remboursables tant au fédéral qu'au provincial (voir le chapitre 4 à ce sujet).

Les actions de premier ordre

Selon certains analystes financiers, toutes les actions ordinaires, incluant les actions de premier ordre (en anglais, *blue chips*), font partie des placements spéculatifs. Ce point de vue est fort valable, car même les meilleurs titres ont beaucoup fluctué ces dernières années. Sans entrer dans les détails, disons que c'est l'historique de l'action, sa stabilité, son rendement, etc., qui font qu'elle est de premier ordre et non son potentiel futur estimé par certains analystes. Le planificateur financier peut toujours se fonder sur la situation du client et sur le climat économique pour faire ses recommandations à ce sujet.

Les actions ordinaires et les actions de premier ordre sont des titres de propriété qui comportent un droit de vote selon le nombre d'actions possédé. Tout comme les actions privilégiées, ces titres figurent au bilan de l'entreprise sous la rubrique Avoir des actionnaires.

9.5.3 LES PRODUITS FINANCIERS SPÉCULATIFS (RISQUE MOYEN À TRÈS ÉLEVÉ)

Les actions ordinaires

La très grande majorité des actions offertes sur le marché boursier et sur le marché hors bourse sont des titres qui vont de risqués à très risqués (capital de risque). Par contre, ces titres peuvent s'avérer des stabilisateurs de portefeuille s'ils sont conservés à long terme (nous y reviendrons au prochain chapitre). Comme nous l'avons déjà dit, ces titres de propriété sont assortis d'un droit de vote.

Il existe deux grandes méthodes d'analyse des marchés boursiers, soit l'**analyse fondamentale** (ou traditionnelle) et l'**analyse technique.** Sans donner tous les détails sur ces méthodes qui font partie de cours spécialisés en placements, précisons que l'analyse fondamentale tient compte de la santé financière de l'entreprise et du secteur d'activité économique dont relèvent les titres. Cette analyse, tant qualitative que quantitative, permet de déduire le potentiel de plus-value boursière. Quant à l'analyse technique, elle repose sur l'offre et la demande des titres. Cette catégorie d'analyse essentiellement quantitative, qui nécessite l'utilisation d'un ordinateur, s'appuie sur les statistiques boursières.

Il existe aujourd'hui d'excellents logiciels qui permettent à l'investisseur autodidacte d'effectuer des analyses techniques poussées de certains titres boursiers. Plusieurs ouvrages traitent également de l'analyse technique. Par contre, l'analyse fondamentale est très utile pour mieux comprendre l'évaluation de la valeur intrinsèque d'une action[4].

La valeur intrinsèque d'une action

Pour certains investisseurs qui désirent participer activement à la gestion de leur portefeuille, la connaissance d'un modèle général d'évaluation des actions ordinaires est un atout important. En bref, cet examen consiste à :

- analyser l'environnement économique, l'industrie et l'entreprise elle-même ;
- prévoir les bénéfices et les dividendes de l'entreprise ;
- estimer la valeur intrinsèque des actions.

---

4. Voir Denis Morissette, « L'analyse fondamentale et technique », dans *Valeurs mobilières et gestion de portefeuille*, coll. « Finances », 3ᵉ éd., Trois-Rivières, Éditions SMG, 1999.

FIGURE 9.3
Le ratio cours-bénéfice

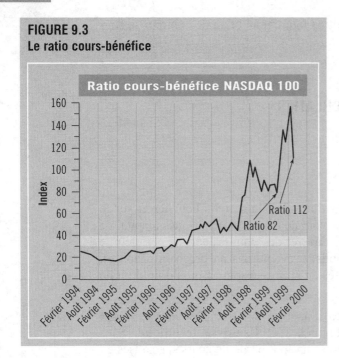

Le modèle le plus couramment employé pour estimer la valeur intrinsèque d'une action est le modèle «ratio cours-bénéfice» ou «ratio C-B». La figure 9.3 illustre les nombreux achats de titres technologiques (NASDAQ) à des ratios C-B de plus en plus élevés (100 et plus). Selon de nombreux experts, la première partie de la courbe est normale, c'est-à-dire qu'un ratio C-B de 30 à 40 au maximum pour les sociétés dont les dividendes sont en croissance est recommandable.

En pratique, l'estimation du ratio C-B peut représenter une tâche assez ardue, car il faut comparer le ratio du titre à sa moyenne historique et souvent à la moyenne historique du marché. En revanche, le calcul lui-même est assez simple.

EXEMPLE

L'action RGP se négocie actuellement à 90 $ sur le marché boursier et le bénéfice par action n'est que de 3 $; par conséquent, le ratio C-B est de 30 (90 $ ÷ 3 $). Il s'agit d'une évaluation à très court terme.

Si l'on prévoyait pour le titre RGP un bénéfice par action de 5 $ pour le prochain trimestre, la moyenne historique du ratio C-B pour les 10 dernières années étant de 25, que pourrait-on déduire au sujet de la valeur intrinsèque du titre?

$$\text{Valeur intrinsèque du titre RGP} = \text{Ratio C-B (historique)} \times \text{Bénéfice prévu par action}$$

$$= 25 \times 5\,\$, \text{ soit } 125\,\$.$$

Donc, le titre RGP est sous-évalué à 90 $ et constitue un bon achat. L'exemple est simplifié, mais il présente bien le concept qui sous-tend l'estimation de la valeur intrinsèque d'un titre boursier. Les spécialistes utilisent plusieurs modèles qui relèvent de l'analyse fondamentale pour confirmer ou infirmer leurs conclusions.

La vente à découvert

La vente à découvert consiste à vendre des titres qu'on ne possède pas, mais qu'on a empruntés auprès de la maison de courtage. L'objectif est de racheter ces titres plus tard, à un prix inférieur auquel on les a vendus en premier lieu. C'est de la spéculation pure.

L'achat sur marge

L'achat de titres sur marge s'effectue en empruntant auprès de son courtier une partie de l'argent requis. Bien sûr, des frais d'intérêt s'appliquent à cette opération. **La marge est le montant minimal que doit fournir l'investisseur.** Cette marge est établie par les bourses. Cette stratégie permet d'amplifier les profits, grâce à l'effet de levier, d'une façon inversement proportionnelle à la marge utilisée. Par exemple, si la marge est de 40 %, le facteur d'amplification sera de 2,5 (soit 1 ÷ par 0,40).

Prenons un exemple simple sans considérer les intérêts à payer ni les frais de transaction.

EXEMPLE

Sans marge

Le 1er janvier 2000, vous achetez 10 000 $ d'actions ABC qui valent 12 000 $ au 31 décembre 2000 (un an plus tard). Vous réalisez donc un profit de 2 000 $ pour un rendement de 20 %.

Avec marge

Vous obtenez de votre courtier une marge de 40 %. Par conséquent, vous achetez pour 25 000 $ d'actions ABC (40 % × 25 000 $ = 10 000 $, qui est votre mise de fonds), qui valent toujours à la fin de l'année 20 % de plus, soit 30 000 $. Votre profit est de 50 %, soit 5 000 $ de profit ÷ 10 000 $ de mise initiale. Vous avez **amplifié** votre profit par 2,5 (20 % × 2,5 = 50 %).

Si on fait les calculs avec une mise de 4 000 $ (la marge) et un achat total de 10 000 $ d'actions, qui vaudraient 12 000 $ dans un an, on arrive aux mêmes conclusions, soit 2 000 $ de profit sur la mise de 4 000 $ ou 50 % de rendement.

Voyons maintenant un exemple de l'effet contraire.

EXEMPLE

Si le titre ABC perdait 20 % de sa valeur durant la même année, qu'arriverait-il dans les deux situations de l'exemple précédent ?

Sans marge

Les actions ABC ne vaudront plus que 8 000 $ à la fin de l'année 2000. Vous avez investi 10 000 $ et vous en perdez 2 000 $, ce qui représente un rendement négatif de −20 %.

→

Avec marge

Le montant de 25 000 $ d'actions ABC ne vaudra plus que 20 000 $ à la fin de l'année 2000. Vous avez investi 10 000 $ et subissez une perte de 5 000 $ (25 000 $ − 20 000 $) ou un rendement négatif de −50 %. L'achat amplifie la perte dans la même proportion que le profit. Le courtier émettra sûrement un **appel de marge** vous enjoignant d'augmenter votre mise de fonds. Les titres ABC ayant servi à garantir le prêt, le courtier peut toujours les liquider pour rétablir la marge au montant minimal requis. Si l'on tenait compte des frais de transaction et d'intérêt, la situation serait encore plus désavantageuse. L'utilisation de cette stratégie demande donc mûre réflexion.

L'immeuble de location

L'immeuble de location constitue un instrument financier du marché immobilier. Il existe plusieurs façons d'investir dans l'immobilier : seul, avec des associés ou par une fiducie de placement immobilier. Ce type de fiducie fait des placements immobiliers de tout genre (constructions, hypothèques, terrains). L'incorporation peut devenir un véhicule d'investissement immobilier, surtout pour l'investisseur spécialisé.

Si l'immobilier a généralement permis à de nombreux investisseurs de juguler l'inflation et d'obtenir des gains en capital intéressants, il faut aussi signaler les revers de situation très coûteux en cas d'achat malencontreux ou de crise économique.

Un principe fondamental s'applique : cette catégorie d'investissement partiellement spéculatif à spéculatif doit s'insérer dans une politique prioritaire de placements. Un acheteur unique peut toujours revendre l'immeuble, mais les parts d'une fiducie de placement immobilier sont plus difficiles à vendre. Lorsqu'il s'agit d'une convention immobilière à laquelle plusieurs associés participent, la revente d'une partie indivise de la propriété s'avère également difficile.

La tactique qui consiste à emprunter en vue d'investir peut permettre de réaliser des gains considérables lorsque tout va bien, mais peut devenir dangereuse dans le cas contraire. Les spécialistes de l'immobilier possèdent souvent un réseau impressionnant d'immeubles administré par un système structuré et informatisé de gestion immobilière. Ils sont généralement bien organisés pour faire face aux quelques déboires qui peuvent survenir dans leur entreprise. Ce n'est pas le cas de la majorité des investisseurs.

L'immobilier, source d'enrichissement ?

Depuis plusieurs années, on ne peut plus compter sur des augmentations de loyers comme dans les années 1980. De plus, le fédéral a éliminé l'exonération de 100 000 $ sur le gain en capital. La clé de la réussite, c'est souvent de payer un prix raisonnable à l'achat.

Néanmoins, l'immobilier peut s'avérer une source d'enrichissement pour un investisseur intéressé. Celui-ci doit savoir à qui confier la gestion financière, la perception des loyers, l'entretien et la location. Des entreprises se spécialisent en gérance d'immeubles, mais qu'advient-il de la rentabilité ? En bref, l'investisseur doit savoir ce que signifie un investissement immobilier avant d'acheter. Il doit avoir du temps, des connaissances techniques et le goût de l'immobilier, surtout s'il désire gérer seul ses immeubles.

Les critères de sélection

Une fois la décision prise et l'achat sérieusement envisagé, une liste de critères de sélection permet à l'investisseur de s'assurer du meilleur rendement possible. Il doit donc se poser des questions sur différents points, soit :

- le bien-fondé du prix de vente de l'immeuble ;
- le bon état de l'immeuble ;
- la suffisance et la stabilité du taux d'occupation ;
- la qualité des baux ;
- les frais d'exploitation ;
- l'augmentation de la taxe foncière à l'achat de l'immeuble ;
- le bon état, la grandeur et l'ensoleillement des logements ;
- la compétitivité des loyers relativement à d'autres immeubles comparables ;
- la qualité du quartier ;
- le fonds de roulement nécessaire.

Cette liste non exhaustive de critères de sélection est indispensable à l'investisseur moyen. Une bonne analyse des états financiers des années précédentes, s'ils sont disponibles, permet d'évaluer la rentabilité d'un immeuble.

Les bons de souscription et les droits de souscription

Les **bons de souscription** (*warrants*) constituent une option d'achat offerte par une corporation (et non par un investisseur indépendant, comme dans le cas des options) permettant à ses actionnaires de lui acheter un certain nombre d'actions à un prix fixé d'avance et pour une période de temps déterminée. Ces bons sont habituellement attachés aux obligations ou aux actions privilégiées, ce qui en facilite l'émission. Ils sont généralement négociables, c'est-à-dire qu'ils peuvent être vendus sur le marché secondaire. L'échéance du bon peut varier entre 1 an et 10 ans.

Les **droits de souscription** (*rights*) constituent une option d'achat offerte par une corporation à ses actionnaires. Si l'actionnaire possède 1 % des actions, ces droits lui permettront d'acquérir 1 % des actions de la nouvelle émission d'actions reliée à l'existence des droits de souscription. Ces droits sont négociables sur le marché secondaire. L'échéance de l'option peut varier de quatre à six semaines.

Les parts de sociétés en commandite

Une société en commandite est formée de plusieurs associés qui investissent en vue de réaliser un projet particulier qui peut concerner l'immobilier, l'exploitation minière ou les productions cinématographiques. Certaines de ces sociétés en commandite constituent des abris fiscaux (voir le chapitre 6).

Les associés ou commandités font démarrer le projet et en assument la gestion. Les commanditaires, quant à eux, apportent le financement supplémentaire en achetant des parts. Une fois le projet réalisé, la société peut être dissoute ; les commandités rachètent alors les parts des commanditaires.

Entre-temps, ces parts peuvent avoir pris ou perdu de la valeur selon la réussite du projet. Ainsi, dans le cas d'un film qui n'obtient pas de succès, le commanditaire peut facilement perdre une partie ou la totalité du montant investi.

Les parts de fiducie

Les parts de fiducie concernent la participation dans les actifs nets et les bénéfices nets d'une fiducie qui généralement s'intéresse aux actifs immobiliers ou aux redevances provenant de la production de pétrole ou de gaz (fiducies de redevances ; en anglais, *trust units*). Les fiducies présentent de nombreux avantages fiscaux aux investisseurs.

Les œuvres d'art et les métaux précieux

Le domaine des œuvres d'art et des métaux précieux est considéré comme hautement spéculatif. Il passionne les connaisseurs qui peuvent y consacrer temps, talent et argent. Certains placements sont des investissements autant financiers qu'artistiques. Les œuvres d'art comprennent les peintures, les collections et les antiquités. Les métaux précieux regroupent l'or, l'argent et d'une certaine façon les diamants.

9.6   LES PRODUITS DÉRIVÉS

Comme nous l'avons mentionné au début du chapitre, la restructuration majeure des bourses canadiennes en 1999 a amené la fermeture du parquet des actions de la Bourse de Montréal, qui est devenue depuis la **Bourse canadienne des produits dérivés.**

Le terme « dérivé » s'applique à une gamme étendue de produits de négociation qui ne possèdent pas de valeur réelle, mais qui dérivent plutôt du **droit** qu'ils confèrent à l'investisseur relativement à d'autres produits financiers (des actions par exemple) ou à d'autres titres non financiers (viandes, céréales, etc.).

Il existe deux grandes catégories de produits dérivés : les **options** et les **contrats à terme.** C'est un domaine de très grande **spéculation** qui utilise, tout comme celui de l'assurance, le principe de **transfert du risque** comme protection contre les fluctuations de prix du marché. On y trouve donc des **spéculateurs,** qui misent sur la fluctuation de la valeur du produit (or, pétrole, oranges, café, obligations, devises, etc.), et des **producteurs et utilisateurs,** qui veulent se protéger de ces mêmes fluctuations de prix. Nous aborderons brièvement chaque catégorie et renvoyons le lecteur intéressé au site de la Bourse de Montréal (www.boursedemontreal.com). Cet excellent site présente l'historique de la Bourse et décrit son fonctionnement ainsi que ses produits dérivés (www.institutdesderives.com)[5]. La plus grande bourse de produits dérivés est le Chicago Board of Options Exchange (CBOE), aux États-Unis.

9.6.1   LES OPTIONS

À la Bourse de Montréal se négocient entre autres des options d'achat (en anglais, *call*) et des options de vente (en anglais, *put*). L'**option d'achat** donne à l'investisseur le droit (non l'obligation) d'acheter un titre (une action par exemple) à un certain prix jusqu'à une date donnée. L'investisseur achète une option d'achat lorsqu'il prévoit une **hausse du titre sous option.**

EXEMPLE

Le titre ABC juillet/45 $ est sous option avec une prime de 3 $, et le titre se négocie actuellement à 47 $. Selon cet énoncé :

- le prix de l'option est de 3 $;
- l'offre prend fin en juillet ;
- le prix d'exercice ou de levée de l'option est de 45 $, et non de 47 $;
- un lot de 100 options vous coûtera 300 $ (3 $ × 100 actions).

1. Si le titre ABC vaut 55 $ au début de juillet, vous levez l'option et votre profit sera de 7 $ (55 $ – [45 $ + 3 $]).

2. Si le titre chute à 40 $ au début de juillet, votre perte sera de 300 $, soit la prime payée pour le lot de 100 actions. Vous pourriez toujours essayer de revendre l'option avant l'échéance pour éviter cette perte.

---

5. Il existe des sites plus spécialisés sur les produits dérivés, tel www.attac.org/fra/list/doc/zachary3.htm.

L'**option de vente** donne à l'investisseur le droit de vendre (et non d'acheter) un titre ; c'est l'inverse de l'option d'achat. Les caractéristiques de fonctionnement sont semblables dans les deux cas. Si l'investisseur prévoit une baisse de la valeur du produit sous option, il achète celui-ci et exige la vente à prix supérieur promise à l'option.

9.6.2   LES CONTRATS À TERME

Les contrats à terme sont des ententes en vertu desquelles un vendeur accepte de délivrer un bien à un acheteur. Ces contrats se négocient à la bourse, tout comme les contrats relatifs aux obligations du gouvernement, aux acceptations bancaires et aux indices boursiers. Ils représentent une **obligation d'acheter ou de vendre** un bien financier ou une denrée (blé, orge, métaux, etc.). Les contrats à terme impliquent une quantité donnée, un prix fixé d'avance et une date d'échéance.

EXEMPLE

Vous êtes producteur de blé et vous espérez vendre votre récolte au moins 7 $ le boisseau en septembre 2001. Cependant, le prix du marché peut très bien atteindre 10 $ ou tomber à 5 $ le boisseau d'ici septembre 2001. En avril 2001, vous vous protégez en vendant votre récolte à l'avance 7 $ le boisseau. Vous aurez signé avec votre acheteur un contrat à terme qui vous garantit 7 $ le boisseau quoi qu'il advienne.

Note : Nous suggérons au lecteur avisé qui recherche une information plus détaillée au sujet des produits dérivés de consulter Denis Morissette, « Les options » et « Les contrats à terme », dans *Valeurs mobilières et gestion de portefeuille,* 3e éd., Trois-Rivières, Éditions SMG, coll. « Finances », 1999.

9.7   LES FONDS COMMUNS DE PLACEMENT (FCP)

Les fonds communs de placement ou fonds d'investissement ou encore fonds mutuels sont des véhicules financiers dont le réservoir de capitaux est constitué d'un ensemble d'investissements administré par un établissement financier.

Nous faisons référence ici aux fonds vendus par les sociétés d'investissement à capital variable (SICAV). Ces fonds, nommés FCP, peuvent être achetés et vendus au gré du client. Ce dernier peut acquérir des parts d'un FCP auprès d'une banque, d'une caisse populaire ou d'une fiducie, ou même directement du fonds. L'acheteur doit toujours s'enquérir des frais qui sont exigés (frais d'acquisition, frais de gestion et frais de retrait, etc.). Par ailleurs, il peut acheter des parts d'un FCP en passant par un courtier traditionnel ou à escompte ; dans ce cas, une commission s'ajoute évidemment aux autres frais. Soulignons que des frais de gestion variant de 1 % à 3 % sont applicables à la majorité des fonds au Canada.

Le principe des FCP est simple : les détenteurs de parts d'un fonds sont propriétaires de ce fonds au prorata du capital qu'ils y ont placé.

Plusieurs raisons ont motivé les consommateurs avertis à investir dans les FCP, plus particulièrement depuis le début des années 1990. Entre autres raisons, on trouve :

- la complexité grandissante des produits financiers ;
- la volonté de mieux préparer sa retraite ;
- le concept de la diversification du portefeuille ;
- l'attrait d'un meilleur rendement lorsque les taux d'intérêt sont relativement bas ;
- la gestion professionnelle des FCP commercialisés par les établissements financiers établis et par la majorité des corporations professionnelles ;
- une population de tout âge qui recherche des placements offrant de bons rendements ;
- l'accessibilité des FCP, qui peuvent être achetés ou vendus auprès de la majorité des établissements financiers ;
- le grand choix de fonds ; il y en a en effet pour tous les goûts et toutes les bourses.

Depuis 1995, la popularité grandissante des FCP a suscité la normalisation des diverses catégories de fonds. Il existe en 2001 au Canada plus de 4 000 fonds disponibles et plus de 30 catégories de fonds. À eux seuls, les fonds d'actions couvrent une douzaine de catégories, comprenant les fonds d'actions canadiennes, les fonds d'actions américaines, les fonds d'actions européennes, etc.

La classification suivante est établie en fonction du risque des fonds. Bien qu'elle soit élémentaire, elle illustre tout de même le vaste choix de fonds qui s'offre à l'investisseur.

- **Fonds sécuritaires (risque nul à très faible)**
  - Les fonds du marché monétaire
- **Fonds partiellement sécuritaires (risque faible à moyen)**
  - Les fonds d'obligations
  - Les fonds d'hypothèques
  - Les fonds équilibrés (axés surtout sur le revenu)
- **Fonds spéculatifs (risque moyen à élevé)**
  - Les fonds équilibrés axés sur la croissance
  - Les fonds indiciels
  - Les fonds d'actions en général
  - Les fonds de science et technologie

- Les fonds internationaux[6]
- Les fonds de ressources

Les FCP sont en train de devenir le véhicule préféré d'un très grand nombre d'investisseurs, et leur popularité ne cesse de croître. Plusieurs études américaines révèlent que les acheteurs de FCP ont des revenus élevés et sont en général très scolarisés. Les fonds peuvent aussi être inclus dans des régimes enregistrés tels que le REÉR ou le FERR. Sur le plan fiscal, les revenus produits par ces fonds enregistrés (intérêts, dividendes, gains en capital) ne sont pas imposables tant qu'ils ne sont pas retirés. Cependant, au moment du retrait, les intérêts gagnés, les dividendes déclarés et le gain en capital perdent leur nature et s'ajoutent tout simplement au revenu imposable pour l'année du retrait.

Il en va autrement si les fonds ne sont pas enregistrés. En effet, les administrateurs calculent les intérêts réalisés par le fonds ainsi que les dividendes canadiens et étrangers et les gains en capital. L'investisseur devra déclarer sa part de revenus exactement comme s'il avait reçu les montants directement et, bien sûr, il devra payer les impôts exigibles.

Le lecteur intéressé pourra consulter le site de l'Institut des fonds d'investissement du Canada (www.ific.ca), qui donne de précieux renseignements sur les FCP. On trouve par exemple sous « Information aux investisseurs » bon nombre de dépliants informatifs (format PDF), dont « L'abc des fonds communs de placement » (18 pages), qui décrit tous les FCP, y compris les fonds indiciels dont le portefeuille est lié à un indice boursier particulier. Le site fournit également un glossaire des termes financiers. Le lecteur avisé peut consulter le site www.aicfunds.com pour mieux comprendre les distributions des fonds non enregistrés.

9.8 LES FONDS DISTINCTS

Techniquement, les fonds distincts ne sont pas des FCP, mais ils présentent avec ceux-ci certaines similarités. Ce sont des fonds que l'industrie de l'assurance-vie a commercialisés. Les fonds distincts sont habituellement garantis. La garantie peut cependant varier de 75 % à 100 % du capital investi sur une période donnée (par exemple, 10 ans). Comme avec n'importe quel produit d'assurance, l'investisseur doit payer une prime qui permettra de garantir le capital advenant le décès avant la fin du délai. Par conséquent, les frais de gestion applicables aux fonds distincts sont supérieurs à ceux liés aux FCP. Les fonds distincts ne sont pas assujettis à la limite actuelle de 30 % relative au contenu étranger. Ces fonds sont intéressants pour les travailleurs autonomes et les professionnels, car ils peuvent offrir une protection contre les créanciers.

---

6. Il existe aujourd'hui des fonds « clones » ou « miroirs » qui permettent à l'investisseur de contourner la limite de 30 % de contenu étranger. L'approche étant complexe, nous renvoyons le lecteur intéressé au site de l'IFIC (www.ific.ca).

CONCLUSION

Depuis le début des années 1990, la croissance de l'industrie financière est phénoménale. De plus en plus de consommateurs se soucient de leur indépendance financière et se renseignent sur les produits financiers grâce aux nombreuses publications de qualité qu'il y a au Québec maintenant, aux établissements financiers qui publient une foule de brochures informatives et aux nombreux professionnels, qui deviennent de plus en plus qualifiés. La venue d'Internet a également influencé beaucoup d'investisseurs.

Le comportement baissier des marchés financiers, de l'été 2000 à l'été 2001, a montré aux investisseurs que **spéculation et investissement ne vont pas toujours de pair.** Les professionnels du milieu financier ont joué un rôle important durant cette période en rappelant à leurs clients les règles de base d'une saine gestion de portefeuille. C'est d'ailleurs le propos du prochain chapitre.

SITES INTERNET À VISITER

- AIC Group of Funds
  www.aicfunds.com
- Association des banquiers canadiens
  www.cba.ca
- Bourse de Montréal
  www.boursedemontreal.com
- Commission des valeurs mobilières du Québec
  www.cvmq.com
- École des Hautes Études Commerciales de Montréal
  www.hec.ca
- Indices boursiers
  www.bloomberg.com
- Institut des fonds d'investissement du Canada
  www.ific.ca
- Le marché des produits dérivés
  www.attac.org/fra/list/doc/zachary3.htm
- Le site pour vos finances
  www.webfin.com
- Renseignements financiers en tout genre
  www.quicken.com
- Votre porte d'entrée sur le Web financier
  www.finance-net.com
- Wall Street Research Net
  www.wsrn.com

QUESTIONS DE RÉVISION

1. Quelle est la différence entre un produit financier et un véhicule financier?

2. Décrivez brièvement les grandes caractéristiques des produits financiers.

3. En quoi consiste la relation entre le risque et le rendement?

4. Quelle classification avons-nous utilisée pour les produits financiers? Expliquez-en les grandes lignes.

5. Décrivez brièvement les grands marchés financiers du Canada.

6. Expliquez la différence entre le marché boursier primaire et le marché boursier secondaire. Quel est le rôle du courtier sur le marché secondaire?

7. Que signifie l'indice TSE 300?

8. Nommez deux indices canadiens, trois indices américains et trois indices internationaux.

9. En quoi consiste le marché hors bourse? Quel est le produit principal négocié sur ce marché?

10. Désignez trois différences importantes entre les obligations d'épargne et les obligations traditionnelles du gouvernement.

11. En quoi consistent les bons du Trésor? Comment évalue-t-on leur rendement?

12. Expliquez pourquoi la vente de la résidence familiale, s'il s'agit d'un duplex, pourrait être assujettie à l'impôt.

13. Comment fonctionnent les CPG boursiers?

14. Comment fonctionnent les obligations à coupons détachés?

15. Que signifie l'expression «valeur intrinsèque d'une action»?

16. En quoi consiste le marché des produits dérivés?

17. Nommez les principaux avantages des fonds communs de placement (FCP). Pourquoi certains investisseurs y voient-ils des inconvénients?

18. En quoi consistent les fonds distincts?

EXERCICES

1. Un bon du Trésor possède une valeur nominale de 10 000 $ et vient à échéance dans 98 jours. Il se vend 9 850 $ sur le marché secondaire.

   a) Quel est son taux de rendement périodique?

   b) Quel est son taux de rendement nominal annuel?

   c) Quel est son taux de rendement effectif annuel?

2. Votre client a acheté il y a plusieurs années un bon du Trésor de 10 000 $ et de 91 jours qu'il avait payé exactement 9 911,30 $. Il vous demande de calculer les taux de rendement suivants:

   a) le taux de rendement périodique;

   b) le taux de rendement nominal.

3. Une grande firme de courtage a acheté un lot de deux millions de dollars d'obligations du gouvernement canadien. Les obligations, de 50 000 $ chacune, viennent à échéance dans 12 ans et leurs coupons affichent un taux annuel de 7 %. Les intérêts sur les coupons sont versés semi-annuellement. La majorité de ces obligations seront vendues avec leurs coupons et un certain nombre seront vendues avec les coupons détachés. Ainsi, la firme de courtage pourra créer 24 nouvelles obligations-coupons de 1 750 $ chacune, avec des dates d'échéance variant de 6 mois à 12 ans, en plus de l'obligation principale de 50 000 $.

   Considérons en premier lieu les obligations traditionnelles.

   a) Si le taux de rendement nominal capitalisé deux fois l'an exigé par le marché est de 8 %, quelle est la valeur actuelle (PV) de ces obligations de 50 000 $?

b) Si le taux exigé par le marché est de 6 % seulement, quelle est la PV ?

c) Si le taux passe à 10 %, quelle est la PV ?

d) Si le taux exigé s'établit à 7 %, quelle est la PV ?

Considérons maintenant les obligations à coupons détachés et assumons que le taux de rendement nominal capitalisé deux fois l'an exigé par le marché est de 12 %.

e) Quelle est la valeur actuelle de l'obligation principale ?

f) Quelle est la valeur actuelle du premier coupon ?

g) Quelle est la valeur actuelle du dernier coupon ?

Note : Pour effectuer les exercices 4 et 5, il faut avoir lu le document à la fin du chapitre.

4. L'action de l'entreprise Blanchet valait 35 $ le 1er janvier 2000. Au 30 juin 2000, elle avait atteint 40 $ au moment même où l'entreprise avait déclaré un dividende de 4,10 $ par action. Quel serait le taux de rendement périodique (6 mois) pour cette action ?

5. Un client vous consulte en tant que planificateur financier au sujet de son portefeuille. Il hésite entre quatre fonds communs de placement, qui sont tous des fonds d'actions canadiennes. Il recherche le rendement le plus élevé possible, mais il veut minimiser son risque. Il vous montre le tableau suivant.

Fonds	Sur 5 ans	
	Rendement moyen	Écart type
A	8 %	± 15 %
B	15 %	± 10 %
C	15 %	± 12 %
D	10 %	± 5 %

Quel fonds lui recommanderez-vous ?

LA MESURE DU RENDEMENT ET DU RISQUE

PLAN

Introduction

Les rendements passés ou historiques d'un titre

Le rendement périodique d'un titre

    Le calcul du rendement réel

Le rendement futur ou exigé ou espéré d'un titre

L'évaluation du risque financier

INTRODUCTION

La figure 9.1 illustrait la délicate relation entre le rendement espéré de certains titres (bons du Trésor, obligations, actions, etc.) et le risque prévu quant à la réalisation de ce rendement. Nous verrons l'importance de cette relation au prochain chapitre sur la gestion de portefeuille. En effet, des titres qui sont considérés comme risqués ou volatils peuvent devenir, à long terme, des éléments stabilisateurs dans un portefeuille bien diversifié.

Le rendement espéré ou exigé est le rendement exigé par le marché à un moment donné. Il ne s'agit pas du rendement exigé, par exemple, par un investisseur qui désirerait un taux de 20 % alors que le marché pour ce titre est de l'ordre de 8 %. Une certaine dose de réalisme s'impose. Les questions que nous aborderons dans ce document se résument à l'évaluation de certains aspects spécifiques du rendement ou du risque d'un titre, à savoir :

■ Comment évaluer les rendements passés ou historiques d'un titre ?

■ Comment évaluer le rendement périodique d'un titre ?

■ Comment évaluer le rendement exigé d'un titre ?

■ Comment évaluer le risque d'un titre ?

Ce document servira aussi à mieux comprendre ces mêmes questions au regard d'un portefeuille qui contient de nombreux titres.

LES RENDEMENTS PASSÉS OU HISTORIQUES D'UN TITRE

L'évaluation des rendements passés d'un titre nécessite l'analyse financière des performances passées de ce titre, et ce sur une période de 5 à 10 ans si possible.

Prenons l'exemple du titre ABC, une action qui n'a que quatre années d'existence. Le tableau 1 donne les rendements réalisés durant ces quatre premières années.

TABLEAU 1
Rendements de l'action ABC

Année	Rendement
1998	18 %
1999	6 %
2000	26 %
2001	−34 %

La **moyenne arithmétique** des rendements révèle un rendement moyen (**Rm**) de 4 % (16 % ÷ 4). Lorsqu'un titre est très volatil (forte variation du rendement), comme l'action ABC, le rendement moyen n'est pas très utile. Plusieurs analystes financiers se servent de la **moyenne géométrique (Rg)**[1], car elle

---

1. $Rg = ([1 + 0,18] [1 + 0,06] [1 + 0,26] [1 + (-0,34)])^{1/4} - 1$
= environ 1 %.

mesure le rythme moyen de la richesse d'un investisseur en tenant compte du rendement composé, ce que ne fait pas la moyenne arithmétique.

LE RENDEMENT PÉRIODIQUE D'UN TITRE

Comment a-t-on évalué les différents rendements périodiques présentés dans le tableau 1 ? Prenons l'exemple de l'action ABC pour 1998, qui affichait un rendement de 18 %.

$$\text{Rendement périodique} = \frac{P2 - P1}{P1} + \frac{D}{P1} = Rp$$

où   Rp = le rendement périodique du titre (ici, la période est d'une année, mais il pourrait s'agir d'une semaine ou d'un mois) ;

P1 = le prix du titre au début de la période ;

P2 = le prix du titre à la fin de la période ;

D = le dividende (parce qu'il s'agit d'une action, mais il pourrait tout aussi bien désigner l'intérêt d'une obligation d'épargne ; D représente donc le revenu qu'on présume recevoir en **fin de période**).

Dans le cas de l'action ABC, nous offrons l'information suivante :

P1 = le prix du titre au début de 1998 : 40 $;

P2 = le prix du titre à la fin de 1998 : 43,20 $;

D = le dividende (en fin de période) : 4 $.

$$Rp = \frac{43,20 - 40}{40} + \frac{4}{40}$$

$$= 8\% + 10\%$$

$$= 18\%$$

C'est une approximation très valable pour l'objectif que nous poursuivons. Nous n'avons pas pris en considération ici les frais de transaction ni le traitement fiscal du rendement ainsi déterminé.

Prenons le cas d'une obligation d'épargne qui rapporterait 8 % l'an. La même formule s'applique,

mais ici P2 = P1 (l'obligation d'épargne payée 100 $ vaut toujours 100 $ au bout d'une année, plus bien sûr l'intérêt de 8 $). Dès lors, son rendement périodique (une année) se calcule comme suit :

$$Rp = \frac{8\$}{100\$} = 8\% \text{ pour un an}$$

LE CALCUL DU RENDEMENT RÉEL

L'approche pratique

Si l'inflation pour cette année était de 3 %, le taux de rendement réel ne serait que de 5 % avant impôt (soit 8 % – 3 %). Avec un impôt marginal de 40 %, le rendement réel après impôt ne serait que de 1,8 % :

Rendement	8 %
Moins : Impôt (40 %)	3,2 %
Rendement net	4,8 %
Moins : Inflation	3,0 %
Rendement réel	1,8 %

L'approche théorique

$$\text{Rendement réel} = \left(\frac{1 + \text{taux de rendement}}{1 + \text{taux d'inflation}}\right) - 1$$

$$= \left(\frac{1 + 0,048}{1 + 0,03}\right) - 1 = 1,75\%$$

LE RENDEMENT FUTUR OU EXIGÉ OU ESPÉRÉ D'UN TITRE

On pourrait difficilement se servir du tableau 1 pour évaluer les rendements futurs de l'action ABC, car la moyenne arithmétique n'est valable que si les rendements passés sont très stables d'année en année, ce qui n'est pas le cas ici. La solution serait d'utiliser une **distribution de probabilités.** Les probabilités peuvent être **objectives** ou **subjectives.** Elles sont objectives si elles sont basées sur l'analyse des rendements passés (une dizaine d'années). On détermine ainsi qu'un titre a eu, par le passé, 30 % de probabilité de générer un rendement de 5 %, par exemple. Les probabilités subjectives proviennent d'estimations fournies par des experts selon une certaine analyse technique. Le tableau 2 montre les probabilités objectives pour le titre XYZ, un très ancien titre qui fournit donc beaucoup de données financières.

TABLEAU 2
Titre XYZ — Distribution de probabilités objectives selon les dossiers de l'entreprise*

Rendement	Probabilité
–25 %	20 %
–10 %	15 %
5 %	30 %
15 %	20 %
25 %	15 %
	100 % **

*   Une distribution de cinq données est suffisante.

**   Le total doit toujours donner 100 %.

Le rendement espéré (Re) du titre XYZ pour l'année qui vient se calcule ainsi :

Re = (0,20) (–0,25) + (0,15) (–0,10) + (0,30) (0,05) +
     (0,20) (0,15) + (0,15) (0,25)
   = 1,75 %

L'ÉVALUATION DU RISQUE FINANCIER

L'**écart type** est la mesure par excellence du risque, donc de la **volatilité.** C'est une mesure de dispersion avec laquelle la plupart des étudiants sont familiarisés. Par exemple, un professeur donne la moyenne d'un examen (70 %) en fournissant également l'écart type (10 %). Plus l'écart type est élevé, plus les notes sont éloignées de la moyenne (de l'espérance mathématique). C'est en fait la variance qu'on mesure, l'écart type correspondant à la racine carrée de cette variance. Les logiciels tel Excel permettent d'effectuer ces calculs très rapidement. Sans entrer dans les détails, disons que l'écart type pour le titre XYZ du tableau 2 serait de $16,8 \%^2$, ce qui indique une assez grande volatilité, donc une grande variabilité. Selon la courbe normale (+ ou – un écart type ou 68 chances sur 100) pour l'année à venir, le rendement du titre XYZ pourrait varier entre 18,55 % (1,75 % + 16,8 %) et –15,05 % (1,75 % – 16,8 %).

Nous verrons au prochain chapitre qu'il est possible de réduire l'écart type (ou le risque total) d'un portefeuille par la diversification des titres.

---

2. Variance = $0,20 (–0,25 – 0,0175)^2$
          $+ 0,15 (–0,10 – 0,0175)^2$
          $+ 0,30 (0,05 – 0,0175)^2$
          $+ 0,20 (0,15 – 0,0175)^2$
          $+ 0,15 (0,25 – 0,0175)^2$
     $= 0,028\,32$ et écart type $= \sqrt{0,028\,32} = 16,8 \%$.

10

Le module Placements : la gestion de portefeuille

CHAPITRE DIX

OBJECTIFS

- Présenter un modèle intégrateur
- Décrire la relation entre le rendement et le risque
- Comprendre la notion de diversification
- Analyser le risque total d'un portefeuille
- Expliquer le concept de diversification internationale
- Définir l'investissement à long terme
- Comparer la gestion passive à la gestion active
- Expliquer l'investissement en ligne (*day trading*)
- Analyser la volatilité du rendement d'un portefeuille
- Décrire l'investissement périodique
- Définir la stratégie de placements
- Décrire les composantes du profil de vie familial
- Analyser une politique prioritaire de placements
- Définir le levier financier en matière d'investissement
- Souligner le rôle du planificateur financier

PLAN

Introduction

10.1 Le portefeuille de placements et le modèle intégrateur

10.2 La relation entre le rendement et le risque d'un portefeuille
    10.2.1 Le rendement espéré par le client
    10.2.2 Le degré de risque toléré

10.3 La diversification d'un portefeuille de placements
    10.3.1 Les formes de diversification
    10.3.2 Le risque total d'un portefeuille
    10.3.3 La diversification internationale
    10.3.4 Le concept de corrélation

10.4 L'investissement à long terme
    10.4.1 L'instabilité des marchés boursiers
    10.4.2 La gestion passive
    10.4.3 La gestion active
    10.4.4 L'investissement en ligne

10.5 L'investissement périodique

10.6 La stratégie de placements
    10.6.1 Le profil de vie familial
    10.6.2 La recommandation du planificateur financier

10.7 Une politique prioritaire de placements

10.8 Le levier financier et l'investissement

10.9 Le rôle du planificateur financier
    10.9.1 La liquidation de placements
    10.9.2 La répartition stratégique des actifs d'un portefeuille

Sites Internet à visiter

Questions de révision

Exercices

INTRODUCTION

La gestion de l'argent, donc de l'investissement, demande beaucoup de discipline. Les décisions des investisseurs sont parfois plus reliées aux émotions qu'à la logique financière[1]. Ainsi, l'investisseur est quelquefois motivé par la peur de perdre ou encore par la cupidité, c'est-à-dire l'appât du gain. L'investisseur avisé n'est pas nécessairement un spéculateur, même si son portefeuille contient parfois des titres spéculatifs. C'est surtout une personne qui désire atteindre la deuxième étape de l'indépendance financière telle que nous l'avons définie au module Retraite (chapitre 7). Dans ce sens, la richesse lui permet d'obtenir la qualité de vie recherchée et lui offre également une plus grande liberté d'action dans plusieurs sphères de sa vie.

Pour parvenir à cette aisance financière, l'investisseur a besoin d'un plan d'investissement bien structuré et de l'appui d'un bon conseiller financier afin d'adapter ce plan aux objectifs poursuivis et au contexte du marché. Il faut donc distinguer l'investisseur de l'entrepreneur, qui « investit » sa vie dans une entreprise familiale. L'investisseur dont il est ici question est un travailleur autonome ou un professionnel à son compte ou encore un salarié, comme Claude Lajoie et Francine Simard (voir le chapitre 5). Finalement, cet investisseur n'est pas généralement un spécialiste de la finance, à savoir un gestionnaire professionnel.

La gestion d'un portefeuille s'appuie sur la **théorie de portefeuille,** dont les grandes règles, appliquées à la stratégie de placements, composent les éléments du modèle intégrateur que nous verrons à la prochaine section. Une section de ce chapitre est aussi consacrée au rôle du planificateur financier.

Nous aborderons quelques autres sujets d'importance, dont la politique prioritaire de placements.

10.1   LE PORTEFEUILLE DE PLACEMENTS ET LE MODÈLE INTÉGRATEUR

Un portefeuille de placements représente l'ensemble des produits et des véhicules financiers qui appartiennent à une personne. Certains de ces titres sont négociés au moment de l'achat (par exemple les valeurs mobilières), alors que d'autres sont tout simplement achetés (par exemple un fonds commun de placement). Le portefeuille d'un particulier peut être assez homogène et simple, composé de quatre ou cinq de ces fonds. Il peut également être plus complexe et autogéré, et contenir une multitude de titres individuels allant des actions aux obligations et aux produits dérivés.

Quatre éléments majeurs caractérisent un portefeuille bien géré. Ces éléments représentent les quatre règles d'or de l'investisseur avisé et composent le modèle intégrateur du tableau 10.1 :

---

1. Voir l'article de Russell J. Fuller dans www.undiscoveredmanagers.com, sous « Behavorial Finance Research Library » ; voir aussi dans ce même site « Introduction to behavioral finance ».

TABLEAU 10.1
Le modèle intégrateur — Les éléments majeurs d'un portefeuille de placements et les règles d'or qui les accompagnent

Élément	Description	Règle d'or
La relation entre le rendement et le risque	Rendement et risque sont indissociables. Le rendement escompté dépend du risque toléré, donc de la **zone de confort** du client. Le questionnaire n° 1 (annexe B du manuel) permet d'obtenir une certaine appréciation à ce sujet.	La **prudence** est de mise. Il faut acheter des valeurs sûres.
La diversification	Cet élément concerne le **nombre** et la **nature des titres** dans un portefeuille de placements. On diversifie pour réduire le risque spécifique ou diversifiable et pour neutraliser les fluctuations individuelles des titres et des marchés financiers.	Prévoir, c'est planifier. La **prévoyance** implique la planification de l'équilibre d'un portefeuille, de sa composition.
L'investissement à long terme	Le **temps** est probablement le plus grand allié de l'investisseur, quoi qu'on en dise. C'est l'élément le plus important pour neutraliser la volatilité d'un titre ou d'un groupe de titres.	Faire preuve de **patience** produit toujours de bons résultats.
L'investissement périodique	Il est presque impossible de prédire le comportement des marchés. Les études montrent que la solution est d'être **présent,** donc d'investir **régulièrement.** Cet élément est probablement le moins bien compris des quatre.	La **périodicité** signifie ici la présence.

- La relation entre le rendement et le risque (prudence) ;
- La diversification (prévoyance) ;
- L'investissement à long terme (patience) ;
- L'investissement périodique (périodicité)[2].

Nous examinerons ces éléments séparément, bien qu'en réalité ils s'influencent mutuellement et se chevauchent. Par exemple, le risque d'un portefeuille sera considérablement réduit grâce à une bonne diversification, de même que la volatilité sera diminuée grâce à l'investissement à long terme, etc. Enfin, soulignons qu'un tel modèle n'est pas statique, mais dynamique, car il évolue avec la vie du client. En effet, à chaque étape importante de la vie (famille, promotion, retraite, etc.) correspondent de nouveaux objectifs, de nouveaux défis qui nous forcent littéralement à rééquilibrer notre portefeuille.

---

2. Cette approche, dite des « 4 P » (analogue à celle employée en marketing), a été utilisée partiellement par beaucoup d'analystes, chroniqueurs et auteurs (la patience définissant l'investissement à long terme). Dans un article publié dans Internet, Guy Leblanc, gestionnaire principal chez Cote 100 inc., présente l'approche complète des 4 P, que nous avons intégrée à notre modèle afin de le vulgariser.

10.2   LA RELATION ENTRE LE RENDEMENT ET LE RISQUE D'UN PORTEFEUILLE

Au chapitre précédent, notre analyse de la relation entre le rendement et le risque (figure 9.1 et document) portait sur les titres eux-mêmes. Mais la mesure du rendement et celle du risque total d'un portefeuille sont très complexes et difficiles à effectuer sur les plans financier ou mathématique. Par exemple, le rendement du portefeuille dépend du rendement de chacun des titres qui le composent, et l'évaluation du risque doit tenir compte de plusieurs éléments, y compris la variabilité du rendement de chacun des titres et l'interdépendance entre les titres eux-mêmes. Ce type d'analyse relève de la mathématique et de la statistique avancées. Cependant, on peut analyser cette relation globalement afin de cerner les stratégies qui permettront d'augmenter le rendement et de réduire le risque d'un portefeuille. C'est justement le propos principal de ce chapitre et le but du modèle intégrateur présenté dans le tableau 10.1.

Afin d'évaluer la relation entre le rendement et le risque, le planificateur financier doit tenir compte de deux points importants, soit le rendement espéré par le client et le degré de risque que ce dernier tolère, parfois appelé « zone de confort ».

10.2.1   LE RENDEMENT ESPÉRÉ PAR LE CLIENT

La très grande majorité des spécialistes s'accordent pour dire qu'un rendement espéré au-delà de 10 % accroît considérablement le degré de risque qui y est lié. Nous avons vu à la figure 9.1 que la relation entre le rendement et le risque est exponentielle ; ainsi, un rendement de 10 % (fonds enregistré tel un REÉR) se situerait, en théorie, au « genou » de cette courbe, c'est-à-dire à l'endroit où la courbe amorce sa trajectoire verticale. De nombreuses études financières portant sur le rendement des titres et des portefeuilles des 10 ou 20 dernières années révèlent des rendements **à long terme** aux alentours de 10 % pour un portefeuille bien diversifié. Ces analyses sont publiées par la majorité des grands établissements financiers[3].

Au chapitre 1 (section 1.10), nous avons opté pour un rendement de 10 % à long terme basé sur la logique d'un portefeuille enregistré et bien diversifié. Il serait très acceptable de suggérer 8 % au client, comme beaucoup de planificateurs financiers le font. Il serait téméraire de suggérer des rendements de 12 % ou de 15 %. Le lecteur aura vite compris que le taux de rendement influe sur les mises de fonds pour la retraite ; par conséquent, la **prudence** est recommandée.

---

3. Le site des Fonds Férique de l'Ordre des ingénieurs du Québec (OIQ), qui sont gérés par Gestion Férique, fournit de nombreux renseignements sur les performances historiques de ces fonds (www.ferique.com, sous « Performances »). On peut également consulter les excellents sites du Fonds des professionnels inc. (www.fpq.qc.ca) et du *Globe and Mail* (www.globefund.com).

10.2.2 **LE DEGRÉ DE RISQUE TOLÉRÉ**

Le questionnaire n° 1 de l'annexe B permet d'évaluer le degré de risque toléré par le client. C'est une mesure très subjective et très approximative de sa zone de confort. Souvent, le client croit posséder des titres assez sécuritaires alors qu'il s'agit en réalité de titres plutôt spéculatifs. Par contre, avec le temps et l'expérience, cette mesure peut devenir un indicateur utile de la personnalité financière du client. (Le lecteur peut se référer au document 1 du chapitre 5 pour mieux apprécier cette délicate évaluation, qui tout au plus sert de guide.) Par ailleurs, il existe des tests pour déterminer le profil d'un investisseur. Par exemple, l'Association des banquiers canadiens propose un test intéressant fondé sur un système de points. Le profil de l'investisseur est établi selon le total des points obtenus (d'investisseur prudent axé sur les revenus à investisseur plus audacieux axé sur la croissance)[4]. Les banques et les caisses offrent des tests semblables à leurs clients. Il est toujours préférable d'utiliser un tel test avant de poser directement la question comme au questionnaire n° 1.

La relation entre le rendement et le risque est au cœur de la gestion stratégique d'un portefeuille. Comme nous l'avons déjà mentionné, elle est influencée par les autres éléments du modèle intégrateur, comme la diversification. La règle d'or, la *prudence,* dicte de choisir les titres en se laissant guider par la logique plutôt que par les émotions, et d'opter pour des placements qui répondent aux critères de l'analyse tant qualitative que quantitative ou encore d'investir dans des fonds communs de placement qui jouissent d'une bonne réputation.

10.3 **LA DIVERSIFICATION D'UN PORTEFEUILLE DE PLACEMENTS**

La diversification, l'un des plus importants concepts en matière de placements, consiste à planifier son portefeuille de façon qu'il contienne plusieurs titres de nature différente. La règle d'or ici est la **prévoyance,** car la diversification permet de réduire le risque total d'un portefeuille et de neutraliser, dans une certaine mesure, les fluctuations de titres.

La figure 10.1 illustre la diversification de trois portefeuilles de fonds communs de placement (FCP). Chaque portefeuille est composé de quatre fonds communs répartis différemment pour chaque investisseur, selon leur personnalité financière. De plus en plus d'investisseurs achètent ces fonds d'investissement, qui sont gérés par des professionnels. De par leur nature, les FCP sont déjà diversifiés ; par conséquent, quatre ou cinq fonds au maximum suffiront dans un portefeuille. Il en va autrement pour les titres individuels, qui doivent être au

---

4. Pour accéder au test : www.cba.ca, sous « Publications », puis « Savoir placer son argent », puis « Objectifs de placement » et enfin « Profil d'investisseur ».

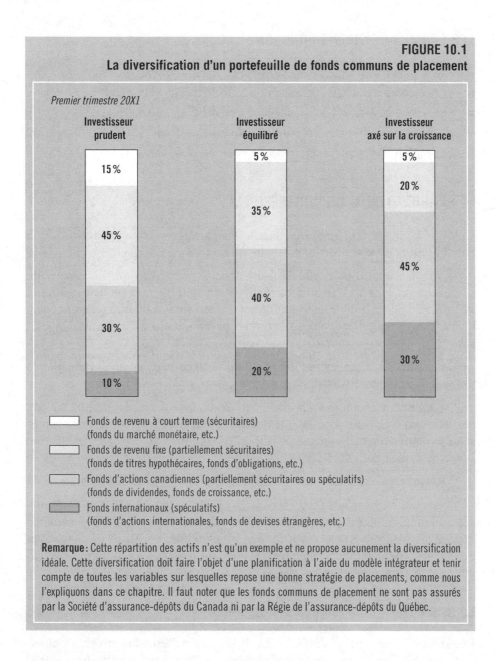

FIGURE 10.1
La diversification d'un portefeuille de fonds communs de placement

Premier trimestre 20X1

Investisseur prudent : 15 %, 45 %, 30 %, 10 %

Investisseur équilibré : 5 %, 35 %, 40 %, 20 %

Investisseur axé sur la croissance : 5 %, 20 %, 45 %, 30 %

Fonds de revenu à court terme (sécuritaires)
(fonds du marché monétaire, etc.)

Fonds de revenu fixe (partiellement sécuritaires)
(fonds de titres hypothécaires, fonds d'obligations, etc.)

Fonds d'actions canadiennes (partiellement sécuritaires ou spéculatifs)
(fonds de dividendes, fonds de croissance, etc.)

Fonds internationaux (spéculatifs)
(fonds d'actions internationales, fonds de devises étrangères, etc.)

Remarque : Cette répartition des actifs n'est qu'un exemple et ne propose aucunement la diversification idéale. Cette diversification doit faire l'objet d'une planification à l'aide du modèle intégrateur et tenir compte de toutes les variables sur lesquelles repose une bonne stratégie de placements, comme nous l'expliquons dans ce chapitre. Il faut noter que les fonds communs de placement ne sont pas assurés par la Société d'assurance-dépôts du Canada ni par la Régie de l'assurance-dépôts du Québec.

nombre de 50 et même plus[5]. Le défi pour l'investisseur débutant est d'éviter la sous-diversification ou la surdiversification et d'atteindre le meilleur équilibre selon les objectifs visés et selon le contexte économique. Cette tâche requiert une bonne dose d'expertise, du temps et un suivi assidu ; c'est pourquoi les FCP sont si populaires auprès d'un grand nombre d'investisseurs.

_____

5. Les sites Internet mentionnés à la note 3 au bas de la page 285 illustrent très bien les répartitions de ces divers fonds.

10.3.1 LES FORMES DE DIVERSIFICATION

Il existe plusieurs formes de diversification, en particulier :

- par catégories d'actifs (actions, obligations, etc.) ;
- par sous-catégories d'actions (actions de différents secteurs) ;
- par catégories d'émetteurs (titres de diverses compagnies) ;
- par régions ou pays (diversification internationale).

10.3.2 LE RISQUE TOTAL D'UN PORTEFEUILLE

On parle du risque relié à un titre, mais aussi du risque relié à un portefeuille qui, par définition, est composé de plusieurs titres.

Le risque total d'un portefeuille est fonction des titres qui le composent. Comment amenuiser ce risque total ? En d'autres termes, comment réduire la volatilité du portefeuille ? La volatilité est la sensibilité d'un titre (et, par conséquent, d'un portefeuille composé de titres) par rapport aux événements de toutes sortes.

Fondamentalement, on réduira la volatilité en composant un portefeuille de plusieurs titres bien diversifiés.

La figure 10.2 montre en ordonnée le risque total d'un portefeuille mesuré par son écart type (voir à ce sujet le document du chapitre 9). L'abscisse représente le nombre de titres (en supposant qu'ils sont bien diversifiés). L'équation suivante résume la figure :

Risque total du portefeuille = Risque spécifique + Risque du marché

Cette notion de risque total est utilisée par les gestionnaires de portefeuille professionnels plutôt que par les particuliers. Ces derniers peuvent quand même appliquer les principes de diversification sans effectuer les calculs de risque total ou d'écart type. D'ailleurs, l'écart type n'est qu'une indication parmi d'autres de la nature d'un portefeuille.

Le risque spécifique (ou non systématique)

Les grèves, les erreurs de gestion importantes, les rumeurs négatives, les changements dans les goûts des consommateurs, les poursuites judiciaires imposantes, les recommandations négatives des analystes, pour n'en nommer que quelques-uns, sont des facteurs dont l'influence sur un titre de compagnie peut être désastreuse et entraîner une perte de valeur des actions ordinaires. Ils représentent le risque spécifique (ou non systématique). Il s'agit donc d'un risque relié à une firme ou à quelques firmes tout au plus. Étant donné que ces faits sont aléatoires et ne concernent pas tous les titres d'un portefeuille en même temps, leurs effets négatifs sont diminués par la présence de plusieurs titres au portefeuille. En effet, une mauvaise nouvelle concernant un titre peut être compensée par une bonne nouvelle touchant un autre titre du portefeuille. **Puisque la diversification diminue le risque spécifique d'un portefeuille,** ce risque ne devrait pas avoir d'effet négatif dans des conditions idéales sur le rendement espéré à long terme.

Le risque du marché (ou systématique)

L'inflation, les taux d'intérêt élevés, les récessions sont des facteurs qui influent à la baisse sur la valeur des actions. Ils constituent un risque lié au marché et à l'économie en général (ou risque systématique). Généralement, la plupart des titres d'un pays donné sont touchés par ces facteurs ; le risque ne peut donc être atténué par l'acquisition d'une plus grande quantité de titres.

La volatilité est la sensibilité d'un titre par rapport aux événements de toutes sortes. Plus un titre est influencé par un événement, plus il est volatil. Si la valeur d'un titre augmente de 10 % à la suite d'un événement favorable et que celle d'un autre augmente de 5 %, on dira que le premier titre est plus volatil que le second. La volatilité s'observe aussi dans le sens inverse : des événements défavorables entraîneront une perte de valeur plus grande chez un titre plus volatil. Le risque du marché est relié à la volatilité d'un titre. En effet, plus le titre est volatil, plus le risque du marché sur ce titre est élevé.

Le risque du marché d'un portefeuille est le risque relié à tous les titres qui le composent. La notion de risque s'applique donc à un titre mais aussi à un portefeuille dans son ensemble. Afin d'amenuiser le risque du marché relié à son portefeuille d'actions, on choisira d'investir une partie de son portefeuille sur le marché **international.** En effet, si les mouvements du marché et de l'économie canadienne font réagir à la baisse les titres canadiens, les titres détenus à l'étranger ne seront pas touchés, ou du moins le seront dans une moindre mesure. On parle ainsi de **diversification internationale.**

Certains experts utilisent le **coefficient bêta** pour mesurer le risque du marché. Le coefficient bêta est une mesure de volatilité d'un titre par rapport à un indice boursier. Plus le coefficient bêta est élevé, plus le titre en question comporte un risque systématique élevé. Un coefficient bêta inférieur à 1 signifie que les rendements de ce titre fluctuent moins que ceux du marché dans son ensemble et sont donc moins volatils. Un placement est qualifié de défensif lorsque le risque et le rendement espéré sont peu élevés. C'est un placement peu volatil. Ce placement dit défensif présente un coefficient bêta autour de 0,50. Les entreprises de services publics sont généralement dans cette catégorie.

À l'opposé, un coefficient bêta supérieur à 1 indique que le titre est plus volatil que ceux de l'ensemble du marché. Ce titre présente un risque plus élevé et offre par conséquent un rendement espéré plus élevé. Les entreprises qui exercent leurs activités dans les secteurs comme la haute technologie, le pétrole et le transport présentent généralement un coefficient bêta autour de 2.

Le coefficient bêta de la plupart des actions se situe entre 0,50 et 2.

Le risque total

La figure 10.2 met en relief le lien entre le risque d'un portefeuille et le nombre de titres qu'il comprend.

10.3.3   LA DIVERSIFICATION INTERNATIONALE

Nous avons dit plus haut que la diversification internationale permettait d'amenuiser le risque du marché et, par conséquent, de réduire le risque total d'un portefeuille. C'est ce que montre la figure 10.3. Un portefeuille qui contient une bonne part de produits internationaux offrira un meilleur rendement, pour un risque total équivalent, qu'un portefeuille axé uniquement sur des titres nationaux. Récemment (2001), les lois fiscales ont été assouplies et permettent d'augmenter jusqu'à 30 % le contenu étranger ou international d'un fonds commun de placement équilibré. Beaucoup de fonds ont changé le contenu de

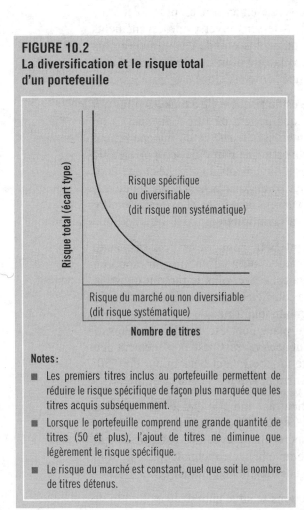

FIGURE 10.2
La diversification et le risque total d'un portefeuille

Notes :

■ Les premiers titres inclus au portefeuille permettent de réduire le risque spécifique de façon plus marquée que les titres acquis subséquemment.

■ Lorsque le portefeuille comprend une grande quantité de titres (50 et plus), l'ajout de titres ne diminue que légèrement le risque spécifique.

■ Le risque du marché est constant, quel que soit le nombre de titres détenus.

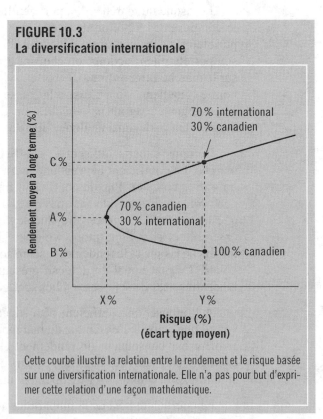

FIGURE 10.3
La diversification internationale

Cette courbe illustre la relation entre le rendement et le risque basée sur une diversification internationale. Elle n'a pas pour but d'exprimer cette relation d'une façon mathématique.

leur portefeuille cible (fonds équilibrés) dans le but d'adapter leur stratégie de répartition des actifs à cette nouvelle situation. Depuis quelques années, la diversification internationale a pris un essor considérable et, aujourd'hui, toutes les grandes institutions commercialisent ces produits internationaux sous une forme ou une autre.

10.3.4   LE CONCEPT DE CORRÉLATION

Une bonne diversification du portefeuille n'est pas toujours suffisante ; il faut aussi s'assurer que les titres ou les secteurs (technologie, services financiers, ressources naturelles, etc.) sont bien corrélés. La corrélation est une notion statistique qui définit la direction des rendements de deux titres ou de deux secteurs. S'ils ont tendance à varier dans la même direction (à la hausse ou à la baisse), on dit que la corrélation est positive. Si les rendements des titres ou des secteurs varient indépendamment l'un de l'autre, la corrélation sera nulle. On recherche dans un portefeuille bien diversifié et bien équilibré une corrélation négative, où les rendements varieront dans le sens contraire l'un de l'autre. Par exemple, les titres du secteur technologique ont eu tendance, ces dernières années (2000-2001), à varier dans le même sens, tous à la baisse. En effet, avec la mondialisation qui progresse, les économies du globe ne réagissent plus aussi indépendamment l'une de l'autre, et même la diversification internationale (par régions géographiques) a perdu de son efficacité. Il faut donc investir dans des secteurs qui sont corrélés négativement pour améliorer le rendement et diminuer le risque.

On utilise le **coefficient de corrélation** pour mesurer le degré de dépendance qui existe entre les titres ou les secteurs. Un coefficient de +1 indique une corrélation positive parfaite et un coefficient de –1, une corrélation négative parfaite. Si les rendements des titres ou des secteurs sont indépendants, le coefficient est nul.

10.4   L'INVESTISSEMENT À LONG TERME

Le troisième élément du modèle intégrateur est l'investissement à long terme, et la règle d'or qui s'y rattache est la **patience**. Cet élément est le plus controversé dans le domaine du placement, parce qu'il s'oppose à l'investissement en ligne (*day trading*) et qu'il s'insère dans le grand débat sur la gestion active (*market timing*) et la gestion passive (*buy and hold*).

La très grande majorité des planificateurs financiers préconisent la stratégie à long terme pour une seule et unique raison : c'est la seule stratégie qui permet vraiment d'atteindre les objectifs de retraite.

Bien sûr, nous entendons ici l'investissement requis, par exemple, pendant toute la durée d'une carrière professionnelle dans le but d'obtenir une retraite

FIGURE 10.4
L'horizon d'un portefeuille de placements

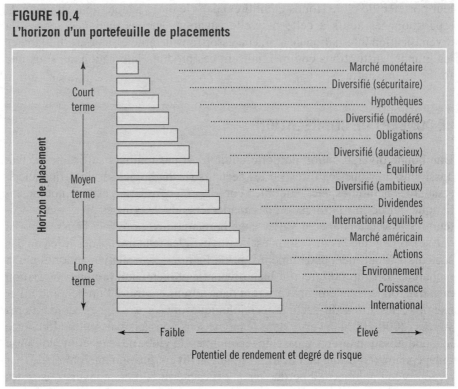

Source : Fiducie Desjardins, *Ma caisse,* janv.-févr. 1997, p. 9.

confortable. Les mises de fonds peuvent durer 10, 25, 30 et parfois 35 ans. Il s'agit donc du portefeuille de REÉR. Il pourrait aussi s'agir d'un portefeuille de REÉÉ, qui aura une durée de vie de 15 ou 20 ans et dont le but est l'instruction des enfants. **On ne peut se permettre de jouer à la loterie avec l'argent de la retraite ou l'argent des études des enfants.**

Par contre, une foule de raisons justifient que l'investisseur vise parfois le court ou le moyen terme. Par exemple, pour maintenir la réserve de base (voir le chapitre 5, sous-section 5.1.5), il sera nécessaire d'investir dans des produits sécuritaires dont l'horizon de placement est court. À certains moments de rééquilibrage du portefeuille, des placements pourront également être dirigés vers des produits du marché monétaire pour quelque temps avant que l'investisseur prenne une décision finale. La figure 10.4 montre que si l'horizon de placement est court, il faudra éviter les placements trop risqués et s'en tenir à des produits plus sécuritaires.

10.4.1   L'INSTABILITÉ DES MARCHÉS BOURSIERS

Tous les marchés boursiers du monde, sans exception, connaissent des périodes d'instabilité. C'est un fait connu. Un moyen sûr d'éviter ces soubresauts est de

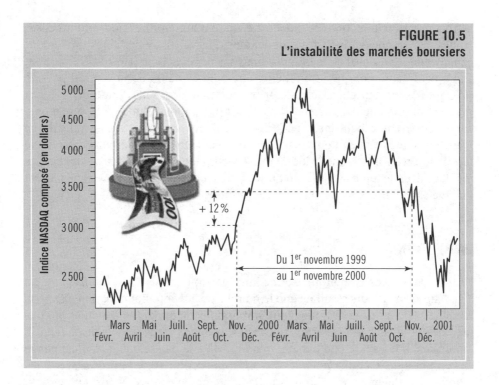

FIGURE 10.5
L'instabilité des marchés boursiers

ne pas investir dans ces marchés. Comme on le verra plus loin, la stratégie appropriée consiste à investir à long terme. Certains investisseurs s'en tiennent aux obligations dont les revenus servent à alimenter les recettes nécessaires à la retraite. D'autres se contentent des rendements des marchés monétaires. D'autres investissent dans le marché immobilier, qui est beaucoup plus concret à leurs yeux, mais qui connaît également des périodes de recul. Enfin, certains investisseurs tirent avantage de cette instabilité, car ils se consacrent à l'investissement en ligne (voir la sous-section 10.4.4).

La figure 10.5 illustre l'effet de l'instabilité des marchés boursiers sur l'indice NASDAQ, qui a connu une augmentation de 42 % en 1998 et de 85 % en 1999, mais qui a diminué d'environ 40 % en 2000.

10.4.2 LA GESTION PASSIVE

Pour l'investisseur qui recherche un portefeuille bien équilibré et bien diversifié, le marché des actions est une quasi-nécessité. Le meilleur moyen de composer avec l'instabilité de ce marché, même lorsque les fluctuations à court terme sont très grandes, est d'avoir un **objectif à long terme,** de maintenir un **horizon de placement** de 15, 20 ou 30 ans selon le cas et de ne pas trop se préoccuper des soubresauts quotidiens, mensuels ou annuels. On verra plus loin qu'il y a lieu à certains moments de réorganiser la répartition stratégique des actifs du portefeuille, mais ce sujet est d'un tout autre ordre. Les volumineuses études des grandes universités américaines (Harvard), de certaines universités canadiennes (Toronto) et de grandes maisons de recherche (Boston Dalbar) ont clairement démontré que la meilleure stratégie est celle de la gestion passive (*buy and hold*), qui consiste à gérer un portefeuille à long terme dans le but d'atteindre le rendement désiré. Il ne s'agit pas du tout d'une gestion inactive, car le portefeuille peut être **rééquilibré** à l'occasion d'une baisse ou d'une hausse des taux d'intérêt ou au moment de changements importants dans la vie familiale ou professionnelle de l'investisseur. La gestion passive donne des résultats avec le temps aussi bien qu'un indice boursier tel le Dow Jones. C'est comme si l'investisseur achetait un fonds indiciel.

10.4.3   LA GESTION ACTIVE

Le but de l'investisseur qui exerce une gestion active (*market timing*) est d'obtenir de meilleurs résultats que le marché en général. La plupart des experts reconnaissent qu'il est difficile, voire impossible, de prévoir les fluctuations des marchés boursiers. En théorie, il devrait être avantageux de vendre quand le marché est à la hausse et d'acheter quand il est à la baisse, mais ce n'est pas le cas en pratique. Comme nous le verrons à la section 10.5, la présence sur les marchés est l'élément clé. En fait, cette stratégie peut s'avérer fort coûteuse si le moment pour acheter ou pour vendre est mal choisi… ce qui est le cas en général. En effet, il est clairement démontré qu'avec le temps les rendements positifs des marchés boursiers l'emportent haut la main sur les rendements négatifs. Dans cette optique, la qualité la plus précieuse chez un investisseur est probablement la **patience.**

Comme l'ont souligné plusieurs experts, la richesse se construit une étape à la fois et nécessite beaucoup de patience. Alors pourquoi tous les investisseurs ne réussissent-ils pas ? La réponse est très simple : ils se laissent guider par leurs émotions plutôt que par la logique financière[6].

10.4.4   L'INVESTISSEMENT EN LIGNE

Une dimension extrême de la gestion active est l'investissement en ligne (Internet) (*day trading*), aussi appelé « spéculation sur séance ». La fin des années 1990 a vu cette activité **hautement spéculative** prendre beaucoup d'ampleur. Des entreprises d'investissement en ligne se sont installées au Québec pour répondre aux besoins de ce nouveau segment d'investisseurs. Cette activité de spéculation consiste à jouer sur les fluctuations quotidiennes

---

6. Voir www.undiscoveredmanagers.com, sous « Introduction to behavioral finance ».

les plus minimes des cours boursiers, et ce dans une même journée (d'où l'expression *day trading*). Une étude réalisée par trois professeurs de la University of Texas faisait récemment ressortir le comportement psychologique des cyber-investisseurs, qui sont motivés par le profit mais également par le plaisir et le sentiment de puissance que procure le fait de négocier seul devant son ordinateur. Le futur cyber-investisseur a toute une culture à acquérir[7]. L'investissement en ligne n'est pas mauvais en soi, à condition de limiter sa mise. Mais combien le font ?

10.5   L'INVESTISSEMENT PÉRIODIQUE

L'investissement périodique est probablement la méthode la plus simple pour construire un portefeuille. C'est une approche éprouvée qui a l'avantage d'imposer une discipline d'achat, et qui en outre favorise une vision à long terme de l'investissement. L'investissement périodique permet de profiter de la volatilité des marchés et assure une certaine sécurité lorsque ceux-ci sont très volatils. En d'autres termes, il permet à l'investisseur de viser le long terme (le troisième élément du modèle intégrateur) mais également de profiter des rebonds des marchés tout en maintenant son plan stratégique.

La règle d'or qui s'applique ici est la **périodicité** (la présence). Les chroniqueurs financiers ayant une vaste expérience du milieu financier racontent régulièrement l'anecdote suivante inspirée d'une étude portant sur l'investissement périodique.

De 1965 à 1998, on a analysé le comportement de trois investisseurs types à partir des données financières du marché. Chacun investissait 1 000 $:

- Le premier, M. Stratégique, investissait son montant chaque année au plus bas du marché, donc juste avant la reprise économique. Il a obtenu un rendement annuel de 11,7 %.

- Le deuxième, M. Perdant, investissait toujours au plus haut du marché, soit juste avant le déclin. Il a obtenu un rendement annuel de 10,6 %.

- Le troisième, M. Périodique, investissait au tout début de l'année, indépendamment de l'état des marchés. Il a obtenu un rendement annuel de 11 %.

Cette étude montre qu'il n'y a pas de bon ou de mauvais moment pour investir, et que l'important est d'investir régulièrement. Chaque crise boursière est suivie d'une reprise, et le véritable risque pour l'investisseur n'est pas du tout lié à la volatilité des marchés, mais à son comportement financier.

---

7. Voici quelques références concernant l'investissement en ligne : Institut canadien des valeurs mobilières (www.csi.ca) ; Association des petits épargnants et investisseurs du Québec ((514) 932-8921) ; Jean Taillon, *Investir en ligne. Un guide complet,* Québec, Éditions en ligne, 2000, 205 p. (ce livre propose 275 adresses).

10.6   LA STRATÉGIE DE PLACEMENTS

La stratégie de placements consiste à composer un portefeuille de placements en fonction de trois ensembles de variables :

- **Le profil de vie familial du client** (donc ses caractéristiques personnelles, son âge, son style de vie, sa situation financière, sa situation familiale, ses objectifs, etc.). En d'autres mots, il sera nécessaire d'évaluer autant les caractéristiques socio-économiques et démographiques du client que son profil comportemental au sujet de ses finances personnelles.

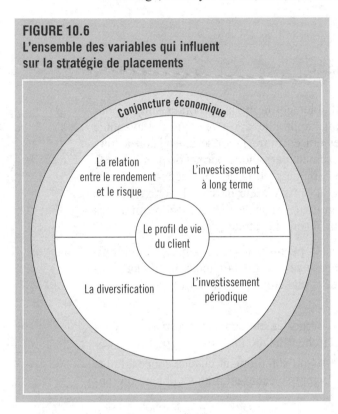

FIGURE 10.6
L'ensemble des variables qui influent sur la stratégie de placements

- **Le modèle intégrateur relatif au client** (en particulier ses préférences en matière de placements — son **profil d'investisseur** ou sa personnalité financière —, et ce en fonction du questionnaire n° 1).

- **La conjoncture économique** (inflation, taux d'intérêt, récession, etc.).

Ces trois ensembles de variables sont illustrés à la figure 10.6. Examinons le profil de vie familial, le modèle intégrateur et les aspects de la conjoncture économique ayant déjà été analysés.

10.6.1   LE PROFIL DE VIE FAMILIAL

Le profil de vie familial concerne les différentes phases de vie du client, qui entraînent souvent des styles de vie différents.

La segmentation du marché financier prend en considération les caractéristiques tant comportementales (style de vie, valeurs sociales, etc.) que socio-démographiques (âge, situation familiale, situation financière, etc.) des clients.

Cette segmentation est issue d'analyses portant sur le comportement du consommateur. La très grande majorité des établissements financiers l'utilisent aujourd'hui pour concevoir et commercialiser leurs produits financiers. Par exemple, un conseiller aura à sa disposition la description détaillée de 7, 8 ou 10 segments, en plus de tests de profil d'investisseur, de façon à mieux conseiller ses clients réguliers et les clients potentiels.

Pour illustrer le processus, nous nous en tiendrons cependant à une seule caractéristique sociodémographique mais tout de même importante, l'**âge**. Par conséquent, nous proposons ici une répartition stratégique des actifs (RSA) d'un portefeuille selon l'âge, même si en pratique d'autres variables tant descriptives que comportementales doivent être considérées :

■ Le jeune investisseur (20-34 ans). Un portefeuille axé sur la **croissance** qui contient de 65 % à 75 % d'actions (canadiennes et étrangères) et de 20 % à 35 % d'obligations et de fonds du marché monétaire. À la figure 10.1, la colonne « Investisseur axé sur la croissance » illustre assez bien ce segment.

■ L'investisseur d'âge moyen (35-49 ans). Un portefeuille **équilibré** composé de 60 % d'actions (canadiennes et étrangères) et de 40 % d'obligations et de fonds du marché monétaire.

■ L'investisseur d'âge mûr (50-70 ans et plus). Un portefeuille axé sur la **prudence** comprenant de 30 % à 40 % d'actions et 60 % de titres à revenu fixe (obligations et fonds du marché monétaire).

10.6.2   LA RECOMMANDATION DU PLANIFICATEUR FINANCIER

Les variables représentées dans la figure 10.6 ne convergent pas toujours dans une même direction. Par exemple, le comportement financier du client (sa zone de confort) ne concorde pas toujours avec son âge. Beaucoup de jeunes clients recherchent la sécurité et des clients d'un certain âge (65 ans et plus) se montrent très audacieux dans leurs placements, car leur situation financière le permet. Le planificateur financier moderne doit être autant un bon conseiller qu'un fin psychologue[8] afin de composer avec ces diverses situations. Il conseille son client et effectue un suivi efficace. La composition d'un portefeuille de placements est **un art et une science** qui n'admettent pas de formule magique. C'est beaucoup plus un processus par essais et erreurs. En ce sens, la formation continue et l'expérience deviennent de précieux atouts pour le conseiller moderne.

10.7   UNE POLITIQUE PRIORITAIRE DE PLACEMENTS

Une politique prioritaire de placements doit aller au-delà du portefeuille de placements lui-même.

En effet, il faut intégrer à l'analyse d'un portefeuille approprié la notion d'indépendance financière, que nous avons étudiée dans les chapitres précédents.

En ce sens, une politique prioritaire de placements contiendrait trois paliers distincts et consécutifs dans la vie du client :

---

8. Quelques exercices simples à la fin du chapitre permettent à l'étudiant de constater la nature du dilemme devant lequel le planificateur financier est placé. Le professeur peut offrir d'autres exemples et rassurer certains étudiants qui recherchent une approche mathématique exacte.

- ■ Premier palier : remboursement des dettes, maintien d'une réserve de base égale à trois mois du coût de vie, assurances et testament.

- ■ Deuxième palier : placement dans une résidence familiale et remboursement de l'hypothèque le plus tôt possible (soulignons qu'il s'agit d'un palier facultatif pour l'investisseur qui préfère louer un logement et investir son capital).

- ■ Troisième palier : stratégie de placements appropriée de façon à équilibrer les placements sécuritaires, les placements partiellement sécuritaires et les placements spéculatifs, comme nous l'avons vu dans ce chapitre.

Ainsi, le client atteindra successivement, au cours de sa vie, la première étape de l'indépendance financière puis la deuxième étape (au moment de sa retraite). Bien sûr, certains clients atteindront ces étapes plus rapidement que d'autres, mais il demeure que le troisième palier durera la vie entière. Certains auteurs désignent cette politique prioritaire par l'expression « pyramide des priorités ».

10.8   LE LEVIER FINANCIER ET L'INVESTISSEMENT

Nous avons déjà abordé le sujet du levier financier au chapitre précédent avec l'achat sur marge des actions. Le lecteur peut s'y reporter pour revoir la notion de facteur d'amplification.

Le levier financier consiste à emprunter une somme d'argent dans le but d'investir à un rendement supérieur au coût de l'emprunt. (Dans le vocabulaire financier, on utilise souvent l'expression « effet de levier ».) En théorie, c'est un outil assez puissant mais, en pratique, c'est une arme à deux tranchants, et les effets peuvent s'avérer tout aussi profitables que désastreux. Qui plus est, depuis l'abolition de l'exonération du gain en capital, la stratégie peut s'avérer moins alléchante pour certains.

Il demeure que l'utilisation intelligente du levier financier peut s'avérer fructueuse. Par exemple, emprunter pour investir dans un REÉR traditionnel est recommandable, même si les intérêts ne sont pas déductibles, pour autant que l'emprunt soit rapidement remboursé. Il en va de même de l'hypothèque résidentielle qui sera remboursée sur une longue période, mais dont l'actif en garantie a tendance à prendre de la valeur. Par contre, pour la majorité des investisseurs, l'emprunt pour investir dans des abris fiscaux ou pour acheter des actions ordinaires est en général à déconseiller, à moins de posséder un excédent de liquidités financières très appréciable.

10.9   LE RÔLE DU PLANIFICATEUR FINANCIER

Le planificateur se préoccupe des placements de ses clients, à trois périodes bien précises. Il donne d'abord son opinion sur les placements actuels. Il émet ensuite des recommandations concernant la période de programmation des disponibilités financières. Il fixe enfin une ligne de conduite en proposant une stratégie de placements après la période de programmation des disponibilités financières. En résumé, son rôle couvre trois aspects, soit :

- l'analyse des placements actuels ;
- les placements recommandés pendant la période de programmation des disponibilités financières ;
- l'établissement d'un portefeuille de placements après les années de programmation des disponibilités financières, jusqu'à la retraite.

Relativement à ces trois aspects, le planificateur financier recommande au client soit la **liquidation** de certains placements, soit la **répartition** du portefeuille de placements.

10.9.1   LA LIQUIDATION DE PLACEMENTS

Voici quelques principes à respecter quant à la liquidation de placements (voir, dans le tableau 5.4 du chapitre 5, la liquidation de certains placements de Claude Lajoie) :

- Liquider les placements au moment où le besoin se fait sentir. Si le client a des dettes personnelles, le besoin est immédiat.
- Liquider d'abord les titres dont le rendement est moins élevé.
- S'assurer de la pertinence de la date de liquidation proposée. Certains titres ne sont pas encaissables avant une date déterminée telle que la date d'échéance.
- Liquider les placements dont la plus-value est douteuse. Il s'agit ici d'un point délicat pour le planificateur, qui doit présumer de la plus-value future d'une action, par exemple.
- Éviter la liquidation d'un REÉR à moins d'une situation d'extrême gravité, telle une faillite imminente.
- Éviter la liquidation d'un titre si elle pénalise le client. Par exemple, si le cours d'une action détenue est bas, mais que l'on prévoit une remontée intéressante dans les mois à venir, il vaut mieux attendre. Par ailleurs, ne pas proposer le retrait d'un régime d'épargne-actions s'il entraîne un impôt à payer.
- Éviter la liquidation d'un titre qui devra être conservé comme réserve de base.
- Éviter d'aliéner un immeuble uniquement dans le but de payer les dettes, à moins que l'immeuble ne soit ni rentable ni conforme aux besoins du client.

10.9.2   LA RÉPARTITION STRATÉGIQUE DES ACTIFS D'UN PORTEFEUILLE

Que ce soit durant la période de programmation des disponibilités financières ou pour les nombreuses années qui suivent cette programmation, tout planificateur reconnu par l'IQPF peut offrir des recommandations à son client sur la répartition stratégique des actifs (RSA) d'un portefeuille. Par contre, seul le planificateur qui est courtier en valeurs mobilières peut faire des recommandations sur l'achat ou la vente de titres. Le planificateur généraliste peut se référer au courtier en tout temps.

Par conséquent, comme nous le verrons au chapitre 14, certains planificateurs sont engagés dans la vente de produits financiers (assurances, fonds d'investissement, actions, etc.) tandis que d'autres exercent à titre de conseillers financiers et ne représentent aucun produit financier.

Il revient au client de prendre tous les renseignements nécessaires à ce sujet et de profiter de l'expertise de plus en plus grande des conseillers financiers membres de l'IQPF.

SITES INTERNET À VISITER

- Association des banquiers canadiens
  www.cba.ca

- Canoë
  www.canoe.ca

- Fonds des professionnels inc.
  www.fpq.qc.ca

- Gestion Férique
  www.ferique.com

- Institut canadien des valeurs mobilières
  www.csi.ca

- Le site pour vos finances
  www.webfin.com

- *The Globe and Mail*
  www.globefund.com

- Undiscovered Managers
  www.undiscoveredmanagers.com

QUESTIONS DE RÉVISION

1. Qu'est-ce que la gestion de portefeuille?

2. Que signifie l'expression « portefeuille de placements » ?

3. Pourquoi utiliser un modèle intégrateur? En quoi consiste-t-il?

4. Expliquez la notion de rendement exigé ou espéré par le client. Pourquoi le client n'exigerait-il pas un rendement de 20 % ou de 30 % ?

5. Que signifient les expressions « zone de confort » et « personnalité financière » ?

6. Pourquoi la relation entre le rendement et le risque est-elle au cœur de la gestion stratégique d'un portefeuille ?

7. Pourquoi associe-t-on la diversification à la répartition de titres qui sont en fait les « actifs » d'un portefeuille ?

8. Qu'est-ce que la RSA ? Que veut signifier le planificateur qui vous dit « Je procède actuellement à la RSA d'un FCP » ?

9. Nommez les diverses formes de diversification.

10. En consultant certains sites Internet et les brochures financières des banques, répondez aux questions suivantes :

    a) Combien de titres sont inclus dans un fonds d'investissement équilibré ? Combien y a-t-il de catégories de produits ? Quelles sont-elles ? Combien y a-t-il de produits par catégorie ?

    b) Répondez aux mêmes questions relativement aux fonds d'actions canadiennes.

11. Quelle est la différence majeure entre un investisseur prudent et un investisseur axé sur la croissance ? Définissez leur portefeuille respectif.

12. Un portefeuille, même s'il est équilibré, comporte un certain risque total. Définissez la formule qui permet d'évaluer ce risque.

13. Expliquez la différence fondamentale entre le risque spécifique et le risque du marché.

14. Le risque du marché est dit « non diversifiable », mais il existe un moyen de le diversifier. Quel est ce moyen ? Pourquoi fonctionne-t-il ?

15. Les nouvelles lois fiscales sur la diversification internationale, concernant le contenu étranger, ont permis aux grandes institutions financières de rééquilibrer leurs fonds équilibrés. Comment et pourquoi ?

16. En quoi consiste la gestion passive d'un portefeuille ? Cela signifie-t-il que l'investisseur ne doit rien faire et attendre sa retraite pour agir ? Comment se nomme l'opération qui consiste à restructurer le portefeuille ? Quand doit-elle être entreprise ?

17. Quelle différence y a-t-il entre la gestion active et l'investissement en ligne (*day trading*) ?

18. Pourquoi des titres volatils peuvent-ils devenir des éléments stabilisateurs d'un portefeuille ?

19. Que signifie le concept de corrélation lorsqu'il s'agit d'un portefeuille d'actions investies dans différents secteurs ?

20. Expliquez pourquoi l'investissement périodique donne de bons résultats.

21. La composition d'un portefeuille est une tâche stratégique qui doit prendre en considération le profil de vie du client. Résumez la stratégie de placements, les éléments qui l'influencent et l'environnement. Expliquez ensuite le rôle du profil de vie du client dans cette stratégie.

22. Pourquoi doit-on considérer une politique prioritaire de placements pour le client ?

23. En quoi consiste le levier financier ?

24. Quel est le double rôle du planificateur financier quant aux placements du client ?

25. Expliquez comment le planificateur aborde la RSA du portefeuille du client.

EXERCICES

1. La proposition des catégories de placements qui correspond au degré de tolérance de M. Jeune Professionnel en matière de placements est la suivante :

    ■ Placements totalement sécuritaires : 40 % ;

    ■ Placements partiellement sécuritaires : 40 % ;

    ■ Placements spéculatifs : 20 %.

    Ce client doit investir 5 000 $ l'an pour une retraite à 60 ans. Il est âgé aujourd'hui de 25 ans et recherche un rendement de 10 % avant impôt.

a) Quel dosage de placements lui recommandez-vous?

b) Recommandez au moins deux produits financiers pour chacune des catégories de placements.

2. M. Troplein est votre plus riche client. Il vous demande de lui établir une saine politique prioritaire de placements. Voici les renseignements que vous avez obtenus sur votre client:

- Âge actuel: 55 ans;
- Dette: aucune;
- Âge de retraite analysé: 65 ans;
- Mise de fonds nécessaire en vue de la retraite: 12 000 $ l'an;
- Rendement désiré sur le REÉR: 15 %;
- Âge de la première mise: 42 ans.

Voici son degré de tolérance en matière de placements, selon le questionnaire qu'il a rempli:

- Placements totalement sécuritaires: 55 %;
- Placements partiellement sécuritaires: 25 %;
- Placements spéculatifs: 20 %.

Quel portefeuille de placements lui recommandez-vous?

3. M. Lafortune vous consulte pour planifier sa retraite. Voici les faits:

- Âge: 40 ans;
- Dette: aucune;
- Âge de retraite désiré: 60 ans;
- Mises de fonds annuelles requises: 10 000 $;
- Rendement désiré sur le REÉR: 10 %.

Son degré de tolérance au risque en matière de placements est le suivant:

- Placements totalement sécuritaires: 80 %;
- Placements partiellement sécuritaires: 10 %;
- Placements spéculatifs: 10 %.

Quel portefeuille de placements lui suggérez-vous?

Le module Assurances

CHAPITRE ONZE

OBJECTIFS

- Connaître les grandes catégories d'assurances

- Se familiariser avec l'assurance-vie et déterminer ses rôles principaux

- Évaluer les besoins en assurance-vie

- Expliquer la différence entre l'assurance collective et l'assurance individuelle

- Décrire divers produits d'assurance-vie tels que l'assurance-vie temporaire, l'assurance-vie entière et l'assurance-vie universelle

- Définir l'assurance invalidité et l'assurance frais généraux

- Connaître les autres types d'assurance de personnes

PLAN

Introduction

11.1 Les catégories d'assurance-vie
        11.1.1 L'assurance-vie familiale
        11.1.2 L'assurance-vie philanthropique
        11.1.3 L'assurance-vie commerciale

11.2 Le domaine de l'assurance-vie
        11.2.1 La prime en assurance-vie
        11.2.2 Un régime individuel ou un régime collectif
        11.2.3 L'assurance-vie minimale

11.3 Les produits d'assurance-vie
        11.3.1 L'assurance-vie temporaire
        11.3.2 L'assurance-vie entière
        11.3.3 Une comparaison entre une assurance-vie temporaire (T-10 ou T-100)
                et une assurance-vie entière
        11.3.4 L'assurance-vie universelle

11.4 L'analyse des besoins financiers en assurance-vie (ABF)

11.5 L'assurance invalidité

11.6 Les autres types d'assurances de personnes
        11.6.1 L'assurance responsabilité professionnelle
        11.6.2 L'assurance responsabilité civile
        11.6.3 L'assurance frais généraux

Conclusion

Questions de révision

Exercices

Document : Le cas du Dr Bonsoins : l'ABF

INTRODUCTION

L'assurance constitue un vaste domaine divisé en deux grandes catégories : les assurances de personnes et les assurances générales. Avant de distinguer ces deux catégories, présentons une définition du terme « assurance ».

L'**assurance** représente une garantie, accordée par un assureur à un assuré, d'indemniser ce dernier en cas de réalisation d'un risque et moyennant le versement d'une prime.

L'assurance concerne donc la gestion des risques et englobe une série de moyens à prendre afin justement d'éliminer les risques de pertes financières.

Les assurances générales

Nous aborderons très brièvement cette catégorie d'assurances, car une planification financière contient rarement une analyse d'assurances générales. Celles-ci, également appelées « assurances de dommages » ou « IARD » (incendies, accidents et risques divers), se subdivisent en deux grands types d'assurance de biens, soit l'assurance des risques désignés et l'assurance tous risques.

Les biens qu'on assure le plus souvent se rapportent à l'habitation et à l'automobile. Les risques de pertes financières qu'on désire éliminer concernent le feu, le vol et les dommages de tous genres.

L'assurance habitation

En assurance habitation, il est primordial de connaître clairement les différents risques couverts : tremblement de terre, inondation, glissement de terrain, gel, avalanche, refoulement d'égouts, notamment. Les polices tous risques, communément appelées « formule étendue » ou « formule supérieure », offrent plus, mais leur prix est évidemment plus élevé.

En ce qui a trait aux meubles, il est fondamental d'obtenir l'avenant de « valeur à neuf », sans quoi le recouvrement ne représentera que la valeur initiale du bien moins un certain amortissement. Il faut donc absolument vérifier que la couverture est égale au coût de remplacement. Il est prudent de conserver en lieu sûr un formulaire d'inventaire des biens, ce qui simplifiera toute demande d'indemnité. Ce genre de formulaire peut être obtenu de la majorité des grandes compagnies d'assurances ou du courtier. Il contient une description structurée des biens meubles (chambre, cuisine, salon, par exemple), des appareils électriques, des articles de sport, des vêtements et de tous les objets de valeur. Il peut aussi mentionner la liste des cartes de crédit.

L'assurance automobile

Le système d'assurance automobile au Québec combine la Société de l'assurance automobile du Québec (SAAQ) et l'assurance privée. Les comparaisons portent donc sur cette dernière. Les polices d'assurance automobile varient grandement et peuvent contenir des limites bien précises pour chaque type de risque, par exemple les frais médicaux, les frais de remorquage, etc. Il est important de vérifier attentivement les exclusions et les limites mentionnées dans la police offerte. On peut aussi obtenir, à certaines conditions, la clause de « valeur à neuf ».

Les assurances de personnes

Ce chapitre porte sur les assurances de personnes, car aujourd'hui, plus que jamais, ce type d'assurance s'intègre à une planification financière personnalisée.

Les assurances de personnes[1] comprennent notamment :

- l'assurance-vie ;
- l'assurance invalidité ;
- l'assurance frais généraux.

Le planificateur financier se fixe comme principal objectif de déterminer les besoins financiers actuels et futurs (à moyen terme) du client en ce qui a trait à la protection d'assurance-vie. Il cerne également les types de produits qui répondent le mieux aux besoins du client ; jumeler le « meilleur » produit aux besoins du client s'avère toujours une opération délicate fondée sur des éléments objectifs et subjectifs.

Nous analyserons donc chaque type d'assurance de personnes, en particulier l'assurance-vie.

11.1   LES CATÉGORIES D'ASSURANCE-VIE

L'assurance-vie se divise en trois catégories, chacune jouant un rôle particulier selon qu'il s'agit d'une protection familiale (assurance-vie familiale), d'un legs à un organisme (assurance-vie philanthropique) ou d'une convention commerciale entre associés (assurance-vie commerciale).

11.1.1   L'ASSURANCE-VIE FAMILIALE

Le rôle principal de l'assurance-vie familiale est la constitution, au décès de l'assuré, d'un capital de protection qui, ajouté au capital disponible provenant du patrimoine de l'assuré (succession), pourra engendrer un revenu annuel suffisant pour maintenir la qualité de vie de la famille survivante pendant un nombre d'années déterminé. Précisons que le montant de l'assurance-vie reçu au décès d'un assuré est non imposable entre les mains des ayants droit.

---

1. Les rentes viagères, qui font généralement partie de ce groupe, ont été traitées à la section 8.4 parce qu'elles constituent une source de revenus à la retraite.

Nous définissons l'**assuré** comme le preneur ou la personne qui souscrit un contrat auprès d'un assureur. En effet, si le preneur prend une assurance sur sa propre vie, il est à la fois le preneur et l'assuré. Le preneur peut bien sûr assurer la vie d'une autre personne, mais là n'est pas notre propos. La **succession** recouvre l'ensemble des biens (le patrimoine) que l'assuré, lors du décès, laisse aux légataires désignés dans le testament, ou aux bénéficiaires légaux s'il n'existe pas de testament. La famille, soit le conjoint survivant et les enfants, est le plus fréquemment nommée comme bénéficiaire ; après le décès de l'assuré, l'assurance aide alors financièrement les membres de la famille à faire face au coût de vie et à maintenir ainsi leur qualité de vie.

Le concept de l'assurance-vie familiale mène à trois considérations importantes : l'assurance-vie de la personne qui produit les revenus, le maintien d'une protection suffisante et l'assurance-vie des enfants.

L'assurance-vie de la personne qui produit les revenus

Le principe fondamental de l'assurance-vie familiale consiste à assurer la personne qui produit les revenus. Si les deux conjoints produisent des revenus et participent à la qualité de vie commune, les deux devraient envisager de contracter une assurance-vie. Dans ce cas, la planification porte sur le couple, et l'analyse en assurance-vie fait ressortir les besoins de l'un et l'autre des conjoints.

Mentionnons que notre propos repose sur le fait que le bénéficiaire de la police d'assurance-vie est le conjoint (et les enfants) de l'assuré.

Le maintien d'une protection suffisante

Le maintien d'une protection suffisante permet d'assurer à la famille une qualité de vie équivalente à celle qui précédait le décès.

Parfois, l'assuré évalue mal sa situation et accepte une protection qui procure ultérieurement à la famille une qualité de vie supérieure. Cette protection lui coûte cher et peut diminuer, dans certains cas, sa qualité de vie actuelle en raison des primes d'assurance élevées.

Plus souvent, l'absence d'évaluation périodique des besoins va entraîner une baisse de la qualité de vie pour les survivants, à cause de l'insuffisance de la protection.

L'assurance-vie des enfants

Un enfant ne produit aucun revenu et, en ce sens, n'aide pas à faire face au coût de vie. Une protection élevée ne s'impose donc pas et peut en fait se limiter à des frais de décès. Certaines polices contiennent des clauses qui permettent d'assurer les enfants pour quelques milliers de dollars, ce qui suffit dans bien des cas.

Contracter une assurance-vie permanente afin de planifier, dans une certaine mesure, l'avenir financier d'enfants en bas âge offre l'avantage de leur garantir l'assurabilité pour des versements minimes. Aussi, la valeur de rachat d'une assurance d'enfant peut aider à financer une partie des frais d'études de l'enfant.

11.1.2   L'ASSURANCE-VIE PHILANTHROPIQUE

L'assurance-vie peut par ailleurs viser d'autres objectifs, selon le choix du preneur. Par exemple, elle peut être d'ordre purement philanthropique, c'est-à-dire qu'elle peut garantir un don de bienfaisance planifié.

L'assurance-vie philanthropique a pris un certain essor ces dernières années et permet au preneur de faire un don sous forme d'assurance-vie à un assuré tel qu'une œuvre de charité ou encore une fondation collégiale ou universitaire. Cela signifie qu'au décès de la personne le montant d'assurance-vie est légué à l'établissement ou à l'organisme en question. Les primes de ce type d'assurance-vie sont considérées comme un don par l'impôt.

11.1.3   L'ASSURANCE-VIE COMMERCIALE

C'est dans l'entreprise qu'on trouve la troisième forme d'assurance-vie, qui est ici d'ordre commercial.

L'assurance-vie commerciale s'inscrit dans l'optique d'une convention d'achat et de vente entre associés ou actionnaires d'une entreprise. Par exemple, cette convention peut permettre à un associé ou à un actionnaire d'acheter la part de l'actionnaire ou de l'associé décédé. L'assurance-vie peut à cet égard constituer un outil privilégié en vue de financer l'achat.

Chaque actionnaire ou associé fait l'acquisition d'une police d'assurance sur la vie de chacun des autres actionnaires ou associés. Au décès de l'un d'eux, les survivants reçoivent le capital assuré de la police, en franchise d'impôt. Ce capital servira à l'achat de la part de l'associé décédé.

Les primes de cette assurance-vie peuvent être acquittées par l'entreprise des assurés. Cependant, les primes ne sont pas déductibles d'impôt, ni pour l'entreprise ni pour le preneur.

11.2   LE DOMAINE DE L'ASSURANCE-VIE

Il n'est pas possible de rendre compte de ce vaste domaine qu'est l'assurance-vie dans l'espace réservé à ce chapitre. Avant d'aborder les produits particuliers d'assurance-vie (à la section 11.3), nous nous limiterons à une brève analyse de trois aspects importants, à savoir :

■   la prime à payer ;

■   le choix entre un régime individuel et un régime collectif ;

■   le montant d'assurance-vie minimal à maintenir.

11.2.1   LA PRIME EN ASSURANCE-VIE

La prime[2] correspond à la somme que verse périodiquement, ou en un seul montant, le preneur ou titulaire de la police à l'assureur, en échange du risque assumé. Lorsqu'on envisage de contracter une assurance-vie, le montant de la prime importe sans être crucial. En effet, un produit bien adapté aux besoins d'un client peut ne pas coïncider avec la prime la moins élevée. Il est toutefois essentiel de respecter la capacité financière du client. D'autres facteurs entrent aussi en jeu tels que la relation personnelle avec le courtier ou l'agent d'assurances et la qualité du service reçu.

En assurance-vie, la prime varie principalement en fonction des trois facteurs suivants :

■   **L'assuré** : âge, état de santé, antécédents familiaux, habitudes (fumeur ou non-fumeur), sexe (homme ou femme), emploi, loisirs (parachutisme, course automobile, par exemple). L'ensemble des éléments qu'évalue l'assureur concerne le risque ; par le fait même, l'assureur détermine l'assurabilité du futur assuré. Dans la demande d'assurance-vie, il est primordial que l'assuré déclare toute la vérité sur chacun de ces éléments, sinon la police pourrait être annulée.

■   **L'assurance** : type d'assurance-vie, durée du contrat, montant du capital assuré, conditions et garanties complémentaires, notamment. En d'autres termes, la prime dépend du produit d'assurance-vie.

■   **L'assureur** : pour un même produit, l'écart entre les tarifs de différentes compagnies d'assurances peut souvent excéder 25 %. L'assureur tient compte de trois facteurs quand il établit le coût (la prime) d'une assurance, soit :

  •   l'intérêt gagné, qui correspond à la somme gagnée sur les placements de l'assureur entre la perception de la prime et l'échéance du contrat (au décès ou à la fin de la période assurée) ;

  •   les frais variables, qui dépendent du montant du capital assuré. Ils comprennent le coût des examens médicaux, la taxe provinciale sur les primes, la rémunération des agents, les frais d'exploitation et d'administration ;

  •   les frais fixes, qui comprennent les dépenses qui ne varient pas, quel que soit le montant du capital assuré : fournitures, registres, avis de primes, par exemple. Ils figurent ordinairement sous forme d'un forfait annuel

---

2.   En pratique, la prime que le client paie à l'assureur se nomme prime « brute ». Cette dernière inclut la prime « pure », qui tient compte des tables de mortalité et du taux de rendement recherché par l'assureur plus les frais de contrat.

indiqué dans la police (40 $, 50 $ ou 100 $, par exemple). Selon les compagnies, ce forfait s'appelle constante de police, frais de police, coût de contrat ou encore droit de contrat.

L'expert en assurance-vie peut utiliser différentes sources pour établir les primes. En général, les compagnies publient des brochures sur leurs produits et mentionnent les primes, les garanties, les exigences médicales, notamment. L'expert en assurance-vie consulte également les *Tables d'assurance-vie*, dont l'édition canadienne est publiée par Stone & Cox Limited de Toronto. L'informatique permet aujourd'hui une analyse rapide des primes.

11.2.2   UN RÉGIME INDIVIDUEL OU UN RÉGIME COLLECTIF

De nos jours, la sécurité financière repose sur trois principaux régimes d'assurances : les régimes gouvernementaux, les régimes individuels et les régimes collectifs. Tous ces régimes garantissent à la famille survivante le paiement d'une somme d'argent ou un revenu à la suite du décès d'une personne.

Les régimes gouvernementaux. Les régimes gouvernementaux tels que le Régime des rentes du Québec (RRQ) contiennent en général une clause qui garantit à certaines conditions des prestations au conjoint survivant. En 2001, la prestation de décès du RRQ s'élève à 2 500 $ et constitue un versement unique.

Les régimes individuels. Lorsqu'un assureur négocie un contrat d'assurance-vie avec une personne (le preneur), cette dernière est propriétaire du contrat et paie les primes en fonction des risques courus. Un tel contrat fait partie des régimes individuels commercialisés par de nombreux assureurs.

Les régimes collectifs. Dans sa brochure *Votre assurance collective et vous*, l'Association canadienne des compagnies d'assurances de personnes (ACCAP) définit l'assurance collective comme « une forme d'assurance par laquelle toutes les personnes formant un groupe structuré, ou la plupart d'entre elles, sont assurées en vertu d'un seul contrat ». Il s'agit donc d'un preneur collectif qui négocie pour plusieurs personnes à la fois. Chaque personne assurée (ou adhérent) reçoit ainsi un certificat plutôt qu'une police (contrat d'assurance individuelle). Les ingénieurs, les dentistes, les médecins, les comptables, etc., peuvent s'assurer en vertu de tels régimes collectifs.

L'assurance collective, qui permet dans une certaine mesure d'assurer les besoins des personnes à charge telles que le conjoint et les enfants, a ses limites. Par exemple, une personne de 50 ans qui perd son emploi a toujours la possibilité de convertir son assurance collective en assurance individuelle, mais les primes pourront être beaucoup plus élevées.

Dans certains cas, l'assuré peut conserver son assurance collective jusqu'à 70 ou 75 ans, mais le montant de la protection diminuera en conséquence.

Finalement, l'assurance collective est souvent plus économique que l'assurance individuelle, car elle est négociée pour un groupe de plusieurs personnes. Dans certains cas, le travailleur salarié partage le coût d'une telle assurance avec son employeur. On verra à la section 12.12 que l'assurance-vie collective fait automatiquement partie du bilan successoral.

11.2.3 L'ASSURANCE-VIE MINIMALE

Faut-il maintenir un montant minimal d'assurance-vie durant toute sa vie ? Pas nécessairement, si l'analyse démontre que les capitaux sont amplement suffisants et si le conjoint jouit également d'une certaine indépendance financière. Cependant, il est généralement préférable de maintenir un minimum d'assurance-vie, au moins jusqu'à l'âge de la retraite. Le montant peut varier entre 10 000 $ et 100 000 $ selon les besoins. Certaines personnes voudront conserver un montant minimal durant leur vie entière.

Au moment d'un décès, il se peut que le patrimoine successoral ne puisse être utilisé avant un certain temps par le conjoint survivant ; le montant de l'assurance-vie, généralement versé au bénéficiaire dans les 30 jours suivant le décès de l'assuré, permet alors d'acquitter les débours imputables au décès et les dépenses des mois qui suivent. De plus, il est possible que le conjoint survivant, bouleversé par le deuil, prenne un certain temps avant de s'occuper de la succession du conjoint décédé. Pendant ce laps de temps, des fonds seront nécessaires afin de maintenir la qualité de vie.

11.3 LES PRODUITS D'ASSURANCE-VIE

En général, les produits d'assurance-vie sont excellents. En revanche, le lien entre un produit et une situation précise, en d'autres termes l'application, est souvent inapproprié. L'assurance-vie est un produit financier qui doit répondre aux besoins d'un client. En ce sens, c'est la jonction entre le produit et le besoin qu'il faut réussir.

Le planificateur financier doit bien connaître les besoins de son client, et non se limiter à énumérer les qualités d'un produit, s'il veut que les avantages de ce produit soient pertinents pour le client. Aucun produit d'assurance-vie n'est une panacée. Chaque produit a ses objectifs et son fonctionnement, mais le planificateur financier doit avant tout cerner les besoins, puis recommander le produit le mieux adapté selon le budget du client.

Dans plusieurs cas, le planificateur financier recommande au client de consulter un expert en assurance-vie pour mieux choisir un produit précis. Il lui suggère une approche générale, une stratégie, plutôt que le produit d'une compagnie. L'important pour le client est alors de choisir un intermédiaire, soit un courtier ou un agent, avec lequel il se sent à l'aise et dont les services le satisfont. La différence entre ces deux intermédiaires est que l'agent travaille pour une grande entreprise d'assurances tandis que le courtier est le plus souvent un travailleur autonome et négocie avec plusieurs compagnies d'assurances pour le bénéfice de son client.

Nous examinerons les produits les plus populaires en assurance-vie, soit :

- l'assurance-vie temporaire ;
- l'assurance-vie entière ou permanente ;
- l'assurance-vie universelle.

11.3.1 L'ASSURANCE-VIE TEMPORAIRE

L'assurance-vie temporaire consiste en une protection pure, c'est-à-dire sans épargne, exactement comme l'assurance contre le vol ou contre la maladie. Dans cette expression, le mot « temporaire » est relatif ; il peut couvrir une période de 5 ans, 10 ans et même 100 ans. À l'expiration du contrat, l'assurance se termine ; cependant, le contrat peut être renouvelé pour une prime généralement plus élevée. Les polices d'assurance-vie temporaire peuvent très souvent être converties en polices d'assurance-vie entière, jusqu'à concurrence de la protection en vigueur. Cette conversion s'effectue généralement avant l'âge de 70 ou de 75 ans. De même, les polices d'assurance-vie temporaire renouvelables contiennent une option permettant de renouveler le contrat, souvent sans aucun examen médical.

Avec les polices d'assurance-vie temporaire, il est très important de maintenir un échéancier rigoureux quant au paiement des primes, car, après la période de grâce d'une trentaine de jours, le non-paiement des primes peut signifier l'annulation de la police. Pour remettre cette dernière en vigueur, des preuves d'assurabilité peuvent être exigées.

Lorsqu'on contracte une assurance-vie temporaire, il importe de vérifier si les primes sont garanties, si l'assurance est renouvelable automatiquement sans examen médical et, finalement, si l'assurance est convertible en contrat permanent sans examen médical. La police n'offre aucune valeur résiduelle si l'assuré est toujours vivant à la fin du contrat.

L'assurance-vie temporaire peut prendre plusieurs formes ; nous nous attarderons à trois formes particulières : uniforme, 10 ans ; uniforme, 100 ans ; et décroissante.

L'assurance-vie temporaire uniforme, 10 ans (T-10)

Avec une assurance-vie temporaire uniforme, 10 ans (T-10), le capital de protection est fixe ou nivelé pendant 10 ans, qui est la période de la police. Au bout de cette période, l'assurance peut être renouvelée, mais la prime augmente si le capital assuré reste le même. La prime risque d'atteindre un montant excessif après plusieurs renouvellements. On désigne souvent ce type d'assurance par l'expression «temporaire à primes croissantes». L'assurance-vie temporaire s'avère un excellent choix si les besoins de protection diminuent avec l'âge.

Le tableau 11.1 présente les primes pures approximatives d'une assurance-vie temporaire uniforme (T-10) renouvelable.

L'assurance-vie temporaire uniforme, 100 ans (T-100)

L'assurance-vie temporaire uniforme, 100 ans (T-100), est similaire à la précédente, sauf que la période de la police est de 100 ans. Elle procure donc une protection à long terme à faible coût, puisque la prime est stable pendant 100 ans.

TABLEAU 11.1

Primes pures annuelles approximatives d'une assurance-vie temporaire uniforme de 100 000 $, renouvelable aux 10 ans (T-10), pour un non-fumeur

Âge	Prime annuelle
25-34 ans	200 $
35-44 ans	300
45-54 ans	500
55-64 ans	950
65-74 ans	2 800 $ et plus

Note : Les frais annuels de la police s'élèvent à 60 $ et plus et ne sont pas inclus. Le client paie une prime brute qui inclut la prime pure et les frais de la police.

En guise de comparaison, une personne non fumeuse de 36 ans paierait, pour une protection de 100 000 $, environ 600 $ l'an pour une assurance-vie temporaire, 100 ans, et 300 $ l'an pour une assurance-vie temporaire, 10 ans (voir le tableau 11.1).

Sur une longue période de vie (de 36 ans à 70 ans, par exemple), la T-100 peut s'avérer plus économique que la T-10 renouvelée.

L'assurance-vie temporaire décroissante

Avec une assurance-vie temporaire décroissante, le capital assuré décroît avec l'âge, mais la prime reste fixe ou uniforme pendant la durée du contrat qui peut s'échelonner, par exemple, sur des périodes de 5, de 10 ou de 20 ans selon les besoins et l'assureur. L'**assurance hypothécaire** est un bon exemple de ce type d'assurance.

11.3.2 L'ASSURANCE-VIE ENTIÈRE

L'assurance-vie entière ou permanente est constituée de deux éléments : une protection viagère et une épargne.

Comme son nom l'indique, l'assurance-vie entière garantit une protection la vie durant. Le contrat vient à terme seulement au décès de l'assuré. La prime payée sert à assurer cette protection et à alimenter, au fil des ans, les surplus qui engendrent la valeur de rachat et permettent ainsi à la prime de demeurer uniforme ou nivelée au cours des années à venir plutôt que d'augmenter parallèlement au risque.

Il importe de souligner quelques points au sujet de l'assurance-vie entière :

■ Après un certain nombre d'années, l'assuré peut emprunter sur la valeur de rachat de son assurance-vie entière.

■ L'assuré peut aussi mettre fin à son contrat et réclamer la partie de la réserve accumulée indiquée au tableau des valeurs de rachat inclus dans la police.

■ Au décès, seul le capital de protection est versé aux bénéficiaires et non la valeur de rachat. Le capital-décès est non imposable.

■ Une police peut être participante[3], ce qui signifie que le client peut jouir de certains avantages financiers (réduction de primes, capital de protection plus élevé, notamment) de la part de l'assureur, en fonction du contrat d'assurance et du rendement financier de l'assureur.

■ Certaines normes s'appliquent pour que la partie de l'épargne reste exemptée d'impôt, et l'assureur se charge, par planification, de conserver les polices à l'abri de l'impôt. L'informatique a facilité la tâche de l'assureur à cet égard.

Les primes d'une assurance-vie entière

Le tableau 11.2 illustre les primes pures approximatives d'une assurance-vie entière sans participation. Certaines entreprises pourront offrir des primes inférieures ou supérieures, qui varieront bien sûr selon qu'il s'agit d'une assurance individuelle ou collective. **Une fois la prime établie à un certain montant, elle demeure fixe pour la vie entière.**

La rentabilité d'une assurance-vie entière

L'assurance-vie est un mode d'épargne et non un mode de placement. La compagnie d'assurances doit administrer le portefeuille de placements alimenté par les primes de l'assurance-vie entière. En tant qu'investisseur, peut-on mieux réussir que l'assureur ? On ne doit pas uniquement s'arrêter sur ce point afin de choisir entre une assurance-vie temporaire et une assurance-vie entière. En effet, pour certaines personnes, l'assurance-vie entière peut représenter une protection et un mode d'épargne discipliné. Pour d'autres, il est préférable de contracter une assurance-vie temporaire (protection pure) et d'investir la différence entre les primes de ces

TABLEAU 11.2
Primes pures approximatives constantes d'une assurance-vie entière de 100 000 $, pour un non-fumeur

Âge	Prime annuelle*
25-29 ans	400 $
30-34 ans	500
35-39 ans	800
40-44 ans	1 000
45-49 ans	1 200
50-54 ans	1 400
55-59 ans	2 000 $ et plus

* La durée des versements de la prime dépend du type de contrat.

Note : Les frais annuels de police s'élèvent à 75 $ et plus et ne sont pas inclus.

---

3. Avant décembre 1982, une assurance-vie participante était exonérée d'impôt, sans égard au taux de rendement qu'elle pouvait produire. Il faut donc conserver ces polices à tout prix, surtout si le taux de rendement minimal garanti est élevé. Après 1982, le gouvernement fédéral a plafonné les valeurs de rachat. Pour les polices souscrites après 1989, une déclaration annuelle des revenus d'investissement est requise.

deux assurances. Le débat s'inscrit dans un contexte financier (budget du client ou type d'assurance requise, notamment), et le planificateur doit évaluer ce contexte avant de proposer un type de produit ou une stratégie particulière. Par exemple, il sera toujours possible de combiner une assurance-vie temporaire avec un minimum d'assurance-vie entière dans le but de bénéficier des avantages des deux types d'assurances.

11.3.3   UNE COMPARAISON ENTRE UNE ASSURANCE-VIE TEMPORAIRE (T-10 OU T-100) ET UNE ASSURANCE-VIE ENTIÈRE

La figure 11.1 compare une assurance-vie entière à primes nivelées, une assurance-vie temporaire, 10 ans (T-10), à primes croissantes et une assurance-vie temporaire, 100 ans (T-100), à primes nivelées. La zone claire représente la réserve

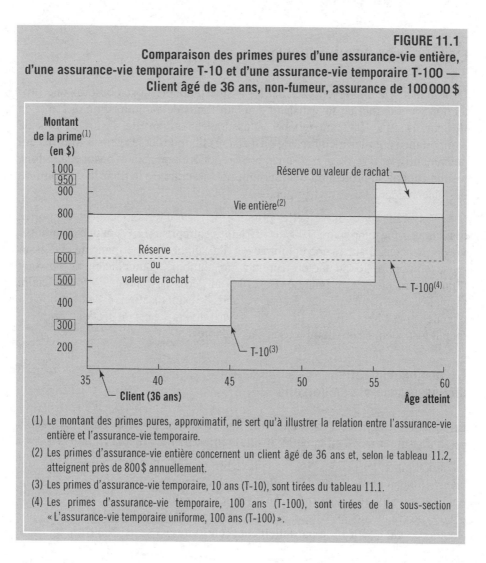

FIGURE 11.1
Comparaison des primes pures d'une assurance-vie entière, d'une assurance-vie temporaire T-10 et d'une assurance-vie temporaire T-100 — Client âgé de 36 ans, non-fumeur, assurance de 100 000 $

(1) Le montant des primes pures, approximatif, ne sert qu'à illustrer la relation entre l'assurance-vie entière et l'assurance-vie temporaire.

(2) Les primes d'assurance-vie entière concernent un client âgé de 36 ans et, selon le tableau 11.2, atteignent près de 800 $ annuellement.

(3) Les primes d'assurance-vie temporaire, 10 ans (T-10), sont tirées du tableau 11.1.

(4) Les primes d'assurance-vie temporaire, 100 ans (T-100), sont tirées de la sous-section « L'assurance-vie temporaire uniforme, 100 ans (T-100) ».

accumulée, ou valeur de rachat. En fait, l'assurance-vie entière est fondamentalement une assurance à primes nivelées qui sont au début relativement
plus élevées que ne l'exige le risque assumé. Les surplus ainsi perçus sont accumulés à intérêt composé et forment la réserve, qu'on appelle « provision mathématique » et qui constitue justement la portion « épargne » ou « valeur de rachat
des contrats d'assurance-vie entière ». Cette réserve sert à compenser l'insuffisance de la prime nivelée relativement à l'aggravation du risque due à l'avance-
ment en âge de l'assuré. La figure 11.1 montre la présence d'une valeur de
rachat pendant les premières années. Cependant, cette valeur n'est pas nécessairement disponible avant quelques années (souvent de cinq à sept ans), car les
frais de rachat (frais variables) durant ces premières années sont plus élevés que
la valeur de rachat.

Le choix entre ces produits dépend fondamentalement des besoins du client.

11.3.4   L'ASSURANCE-VIE UNIVERSELLE

L'assurance-vie universelle permet à l'assuré d'adapter à ses besoins une protection viagère tout en investissant dans un fonds de capitalisation, à l'abri de
l'impôt. Depuis 1983, au Québec, l'assurance universelle a surtout pris de
l'importance pour les membres de professions libérales et les gens d'affaires qui
peuvent utiliser ce type d'assurance pour répondre à plusieurs besoins à la fois,
tels un capital de protection décroissant, une assurance-vie pour le conjoint ou
des placements à l'abri de l'impôt.

L'assurance-vie universelle possède les caractéristiques d'une police
d'assurance-vie temporaire, 100 ans (certaines entreprises utilisent une assurance-
vie permanente, d'autres une combinaison d'assurance-vie permanente et d'assurance temporaire), donc une protection à vie, combinée à un placement jouissant
d'un traitement fiscal privilégié. En effet, au décès de l'assuré, le bénéficiaire
reçoit le capital assuré plus la réserve ou fonds de capitalisation (si cette option est
retenue), et ce libres d'impôt. L'assurance-vie universelle est un produit complexe
du fait justement de ses nombreuses particularités.

Le fonctionnement
de l'assurance-vie universelle

Le fonctionnement de l'assurance-vie universelle peut varier dans les détails
selon l'assureur mais, en général, il suit le principe illustré à la figure 11.2.

En somme, les primes (moins la taxe provinciale de 2,35 %) versées par un
client alimentent un fonds de capitalisation (réserve) qui est crédité par l'assureur soit d'un intérêt concurrentiel à un taux régulièrement révisé, soit d'un dividende. Le client choisit le type de placement dans lequel son argent sera déposé
(fonds de valeurs sûres ou partiellement sécuritaires).

Périodiquement, chaque mois par exemple, l'assureur prélève du fonds de capitalisation les frais d'administration et les coûts d'assurance (protection) qui peuvent inclure certaines garanties complémentaires, telle l'exonération des primes en cas d'invalidité.

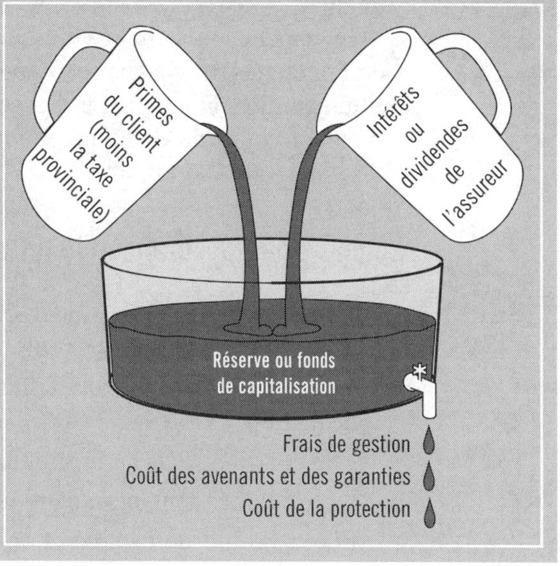

Les caractéristiques de l'assurance-vie universelle

Quatre éléments caractérisent l'assurance-vie universelle :

FIGURE 11.2
Principe de l'assurance-vie universelle

- La fiscalité. La législation touchant l'impôt accorde à certaines de ces polices le statut de police exemptée, ce qui permet à l'assuré de capitaliser un fonds d'investissement à l'abri de l'impôt. Par contre, le planificateur financier doit informer son client du fait qu'une partie des frais de gestion sert à payer l'impôt fédéral de 15 % sur le revenu de placement de ces polices exonérées. Le report d'impôt est donc « partiel », car les frais de gestion sont très élevés. La compagnie d'assurances s'engage à maintenir exonérés d'impôt les fonds accumulés dans la police universelle résultant en un accroissement automatique du capital de protection. Tout retrait du fonds de capitalisation est assujetti à l'impôt. Par ailleurs, il est possible de céder le contrat en garantie d'une marge de crédit et d'effectuer ainsi des retraits non assujettis à l'impôt. Lors du décès, la protection d'assurance-vie ainsi que les montants d'argent accumulés (capital et intérêts) peuvent être versés à la succession, libres d'impôt.

- La souplesse. Dans le cas d'une assurance-vie temporaire ou d'une assurance-vie entière, les primes et le montant d'assurance sont fixés dès le début. Avec une police d'assurance-vie universelle, l'assuré peut notamment augmenter ses primes, les réduire ou effectuer un retrait du fonds de capitalisation. Également, la police d'assurance-vie universelle permet en tout temps de modifier le capital assuré, et le client maîtrise ainsi le niveau de protection. En outre, elle peut être utilisée pour obtenir une source de revenus supplémentaire à la retraite.

- Le suivi. Les assurés reçoivent un relevé détaillé qui leur permet de suivre toutes les activités reliées à la police d'assurance-vie universelle et de connaître les primes minimales et maximales à payer afin de conserver les polices en vigueur et le fonds de capitalisation à l'abri de l'impôt.

- La protection. Si un bénéficiaire, tel le conjoint, a été désigné, les montants capitalisés en vertu du contrat peuvent être insaisissables du vivant du titulaire de la police, même en cas de faillite. L'assurance-vie universelle offre donc une protection contre les créanciers. Elle permet aussi à l'assuré de participer à la gestion de ses besoins en assurance-vie.

En conclusion, la police d'assurance-vie universelle n'est pas une panacée. Certains clients peuvent préférer une assurance-vie plus simple, telle l'assurance-vie temporaire. D'ailleurs, si l'assuré ne verse que la prime minimale correspondant au montant de la protection, l'assurance-vie universelle s'apparente à l'assurance-vie temporaire tout en étant plus coûteuse.

Le choix de l'assurance-vie universelle

L'assurance-vie universelle peut s'avérer un excellent choix pour la personne qui possède le profil financier suivant :

■ Elle n'a presque plus de dettes de consommation dont l'intérêt n'est pas déductible.

■ Elle contribue déjà au **maximum** à un REÉR.

■ Ses liquidités sont excédentaires.

■ Elle a besoin de la protection d'une assurance-vie comportant plusieurs clauses complémentaires (assurance-vie pour le conjoint, les enfants, les associés, etc.).

Étant donné que l'assurance-vie universelle et le REÉR sont des véhicules financiers qui poursuivent des objectifs différents, il est préférable, avant de les combiner dans un même contrat, d'analyser sérieusement la situation avec un conseiller qualifié.

11.4   L'ANALYSE DES BESOINS FINANCIERS EN ASSURANCE-VIE (ABF)

L'analyse des besoins financiers en assurance-vie (ABF) est un processus assez complexe utilisé par les spécialistes de l'assurance dans le but de déterminer le montant d'assurance-vie requis par le client. Nous présentons cet important processus dans le document qui figure à la fin de ce chapitre en utilisant le cas du Dr Bonsoins. Le document contient également l'analyse des besoins du Dr Bonsoins en assurance invalidité et en assurance frais généraux. Nous recommandons au lecteur intéressé de s'y référer.

Pour une famille de salariés comme les Simard-Lajoie, on pourrait bien sûr suivre le processus qui est présenté dans le document annexé à ce chapitre, et on obtiendrait ainsi une évaluation assez précise de leurs besoins en assurance-vie. Cependant, un procédé plus simple suffirait dans leur cas. L'Association canadienne des compagnies d'assurances de personnes (voir le chapitre 14 pour plus de renseignements sur cet organisme) recommande un capital d'assurance-vie qui représente de cinq à sept fois le revenu familial net.

EXEMPLE

Le revenu familial net des Simard-Lajoie se chiffrant à environ 49 000 $ (voir le tableau 5.2), procédons avec la protection de 245 000 $ (49 000 $ × 5).

Claude Lajoie possède déjà une assurance-vie de 100 000 $ (voir le questionnaire n° 1 de l'annexe B du manuel), plus 25 000 $ de son employeur. La protection additionnelle d'environ 120 000 $ pourrait être partagée entre Francine et Claude dans la proportion de leurs revenus nets et en tenant compte de l'assurance déjà contractée par Claude. Notons également que la dépense annuelle pour cette nouvelle assurance doit être incluse dans le coût de vie.

Dans tout ce processus, il faut se rappeler que l'objectif global est de préserver la qualité de vie familiale ; dans ce sens, il importe de réévaluer les besoins périodiquement (par exemple tous les trois ou quatre ans).

11.5 L'ASSURANCE INVALIDITÉ

L'assurance invalidité prévoit le versement d'une rente à la suite d'un accident ou d'une maladie. On l'appelle fréquemment « assurance-maladie », « assurance revenu » ou « assurance salaire ». C'est tout simplement une assurance de remplacement de revenu (salaire ou revenu d'emploi) en cas d'invalidité de courte durée, soit de moins de deux ans, ou de longue durée (prolongée), soit jusqu'à 65 ans et plus dans certains cas. Les deux régimes de courte et de longue durée sont très souvent couverts par une même assurance invalidité, collective ou individuelle.

L'assurance invalidité est une nécessité. À cet égard, les statistiques sont révélatrices ! À 30 ans, on risque six fois plus d'être atteint d'une invalidité totale de plus de trois mois que de mourir. Entre 30 et 70 ans, le risque d'être invalide d'une façon permanente est presque trois fois plus grand que celui d'un décès.

Lorsqu'on contracte une assurance invalidité, deux points sont particulièrement à surveiller : la définition et la cause de l'invalidité.

Le client doit bien comprendre ce que l'assureur lui propose comme protection et ne pas se fier à sa propre définition de l'invalidité. Certaines assurances peuvent donner une définition élargie de l'invalidité contre une surprime de 25 %, par exemple. La Régie des rentes du Québec, quant à elle, propose une définition de l'invalidité tellement stricte en vue du versement de prestations qu'il est préférable de ne pas en tenir compte dans une planification. Finalement, le montant de la prime, si attrayant soit-il, ne doit pas l'emporter sur ce point fondamental qu'est la définition que donne l'assureur de l'invalidité.

Le deuxième point porte sur la cause de l'invalidité, par exemple un accident ou une maladie. Certaines assurances invalidité sont assez restrictives ; par exemple, elles ne procurent que des montants forfaitaires à la suite d'un accident entraînant la perte de la vue, de l'ouïe ou de l'usage de certains membres. Toutefois, l'assurance invalidité que nous mentionnons dans ces pages est une assurance tous risques. Elle s'applique donc, que l'invalidité résulte d'un accident ou d'une maladie. Elle vise avant tout à fournir des prestations mensuelles qui remplaceront le revenu de travail. Il est généralement plus économique de contracter une assurance invalidité d'un régime collectif que d'un régime individuel.

Comme nous l'avons mentionné plus haut, le document présenté à la fin du chapitre contient une analyse des besoins en assurance invalidité pour le Dr Bonsoins.

11.6 LES AUTRES TYPES D'ASSURANCES DE PERSONNES

Il existe une grande variété d'assurances de personnes qui peuvent répondre aux besoins spéciaux de certains clients. Nous glisserons quelques mots sur les plus connues, soit l'assurance responsabilité professionnelle, l'assurance responsabilité civile et l'assurance frais généraux.

11.6.1 L'ASSURANCE RESPONSABILITÉ PROFESSIONNELLE

Les membres de professions libérales tels que les médecins, les avocats ou les dentistes contractent une assurance responsabilité professionnelle qui les protège contre les poursuites judiciaires relatives à la pratique de leur profession qui peuvent leur coûter des milliers de dollars en frais et en honoraires, même si la cause est gagnée. Ce type d'assurance est de plus en plus onéreux selon la nature de la profession exercée. Un dentiste peut, par exemple, avoir à payer plus de 1 000 $ l'an pour une couverture de 3 000 000 $ par sinistre (maximum de 9 000 000 $ par période). Un médecin chirurgien peut couramment payer 2 500 $ l'an et plus.

11.6.2 L'ASSURANCE RESPONSABILITÉ CIVILE

L'assurance responsabilité civile couvre la responsabilité d'un travailleur autonome relativement au préjudice personnel ou aux dommages matériels occasionnés à des tiers. C'est le cas lorsqu'un client se blesse dans un escalier qui conduit à un bureau d'affaires ou encore si une fuite d'eau ou un incendie cause des dommages à d'autres locataires de l'immeuble. Cette assurance est essentielle et peu coûteuse. Pour un minimum de 1 000 000 $, la prime annuelle peut s'élever à environ 150 $. Il est fortement recommandé de souscrire des montants plus élevés, soit de 2 000 000 $ à 5 000 000 $, selon la nature de la profession et du bâtiment. Notons que les polices d'assurance habitation pour le particulier contiennent souvent une clause de responsabilité civile d'environ 1 000 000 $ pour une prime de 1 $ l'an.

11.6.3   L'ASSURANCE FRAIS GÉNÉRAUX

L'assurance frais généraux est une forme d'assurance invalidité pour travailleurs autonomes. Elle permet d'acquitter temporairement les frais généraux admissibles qui sont nécessaires au bon fonctionnement d'un bureau professionnel ou d'affaires. Le document présenté plus loin permet d'approfondir ce type de protection.

CONCLUSION

Le module Assurances a permis d'analyser le rôle de l'assurance-vie en ce qui a trait principalement au maintien d'une protection suffisante en rapport avec la qualité de vie de la famille survivante. Le module offre un bref profil des produits d'assurance les plus connus sur le marché.

Nous avons surtout voulu démontrer la nécessité de bien cerner les besoins du client. Tous conviendront que le client d'aujourd'hui est très différent de celui des années antérieures. Il est plus informé, plus instruit, plus avisé et s'attend à une approche professionnelle de la part des gens qui le conseillent sur ses assurances. De plus en plus d'organismes engagés dans l'éducation des consommateurs suggèrent fortement de mieux s'informer, non pas seulement pour analyser ses besoins à court et à moyen terme, mais également pour trouver le produit d'assurance le plus approprié à ses besoins.

Les intermédiaires travaillant dans le domaine de l'assurance-vie deviendront de plus en plus des planificateurs financiers. Le grand défi qu'ils auront à relever — et qu'ils relèveront, nous en sommes persuadés — consistera à concilier leur sens de l'éthique professionnelle, qui les motive à être avant tout au service du client, et leur devoir envers les assureurs qu'ils représentent.

QUESTIONS DE RÉVISION

1. Les assurances se subdivisent en deux grandes catégories. Lesquelles ?

2. Que signifie l'expression « assurances IARD » ?

3. Quel est précisément le rôle de l'assurance-vie ?

4. Quel est le principe fondamental qui sous-tend l'assurance-vie ?

5. Que signifie une prime en assurance-vie?

6. La prime d'assurance-vie varie en fonction de plusieurs facteurs. Lesquels?

7. Décrivez brièvement les assurances-vie temporaires uniformes T-10 et T-100.

8. En quoi consiste l'assurance-vie entière?

9. Comment fonctionne l'assurance-vie universelle?

10. Pourquoi maintenir une assurance-vie minimale?

11. Quelle différence y a-t-il entre un régime collectif d'assurance-vie et un régime individuel?

12. L'assurance invalidité est-elle vraiment nécessaire? Pourquoi?

13. Que signifie l'expression «intermédiaire» en assurance-vie?

EXERCICES

Il est nécessaire de lire le document sur le Dr Bonsoins avant de faire les exercices.

1. D'après les renseignements suivants, on vous demande d'évaluer les revenus gagnés, après impôt (à 100$ près), si ces trois personnes décédaient immédiatement. Faites aussi une évaluation cinq ans plus tard. Notez que l'inflation est estimée à 5%. Les taux d'imposition approximatifs sont de 30% pour M. Bello, de 35% pour M. Belland et de 40% pour M. Bélair.

	M. Bello (36 ans)	M. Belland (42 ans)	M. Bélair (34 ans)
Coût de vie, après le décès	24 000 $	35 000 $	48 000 $
Rentes du Québec si décès	4 800	4 900	3 500
Salaire brut du conjoint	7 000	11 000	34 000
Revenu net de location*	5 000	6 000	0

* Le revenu net de location pour cet exercice égale le revenu imposable.

2. Le Dr Aristide Bellecroc est orthodontiste, âgé de 29 ans et marié. Le couple Bellecroc a trois enfants en bas âge et Ivoire, l'épouse du Dr Bellecroc, travaille à temps partiel et reçoit un salaire annuel (avant impôt) de 18 500 $. Ce salaire suivra le taux d'inflation à l'avenir. Le coût de vie actuel du couple est de 50 000 $ l'an, ce qui inclut un versement hypothécaire mensuel de 1 750 $ sur la résidence principale. L'hypo-

thèque est assurée par l'établissement prêteur. Le Dr Bellecroc vous consulte pour effectuer l'analyse de ses besoins en assurance-vie. Il vous précise qu'aucune réduction ni augmentation du coût de vie net (ou après décès) ne serait acceptable pour la famille survivante. Il vous informe que le coût annuel moyen des projets spéciaux serait de l'ordre de 3 000 $. En cas de décès, la rente annuelle du Québec versée au conjoint survivant représenterait près de 4 300 $. Le couple Bellecroc vous signale qu'une période de 15 ans pour recevoir les revenus d'assurance serait acceptable (11 ans pour un décès à l'âge de 33 ans). Le taux de rendement après impôt est de 7% et le taux d'imposition sur les revenus gagnés, de 30%.

a) Si le Dr Bellecroc décédait à l'âge de 29 ans ou de 33 ans, quel serait le capital nécessaire à ces deux âges pour permettre à la famille survivante de maintenir sa qualité de vie? Vous estimez, en accord avec le couple Bellecroc, que le capital de libération nécessaire serait de 70 000 $ à 29 ans et de 30 000 $ à 33 ans. Comme l'hypothèque est assurée, elle ne figure pas dans ce montant et, par conséquent, il ne sera pas nécessaire d'inclure un montant à la rubrique Assurance hypothécaire pour calculer le capital disponible. Le Dr Bellecroc vous demande de considérer un legs particulier de 10 000 $ à un fonds universitaire pour les deux âges d'analyse.

b) Le Dr Bellecroc, non-fumeur, possède déjà une assurance-vie entière de 50 000 $. De plus, vous estimez avec lui que la famille dispose présentement d'un capital hors REÉR de 115 500 $ (après impôt). Le Dr Bellecroc vous fait deux propositions pour simplifier votre tâche en tant que conseiller : 1) extrapoler ce capital à 6 % afin de connaître le capital disponible à 33 ans ; 2) prévoir des placements, hors REÉR, entre l'âge de 29 et de 33 ans, qui devraient produire un capital de près de 30 000 $ (après impôt) dans quatre ans. Quels sont les montants manquants en assurance-vie à 29 et à 33 ans ? (Les valeurs sont arrondies à 100 $ près.)

c) Selon vous, quels produits pourraient satisfaire les besoins du Dr Bellecroc ? Faites une analyse de la situation en considérant qu'une assurance-vie minimale de 50 000 $ est requise par le Dr Bellecroc.

3. D'après les renseignements suivants, calculez le capital nécessaire pour assumer le coût de vie (valeurs arrondies à 100 $ près) des deux clients, aux deux âges indiqués.

	M. Alpha		M. Bêta	
	À 35 ans	À 40 ans	À 29 ans	À 33 ans
Revenu manquant pour assumer le coût de vie	14 000 $		22 000 $	
Nombre d'années pour recevoir les revenus	22 ans		25 ans	
Coût de vie actuel	24 000 $		28 000 $	
Taux de rendement futur estimé : 10 %				
Taux d'imposition présumé : 30 %				

4. Le couple D'Amours vous demande d'évaluer ses besoins en assurance-vie. M. D'Amours a 28 ans, sa conjointe 24 ans. Jusqu'à maintenant, ils n'ont effectué aucun placement, préférant donner la priorité au paiement de leurs dettes. Ils possèdent une maison dont l'hypothèque non assurée s'élève à 85 000 $ et qui sera de 35 000 $ cinq ans plus tard. Ils ont une automobile, des meubles, et tout ce qui leur faut selon eux. Ils vous donnent les renseignements suivants :

■ Le couple D'Amours a adopté un enfant qui a aujourd'hui un an. Leur désir est de recevoir des revenus d'assurance pendant 20 ans pour un décès à l'âge de 28 ans ou pendant 15 ans pour un décès à 33 ans (respectivement à 24 ans et à 29 ans pour Mme D'Amours).

■ Le coût de vie actuel est de 35 000 $ l'an, ce qui inclut le coût annuel de l'hypothèque, soit 11 600 $, et les frais reliés à l'enfant.

■ La provision annuelle pour les projets spéciaux est estimée à 2 000 $.

■ La rente annuelle du Québec s'élèverait actuellement à 3 000 $, au décès de l'un des conjoints.

■ Aucun fonds spécial n'est prévu au décès de M. D'Amours, mais Mme D'Amours suggère un fonds d'études de 20 000 $ pour l'enfant aux deux âges d'analyse de son propre décès.

■ Le salaire brut annuel de Mme D'Amours est de 34 000 $ et celui de M. D'Amours est de 14 000 $.

■ Les débours imputables au décès de l'un des conjoints seraient de 6 000 $ après réception de la prestation de décès de la Régie des rentes du Québec.

■ Aucun ajustement (réduction ou augmentation) ne doit être appliqué au coût de vie après décès.

■ L'assurance-vie entière de M. D'Amours s'élève à 50 000 $, et Mme D'Amours possède une assurance-vie temporaire T-10 de 150 000 $.

■ L'inflation à venir est estimée à 6 %. Le rendement sur les futurs placements est estimé à 10 %, avant impôt. Le taux d'imposition est présumé à 30 % pour tous les calculs.

a) Faites une étude des besoins en assurance-vie en date d'aujourd'hui et cinq ans plus tard dans le cas de M. D'Amours.

b) Faites une étude similaire dans le cas de Mme D'Amours.

c) Quels produits d'assurance-vie recommanderiez-vous pour le couple D'Amours?
Faites une analyse de la situation.

Arrondir toutes les valeurs à 100 $.

5. Vous avez en main le bilan personnel de
M. Latulipe, fleuriste, âgé de 42 ans en date du
31 décembre 2001. On vous fournit, de plus, les
renseignements suivants :

■ M. Latulipe prévoit que d'ici trois ans (en
2004, à l'âge de 45 ans) toutes ses dettes
seront remboursées.

■ Étant donné que les biens sont tous légués au
conjoint, il n'y aurait aucun impôt exigible
au décès.

■ M. Latulipe prévoit que ses placements
actuels hors REÉR seront investis pour les
trois prochaines années à un taux de rendement de 7 % après impôt.

■ Il prévoit investir dans un REÉR, à la fin des
trois prochaines années. Le montant total du
portefeuille de REÉR au 31 décembre 2004
est estimé à 55 000 $, incluant le montant
actuel de 40 000 $. Le portefeuille de REÉR
ne sera pas considéré comme du capital disponible, car il sera transféré en franchise
d'impôt dans le REÉR du conjoint survivant.

■ Le coût de vie actuel familial du couple
Latulipe est de 39 000 $, ce qui inclut un ver-
sement hypothécaire annuel de 10 800 $;
aucun ajustement de ce coût de vie n'est suggéré après le décès.

■ La provision annuelle pour les projets spéciaux est estimée à 3 000 $.

■ La rente du Québec (au conjoint survivant)
serait de 4 600 $ au 31 décembre 2001, au
décès de M. Latulipe.

■ Mᵐᵉ Latulipe travaille et prévoit recevoir un
salaire brut de 12 000 $ pour l'année qui
vient. Ce salaire suivra l'inflation à moyen
terme.

■ Mᵐᵉ Latulipe désire recevoir des revenus
d'assurance pendant 22 ans et 19 ans (donc
pour un décès à l'âge de 42 ans et de 45 ans
respectivement).

■ Le couple prévoit en frais funéraires, frais
notariés et frais divers au décès une somme
actualisée de 8 000 $, après avoir pris en con-
sidération la prestation de décès de la Régie
des rentes du Québec.

■ M. Latulipe possède une assurance-vie
entière de 25 000 $.

■ Le couple Latulipe a un enfant de 3 ans.

■ L'inflation à venir est estimée à 2 % à moyen
terme.

■ Le taux d'imposition est présumé à 30 %.

■ M. Latulipe vous suggère un taux de rendement de 7 % après impôt pour les placements
actuels.

a) Présentez un rapport sur les besoins en
assurance-vie de M. Latulipe pour aujour-
d'hui et dans trois ans. (Il faut donc calculer
le capital nécessaire au décès plus la protection manquante.)

b) Quels produits d'assurance-vie recommanderiez-
vous à M. Latulipe?

M. Latulipe
BILAN PERSONNEL
au 31 décembre 2001

ACTIF

Liquidités		
Encaisse	2 000 $	
Comptes débiteurs	3 000	5 000 $
Placements		
Certificat de placement garanti*	10 000	
Actions (valeur marchande)	70 000	
REÉR	40 000	120 000
Biens personnels		
Résidence	200 000	
Meubles	25 000	
Automobile	20 000	245 000
TOTAL DE L'ACTIF		370 000 $

PASSIF

Dettes à court terme		
Solde des cartes de crédit	2 000 $	
Acomptes provisionnels	4 000	6 000 $

Dettes à long terme		
Marge de crédit	5 000	
Emprunt bancaire	10 000	
Hypothèque résidentielle (non assurée)	90 000	105 000
Impôt éventuel		
Impôt éventuel sur placements	3 800	
Impôt éventuel sur REÉR	14 000	17 800
TOTAL DU PASSIF		128 800 $
VALEUR NETTE		241 200
TOTAL DU PASSIF ET DE LA VALEUR NETTE		370 000 $

* Acheté le 31 décembre 2001, donc pas d'intérêt couru.

6. M. Aubry est pharmacien. Il est aujourd'hui âgé de 40 ans (2001) et désire une analyse de ses besoins en assurance-vie pour aujourd'hui et dans quatre ans. Il vous fournit son bilan personnel ainsi que les renseignements suivants :

   ■ L'inflation est estimée à 2 % à moyen terme et à 4 % à long terme.

   ■ Le taux d'imposition moyen pour les revenus est présumé à 30 % et le taux de rendement sur le capital investi à long terme (autre que REÉR), à 7 % après impôt. Pour extrapoler les capitaux actuels, nous présumons un taux de rendement réel après impôt de 2 %.

   ■ Au décès de M. Aubry, sa femme prévoit éventuellement vendre l'immeuble de location (voir le bilan). L'immeuble serait transféré au conjoint, en franchise d'impôt. Pour le décès à 44 ans, la valeur de l'immeuble devrait avoir augmenté du taux d'inflation de 2 % à moyen terme.

   ■ M. Aubry compte investir pendant les quatre prochaines années et prévoit un portefeuille de REÉR additionnel de 20 000 $.

   ■ Le coût de vie pendant l'année à venir sera de 35 000 $ et diminuera de 10 % en cas de décès.

   ■ En cas de décès immédiat, la rente annuelle du conjoint survivant est de 4 000 $ avant impôt.

   ■ Il n'y aurait aucun impôt exigible en cas de décès, puisque le conjoint survivant est le seul bénéficiaire de tous les éléments d'actif.

   ■ Mme Aubry travaille et prévoit gagner 15 000 $ brut pendant l'année à venir. Son salaire devrait être indexé sur l'inflation à moyen terme.

   ■ Le montant actualisé des débours imputables au décès s'élèverait à 6 000 $ après réception de la prestation de décès de la Régie des rentes du Québec.

   ■ Il n'y aura plus de dettes associées aux cartes de crédit d'ici quatre ans, et d'autres dettes ne suivront pas.

   ■ L'assurance-vie entière de M. Aubry est de 50 000 $; il l'a achetée à l'âge de 30 ans.

   ■ La famille Aubry vit dans une copropriété entièrement payée.

   ■ Le couple a un enfant de 5 ans à protéger financièrement jusqu'à l'âge de 25 ans et vous demande de ne pas prévoir de fonds d'études universitaires. La famille possède déjà un régime enregistré d'épargne-études (REÉÉ).

   ■ Tous les placements figurant au bilan personnel de M. Aubry seront conservés dans le futur. Le portefeuille de REÉR serait transféré au conjoint survivant en franchise d'impôt en cas de décès de M. Aubry.

   ■ En ce qui concerne la provision annuelle pour les projets spéciaux, M. Aubry suggère un montant de 3 000 $ l'an.

   ■ M. Aubry maintient généralement une encaisse minimale de 5 000 $; ce montant restera le même à l'âge de 44 ans.

   a) Présentez les besoins financiers en assurance-vie de M. Aubry au 31 août 2001 et dans quatre ans au 31 août 2005. (Vous devez effectuer les calculs à l'aide de la table XI [annuités à progression géométrique].)

   b) Quels types d'assurance-vie devrait-il acheter si cela était nécessaire ?

M. AUBRY
BILAN PERSONNEL
au 31 août 2001

ACTIF

Liquidités

Encaisse		8 000 $

Placements (valeur marchande)

Obligations — gouvernement fédéral	20 000 $	
Intérêt couru [1]	1 667	
REÉR	30 000	
Immeuble de location	200 000	251 667

Biens personnels (valeur marchande)

Meubles	15 000	
Automobile	8 000	23 000
TOTAL DE L'ACTIF		282 667 $

PASSIF

Dettes à court terme

Solde des cartes de crédit		2 000 $

Dettes à long terme

Hypothèque non assurée sur immeuble de location		38 000

Impôt éventuel

Impôt éventuel sur REÉR[2]	10 500 $	
Impôt éventuel sur plus-value[3]	39 750	
Impôt éventuel sur récupération de l'amortissement[4]	14 840	65 090
TOTAL DU PASSIF		105 090 $
VALEUR NETTE		177 577
TOTAL DU PASSIF ET DE LA VALEUR NETTE		282 667 $

(1) Les acomptes provisionnels de M. Aubry sont évalués en tenant compte de l'impôt sur les gains en intérêts, et ils ont été payés correctement.

(2) Fonds en REÉR	30 000 $
Taux d'imposition estimé : 35 %	
IMPÔT ÉVENTUEL SUR REÉR	10 500 $

(3) Valeur marchande, en date du bilan

Coût de l'immeuble	200 000 $
Gains en capital	100 000
Taux d'imposition estimé : 39,75 % (75 % × 53 %)	100 000
IMPÔT ÉVENTUEL SUR PLUS-VALUE	39 750 $

(4) Amortissement déjà utilisé	28 000 $
Taux d'imposition estimé : 53 %	
IMPÔT ÉVENTUEL SUR RÉCUPÉRATION DE L'AMORTISSEMENT	14 840 $

7. La situation de votre client, M. Rock Dassier, ingénieur-conseil de 40 ans, est la suivante :

Revenu professionnel	121 200 $
Frais d'exploitation	36 000
Taux d'imposition : 35 % (à cause des nombreux crédits dont il bénéficie)	
Coût de vie annuel	52 000

a) Que pourriez-vous lui recommander comme assurance invalidité ? (Délai de carence de 30 jours.)

M. Dassier préfère assurer son revenu après impôt. Quel serait le coût annuel total si le supplément d'indexation était ajouté ?

b) Si tous les frais d'exploitation étaient admissibles, quel serait le profil de l'assurance frais généraux que vous lui recommanderiez ? Quel en serait le coût annuel total ?

Arrondir toutes les valeurs (à l'exception des primes) à 100 $ près et se servir des tableaux du document pour les coûts.

8. M. Claude Lechiffre, comptable agréé âgé de 45 ans, se demande de quel montant d'assurance invalidité il a besoin. Il vous consulte à ce sujet en vous donnant les renseignements suivants :

Revenu professionnel	95 000 $
Frais d'exploitation	20 000
Taux d'imposition présumé : 35 %	
Coût de vie annuel	40 000

a) M. Lechiffre vous assure qu'un délai de 90 jours est parfaitement acceptable. Il vous suggère d'analyser les deux possibilités, soit assurer le revenu après impôt ou le coût de vie.

b) Présumons que tous les frais d'exploitation sont déductibles. Quel serait le coût annuel d'une assurance frais généraux ?

Arrondir toutes les valeurs (à l'exception des primes) à 100 $ près et se servir des tableaux du document pour les coûts.

LE CAS DU Dʳ BONSOINS : L'ABF

PLAN

Introduction

L'analyse des besoins financiers en assurance-vie

La détermination des deux âges clés

L'évaluation du capital nécessaire, au décès

Le calcul de la protection manquante

La détermination du produit approprié à la nature de la protection manquante

L'analyse des besoins financiers en assurance invalidité

Le délai de carence

La clause d'indexation

La prime totale

L'analyse des besoins financiers en assurance frais généraux

INTRODUCTION

Nous avons voulu donner un exemple concret de ce processus d'une grande importance qu'est l'analyse des besoins financiers en assurance-vie. Ce document analyse également les besoins en assurance invalidité et en assurance frais généraux, deux assurances connexes. Nous étudierons le cas du Dʳ Bonsoins, que nous avons présenté au document du chapitre 5.

Rappelons que le Dʳ Bonsoins est omnipraticien, membre de la Fédération des médecins omnipraticiens du Québec (FMOQ) et de la Corporation professionnelle des médecins du Québec. Au moment de l'analyse, au 1ᵉʳ avril 2001, le Dʳ Bonsoins a 36 ans. Sa femme, Iode, 32 ans, est hygiéniste dentaire et travaille actuellement à temps partiel. Le couple Bonsoins a deux enfants, Cyro, 7 ans, et Pilule, 6 ans. Pour simplifier le document, nous n'avons pas inclus les questionnaires remplis par le couple Bonsoins;

cependant, les différents tableaux rendent compte des renseignements recueillis.

L'ANALYSE DES BESOINS FINANCIERS EN ASSURANCE-VIE

L'analyse des besoins financiers en assurance-vie des clients (appelée ABF) porte sur une certaine période et s'effectue en quatre étapes, soit :

- la détermination des deux âges clés ;
- l'évaluation du capital nécessaire, au décès ;
- le calcul de la protection manquante ;
- la détermination du produit approprié à la nature de la protection manquante.

Avant d'examiner brièvement chacune de ces étapes, soulignons qu'une réévaluation des besoins devrait être effectuée au moment de changements importants dans la vie d'un couple, tels un mariage ou une naissance.

LA DÉTERMINATION DES DEUX ÂGES CLÉS

En premier lieu, la détermination des deux âges clés, séparés de quelques années, permet de mesurer non seulement les besoins en assurance-vie à ces deux âges, mais également l'évolution de ces besoins sur une période relativement longue et importante dans la vie des clients.

Les âges clés sont :

- l'âge actuel du client ;
- l'âge du client au moment de l'atteinte de la première étape de l'indépendance financière, soit à

la fin de la période de programmation des disponibilités financières.

L'âge actuel du client

Le Dr Bonsoins a 36 ans au moment de l'analyse, en avril 2001. Il s'agit donc du premier âge clé.

L'âge du client au moment de l'atteinte de la première étape de l'indépendance financière

La première étape de l'indépendance financière commence au moment où le client s'est libéré de la majorité de ses dettes personnelles et a acquis l'habitude de payer son coût de vie et ses projets à même ses revenus. En ce qui concerne le Dr Bonsoins, on peut tenir pour acquis qu'il réglera ses dettes dans quatre ans, selon la programmation des disponibilités financières. Le deuxième âge clé sera donc 40 ans.

Le lecteur peut se référer au tableau 1 afin de mieux saisir la portée de ces deux âges dans le cadre de l'analyse des besoins financiers.

L'ÉVALUATION DU CAPITAL NÉCESSAIRE, AU DÉCÈS

La deuxième étape de l'ABF consiste à évaluer le capital nécessaire à la famille survivante, afin que cette dernière garde la même qualité de vie. Le calcul figure au tableau 1. Voici une définition de chacun des grands points de ce tableau :

- Le **coût de vie, après le décès,** est celui qui sera assumé par la famille survivante après le décès de l'assuré.

- Les **revenus gagnés, après impôt,** correspondent à l'évaluation des revenus disponibles au conjoint survivant.

- Le **revenu manquant pour assumer le coût de vie** est la différence, pour le conjoint survivant, entre le coût de vie, après le décès, et les revenus gagnés, après impôt.

- Le **capital nécessaire pour assumer le coût de vie** permet de produire le revenu manquant et augmentera annuellement en fonction du taux d'inflation (cette protection contre l'inflation

suggère l'utilisation d'annuités à progression géométrique), et ce pendant le nombre d'années de protection choisi.

- Le **capital de libération** permet à la succession de libérer, au besoin, la famille des dettes personnelles, des frais relatifs au décès et de l'impôt.

- Les **fonds spéciaux** peuvent servir à effectuer un legs particulier, à une œuvre de charité ou à une fondation par exemple, ou encore à financer les frais d'études spécialisées ou universitaires, et ce dans l'éventualité où la famille n'aurait pas prévu de capital destiné aux études supérieures des enfants (par exemple, lorsqu'un parent décède alors que les enfants sont en bas âge).

- Le **capital nécessaire, au décès,** correspond au total du capital nécessaire pour assumer le coût de vie, du capital de libération et des fonds spéciaux.

Le tableau 1 présente le cas du Dr Bonsoins. L'analyse des besoins financiers en assurance-vie s'effectue d'une part en fonction de l'âge actuel du client, comme si ce dernier décédait aujourd'hui, à 36 ans, et d'autre part en fonction de la date où il parvient à la première étape de l'indépendance financière, soit à 40 ans selon la programmation des disponibilités financières. Il convient de se rappeler qu'après cette étape toutes les dettes personnelles sont réglées et que des placements dans des régimes enregistrés d'épargne-retraite (REÉR) ont déjà été effectués en vue de la retraite. Le coût de vie est donc mieux maîtrisé, dans la plupart des cas. Pour ces raisons, la situation financière du client est passablement modifiée ; il est donc utile de réévaluer les besoins en assurance-vie à cette période de la vie du client.

(1) Le coût de vie, après le décès

Le coût de vie de la famille Bonsoins est de 46 000 $. Ce coût de vie subit un premier ajustement de 11 000 $ l'an représentant la provision annuelle pour les projets spéciaux. (Ce concept a été vu en détail au chapitre 5.) Essentiellement, il s'agit de prendre en considération le coût des projets spéciaux qui seront réalisés occasionnellement durant la vie et d'estimer une moyenne annuelle. Ce montant ne fait pas partie du coût de vie normal à court et à moyen terme, mais

TABLEAU 1*
Évaluation du capital nécessaire, au décès — Dr Bonsoins (à 100 $ près)

	Âge au décès : 36 ans	40 ans
	Date : Avril 2001	Avril 2005
	Nombre d'années : 15 ans	11 ans
Coût de vie, après le décès[1]**		
Coût de vie actuel	46 000 $	
Plus : Provision annuelle pour les projets spéciaux	11 000	
Coût de vie à long terme	57 000 $	
Moins : Versements hypothécaires	10 600	
Coût de vie rajusté	46 400	50 200 $
Ajustement suggéré	—	—
Coût de vie net (ou après décès)	46 400 $	50 200 $
Moins : Revenus gagnés, après impôt, par le conjoint survivant[2]		
Rentes du Québec	4 200	4 500
Revenu de travail	4 100	20 000
	8 300 $	24 500 $
Revenu manquant pour assumer le coût de vie[3]	38 100	25 700
Capital nécessaire pour assumer le coût de vie[4]	370 000	202 700
Plus : Capital de libération, au décès[5]		
Débours imputables au décès	10 000	10 800
Dettes (incluant l'hypothèque non assurée)	99 300	—
Impôt exigible au décès	—	—
	109 300 $	10 800 $
Plus : Fonds spéciaux[6]		
Legs particulier	—	—
Fonds pour les études	—	40 000
	—	40 000 $
CAPITAL NÉCESSAIRE, AU DÉCÈS[7]	479 300 $	253 500 $

* Ce tableau est basé sur des données qui proviennent du document annexé au chapitre 5 et du document 1 annexé au chapitre 7.

** Les notes (1) à (7) renvoient aux sous-sections numérotées (1) à (7) dans ce document.

Afin d'évaluer le coût de vie, après le décès, il suffit de soustraire du coût de vie à long terme ainsi obtenu les versements hypothécaires (885,85 $ × 12 = 10 630 $, montant arrondi à 10 600 $), car l'hypothèque sera payée au décès[1]. Dans le calcul de la protection manquante, on tient compte du fait que l'hypothèque n'est pas assurée et que, par conséquent, elle fera partie des dettes qui devront être acquittées au décès.

Dans certains cas, on peut réduire le coût de vie rajusté de la famille de 5 % à 10 %, et ce pour compenser la part du conjoint décédé dans le coût de vie. Toutefois, plus souvent qu'autrement, on appliquera un ajustement à la hausse pour couvrir les nouveaux frais (travaux d'entretien, déneigement, surveillance des enfants, etc.) entraînés par le décès du conjoint qui s'occupait de ces tâches, bien sûr gratuitement. Ces deux concepts (réduction et augmentation du coût de vie) s'affrontent et tendent à se neutraliser. Par conséquent, dans notre cas, nous adopterons tel quel le coût de vie rajusté de 46 400 $ l'an sans aucun autre ajustement. Encore ici, la situation particulière du client dictera l'approche à suivre.

Selon le tableau 1

	À 36 ans	À 40 ans
Coût de vie actuel	46 000 $	
Plus : Provision annuelle pour les projets spéciaux	11 000	
Coût de vie à long terme	57 000 $	
Moins : Versements hypothécaires	10 600	
Coût de vie rajusté	46 400 $	50 200 $ *
Ajustement suggéré	—	—
COÛT DE VIE NET (ou après décès)	46 400 $	50 200 $

* Table III, $n = 4$ ans, inflation de 2 % ; facteur 1 082,43. Donc 1 082,43 × 46,4 (pour 46 400 $) = 50 225 $ ou 50 200 $ (à 100 $ près).

il est inclus dans le coût de vie à long terme. C'est une estimation qui tient compte de la nature des projets envisagés et de leur fréquence.

1. Si l'hypothèque est assurée, on ajoutera ce montant d'assurance à la rubrique Assurance hypothécaire (voir le tableau 2).

(2) Les revenus gagnés, après impôt, par le conjoint survivant

Les revenus gagnés par le conjoint survivant (Iode) comprennent la rente de conjoint survivant reçue de la Régie des rentes du Québec et le revenu du travail (salaire ou entreprise). Il ne faut pas oublier de présenter ces revenus gagnés après impôt.

Dans le cas du Dr Bonsoins, nous retenons 40 % de taux d'imposition moyen. Il faut donc appliquer ce taux aux revenus imposables tels que les rentes du Québec et le revenu du travail.

La rente du conjoint survivant, après impôt. La Régie des rentes du Québec paie au conjoint survivant une somme mensuelle en fonction du nombre d'enfants à charge, du nombre d'années de contribution au régime et du montant global de contributions versées. On peut connaître ce montant par l'intermédiaire de la Régie des rentes du Québec. Dans notre exemple, supposons que le conjoint survivant, Iode, puisse recevoir 7 000 $ l'an.

Rentes du Québec, avant impôt   7 000 $

Taux d'imposition : 40 %

RENTES DU QUÉBEC, APRÈS IMPÔT
(7 000 $ × 60 %)   4 200 $

Ce montant de 4 200 $ l'an représentera 4 500 $ l'an en 2001 (table III, 2 %, 4 ans, facteur 1 082,43 ; donc 1 082,43 × 4,2 [pour 4 200 $] = 4 546 $ ou 4 500 $).

Le revenu de travail, après impôt. Le revenu de travail provient d'un salaire[2] ou d'une entreprise non incorporée détenue par le conjoint survivant. S'il s'agit d'un salaire, il suffit de relever le salaire brut annuel de ce conjoint. Il faut ensuite soustraire le montant d'impôt en fonction du taux d'imposition approximatif. S'il s'agit d'un revenu d'entreprise non incorporée, on peut évaluer approximativement le revenu d'après les derniers états financiers et les déclarations de revenus du conjoint survivant. À la

suite de cette évaluation, il serait préférable, après discussion avec les deux conjoints, d'établir un revenu moyen réaliste à long terme, actualisé.

Dans notre exemple, la conjointe, Iode, recevra un salaire après impôt de 4 100 $ (à 100 $ près), au décès du conjoint. Cependant, Iode exprime le désir de réintégrer à temps plein le marché du travail d'ici quelque temps. Nous présumons donc qu'en 2005 (décès à 40 ans du Dr Bonsoins) Iode recevra un salaire annuel de 20 000 $ après impôt (voir le tableau 1).

Récapitulation. Le tableau suivant résume tous les revenus gagnés, après impôt, par le conjoint survivant.

Selon le tableau 1

	À 36 ans	À 40 ans
Rentes du Québec, après impôt	4 200 $	4 500 $
Revenu de travail, après impôt	4 100	20 000
REVENUS GAGNÉS, APRÈS IMPÔT, PAR LE CONJOINT SURVIVANT	8 300 $	24 500 $

(3) Le revenu manquant pour assumer le coût de vie

Le revenu annuel qui manque au conjoint afin de subvenir au coût de vie familial égale la différence entre le coût de vie, après le décès, et les revenus gagnés par le conjoint survivant.

Selon le tableau 1

	À 36 ans	À 40 ans
Coût de vie, après le décès	46 400 $	50 200 $
Moins : Revenus gagnés, après impôt	8 300	24 500
REVENU MANQUANT POUR ASSUMER LE COÛT DE VIE	38 100 $	25 700 $

Le revenu manquant annuel pour assumer le coût de vie en 2001 s'élève donc à 38 100 $ afin de calculer les besoins futurs.

Le revenu manquant pour assumer le coût de vie en 2005 sera de 25 700 $.

---

2. Le salaire provient du travail pour autrui ou de l'entreprise incorporée dont la personne est actionnaire.

(4) Le capital nécessaire pour assumer le coût de vie

Le capital nécessaire pour assumer le coût de vie correspond au montant que le conjoint survivant doit posséder afin de produire le revenu nécessaire au coût de vie.

Il existe plusieurs méthodes pour calculer ce capital. En voici quelques-unes.

La méthode du diviseur. Nous avons utilisé cette approche au tableau 7.2 (point 4) pour calculer le capital nécessaire à la retraite. Selon ce calcul, le capital d'assurance-vie serait de l'ordre de 635 000 $, soit 38 100 $ ÷ 6 % (10 % − 40 % d'impôt). Cette approche, valable pour le calcul du capital nécessaire à la retraite, est discutable dans le contexte de l'assurance-vie, car elle gonfle démesurément le montant de capital requis. En effet, si le conjoint survivant retirait chaque année 10 % du capital avant impôt, le capital ne serait jamais grugé.

La méthode du nombre d'années pour épuiser le capital. Cette méthode est celle que nous utiliserons, car elle est plus réaliste et permet aux clients de décider du nombre d'années le plus adapté à leur situation professionnelle et financière. Le couple Bonsoins a estimé qu'une période de 15 ans semblait raisonnable (15 ans à partir de 2001 et 11 ans à partir de 2005). Iode retournera au travail en 2005 et, dans 15 ans, Cyro aura 22 ans et Pilule, 21 ans.

La table VII indique le capital nécessaire en vue d'obtenir annuellement un revenu de 1 000 $. Avec un taux de rendement après impôt de 6 % (10 % − 40 % d'impôt), on obtient un capital de 9 712,25 $ pour un revenu annuel de 1 000 $. Le revenu nécessaire est de 38 100 $ à 36 ans ; donc 38,1 × 9 712,25 = 370 037 $ ou 370 000 $ (à 100 $ près).

Dans le cas d'un décès à 40 ans (avril 2005), le nombre d'années serait de 11 ans seulement (15 ans − 4 ans). La table VII indique un capital de 7 886,87 $ pour un revenu annuel de 1 000 $. Le revenu nécessaire est de 25 700 $ à 40 ans ; donc 25,7 × 7 886,87 = 202 693 $ ou 202 700 $ (à 100 $ près).

Le point 4 du tableau 1 présente ces deux montants de capital nécessaire pour assumer le coût de vie, soit 370 000 $ à 36 ans et 202 700 $ à 40 ans.

La méthode du nombre d'années protégées de l'inflation. Cette approche est semblable à la précédente, sauf que les revenus annuels augmentent chaque année du taux d'inflation. La table XI (annuités à progression géométrique) indique le capital nécessaire en vue d'obtenir annuellement un revenu majoré de l'inflation. Le lecteur est invité à effectuer les calculs en utilisant un taux d'inflation de 4 %. Bien sûr, les montants de capital obtenus seront plus appréciables que ceux calculés selon la méthode précédente.

(5) Le capital de libération

Le capital de libération représente le montant nécessaire au conjoint survivant afin de libérer la succession de toutes les sommes à payer lors du décès. Ces dernières sont généralement composées des débours imputables au décès (les frais occasionnés directement par le décès, les frais funéraires, les frais légaux et certains frais médicaux), des dettes indiquées au bilan et de l'impôt exigible du conjoint.

Les débours imputables au décès. Les débours imputables au décès s'élèvent à 10 000 $ pour notre client à 36 ans. Majorés de l'inflation, ils atteindront quatre ans plus tard 10 820 $ (1 082,43 × 10 [pour 10 000 $][3]) ou 10 800 $ (à 100 $ près). Ce montant approximatif de 10 000 $ constitue seulement une hypothèse que le planificateur et la famille survivante doivent établir en fonction également du genre de funérailles envisagé. Le montant de 10 000 $ tient compte ici de la prestation au décès remise par la Régie des rentes du Québec. Cette prestation consiste en un montant unique de 2 500 $ depuis 1998. Cette prestation est imposable et nous avons inclus dans le montant de 10 000 $ un montant net de 1 500 $ (2 500 $ moins 40 % d'impôt).

Les dettes lors du décès. Les dettes au moment du décès à 36 ans sont les suivantes (voir le bilan au document du chapitre 5) :

---

3. Table III, 2 %, 4 ans ; facteur 1082,43.

Solde des cartes de crédit	200 $
Impôt de 2000	1 000
Acompte provisionnel en retard	4 725
Prêt — automobile	13 900
Prêt — meubles	24 150
Hypothèque sur la résidence	55 327
Dettes lors du décès	99 302 $
DETTES LORS DU DÉCÈS (à 100 $ près)	99 300 $

À 40 ans, le Dr Bonsoins aura acquitté toutes ses dettes. Les dettes importantes n'existeront donc plus. On tient pour acquis que le client acceptera la recommandation de ne plus s'endetter pour des dépenses reliées aux biens de consommation ou au paiement de l'impôt. C'est ainsi que les dettes seront nulles à 40 ans.

L'impôt exigible au décès. L'impôt exigible au décès représente la dette lorsque le contribuable décède. Cet impôt exigible se rapporte à différentes situations, entre autres aux gains en capital sur placements. Dans le cas du Dr Bonsoins, aucun impôt ne sera exigible au décès, car le testament stipule que tous les biens seront légués au conjoint (roulement en franchise d'impôt).

Récapitulation. Le tableau suivant résume les débours imputables au décès, les dettes lors du décès, l'impôt exigible au décès et le capital de libération aux âges clés du Dr Bonsoins.

Selon le tableau 1

	À 36 ans	À 40 ans
Débours imputables au décès	10 000 $	10 800 $
Dettes lors du décès	99 300	—
Impôt exigible au décès	—	—
CAPITAL DE LIBÉRATION	109 300 $	10 800 $

(6) Les fonds spéciaux

Les fonds spéciaux servent à effectuer certains legs particuliers ou à financer les études des enfants. Le Dr Bonsoins ne prévoit aucun legs particulier. Par contre, il suggérait au moment de l'analyse des besoins financiers de constituer un fonds au montant de 40 000 $ (20 000 $ par enfant) pour les études universitaires de ses enfants, et ce à partir de l'âge de 40 ans seulement.

Selon le tableau 1

	À 36 ans	À 40 ans
Legs particulier	—	—
Fonds pour les études	—	40 000 $
FONDS SPÉCIAUX		40 000 $

Il faut souligner qu'un tel fonds pour les études ne remplace aucunement la responsabilité des parents d'adopter un plan financier adéquat pour les études supérieures de leurs enfants.

(7) Le capital nécessaire, au décès

Le tableau 1 permet de calculer le capital nécessaire, au décès. Ce capital comprend trois éléments essentiels, soit le capital nécessaire pour assumer le coût de vie, le capital de libération et les fonds spéciaux.

Selon le tableau 1

	À 36 ans	À 40 ans
Capital nécessaire pour assumer le coût de vie	370 000 $	202 700 $
Plus : Capital de libération	109 300	10 800
Fonds spéciaux	—	40 000
CAPITAL NÉCESSAIRE, AU DÉCÈS	479 300 $	253 500 $

Utilisons ce capital pour calculer la protection manquante, au décès.

LE CALCUL DE LA PROTECTION MANQUANTE

Après la détermination des deux âges clés et l'évaluation du capital nécessaire, au décès, la troisième étape de l'analyse des besoins financiers est le calcul de la protection manquante.

Le calcul figure au tableau 2. Voici une définition de deux grands points de ce tableau, le capital nécessaire ayant déjà été défini à la sous-section précédente (7).

Le capital disponible. Consacré aux bénéficiaires du Dr Bonsoins, le capital disponible représente en fait l'évaluation des fonds qui sont à la disposition de la famille survivante. La résidence familiale ne fait pas partie de ce capital, car elle sera utilisée directement ou indirectement à des fins de logement par le conjoint survivant, que la résidence soit conservée ou vendue. Il en va ainsi des meubles et de l'automobile. Le planificateur doit s'efforcer de donner une évaluation prudente du capital disponible, afin d'éviter une surévaluation qui pénaliserait le conjoint survivant. Dans cette optique, il serait prudent de ne pas considérer le portefeuille de REÉR comme un actif disponible. Deux raisons justifient cette approche : en conseillant au conjoint survivant de conserver le portefeuille de REÉR, le planificateur l'encourage à investir dans le financement de sa propre retraite et, de plus, il lui évite de payer de l'impôt puisqu'un tel transfert de REÉR se fait en franchise d'impôt, alors que tout retrait du REÉR est pénalisé. De toute façon, en dépit de la stratégie de planification utilisée, le conjoint survivant pourra décider, au décès de l'assuré, de liquider tout ou une partie des REÉR. Le tableau 2 ne présente aucun placement dans un REÉR.

L'assurance-vie manquante. Obtenue en soustrayant le capital nécessaire, au décès, du capital disponible, l'assurance-vie manquante indique les montants de protection supplémentaire éventuellement nécessaires aux différents âges. Ces montants tiennent compte du facteur d'inflation. Il peut arriver que le capital disponible soit supérieur au capital nécessaire, au décès. Dans ce cas, il n'existe en théorie aucun besoin d'assurance-vie. Cependant, il est intéressant de maintenir un minimum d'assurance-vie.

Voyons les calculs pour le Dr Bonsoins.

(1) Le capital nécessaire, au décès

Le capital nécessaire, au décès, est calculé au tableau 1 et reporté au début du tableau 2.

(2) Le capital disponible

Le capital disponible est composé de plusieurs éléments et représente l'ensemble des fonds dont dispose la famille au décès du conjoint, aux deux âges clés analysés.

Analysons chaque élément afin de comprendre comment les intégrer au tableau du calcul de la protection manquante.

L'encaisse. L'encaisse, à 36 ans, correspond au solde du début présenté au tableau de programmation des disponibilités financières, soit 23 800 $. L'encaisse, à 40 ans, coïncide avec le solde en fin de période, soit 19 700 $ (voir le document du chapitre 5).

Les comptes débiteurs. Les membres de professions libérales ont des comptes débiteurs relativement élevés. Comme le revenu professionnel du Dr Bonsoins suit l'inflation, il en est de même de ses comptes débiteurs.

TABLEAU 2
Détermination de la protection manquante,
au décès — Dr Bonsoins (à 100 $ près)

	Âge au décès : 36 ans	40 ans
	Date : Avril 2001	Avril 2005
Capital nécessaire, au décès[1]*	479 300 $	253 500 $
Moins : Capital disponible[2]		
Encaisse	23 800	19 700
Comptes débiteurs	9 000	9 700
Placements actuels, hors REÉR, après impôt	37 100	—
Placements prévus, hors REÉR, après impôt	—	—
Assurance-vie actuelle	75 000	75 000
Assurance hypothécaire	—	—
Capital disponible	144 900 $	104 400 $
ASSURANCE-VIE MANQUANTE[3]	334 400 $	149 100 $

*   Les notes (1) à (3) renvoient aux sous-sections numérotées (1) à (3) qui suivent ce tableau.

	À 36 ans	À 40 ans
Comptes débiteurs (voir le bilan au document du chapitre 5)	9 000 $	9 700 $*

* Table III, 2 %, 4 ans ; facteur 1 082,43. Donc 1 082,43 × 9 (pour 9 000 $) = 9 742 $ ou 9 700 $ (à 100 $ près).

Les placements actuels, hors REÉR, après impôt. Les placements actuels, après impôt, correspondent aux placements acquis en date du bilan. Afin de donner à ces placements la valeur la plus juste possible, on doit les présenter libérés d'impôt, ou après impôt. Cette approche est prudente et permet d'indiquer un capital entièrement disponible au conjoint survivant. Il s'agit donc d'une évaluation importante, et non d'une stratégie destinée à recommander la liquidation de ces mêmes placements au décès. Le tableau 3 présente tous les placements, après impôt, dans l'éventualité d'un décès du Dr Bonsoins à 36 ans.

TABLEAU 3
Placements actuels hors REÉR, après impôt, si le Dr Bonsoins décède à 36 ans

Liquidités	
Dépôts à terme	34 000 $
Intérêt couru	3 100
Placements actuels, après impôt	37 100 $

Les dépôts à terme peuvent être encaissés sans aucun impôt. Les intérêts sur ces titres sont imposables, et l'évaluation des acomptes provisionnels (aux fins de déclaration fiscale) a été faite en tenant compte de l'impôt sur ces intérêts. On doit donc présenter ces intérêts à leur valeur avant impôt, soit 3 100 $ comme au bilan (voir le document du chapitre 5).

Selon le tableau 2

	À 36 ans	À 40 ans
Placements actuels, après impôt	37 100 $	—

Les dépôts à terme de 34 000 $ seront liquidés en 2001-2002 (voir le document du chapitre 5) ; le montant est donc nul à 40 ans.

Les placements prévus, hors REÉR, après impôt. Les placements prévus, après impôt, se rapportent à tout l'investissement hors REÉR à effectuer dans les quatre années à venir (la durée du tableau de programmation des disponibilités financières). Dans le cas du Dr Bonsoins, il n'y a pas de placement hors REÉR au cours de cette période.

L'assurance-vie actuelle. L'assurance-vie actuelle désigne le montant de l'assurance déjà contractée par le client. Il est primordial de ne considérer ici que les assurances-vie qui ont pour bénéficiaire le conjoint survivant et non une autre personne ou un organisme. De plus, il est important de distinguer le type d'assurance-vie pour évaluer précisément le capital de protection aux deux âges analysés. Le Dr Bonsoins possède une assurance-vie temporaire uniforme, 10 ans (T-10), de 75 000 $. Ce montant est inclus au capital disponible et viendra à échéance en 2006.

L'assurance hypothécaire. La résidence familiale est grevée d'une hypothèque qui n'est pas assurée ; par conséquent, le tableau 2 n'affiche aucune valeur à cette rubrique.

(3) L'assurance-vie manquante

Il suffit maintenant de calculer l'assurance-vie manquante, donc la protection supplémentaire nécessaire au Dr Bonsoins.

Selon le tableau 2

	À 36 ans	À 40 ans
Capital nécessaire, au décès	479 300 $	253 500 $
Moins : Capital disponible	144 900	104 400
ASSURANCE-VIE MANQUANTE	334 400 $	149 100 $

LA DÉTERMINATION DU PRODUIT APPROPRIÉ À LA NATURE DE LA PROTECTION MANQUANTE

Récapitulons la situation.

	À 36 ans	À 40 ans
Assurance-vie manquante	334 400 $	149 100 $
Assurance T-10 actuelle	75 000	75 000
Protection totale requise	409 400 $	224 100 $
PROTECTION TOTALE REQUISE (à 1 000 $ près)	409 000 $	224 000 $

La figure 1 illustre la stratégie suggérée par le planificateur pour combler les besoins financiers en assurance-vie du Dr Bonsoins à partir d'avril 2001, au début de l'analyse financière, stratégie dont les grandes lignes sont les suivantes :

■ L'assurance temporaire T-10 de 75 000 $ est conservée jusqu'à l'échéance en 2006.

■ Le planificateur suggère une assurance-vie temporaire, 100 ans (T-100), de 150 000 $ qui chapeaute l'assurance T-10 de 2001 à 2006 et par la suite une assurance T-100 de 100 000 $ qui sera maintenue jusqu'à l'âge de 100 ans ou jusqu'au décès du Dr Bonsoins.

(Au lieu de l'assurance temporaire T-100, le planificateur aurait pu suggérer l'assurance-vie universelle, car le Dr Bonsoins possède les liquidités pour contracter ce type de police.)

■ La figure 1 montre que les besoins du Dr Bonsoins décroissent entre 2001 et 2005 (en fait mi-2004). En réalité, ses besoins en 2005 seront comblés par l'assurance T-100 de 150 000 $ contractée en 2001 et l'assurance T-10 qui demeure en vigueur jusqu'en 2006. Le Dr Bonsoins possédera pour

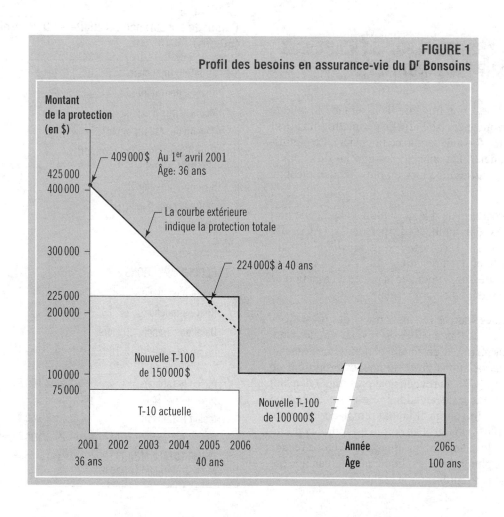

FIGURE 1
Profil des besoins en assurance-vie du Dr Bonsoins

cette période (2005-2006) 225 000 $ d'assurance-vie pour satisfaire des besoins décroissants de 224 000 $, qui finalement diminuent à 175 000 $ en 2006 (toutefois, le Dr Bonsoins a mentionné vouloir conserver un minimum de 100 000 $).

La règle fondamentale pour choisir le bon produit est celle-ci : un besoin temporaire doit être comblé par une assurance-vie temporaire et un besoin permanent, par une assurance-vie permanente ou universelle.

Soulignons que la stratégie proposée n'est ni nécessairement la meilleure ni la seule qui peut satisfaire les besoins du Dr Bonsoins. Par contre, elle illustre bien le grand avantage d'utiliser un processus d'analyse avec deux âges clés.

L'ANALYSE DES BESOINS FINANCIERS EN ASSURANCE INVALIDITÉ

L'invalidité est une tragédie. L'assurance invalidité est une absolue nécessité afin de permettre à un client de maintenir son indépendance financière. Le planificateur financier doit analyser les besoins du client et les réviser tous les cinq ans, ou plus fréquemment au besoin.

La brochure de l'Association canadienne des compagnies d'assurances de personnes (ACCAP), *Quels seront vos revenus en cas d'invalidité ?*, mentionne au sujet des prestations que « ce montant est fixé lors de l'établissement de la police en fonction de votre traitement ou de votre salaire ».

Certaines sources recommandent des prestations qui varient de 50 % à 80 % du revenu gagné avant impôt, sous réserve d'un certain plafond. En revanche, certaines associations professionnelles proposent un minimum de 80 % du revenu net après impôt et avant l'invalidité. En cas d'invalidité, c'est principalement ce revenu de travail qu'il faudra remplacer en partie ou en totalité. Quoi qu'il en soit, il est toujours préférable pour le planificateur financier d'en faire une évaluation, plutôt que d'appliquer un pourcentage qui pourrait ne pas représenter la réalité.

Le tableau 4 résume la situation du Dr Bonsoins, qui ne possède aucune assurance invalidité. L'évaluation doit généralement se dérouler comme suit :

1. La première étape sert à évaluer le revenu net, après impôt, que le client tire de son travail, revenu que l'invalidité ne permettrait plus de produire. Dans le cas du Dr Bonsoins, ce montant est de 53 600 $ l'an (voir le document du chapitre 5).

2. La deuxième étape consiste à comparer ce revenu avec le coût de vie de 46 000 $ l'an. Deux situations peuvent se produire :

   ◼ Si le coût de vie est plus élevé que le revenu après impôt, il sera possible d'assurer seulement ce revenu après impôt, mais préférable d'assurer l'équivalent du coût de vie.

TABLEAU 4
Calcul de l'assurance invalidité — Dr Bonsoins (36 ans)

1. Situation financière		
Revenu de travail		112 000 $
Moins : Frais d'exploitation		29 600
Revenu net (avant impôt)		82 400 $
Taux d'imposition approximatif (40 %)		32 960
Revenu après impôt		49 440 $
REVENU APRÈS IMPÔT (à 100 $ près)		49 400 $
2. COÛT DE VIE		46 000 $
3. RECOMMANDATIONS		
Rente mensuelle		4 000 $
Rente annuelle		48 000 $
Délai de carence : 30 jours		
Prime de base ([20 $/100 $] × 1,10 [30 jours]) (selon le tableau 5)	22 $/100 $	
Plus : Indexation (selon le tableau 5)	5 $/100 $	
	27 $/100 $	
PRIME TOTALE ANNUELLE (27 $ × 40 [pour 4 000 $])		1 080 $

- Si le coût de vie est moins élevé que le revenu après impôt, le conseiller pourra opter pour une assurance qui protège uniquement le coût de vie. Cependant, le client peut préférer assurer le revenu après impôt, ce qui lui permet d'acquitter ses dettes éventuelles, d'effectuer des placements en vue d'améliorer son avenir ou simplement de réaliser certains projets spéciaux.

3. La troisième étape est réservée aux recommandations du planificateur relativement aux exigences du client. Le Dr Bonsoins indique qu'un montant entre le revenu après impôt et le coût de vie serait acceptable. Dans ce cas, il serait bon d'acquérir une assurance invalidité de près de 4 000 $ par mois indexée sur l'inflation. La rente mensuelle de 4 000 $ est non imposable, car les primes sont acquittées par le Dr Bonsoins. Cette rente annuelle se chiffre à près de 60 % du revenu avant impôt de 82 400 $ (voir le document du chapitre 5). Les autres critères à prendre en considération lorsqu'on contracte une assurance invalidité sont les suivants :

- le délai de carence ;
- la clause d'indexation ;
- la prime totale.

LE DÉLAI DE CARENCE

Le délai de carence est la période d'attente avant le début des prestations. Plus le délai est court, plus la prime est élevée. Le tableau 5 illustre les primes annuelles[4] pour un délai de carence de 90 jours avec 10 % d'augmentation pour un délai de 30 jours. En général, le choix de 30 jours ou de 90 jours de délai de carence est parfaitement acceptable. Pour le Dr Bonsoins, nous recommandons 30 jours.

TABLEAU 5
Prime annuelle approximative d'assurance invalidité pour 100 $ d'indemnité mensuelle et un délai de carence de 90 jours*

Âge	Prime	Supplément pour indexation
Moins de 30 ans	12 $	2 $
30-34 ans	15	3
35-39 ans	20	5
40-44 ans	30	7
45-49 ans	40	9
50-54 ans	50	10
55-59 ans	60	8**

*   Si le délai de carence est de 30 jours, la prime de base est majorée d'environ 10 %.

**   La baisse s'explique par le peu d'années qu'il reste à couvrir.

LA CLAUSE D'INDEXATION

Grâce à la clause d'indexation, l'indemnité mensuelle touchée pendant une invalidité totale est indexée chaque année, le plus souvent sur le moindre de l'indice des prix à la consommation de l'année et de 5 %. Cette clause d'indexation permet de juguler l'inflation et de maintenir la qualité de vie aussi longtemps que l'indemnité mensuelle est payable. Certaines assurances stipulent, par exemple, que l'indemnité est payable soit à vie si l'invalidité résulte d'un accident, soit jusqu'à 70 ans si elle résulte d'une maladie. Nous recommandons donc fortement cette clause d'indexation, qui représente un supplément de 5 $ par 100 $ de couverture, au Dr Bonsoins.

LA PRIME TOTALE

La prime totale payée par le Dr Bonsoins n'est pas déductible d'impôt. Quelle serait cette prime ? Le tableau 5 indique des primes approximatives applicables à une assurance professionnelle collective avec délai de carence de 90 jours. Pour le Dr Bonsoins, âgé

---

4. Les primes mentionnées dans cette section ne sont qu'approximatives et servent à illustrer le processus de calcul plutôt que la réalité en matière d'assurance.

de 36 ans, la prime est d'environ 20 $ plus la surprime de 10 % pour le délai de carence de 30 jours, soit 22 $ par 100 $ de couverture. À ce montant, il convient d'ajouter le supplément d'indexation de 5 $ par 100 $ de couverture, soit une prime totale de 27 $ par 100 $ de couverture. Pour 4 000 $ par mois, la prime annuelle sera donc de 1 080 $, soit environ 90 $ par mois, ce qui est acceptable pour le Dr Bonsoins.

L'ANALYSE DES BESOINS FINANCIERS EN ASSURANCE FRAIS GÉNÉRAUX

L'assurance frais généraux est une forme d'assurance invalidité qui permet aux membres de professions libérales et aux gens d'affaires d'acquitter temporairement les frais généraux admissibles nécessaires au fonctionnement d'un bureau. Lorsqu'un professionnel comme le Dr Bonsoins devient invalide, les frais de sa profession continuent pendant un certain temps. Le Dr Bonsoins possède une assurance frais généraux de 2 500 $ par mois, assortie d'un délai de carence de 30 jours, et dont la prime annuelle est de 300 $ (prime payée par le bureau du Dr Bonsoins).

Certains frais ne sont pas admissibles, comme le revenu mensuel du Dr Bonsoins ou encore la rémunération de son remplaçant. En revanche, la majorité des frais fixes mensuels ou annuels sont admissibles : loyer, salaire des éventuels employés, impôt foncier, électricité, téléphone, notamment.

Les délais de carence sont en général assez brefs, de 14 ou de 30 jours. Il existe également une période maximale de versement des prestations mensuelles qui se situe généralement entre 12 et 18 mois. À certaines conditions, cette période maximale peut quelquefois être prolongée jusqu'à 36 mois, par exemple.

Le tableau 6 indique les primes approximatives de cette assurance. Selon la fiscalité actuelle, les primes peuvent être déductibles d'impôt si elles sont acquittées par l'assuré. Le tableau 7, qui résume la situation du Dr Bonsoins, montre que la protection actuelle de ce dernier est adéquate.

TABLEAU 6
Prime annuelle approximative d'assurance frais généraux pour 100 $ d'indemnité mensuelle et un délai de carence de 30 jours, période maximale de 18 mois

Âge	Prime annuelle
Moins de 30 ans	9 $
30-34 ans	10
35-39 ans	12
40-44 ans	14
45-49 ans	17
50-54 ans	21
55-59 ans	27

TABLEAU 7
Calcul de l'assurance frais généraux — Dr Bonsoins (36 ans)

Frais d'exploitation admissibles		29 600 $ par an
	ou environ	2 500 $ par mois
Prime annuelle (12 $ × 25 [pour 2 500 $]) (selon le tableau 6)		300 $ par an
	ou	25 $ par mois
Délai de carence : 30 jours		
Période maximale : 18 mois		

12

Le module Planification successorale : la planification testamentaire

CHAPITRE DOUZE

OBJECTIFS

- Définir la planification successorale et ses objectifs généraux
- Illustrer les trois méthodes de transmission du patrimoine
- Nommer les 10 livres qui composent le *Code civil du Québec*
- Définir le patrimoine familial
- Expliquer les différents régimes matrimoniaux
- Préciser la situation des conjoints de fait
- Aborder le cas de la résidence familiale au Québec
- Expliquer les règles du transfert de biens entre vifs
- Définir la planification testamentaire
- Définir le testament
- Expliquer les différents legs d'un testament
- Énumérer les diverses formes de testament
- Préciser les rôles du liquidateur
- Définir le mandat en prévision de l'inaptitude et la procuration
- Définir le testament biologique
- Illustrer le rôle d'une fiducie au moyen de mises en situation
- Définir les grandes lignes de la fiscalité au décès
- Illustrer un bilan successoral
- Expliquer le rôle de l'assurance-vie au décès
- Expliquer la nature des dons de bienfaisance planifiés

PLAN

Introduction

12.1   Les objectifs généraux de la planification successorale

12.2   Les méthodes de transmission du patrimoine

12.3   Le *Code civil du Québec*

12.4   Le patrimoine familial

      12.4.1   Les biens qui composent le patrimoine familial

      12.4.2   Le partage des biens

12.5   Les régimes matrimoniaux

      12.5.1   Le régime de la société d'acquêts

      12.5.2   Le régime de la séparation de biens

      12.5.3   Le régime de la communauté de biens

12.6   Le *Code civil* et certains cas particuliers

12.7   Les conjoints de fait

12.8   La résidence familiale

12.9   Le transfert de biens entre vifs

      12.9.1   La donation

      12.9.2   Le produit de disposition

12.10 La planification testamentaire

      12.10.1 La succession

      12.10.2 Le testament, document privilégié

      12.10.3 Les formes de testament

      12.10.4 L'invalidité d'un testament

      12.10.5 Le contenu du testament

      12.10.6 La liquidation d'une succession et le rôle du liquidateur

      12.10.7 Le mandat en prévision de l'inaptitude

      12.10.8 Le testament biologique

12.11 Les fiducies

12.12 La fiscalité au décès

      12.12.1 L'imposition au décès

      12.12.2 Le bilan successoral

      12.12.3 L'état des liquidités successorales

      12.12.4 Les régimes enregistrés au décès

      12.12.5 Les biens non enregistrés au décès

12.13 L'assurance-vie

12.14 Les dons de bienfaisance planifiés

Conclusion

Sites Internet à visiter

Questions de révision

Exercices

INTRODUCTION

La **planification successorale** consiste à adopter, relativement à une personne, un ensemble de stratégies qui concernent la préservation et surtout le transfert de biens aux héritiers désignés, de la manière la plus efficace.

Ici s'amorce la dernière phase de la planification financière, soit celle de la **transmission du patrimoine.** Le plan successoral s'inscrit à l'intérieur de stratégies bien structurées qui se traduisent par des méthodes (ou modes) de transmission du capital adaptées aux différentes étapes de la vie d'une personne. Certains documents qui concrétisent ces stratégies, comme le testament, peuvent être révoqués ou révisés en tout temps. En revanche, certaines autres mesures légales, tel le gel successoral, sont plus difficilement réversibles. La consultation d'un expert devient indispensable lorsqu'il s'agit de plans successoraux complexes, et un bon planificateur financier doit se faire assister par un spécialiste lorsque la situation du client l'exige.

L'objectif premier de ce chapitre est d'expliquer le processus dynamique et continu de la planification successorale et les différentes stratégies qui la composent. Soulignons que l'examen détaillé de toutes les stratégies et de leurs différentes applications déborde le cadre de cet ouvrage. La planification successorale touche plusieurs aspects de la planification financière, en particulier les aspects légaux, les considérations fiscales et, bien sûr, les impacts financiers. La planification d'une succession étant une tâche souvent chargée d'émotion, plusieurs personnes n'ont même pas de testament ni aucun plan successoral. Le planificateur financier doit utiliser avec son client une démarche professionnelle qui s'appuie sur les meilleures règles de la communication relationnelle.

En ce qui concerne les droits successoraux, précisons en terminant que depuis le 1er janvier 1972 au Canada et le 23 avril 1985 au Québec, les dons et les successions ne sont plus imposés. Par ailleurs, les droits successoraux ont été remplacés en partie par l'imposition des gains en capital présumés au décès.

12.1   LES OBJECTIFS GÉNÉRAUX DE LA PLANIFICATION SUCCESSORALE

La planification successorale englobe la transmission du patrimoine avant le décès ainsi que la préservation et la répartition du patrimoine dans le respect des dernières volontés de la personne décédée. Elle vise également à « protéger » certaines personnes ou encore à avantager financièrement certains organismes.

Sans entrer, pour le moment, dans le détail de la situation du propriétaire du patrimoine à transmettre (transfert entre vifs ou transmission au décès), voici quelques **objectifs généraux** possibles de la planification successorale :

- Assurer un revenu annuel suffisant au conjoint survivant, sa vie durant.
- Garantir aux enfants d'un premier mariage un montant de capital à un moment particulier de leur vie ou au décès du nouveau conjoint.

- Réduire au minimum l'impôt au décès.

- Avantager financièrement, immédiatement ou sa vie durant, une personne chère (autre que le conjoint).

- Avantager un organisme donné d'un certain capital ou d'un certain revenu.

- Assurer un revenu annuel, à vie, à un enfant handicapé.

- Permettre l'usufruit d'un bien immobilier (une maison par exemple) à une personne (handicapée ou non) et, au décès de cette dernière, remettre le bien immobilier à d'autres personnes.

- Créer une fondation pour le bénéfice de personnes malades ou défavorisées.

- Créer une bourse d'études dans un domaine particulier.

- Entretenir à vie un bien familial, telle une résidence classée monument historique.

- Réduire les impôts au minimum en fractionnant les revenus entre plusieurs bénéficiaires.

Cette liste, qui est loin d'être exhaustive, laisse entrevoir la complexité des instruments qui peuvent permettre de mener à bien une planification successorale. La section qui suit aborde ces différents instruments de la planification successorale.

12.2 LES MÉTHODES DE TRANSMISSION DU PATRIMOINE

Le **patrimoine** est l'ensemble des biens que possède légalement une personne, que ces biens soient des placements enregistrés ou non (actions, obligations, etc.), de l'argent comptant, un bien immobilier (maison, immeuble, terrain), des meubles de tout genre, un bateau, une montre de valeur, un bijou familial, une collection précieuse, un billet de saison pour un sport professionnel, etc.

La figure 12.1 illustre les trois principales méthodes de transmission d'un patrimoine : le transfert des biens entre vifs, les fiducies et le testament. Qu'il s'agisse d'un instrument, d'un outil ou d'une technique de planification successorale, chaque méthode se concrétise par des actions qui peuvent être très simples, tel le don d'une somme d'argent à un enfant, ou par des actes juridiques fort complexes.

La figure fait référence au patrimoine de l'**auteur du transfert,** car il ne peut s'agir ici que d'une personne qui décide de se départir de certains biens de son vivant ou encore qui dicte ses dernières volontés par le biais d'un testament. L'auteur du transfert est le propriétaire légal du patrimoine successoral. Pour la **personne mariée,** l'exercice de ce droit de propriété peut être limité par la nature du **régime matrimonial** et par les règles relatives au **patrimoine familial** (*Loi sur le patrimoine familial,* 1er juillet 1989).

Toute méthode de transmission du patrimoine est sujette à une réglementation fiscale. En effet, la **fiscalité** est omniprésente dans les trois méthodes de

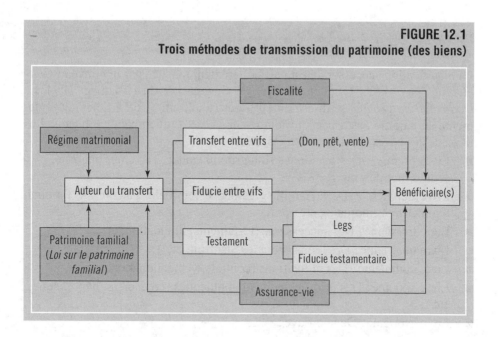

FIGURE 12.1
Trois méthodes de transmission du patrimoine (des biens)

transmission et peut toucher autant l'auteur du transfert que les bénéficiaires. Nous examinerons plus loin l'impact fiscal de chaque méthode de transmission ainsi qu'un sujet général de grande importance, l'**imposition au décès.**

La figure illustre également un autre aspect de la transmission de biens, surtout au décès, soit la création d'un **patrimoine instantané** au moyen de l'**assurance-vie** dans le but, entre autres, de réduire pour les héritiers l'ampleur de l'impôt à payer.

Bien que la figure 12.1 n'en fasse pas mention, il importe pour le propriétaire de tout patrimoine de se protéger et de protéger son patrimoine en raison d'un manque possible d'autonomie, et ce par l'établissement d'un **mandat en prévision de l'inaptitude** et d'une **procuration.** Nous aborderons ces sujets dans la section 12.10, qui traite de la planification testamentaire, car c'est précisément au moment de rédiger son testament que l'on considère cette question.

Dans ce chapitre, nous n'effectuerons qu'un survol des **fiducies entre vifs** et des **fiducies testamentaires,** qui seront examinées en détail au chapitre 13. Il s'agit de sujets complexes qui ont pris une plus grande ampleur depuis l'entrée en vigueur du nouveau *Code civil du Québec,* le 1er janvier 1994.

Avant d'aborder les méthodes de transmission des biens proprement dites, il convient de discuter brièvement du nouveau *Code civil du Québec* ainsi que du patrimoine familial et des régimes matrimoniaux. Cette façon de procéder permettra de bien situer le contexte légal de la transmission des biens au Québec et surtout d'expliquer l'influence du patrimoine familial et des régimes matrimoniaux sur les différentes stratégies de transmission des biens.

12.3 LE *CODE CIVIL DU QUÉBEC*

La planification successorale est particulièrement touchée par le nouveau *Code civil du Québec* (C.c.Q.), dont l'entrée en vigueur date du 1er janvier 1994. Le *Code civil du Québec* se divise en 10 livres (totalisant 3 168 articles) et réglemente la majorité des aspects juridiques de la vie d'un citoyen québécois. Les titres de ces livres révèlent les sujets traités :

- Livre premier : Des personnes (intégrité physique, capacité, majorité, personnes morales, etc.) ;
- Livre deuxième : De la famille (résidence familiale, patrimoine familial, régimes matrimoniaux, etc.) ;
- Livre troisième : Des successions (testaments, liquidation, etc.) ;
- Livre quatrième : Des biens (fiducies, usufruit, etc.) ;
- Livre cinquième : Des obligations (contrats, vente, donation, etc.) ;
- Livre sixième : Des priorités et des hypothèques (créanciers, hypothèques, etc.) ;
- Livre septième : De la preuve ;
- Livre huitième : De la prescription ;
- Livre neuvième : De la publicité des droits ;
- Livre dixième : Du droit international privé.

Comme on peut le constater, les cinq premiers livres touchent plus directement la planification successorale et concernent par conséquent l'objet principal de ce module.

Le *Code civil* est la base même de notre droit. Par ailleurs, il existe des lois tant fédérales que provinciales qui complètent le *Code civil* et régissent des situations particulières, par exemple la *Loi de l'impôt sur le revenu* et la *Loi sur le curateur public.*

Soulignons que plusieurs de ces lois reconnaissent les conjoints de fait, mais que le *Code civil du Québec* ne les reconnaît pas.

12.4 LE PATRIMOINE FAMILIAL

La *Loi sur le patrimoine familial* ou loi 146, qui est entrée en vigueur le 1er juillet 1989, a pour but de favoriser l'égalité économique entre les époux. Elle s'applique à toutes les personnes domiciliées au Québec, peu importe le lieu de leur mariage. Par cette loi, le législateur du Québec a imposé aux personnes mariées un régime légal de constitution et de partage de biens, le **patrimoine familial**[1]. Depuis cette date, le mariage entraîne donc automatiquement

---

1. Malgré le qualificatif « familial », le patrimoine concerne aussi les couples mariés qui n'ont pas d'enfants.

un patrimoine familial formé de certains « biens familiaux » dont la valeur sera sujette au partage en cas de dissolution du mariage. Il est important de souligner que les dispositions du patrimoine familial ont présence sur tous les types de régimes matrimoniaux. Les conjoints de fait et les célibataires ne sont pas soumis aux règles du patrimoine familial. Le *Code civil du Québec* (C.c.Q., art. 414) considère que le patrimoine familial est créé par le seul fait du mariage.

Les biens qui ne font pas partie du patrimoine familial seront, en cas de séparation, de divorce ou de décès, régis par le régime matrimonial des époux. Notons que certains époux mariés avant l'entrée en vigueur de la *Loi sur le patrimoine familial* ont eu la possibilité de renoncer à son application.

12.4.1 LES BIENS QUI COMPOSENT LE PATRIMOINE FAMILIAL

Le patrimoine familial[2] est constitué d'une série de biens ou de droits, dont :
- les résidences de la famille ;
- les meubles qui garnissent ces résidences ;
- les véhicules automobiles utilisés par la famille ;
- les droits accumulés durant le mariage au titre d'un régime de retraite (RPA, REÉR, etc.) ;
- les gains inscrits au nom de chaque époux au Régime des rentes du Québec ou à des programmes équivalents (sauf en cas de décès).

Sont exclus :
- les biens acquis par succession ou donation ;
- les biens non énumérés ci-dessus (art. 415), par exemple un régime différé de participation aux bénéfices (RDPB).

12.4.2 LE PARTAGE DES BIENS

C'est la valeur des biens qui est partagée et non les biens eux-mêmes (C.c.Q., art. 416). Après déduction des dettes contractées pour l'acquisition de ces biens, leur valeur est divisée en deux parts[3] égales, soit entre les époux lors d'une séparation ou d'un divorce, ou entre l'époux survivant et les héritiers lors du décès d'un conjoint. Remarquons que durant le mariage chaque époux demeure propriétaire du bien qui lui appartient, même si ce bien fait partie du patrimoine familial. Les biens acquis avant le mariage ne font pas partie de ce patrimoine.

---

2. Plusieurs sites Internet traitent de ce sujet, entre autres www.educaloi.qc.ca, www.avocat.qc.ca et www.soquij.qc.ca.
3. Selon la *Loi sur le patrimoine familial,* les deux parts sont égales. Par contre, si le partage se fait devant la cour, le juge tiendra compte de certains éléments tels la durée du mariage, les biens acquis avant le mariage, etc. La décision finale du juge peut donc être différente de ce que propose la loi.

Les époux ne peuvent renoncer à l'avance à leurs droits quant au patrimoine familial (C.c.Q., art. 423), que ce soit par contrat de mariage ou autrement. Des modalités de **renonciation** s'appliquent à compter du décès d'un conjoint ou du jugement de dissolution du mariage.

12.5   LES RÉGIMES MATRIMONIAUX

L'état civil et le régime matrimonial peuvent limiter l'exercice du droit de propriété d'une personne mariée. Cette restriction ne s'applique guère au célibataire, car il n'y a aucune limite à la capacité de ce dernier de disposer de ses biens comme il l'entend. On vient de voir que le patrimoine familial encadre aussi la liberté de tester (rédiger un testament) et que les dispositions du patrimoine familial sont telles que, indépendamment du régime matrimonial choisi, la valeur de certains biens familiaux déterminés est sujette au partage en cas de séparation, de divorce ou de décès. **Au moment de la dissolution du mariage, c'est le régime matrimonial qui détermine ce qu'il advient aux autres biens ne faisant pas partie du patrimoine familial.**

Toutefois, quel que soit le régime matrimonial, une **prestation compensatoire** peut indemniser un époux ayant contribué à l'enrichissement du patrimoine de son conjoint sans avoir obtenu une compensation adéquate. Lors de la rupture de la vie matrimoniale, cette compensation accordée par un juge est applicable de manière impérative à tous les époux, peu importe la date de leur mariage ou le régime matrimonial[4].

Nous examinerons brièvement les différents régimes matrimoniaux, soit le régime de la société d'acquêts, le régime de la séparation de biens et le régime de la communauté de biens. Notons que les époux ont toujours la possibilité de modifier leur régime matrimonial.

12.5.1   LE RÉGIME DE LA SOCIÉTÉ D'ACQUÊTS

Depuis le 1er juillet 1970, le régime matrimonial légal au Québec est celui de la société d'acquêts. C'est donc le régime de tous les couples (domiciliés au Québec) qui se sont mariés depuis cette date sans avoir signé de convention matrimoniale au préalable.

Par ailleurs, les époux peuvent signer un contrat de mariage qui stipule qu'il existe bien entre eux une société d'acquêts. Un tel contrat leur permet :

- de désigner clairement les biens propres à chaque époux ;
- de déterminer certaines donations entre vifs (les meubles de la résidence par exemple) ;
- d'énoncer une clause testamentaire.

---

4. Consulter à ce sujet le site www.educaloi.qc.ca.

Dans le régime de la société d'acquêts, le patrimoine de chaque conjoint se divise en biens propres et en acquêts.

La liste des **biens propres** est assez considérable (C.c.Q., art. 450) ; essentiellement, il s'agit des biens que chaque époux possédait avant le mariage et des biens acquis durant le mariage par succession ou par donation. Dans cette liste figurent aussi les biens dits personnels (vêtements, diplômes, etc.) et les biens qui représentent des instruments utilisés par chaque époux dans l'exercice de son travail, y compris les droits de propriété intellectuelle.

Tous les autres biens acquis durant le mariage sont généralement considérés comme des **acquêts,** à moins que l'époux ne puisse démontrer le contraire.

Dans la société d'acquêts, les époux jouissent d'une assez grande autonomie. Par exemple, chaque époux est libre d'administrer ses biens comme il l'entend, qu'il s'agisse de biens propres ou d'acquêts. De la même manière, chacun est responsable des dettes qu'il a contractées avant ou pendant le mariage.

Le régime de la société d'acquêts prend toute son importance au moment de la dissolution du mariage et le partage, selon les modalités, sera fondé sur la valeur des biens, comme c'est le cas avec le patrimoine familial.

12.5.2   LE RÉGIME DE LA SÉPARATION DE BIENS

Le régime de la séparation de biens nécessite la signature d'un contrat de mariage notarié[5].

Quatre points sont à souligner au sujet de ce régime :

- Chaque époux est libre d'administrer ses biens comme il l'entend.
- Dans l'impossibilité de prouver la propriété d'un bien, ce dernier appartient aux deux époux en parts égales.
- Chaque époux est responsable des dettes qu'il a contractées, sauf si elles visaient à satisfaire les besoins familiaux courants.
- Le régime de la séparation de biens est, bien sûr, dissout au décès ou à la dissolution du mariage. Chaque époux conserve alors ses biens (sous réserve du partage du patrimoine familial).

12.5.3   LE RÉGIME DE LA COMMUNAUTÉ DE BIENS

Le régime de la communauté de biens n'existe plus au *Code civil du Québec* mais est toujours valable pour les couples mariés, sans contrat de mariage, avant

---

5. Les biens donnés par un conjoint à l'autre conjoint par contrat de mariage sont toutefois inclus dans le patrimoine familial.

le 1er juillet 1970. C'est précisément ce régime qu'a voulu remplacer le législateur en instituant le régime de la société d'acquêts, à compter de cette même date. D'ailleurs, les références légales au sujet de ce régime se font en fonction du *Code civil du Bas-Canada* (C.c.B.C.).

Le régime reconnaît trois types de biens, soit les biens propres, les biens communs et les biens réservés.

Les **biens propres** concernent surtout les immeubles que l'époux possédait au moment du mariage ou qu'il a acquis, par succession, pendant le mariage.

Les **biens communs** constituent les biens meubles (possédés au moment du mariage ou acquis par après, ou encore acquis pendant le mariage par succession ou donation, etc.), les immeubles acquis pendant le mariage, les dettes des époux, etc. Sous le régime de la communauté de biens, le mari est le chef de la communauté, responsable de l'administration des biens communs qui ne représentent qu'un seul patrimoine, devenant propriété indivise des époux au moment de la dissolution du mariage.

Les **biens réservés** sont les biens considérés comme réservés à la femme mariée sous ce régime. Les biens réservés à l'épouse concernent surtout ses économies, le produit de son travail personnel et certains meubles acquis par elle. Par contre, l'épouse ne peut, en général, vendre ces meubles sans le consentement de son époux.

Soulignons qu'à l'occasion de la dissolution du régime, l'épouse peut accepter ou renoncer à la communauté.

12.6 LE *CODE CIVIL* ET CERTAINS CAS PARTICULIERS

Deux cas particuliers méritent d'être mentionnés, les régimes matrimoniaux étrangers et la survie de l'obligation alimentaire.

Les régimes matrimoniaux étrangers. Certaines règles s'adressent aux époux qui se sont mariés dans d'autres pays et qui vivent au Québec. Leurs conventions matrimoniales ne relèvent donc pas du code civil en vigueur au Québec. Il sera donc nécessaire pour ces couples de consulter un spécialiste en ce domaine.

La survie de l'obligation alimentaire. La survie de l'obligation alimentaire a été introduite en 1989 avec la réforme. En vertu du *Code civil,* tout créancier alimentaire (conjoint survivant, ex-conjoint, parents) peut réclamer une pension alimentaire de la succession (C.c.Q., art. 684 à 695). Avant l'entrée en vigueur de ces articles, l'obligation alimentaire s'éteignait avec le décès du créancier, ce qui n'est plus nécessairement le cas. Par exemple, l'ex-conjoint qui recevait déjà une pension alimentaire aura droit au moindre de 12 mois de pension alimentaire et de 10 % de la valeur totale de la succession. Pour les créanciers autres que le conjoint, cette contribution doit être établie par le tribunal. Avec la venue de la *Loi sur le patrimoine familial,* on a aujourd'hui beaucoup moins recours à la pension alimentaire à l'ex-conjoint.

12.7 LES CONJOINTS DE FAIT

Comme nous l'avons déjà souligné, le *Code civil du Québec* ne reconnaît pas les conjoints de fait. En termes concrets, cela signifie que le *Code civil* ne reconnaît pas, pour ces couples :

- le patrimoine familial ;
- le partage des biens lors de la dissolution de l'union ;
- la pension alimentaire ;
- la prestation compensatoire ;
- la protection de la résidence familiale.

Pour parer à ces inconvénients, il convient de conclure une **entente contractuelle notariée,** appelée **contrat de cohabitation.** En gros, cette entente verra à bien définir :

- la pension alimentaire (en cas de séparation) ;
- les charges du ménage ;
- la propriété de la résidence et des meubles meublants ;
- l'administration des biens du couple et le partage de ces mêmes biens (en cas de séparation) ;
- les divers mandats (maladie, absence).

Dans le contexte légal actuel, les conjoints de fait auront avantage à consulter un notaire. Ce spécialiste pourra leur suggérer d'autres documents légaux, tels le testament et le mandat en prévision de l'inaptitude.

12.8 LA RÉSIDENCE FAMILIALE

Le *Code civil* protège d'une façon toute spéciale la résidence familiale ainsi que les meubles qui servent à l'usage du ménage. Les articles 401 et 402 du *Code civil* stipulent qu'un époux ne peut hypothéquer ou vendre la résidence familiale sans le consentement de l'autre conjoint. Il en va de même pour les meubles meublants. **Cette protection s'applique quel que soit le régime matrimonial des époux.**

Le *Code civil* protège également le logement loué qui sert de résidence familiale, empêchant un conjoint de le sous-louer ou de mettre fin au bail sans l'accord de l'autre conjoint.

12.9   LE TRANSFERT DE BIENS ENTRE VIFS

Le transfert des biens entre vifs constitue l'une des trois méthodes de transmission du patrimoine que nous avons mentionnées au début du chapitre.

En planification successorale, le terme transfert s'applique à un prêt à un taux inférieur au taux prescrit, à une donation (don ou cadeau) ou à la vente d'un bien à un prix inférieur à la valeur marchande. On verra que dans le cas de certains transferts les règles d'attribution s'appliquent.

L'auteur du transfert d'un bien poursuit généralement deux objectifs complémentaires :

■   Avantager directement une autre personne pendant qu'il est en vie. Il est très louable de laisser une fortune à son fils en héritage, mais les besoins de ce dernier peuvent être plus pressants au début de sa carrière, pendant que son père est vivant.

■   Limiter l'impôt à payer au décès. Un père qui, de son vivant, transfère légalement son chalet à son enfant majeur n'aura plus à s'inquiéter de la plus-value et de l'impôt qui pourraient en résulter au moment de son décès (impôt sur les gains en capital).

Nous avons déjà abordé au module Planification fiscale (sous-section 6.2.1) le sujet des **règles d'attribution du revenu,** qui visent à empêcher le fractionnement du revenu lorsqu'un bien est transféré au conjoint ou à un enfant mineur (c'est-à-dire de moins de 18 ans). Tout revenu engendré par le bien ainsi transféré est imposé au propriétaire du bien, qui est l'auteur du transfert. Ces revenus peuvent être sous forme d'intérêts, de dividendes ou encore de loyers s'il s'agit d'un immeuble. Au module Planification fiscale (sous-section 6.2.2), nous avons discuté des prêts entre conjoints et offert plusieurs stratégies pour contourner légalement les règles d'attribution.

En plus des règles d'attribution du revenu, il est nécessaire de composer avec les **gains en capital,** qui sont imposables au nom du propriétaire du bien transféré. L'exception importante concerne le transfert de bien à un enfant mineur. Pour certains clients, il peut donc être intéressant de transférer un bien qui possède un potentiel de plus-value à un enfant mineur, car l'auteur du transfert n'a aucun impôt à payer sur les gains en capital éventuellement réalisés par l'enfant mineur. Cet impôt sera exigé de l'enfant à la disposition du bien.

12.9.1   LA DONATION

La donation est un acte par lequel une personne accorde un avantage à une autre sans contrepartie. C'est en fait un contrat entre un donateur et un donataire, le premier transférant au second la propriété d'un bien à titre gratuit. Le *Code civil du Québec* en parle abondamment (C.c.Q., art. 1806 à 1841).

Si le bien donné à un **membre d'une même famille** ne produit aucun revenu, les règles d'attribution ne s'appliquent pas. Ainsi, un grand-parent pourrait payer les études de sa petite-fille ou simplement lui donner une somme d'argent pour l'achat d'un bien de consommation (une bicyclette par exemple). Par ailleurs, les règles d'attribution s'appliquent sur les revenus produits par un bien transféré. Quoi qu'il en soit, beaucoup de grands-parents voudront avantager leurs petits-enfants en contribuant à leur portefeuille de placements, par exemple, et en acquittant les impôts qui découlent des règles d'attribution.

12.9.2 LE PRODUIT DE DISPOSITION

Lorsqu'un bien est transféré (donation ou vente) à une autre personne (avec ou sans lien de dépendance) que le conjoint[6], le produit de disposition est présumé être la juste valeur marchande (JVM) du bien, que ce dernier soit un bien amortissable ou non amortissable.

Lorsqu'un bien est transféré au conjoint, le produit de disposition est présumé être le prix de base rajusté (PBR) s'il s'agit d'un bien non amortissable et le coût en capital non amorti (CCNA) s'il s'agit d'un bien amortissable. Dans les deux cas, bien amortissable et bien non amortissable, la transaction peut s'effectuer à la juste valeur marchande si l'auteur du transfert signifie son intention d'utiliser cette valeur dans sa déclaration de revenus pour l'année du transfert.

Soulignons qu'il existe des règles particulières concernant les biens agricoles transférés à un enfant, mais nous ne les aborderons pas ici. Le lecteur intéressé pourra consulter des ouvrages spécialisés dans ce domaine.

Voici trois exemples de transferts (vente ou donation) entre vifs.

EXEMPLE

Le cas de Raymond et de Paul concernant un chalet (bien non amortissable)

Raymond est un homme d'affaires qui doit prochainement déménager à Toronto. Son fils, Paul, âgé de 23 ans, se marie dans quelques mois. Le père possède un chalet qui lui a coûté 10 000 $ en 1984. Aujourd'hui, la juste valeur marchande est de 50 000 $. Raymond est financièrement à l'aise, et son taux d'imposition marginal s'élève à 50 %. Il sait que Paul aime ce chalet. Il vous consulte sur les répercussions fiscales et financières reliées à la vente ou au don de ce chalet à Paul, en cadeau de mariage. Voici votre résumé de la situation :

Approche fiscale et financière de la vente ou du don du chalet

	Vente	Don
Approche fiscale		
Produit de disposition (valeur marchande)	50 000 $	50 000 $*
Coût à l'acquisition (prix de base)	10 000	10 000
Gains en capital	40 000 $	40 000 $
Gains en capital imposables (50 %)	20 000 $	20 000 $
IMPÔT (50 %)	10 000 $	10 000 $

---

6. Depuis 1993, le terme « conjoint » inclut le conjoint de fait aux termes des lois fiscales.

Approche financière

Produit de disposition	50 000 $	—
Impôt net	10 000	10 000 $
RENTRÉE NETTE DE FONDS	40 000 $	
SORTIE DE FONDS		10 000 $

* S'il s'agit d'un don, le produit de disposition est présumé égal à la juste valeur marchande.

Du point de vue fiscal, que le père vende le chalet même à un prix minimal (10 000 $ par exemple) ou qu'il le donne à Paul, l'impôt à payer s'élève à 10 000 $: le produit de disposition est considéré être la juste valeur marchande du chalet, soit 50 000 $. En d'autres termes, Raymond sera imposé exactement comme s'il avait encaissé un produit équivalent à 50 000 $.

Du point de vue financier cependant, la situation est tout autre. Si le chalet est vendu 50 000 $, la rentrée nette de fonds s'élève à 40 000 $. Raymond doit évaluer cette situation financière par rapport à son objectif initial. Il peut vendre le chalet à Paul pour 10 000 $ (l'impôt à payer) contre des paiements échelonnés sur plusieurs années. Une fois la transaction conclue, le chalet appartient à Paul.

EXEMPLE

Le cas de Raymond et de Paul concernant un duplex (bien amortissable)

Lorsque le bien transféré génère des revenus, les règles d'attribution et celles relatives aux gains en capital peuvent s'appliquer. Raymond, financièrement à l'aise, possède plusieurs immeubles dont un duplex loué et entièrement payé. Il songe à transférer le duplex à son fils Paul. Le duplex a des possibilités intéressantes de plus-value. Voici la situation de Raymond et votre analyse à titre de planificateur :

Approche fiscale lors de la vente

Produit de disposition (valeur marchande)	200 000 $
Coût à l'acquisition (prix de base)	100 000 $
Amortissement utilisé	30 000 $
Gains en capital, portion locative*	60 000 $
Gains en capital imposables (50 %)	30 000 $
Impôt :	
Sur récupération de l'amortissement (30 000 $ × 50 %)	15 000 $
Sur gains en capital imposables (30 000 $ × 50 %)	15 000
IMPÔT TOTAL	30 000 $

L'impôt de 30 000 $ est payable par Raymond.

* Le duplex de Raymond est un immeuble loué à 60 %, d'où 100 000 $ × 0,60 = 60 000 $.

Supposons que Raymond vende la maison à Paul en échange du montant d'impôt à payer, soit 30 000 $.

Approche financière

Produit de disposition	30 000 $
Impôt net	30 000
RENTRÉE NETTE DE FONDS	0 $

Bien sûr, Paul remet à son père un billet à ordre exigible en tout temps ou peut hypothéquer le duplex. Cette stratégie permet à Raymond de ne pas payer l'impôt sur les gains en capital de la vente à la date du décès.

EXEMPLE

**Le cas de Gilbert et de Marielle concernant des actions
(deux conjoints — bien non amortissable)**

Gilbert vend à son épouse Marielle 1 000 actions de l'entreprise XYZ pour un montant total de 1 $. Gilbert avait payé ces actions 10 000 $ (soit 10 $ l'action) en 1995. La transaction s'effectue en juin 2001, au moment où les actions avaient une valeur marchande de 15 $ l'unité.

Le produit de disposition s'évalue, au choix du vendeur, au prix de base rajusté (PBR) ou à la juste valeur marchande (JVM).

	PBR	JVM
Produit de disposition	10 000 $	15 000 $
Moins PBR	10 000	10 000
Gain en capital	0 $	5 000 $
Gain imposable (50 %)	0 $	2 500 $
Impôt pour Gilbert (50 %)	0 $	1 250 $
PBR pour Marielle	10 000 $	15 000 $

Gilbert (l'auteur de la vente) devra signifier son intention de procéder avec l'approche du PBR ou de la JVM. Dans le premier cas, Gilbert n'aurait aucun gain imposable et Marielle ferait l'acquisition des actions à un PBR de 10 000 $. Dans le second cas, Gilbert aurait un gain imposable de 2 500 $ (à 50 % d'imposition marginale, ce montant entraîne un impôt de 1 250 $) et Marielle ferait l'acquisition des actions à un PBR de 15 000 $. Si Gilbert peut reporter cette année des pertes en capital subies au cours d'années antérieures, il pourrait être intéressant pour lui de choisir la disposition à la juste valeur marchande.

12.10 LA PLANIFICATION TESTAMENTAIRE

La deuxième méthode de transmission du patrimoine est la transmission directe des biens au décès par testament. Il s'agit de la transmission par legs à des héritiers désignés. Nous traiterons ici de l'aspect civil de la transmission des biens au décès, l'aspect fiscal faisant l'objet de la section 12.12. La planification testamentaire concerne les règles liées à la succession, les diverses formes de testament, la liquidation d'une succession, le mandat en prévision de l'inaptitude et le testament biologique.

12.10.1   LA SUCCESSION

Le *Code civil du Québec* stipule certaines règles générales concernant la succession. Notre objectif n'est pas d'entrer dans le détail de ces règles, mais de relever celles qui s'avèrent les plus importantes dans le cadre de cet ouvrage.

Les règles qui suivent s'appliquent autant à la succession dite testamentaire (avec l'existence d'un testament) qu'à la succession dite légale ou *ab intestat* (sans testament).

L'ouverture de la succession. Le lieu d'ouverture de la succession est l'endroit du dernier domicile du défunt. L'acte de décès viendra établir la preuve du décès.

La transmission de la succession. L'héritier se voit saisi du patrimoine du défunt. C'est la notion de **saisine,** qui accorde le droit à l'héritier d'entrer en possession du patrimoine du défunt. Il faut cependant souligner que cette saisine de l'héritier est toujours subordonnée à celle du liquidateur, qui prendra possession des biens pour les distribuer ensuite aux héritiers.

Le droit d'option. Un **successible** est une personne qui peut succéder, donc hériter (elle n'a pas encore exercé son droit d'option). C'est lorsqu'un successible accepte la succession (donc qu'il exerce son droit d'option) qu'il devient un héritier.

Si un successible désire exercer son droit d'option et renoncer à une succession qui serait insolvable, par exemple dans le cas où la valeur des dettes dépasse celle des biens, il pourra le faire par acte notarié. On verra que le liquidateur a un rôle très important dans ce sens.

La succession légale. Il s'agit d'une succession *ab intestat,* c'est-à-dire sans testament ou dont le testament est invalide. La dévolution légale des biens s'effectue selon les modalités du *Code civil,* et ce aux différents parents répertoriés selon trois ordres de successibles qui incluent le conjoint[7], les enfants et les parents du défunt, les frères et sœurs, les neveux et nièces, etc. (C.c.Q., art. 666 à 683). À défaut de trouver un successible des deux premiers ordres, on pourra chercher jusqu'au huitième degré de parenté les petits-neveux du troisième ordre. Rappelons que **le conjoint de fait n'est pas reconnu comme héritier légal.**

---

7. Le premier ordre, par exemple, concerne la dévolution au conjoint survivant, qui recueille 1/3 de la succession, et aux descendants (enfants), qui recueillent 2/3 de la succession.

12.10.2   LE TESTAMENT, DOCUMENT PRIVILÉGIÉ

Le testament demeure le document privilégié pour transmettre, selon ses dernières volontés et dans le respect des lois, son patrimoine au décès. Un testament peut être révoqué ou modifié en tout temps.

Rappelons que, pour un bon nombre de gens mariés, le premier testament est l'institution contractuelle, soit la clause du contrat de mariage par laquelle chacun des conjoints donne à l'autre (selon l'expression « au dernier vivant, les biens ») la totalité du patrimoine en cas de décès. Il s'agit d'une donation « à cause de mort ». Cette institution contractuelle est révocable par un testament postérieur. Sinon, elle prévaut et permet de transférer le patrimoine au conjoint survivant. Un certain nombre de successions de gens d'affaires sont réglées au moyen de cette clause.

Les deux conjoints devraient faire un testament. En effet, si le deuxième conjoint décède immédiatement après avoir hérité du patrimoine du premier conjoint, le testament du deuxième conjoint devient exécutoire. Toutefois, si ce dernier n'a pas rédigé de testament, le partage des biens se fait selon le *Code civil.* De plus, si les conjoints ont des enfants, le testament permet d'inclure une clause de décès simultané ou rapproché dans le temps des deux conjoints (par exemple, s'ils décèdent en même temps dans un accident ou à l'intérieur d'une période de 30 jours). Le testament permet de prévoir des mesures destinées à assurer au mieux le bien-être des enfants, notamment par la nomination du tuteur si les enfants sont encore mineurs et d'un fiduciaire pour administrer leur part de succession. Au questionnaire n⁰ 1 (annexe B du manuel), on constate que ni Claude Lajoie ni sa conjointe Francine Simard ne possèdent de testament. De plus, le couple Simard-Lajoie soulève le problème des décès simultanés. Il importe donc dans le rapport final de lui expliquer ce qui précède.

12.10.3   LES FORMES DE TESTAMENT

Il existe trois formes de testament (C.c.Q., art. 712 à 730), tous juridiquement valides. Chaque forme a ses avantages et ses inconvénients. Toute autre forme de testament est considérée comme nulle.

Pour exprimer ses dernières volontés, il est donc possible d'utiliser :

- le testament olographe ;
- le testament devant témoins ;
- le testament notarié ou authentique.

Le testament olographe

Le testament olographe (C.c.Q., art. 726) est entièrement écrit et signé de la main du testateur (autrement que par un moyen technique). Il est valide sans autre formalité et sans témoin. Au décès du testateur, le testament olographe doit être homologué (vérifié légalement et authentifié) par un notaire ou par voie de requête au tribunal. Ce testament, entièrement composé et écrit de la main du testateur, peut comporter certaines lacunes quant à l'interprétation des dernières volontés ou à la lisibilité. Ce genre de confusion peut engendrer des débats d'ordre juridique onéreux pour les héritiers en désaccord. Il doit être rangé en lieu sûr et de façon qu'on puisse le trouver facilement. Par contre, il ne nécessite aucuns frais.

Le testament devant témoins

Le testament devant témoins (C.c.Q., art. 727 à 730) peut être écrit à la main ou dactylographié. De toute façon, il nécessite que deux témoins attestent qu'il s'agit bien du testament du testateur. Soulignons que les deux témoins n'ont pas à connaître le contenu du testament. Tout comme le testament olographe, ce testament doit être homologué, donc faire l'objet d'une vérification judiciaire au décès du testateur avant d'être exécutoire. Ce genre de testament est souvent préparé par un avocat qui agit à titre de l'un des deux témoins.

Depuis plus d'une quinzaine d'années, il est possible de remplir un formulaire dont le texte a été établi d'avance par des experts. En fait, il existe différents formulaires destinés à répondre aux situations familiales les plus courantes. Le formulaire, appelé « autotestament », peut être acheté chez certains détaillants de fournitures de bureau. L'autotestament peut comporter les mêmes lacunes que le testament olographe, car les gens ne savent pas toujours comment le remplir et peuvent faire des ajouts qui portent à confusion.

Il est toutefois possible de déposer chez un notaire le testament olographe ou le testament devant témoins, afin de les inscrire au Registre des testaments de la Chambre des notaires. Enfin, soulignons que le notaire est autorisé à homologuer ces testaments.

Le testament notarié

Le testament notarié ou authentique (C.c.Q., art. 716 à 725) est fait devant un notaire et un témoin. Il est authentique dès qu'il est signé. Il ne fait donc pas l'objet d'une vérification judiciaire au décès du testateur, et la liquidation de la succession s'en trouve accélérée. Le testament notarié est établi par un spécialiste et, dans le cas d'une succession le moindrement complexe, il est de loin préférable à toute autre forme de testament. Il est inscrit, par le notaire, au Registre des testaments de la Chambre des notaires. Le système, informatisé et sécuritaire, permet de repérer rapidement le dernier testament du testateur (ce qui n'est pas toujours le cas avec le testament olographe ou le testament devant témoins).

Les arguments en faveur du testament notarié sont nombreux et convaincants. C'est le type de testament que nous recommandons. Il entraîne des frais, mais il assure aux héritiers de pouvoir retracer le dernier testament du défunt.

12.10.4   L'INVALIDITÉ D'UN TESTAMENT

Outre l'entrée en vigueur de nouvelles lois susceptibles d'avoir une incidence sur la validité d'un testament, il existe d'autres situations où un testament est invalide, par exemple :

■ Deux conjoints qui ont fait leur testament sur le même document ;

■ Un testament non daté ou non signé.

Il existe aussi des legs testamentaires invalides ; en voici quelques-uns :

■ Le droit aux revenus accordé en vertu d'une fiducie ne peut être légué par le bénéficiaire, ce droit étant incessible.

■ Certaines polices d'assurance-vie peuvent contenir le nom d'un bénéficiaire déterminé et, sans le consentement de cette personne, si le bénéficiaire est irrévocable, le testateur ne peut léguer le montant assuré à quelqu'un d'autre.

■ À moins que le régime de pension ne le permette, le droit de recevoir une pension ne peut être légué au conjoint survivant.

12.10.5   LE CONTENU DU TESTAMENT

Le *Code civil* (C.c.Q., art. 731 à 737) prévoit trois types de legs :

■ le legs universel ;

■ le legs à titre universel ;

■ le legs à titre particulier.

Le **legs** est une donation (disposition) à titre gratuit qui est faite par testament et qui prend effet au décès du testateur.

Le **legs universel** concerne la totalité de la succession (« Je lègue **tous** mes biens à… »). Un legs universel peut concerner plusieurs héritiers (« Je lègue **tous** mes biens à mes sœurs en parts égales »). C'est le fait de léguer tous ses biens qui rend le legs universel, et non le nombre d'héritiers.

Le **legs à titre universel** se rapporte à une quote-part de la succession (« Je lègue à mon épouse 50 % de mes biens, à mes enfants 40 % de mes biens et à mes frères 10 % de mes biens »). Il peut aussi s'agir de certains legs en usufruit. Par exemple, une personne lègue en usufruit à une autre personne l'utilisation de sa maison et, au décès de cette dernière, lègue le droit de propriété de la maison à ses frères. Le *Code civil* désigne cette dernière situation par le terme « démembrement du droit de propriété ».

Le **legs à titre particulier** n'est ni universel ni à titre universel, et porte sur un ou plusieurs biens déterminés. Il confère au légataire (la personne désignée) un droit limité au bien ou à l'ensemble des biens mentionnés dans le testament. Voici quelques exemples de legs à titre particulier : un montant d'argent, le mobilier d'une résidence, un immeuble de location, un bijou, etc. Remarquons que le légataire à titre particulier n'est pas considéré comme un héritier et que, par conséquent, il n'est donc pas concerné par les dettes du testateur.

12.10.6 LA LIQUIDATION D'UNE SUCCESSION ET LE RÔLE DU LIQUIDATEUR

Depuis l'entrée en vigueur du nouveau *Code civil du Québec* en janvier 1994, le liquidateur est substitué à l'exécuteur testamentaire. Le **liquidateur** est donc le lien principal entre le testateur et les héritiers, et c'est lui qui supervisera tout le processus de liquidation de la succession. C'est une tâche qui peut s'avérer très lourde dans certains cas et, disons-le, assez complexe sur le plan administratif avec certaines successions. Le recours à un soutien professionnel rigoureux (comptables, notaires, planificateurs financiers, avocats, etc.) est très souvent indispensable.

Dans le cas de successions le moindrement complexes, il est tout à fait approprié de rémunérer le liquidateur et de prévoir cette rémunération au testament.

Le rôle du liquidateur débute dès l'ouverture de la succession par la saisine des héritiers et des légataires particuliers. Rappelons que la saisine concerne tout simplement le droit des héritiers (et des légataires particuliers) à la prise de possession des biens du défunt, et ce à l'instant même du décès, sans avoir à en demander l'autorisation en justice. Cependant, le liquidateur a préséance sur les héritiers et c'est lui qui verra au partage des biens, à l'aliénation possible de certains biens et à l'administration de la succession, de son ouverture à sa clôture.

Avant d'énumérer les tâches du liquidateur, mentionnons la grande importance d'effectuer un inventaire qui permettra de délimiter tous les actifs du défunt mais aussi ses dettes. Les héritiers ne sont pas responsables des dettes du défunt à la condition que cet inventaire ait été fait par le liquidateur. En ce sens, la production d'un bilan successoral s'avère nécessaire. C'est à la réception de ce bilan successoral que les héritiers pourront décider d'accepter ou de refuser la succession. Nous reviendrons sur le bilan successoral à la sous-section 12.12.2.

La liquidation d'une succession représente donc un cheminement assez complexe, particulièrement en ce qui concerne l'administration temporaire du patrimoine et la distribution aux héritiers. Soulignons que le liquidateur ne peut procéder au paiement des diverses dettes et des legs particuliers avant d'avoir obtenu un **certificat de décharge** des deux paliers gouvernementaux. Ce certificat est transmis par les autorités fiscales après la réception des déclarations de revenus du défunt et après la réception du paiement des impôts accompagné des intérêts et des pénalités, si tel est le cas. **Tant qu'il n'a pas reçu ce certificat, le liquidateur ne pourra pas procéder au partage des legs particuliers ni des legs universels ou à titre universel.**

Les étapes suivantes de la liquidation d'une succession résument les principaux rôles et responsabilités du liquidateur :

- Rechercher et analyser le testament et en établir la dévolution ;
- Demander la vérification judiciaire, si nécessaire ;

- Préparer le bilan successoral et l'état des liquidités successorales ;
- Rechercher les successibles ;
- Produire toutes les déclarations de revenus ;
- Acquitter les impôts et les dettes ;
- Remettre les legs particuliers ;
- Rendre compte de son administration aux héritiers.

12.10.7   LE MANDAT EN PRÉVISION DE L'INAPTITUDE

Dans la planification testamentaire, il importe de tenir compte du mandat en prévision de l'inaptitude (ci-après nommé mandat d'inaptitude). De la même manière que le testament protège les proches d'une personne lors de son décès, le mandat d'inaptitude la protège elle-même (et ses biens) lors de son vivant. Il permet d'éviter qu'une personne qu'elle n'a pas choisie, ou encore le curateur public, s'occupe de ses affaires lorsqu'elle n'aura plus l'autonomie pour le faire elle-même à cause d'une maladie grave ou d'un accident. Ce mandat fait maintenant partie de la planification successorale et plus précisément de la planification testamentaire.

À la rédaction du mandat, le notaire vérifie si le mandant semble sain d'esprit et pleinement capable d'émettre ses directives en ce qui concerne une éventuelle protection. Il est préférable que ce document soit notarié, mais tout autre document non notarié (fait en présence de deux témoins par exemple) peut être soumis à un notaire pour examen.

Le mandant verra à nommer un mandataire qui s'occupera de la gestion de ses affaires s'il en est incapable lui-même et qui verra à prendre les décisions nécessaires pour assurer la protection de sa santé physique et morale. Dans cette éventualité, il est souvent préférable de prévoir une rémunération pour le mandataire.

L'homologation et la cessation du mandat d'inaptitude

Le mandat d'inaptitude ne prend pas effet au moment de sa signature, alors que le mandant est en pleine possession de ses moyens, mais quand survient l'inaptitude. Il devra alors être homologué, c'est-à-dire authentifié sur les plans judiciaire et médical.

Un certificat médical attestant l'inaptitude, souvent couplé à un rapport psychosocial d'un travailleur social professionnel, sera fourni au notaire, qui procédera à un interrogatoire du mandant et rendra le mandat exécutoire. Depuis l'entrée en vigueur de la loi qui modifie le *Code de procédure en matière notariale* (loi 443) le 13 mai 1999, il n'est plus nécessaire de s'adresser à un tribunal ou à un greffier pour rendre le mandat exécutoire, le notaire étant autorisé à le faire. Soulignons que cette même loi s'applique aussi à l'homologation des testaments olographes ou devant témoins.

Dans certains cas, le mandat est aussi détaillé et complexe que le testament et contient de nombreuses clauses concernant l'administration des biens et même leur aliénation.

Le mandat **cesse** lorsque l'autonomie du mandant est rétablie ou à l'occasion du décès de celui-ci.

La procuration

La procuration accompagne très souvent le mandat d'inaptitude ou le testament, selon le cas. Le *Code civil* utilise le seul mot « mandat » pour désigner cette procuration, qui constitue tout simplement un contrat de **représentation.** La procuration (ou mandat) devient exécutoire au moment de sa signature. Le mandant conserve tous ses droits ; il ne fait que déléguer certains pouvoirs au mandataire, qui **représente** le mandant.

Dans l'éventualité où l'auteur de la procuration ne serait plus autonome, on consultera le mandat d'inaptitude pour la suite des actions à entreprendre.

12.10.8   LE TESTAMENT BIOLOGIQUE

Le testament biologique fait également de plus en plus partie de la planification testamentaire. Il est généralement intégré au mandat en prévision de l'inaptitude et concerne l'acharnement thérapeutique. Son objectif est double :

- Permettre de ne pas maintenir en vie par des moyens artificiels une personne dont l'état de santé est très grave.
- Léguer les organes vitaux de la personne décédée à certains organismes médicaux.

Il importe que les proches soient mis au courant du testament biologique.

12.11   LES FIDUCIES

Étant donné que le chapitre 13 est consacré aux fiducies, nous nous limiterons ici à exposer quelques mises en situation pour bien saisir l'application de cette troisième méthode de transmission du patrimoine.

Un remariage

Vous vous êtes récemment remariée et vous avez deux enfants d'un premier mariage. Que devez-vous stipuler dans votre testament ? Si vous léguez tous vos biens à votre nouveau conjoint, êtes-vous rassurée au sujet des enfants ? Dans un testament, vous ne pouvez dicter à une personne une ligne de conduite concernant son argent. De plus, vous désirez laisser l'usufruit de votre maison à votre conjoint et, à son décès, léguer celle-ci en parts égales aux enfants.

Une solution possible : la fiducie testamentaire, qui permettra à votre nouveau conjoint de profiter des revenus de votre succession (et même de gruger une partie du capital) ; à son décès, le capital sera remis aux enfants. De plus, le conjoint pourra bénéficier de l'usufruit de la maison, qui n'appartiendra à personne d'autre qu'à la fiducie elle-même. Au décès de votre conjoint, la maison pourrait être remise à vos enfants.

Un héritier handicapé

Vous avez un adolescent handicapé. Comment votre testament pourra-t-il le protéger durant toute sa vie ? Encore ici, vous ne pouvez obliger des parents ou des amis à s'en occuper. Vous lui laissez tous vos biens. Comment fera-t-il pour les administrer ?

Une solution possible : la fiducie testamentaire, qui verra à nommer des fiduciaires (administrateurs) pour s'occuper légalement de votre adolescent.

L'exploitation d'une entreprise

Vous avez une petite entreprise qui marche bien et vous désirez que vos enfants participent à sa gestion et en deviennent graduellement propriétaires et dirigeants. Pour les premières années, vous désirez conserver un certain pouvoir dans son exploitation. Vous leur donnez l'entreprise ? Vous leur vendez l'entreprise ?

Une solution possible : la fiducie discrétionnaire, qui vous permettra de transférer graduellement la direction de l'entreprise mais également sa plus-value, tout en vous assurant un revenu. Il s'agit d'un gel successoral dans le vocabulaire juridique.

Le chapitre 13 traite de l'aspect légal (*Code civil du Québec*) ainsi que de l'aspect fiscal des fiducies.

12.12   LA FISCALITÉ AU DÉCÈS

Jusqu'ici, nous avons examiné la fiscalité relative aux transferts entre vifs, surtout en matière de fractionnement du revenu et de gain en capital.

La fiscalité relative au décès est un domaine très vaste et souvent complexe. Notre objectif principal n'est pas d'explorer toutes les nuances de ce type de fiscalité[8], mais plutôt d'en cerner les aspects les plus importants, tels l'imposition au décès, la nature des impôts à payer au décès, le bilan successoral du défunt et la fiscalité concernant les legs directs par testament de biens enregistrés (REÉR par exemple) et non enregistrés (résidence familiale, immeuble de location, etc.). La fiscalité des fiducies est traitée au chapitre 13.

---

8. Pour des références plus poussées, consulter la bibliographie à la fin du manuel.

12.12.1 L'IMPOSITION AU DÉCÈS

Un particulier est présumé, immédiatement avant son décès, avoir disposé de l'ensemble de ses biens (amortissables ou non amortissables) qui ne sont pas légués à son conjoint (ou à une fiducie exclusive en sa faveur) pour un prix correspondant à leur juste valeur marchande. Cette disposition présumée peut engendrer dans le cas de certaines successions des conséquences très fâcheuses :

■ Des impôts considérables à la suite de la production des déclarations de revenus du particulier décédé.

■ Une réduction appréciable du patrimoine légué aux héritiers.

Lorsque les biens du particulier sont légués à son conjoint ou à une fiducie exclusive en sa faveur, les biens sont transférés en franchise d'impôt et le produit de disposition est égal à leur coût fiscal.

La détermination du **coût fiscal** au décès est semblable à celle relative aux transferts de biens entre vifs (voir la section 12.9). S'il s'agit d'un bien non amortissable, le produit de disposition (coût fiscal) est égal au prix de base rajusté (PBR). S'il s'agit de biens amortissables, le coût fiscal est égal au coût en capital non amorti (CCNA). En revanche, le conjoint survivant peut toujours accepter le transfert (biens amortissables et non amortissables) à la juste valeur marchande (JVM), comme dans le cas des transferts entre vifs.

Le décès constitue en quelque sorte un « moment de vérité » sur le plan fiscal, et trois catégories d'impôts sont à acquitter :

■ Les impôts de l'année courante de la personne décédée ;

■ Les impôts impayés (le cas échéant) ;

■ Les impôts différés, par exemple :
  • les impôts sur les REÉR,
  • les impôts sur les gains en capital (sur un duplex par exemple),
  • les impôts sur la récupération de l'amortissement.

Soulignons de nouveau que si les biens de la troisième catégorie (REÉR, duplex, etc.) sont transférés au conjoint, ce transfert se fera en franchise d'impôt. Bien entendu, l'impôt ne pourra plus être reporté au décès du deuxième conjoint et il y aura donc présomption de disposition de tous les biens.

12.12.2 LE BILAN SUCCESSORAL

Une bonne planification financière devrait toujours inclure un bilan successoral (un inventaire des actifs et des dettes) établi du vivant de la personne et qui dérive, en partie, de son bilan personnel. La planification dite post-mortem est bien sûr établie après le décès et relève beaucoup plus du liquidateur de la succession. Ce dernier considérera les actifs du défunt, mais également le passif (les dettes), car l'une de ses importantes tâches est justement de communiquer le bilan successoral aux successibles pour leur permettre d'exercer leur droit d'option, à savoir accepter ou refuser la succession selon qu'elle est solvable ou non. Le bilan successoral servira aussi à déterminer la valeur nette de la succession pour évaluer, par exemple, si elle est suffisante pour alimenter les revenus nécessaires à la famille survivante.

À titre d'exemple, voici le bilan de la famille Grandpré-Lauzon.

M. Grandpré et Mme Lauzon
BILAN FAMILIAL
au 22 décembre 2000

	M. Grandpré	Mme Lauzon	Total
ACTIF			
Encaisse	10 000 $	0 $	10 000 $
Placements			
Obligations d'épargne	0	10 000	10 000
Fonds d'actions	495 000	—	495 000
Total des placements	495 000 $	10 000 $	505 000 $
REÉR	605 000	70 000	675 000
Automobile	20 000	10 000	30 000
Résidence familiale	190 000	—	190 000
TOTAL DE l'ACTIF	1 320 000 $	90 000 $	1 410 000 $
PASSIF			
Hypothèque	45 000	0	45 000
VALEUR NETTE	1 275 000 $	90 000 $	1 365 000 $

Notes :
1. L'état de la valeur nette a été établi selon les renseignements fournis par M. Grandpré et Mme Lauzon.
2. Les impôts éventuels relatifs aux REÉR n'ont pas été pris en considération dans le passif.
3. M. Grandpré bénéficie d'une assurance-vie collective avec son employeur pour un montant de 50 000 $. La famille Grandpré-Lauzon ne souscrit à aucune assurance-vie privée.
4. L'hypothèque sur la résidence n'est pas assurée.

M. Grandpré
BILAN SUCCESSORAL
au 22 décembre 2000

Valeur nette selon le bilan personnel	1 275 000 $
Plus : Assurance-vie collective[1]	50 000
Prestation au décès (RRQ)[2]	2 500
	1 327 500 $

M. Grandpré
BILAN SUCCESSORAL
au 22 décembre 2000
(*suite*)

Moins : Impôts au décès[3]		—
Règlement de succession[4]		10 000
AVOIRS SUCCESSORAUX		1 317 500 $

(1) Le produit d'assurance-vie doit être payable à la succession ou au conjoint.
(2) La prestation au décès de la RRQ est fixée à 2 500 $ depuis le 1er janvier 1998.
(3) Il n'y a aucun impôt à payer, car il y a roulement des biens au conjoint. On présume ici que l'impôt sur les revenus générés l'année du décès a été acquitté par le biais de retenues salariales ou de versements trimestriels.
(4) Il s'agit des derniers débours.

12.12.3   L'ÉTAT DES LIQUIDITÉS SUCCESSORALES

L'état des liquidités successorales est d'une grande importance, car il fait ressortir les montants d'argent disponibles pour payer les impôts et les dettes (une des tâches principales du liquidateur). En outre, cet état financier permet de déterminer si les montants restants, à savoir les liquidités successorales, sont suffisants pour alimenter les recettes nécessaires à la famille survivante. Rappelons que cet état financier peut être produit régulièrement durant la vie du client (comme dans le cas de la famille Grandpré-Lauzon). Par conséquent, si les liquidités sont insuffisantes, le client pourra prendre les mesures appropriées.

M. Grandpré
ÉTAT DES LIQUIDITÉS SUCCESSORALES
au 22 décembre 2000

Actif liquide au bilan		
Encaisse	10 000 $	
Placements	495 000	505 000 $
Plus : Assurance-vie collective		50 000
Prestation au décès (RRQ)		2 500
		557 500 $
Moins : Passif au bilan		
Hypothèque (non assurée)	45 000	
Impôts (roulement au conjoint)	—	
Règlement (succession)	10 000	55 000
LIQUIDITÉS SUCCESSORALES		502 500 $

> **Notes :**
> 1. Seuls les biens liquides doivent être considérés. Dans cet exemple, nous avons inclus la totalité des placements (obligations d'épargne, fonds d'actions). Il faut toujours déterminer la nature des placements et la possibilité de les liquider sans payer de trop lourdes pénalités.
> 2. Les REÉR n'ont pas été inclus, car ils seront transférés par roulement au conjoint. Il en va de même pour l'automobile et la résidence familiale. C'est un choix parfois difficile à faire lorsqu'il y a beaucoup de dettes à payer. Dans un tel cas, le liquidateur pourrait inclure une partie ou le total des REÉR à l'état des liquidités successorales.

12.12.4   LES RÉGIMES ENREGISTRÉS AU DÉCÈS

Au décès, la juste valeur marchande (JVM) des régimes enregistrés tels le REÉR et le FERR est ajoutée aux revenus de la personne décédée. Il y a des exceptions pour les legs au conjoint, aux enfants mineurs et aux enfants majeurs s'ils sont handicapés.

Le bénéficiaire est le conjoint. Lorsque le conjoint est bénéficiaire désigné du REÉR du conjoint décédé, il peut transférer les fonds reçus dans son propre REÉR (ou dans son FERR si tel est le cas), et ce en franchise d'impôt. Cette même règle s'applique également à un RPDB ou à un RPA.

Le bénéficiaire est un enfant à charge. Si le bénéficiaire est un enfant ou un petit-enfant à charge[9] de moins de 18 ans, les montants reçus (la JVM des actifs du REÉR ou du FERR) peuvent servir à l'achat d'une rente que l'enfant recevra jusqu'à son 18e anniversaire, cette rente annuelle étant imposable en son nom. Si l'enfant a 18 ans ou plus, la JVM des actifs du REÉR ou du FERR s'ajoute à ses revenus.

Le bénéficiaire est un enfant handicapé. Si le bénéficiaire est un enfant ou un petit-enfant à charge atteint d'un handicap, il dispose des mêmes options que le conjoint.

Le bénéficiaire est une autre personne. Si le bénéficiaire est une autre personne que celles mentionnées ci-dessus, la valeur du REÉR ou du FERR s'ajoute aux revenus du défunt pour l'année du décès, ce qui entraîne en général un fardeau fiscal élevé.

EXEMPLE

M. Fortuné, sans conjoint, laisse quatre enfants à son décès :

- Jean-Pierre, 8 ans, à charge ;
- Jean-Michel, 10 ans, à charge ;   →

---

9. L'expression « enfant à charge » signifie que l'enfant génère un revenu annuel moindre que le crédit de base.

- Marie-Hélène, 18 ans, à charge ;
- André, 25 ans, marié et ingénieur professionnel.

M. Fortuné leur lègue son REÉR de 800 000 $ en parts égales. Qu'arrive-t-il aux différents legs ? Chaque enfant reçoit une part de 200 000 $ comme suit :

- Jean-Pierre pourra acheter une rente annuelle imposable avec un étalement possible sur 10 ans (18 – 8).

- Jean-Michel pourra acheter une rente qui sera étalée sur 8 ans (18 – 10), soit un montant imposable de 25 000 $ l'an.

- Marie-Hélène verra sa part de 200 000 $ entièrement imposée, sans possibilité d'étalement.

- La part d'André n'est pas imposable, car c'est le père qui sera imposé.

On constate que les enfants recevront des montants après impôt très différents les uns des autres. Par exemple, Marie-Hélène sera entièrement imposée sur 200 000 $ alors qu'André, un ingénieur qui a un revenu assez élevé, recevra 200 000 $ nets d'impôt. Que faire pour éviter une telle situation, qui n'est pas très équitable pour tous les enfants ? Tout simplement en insérant dans le testament une **clause d'équité** qui permettra au liquidateur de faire les ajustements nécessaires et de remettre aux enfants des montants qui s'équivalent quant aux valeurs actuelles et aux montants après impôt.

12.12.5   LES BIENS NON ENREGISTRÉS AU DÉCÈS

En vertu des lois fiscales, les biens en immobilisations (immeubles de location par exemple) et les valeurs mobilières sont présumés faire l'objet d'une disposition à leur juste valeur marchande (JVM) au décès. Si les biens sont légués au conjoint, ce dernier les acquiert à leur **coût fiscal** et en franchise d'impôt. La détermination du coût fiscal au décès peut s'avérer plus complexe que pour les transferts entre vifs (section 12.9).

En général, s'il s'agit de **biens amortissables** (comme l'immeuble de location), le choix se fait entre la juste valeur marchande (JVM) et le coût en capital non amorti (CCNA).

S'il s'agit de **biens non amortissables** (actions, résidence principale, etc.), le choix s'effectue entre la JVM et le prix de base rajusté (PBR).

Précisons que lorsque des biens (actions, immeubles, etc.) sont légués au conjoint (ou à une fiducie exclusive à son profit), le gain en capital (ou la perte en capital) n'est pas imposable. Par contre, il sera pleinement imposable au décès du deuxième conjoint. Il en va ainsi pour la récupération de l'allocation du coût en capital pour les biens en immobilisations amortissables. Les règles de fiscalité sont ici semblables à celles régissant les transferts entre vifs.

12.13   L'ASSURANCE-VIE

L'assurance-vie représente essentiellement un patrimoine instantané disponible au décès.

Le module Assurances (chapitre 11) a traité des principaux éléments de l'assurance-vie, mais nous désirons résumer ici les objectifs de l'assurance-vie au décès.

■ L'objectif premier concerne, bien sûr, la création d'un patrimoine instantané qui servira de capital à la famille survivante pour alimenter les recettes nécessaires au coût de vie ou, en d'autres termes, pour maintenir la même qualité de vie qu'avant le décès.

■ Les impôts à payer au décès sont souvent inévitables. C'est le cas, par exemple, au décès du conjoint survivant. La solution est une assurance-vie au deuxième décès. Le dilemme pour le conjoint survivant est souvent la décision entre profiter au maximum de son capital ou aider les enfants à améliorer leur qualité de vie par un héritage plus appréciable. C'est une décision qui est fonction des valeurs culturelles et sociales de la personne. Dans cette optique, l'assurance-vie au deuxième décès peut s'avérer un moyen plus rentable que d'investir dans des obligations, par exemple.

■ Les personnes peu fortunées qui désirent laisser un héritage à leurs enfants auront recours à l'assurance-vie. Ce sont parfois les héritiers eux-mêmes qui acquittent le paiement des primes.

■ L'assurance-vie léguée à la succession ou aux ayants droit peut servir à acquitter les derniers débours et les frais professionnels occasionnés par la succession, et même à rémunérer le liquidateur.

■ L'assurance-vie universelle peut constituer un capital-décès, mais également une **valeur accumulée du fonds de capitalisation** non imposable qui servira au liquidateur en tant que liquidités successorales. Cette valeur accumulée devra figurer au bilan successoral.

■ L'assurance-vie au décès peut permettre des dons de bienfaisance planifiés (voir la prochaine section).

Rappelons que dans le cas d'une assurance-vie privée le capital ne fait pas partie de la succession et appartient de plein droit au bénéficiaire nommé sur la police. Pour que le montant de l'assurance serve aux liquidités successorales, il faut préciser sur la police « succession » ou « ayants droit ». Une assurance-vie collective sans bénéficiaire désigné fait automatiquement partie du bilan successoral (comme dans le cas de la famille Grandpré-Lauzon mentionné plus haut).

12.14   LES DONS DE BIENFAISANCE PLANIFIÉS

Les dons de bienfaisance planifiés (ci-après désignés dons planifiés) constituent aujourd'hui un domaine en pleine effervescence, où la fiscalité, l'assurance-vie, la planification testamentaire, les fiducies, etc., jouent un rôle de tout premier plan. Notre objectif n'est pas d'expliquer en détail les nombreux aspects techniques et fiscaux des dons planifiés, mais plutôt d'en souligner l'existence, car ils représentent une contribution très importante au développement social et économique des organismes de charité, des diverses fondations de recherche médicale et des établissements d'enseignement comme les universités. En ce sens, les dons planifiés font partie de la planification financière personnelle en général et de la planification successorale en particulier.

Tout comme les autres types de dons, les dons planifiés peuvent s'effectuer de deux façons, soit par testament ou du vivant du donateur.

Don testamentaire. Il s'agit de transmettre par testament une somme d'argent à un organisme de bienfaisance désigné. Au décès du donateur, la succession obtient un reçu pour la valeur entière du don, ce qui peut servir à réduire les impôts. La somme d'argent peut provenir du patrimoine du donateur ou d'une assurance-vie. Le véhicule de transmission du don peut être une fiducie testamentaire, laquelle recevra au décès du donateur un reçu pour la totalité du don.

Don du vivant. Le donateur peut souscrire à une police d'assurance-vie qu'il cède à un organisme de bienfaisance à titre de propriétaire et bénéficiaire. Chaque année, l'organisme remet un reçu égal à la prime annuelle payée. Au décès du donateur, l'organisme reçoit le capital assuré.

Plusieurs autres techniques permettent d'avantager un organisme de bienfaisance, une fondation de recherche ou un établissement d'enseignement, chacune ayant ses répercussions fiscales. S'il est vrai que la générosité est, par définition, désintéressée, les dons planifiés peuvent très bien favoriser l'organisme visé et le donateur lui-même. Soulignons en terminant qu'outre les nombreux dons de bienfaisance que les particuliers effectuent chaque année sinon chaque mois, la rédaction du testament est le moment privilégié de penser aux fondations de recherche, aux organismes de charité et aux établissements d'enseignement.

CONCLUSION

Un tableau comme le tableau 12.1 est primordial dans le dossier d'un planificateur et peut contenir d'autres aspects d'une planification successorale. Comme nous l'avons vu au chapitre 5 (module Gestion budgétaire), le couple Simard-Lajoie n'a pas de testament. Le tableau recommande la rédaction d'un testament (avec clause de décès simultané) accompagné d'un mandat en prévision de l'inaptitude et d'un testament biologique. D'autres actions sont signalées au couple à titre indicatif seulement (stratégies pertinentes et non pertinentes), comme la fiducie entre vifs et la fiducie en faveur du conjoint (dans le but de protéger les enfants).

Les conséquences financières, juridiques et fiscales des intentions des clients en matière de succession doivent être soigneusement évaluées. Pour ce

TABLEAU 12.1
Sommaire des stratégies concernant la succession — Couple Simard-Lajoie

	Stratégies recommandées	Stratégies pertinentes	Stratégies non pertinentes
Transmission des biens entre vifs			
Transfert d'un bien			✓
Fiducie entre vifs			✓
Gel de la succession			✓
Planification par testament			
Testament notarié	✓		
Fiducie en faveur du conjoint		✓	
Mandat en prévision de l'inaptitude	✓		
Testament biologique	✓		
Fiscalité au décès			
Divers			✓

faire, il importe pour le planificateur financier de s'assurer les services d'un spécialiste en planification successorale.

La planification successorale est un processus dynamique qui doit être révisé tous les cinq ans et préférablement tous les trois ans, car la situation financière ou familiale peut évoluer et les lois peuvent changer.

SITES INTERNET À VISITER

■ Le carrefour d'accès au droit
www.educaloi.qc.ca

■ Le Réseau juridique du Québec
www.avocat.qc.ca

■ Société québécoise d'information juridique
www.soquij.qc.ca

QUESTIONS DE RÉVISION

1. Définissez la planification successorale et expliquez-en les composantes.

2. Nommez au moins trois des grands objectifs de la planification successorale.

3. Quelles sont les méthodes de transmission des biens ?

4. De quoi est composé l'environnement légal qui limite la liberté de rédiger un testament ?

5. Pourquoi la fiscalité est-elle omniprésente dans toute transmission de biens ?

6. Illustrez les méthodes de transmission du patrimoine et les différents environnements qui influent sur chacune (comme à la figure 12.1).

7. Nommez les cinq premiers livres du *Code civil du Québec,* qui touchent directement ou indirectement la planification successorale.

8. Brossez un tableau des éléments qui composent le patrimoine familial.

9. Selon vous, pourquoi a-t-on instauré la *Loi sur le patrimoine familial* (loi 146) ?

10. Quels sont les trois régimes matrimoniaux en vigueur au Québec ?

11. Pourquoi un couple marié sous le régime de la société d'acquêts signerait-il un contrat de mariage notarié ?

12. Pourquoi le régime de la communauté de biens a-t-il été abandonné au Québec ?

13. Le *Code civil* ne reconnaît pas les conjoints de fait. Selon vous, est-ce bien grave ? Que peuvent faire les conjoints de fait pour se protéger légalement ?

14. La résidence familiale fait partie du patrimoine familial. Le *Code civil* protège en outre cette résidence d'une manière toute spéciale. Comment et pourquoi ?

15. Comment les règles d'attribution interviennent-elles dans le transfert de biens entre vifs ?

16. Quels sont les trois modes de transfert de biens entre vifs ?

17. La notion de «produit de disposition» est omniprésente dans la vente d'un bien à son époux. Comment cette notion se traduit-elle lorsqu'il s'agit d'un bien amortissable ? d'un bien non amortissable ?

18. Que signifie l'expression «juste valeur marchande» (JVM) ?

19. Que veut-on signifier par «lieu d'ouverture de la succession» ?

20. Pourquoi accorder aux successibles un droit d'option ?

21. Qu'entend-on par succession légale ou *ab intestat* ?

22. Pourquoi le testament est-il considéré comme un document privilégié ?

23. Quelles sont les trois formes de testament ?

24. Un testament produit sur un portable, imprimé et signé, est-il valable ? Que faudrait-il faire pour le rendre légal ?

25. Expliquez les types de legs prévus par le *Code civil.*

26. Dans vos propres mots, tracez un tableau des grands rôles du liquidateur.

27. Que signifie l'expression «faire homologuer un testament» ? Qui peut exécuter cette tâche ?

28. Quelle différence y a-t-il entre le mandat en prévision de l'inaptitude et la procuration (aussi appelée «mandat» dans le *Code civil*) ?

29. Pourquoi le testament biologique est-il souvent rattaché au mandat en prévision de l'inaptitude ?

30. Pourquoi parle-t-on de coût fiscal des biens au décès ? Comment se détermine ce coût fiscal ?

31. Quels impôts doivent être acquittés au moment du décès ?

32. Quelles sont les principales composantes d'un bilan successoral ?

33. En quoi consiste l'état des liquidités successorales ? À quoi sert-il ?

34. L'assurance-vie peut être utile au décès. Pourquoi et comment ?

35. En quoi consistent les dons de bienfaisance planifiés ? Pourquoi peuvent-ils être utiles autant au donateur qu'au bénéficiaire ?

EXERCICES

1. Claude Lajoie vous demande de préparer son bilan successoral et son état des liquidités successorales en date du 1er novembre 2001. Vous devez pour ce faire consulter le bilan de la famille Simard-Lajoie (tableau 5.1). Même si le bilan est familial, présumez que les placements et les biens personnels qui y figurent sont les biens propres de Claude. Le REÉR, la résidence et les meubles ainsi que l'automobile seront transférés au conjoint survivant, Francine. D'ailleurs, Claude et Francine établissent actuellement un testament, se léguant l'un à l'autre tous les biens. Le questionnaire n° 1 de l'annexe B indique les montants d'assurance-vie de la famille Simard-Lajoie.

2. Le Dr Bistouri Bonsoins vous demande de préparer son bilan successoral et son état des liquidités successorales en date du 1er avril 2001. Son bilan familial paraît au document du chapitre 5.

   Le Dr Bonsoins possède un testament ; à son décès, tous ses placements et ses biens vont à son épouse, Iode. Par conséquent, il vous demande de rajuster la valeur nette au bilan de l'impôt éventuel sur les REÉR (un montant de 10 000 $).

   Il possède aussi une assurance-vie temporaire (T-10) de 75 000 $ qui vient à échéance en 2006. Iode en est la bénéficiaire.

   Les placements et les biens personnels qui figurent au bilan sont les biens propres du Dr Bonsoins. La famille Bonsoins estime les derniers débours à 25 000 $.

3. Jean Retraité décède le 1er juin 2001 et lègue ses REÉR à sa conjointe, Marie-Anne. À son fils, Paul-André, il lègue son modeste immeuble de location. Voici les détails concernant cet immeuble :

Juste valeur marchande (JVM)*	270 000 $
Coût à l'acquisition (1984)	130 000

Fraction non amortie du coût en capital (FNACC)** 70 000

  * La JVM de l'immeuble à la date du décès de Jean Retraité, soit le 1er juin 2001.

 ** Au 1er juin 2001.

a) Quels sont les impôts à payer pour Jean Retraité ou Marie-Anne en ce qui concerne les REÉR ?

b) Quels sont les impôts à payer pour Jean Retraité ou Paul-André en ce qui concerne l'immeuble de location ? Présumez un taux d'imposition marginal de 50 %.

4. M. Tremblay est décédé dernièrement. Son testament stipule un legs universel en faveur de son fils, âgé de 40 ans. Son épouse bénéficiera de son RPA à 50 %, sous forme de rentes fort généreuses.

   Voici les biens et les dettes de M. Tremblay en date du décès :

Solde bancaire	1 000 $	
Actions	12 000	(dont le coût est de 4 000 $)
REÉR	20 000	
Emprunt bancaire	15 000	

   Les frais funéraires sont de 4 000 $, les frais de notaire s'élèvent à 1 500 $ et l'impôt sur le revenu de l'année courante, sans considération des biens légués, est de 4 500 $. M. Tremblay n'a pas d'assurance-vie.

a) Déterminez le montant d'impôt au décès de M. Tremblay relativement aux actifs légués, en supposant que le taux d'imposition est de 35 %.

b) Le fils devrait-il accepter ou refuser l'héritage ? Dites pourquoi.

13

Le module Planification successorale : les fiducies

CHAPITRE TREIZE

OBJECTIFS

■ Définir l'environnement légal des fiducies au Canada et au Québec

■ Expliquer ce qu'est une fiducie

■ Expliquer les objectifs d'une fiducie

■ Définir la notion de patrimoine d'affectation

■ Décrire les acteurs de la fiducie québécoise

■ Comparer le rôle du liquidateur à celui du fiduciaire

■ Expliquer comment choisir un fiduciaire

■ Définir la fiducie personnelle

■ Désigner les caractéristiques de la fiducie entre vifs

■ Expliquer les principaux éléments de la fiducie testamentaire

■ Résumer les nouvelles fiducies

■ Définir la fiducie d'utilité privée

■ Expliquer la fiducie de protection d'actifs

■ Décrire la fiducie d'utilité sociale

PLAN

Introduction

13.1 La nature et les objectifs d'une fiducie

13.2 La classification des fiducies

13.3 Le patrimoine d'affectation

13.4 Les acteurs d'une fiducie

13.5 Le choix d'un fiduciaire

13.6 La fiducie personnelle

13.7 La fiducie entre vifs

    13.7.1 La fiscalité de la fiducie entre vifs

    13.7.2 Les particularités de la fiducie entre vifs

    13.7.3 Quelques exemples de fiducies entre vifs

13.8 La fiducie testamentaire

    13.8.1 Les caractéristiques légales et fiscales de la fiducie testamentaire

13.9 Les nouvelles fiducies

13.10 La fiducie d'utilité privée

    13.10.1 La fiducie d'utilité privée non commerciale

    13.10.2 La fiducie d'utilité privée commerciale

13.11 La fiducie d'utilité sociale

Sites Internet à visiter

Questions de révision

INTRODUCTION

Les fiducies sont des institutions juridiques qui existent depuis longtemps. Le *Code civil du Bas-Canada* (C.c.B.C.), qui date de 1866, les avait d'ailleurs intégrées en 1888. Elles ont surtout été populaires dans les provinces anglophones régies par la common law[1]. En effet, cette conception de la propriété du fiduciaire (*trustee*) sur les biens faisant l'objet de la fiducie (*trust*), et ce pour le compte d'un bénéficiaire, existe depuis plus de 100 ans au Canada anglais. En tant qu'institution du droit civil, la fiducie a toujours fait partie des us et coutumes des grandes familles fortunées anglo-saxonnes, de la même manière que les dons de bienfaisance à divers organismes.

Les contextes juridique et fiscal des fiducies ne sont pas faciles à comprendre ni à résumer en quelques mots. Très peu d'ouvrages en français traitent de planification successorale et du fonctionnement des diverses fiducies. Il en existe d'excellents sur le droit des fiducies[2], mais il s'agit de traités destinés à des cours plus avancés ou tout simplement axés sur l'étude du droit lui-même. Quant aux articles portant sur les fiducies, la plupart sont publiés par des revues spécialisées[3].

La complexité de ce domaine, amplifiée par le fait que les règles en cette matière sont en constante évolution, explique sans doute, en partie, son impopularité. Au Québec, le concept de fiducie a pris toute sa signification avec la réforme du *Code civil du Québec* (C.c.Q.) le 1er janvier 1994. Le *Code civil* consacre en effet 43 articles aux fiducies. Depuis cette date, on observe un engouement marqué pour la création de fiducies, en particulier de fiducies personnelles. Soulignons que le nouveau *Code civil* traite de quatre sujets d'envergure à propos de la fiducie : sa création, son administration, sa modification et son extinction.

Nous examinerons surtout dans ce chapitre la création de la fiducie (nature, caractéristiques, etc.) par un constituant et son administration par le fiduciaire.

La modification (et dans une certaine mesure l'extinction) de la fiducie relève le plus souvent de la décision des tribunaux ; par conséquent, elle fait beaucoup plus partie du droit des fiducies que de la planification successorale proprement dite.

Plusieurs sites Internet traitent des fiducies. Mentionnons www.educaloi.qc.ca, www.avocat.qc.ca et www.soquij.qc.ca. On peut aussi effectuer une recherche plus précise au moyen du moteur de recherche Google (www.google.com).

---

1. Le terme « common law » désigne l'ensemble des règles de droit en vigueur dans les pays de culture juridique anglo-saxonne. Ceux-ci incluent toutes les provinces canadiennes sauf le Québec et tous les États américains sauf la Louisiane. Le droit civil au Québec appartient à la famille des droits codifiés, alors que la common law est un régime de droit civil non codifié.
2. Jacques Beaulne, *Droits des fiducies,* coll. « Bleue », Montréal, Wilson & Lafleur, 1998.
3. *Revue APFF : Planification fiscale et successorale,* Association de planification fiscale et financière (APFF), « Les fiducies (première partie) », vol. 18, no 4, 1996 ; « Les fiducies (deuxième partie) », vol. 19, no 1, 1997 ; « Chroniques : planification successorale », vol. 22, no 2, 2000-2001.

13.1   LA NATURE ET LES OBJECTIFS D'UNE FIDUCIE

L'article 1260 du C.c.Q. définit une fiducie comme suit :

> La fiducie résulte d'un acte juridique par lequel une personne, le constituant, transfère de son patrimoine à un autre patrimoine qu'il constitue des biens qu'il affecte à une fin particulière et qu'un fiduciaire s'oblige, par le fait de son acceptation, à déterminer et à administrer.

Remarquons que le **bénéficiaire** ne figure pas dans cette définition. En effet, nous verrons qu'il existe trois types de fiducies, et que seules les fiducies personnelles seront constituées dans le but de procurer un avantage à une personne déterminée, soit le bénéficiaire (C.c.Q., art. 1266 et 1267).

Par ailleurs, la définition fait ressortir trois points importants :

- La constitution d'un patrimoine distinct par le **constituant** ;
- L'administration des biens transférés par un **fiduciaire** ;
- L'affectation des biens à une **fin particulière** (une finalité légale).

Une fiducie est en fait un outil efficace qu'on peut utiliser de multiples façons pour atteindre certains **objectifs** liés à la planification successorale, par exemple :

- la protection des biens contre d'éventuels créanciers ;
- le legs de biens à des enfants mineurs ;
- la protection à long terme d'un enfant handicapé ;
- le legs à un bénéficiaire insouciant (protection du patrimoine et du bénéficiaire contre lui-même) ;
- le transfert de biens entre vifs ;
- le paiement d'une pension alimentaire à un ex-conjoint ;
- la succession d'une entreprise familiale ;
- le legs d'une somme d'argent (200 000 $ et plus) dont les revenus sont alloués à une personne, le capital étant remis à d'autres personnes ou organismes au décès de celle-ci ;
- la protection d'une résidence ou d'un monument historiques, ou même d'objets d'art (collection, piano, etc.) ;
- le legs d'une somme d'argent pour aider une cause sociale (enfants malades, etc.) ;
- la remise d'une bourse d'études à certaines personnes, sous certaines conditions.

Cette liste d'objectifs englobe diverses classifications de fiducies.

13.2   LA CLASSIFICATION DES FIDUCIES

Il existe plusieurs classifications pour les fiducies, une première consistant à les départager selon le **pays d'origine.** Au Canada (hors Québec), nous avons les fiducies de common law. Le C.c.Q. qui est entré en vigueur en 1994, remplaçant ainsi le C.c.B.C., a dans une certaine mesure codifié les fiducies de common law. Il existe aussi des fiducies étrangères (*off shore*), constituées dans un territoire (souvent appelé « paradis fiscal ») où les taux d'imposition sont inférieurs à ceux qui sont en vigueur au Canada. Étant donné la complexité des fiducies étrangères, leur administration nécessite le support d'un spécialiste dans ce domaine.

Une deuxième classification concerne leur **finalité légale,** donc leur **affectation.** En effet, les fiducies peuvent être constituées selon trois affectations différentes (C.c.Q., art. 1266) :

- à des fins personnelles ;
- à des fins d'utilité privée ;
- à des fins d'utilité sociale.

Finalement, une troisième classification concerne leur **mode de constitution.** Ainsi, les fiducies peuvent être :

- constituées librement :
  - par contrat à titre gratuit (donation),
  - par contrat à titre onéreux,
  - par testament ;
- imposées :
  - par la loi, par exemple la *Loi sur les régimes complémentaires de retraite* (RCR),
  - par jugement de la cour, comme dans le cas de certaines pensions alimentaires.

Ce chapitre traite surtout des fiducies québécoises personnelles (aussi appelées familiales) constituées librement par donation (contrat à titre gratuit) ou par testament, mais décrit aussi, quoique brièvement, les autres types de fiducies. Voyons d'abord quelques notions plus générales au sujet des fiducies.

13.3 LE PATRIMOINE D'AFFECTATION

Selon l'article 1262 du *Code civil du Québec* :

> Le patrimoine fiduciaire, formé des biens transférés en fiducie, constitue un patrimoine d'affectation autonome et distinct de celui du constituant, du fiduciaire ou du bénéficiaire, sur lequel aucun d'entre eux n'a de droit réel.

> Notons que la notion de patrimoine d'affectation, qui serait d'origine allemande[4], n'existe pas dans le droit anglo-saxon.

C'est l'affectation d'une masse de biens à une fin particulière plutôt qu'à une personne qui constitue le fondement même d'un patrimoine distinct. Il

---

4. Jacques Beaulne, *op. cit.,* p. 20.

existe donc une scission entre le patrimoine fiduciaire et la notion légale de personnalité ou personne, de telle sorte que les biens transmis par le constituant ne font plus partie de son patrimoine ni de celui du fiduciaire, ni même de celui du bénéficiaire (dans le cas des fiducies personnelles).

Le patrimoine de la fiducie possède donc une entité (universalité) distincte et devient ainsi insaisissable, ce qui explique la popularité de certaines fiducies de protection d'actifs. Nous y reviendrons plus loin.

Suivant la notion de patrimoine d'affectation, la fiducie selon le C.c.Q. doit obligatoirement résulter de l'intention du constituant de créer une fiducie et du fiduciaire, de l'accepter (art. 1260, 1264 et 1265). Le C.c.B.C. est très différent à ce sujet, car il précise qu'une déclaration unilatérale (par le constituant) permet de créer un **trust.** C'est une comparaison simple mais importante, qui suggère de comprendre la nouvelle fiducie québécoise en fonction du C.c.Q. et non plus en fonction du C.c.B.C. basé sur le droit contemporain.

13.4   LES ACTEURS D'UNE FIDUCIE

Les fiducies font partie du livre quatrième, Des biens, du *Code civil du Québec.* Le livre cinquième traite des obligations. Cette distinction très importante révèle que, fondamentalement, la fiducie n'est pas un contrat « légal » dans le sens du *Code civil.* Plutôt que de parler de « parties », nous décrirons donc les **acteurs** de la fiducie :

Le constituant. Le constituant est la personne qui crée la fiducie, son auteur. Une fois la fiducie créée, il ne peut plus en changer les bénéficiaires ni, en général, remplacer le ou les fiduciaires. Dans le cas d'une fiducie familiale, le constituant ne peut s'instituer fiduciaire à moins d'agir conjointement avec un fiduciaire qui n'est ni constituant ni bénéficiaire (art. 1275).

Le fiduciaire. Le fiduciaire est sans aucun doute le personnage central de la fiducie (son administrateur), et ce tout au long de l'existence de celle-ci. C'est lui qui reçoit l'administration exclusive de la fiducie et qui en dépose les déclarations de revenus annuelles. En fait, l'administration d'une fiducie repose sur trois axes précis, soit la conservation, la fructification et l'accroissement du patrimoine. Le fiduciaire doit être majeur et avoir entre autres la capacité légale de vendre des biens.

Le bénéficiaire. Le bénéficiaire n'existe obligatoirement que dans la fiducie personnelle, et c'est lui qui va profiter de la création de la fiducie. Le C.c.Q. en parle très peu. Tout comme le constituant, le bénéficiaire peut être fiduciaire mais à condition d'agir conjointement avec un fiduciaire étranger. La fiducie peut avantager deux types de bénéficiaires :

- le bénéficiaire usufruitier, aussi appelé bénéficiaire en revenu, à savoir la personne qui ne reçoit d'un bien transféré que le revenu ou l'utilisation de ce bien (une maison par exemple). L'usufruitier n'a pas la propriété de ce bien ;

■ le bénéficiaire en capital, à savoir la personne qui hérite du capital (masse successorale) en fiducie ou du bien (une maison par exemple) au décès de l'usufruitier.

À la sous-section 12.10.6, nous avons expliqué le rôle du liquidateur, qui consistait à régler la succession dans les plus brefs délais. C'est le liquidateur qui remet le patrimoine de la fiducie dans les mains du fiduciaire. Ce dernier aura pour tâche de gérer la fiducie pendant toute son existence. Cependant, le fiduciaire peut être remplacé par un autre, par exemple à son décès (art. 1355). Par contre, une fiducie ne peut jamais s'éteindre faute de bénéficiaire. À la limite, la cour appointera un fiduciaire. Le liquidateur peut être également fiduciaire.

13.5   LE CHOIX D'UN FIDUCIAIRE

Comme nous l'avons souligné plus haut, le fiduciaire (ou l'administrateur) a un rôle très important. Si la succession représente des sommes d'argent appréciables, il conviendra de choisir plus d'un fiduciaire. Voici quelques points que le constituant doit considérer :

■ Choisir un fiduciaire compétent. Il est fortement recommandé d'avoir recours à des fiduciaires professionnels pour appuyer le ou les fiduciaires membres de la famille ou amis. Certains clients préfèrent les grandes entreprises, tels les **trusts** ou les **fiducies** (Trust Royal, Trust Général, Fiducie Desjardins), alors que d'autres s'adressent à des cabinets de notaires, par exemple.

■ Prévoir des remplaçants dans l'acte constitutif (une fiducie peut durer 15 ans, 25 ans et plus).

■ Établir une rémunération équitable pour le fiduciaire. La répartition des bénéfices et des dépenses de la fiducie est en effet une lourde tâche qui demande temps et expertise (C.c.Q., art. 1345 à 1350).

■ Déléguer au fiduciaire les pouvoirs appropriés pour bien administrer la fiducie.

■ Inclure dans l'acte constitutif des instructions claires et précises pour les fiduciaires.

13.6   LA FIDUCIE PERSONNELLE

Comme l'indique l'article 1267 du C.c.Q., la fiducie personnelle est constituée à titre gratuit, dans le but de procurer un avantage à une personne déterminée ou qui peut l'être.

La figure 12.1 illustrait les deux types de fiducies personnelles qui permettent le transfert d'un patrimoine à des bénéficiaires :

- la fiducie entre vifs (ou *inter vivos*), créée par donation ;
- la fiducie testamentaire, créée par testament (au décès du testateur).

Dans les deux cas, il s'agit de fiducies selon le C.c.Q., donc constituées au Québec, à titre gratuit. Comme nous l'avons déjà indiqué, les fiducies personnelles comprennent le constituant, le ou les fiduciaires et le ou les bénéficiaires.

En général, trois raisons majeures justifient la création d'une fiducie personnelle :

- le pouvoir sur le patrimoine de son vivant ou après le décès ;
- l'avantage que l'on désire procurer à un ou plusieurs bénéficiaires ;
- l'avantage fiscal, par exemple par le fractionnement du revenu.

La fiducie personnelle permet de réaliser d'autres objectifs importants. Par exemple, la fiducie entre vifs peut s'avérer une solution de rechange intéressante à l'incorporation d'une société ou à la société de personnes.

13.7 LA FIDUCIE ENTRE VIFS

L'un des grands avantages de la fiducie entre vifs (aussi appelée non testamentaire) est que le constituant peut, s'il le désire, en être lui-même le fiduciaire (ou l'un des cofiduciaires).

Rappelons qu'il s'agit d'un transfert entre vifs dans le but d'avantager certains membres d'une même famille (enfants, petits-enfants, etc.). Il peut aussi s'agir d'une fiducie constituée par le propriétaire d'une entreprise familiale dans le but de céder graduellement celle-ci aux enfants (fiducies de gel ou discrétionnaires).

Voici les caractéristiques légales de la fiducie entre vifs :

- La fiducie entre vifs est créée du vivant du constituant et prend effet au moment même où le fiduciaire accepte les biens qui sont cédés à la fiducie. Ainsi, les biens sont enregistrés au nom de la fiducie (art. 1254).
- Elle ne peut dépasser deux ordres successifs de bénéficiaires du revenu et un ordre de bénéficiaire du capital (art. 1271). Précisons que les ordres ne concordent pas nécessairement avec les générations ; par exemple, il peut s'agir de deux ordres représentés par les frères ou sœurs d'une même génération qui reçoivent les revenus, le capital étant remis à un organisme de charité à leur décès.
- Pour éviter que la fiducie ne devienne perpétuelle, le droit du bénéficiaire du premier ordre doit s'exercer au plus tard au terme des cent années qui suivent la constitution de la fiducie (art. 1272). Par conséquent, une fiducie personnelle pourrait en théorie avoir une durée de 300 ans (100 ans jusqu'à l'ouverture au premier bénéficiaire, puis 100 ans pour chacun des deux ordres de bénéficiaires). En pratique, la durée est beaucoup plus courte (200 ans au maximum), car l'ouverture se fait souvent assez rapidement et la longévité humaine fait en sorte que le capital est remis au bénéficiaire final bien avant la 200e année d'existence de la fiducie.

13.7.1   LA FISCALITÉ DE LA FIDUCIE ENTRE VIFS

Le système d'imposition relatif à la fiducie entre vifs présente diverses caractéristiques, dont voici les principales :

■ En vertu des lois fiscales, une fiducie personnelle est présumée avoir disposé de tous ses biens tous les 21 ans. Cette règle concorde, dans un certain sens, avec le but du *Code civil* (art. 1272 mentionné ci-dessus), à savoir empêcher des personnes fortunées de mettre à l'abri du fisc des sommes d'argent considérables, et ce pour de longues périodes de temps.

Cette règle à propos de la disposition tous les 21 ans concerne surtout les gains en capital qui peuvent s'être accumulés au fil des ans. Le revenu réalisé au moment de la disposition présumée de ces gains peut être imposé au nom des bénéficiaires du capital s'il leur est attribué ou s'il est devenu payable. Notons que dans le cas d'une fiducie en faveur du conjoint la disposition présumée aura lieu la première fois au décès du conjoint et tous les 21 ans par la suite. De son vivant, le conjoint aura le choix entre l'imposition en son nom ou au nom de la fiducie.

■ Le système d'imposition des fiducies est fondé sur le principe selon lequel la fiducie est une **entité fiscale hybride** distincte de ses bénéficiaires, qui agit donc de deux façons :

• Parfois comme simple intermédiaire au profit des bénéficiaires. Dans ce cas, la fiducie agit à titre de « conduit », c'est-à-dire qu'elle retranche de son assiette d'imposition les revenus[5] qui sont devenus payables aux bénéficiaires dans l'année. La fiducie utilisera une déduction spéciale appelée « déduction au titre du conduit ». Les revenus ainsi déduits par la fiducie sont alors inclus dans le revenu des bénéficiaires. La fiducie devient un simple intermédiaire qui permettra aux bénéficiaires de fractionner légalement les revenus. Par exemple, un enfant qui reçoit 7 000 $ l'an pourra utiliser son exemption personnelle et ne payer aucun impôt (c'est bien sûr le tuteur de l'enfant qui administre les fonds).

• Parfois comme le véritable titulaire du revenu gagné. Depuis 1988, le fiduciaire peut choisir d'imposer le revenu devenu payable[6] à un bénéficiaire dans l'année au nom de la fiducie lorsque celle-ci renonce à la déduction au titre du conduit. **Les revenus gardés par la fiducie sont imposés au taux marginal le plus élevé des particuliers, en fonction**

---

5. Les revenus comprennent ici les intérêts, les dividendes et les gains en capital. En effet, l'approche générale du conduit vaut également quant à l'imposition du gain en capital réalisé par la fiducie.

6. Lorsque le revenu de la fiducie n'est pas devenu payable à un bénéficiaire dans l'année, ce revenu s'accumule dans la fiducie au profit des bénéficiaires. Par contre, pour éviter que l'imposition de ce revenu ne soit différée indéfiniment, il sera imposé à la fiducie annuellement. Une exception concerne le bénéficiaire privilégié. Depuis le budget fédéral du 27 février 1995, seules les personnes handicapées (qui utilisent le crédit d'impôt pour déficience mentale ou physique) sont admissibles comme bénéficiaires privilégiés. La fiducie pourra donc attribuer des revenus au bénéficiaire privilégié même si ceux-ci ne sont pas devenus payables. Ainsi, la fiducie obtient une déduction semblable à la déduction au titre du conduit.

de l'année civile. La conservation des revenus par la fiducie permet à cette dernière d'utiliser les pertes qu'elle aurait réalisées, puisque ces pertes ne peuvent pas être attribuées aux bénéficiaires. Notons qu'une fiducie ne bénéficie pas de l'exemption personnelle de base allouée aux particuliers.

13.7.2   LES PARTICULARITÉS DE LA FIDUCIE ENTRE VIFS

Deux éléments importants caractérisent la fiducie entre vifs. Le premier concerne le **pouvoir** sur le bien transféré. Ainsi, le donateur peut établir des paramètres et des objectifs à l'intention des fiduciaires afin de détenir un pouvoir indirect sur le don. Il peut être lui-même le fiduciaire, ce qui permet un plus grand pouvoir. Dans le cas d'une fiducie irrévocable, le donateur ne peut jamais récupérer le bien. Le deuxième élément touche les **frais d'administration** ou la **rémunération** du fiduciaire. Si celui-ci possède un lien de parenté avec le donateur, il peut parfois œuvrer bénévolement, mais il est toujours de mise de prévoir une rémunération. (Nous verrons plus loin que ce point est encore plus crucial dans le cas des fiducies testamentaires.) Si une société de fiducie tient le rôle de fiduciaire, les honoraires pourront être de divers ordres, car ils varient d'une société à l'autre. Une grande société de fiducie exigera des frais d'administration de l'ordre de 1 % à 1,5 % du capital pour administrer une fiducie entre vifs. D'autres formes de rémunération sont possibles, par exemple 0,6 % du capital en début d'année plus 6,5 % des revenus annuels.

13.7.3   QUELQUES EXEMPLES DE FIDUCIES ENTRE VIFS

Les fiducies entre vifs ou non testamentaires font partie de la grande catégorie des fiducies familiales. Une fiducie classique personnelle (ou familiale) comprend le constituant, le fiduciaire et le bénéficiaire.

La fiducie exclusive en faveur du conjoint

La fiducie exclusive en faveur du conjoint permet le transfert libre d'impôt d'un bien entre le constituant de la fiducie (le donateur ou l'auteur de la fiducie) et la fiducie elle-même. Si le bien ainsi transféré a accumulé une plus-value, non encore imposée, ce type de fiducie permettra le roulement de ce bien afin de reporter à plus tard le paiement de l'impôt, qui aurait été autrement payable au moment du transfert.

L'acte constitutif de la fiducie doit prévoir le droit pour le conjoint (seulement celui-ci) de recevoir la totalité des revenus de la fiducie sa vie durant. Les revenus (dividendes, intérêts et revenus nets de location) du bien ainsi transféré à la fiducie sont imposés au nom de l'auteur de la fiducie, en vertu des règles d'attribution.

Au-delà de cet aspect fiscal, la volonté pour un donateur de partager, avant tout, la valeur de ses biens avec son conjoint peut faire en sorte que les règles d'attribution soient pour lui d'une importance secondaire.

Dans ce type de fiducie, le constituant est présumé avoir disposé de ses biens non amortissables à leur prix de base rajusté (PBR) pour lui et de ses biens amortissables à la fraction non amortie du coût en capital (FNACC) en vigueur avant la date du transfert.

Notons que le fractionnement du revenu est possible au moyen d'un prêt au taux prescrit. En effet, si l'intérêt sur le prêt est acquitté annuellement, les règles d'attribution ne s'appliqueront pas aux revenus ainsi générés. Si le taux d'intérêt est inférieur au taux prescrit, les règles d'attribution s'appliqueront et les revenus seront imposés au nom du prêteur. Cette règle s'applique aussi dans le cas d'une fiducie.

EXEMPLE

M. Paul Lalonde possède un duplex, entièrement loué, qu'il transfère à une fiducie pour le bénéfice de sa conjointe, Marie. Quelles seront les conséquences fiscales du transfert ? Voici les données financières relatives au duplex.

Juste valeur marchande (JVM)	140 000 $
Coût	90 000 $
Fraction non amortie du coût en capital (FNACC)	60 000 $

Solution

Coût (pour la fiducie)	90 000 $
FNACC (pour la fiducie)	60 000 $
Gain en capital – Paul Lalonde	—
Récupération de l'allocation du coût en capital (ACC) – Paul Lalonde	—

Note : Pour toute personne autre que le conjoint, le gain en capital se chiffrerait à 50 000 $, soit 140 000 $ – 90 000 $, et la récupération de l'ACC à 30 000 $, soit 90 000 $ – 60 000 $.

EXEMPLE

Monique Labelle possède un grand terrain qu'elle transfère à une fiducie pour le bénéfice de son conjoint. La JVM du terrain est de 120 000 $. Monique avait payé ce terrain 50 000 $ il y a 10 ans. Quelles seront les conséquences fiscales de ce transfert ?

Solution

Coût (pour la fiducie)	50 000 $
Gain en capital – Monique Labelle	—

Note : Pour toute personne autre que le conjoint, le gain en capital aurait été de 70 000 $, soit 120 000 $ – 50 000 $.

La fiducie en faveur d'enfants mineurs

La fiducie en faveur d'enfants mineurs est un excellent exemple des objectifs généraux que nous avons abordés à la section 13.6. La fiscalité y tient une grande place, et le ou les parents peuvent exercer un pouvoir sur le patrimoine s'ils sont également fiduciaires. L'avantage pour l'enfant constitue en fait la raison d'être de la fiducie.

Le grand-parent (le prêteur) effectuera un prêt à la fiducie, prêt dont il peut exiger le remboursement en tout temps. Il peut aussi, dans son testament, dispenser la fiducie de le faire. Les fiduciaires (résidents canadiens) pourront être les deux parents (le constituant et sa conjointe) plus un autre fiduciaire (un professionnel ou une société de fiducie) ou une personne digne de confiance à qui il incombe d'administrer les affaires de la fiducie. Le bénéficiaire (résident canadien) sera l'enfant mineur à qui les biens de la fiducie seront versés. Les gains en capital réalisés par la fiducie peuvent être attribués à l'enfant mineur avec une mince probabilité que des impôts soient exigibles. Ainsi, les gains en capital peuvent s'accumuler en franchise d'impôt.

Avec une telle fiducie, il est possible de conserver un pouvoir sur toutes les sommes d'argent prêtées à la fiducie et sur les gains en capital jusqu'à ce que le bénéficiaire atteigne l'âge de 40 ans, à la condition que certaines exigences soient respectées.

Auparavant, la plupart des fiducies en faveur d'enfants mineurs étaient destinées aux études des enfants (**fiducie d'éducation**). Cependant, la création du REÉÉ et la subvention fédérale qui s'y rattache ont rendu ce type de fiducie d'études moins populaire. Par ailleurs, certaines familles fortunées établissent des fiducies en faveur d'enfants mineurs dans le but d'améliorer la qualité de vie des enfants qui font des études supérieures à l'extérieur du pays, par exemple.

La fiducie en faveur d'enfants majeurs

L'objectif de la fiducie en faveur d'enfants majeurs est semblable à celui de la fiducie en faveur d'enfants mineurs, c'est-à-dire subvenir aux besoins de ses enfants. Dans le cas d'un enfant majeur, le parent aura avantage à transférer en fiducie des biens générateurs de revenus **n'ayant accumulé aucune plus-value,** de telle sorte qu'une plus grande proportion des rendements réalisés serve à satisfaire les besoins financiers de l'enfant. On désigne souvent ce type de fiducie par l'expression **fiducie de capitalisation.** Les règles d'attribution ne s'appliquent pas à la fiducie en faveur d'un enfant majeur, et celui-ci assume les impôts qui s'y rattachent.

Si le constituant effectue un prêt sans intérêt à la fiducie ou encore à un taux moindre que le taux prescrit au lieu de faire une donation, les revenus provenant du prêt seront assujettis aux règles d'attribution et considérés comme étant gagnés par le prêteur, même si l'enfant est majeur.

La fiducie discrétionnaire (gel successoral)

Le gel successoral est le mécanisme utilisé pour transférer une entreprise familiale à la seconde génération. Il existe plusieurs techniques de gel successoral, tels la vente directe et le gel par roulement des biens ou des actions. Dans le gel par roulement des actions d'une entreprise à une nouvelle société par actions (une société de gestion par exemple), l'objectif est de **cristalliser** (geler) la valeur des actions et de limiter ainsi l'imposition des gains en capital au décès du propriétaire, surtout si la valeur des actions est susceptible d'augmenter considérablement à long terme. Ce type de gel successoral constitue tout simplement un échange d'actions participantes (ordinaires) pour des actions non participantes (privilégiées). Le propriétaire qui reçoit les actions non participantes cristallise la valeur de ses actions, car elles ne bénéficient pas de la plus-value de la nouvelle société et sont ainsi « gelées ». Soulignons que cette stratégie permet de bénéficier de l'exonération du gain en capital de 500 000 $ accordée aux actionnaires de sociétés exploitant une petite entreprise, et ce autant de fois qu'il y a de bénéficiaires mineurs et majeurs.

La nouvelle façon d'effectuer un gel successoral est de constituer une fiducie discrétionnaire (une notion qui n'est pas définie légalement). L'auteur du gel (l'entrepreneur) devient le fiduciaire, donc la seule personne ayant le droit de prendre toutes les décisions relativement à la fiducie. Les enfants deviennent ici les « bénéficiaires discrétionnaires ».

Dans certains cas, la structure de l'ensemble après le gel est tout de même assez complexe. Outre l'entreprise familiale dont l'entrepreneur possède maintenant les actions privilégiées (donc cristallisées), la structure peut en effet comprendre une société de gestion dont l'entrepreneur est le seul actionnaire et qui fait partie des bénéficiaires de la fiducie familiale. Il s'agira pour l'entrepreneur, en tant que fiduciaire, de remettre graduellement aux enfants des actions ordinaires de la société de gestion, ce qui n'entraîne généralement pas d'impôt.

Le but du gel successoral n'est pas uniquement d'ordre financier. L'entrepreneur cherche un moyen efficace de transmettre ses pouvoirs et d'initier ses enfants à la direction de son entreprise, qu'il a lui-même souvent fondée. La fiducie discrétionnaire est une solution de choix dans cette optique.

13.8   LA FIDUCIE TESTAMENTAIRE

La fiducie peut être créée par une donation entre vifs, mais elle peut également être établie par testament. Ce dernier a toujours été le véhicule par excellence pour assurer la transmission de patrimoines considérables. Le testament fiduciaire permet au constituant d'assortir les divers biens qu'il laisse de modalités de gestion et de distribution afin de garder, même longtemps après son décès, un certain pouvoir sur son patrimoine.

La plupart du temps, une personne lègue ses biens (en partie ou totalement) à une fiducie testamentaire afin de verser un revenu à son conjoint sa vie durant, le capital étant remis à ses enfants au décès de ce dernier.

Certaines personnes, avec l'entière approbation de leur conjoint, envisagent pour leur part la création d'une fiducie testamentaire tout simplement parce que le conjoint survivant, futur bénéficiaire de la fiducie, ne se sent pas en mesure d'affronter seul les problèmes fiscaux et financiers liés à la gestion de l'important patrimoine de la succession.

Une fiducie testamentaire serait aussi une solution idéale pour une veuve qui désire laisser son patrimoine à ses jeunes enfants, qui seraient incapables d'administrer les biens advenant son décès. Enfin, la fiducie testamentaire peut constituer une solution élégante à un problème particulier. Par exemple, un veuf dont le fils unique ne sait résister ni à la boisson ni au jeu établira une fiducie qui laisse au fiduciaire le soin de décider de combien d'argent le fils a vraiment besoin. Les revenus qui ne seront pas versés au fils seront réinvestis dans la fiducie.

Par ailleurs, plusieurs autres objectifs motivent la création d'une fiducie testamentaire : avantager des enfants mineurs, faire un don à une œuvre de bienfaisance, subvenir aux besoins d'une personne handicapée, etc.

Le principal avantage de la fiducie testamentaire est que les bénéficiaires pourront profiter des conseils et de l'assistance de professionnels compétents pour gérer le patrimoine dont ils ont hérité.

13.8.1   LES CARACTÉRISTIQUES LÉGALES ET FISCALES DE LA FIDUCIE TESTAMENTAIRE

La fiducie testamentaire possède les mêmes avantages que la fiducie entre vifs. Par exemple, elle constitue aussi une entité fiscale hybride, c'est-à-dire que la fiducie peut être imposée ou agir à titre de conduit et remettre les revenus devenus payables aux bénéficiaires, qui seront imposés. Dans le cas de la fiducie exclusive en faveur du conjoint, la règle relative à la disposition tous les 21 ans s'applique différemment ici aussi, et la disposition est présumée la première fois au décès du conjoint puis tous les 21 ans par la suite.

En revanche, il existe des différences marquées entre la fiducie testamentaire et la fiducie non testamentaire :

■ La fiducie testamentaire est constituée par testament du vivant du constituant et entre en vigueur, d'une façon rétroactive, le jour du décès du constituant (art. 1264).

■ Les biens proviennent de la succession du défunt.

■ Les revenus conservés dans la fiducie sont imposés aux mêmes taux progressifs que ceux des particuliers. Cette particularité avantage considérablement le fractionnement du revenu entre les bénéficiaires et la fiducie.

■ La fiducie peut établir elle-même son année fiscale (la date de la fin de l'année d'imposition), car le début de l'année fiscale de la fiducie testamentaire correspond à la date du décès de l'auteur. Les fiducies entre vifs sont administrées selon l'année civile.

EXEMPLE

Marcelle est avocate et Paul-André, son mari, est comptable. Le couple a un enfant de deux ans, Nadine. Paul-André possède une assurance-vie de 200 000 $ dont Marcelle est la bénéficiaire. Paul-André décède dans un accident d'automobile et Marcelle hérite du capital de 200 000 $ qu'elle investit à 10 %. (Cet exemple ne tient pas compte des crédits d'impôt.)

La première année, Marcelle recevra 20 000 $ en intérêts, qui viendront s'ajouter à son revenu annuel brut de 80 000 $. Avec un impôt marginal de 50 %, Marcelle ne touchera que 10 000 $ de ce montant en intérêts. Il en sera ainsi pour les années suivantes.

Avec une fiducie testamentaire en faveur de Nadine

La fiducie testamentaire est bénéficiaire du capital de l'assurance-vie, Marcelle devenant fiduciaire et parent tuteur de Nadine. La fiducie remet environ 10 000 $ par année à Nadine, qui ne paiera pratiquement pas d'impôt. La fiducie peut se faire imposer sur l'autre 10 000 $, ce qui entraînera un impôt minimal (rappelons que la fiducie ne profite pas de l'exemption de base personnelle comme Nadine, mais bénéficie de paliers progressifs d'impôt). De l'âge de 2 ans à 18 ans, Nadine pourrait économiser aux alentours de 5 000 $ l'an en impôt. Sur 15 ans par exemple, l'économie s'élèverait à environ 75 000 $. De quoi faire réfléchir tout parent !

EXEMPLE

Yvan est retraité depuis plusieurs années. Il n'a qu'un fils de 32 ans, Jean, un joueur invétéré, qui abuse de la boisson et qui est endetté malgré un revenu annuel brut de 60 000 $. Yvan lègue ses biens (maison, etc.) à son unique sœur, Hélène, qui s'est occupée de lui pendant les dernières années, alors qu'il était malade. Par contre, Yvan a une assurance-vie de 300 000 $ qu'il désire léguer à son fils Jean. En fait, le bénéficiaire de l'assurance-vie est la succession. Yvan hésite, car son testament lègue l'assurance-vie à son fils. Que faire ? Il consulte un planificateur financier.

Avec une fiducie testamentaire en faveur de Jean

Le planificateur lui recommande une fiducie testamentaire désignant sa sœur Hélène comme fiduciaire et une grande entreprise (*trust*) comme second fiduciaire. L'objectif principal sera d'assurer les besoins financiers de Jean et de voir à ce qu'il ne manque de rien, tout en « gérant » les revenus et le capital de la fiducie.

→

On imagine rapidement ce qu'il arriverait si Jean recevait d'un seul coup les 300 000 $ d'assurance-vie. Au mieux, il investirait ce montant à 10 % et recevrait 30 000 $ d'intérêts l'an qui s'ajouteraient à son salaire de 60 000 $. À 50 % d'imposition marginale, l'impôt représenterait 15 000 $ l'an de plus. Une autre solution est de prévoir une rente annuelle, ce qui ne règle pas le problème pour autant.

Avec la fiducie testamentaire, les fiduciaires peuvent maîtriser la situation tant sur le plan financier que du point de vue du comportement de Jean, et ce année après année. De plus, ils auront la possibilité de fractionner les revenus. La fiducie peut se faire imposer sur une partie des revenus et remettre l'autre partie à Jean. Sur 15, 20, 25 ans ou plus, l'économie d'impôt serait énorme. (Le lecteur est invité à envisager un ou deux scénarios avec chiffres à l'appui.)

La fiducie testamentaire constitue un mécanisme privilégié de transmission et de conservation du patrimoine d'une génération à l'autre. Elle peut être destinée à de jeunes enfants sains de corps et d'esprit ou à des enfants handicapés. Elle peut aussi servir à prendre soin de parents âgés. Voilà une application qui mérite l'attention des *baby boomers,* qui sont de plus en plus fortunés et qui ont des parents âgés moins fortunés.

13.9   LES NOUVELLES FIDUCIES

Comme nous l'avons déjà souligné, le domaine des fiducies est en constante évolution. Ainsi, deux nouveaux types de fiducies[7] ont récemment été introduits dans le régime fiscal fédéral, et il y a tout lieu de penser que le régime québécois s'harmonisera avec ces nouvelles fiducies fédérales.

La **fiducie en faveur de soi-même** et la **fiducie mixte au profit du conjoint** sont deux fiducies constituées entre vifs et établies après 1999. La fiducie en faveur de soi-même est créée par une personne pour son bénéfice exclusif (protection des actifs par exemple). La fiducie mixte au profit du conjoint est en quelque sorte une combinaison de la fiducie en faveur de soi-même et de la fiducie en faveur du conjoint (que nous avons déjà décrite à la section 13.7).

Sans entrer dans le détail, mentionnons que ces fiducies sont sujettes à l'imposition maximale des particuliers et qu'elles ne permettent pas le fractionnement de revenus entre un contribuable et son époux ou conjoint de fait, puisque les règles d'attribution s'appliquent aux revenus de la fiducie et aux gains en capital réalisés par cette dernière.

---

7. Sophie Bélanger, Isabelle Gouin et Raymond Chabot, «Chroniques : planification successorale», *Revue APFF : planification fiscale et successorale,* Association de planification fiscale et financière (APFF), vol. 22, n° 2, 2000-2001, p. 467-512.

13.10   LA FIDUCIE D'UTILITÉ PRIVÉE

Après la fiducie créée à des fins personnelles (fiducie testamentaire et fiducie entre vifs), le deuxième grand type de fiducie selon l'affectation (section 13.2) est la fiducie à des fins d'utilité privée.

Selon l'article 1268 du *Code civil du Québec,* la fiducie d'utilité privée a pour objet l'érection, l'entretien ou la conservation d'un bien corporel, ou l'utilisation d'un bien affecté à un usage déterminé, soit à l'avantage indirect d'une personne ou à sa mémoire, soit dans un autre but de nature privée.

13.10.1   LA FIDUCIE D'UTILITÉ PRIVÉE NON COMMERCIALE

L'article 1268 du C.c.Q. décrit en fait la fiducie d'utilité privée non commerciale, constituée :

- tant par acte gratuit que par acte onéreux (art. 1268) ;
- pour être perpétuelle (art. 1273) ;
- sans nécessairement inclure un bénéficiaire (mais elle peut en désigner un). La finalité n'est pas tant d'avantager un bénéficiaire que d'affecter un bien à un usage déterminé.

La fiducie d'utilité privée se situe donc en dehors du cadre de la fiducie personnelle et du cadre de la fiducie commerciale. Voici quelques-uns des objectifs de la fiducie d'utilité privée, qui s'incorpore à la planification financière personnelle :

- Conserver intacte une maison faisant partie du patrimoine historique ou appartenant à une personne célèbre.
- Remettre une bourse d'études selon certains critères déterminés.
- Entretenir un monument funéraire.
- Gérer et entretenir un centre de jeunesse.
- Protéger ses actifs.

La fiducie de protection d'actifs

La fiducie de protection d'actifs est quelquefois considérée comme une fiducie personnelle, mais la distinction entre les deux demeure très subtile. Le but principal de cette fiducie est de mettre à l'abri des créanciers les biens du contribuable. En fait, la fiducie de protection d'actifs est souvent traitée comme une fiducie d'utilité privée non commerciale. Cependant, la nouvelle fiducie en faveur de soi-même (fiducie personnelle) viendra sûrement remplacer la fiducie de protection d'actifs traditionnelle. Voici les principales caractéristiques de cette dernière :

- Elle doit avoir été créée après 1999.
- Elle constitue une fiducie entre vifs.

- Le constituant en est aussi l'**unique bénéficiaire** et recevra sa vie durant les revenus de la fiducie.

- Les fiducies n'ont aucune discrétion quant à l'attribution des revenus.

- Le testament du constituant devra déterminer à qui vont les biens de la fiducie à son décès.

La fiducie de protection d'actifs intéressera surtout les gens d'affaires sujets à des poursuites en responsabilité professionnelle.

13.10.2   LA FIDUCIE D'UTILITÉ PRIVÉE COMMERCIALE

La fiducie d'utilité privée commerciale est créée à titre onéreux dans le but notamment de permettre la réalisation d'un profit au moyen de placements ou d'investissements (art. 1269). La fiducie commerciale (*business trust*) inclut les sociétés de fonds d'investissement et les grands fonds de retraite (depuis l'entrée en vigueur de la *Loi sur les régimes complémentaires de retraite* le 1er janvier 1990.)

13.11   LA FIDUCIE D'UTILITÉ SOCIALE

La fiducie d'utilité sociale constitue le troisième et dernier type de fiducie selon l'affectation. Elle est constituée dans un but d'intérêt général, notamment à caractère culturel, éducatif, philanthropique, religieux ou scientifique. La fiducie d'utilité sociale ne vise pas la réalisation d'un bénéfice ni l'exploitation d'une entreprise (art. 1270). Elle est constituée à titre gratuit ou onéreux et est perpétuelle.

Le but ultime que poursuit le constituant de ce type de fiducie est d'affecter un ensemble de biens à la réalisation d'un programme de bienfaisance ou d'intérêt général. Pensons par exemple à l'institution des prix Nobel et à tant d'autres fiducies de bienfaisance, qui sont parfois constituées par de simples citoyens qui ont gagné à la loterie ou par des gens plus fortunés qui ont à cœur le bien-être de certains segments de la société.

Les diverses fondations qui nous sollicitent régulièrement pour un don ne sont pas à proprement parler des fiducies, mais la fiducie d'utilité sociale est l'instrument privilégié pour la création d'une fondation (art. 1256 à 1259). D'ailleurs, la définition classique d'une fondation est basée sur la définition de la fiducie d'utilité sociale selon l'article 1270 du C.c.Q.

SITES INTERNET À VISITER

- Google
  www.google.com

- Le carrefour du droit
  www.educaloi.qc.ca

- Le Réseau juridique du Québec
  www.avocat.qc.ca

- Société québécoise d'information juridique
  www.soquij.qc.ca

QUESTIONS DE RÉVISION

1. Quels sont les quatre grands sujets relatifs aux fiducies dont traite le *Code civil du Québec*?

2. Nommez les trois points importants sur lesquels repose la définition d'une fiducie selon le *Code civil*.

3. Énumérez au moins quatre objectifs d'une fiducie.

4. Quels sont les trois types de classification des fiducies? Quelle est la classification privilégiée par le *Code civil* à l'article 1266?

5. Expliquez en quoi consiste le patrimoine d'affectation du nouveau *Code civil*.

6. Pourquoi parle-t-on des acteurs d'une fiducie, et non des parties?

7. Qui sont les acteurs d'une fiducie personnelle?

8. Comparez le rôle du liquidateur à celui du fiduciaire.

9. Le choix d'un bon fiduciaire n'est pas toujours facile à faire. Quelles sont vos suggestions à ce sujet?

10. Quels sont les deux types de fiducies personnelles?

11. Désignez les raisons majeures qui justifient la création d'une fiducie personnelle.

12. Résumez dans un tableau les caractéristiques légales et fiscales des fiducies entre vifs.

13. Résumez dans un tableau les caractéristiques légales et fiscales des fiducies testamentaires.

14. Pourquoi qualifie-t-on la fiducie d'entité fiscale hybride?

15. Que signifie l'expression «déduction au titre du conduit»?

16. Décrivez une fiducie entre vifs.

17. Quels sont les grands objectifs de la fiducie discrétionnaire?

18. Indiquez au moins deux différences entre la fiducie entre vifs et la fiducie testamentaire.

19. À quoi sert la fiducie d'utilité privée non commerciale? Pourquoi un client qui vous consulte pour une planification financière personnelle vous en parlerait-il?

20. Peut-on concevoir une fiducie d'utilité sociale dans une planification financière personnelle? Comment?

DE LA PRATIQUE À LA VIE FINANCIÈRE

Nous avons commencé ce livre en mentionnant que la planification personnelle n'était pas une science exacte, mais plutôt le résultat d'une interaction entre la théorie et la pratique. La première partie nous initiait à la théorie ; la deuxième partie concernait la pratique de la planification financière. Cette troisième partie présente une vue d'ensemble des institutions et des intermédiaires qui maintiennent justement cette interaction entre la théorie et la pratique et représentent la vie financière.

Il faut cependant souligner que cette partie a été rédigée en décembre 2001, au moment où le rapport du comité Martineau sur l'encadrement des secteurs financiers a été rendu public. À l'occasion du discours relatif au budget 2001-2002, Mme Pauline Marois, vice-première ministre et ministre d'État à l'Économie et aux Finances, a annoncé la création d'un groupe de travail dont le mandat est d'analyser la structure actuelle du secteur financier québécois (le sujet même du chapitre 14) et de recommander des mesures permettant de l'améliorer. Le comité était présidé par Me Yvon Martineau. Si elles sont adoptées par voie législative, les recommandations du comité Martineau modifieront fortement le contenu du chapitre 14. Par exemple, la principale recommandation concerne la création d'un organisme unique d'encadrement du milieu financier québécois, soit l'Agence d'encadrement du secteur financier du Québec, avec cinq directions administratives distinctes. Au fur et à mesure que le législateur apportera des changements à ce sujet, le lecteur pourra obtenir de plus amples renseignements en consultant le site Internet de Gaëtan Morin Éditeur (www.groupemorin.com). Il demeure que le chapitre 14 est actuellement représentatif du milieu financier québécois.

Cette partie ne comprend qu'un seul chapitre.

■   CHAPITRE **14** Le milieu financier

Le milieu financier

OBJECTIFS

- Définir les institutions financières qui forment le noyau de notre système financier ainsi que les organismes de contrôle et les différentes associations du milieu financier

- Faire connaître la *Loi sur la distribution de produits et services financiers*

- Définir le rôle principal du planificateur financier moderne

- Expliquer brièvement le rôle des intermédiaires auxquels on peut faire appel en planification financière

- Présenter le milieu des médias financiers

PLAN

Introduction
14.1   Les services financiers
        14.1.1   La *Loi sur la distribution de produits et services financiers*
14.2   Le Bureau des services financiers (BSF) et ses organismes partenaires
        14.2.1   La Chambre de la sécurité financière (CSF)
        14.2.2   La Commission des valeurs mobilières du Québec (CVMQ)
        14.2.3   La Chambre de l'assurance de dommages (ChAD)
        14.2.4   Le Fonds d'indemnisation des services financiers (FISF)
14.3   L'Institut québécois de planification financière (IQPF)
        14.3.1   Le diplôme de planificateur financier
        14.3.2   La formation continue obligatoire
        14.3.3   Le Réseau des intervenants de l'industrie financière (RIIF)
14.4   La Banque du Canada
14.5   Les institutions financières commerciales
        14.5.1   Les banques
        14.5.2   Les caisses populaires Desjardins
        14.5.3   Les fiducies
        14.5.4   Les compagnies d'assurances
        14.5.5   Les sociétés de valeurs mobilières
14.6   Les bourses
        14.6.1   Les bourses au Canada
        14.6.2   Les bourses aux États-Unis
14.7   Les organismes de contrôle et les associations du milieu financier
        14.7.1   L'Inspecteur général des institutions financières (IGIF)
        14.7.2   La Régie de l'assurance-dépôts du Québec (RADQ)
        14.7.3   L'Institut canadien des valeurs mobilières (ICVM)
        14.7.4   L'Association canadienne des courtiers en valeurs mobilières (ACCOVAM)
        14.7.5   L'Institut des banquiers canadiens (IBC)
        14.7.6   L'Association des banquiers canadiens (ABC)
        14.7.7   L'Association canadienne des compagnies d'assurances de personnes (ACCAP)
        14.7.8   L'Association de planification fiscale et financière (APFF)
        14.7.9   La Fédération des associations coopératives d'économie familiale (FACEF)
        14.7.10   L'Institut des fonds d'investissement du Canada (IFIC)
14.8   Les intermédiaires de marché
        14.8.1   Les planificateurs financiers
        14.8.2   Les administrateurs agréés
        14.8.3   Les comptables
        14.8.4   Les avocats et les notaires
        14.8.5   Les courtiers en valeurs mobilières
        14.8.6   Les gestionnaires de portefeuille
        14.8.7   Les agents d'assurances et les courtiers d'assurances
        14.8.8   Les conseillers des banques, des fiducies et des caisses populaires
14.9   Les médias d'information en finances personnelles
Questions de révision

INTRODUCTION

Ce livre serait incomplet s'il ne présentait pas une vue d'ensemble des institutions et des intermédiaires de premier plan du milieu financier. Nous dressons aussi une liste succincte des médias qui donnent de l'information spécialisée dans le domaine des finances personnelles.

Il est impossible de discuter même brièvement du rôle des spécialistes du milieu financier sans évoquer la déréglementation des institutions financières qui a débuté il y a plusieurs années. Les premiers éléments de cette déréglementation remontent en fait au rapport de la commission Porter de 1964 et au rapport Parizeau de 1969 et, d'une façon plus récente, au livre blanc sur la réforme des institutions financières publié par le gouvernement québécois en 1977 et au livre vert publié par le ministère fédéral des Finances en 1980.

La déréglementation propose un relâchement des mécanismes de réglementation et permet à une entreprise financière de s'adonner à diverses activités (donc un décloisonnement), et ce par la création de filiales si cela s'avère nécessaire. Par exemple, les banques peuvent s'occuper de la vente d'actions à l'intention de leurs clients ; les fiducies (en anglais, *trusts*) peuvent élargir leurs activités dans le secteur du crédit à la consommation ; et les caisses populaires, par le biais des filiales du Mouvement Desjardins, peuvent offrir des services fiduciaires et de l'assurance. En ce sens, le Québec se situe à l'avant-garde.

Le décloisonnement des activités des planificateurs financiers et de certains intermédiaires, tels les agents et courtiers en assurance, les experts en sinistre, les courtiers ou conseillers en valeurs mobilières et leurs représentants, a été amené par la *Loi sur les intermédiaires de marché* (ou loi 134), adoptée le 21 juin 1989 et entrée en vigueur le 1er septembre 1991. Retenons surtout que les intermédiaires peuvent, sous certaines conditions, cumuler différents permis d'intermédiaires de marché et se trouver également au sein de cabinets multidisciplinaires.

Le tableau 14.1 illustre l'ampleur du milieu financier canadien en général. Le chapitre 14 est consacré à ces intermédiaires de tout premier plan.

14.1   LES SERVICES FINANCIERS

Parmi les services qu'elles offrent, les institutions financières s'occupent entre autres :

- de protéger et de gérer l'argent de leurs clients ;
- d'effectuer des emprunts et d'agir comme intermédiaires entre les épargnants et les emprunteurs ;
- de conseiller leurs clients au sujet de leur planification financière personnelle.

TABLEAU 14.1
Les intermédiaires du milieu financier

Les organismes financiers sans but lucratif

Leur action s'adresse surtout à leurs membres et au consommateur en général
et concerne la supervision, le contrôle, la réglementation, la formation ou encore la protection du consommateur.

- La Banque du Canada
- Les bourses canadiennes
- La Chambre de la sécurité financière (CSF)
- Le Bureau des services financiers (BSF)
- L'Institut québécois de planification financière (IQPF)

- La Régie de l'assurance-dépôts du Québec (RADQ)
- La Société d'assurance-dépôts du Canada (SADC)
- La Commission des valeurs mobilières du Québec (CVMQ)
- L'Institut canadien des valeurs mobilières (ICVM)
- L'Institut des banquiers canadiens (IBC)

Les institutions financières à but lucratif

Leur rôle principal consiste à vendre des services et des produits financiers
adaptés aux besoins de leurs clients.

- Les banques
- Les caisses populaires
- Les sociétés de fiducie (*trusts*)

- Les maisons de courtage
- Les compagnies d'assurances

Les grandes associations financières

Leur objectif principal est la promotion de leurs membres mais également l'information au grand public.

- L'Association canadienne des compagnies d'assurances de personnes (ACCAP)
- L'Institut des fonds d'investissement du Canada (IFIC)
- L'Association canadienne des courtiers en valeurs mobilières (ACCOVAM)
- L'Association des banquiers canadiens (ABC)

- La Fédération des associations coopératives d'économie familiale (FACEF)
- L'Association de planification fiscale et financière (APFF)
- Le Réseau des intervenants de l'industrie financière (RIIF)

Les membres des divers ordres professionnels

Il s'agit des professionnels membres d'un ordre reconnu qui travaillent dans le secteur des services financiers
en tant que salariés ou travailleurs autonomes.

- Comptables
- Courtiers en valeurs mobilières, conseillers financiers et gestionnaires de portefeuille
- Avocats

- Notaires
- Planificateurs financiers
- Administrateurs agréés
- Courtiers et agents d'assurances

Les médias financiers

Leur principal objectif est d'informer le consommateur.

- Journaux
- Périodiques, magazines et publications d'entreprises

- Radio et télévision
- Internet

Par conséquent, les intermédiaires de marché peuvent offrir une gamme plus variée et plus complète de produits et de services financiers. Ainsi, ils font bénéficier leurs clients d'une expertise diversifiée. Notons qu'une société peut se présenter comme planificateur financier pourvu qu'un de ses membres possède officiellement le titre de planificateur financier.

L'Association des banquiers canadiens (www.cba.ca) publie un guide qui décrit les divers services financiers offerts sur le marché, le *Guide des services financiers canadiens* (voir le site Internet sous « Publications »).

14.1.1   LA *LOI SUR LA DISTRIBUTION DE PRODUITS ET SERVICES FINANCIERS*

Le 20 juin 1998, le Parlement sanctionnait la *Loi sur la distribution de produits et services financiers* (loi 188). Cette importante loi, qui a remplacé la *Loi sur les intermédiaires de marché* (loi 134, 1989), a permis d'étendre les activités du milieu financier québécois en s'inscrivant dans l'optique du décloisonnement de la distribution des produits et services financiers. Comme nous le verrons à la section suivante, les nouvelles structures qu'elle a adoptées garantissent le professionnalisme des planificateurs financiers, et ce dans l'intérêt de la profession et celui des consommateurs québécois. Si les planificateurs financiers sont officiellement nés avec la loi 134, ils ont mis le cap sur l'excellence avec la loi 188, qui est entrée en vigueur le 1er octobre 1999.

On ne peut prévoir les retombées des nouveaux projets de loi qui ont vu le jour, tel le projet de loi fédéral C-38 sur la réforme des services financiers ou encore le rapport Martineau sur la restructuration du milieu financier québécois. Il est certain que les changements structurels qui en découleront toucheront grandement les consommateurs canadiens autant que les planificateurs financiers.

14.2   LE BUREAU DES SERVICES FINANCIERS (BSF) ET SES ORGANISMES PARTENAIRES

L'entrée en vigueur de la loi 188 (au Québec) a permis de simplifier le cadre réglementant les services financiers, qui était auparavant assez complexe.

Ainsi, un nouvel organisme d'encadrement multidisciplinaire a été créé, le Bureau des services financiers (www.bsf-qc.com). Cet organisme a pour mission de veiller à la protection du public et édicte les règlements liés à la loi 188. Le Bureau peut donc effectuer des contrôles et appliquer des sanctions. Il délivre les droits de pratique (certificats) à plus de 33 000 professionnels regroupés en huit disciplines, six composant la grande famille de la sécurité financière et deux étant liées à l'assurance de dommages et à l'expertise en sinistres. Le Bureau est formé de 15 administrateurs.

La figure 14.1 présente les cinq organismes qui agissent de concert avec le BSF (voir le site du BSF sous « Organismes partenaires »).

Nous décrirons brièvement ces organismes, mais nous examinerons plus en profondeur l'IQPF (voir la section 14.3), car il est au cœur même de la formation en planification financière personnelle et de l'exercice de la profession.

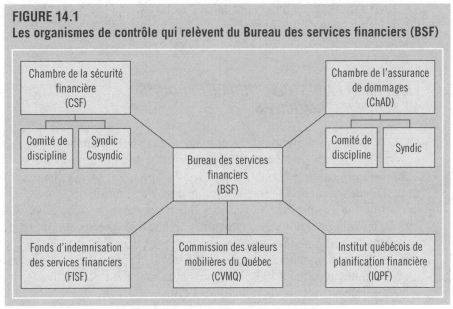

FIGURE 14.1
Les organismes de contrôle qui relèvent du Bureau des services financiers (BSF)

Source : Institut québécois de planification financière.

14.2.1   LA CHAMBRE DE LA SÉCURITÉ FINANCIÈRE (CSF)

La Chambre de la sécurité financière (www.chambresf.com) regroupe quelque 23 000 professionnels spécialisés en planification financière mais surtout en assurance de personnes et en assurance collective. Par suite de l'adoption de la loi 188 en octobre 1999, elle a succédé à l'Association des intermédiaires en assurance de personnes du Québec (AIAPQ). Elle a adopté une réglementation visant la déontologie et la formation continue obligatoire (sauf en planification financière). Elle favorise toujours l'obtention des titres professionnels « assureur-vie certifié » (AVC) et « assureur-vie agréé » (AVA).

La Chambre de la sécurité financière prescrit un code de déontologie pour tous les planificateurs financiers sauf dans le domaine des valeurs mobilières, qui relève d'un organisme particulier (voir la prochaine sous-section).

14.2.2   LA COMMISSION DES VALEURS MOBILIÈRES DU QUÉBEC (CVMQ)

La Commission des valeurs mobilières du Québec (www.cvmq.com) est l'organisme de surveillance du marché des valeurs mobilières au Québec. Elle a pour mission de favoriser le bon fonctionnement du marché des valeurs tout en assurant la protection des épargnants. Elle régit l'information que doivent donner aux porteurs de titres et au public les sociétés qui lancent un appel public à l'épargne. Également, elle encadre l'activité des professionnels du marché, des associations qui les regroupent et des organismes chargés d'assurer le fonctionnement du marché des valeurs mobilières.

La CVMQ possède un service gratuit de renseignements qui permet de vérifier si une société donnée a bien déposé, comme l'y oblige la loi, un prospectus aux fins de sollicitation.

14.2.3 LA CHAMBRE DE L'ASSURANCE DE DOMMAGES (ChAD)

La Chambre de l'assurance de dommages (www.chad.qc.ca) autorise les titres professionnels, édicte le code de déontologie et établit les normes de formation continue obligatoire pour les agents et courtiers en assurance de dommages et les experts en sinistres.

14.2.4 LE FONDS D'INDEMNISATION DES SERVICES FINANCIERS (FISF)

Comme son nom l'indique, le Fonds d'indemnisation des services financiers a pour rôle principal d'indemniser les victimes de fraude et, par conséquent, d'administrer les sommes d'argent qui y sont déposées. On peut accéder au site Internet du BISF à partir du site du BSF.

14.3 L'INSTITUT QUÉBÉCOIS DE PLANIFICATION FINANCIÈRE (IQPF)

La mission de l'Institut québécois de planification financière (www.iqpf.org) s'exprime ainsi :

> Contribuer à la protection et au mieux-être économique des consommateurs québécois, en veillant sur la formation et la qualification des professionnels regroupés en un réseau de planificateurs financiers solidaires d'une approche intégrée de la planification financière.

Avec la loi 188, le gouvernement du Québec a renouvelé sa confiance envers l'IQPF et reconnaît ce dernier comme le **seul organisme qui peut décerner le diplôme de planificateur financier.**

L'IQPF est aussi responsable de la formation continue obligatoire des planificateurs financiers. Le diplôme décerné par l'IQPF est une des conditions obligatoires pour obtenir le certificat (permis d'exercice) décerné par le Bureau des services financiers.

L'IQPF publie dans son site Internet (voir sous « Publications ») un magazine virtuel (en format PDF), *Plani-contact,* qui contient d'excellents renseignements sur le milieu professionnel des planificateurs financiers.

14.3.1 LE DIPLÔME DE PLANIFICATEUR FINANCIER

Avant de décrire le cheminement scolaire qui mène au diplôme de planificateur financier, il convient de souligner deux points de grande importance :

1. Le planificateur financier est un spécialiste des finances personnelles dont les études et la pratique professionnelle touchent les domaines suivants : la comptabilité, le droit, le notariat, l'économie, l'actuariat, les assurances, les valeurs mobilières et l'administration en général. Du point de vue scolaire, l'équivalent d'un baccalauréat constitue désormais la norme minimale pour accéder à la profession. En ce sens, le modèle québécois est à l'avant-garde de ce qui se fait ailleurs au Canada.

2. Le règlement 14 de la loi 188 stipule clairement que les nombreux titres similaires ne sont pas valables, même s'ils découlent de diplômes décernés par des organismes canadiens renommés.

Le cheminement scolaire

L'IQPF décerne le diplôme de planificateur financier à toute personne qui remplit les exigences de formation prévues au Règlement de l'Institut québécois de planification financière :

- Obtention d'un certificat en planification financière personnelle de 450 heures ;
- Obtention de deux (2) certificats menant à un diplôme de 1er cycle en administration, droit, économie ou actuariat (ou l'équivalent) ;
- Réussite du cours de formation professionnelle de l'IQPF ;
- Réussite de l'examen unique de l'IQPF.

L'équivalence de formation académique

L'équivalence de formation académique reconnaît la scolarité du candidat au niveau du programme en planification financière et lui permet d'obtenir le diplôme de planificateur financier en se soumettant aux exigences du Règlement de l'Institut québécois de planification financière. Cette option est réservée aux personnes qui répondent aux exigences de l'une ou l'autre des quatre catégories suivantes [voir le tableau 14.2].

Les aspirants à l'équivalence de formation académique doivent présenter un dossier de candidature au Comité des équivalences de l'IQPF en utilisant le formulaire [approprié][1].

14.3.2   LA FORMATION CONTINUE OBLIGATOIRE

Depuis le 1er janvier 2000, tout planificateur financier doit, sur une période de deux ans, accumuler 60 unités de formation continue (UFC). Il faut noter qu'une UFC représente une heure d'activité de formation. Les activités de formation sont réparties de la façon suivante :

---

1. www.iqpf.org.

TABLEAU 14.2
L'équivalence de formation pour le diplôme de planificateur financier

Catégorie I	Catégorie II	Catégorie III	Catégorie IV
Diplôme de deuxième cycle, concentration en planification financière	CA, CGA, CMA, avocat, notaire	Diplôme universitaire de 1er ou 2e cycle en administration, droit ou actuariat ou Trois certificats dans l'une ou plusieurs de ces disciplines	Administrateur agréé (Adm.A.), assureur-vie agréé (AVA) ou *fellow* en valeurs mobilières et Deux certificats en administration, économie, droit ou actuariat
		Cinq années d'expérience dans au moins un des sept domaines d'application de la planification financière personnelle, et ce au cours des cinq dernières années*	
	Examen d'équivalence de l'IQPF dans chacun des sept domaines d'application de la planification financière personnelle		
Cours de formation professionnelle de l'IQPF			
Examen unique de l'IQPF			
Diplôme de planificateur financier			

* Le candidat doit démontrer qu'il a utilisé un processus de planification financière intégré dans son domaine d'expertise, en intervention directe, en supervision ou en formation.

Source : www.iqpf.org.

Niveau 1

Quinze heures d'activités de formation intégrée (15 UFC) dans les sept domaines d'application de la planification financière personnelle. Ces activités sont préparées et offertes par l'Institut québécois de planification financière ou en partenariat avec celui-ci. (Notons que six des sept domaines d'« intervention » établis par l'IQPF correspondent aux six modules de ce manuel, le septième touchant les aspects légaux de la planification financière.)

Les activités de formation du niveau 1 concernent la compréhension et l'application de la planification financière personnelle globale et intégrée comme nous l'entendons dans ce volume, et que nous expliquons plus particulièrement au chapitre 2.

Niveau 2

Trente heures d'activités de formation (30 UFC) dans l'un des sept domaines d'application, animées par une personne, un organisme ou un établissement d'enseignement qui a conclu un contrat à cet effet avec l'IQPF.

Niveau 3

Quinze heures d'activités de formation (15 UFC) visant l'acquisition, la mise à jour et la révision des connaissances et des habiletés requises.

La Chambre de la sécurité financière (CSF) a pris en charge le registre de formation continue obligatoire des membres inscrits au BSF et comptabilise aussi les UFC.

Le lecteur peut consulter le site Internet de l'IQPF sous « Formation continue » et « Règlement » pour en savoir davantage à ce sujet.

14.3.3 LE RÉSEAU DES INTERVENANTS DE L'INDUSTRIE FINANCIÈRE (RIIF)

Le Réseau des intervenants de l'industrie financière (RIIF) a été officiellement créé le 29 mai 2000. Initialement baptisé l'Association québécoise de la planification financière (AQPF), le RIIF est un organisme à but non lucratif qui regroupe des intervenants des sept domaines de la planification financière, soit l'assurance, la fiscalité, les aspects légaux, la succession, les finances, les placements et la retraite. La mise sur pied du RIIF s'est inscrite tout naturellement dans la foulée des changements structurels imposés par la venue de la *Loi sur la distribution des produits et services financiers* entrée en vigueur le 1er octobre 1999.

Le RIIF se consacre à la promotion de la planification financière et à la protection des intérêts socioéconomiques de ses membres et partenaires, qui proviennent de toutes les régions du Québec et de tous les domaines d'application de l'industrie financière ; il leur permet de partager leur expertise et de compter sur un réseau structuré de professionnels déterminés à offrir des conseils de qualité.

Le RIIF publie un magazine sur la planification financière intitulé *La Cible*.

14.4   LA BANQUE DU CANADA

La Banque du Canada (www.banqueducanada.ca) ou banque centrale a amorcé ses activités en 1935 en tant que société privée, et elle est devenue une société d'État en 1938. Dans une certaine mesure, la Banque du Canada est indépendante du processus politique, mais le ministre des Finances a la possibilité, au besoin, de lui communiquer par écrit une directive sur la politique à suivre. La Banque du Canada exerce quatre grandes fonctions :

■ Gérer la politique monétaire (la politique budgétaire relève pour sa part du gouvernement, plus particulièrement du ministre des Finances). La banque centrale ne fixe pas le taux officiel d'escompte, mais une fourchette opérationnelle qui contient le taux d'escompte.

■ Fournir aux institutions financières des services bancaires telles les avances de fonds.

■ Émettre les billets de banque et superviser le système monétaire.

■ Conseiller le gouvernement sur la meilleure gestion possible de la dette publique.

Le gouverneur de la Banque du Canada fait office de directeur général et de président du conseil, qui inclut également un premier sous-gouverneur, cinq sous-gouverneurs et plusieurs administrateurs.

Depuis le 1er février 2001, le nouveau gouverneur de la Banque du Canada est M. David Dodge, un prestigieux universitaire.

14.5 LES INSTITUTIONS FINANCIÈRES COMMERCIALES

Au Canada, les institutions financières commerciales sont classées en quatre groupes distincts, reconnus comme les quatre piliers du système financier : les banques, incluant les caisses d'épargne et de crédit, les sociétés de fiducie, les compagnies d'assurances et les diverses sociétés de valeurs mobilières. Le décloisonnement des activités de ces institutions financières a entraîné l'envahissement du champ d'activité des unes par les autres.

Le projet de loi C-38

Le 13 juin 2000, le gouvernement fédéral a déposé son projet de loi C-38 sur la réforme du secteur financier. C'est un très important projet de loi appuyé largement par l'Association des banquiers canadiens (ABC).

Selon l'ABC, le projet de loi C-38 prévoit plusieurs mesures clés qui peuvent modifier le secteur financier canadien, entre autres l'entrée des banques étrangères sur le marché et de nouvelles règles de propriété. La limite de propriété d'un actionnaire passerait ainsi de 10 % à 20 % et même à 30 % dans certains cas. Le projet C-38 comporte des restrictions quant à la vente d'assurance, de rentes viagères et de crédit-bail automobile par les banques.

14.5.1 LES BANQUES

Il n'existe pas vraiment de définition légale d'une banque. On peut par conséquent trouver des organismes qui portent le nom de banque et qui n'en sont pas au sens usuel du mot, par exemple la Banque d'yeux du Québec. Par ailleurs, les caisses populaires, bien qu'elles n'en portent pas le nom, sont des banques en pratique.

Les banques sont des institutions financières engagées dans la réception des dépôts des particuliers et des entreprises, dans le financement de projets personnels et d'entreprises, et dans l'investissement en général. Depuis le décloisonnement des institutions financières, les grandes banques, par le biais de leurs filiales, se sont lancées dans le domaine des valeurs mobilières et contrôlent plusieurs des grandes maisons de courtage.

Il existe au Canada 49 banques, dont 7 grandes banques bien connues. Le nombre de succursales est d'environ 8 400 au Canada et 1 500 au Québec.

Les sept grandes banques les plus connues au Québec sont :

- la Banque de Montréal (www.bmo.com) ;
- la Banque Laurentienne du Canada (www.banquelaurentienne.com) ;
- la Banque Nationale du Canada (www.bnc.ca) ;
- la Banque Royale du Canada (www.banqueroyale.com) ;
- la Banque Scotia (www.banquescotia.ca) ;
- la Banque Toronto-Dominion (www.tdbank.ca) ;
- la Banque CIBC (www.cibc.com).

Il existe aussi des banques d'affaires qui se spécialisent dans le financement industriel et commercial (en anglais, *merchant's bank*) ; elles proviennent des grands centres financiers mondiaux tels que New York, Paris, Londres, Tokyo.

14.5.2   LES CAISSES POPULAIRES DESJARDINS

Les caisses populaires Desjardins (www.desjardins.com) ont été fondées par Alphonse Desjardins, à Lévis, en 1900. Elles ont donc 100 ans d'existence. À l'origine, le mouvement Desjardins était constitué de coopératives d'épargne et de crédit. Au fil des ans, le mouvement s'est doté de filiales actives dans les domaines complémentaires comme les assurances, le courtage mobilier et les services fiduciaires.

Le mouvement Desjardins compte plus de cinq millions de membres. C'est précisément à ces derniers que les caisses appartiennent collectivement. Avant le 1er juillet 2001, les caisses populaires Desjardins étaient regroupées au sein de 10 fédérations, et une onzième fédération rassemblait les caisses d'économie. De la même façon, les 11 fédérations étaient regroupées dans une confédération, la Confédération des caisses populaires et d'économie Desjardins du Québec. Depuis cette date, les 12 organisations sont réunies en une seule : la Fédération des caisses Desjardins du Québec. Les caisses populaires sont considérées dans le milieu financier comme des banques ou quasi-banques.

Cette restructuration était nécessaire, étant donné la mondialisation des marchés et le développement des nouvelles technologies (82 % des transactions chez Desjardins sont effectuées au moyen de ces nouvelles technologies). Nous encourageons le lecteur à consulter le site de Desjardins (www.desjardins.com) pour en connaître plus sur le sujet.

14.5.3   LES FIDUCIES

En général, les fiducies (*trusts*) sont des quasi-banques qui offrent au particulier tous les services financiers qu'une banque ou une caisse populaire peut offrir.

L'une des grandes forces traditionnelles des fiducies est d'offrir les services fiduciaires tels que la rédaction de testaments et le règlement de successions. Elles sont très actives dans le domaine des prêts hypothécaires et de plus en plus présentes dans celui des prêts à la consommation. Aujourd'hui, certaines fiducies sont particulièrement définies comme des conseillers en planification financière. Notons que les grandes fiducies telles que le Trust Royal et le Trust Général appartiennent depuis quelque temps à la Banque Royale et à la Banque Nationale respectivement. La fiducie Desjardins, quant à elle, fait partie du Groupe Desjardins (voir www.desjardins.com, sous « Réseau des filiales »).

14.5.4   LES COMPAGNIES D'ASSURANCES

Au Québec, la majorité des compagnies d'assurances sont des compagnies à fonds social, c'est-à-dire que leur avoir propre est constitué d'un capital-actions et, bien sûr, des bénéfices non répartis. Certaines grandes compagnies d'assurances à forme mutuelle (l'Industrielle-Alliance par exemple) se sont transformées en compagnie d'assurances à capital-actions. Pour plus de détails sur cette importante transformation (démutualisation), on peut consulter le site Internet de l'Industrielle-Alliance (www.inalco.com).

On distingue deux grandes catégories d'assureurs : les entreprises qui se spécialisent dans l'assurance de personnes (assurance-vie et invalidité) et celles qui commercialisent l'assurance générale ou de dommages (IARD : incendies, accidents et risques divers).

Les sociétés d'assurance-vie administrent des contrats individuels et des contrats collectifs. Ces derniers s'adressent plus précisément à des groupes d'employés ainsi qu'aux particuliers qui ont effectué des emprunts auprès d'agences de crédit ou adhéré à des régimes d'épargne spéciaux.

14.5.5   LES SOCIÉTÉS DE VALEURS MOBILIÈRES

Les sociétés de valeurs mobilières sont des maisons de courtage engagées dans des opérations portant sur l'achat et la vente de valeurs mobilières telles que les actions. Au Québec, on appelle souvent ces entreprises des courtiers en valeurs (en anglais, *investment dealers*). Les maisons de courtage peuvent agir comme planificateurs financiers et elles sont inscrites à la Commission des valeurs mobilières du Québec (CVMQ). On distingue trois types de firmes de courtage :

■ La **firme de courtage traditionnel,** qui fournit des services de conseil en valeurs mobilières et de gestion de portefeuille, en plus d'exécuter des opérations de courtage.

■ La **firme de courtage réduit,** ou courtier exécutant, qui se distingue par la réduction (le plus souvent d'environ 50 %, parfois plus) qu'elle accorde sur les commissions lors de l'achat ou de la vente des valeurs mobilières. Ce type de courtage a débuté vers 1983 avec la déréglementation des institutions financières. En général, les firmes de courtage réduit n'offrent guère d'autres services. Certaines appartiennent à des firmes de courtage tradi-tionnel et d'autres, à des banques. Ces firmes sont accessibles par téléphone ou par Internet.

■ La **firme d'investissement en ligne** (*day trading*), ou de spéculation sur séance, qui nécessite en général d'acheter et de vendre à l'intérieur d'une même journée. Soulignons qu'un *day trader* est beaucoup plus un spécula-teur qu'un investisseur.

14.6   LES BOURSES

14.6.1   LES BOURSES AU CANADA

Il existe trois bourses pancanadiennes situées à Toronto, à Vancouver et à Mont-réal, chacune possédant sa spécialité.

La **Bourse de Toronto** (www.tse.com) se spécialise dans les actions des grandes entreprises. Elle domine au Canada avec environ 90 % des transactions boursières. En revanche, elle représente moins de 10 % de la valeur des transac-tions négociées à la Bourse de New York.

La **Bourse de Vancouver** (www.cdnx.com) se consacre surtout aux titres de faible capitalisation, qui sont en général des titres plus spéculatifs. Il s'agit d'actions de petites entreprises engagées dans l'exploration et le développe-ment, par exemple de propriétés minières. La Bourse de Vancouver est reconnue comme étant le Canadian Venture Exchange (CDNX Venture). En ce qui a trait au volume des transactions, la Bourse de Vancouver arrive deuxième après Toronto.

La **Bourse de Montréal** (www.bdm.org) traite les produits dérivés, c'est-à-dire qui dérivent d'autres produits, par exemple les actions (voir « Institut des dérivés » dans le site Internet de la Bourse de Montréal). On y négocie des options et des contrats à terme (voir le module Placements). La part de la Bourse de Montréal dans le marché canadien des actions était passée sous la barre des 10 % avant qu'elle ne devienne l'unique spécialiste en produits dérivés en mars 2000. La Bourse de Montréal est bien sûr un organisme à but non lucratif qui appartient à ses membres, ces derniers étant les courtiers en valeurs mobilières. Or la majorité de ces maisons de courtage sont torontoises ; ce fait particulier donne matière à réflexion.

14.6.2   LES BOURSES AUX ÉTATS-UNIS

Le tableau 14.3 décrit brièvement les divers produits négociés dans les bourses américaines.

Toutes les grandes villes du monde ont aussi leur propre bourse, par exemple Paris, Londres, Hong-Kong et Tokyo. Pour en savoir plus au sujet des

TABLEAU 14.3
Les bourses aux États-Unis

Bourse	Adresse électronique	Produits
New York Stock Exchange	www.nyse.com	Actions des grandes entreprises
NASDAQ Stock Market*	www.nasdaq.com	Titres technologiques
		Il s'agit de la première bourse électronique au monde, fondée en 1971.
The Chicago Board of Trade	www.cbot.com	Produits dérivés
Chicago Mercantile Exchange	www.cme.com	Produits dérivés
New York Mercantile Exchange	www.nymex.com	Produits dérivés

*   L'arrivée du NASDAQ à Montréal est déjà planifiée.

bourses et des finances personnelles, on consultera le site de l'École des Hautes Études Commerciales (www.hec.ca/salle des marchés/liens).

14.7   LES ORGANISMES DE CONTRÔLE ET LES ASSOCIATIONS DU MILIEU FINANCIER

Nous avons déjà décrit les principaux organismes directement reliés à la loi 188, à savoir le BSF, la CSF, la CVMQ et plus particulièrement l'IQPF. Nous traiterons ici des autres organismes du milieu financier, qui sont soit des organismes de contrôle, soit des organismes de formation. Nous présenterons également certaines grandes associations actives dans le milieu de la finance.

14.7.1   L'INSPECTEUR GÉNÉRAL DES INSTITUTIONS FINANCIÈRES (IGIF)

L'Inspecteur général des institutions financières (www.igif.gouv.qc.ca) est un organisme gouvernemental qui a été créé en avril 1983 par le gouvernement du Québec avec mission principale de protéger les épargnes du public. Cette mission s'effectue par la surveillance et le contrôle de toutes les institutions financières (à l'exception des banques) régies par les lois dont il veille à l'application. L'IGIF est responsable de l'administration de la *Loi sur le courtage immobilier*.

L'IGIF comprend deux secteurs, soit la Direction générale de la surveillance et du contrôle et la Direction des entreprises (voir aussi www.finances.gouv.qc.ca).

14.7.2   LA RÉGIE DE L'ASSURANCE-DÉPÔTS DU QUÉBEC (RADQ)

Créée en 1970, la Régie de l'assurance-dépôts du Québec (www.radq.gouv.qc.ca) a pour mission la protection des petits épargnants. Elle doit donc veiller à ce que les institutions financières aient de saines pratiques commerciales et financières, et favoriser la stabilité et la compétitivité du système financier. Cet organisme paragouvernemental protège les dépôts jusqu'à concurrence de 60 000 $ par personne et par établissement membre. Au Canada, la Société d'assurance-dépôts du Canada (SADC) joue le même rôle dans les autres provinces.

Notons que les dépôts confiés à des compagnies d'assurances ne sont pas assurés par la RADQ. Nous verrons plus loin que les compagnies d'assurances ont mis sur pied un organisme qui joue essentiellement le même rôle.

14.7.3   L'INSTITUT CANADIEN DES VALEURS MOBILIÈRES (ICVM)

L'Institut canadien des valeurs mobilières (www.csi.ca) est le premier organisme de formation en placements au Canada. L'ICVM propose des cours à distance sur le commerce des valeurs mobilières qui peuvent mener jusqu'au titre de *fellow* de l'Institut canadien des valeurs mobilières (FICVM). Le site Internet de l'ICVM indique la marche à suivre pour obtenir plus de renseignements. Le cours sur le commerce des valeurs mobilières au Canada est nécessaire pour quiconque veut vendre des valeurs mobilières.

14.7.4   L'ASSOCIATION CANADIENNE DES COURTIERS EN VALEURS MOBILIÈRES (ACCOVAM)

L'Association canadienne des courtiers en valeurs mobilières (www.ida.ca) est l'organisme national d'autoréglementation et l'association professionnelle de l'industrie des valeurs mobilières. Elle compte comme membres plus de 170 firmes de courtage, ce qui représente plus de 34 000 personnes. Tout récemment, l'ACCOVAM a créé un programme de formation continue obligatoire à l'intention des employés des sociétés membres.

14.7.5   L'INSTITUT DES BANQUIERS CANADIENS (IBC)

L'Institut des banquiers canadiens (www.icb.org) est un organisme de choix pour les banquiers en ce qui concerne la formation. Il propose une multitude de cours, de programmes et de séminaires qui répondent aux besoins des institutions financières et de leurs employés. Ces cours mènent généralement à un diplôme de l'Institut et dans de nombreux cas à un baccalauréat et à un M.B.A.

14.7.6 L'ASSOCIATION DES BANQUIERS CANADIENS (ABC)

L'Association des banquiers canadiens (www.cba.ca) est une association professionnelle sectorielle qui procure à ses membres, les diverses banques canadiennes, des services d'information, de recherche, de conseil. L'ABC existe depuis 1891 et constitue le principal organisme de soutien opérationnel des banques du Canada et de certaines banques étrangères (plus de 40 banques au total).

Le site Internet de l'ABC fournit de nombreux renseignements sur certains véhicules financiers, tel le régime enregistré d'épargne-études (voir sous « Publications »).

14.7.7 L'ASSOCIATION CANADIENNE DES COMPAGNIES D'ASSURANCES DE PERSONNES (ACCAP)

L'Association canadienne des compagnies d'assurances de personnes (www.clhia.ca) est depuis 1973 le porte-parole d'une industrie qui regroupe plus de 125 sociétés membres. Fondée au début du siècle, l'ACCAP est la plus ancienne association de sociétés d'assurances d'Amérique du Nord.

Les activités de l'ACCAP consistent principalement à traiter les questions concernant les assurances de personnes et à assurer des services d'information à ses sociétés membres et au public. En effet, le public peut se prévaloir d'une grande variété de services et de programmes qui concernent l'assurance-vie, mais également l'assurance invalidité et les rentes. Pour ce faire, l'ACCAP est chargée de gérer le centre d'assistance aux consommateurs. Ceux-ci peuvent aussi obtenir gratuitement de nombreuses brochures sur l'assurance.

De plus, l'ACCAP agit au Québec comme centre d'information pour la Société canadienne d'indemnisation pour les assurances de personnes (SIAP, www.siap.ca), une société privée à charte fédérale constituée en 1988. En cas d'insolvabilité et de mise en liquidation d'une des sociétés membres, la SIAP assure une protection aux titulaires de polices canadiennes contre la perte des prestations prévues par leur contrat jusqu'à concurrence de certaines limites. Le site Internet de l'ACCAP est très bien structuré et contient une foule de renseignements.

14.7.8 L'ASSOCIATION DE PLANIFICATION FISCALE ET FINANCIÈRE (APFF)

L'Association de planification fiscale et financière (www.apff.org) est un organisme sans but lucratif à charte québécoise auquel l'adhésion est volontaire et qui comprend plus de 2 000 membres. L'Association a été fondée en 1976 dans le but principal de favoriser la promotion objective et efficace de l'information fiscale et financière sous toutes ses formes. Non subventionnée, elle existe grâce aux cotisations de ses membres et aux revenus provenant des activités qu'elle organise, tels des colloques. Les revenus servent à financer les nombreux services que l'APFF offre à ses membres, sous forme de travaux de recherche, de nombreuses publications, de colloques, de causeries et de séminaires de haut calibre. L'APFF attire des membres issus de tous les domaines de la finance et de la fiscalité.

14.7.9   LA FÉDÉRATION DES ASSOCIATIONS COOPÉRATIVES D'ÉCONOMIE FAMILIALE (FACEF)

La Fédération des associations coopératives d'économie familiale (www.consommateur.qc.ca/facef/) est née en 1970 d'un regroupement d'associations coopératives d'économie familiale (ACEF). L'histoire des ACEF remonte à 1962, au moment où la Confédération des syndicats nationaux (CSN) met sur pied un service de dépannage juridique pour des familles de travailleurs aux prises avec des dettes. Ce sera le premier comité budgétaire. L'économie familiale constitue la préoccupation principale des ACEF, qui offrent des cours sur le budget personnel et familial. La FACEF, quant à elle, publie le guide *Budget sur mesure,* une méthode simple et utile pour bien gérer son budget.

Aujourd'hui, la FACEF constitue un interlocuteur reconnu et représente plusieurs ACEF qui travaillent à l'amélioration des conditions de vie des familles et des individus.

Notons que l'ACEF-Centre (région de Montréal) est devenue « Option consommateurs » (www.option-consommateurs.org), un organisme qui offre des séances d'information sur la planification financière personnelle.

14.7.10   L'INSTITUT DES FONDS D'INVESTISSEMENT DU CANADA (IFIC)

L'Institut des fonds d'investissement du Canada (www.ific.ca), qui a ouvert un bureau à Montréal il y a quelques années, s'intéresse tout particulièrement à la promotion des fonds communs de placement (fonds d'investissement ou fonds mutuels). C'est une industrie en plein essor, et l'une des tâches principales de l'Institut est de fournir le plus d'information possible aux consommateurs au sujet des fonds d'investissement. Depuis quelques années, la croissance de l'actif de cette industrie au Canada a été spectaculaire. L'actif total en juillet 2000 se chiffrait à environ 420 milliards de dollars. Les Québécois participent de plus en plus à ce type d'investissement. L'IFIC offre des cours permettant de devenir représentant en fonds communs de placement.

14.8   LES INTERMÉDIAIRES DE MARCHÉ

Les intermédiaires de marché sont les professionnels que les épargnants peuvent directement consulter pour atteindre ou maintenir une saine situation financière. Il existe des spécialistes en planification financière dans tous les domaines du milieu financier. Rappelons cependant que le client a la responsabilité de s'assurer du professionnalisme du conseiller, que celui-ci soit ou non rattaché à la vente de produits financiers.

14.8.1 LES PLANIFICATEURS FINANCIERS

Nous avons déjà présenté les planificateurs financiers à la sous-section 14.3.1, mais trois aspects importants restent à examiner : la rémunération, les tâches et le rôle du planificateur financier moderne.

La rémunération

Mentionnons en tout premier lieu que l'encadrement législatif de la planification financière ne fait aucune référence à des catégories de planificateurs financiers. Quoi qu'il en soit, la réalité du milieu financier, et particulièrement de la planification financière, nous conduit à distinguer les planificateurs financiers rémunérés :

■ sur la base d'honoraires professionnels, soit à taux forfaitaire (montants fixes) ou à taux horaire. Les planificateurs rémunérés de cette façon sont très souvent indépendants de tout produit financier ;

■ sur la base d'honoraires (à forfait ou selon un taux horaire) et qui reçoivent de plus une commission sur la vente de produits financiers, par exemple une police d'assurance ou un placement ;

■ strictement à commission sur la vente de produits financiers.

Le planificateur financier peut également être à son compte ou travailler pour une entreprise ; il s'ensuit que les scénarios de rémunération peuvent être très diversifiés.

Le planificateur financier est tenu de divulguer son mode de rémunération et tout lien avec un établissement financier. Cette transparence permet aux consommateurs d'obtenir les renseignements pertinents relativement au planificateur financier.

Les tâches

Les tâches du planificateur découlent du processus de planification financière, décrit en profondeur au chapitre 2, et elles se divisent en quatre grandes étapes, soit :

■ l'analyse de la situation financière du client (en anglais, *audit*) ;

■ la détermination des objectifs à court, à moyen et à long terme ;

■ les stratégies pour atteindre les objectifs ;

■ les contrôles de gestion.

Dans un premier temps, certains planificateurs effectuent une analyse en profondeur, tandis que d'autres ne touchent que brièvement chaque étape. Dans un deuxième temps, le planificateur financier agit comme coordonnateur entre le client et tous ses autres conseillers tels l'avocat, le notaire, le comptable, le banquier, le courtier ou l'agent (d'assurances ou en valeurs mobilières). Ce rôle peut se limiter à la production d'un rapport ou peut aller jusqu'à la prise en charge, avec l'aide du client, de la communication avec les professionnels concernés.

Le rôle du planificateur financier moderne

Le planificateur financier moderne est un conseiller qui analyse la situation financière du client, aide ce dernier à définir ses objectifs, fait des recommandations sur la stratégie à adopter et, finalement, suggère une structure de contrôle pour permettre un suivi efficace des actions. C'est aussi un coordonnateur qui facilite l'intégration de tous les autres services professionnels connexes. Une partie importante de son travail réside dans la préparation d'un document de planification financière personnalisée qu'il remet à son client.

En conclusion, la décision finale appartient au client, en fonction du processus qu'il veut entreprendre et, par conséquent, du type de planificateur financier avec lequel il veut construire son plan financier personnalisé.

14.8.2   LES ADMINISTRATEURS AGRÉÉS

L'Ordre des administrateurs agréés du Québec (ADMA) est un regroupement de gestionnaires professionnels de plusieurs spécialités, dont la planification financière personnelle. L'Ordre décerne le titre professionnel d'administrateur agréé (Adm.A), et son titulaire se voit aussi conférer par la loi (code des professions) le statut légal de professionnel de la gestion. Le lecteur peut consulter le site Internet pour obtenir les critères d'admissibilité (www.adma.qc.ca).

Les membres du secteur de la planification financière portent le titre Adm.A.Pl.Fin., qui est accordé par l'IQPF. De nombreuses activités de formation sont offertes par l'Ordre, qui comptabilise les unités de formation continue (UFC) obtenues par ses membres.

14.8.3   LES COMPTABLES

Le comptable professionnel travaille tant dans le domaine des finances des sociétés que dans celui des finances personnelles. Certains comptables se spécialisent dans des secteurs précis, telle la fiscalité.

Au Québec, les divers types de comptables sont regroupés dans l'Ordre des comptables généraux licenciés du Québec (CGA), l'Ordre des comptables en management accrédités du Québec (CMA) et l'Ordre des comptables agréés du Québec (CA). On pense plus souvent au comptable lorsqu'il s'agit de produire la déclaration de revenus. Cependant, certains comptables sont très près de la clientèle qui les consulte pour des questions de planification financière. Voici les sites Internet des ordres professionnels de comptables :

- Ordre des CA du Québec : www.ocaq.qc.ca ;
- Ordre des CGA du Québec : www.cga-quebec.org ;
- Ordre des CMA du Québec : www.cma-quebec.org.

14.8.4 LES AVOCATS ET LES NOTAIRES

Nous avons regroupé les avocats et les notaires dans une même section, bien que leurs sphères d'activité puissent être très différentes. On trouve des avocats fiscalistes qui sont d'excellents conseillers et planificateurs financiers. Le jargon du droit fiscal est complexe et on a avantage à consulter un avocat fiscaliste lorsqu'une situation financière présente des aspects fiscaux et légaux. Certains notaires s'intéressent plus particulièrement au règlement de successions et à la rédaction d'actes de fiducie. Cependant, tous procèdent à la rédaction de certains actes juridiques qu'on trouve dans le processus de la planification financière.

Voici les sites Internet des associations d'avocats et de notaires du Québec :
- Barreau du Québec : www.barreau.qc.ca ;
- Chambre des notaires du Québec : www.cdnq.org.

14.8.5 LES COURTIERS EN VALEURS MOBILIÈRES

Pour acheter ou vendre des actions ou des obligations inscrites à la bourse, il faut recourir aux services d'une maison de courtage, plus précisément aux services d'un courtier en valeurs (en anglais, *stockbroker*). Ce dernier se chargera de la transaction. Le courtier agit comme intermédiaire entre l'acheteur et le vendeur ; dans certaines maisons de courtage traditionnel, il est appuyé par divers experts-conseils qui lui offrent, ainsi qu'à son client, une gamme de services entièrement intégrés. Parmi ces experts, on trouve le négociant en valeurs sur le parquet de la bourse et l'analyste en valeurs mobilières qui travaille au sein d'un service de recherche sur les différents titres.

Certains courtiers traditionnels agissent beaucoup plus comme des conseillers personnels en comparaison des courtiers au service des maisons de courtage réduit.

14.8.6 LES GESTIONNAIRES DE PORTEFEUILLE

Les gestionnaires de portefeuille sont des conseillers en placements qui peuvent agir comme courtiers traditionnels, mais dont le rôle principal est l'administration de portefeuilles d'environ 200 000 $ et plus, selon les sociétés. Ces gestionnaires hautement spécialisés sont au service de certaines maisons de courtage, de sociétés de fiducie, etc., et peuvent s'occuper de diverses particularités telles que l'encaissement des intérêts et des dividendes et le versement d'un revenu régulier. Spécialistes de la gestion des placements, ils évaluent pour le client les risques et les incidences fiscales tout autant que le rendement du portefeuille. Ils demeurent en étroit contact avec leurs clients, les informant de l'évolution de leur portefeuille. En ce sens, leur domaine d'activité couvre la **gestion privée.** On utilise souvent l'expression « comptes distincts » ou l'abréviation « CD » pour désigner les comptes que ces gestionnaires administrent.

14.8.7   LES AGENTS D'ASSURANCES ET LES COURTIERS D'ASSURANCES

L'**agent d'assurances** est une personne qui offre directement au public des produits d'assurance de personnes ou de dommages pour le compte d'un seul assureur. En revanche, le **courtier d'assurances,** qui représente plusieurs assureurs, est souvent en mesure de proposer une gamme plus étendue de produits qui existent sur le marché. L'expérience démontre cependant que les courtiers, en général, négocient avec un nombre limité d'assureurs.

Traditionnellement, le rôle de l'assureur-vie se résume aux tâches suivantes :
- Analyser les besoins du client (renseignements personnels, objectifs, inventaire de l'assurance-vie en vigueur).
- Présenter des recommandations objectives sur diverses possibilités d'assurance (montant des primes à payer, etc.).
- Soumettre au client un rapport sur les caractéristiques des polices en vigueur et de celles qui sont proposées, les raisons de ces recommandations ainsi que les avantages et les désavantages de toute substitution d'assurance.

L'agent d'assurance-vie qui devient planificateur financier pourra entreprendre un processus de planification financière plus exhaustif que ce que nous venons de décrire.

14.8.8   LES CONSEILLERS DES BANQUES, DES FIDUCIES ET DES CAISSES POPULAIRES

Par conseillers, nous entendons ici le personnel spécialisé des succursales des banques, des fiducies et des caisses populaires. De plus en plus, les conseillers cherchent à accroître leurs connaissances en planification financière. Ainsi, les services professionnels et les produits financiers des établissements qu'ils représentent sont de plus en plus diversifiés dans le but de satisfaire les besoins réels de leurs clients.

14.9   LES MÉDIAS D'INFORMATION EN FINANCES PERSONNELLES

Il existe maintenant au Québec d'excellentes sources d'information en finances personnelles, tels les journaux, les magazines, Internet, la télévision, etc. La majorité des ordres professionnels possèdent leur propre organe d'information en matière de finances.

Toute personne intéressée par le milieu financier verra à structurer sa propre bibliothèque sur des sujets aussi variés que l'économie, les placements, la fiscalité, etc. Internet permet également d'accéder à une bibliothèque virtuelle de grande envergure. Il est démontré que les professionnels qui réussissent consultent des sources variées : livres pédagogiques, journaux, magazines et bien sûr Internet.

Il n'est pas possible ici de faire un inventaire complet de toutes les sources existantes, qui sont trop nombreuses et fort variées. Cependant, chaque chapitre de ce manuel fournit les sources Internet pertinentes aux sujets traités (institutions financières, organismes de formation, banques, caisses, etc.).

Le tableau 14.4 présente quelques sources de renseignements financiers de divers types (journaux, magazines, sites Internet).

TABLEAU 14.4
Les principaux médias d'information en finances personnelles

Général

- Le Salon Épargne-placements affiche sur son site Internet (www.finances-en-direct.com) une liste des 100 sites les plus utiles à l'investisseur.
- Le journal *Les Affaires* a publié en novembre 1999 un numéro intitulé « Le carnet d'@dresses des gens d'affaires ». Cette publication est aussi disponible sur le site www.lesaffaires.com. On y trouve 250 sites Internet, dont plusieurs portent sur les finances personnelles.

Journaux et magazines	Sites Internet
La Presse	www.cyberpresse.ca
Le Soleil	www.cyberpresse.ca/soleil
The Gazette	www.canada.com/montreal
The Wall Street Journal	www.wsj.com
Les Affaires	www.lesaffaires.com
The Globe and Mail	www.globeandmail.com
Forbes Magazine	www.forbes.com
Fortune	www.fortune.com

Votre avoir : La revue de vos finances personnelles

Magazine Finance : Placements, gestion d'actif

Finance et investissement : Le journal du placement

Objectif conseiller : La revue des gestionnaires d'épargne et d'actif financiers

Revue APFF : Planification fiscale et successorale

Sites Internet sur les finances

www.canoe.qc.ca

www.infinit.net

www.finance-net.com

www.toile.com

www.ey.com

www.kpmg.com

www.ftyourmoney.com

www.globefund.com

www.cqff.com

www.quicken.ca

www.yahoo.com

www.strategis.ic.gc.ca

www.qi-invest.com

www.webfin.com

www.statcan.ca

QUESTIONS DE RÉVISION

1. Au Canada, les institutions financières sont classées en quatre groupes distincts reconnus comme les quatre piliers du système financier. Quels sont-ils?

2. Nommez au moins deux rôles importants de la Banque du Canada.

3. Expliquez l'important projet de loi C-38 sur le milieu financier canadien.

4. Qu'entend-on par «banque d'affaires» (en anglais, *merchant's bank*)?

5. Établissez le profil historique des caisses populaires Desjardins.

6. Quels services précis une fiducie peut-elle offrir?

7. Quelles sont les deux grandes catégories d'assureurs?

8. Qu'est-ce qu'une maison de courtage? On en distingue trois types; quels sont-ils?

9. Quelle est la mission principale du Bureau des services financiers (BSF)? Quels sont les organismes qui y sont directement reliés?

10. Au Québec, quel organisme assure la protection des dépôts dans les caisses d'épargne et de crédit, et dans les fiducies?

11. Quelle est la mission de la Commission des valeurs mobilières du Québec (CVMQ)?

12. Quel est le mandat principal de l'Institut québécois de planification financière (IQPF)?

13. Que signifie ACCAP? RIIF?

14. Que signifie APFF? IFIC?

15. Comment peut être rémunéré un planificateur financier?

16. Quel est le rôle du planificateur financier?

17. Quels professionnels peuvent également s'occuper de planification financière?

18. Quel est le rôle de l'IBC? de l'ABC?

19. Quel organisme attribue les titres AVC et AVA?

20. De quel ordre professionnel font partie les administrateurs agréés? Quel rôle exercent-ils en planification financière?

LES TABLES FINANCIÈRES

CONTENU

- **TABLE I**   Versements mensuels pour un prêt personnel de 1 000 $ (capitalisation mensuelle)

- **TABLE II**   Versements mensuels pour un prêt hypothécaire de 1 000 $ (capitalisation semestrielle)

- **TABLE III**   Valeur finale d'un capital de 1 000 $ placé à intérêt composé annuellement

- **TABLE IV**   Valeur actualisée d'un capital de 1 000 $ placé à intérêt composé annuellement

- **TABLE V**   Valeur finale d'une annuité annuelle de 1 000 $ (en fin de période)

- **TABLE VI**   Valeur d'une annuité annuelle pour accumuler un capital de 1 000 $ (en fin de période)

- **TABLE VII**   Valeur du capital produisant un revenu de 1 000 $ à la fin de chaque année (capitalisation annuelle)

- **TABLE VIII**   Valeur du revenu annuel pour amortir un capital de 1 000 $ (en fin de période)

- **TABLE IX**   Valeur finale d'une annuité de 1 000 $ comme versement initial, à progression géométrique (en fin de période) — Inflation de 4 %

- **TABLE X**   Valeur du versement initial d'une annuité à progression géométrique pour atteindre un capital de 10 000 $ (en fin de période) — Inflation de 4 %

- **TABLE XI**   Capital nécessaire pour alimenter une annuité à progression géométrique de 10 000 $ l'an (en fin de période) — Inflation de 4 %

Note : Les formules figurent sur toutes les tables et les symboles utilisés sont les mêmes que ceux de la calculatrice Sharp EL-733A. Cette dernière vient avec un excellent mode d'emploi qui contient la signification de ses diverses touches. Le chapitre 3 donne la traduction de toutes les touches utilisées.

RENSEIGNEMENTS GÉNÉRAUX

Les renseignements qui suivent permettent dans une certaine mesure de mieux comprendre les tables financières et de mieux coordonner leur utilisation. En ce sens, elles complètent le chapitre 3 sur le sujet.

■ Les tables I et II (basées sur 1 000 $), qui concernent les prêts personnels et les prêts hypothécaires, contiennent des facteurs intitulés « Versement mensuel » qui représentent des paiements mensuels exprimés en dollars et en cents ; par conséquent, ces facteurs doivent être utilisés tels quels.

■ Les tables III à VIII (basées sur 1 000 $) illustrent différents facteurs mathématiques qui contiennent plusieurs décimales. Est-il nécessaire de conserver ces décimales en effectuant nos calculs ? Tout dépend de l'objectif poursuivi. Dans un cours de mathématiques financières, la réponse serait probablement oui ! Cependant, le planificateur financier recherche avant tout un ordre de grandeur significatif et pertinent même si le résultat obtenu ne possède pas nécessairement une très grande précision mathématique. Par exemple, est-il vraiment important pour le planificateur financier d'indiquer à son client que ses investissements totaliseront 743 272,39 $ (le résultat mathématique précis) dans 20 ans ? 743 300 $ ne serait-il pas tout aussi acceptable ? Bien sûr, car ce résultat est significatif et pertinent. Pour les facteurs dans les tables III à VIII, notre politique sera donc de n'utiliser que deux décimales seulement. Nous obtenons ainsi une précision acceptable qui coïncide presque avec celle de la calculatrice financière Sharp EL-733A. D'ailleurs, les tables I et II utilisent cette approche

uniforme et présentent des facteurs qui ne contiennent que deux décimales. Il sera cependant important avec les tables III à VIII d'arrondir la deuxième décimale selon la valeur de la troisième décimale ; si cette dernière est de 5 ou plus, il faudra augmenter la deuxième décimale au chiffre suivant. Par exemple, le facteur 3 312,126 84 deviendra 3 312,13, le facteur 10,586 40 deviendra 10,59, etc. Par contre, si la troisième décimale est de 4 ou moins, on la laisse tout simplement tomber sans augmenter la deuxième décimale ; par exemple, le facteur 3 992,710 04 deviendra 3 992,71, la troisième décimale étant inférieure à 5.

■ La table IX (basée sur 1 000 $) et les tables X et XI (basées sur 10 000 $) ne contiennent aucune décimale ; les facteurs sont donc exprimés uniquement en nombres entiers, et on les utilise tels quels.

■ La notion de nombre de périodes de capitalisation par année (ou m) est très importante. Par exemple, il faudra, à l'aide de la calculatrice, convertir les taux nominaux de la table II en taux nominaux de la table I avant de résoudre l'équation.

■ Voici la valeur de m pour chacune des tables :
  • table I : $m = 12$ (pour 12 fois l'an) ;
  • table II : $m = 2$ (pour deux fois l'an) ;
  • tables III à XI inclusivement : $m = 1$ (pour une fois l'an).

Notons que lorsque $m = 1$, les équations tendent à se simplifier et, par exemple, $j = i$.

TABLE I
Versements mensuels pour un prêt personnel de 1 000 $
(capitalisation mensuelle)

$$PMT = \dfrac{PV}{\left[\dfrac{1 - \left(1 + \dfrac{j}{m}\right)^{-mn}}{\dfrac{j}{m}}\right]}$$

où PMT = le versement mensuel, ou PMT

PV = la valeur actuelle du capital, ou PV

mn = le nombre total de versements, ou n

m = le nombre de périodes de capitalisation par année = 12 dans cette table

n = le nombre d'années

$\dfrac{j}{m}$ = le taux d'intérêt périodique, ou i

j = le taux d'intérêt nominal

Durée du prêt de 1 000 $: 1 an

Taux d'intérêt	8 %	9 %	10 %	11 %	12 %	13 %	14 %	15 %	16 %
Versement mensuel	86,99	87,45	87,92	88,38	88,85	89,32	89,79	90,26	90,73

Durée du prêt de 1 000 $: 2 ans

Taux d'intérêt	8 %	9 %	10 %	11 %	12 %	13 %	14 %	15 %	16 %
Versement mensuel	45,23	45,69	46,14	46,61	47,07	47,54	48,01	48,49	48,96

Durée du prêt de 1 000 $: 3 ans

Taux d'intérêt	8 %	9 %	10 %	11 %	12 %	13 %	14 %	15 %	16 %
Versement mensuel	31,34	31,80	32,27	32,74	33,22	33,70	34,18	34,67	35,16

Durée du prêt de 1 000 $: 4 ans

Taux d'intérêt	8 %	9 %	10 %	11 %	12 %	13 %	14 %	15 %	16 %
Versement mensuel	24,41	24,89	25,36	25,85	26,33	26,83	27,32	27,83	28,34

Durée du prêt de 1 000 $: 5 ans

Taux d'intérêt	8 %	9 %	10 %	11 %	12 %	13 %	14 %	15 %	16 %
Versement mensuel	20,28	20,76	21,25	21,74	22,25	22,75	23,20	23,79	24,32

Note : Une fois le versement mensuel obtenu au moyen de la touche PMT de la calculatrice, on peut déterminer rapidement le solde de capital pour une période donnée. Par exemple, pour un prêt de 36 mois, le solde après 24 mois se calcule en appuyant sur AMRT 3 fois. Il faut patienter et attendre chaque résultat.

TABLE II
Versements mensuels pour un prêt hypothécaire de 1 000 $ (capitalisation semestrielle)

où PMT = le versement mensuel, ou $\boxed{\text{PMT}}$

PV = la valeur actuelle du capital, ou $\boxed{\text{PV}}$

$$PMT = \frac{PV}{\left[\dfrac{1 - \left(1 + \dfrac{j}{m}\right)^{-mn}}{\dfrac{j}{m}}\right]}$$

mn = le nombre total de versements, ou $\boxed{\text{n}}$

m = le nombre de périodes de capitalisation par année = 2 dans cette table

n = le nombre d'années

$\dfrac{j}{m}$ = le taux d'intérêt périodique, ou $\boxed{\text{i}}$

j = le taux d'intérêt nominal

Hypothèque amortie sur	Versement mensuel selon le taux d'intérêt					
	7 %	8 %	9 %	10 %	11 %	12 %
1 an	86,48	86,93	87,38	87,83	88,27	88,72
2 ans	44,73	45,17	45,61	46,06	46,50	46,94
3 ans	30,83	31,28	31,73	32,18	32,63	33,08
4 ans	23,90	24,35	24,81	25,27	25,73	26,20
5 ans	19,75	20,21	20,68	21,15	21,63	22,10
6 ans	17,00	17,47	17,95	18,43	18,91	19,40
7 ans	15,04	15,52	16,01	16,50	17,00	17,50
8 ans	13,58	14,07	14,57	15,07	15,58	16,10
9 ans	12,46	12,95	13,46	13,97	14,50	15,03
10 ans	11,56	12,06	12,58	13,11	13,64	14,19
11 ans	10,83	11,35	11,88	12,41	12,96	13,51
12 ans	10,23	10,75	11,29	11,84	12,40	12,96
13 ans	9,73	10,28	10,81	11,36	11,93	12,51
14 ans	9,30	9,84	10,40	10,97	11,55	12,14
15 ans	8,93	9,48	10,05	10,63	11,22	11,82
16 ans	8,62	9,17	9,75	10,34	10,94	11,55
17 ans	8,34	8,91	9,49	10,09	10,70	11,32
18 ans	8,10	8,67	9,27	9,87	10,49	11,13
19 ans	7,88	8,47	9,07	9,69	10,32	10,96
20 ans	7,69	8,28	8,90	9,52	10,16	10,81
21 ans	7,52	8,12	8,74	9,38	10,03	10,69
22 ans	7,37	7,98	8,61	9,25	9,91	10,58
23 ans	7,24	7,85	8,49	9,14	9,80	10,48
24 ans	7,11	7,74	8,38	9,04	9,71	10,40
25 ans	7,00	7,63	8,28	8,95	9,63	10,32

Note : Une fois le versement mensuel obtenu au moyen de la touche $\boxed{\text{PMT}}$ de la calculatrice, on peut déterminer rapidement le solde de capital pour une période donnée. À ce sujet, voir la note au bas de la table I.

TABLE III
Valeur finale d'un capital de 1 000 $ placé à intérêt composé annuellement

Formule générale

$$FV = PV\left(1 + \frac{j}{m}\right)^{mn}$$

Formule pour cette table, car $m = 1$ et $j = i$

$$FV = PV(1 + i)^n$$

où FV = la valeur finale du capital, ou $\boxed{FV}$

PV = la valeur actuelle du capital, ou $\boxed{PV}$

n = le nombre d'années, ou $\boxed{n}$

i = le taux d'intérêt effectif annuel, ou $\boxed{i}$

Voir les tables I et II pour les définitions de m et j.

n	2%	4%	5%	6%	7%	8%	10%	11%	12%
1	1 020,000 00	1 040,000 00	1 050,000 00	1 060,000 00	1 070,000 00	1 080,000 00	1 100,000 00	1 110,000 00	1 120,000 00
2	1 040,400 00	1 081,600 00	1 102,500 00	1 123,600 00	1 144,900 00	1 166,400 00	1 210,000 00	1 232,100 00	1 254,400 00
3	1 061,208 00	1 124,864 00	1 157,625 00	1 191,016 00	1 225,043 00	1 259,712 00	1 331,000 00	1 367,631 00	1 404,928 00
4	1 082,432 16	1 169,858 56	1 215,506 25	1 262,476 96	1 310,796 01	1 360,488 96	1 464,100 00	1 518,070 41	1 573,519 36
5	1 104,080 80	1 216,652 90	1 276,281 56	1 338,225 58	1 402,551 73	1 469,328 08	1 610,510 00	1 685,058 16	1 762,341 68
6	1 126,162 42	1 265,319 02	1 340,095 64	1 418,519 11	1 500,730 35	1 586,874 32	1 771,561 00	1 870,414 55	1 973,822 69
7	1 148,685 67	1 315,931 78	1 407,100 42	1 503,630 26	1 605,781 48	1 713,824 27	1 948,717 10	2 076,160 15	2 210,681 41
8	1 171,659 38	1 368,569 05	1 477,455 44	1 593,848 07	1 718,186 18	1 850,930 21	2 143,588 81	2 304,537 77	2 475,963 18
9	1 195,092 57	1 423,311 81	1 551,328 22	1 689,478 96	1 838,459 21	1 999,004 63	2 357,947 69	2 558,036 92	2 773,078 76
10	1 218,994 42	1 480,244 28	1 628,894 63	1 790,847 70	1 967,151 36	2 158,925 00	2 593,742 46	2 839,420 99	3 105,848 21
11	1 243,374 31	1 539,454 06	1 710,339 36	1 898,298 56	2 104,851 95	2 331,639 00	2 853,116 71	3 151,757 30	3 478,549 99
12	1 268,241 79	1 601,032 22	1 795,856 33	2 012,196 47	2 252,191 59	2 518,170 12	3 138,428 38	3 498,450 60	3 895,975 99
13	1 293,606 63	1 665,073 51	1 885,649 14	2 132,928 26	2 409,845 00	2 719,623 73	3 452,271 21	3 883,280 16	4 363,493 11
14	1 319,478 76	1 731,676 45	1 979,931 60	2 260,903 96	2 578,534 15	2 937,193 62	3 797,498 34	4 310,440 98	4 887,112 29
15	1 345,868 34	1 800,943 51	2 078,928 18	2 396,558 19	2 759,031 54	3 172,169 11	4 177,248 17	4 784,589 49	5 473,565 76
16	1 372,785 71	1 872,981 25	2 182,874 59	2 540,351 68	2 952,163 75	3 425,942 64	4 594,972 99	5 310,894 33	6 130,393 65
17	1 400,241 42	1 947,900 50	2 292,018 32	2 692,772 79	3 158,815 21	3 700,018 06	5 054,470 29	5 895,092 71	6 866,040 89
18	1 428,246 25	2 025,816 52	2 406,619 23	2 854,339 15	3 379,932 28	3 996,019 50	5 559,917 31	6 543,552 91	7 689,965 80
19	1 456,811 17	2 106,849 18	2 526,950 20	3 025,599 50	3 616,527 54	4 315,701 06	6 115,909 05	7 263,343 73	8 612,761 69
20	1 485,947 40	2 191,123 14	2 653,297 71	3 207,135 47	3 869,684 46	4 660,957 14	6 727,499 95	8 062,311 54	9 646,293 09
21	1 515,666 34	2 278,768 07	2 785,962 59	3 399,563 60	4 140,562 37	5 033,833 72	7 400,249 94	8 949,165 81	10 803,848 26
22	1 545,979 67	2 369,918 79	2 925,260 72	3 603,537 42	4 430,401 74	5 436,540 41	8 140,274 94	9 933,574 04	12 100,310 06
23	1 576,899 26	2 464,715 54	3 071,523 76	3 819,749 66	4 740,529 86	5 871,463 65	8 954,302 43	11 026,267 19	13 552,347 26
24	1 608,437 25	2 563,304 16	3 225,099 94	4 048,934 64	5 072,366 95	6 341,180 74	9 849,732 68	12 239,156 58	15 178,628 93
25	1 640,605 99	2 665,836 33	3 386,354 94	4 291,870 72	5 427,432 64	6 848,475 20	10 834,705 94	13 585,463 80	17 000,064 41
26	1 673,418 11	2 772,469 78	3 555,672 69	4 549,382 96	5 807,352 92	7 396,353 21	11 918,176 54	15 079,864 82	19 040,072 14
27	1 706,886 48	2 883,368 58	3 733,456 32	4 822,345 94	6 213,867 63	7 988,061 47	13 109,994 19	16 738,649 95	21 324,880 79
28	1 741,024 21	2 998,703 32	3 920,129 14	5 111,686 70	6 648,838 36	8 627,106 39	14 420,993 61	18 579,901 45	23 883,866 49
29	1 775,844 69	3 118,651 45	4 116,135 60	5 418,387 90	7 114,257 05	9 317,274 90	15 863,092 97	20 623,690 61	26 749,930 47
30	1 811,361 58	3 243,397 51	4 321,942 38	5 743,491 17	7 612,255 04	10 062,656 89	17 449,402 27	22 892,296 57	29 959,922 12
31	1 847,588 82	3 373,133 41	4 538,039 49	6 088,100 64	8 145,112 90	10 867,669 44	19 194,342 50	25 410,449 19	33 555,112 78
32	1 884,540 59	3 508,058 75	4 764,941 47	6 453,386 68	8 715,270 80	11 737,083 00	21 113,776 75	28 205,598 61	37 581,726 31
33	1 922,231 40	3 648,381 10	5 003,188 54	6 840,589 88	9 325,339 75	12 676,049 64	23 225,154 42	31 308,214 45	42 091,533 47
34	1 960,676 03	3 794,316 34	5 253,347 97	7 251,025 28	9 978,113 54	13 690,133 61	25 547,669 86	34 752,118 04	47 142,517 48
35	1 999,889 55	3 946,088 99	5 516,015 37	7 686,086 79	10 676,581 48	14 785,344 29	28 102,436 85	38 574,851 03	52 799,619 58
36	2 039,887 34	4 103,932 55	5 791,816 14	8 147,252 00	11 423,942 19	15 968,171 84	30 912,680 53	42 818,084 64	59 135,573 93
37	2 080,685 09	4 268,089 86	6 081,406 94	8 636,087 12	12 223,618 14	17 245,625 58	34 003,948 59	47 528,073 95	66 231,842 80
38	2 122,298 79	4 438,813 45	6 385,477 29	9 154,252 35	13 079,271 41	18 625,275 63	37 404,343 44	52 756,162 09	74 179,663 94
39	2 164,744 77	4 616,365 99	6 704,751 15	9 703,507 49	13 994,820 41	20 115,297 68	41 144,777 79	58 559,339 91	83 081,223 61
40	2 208,039 66	4 801,020 63	7 039,988 71	10 289,717 94	14 974,457 84	21 724,521 50	45 259,255 57	65 000,867 31	93 050,970 44
41	2 252,200 46	4 993,061 45	7 391,988 15	10 902,861 01	16 022,669 89	23 462,483 22	49 785,181 12	72 150,962 71	104 217,086 89
42	2 297,244 47	5 192,783 91	7 761,587 56	11 557,032 67	17 144,256 78	25 339,481 87	54 763,699 24	80 087,568 61	116 723,137 32
43	2 343,189 36	5 400,495 27	8 149,666 93	12 250,454 63	18 344,354 75	27 366,640 42	60 240,069 16	88 897,201 15	130 729,913 80
44	2 390,053 14	5 616,515 08	8 557,150 28	12 985,481 91	19 628,459 59	29 555,971 66	66 264,007 61	98 675,893 28	146 417,503 46
45	2 437,854 21	5 841,175 68	8 985,007 79	13 764,610 83	21 002,451 76	31 920,449 39	72 890,483 68	109 530,241 54	163 987,603 87

TABLE IV
Valeur actualisée d'un capital de 1 000 $ placé à intérêt composé annuellement

Formule générale

$$PV = FV\left(1 + \frac{j}{m}\right)^{-mn}$$

Formule pour cette table, car $m = 1$ et $j = i$

$$PV = FV(1 + i)^{-n}$$

où   PV = la valeur actuelle du capital, ou ⬚PV

FV = la valeur finale du capital, ou ⬚FV

n = le nombre d'années, ou ⬚n

i = le taux d'intérêt effectif annuel, ou ⬚i

Voir les tables I et II pour les définitions de m et j.

n	2 %	4 %	5 %	6 %	7 %	8 %	10 %	11 %	12 %
1	980,392 16	961,538 46	952,380 95	943,396 23	934,579 43	925,925 93	909,090 91	900,900 90	892,857 14
2	961,168 78	924,556 21	907,029 48	889,996 44	873,438 73	857,338 82	826,446 28	811,622 43	797,193 88
3	942,322 33	888,996 36	863,837 60	839,619 28	816,297 88	793,832 24	751,314 80	731,191 38	711,780 25
4	923,845 43	854,804 19	822,702 47	792,093 66	762,895 21	735,029 85	683,013 46	658,730 97	635,518 08
5	905,730 81	821,927 11	783,526 17	747,258 17	712,986 18	680,583 20	620,921 32	593,451 33	567,426 86
6	887,971 38	790,314 53	746,215 40	704,960 54	666,342 22	630,169 63	564,473 93	534,640 84	506,631 12
7	870,560 18	759,917 81	710,681 33	665,057 11	622,749 74	583,490 40	513,158 12	481,658 41	452,349 22
8	853,490 37	730,690 21	676,839 36	627,412 37	582,009 10	540,268 88	466,507 38	433,926 50	403,883 23
9	836,755 27	702,586 74	644,608 92	591,898 46	543,933 74	500,248 97	424,097 62	390,924 77	360,610 03
10	820,348 30	675,564 17	613,913 25	558,394 78	508,349 29	463,193 49	385,543 29	352,184 48	321,973 24
11	804,263 04	649,580 93	584,679 29	526,787 53	475,092 80	428,882 86	350,493 90	317,283 31	287,476 10
12	788,493 18	624,597 05	556,837 42	496,969 36	444,011 96	397,113 76	318,630 82	285,840 82	256,675 09
13	773,032 53	600,574 09	530,321 35	468,839 02	414,964 45	367,697 92	289,664 38	257,514 26	229,174 19
14	757,875 02	577,475 08	505,067 95	442,300 96	387,817 24	340,461 04	263,331 25	231,994 82	204,619 81
15	743,014 73	555,264 50	481,017 10	417,265 06	362,446 02	315,241 70	239,392 05	209,004 35	182,696 26
16	728,445 81	533,908 18	458,111 52	393,646 28	338,734 60	291,890 47	217,629 14	188,292 20	163,121 66
17	714,162 56	513,373 25	436,296 69	371,364 42	316,574 39	270,268 95	197,844 69	169,632 62	145,644 34
18	700,159 37	493,628 12	415,520 65	350,343 79	295,863 92	250,249 03	179,858 79	152,822 18	130,039 59
19	686,430 76	474,642 42	395,733 96	330,513 01	276,508 33	231,712 06	163,507 99	137,677 64	116,106 78
20	672,971 33	456,386 95	376,889 48	311,804 73	258,419 00	214,548 21	148,643 63	124,033 91	103,666 77
21	659,775 82	438,833 60	358,942 36	294,155 40	241,513 09	198,655 75	135,130 57	111,742 26	092,559 61
22	646,839 04	421,955 39	341,849 87	277,505 10	225,713 17	183,940 51	122,845 97	100,668 70	082,642 51
23	634,155 92	405,726 33	325,571 31	261,797 26	210,946 88	170,315 28	111,678 16	090,692 52	073,787 96
24	621,721 49	390,121 47	310,067 91	246,978 55	197,146 62	157,699 34	101,525 60	081,704 98	065,882 10
25	609,530 87	375,116 80	295,302 77	232,998 63	184,249 18	146,017 90	092,296 00	073,608 09	058,823 31
26	597,579 28	360,689 23	281,240 74	219,810 03	172,195 49	135,201 76	083,905 45	066,313 59	052,520 81
27	585,862 04	346,816 57	267,848 32	207,367 95	160,930 37	125,186 82	076,277 68	059,741 97	046,893 58
28	574,374 55	333,477 47	255,093 64	195,630 14	150,402 21	115,913 72	069,343 35	053,821 60	041,869 27
29	563,112 31	320,651 41	242,946 32	184,556 74	140,562 82	107,327 52	063,039 41	048,487 93	037,383 27
30	552,070 89	308,318 67	231,377 45	174,110 13	131,367 12	099,377 33	057,308 55	043,682 82	033,377 92
31	541,245 97	296,460 26	220,359 47	164,254 84	122,773 01	092,016 05	052,098 68	039,353 89	029,801 72
32	530,633 30	285,057 94	209,866 17	154,957 40	114,741 13	085,200 05	047,362 44	035,453 95	026,608 68
33	520,228 73	274,094 17	199,872 54	146,186 22	107,234 70	078,888 93	043,056 76	031,940 50	023,757 75
34	510,028 17	263,552 09	190,354 80	137,911 53	100,219 34	073,045 31	039,142 51	028,775 22	021,212 27
35	500,027 61	253,415 47	181,290 29	130,105 22	093,662 94	067,634 54	035,584 10	025,923 63	018,939 53
36	490,223 15	243,668 72	172,657 41	122,740 77	087,535 46	062,624 58	032,349 18	023,354 62	016,910 30
37	480,610 93	234,296 85	164,435 63	115,793 18	081,808 84	057,985 72	029,408 35	021,040 20	015,098 48
38	471,187 19	225,285 43	156,605 36	109,238 85	076,456 86	053,690 48	026,734 86	018,955 13	013,480 78
39	461,948 22	216,620 61	149,147 97	103,055 52	071,455 01	049,713 41	024,304 42	017,076 70	012,036 41
40	452,890 42	208,289 04	142,045 68	097,222 19	066,780 38	046,030 93	022,094 93	015,384 41	010,746 80
41	444,010 21	200,277 93	135,281 60	091,719 05	062,411 57	042,621 23	020,086 30	013,859 83	009,595 36
42	435,304 13	192,574 93	128,839 62	086,527 40	058,328 57	039,464 11	018,260 27	012,486 33	008,567 28
43	426,768 75	185,168 20	122,704 40	081,629 62	054,512 68	036,540 84	016,600 25	011,248 95	007,649 36
44	418,400 74	178,046 35	116,861 33	077,009 08	050,946 43	033,834 11	015,091 13	010,134 19	006,829 78
45	410,196 80	171,198 41	111,296 51	072,650 07	047,613 49	031,327 88	013,719 21	009,129 90	006,098 02

TABLE V
Valeur finale d'une annuité annuelle de 1 000 $ (en fin de période)

Formule générale

$$FV = PMT\left[\dfrac{\left(1 + \dfrac{j}{m}\right)^{mn} - 1}{\dfrac{j}{m}}\right]$$

Formule pour cette table,
car $m = 1$ et $j = i$

$$FV = PMT\left[\dfrac{(1 + i)^{n} - 1}{i}\right]$$

où
FV = la valeur finale du capital, ou ☐ FV
PMT = l'annuité ou le versement annuel, ou ☐ PMT
n = le nombre d'années, ou ☐ n
i = le taux d'intérêt effectif annuel, ou ☐ i

Voir les tables I et II pour les définitions de m et j.

n	5 %	6 %	7 %	8 %	10 %	11 %	12 %
1	1 000,000 00	1 000,000 00	1 000,000 00	1 000,000 00	1 000,000 0	1 000,000 0	1 000,000 0
2	2 050,000 00	2 060,000 00	2 070,000 00	2 080,000 00	2 100,000 0	2 110,000 0	2 120,000 0
3	3 152,500 00	3 183,600 00	3 214,900 00	3 246,400 00	3 310,000 0	3 342,100 0	3 374,400 0
4	4 310,125 00	4 374,616 00	4 439,943 00	4 506,112 00	4 641,000 0	4 709,731 0	4 779,328 0
5	5 525,631 25	5 637,092 96	5 750,739 01	5 866,600 96	6 105,100 0	6 227,801 4	6 352,847 4
6	6 801,912 81	6 975,318 54	7 153,290 74	7 335,929 04	7 715,610 0	7 912,859 6	8 115,189 0
7	8 142,008 45	8 393,837 65	8 654,021 09	8 922,803 36	9 487,171 0	9 783,274 1	10 089,011 7
8	9 549,108 88	9 897,467 91	10 259,802 57	10 636,627 63	11 435,888 1	11 859,434 3	12 299,693 1
9	11 026,564 32	11 491,315 98	11 977,988 75	12 487,557 84	13 579,476 9	14 163,972 0	14 775,656 3
10	12 577,892 54	13 180,794 94	13 816,447 96	14 486,562 47	15 937,424 6	16 722,009 0	17 548,735 1
11	14 206,787 16	14 971,642 64	15 783,599 32	16 645,487 46	18 531,167 1	19 561,430 0	20 654,583 3
12	15 917,126 52	16 869,941 20	17 888,451 27	18 977,126 46	21 384,283 8	22 713,187 2	24 133,133 3
13	17 712,982 85	18 882,137 67	20 140,642 86	21 495,296 58	24 522,712 1	26 211,637 8	28 029,109 3
14	19 598,631 99	21 015,065 93	22 550,487 86	24 214,920 30	27 974,983 4	30 094,918 0	32 392,602 4
15	21 578,563 59	23 275,969 88	25 129,022 01	27 152,113 93	31 772,481 7	34 405,359 0	37 279,714 7
16	23 657,491 77	25 672,528 08	27 888,053 55	30 324,283 04	35 949,729 9	39 189,948 5	42 753,280 4
17	25 840,366 36	28 212,879 76	30 840,217 30	33 750,225 69	40 544,702 9	44 500,842 8	48 883,674 1
18	28 132,384 67	30 905,652 55	33 999,032 51	37 450,243 74	45 599,173 1	50 395,935 5	55 749,715 0
19	30 539,003 91	33 759,991 70	37 378,964,79	41 446,263 24	51 159,090 5	56 939,488 4	63 439,680 8
20	33 065,954 10	36 785,591 20	40 995,492 32	45 761,964 30	57 274,999 5	64 202,832 2	72 052,442 4
21	35 719,251 81	39 992,726 68	44 865,176 76	50 422,921 44	64 002,499 4	72 265,143 7	81 698,735 5
22	38 505,214 40	43 392,290 28	49 005,739 16	55 456,755 16	71 402,749 3	81 214,309 5	92 502,583 8
23	41 430,475 12	46 995,827 69	53 436,140 90	60 893,295 57	79 543,024 3	91 147,883 5	104 602,893 9
24	44 501,998 87	50 815,577 35	58 176,670 76	66 764,759 22	88 497,326 8	102 174,150 7	118 155,241 1
25	47 727,098 82	54 864,512 00	63 249,037 72	73 105,939 95	98 347,059 4	114 413,307 3	133 333,870 1
26	51 113,453 76	59 156,382 72	68 676,470 36	79 954,415 15	109 181,765 4	127 998,771 1	150 333,934 5
27	54 669,126 45	63 705,765 68	74 483,823 28	87 350,768 36	121 099,941 9	143 078,635 9	169 374,006 6
28	58 402,582 77	68 528,111 62	80 697,690 91	95 338,829 83	134 209,936 1	159 817,285 9	190 698,887 4
29	62 322,711 91	73 639,798 32	87 346,529 27	103 965,936 22	148 630,929 7	178 397,187 3	214 582,153 9
30	66 438,847 50	79 058,186 22	94 460,786 32	113 283,211 11	164 494,022 7	199 020,877 9	241 332,684 3
31	70 760,789 88	84 801,677 39	102 073,041 37	123 345,868 00	181 943,425 0	221 913,174 5	271 292,606 5
32	75 298,829 37	90 889,778 03	110 218,154 26	134 213,537 44	201 137,767 5	247 323,623 7	304 847,719 2
33	80 063,770 84	97 343,164 71	118 933,425 06	145 950,620 44	222 251,544 2	275 529,222 3	342 429,445 5
34	85 066,959 38	104 183,754 60	128 258,764 81	158 626,670 07	245 476,698 6	306 837,436 8	384 520,979 0
35	90 320,307 35	111 434,779 87	138 236,878 35	172 316,803 68	271 024,368 5	341 589,554 8	431 663,496 5
36	95 836,322 72	119 120,866 66	148 913,459 84	187 102,147 97	299 126,805 3	380 164,405 8	484 463,116 1
37	101 628,138 86	127 268,118 66	160 337,402 02	203 070,319 81	330 039,485 9	422 982,490 5	543 598,690 0
38	107 709,545 80	135 904,205 78	172 561,020 17	220 315,945 40	364 043,434 4	470 510,564 4	609 830,532 8
39	114 095,023 09	145 058,458 13	185 640,291 58	238 941,221 03	401 447,777 9	523 266,726 5	684 010,196 7
40	120 799,774 24	154 761,965 62	199 635,111 99	259 056,518 71	442 592,555 7	581 826,066 4	767 091,420 3
41	127 839,762 95	165 047,683 56	214 609,569 83	280 781,040 21	487 851,811 2	646 826,933 7	860 142,390 8
42	135 231,751 10	175 950,544 57	230 632,239 72	304 243,523 42	537 636,992 4	718 977,896 4	964 359,477 7
43	142 993,338 66	187 507,577 24	247 776,496 50	329 583,005 30	592 400,691 6	799 065,465 0	1 081 082,615 0
44	151 143,005 59	199 758,031 88	266 120,851 25	356 949,645 72	652 640,760 8	887 962,666 2	1 211 812,528 8
45	159 700,155 87	212 743,513 79	285 749,310 84	386 505,617 38	718 904,836 8	986 638,559 5	1 358 230,032 3

TABLE VI
Valeur d'une annuité annuelle pour accumuler un capital de 1 000 $
(en fin de période)

Formule générale

$$PMT = \frac{FV}{\left[\dfrac{\left(1 + \dfrac{j}{m}\right)^{mn} - 1}{\dfrac{j}{m}}\right]}$$

Formule pour cette table,
car $m = 1$ et $j = i$

$$PMT = \frac{FV}{\left[\dfrac{(1 + i)^{n} - 1}{i}\right]}$$

où   PMT = l'annuité ou le versement annuel, ou PMT

FV = la valeur finale du capital, ou FV

n = le nombre d'années, ou n

i = le taux d'intérêt effectif annuel, ou i

Voir les tables I et II pour les définitions de m et j.

n	6 %	7 %	8 %	10 %	11 %
1	1 000,000 00	1 000,000 00	1 000,000 00	1 000,000 00	1 000,000 00
2	485,436 89	483,091 79	480,769 23	476,190 48	473,933 65
3	314,109 81	311,051 66	308,033 51	302,114 80	299,213 07
4	228,591 49	225,228 12	221,920 80	215,470 80	212,326 35
5	177,396 40	173,890 69	170,456 45	163,797 48	160,570 31
6	143,362 63	139,795 80	136,315 39	129,607 38	126,376 56
7	119,135 02	115,553 22	112,072 40	105,405 50	102,215 27
8	101,035 94	097,467 76	094,014 76	087,444 02	084,321 05
9	087,022 24	083,486 47	080,079 71	073,640 54	070,601 66
10	075,867 96	072,377 50	069,029 49	062,745 39	059,801 43
11	066,792 94	063,356 90	060,076 34	053,963 14	051,121 01
12	059,277 03	055,901 99	052,695 02	046,763 32	044,027 29
13	052,960 11	049,650 85	046,521 81	040,778 52	038,150 99
14	047,584 91	044,344 94	041,296 85	035,746 22	033,228 20
15	042,962 76	039,794 62	036,829 54	031,473 78	029,065 24
16	038,952 14	035,857 65	032,976 87	027,816 62	025,516 75
17	035,444 80	032,425 19	029,629 43	024,664 13	022,471 48
18	032,356 54	029,412 60	026,702 10	021,930 22	019,842 87
19	029,620 86	026,753 01	024,127 63	019,546 87	017,562 50
20	027,184 56	024,392 93	021,852 21	017,459 62	015,575 64
21	025,004 55	022,289 00	019,832 25	015,624 39	013,837 93
22	023,045 57	020,405 77	018,032 07	014,005 06	012,313 10
23	021,278 48	018,713 93	016,422 17	012,571 81	010,971 18
24	019,679 00	017,189 02	014,977 96	011,299 78	009,787 21
25	018,226 72	015,810 52	013,678 78	010,168 07	008,740 24
26	016,904 35	014,561 03	012,507 13	009,159 04	007,812 58
27	015,697 17	013,425 73	011,448 10	008,257 64	006,989 16
28	014,592 55	012,391 93	010,488 91	007,451 01	006,257 15
29	013,579 61	011,448 65	009,618 54	006,728 07	005,605 47
30	012,648 91	010,586 40	008,827 43	006,079 25	005,024 60
31	011,792 22	009,796 91	008,107 28	005,496 21	004,506 27
32	011,002 34	009,072 92	007,450 81	004,971 72	004,043 29
33	010,272 93	008,408 07	006,851 63	004,499 41	003,629 38
34	009,598 43	007,796 74	006,304 11	004,073 71	003,259 05
35	008,973 86	007,233 96	005,803 26	003,689 71	002,927 49
36	008,394 83	006,715 31	005,344 67	003,343 06	002,630 44
37	007,857 43	006,236 85	004,924 40	003,029 94	002,364 16
38	007,358 12	005,795 05	004,538 94	002,746 93	002,125 35
39	006,893 77	005,386 76	004,185 13	002,490 98	001,911 07
40	006,461 54	005,009 14	003,860 16	002,259 41	001,718 73
41	006,058 86	004,659 62	003,561 49	002,049 80	001,546 01
42	005,683 42	004,335 91	003,286 84	001,859 99	001,390 86
43	005,333 12	004,035 90	003,034 14	001,688 05	001,251 46
44	005,006 06	003,757 69	002,801 52	001,532 24	001,126 17
45	004,700 50	003,499 57	002,587 28	001,391 00	001,013 54

TABLE VII
Valeur du capital produisant un revenu de 1 000 $ à la fin de chaque année (capitalisation annuelle)

Formule générale

$$PV = PMT\left[\frac{1-\left(1+\frac{j}{m}\right)^{-mn}}{\frac{j}{m}}\right]$$

Formule pour cette table, car $m = 1$ et $j = i$

$$PV = PMT\left[\frac{1-(1+i)^{-n}}{i}\right]$$

où   PV = la valeur actuelle du capital, ou $\boxed{PV}$
PMT = le revenu annuel, ou $\boxed{PMT}$
n = le nombre d'années, ou $\boxed{n}$
i = le taux d'intérêt effectif annuel, ou $\boxed{i}$

Voir les tables I et II pour les définitions de m et j.

n	4 %	5 %	6 %	7 %	8 %	10 %	11 %
1	0 961,538 46	0 952,380 95	0 943,396 23	0 934,579 44	0 925,925 93	0 909,090 91	0 900,900 90
2	1 886,094 67	1 859,410 43	1 833,392 67	1 808,018 17	1 783,264 75	1 735,537 19	1 712,523 33
3	2 775,091 03	2 723,248 03	2 673,011 95	2 624,316 04	2 577,096 99	2 486,851 99	2 443,714 72
4	3 629,895 22	3 545,950 50	3 465,105 61	3 387,211 26	3 312,126 84	3 169,865 45	3 102,445 69
5	4 451,822 33	4 329,476 67	4 212,363 79	4 100,197 44	3 992,710 04	3 790,786 77	3 695,897 02
6	5 242,136 86	5 075,692 06	4 917,324 33	4 766,539 66	4 622,879 66	4 355,260 70	4 230,537 85
7	6 002,054 67	5 786,373 40	5 582,381 44	5 389,289 40	5 206,370 06	4 868,418 82	4 712,196 27
8	6 732,744 87	6 463,212 76	6 209,793 81	5 971,298 51	5 746,638 94	5 334,926 20	5 146,122 76
9	7 435,331 61	7 107,821 68	6 801,692 27	6 515,232 25	6 246,887 91	5 759,023 82	5 537,047 53
10	8 110,895 78	7 721,734 93	7 360,087 05	7 023,581 54	6 710,081 40	6 144,567 11	5 889,232 01
11	8 760,476 71	8 306,414 22	7 886,874 58	7 498,674 34	7 138,964 26	6 495,061 01	6 206,515 33
12	9 385,073 76	8 863,251 64	8 383,843 94	7 942,686 30	7 536,078 02	6 813,691 82	6 492,356 15
13	9 985,647 85	9 393,572 99	8 852,682 96	8 357,650 74	7 903,775 94	7 103,356 20	6 749,870 40
14	10 563,122 93	9 898,640 94	9 294,983 93	8 745,467 99	8 244,236 98	7 366,687 46	6 981,865 23
15	11 118,387 43	10 379,658 04	9 712,248 99	9 107,914 01	8 559,478 69	7 606,079 51	7 190,869 58
16	11 652,295 61	10 837,769 56	10 105,895 27	9 446,648 60	8 851,369 16	7 823,708 64	7 379,161 78
17	12 165,668 85	11 274,066 25	10 477,259 69	9 763,222 99	9 121,638 11	8 021,553 31	7 548,794 40
18	12 659,296 97	11 689,566 90	10 827,603 48	10 059,086 91	9 371,887 14	8 201,412 10	7 701,616 57
19	13 133,939 40	12 085,320 86	11 158,116 49	10 335,595 24	9 603,599 20	8 364,920 09	7 839,294 21
20	13 590,326 34	12 462,210 34	11 469,921 22	10 594,014 25	9 818,147 41	8 513,563 72	7 963,328 12
21	14 029,159 95	12 821,152 71	11 764,076 62	10 835,527 33	10 016,803 16	8 648,694 29	8 075,070 38
22	14 451,115 33	13 163,002 58	12 041,581 72	11 061,240 50	10 200,743 66	8 771,540 26	8 175,739 08
23	14 856,841 67	13 488,573 88	12 303,378 98	11 272,187 38	10 371,058 95	8 883,218 42	8 266,431 60
24	15 246,963 14	13 798,641 79	12 550,357 53	11 469,334 00	10 528,758 28	8 984,744 02	8 348,136 58
25	15 622,079 94	14 093,944 57	12 783,356 16	11 653,583 18	10 674,776 19	9 077,040 02	8 421,744 67
26	15 982,769 18	14 375,185 30	13 003,166 19	11 825,778 67	10 809,977 95	9 160,945 47	8 468,005 83
27	16 329,585 75	14 643,033 62	13 210,534 14	11 986,709 04	10 935,164 77	9 237,223 16	8 547,800 23
28	16 663,063 22	14 898,127 26	13 406,164 28	12 137,111 25	11 051,078 49	9 306,566 51	8 601,621 83
29	16 983,714 63	15 141,073 58	13 590,721 02	12 277,674 07	11 158,406 01	9 369,605 91	8 650,109 76
30	17 292,033 30	15 372,451 03	13 764,831 15	12 409,041 18	11 257,783 34	9 426,914 47	8 693,792 57
31	17 588,493 56	15 592,810 50	13 929,085 99	12 531,814 19	11 349,799 39	9 479,013 15	8 733,146 46
32	17 873,551 50	15 802,676 67	14 084,043 39	12 646,555 32	11 434,999 44	9 526,375 59	8 768,600 42
33	18 147,645 67	16 002,549 21	14 230,229 61	12 753,790 02	11 513,888 37	9 569,432 36	8 800,540 92
34	18 411,197 76	16 192,904 01	14 368,141 14	12 854,009 36	11 586,933 67	9 608,571 87	8 829,316 14
35	18 664,613 23	16 374,194 29	14 498,246 36	12 947,672 30	11 654,568 22	9 644,158 97	8 855,239 77
36	18 908,281 95	16 546,851 71	14 620,987 13	13 035,207 76	11 717,192 79	9 676,508 16	8 878,594 38
37	19 142,578 80	16 711,287 34	14 736,780 31	13 117,016 60	11 775,178 51	9 705,916 51	8 899,634 58
38	19 367,864 23	16 867,892 71	14 846,019 16	13 193,473 45	11 828,868 99	9 732,651 37	8 918,589 71
39	19 584,484 84	17 017,040 67	14 949,074 68	13 264,928 46	11 878,582 40	9 756,955 79	8 935,666 41
40	19 792,773 88	17 159,086 35	15 046,296 87	13 331,708 84	11 924,613 33	9 779,050 72	8 951,050 82
41	19 993,051 81	17 294,367 96	15 138,015 92	13 394,120 41	11 967,234 57	9 799,137 02	8 964,910 65
42	20 185,626 74	17 423,207 58	15 224,543 32	13 452,448 98	12 006,698 67	9 817,397 29	8 977,396 98
43	20 370,794 94	17 545,911 98	15 306,172 94	13 506,961 67	12 043,239 51	9 833,997 54	8 988,645 93
44	20 548,841 29	17 662,773 31	15 383,182 02	13 557,908 10	12 077,073 62	9 849,088 67	8 998,780 11
45	20 720,039 70	17 774,069 82	15 455,832 09	13 605,521 59	12 108,401 50	9 862,807 88	9 007,910 01

TABLE VIII
Valeur du revenu annuel pour amortir un capital de 1 000 $
(en fin de période)

Formule générale

$$PMT = \cfrac{PV}{\left[\cfrac{1 - \left(1 + \cfrac{j}{m}\right)^{-mn}}{\cfrac{j}{m}}\right]}$$

Formule pour cette table, car $m = 1$ et $j = i$

$$PMT = \left[\cfrac{PV}{\cfrac{1 - (1 + i)^{-n}}{i}}\right]$$

où PMT = le revenu annuel, ou $\boxed{PMT}$

PV = la valeur actuelle du capital, ou $\boxed{PV}$

n = le nombre d'années, ou $\boxed{n}$

i = le taux d'intérêt effectif annuel, ou $\boxed{i}$

n	6 %	7 %	8 %	10 %	11 %
1	1 060,000 00	1 070,000 00	1 080,000 00	1 100,000 00	1 110,000 00
2	545,436 89	553,091 79	560,769 23	576,190 48	583,933 65
3	374,109 81	381,051 66	388,033 51	402,114 80	409,213 07
4	288,591 49	295,228 12	301,920 80	315,470 80	322,326 35
5	237,396 40	243,890 69	250,456 45	263,797 48	270,570 31
6	203,362 63	209,795 80	216,315 39	229,607 38	236,376 56
7	179,135 02	185,553 22	192,072 40	205,405 50	212,215 27
8	161,035 94	167,467 76	174,014 76	187,444 02	194,321 05
9	147,022 24	153,486 47	160,079 71	173,640 54	180,601 66
10	135,867 96	142,377 50	149,029 49	162,745 39	169,801 43
11	126,792 94	133,356 90	140,076 34	153,963 14	161,121 01
12	119,277 03	125,901 99	132,695 02	146,763 32	154,027 29
13	112,960 11	119,650 85	126,521 81	140,778 52	148,150 99
14	107,589 41	114,344 94	121,296 85	135,746 22	143,228 20
15	102,962 76	109,794 62	116,829 54	131,473 78	139,065 24
16	098,952 14	105,857 65	112,976 87	127,816 62	135,516 75
17	095,444 80	102,425 19	109,629 43	124,664 13	132,471 48
18	092,356 54	099,412 60	106,702 10	121,930 22	129,842 87
19	089,620 86	096,753 01	104,127 63	119,546 87	127,562 50
20	087,184 56	094,392 93	101,852 21	117,459 62	125,575 64
21	085,004 55	092,289 00	099,832 25	115,624 39	123,837 93
22	083,045 57	090,405 77	098,032 07	114,005 06	122,313 10
23	081,278 48	088,713 93	096,422 17	112,571 81	120,971 18
24	079,679 00	087,189 02	094,977 96	111,299 78	119,787 21
25	078,226 72	085,810 52	093,678 78	110,168 07	118,740 24
26	076,904 35	084,561 03	092,507 13	109,159 04	117,812 58
27	075,697 17	083,425 73	091,448 09	108,257 64	116,989 16
28	074,592 55	082,391 93	090,488 91	107,451 01	116,257 15
29	073,579 61	081,448 65	089,618 54	106,728 07	115,605 47
30	072,648 91	080,586 40	088,827 43	106,079 25	115,024 60
31	071,792 22	079,796 91	088,107 28	105,496 21	114,562 67
32	071,002 34	079,072 92	087,450 81	104,971 72	114,043 29
33	070,272 94	078,408 07	086,851 63	104,499 41	113,629 38
34	069,598 43	077,796 74	086,304 11	104,073 71	113,259 05
35	068,973 86	077,233 96	085,803 26	103,689 71	112,927 49
36	068,394 83	076,715 31	085,344 67	103,343 06	112,630 44
37	067,857 43	076,236 85	084,924 40	103,029 94	112,364 16
38	067,358 12	075,795 05	084,538 94	102,746 93	112,125 35
39	066,893 77	075,386 76	084,185 13	102,490 98	111,911 07
4Q	066,461 54	075,009 14	083,860 16	102,259 41	111,718 73
41	066,058 86	074,659 62	083,561 49	102,049 80	111,546 01
42	065,683 42	074,335 91	083,286 84	101,859 99	111,390 86
43	065,333 12	074,035 90	083,034 14	101,688 05	111,251 46
44	065,006 06	073,757 69	082,801 52	101,532 24	111,126 17
45	064,700 50	073,499 57	082,587 28	101,391 00	111,013 54

TABLE **IX**
Valeur finale d'une annuité de 1 000 $ comme versement initial, à progression géométrique (en fin de période) — Inflation de 4 %

Formule générale

$$FV = PMT(1+i)^n \left[\frac{\left(\frac{1+r}{1+i}\right)^n - 1}{r-i} \right]$$

Cas particuliers

Si $r = 0$, la formule revient à celle de la table V

Si $r = i$, la formule devient :

$$FV = n \left[PMT(1+i)^{n-1} \right]$$

où FV = la valeur finale du capital, ou FV

PMT = le versement initial, ou PMT

n = le nombre d'années, ou n

i = le taux d'intérêt effectif annuel, ou i

r = l'inflation

Rendement Années	4 %	5 %	6 %	7 %	8 %	9 %	10 %
1	1 000	1 000	1 000	1 000	1 000	1 000	1 000
2	2 080	2 090	2 100	2 110	2 120	2 130	2 140
3	3 245	3 276	3 308	3 339	3 371	3 403	3 436
4	4 499	4 565	4 631	4 698	4 766	4 834	4 904
5	5 849	5 963	6 079	6 197	6 317	6 439	6 564
6	7 300	7 478	7 660	7 847	8 039	8 236	8 437
7	8 857	9 117	9 385	9 662	9 947	10 242	10 546
8	10 527	10 889	11 264	11 654	12 059	12 480	12 917
9	12 317	12 802	13 308	13 838	14 392	14 972	15 577
10	14 233	14 865	15 530	16 230	16 967	17 742	18 558
11	16 283	17 088	17 942	18 847	19 805	20 819	21 894
12	18 473	19 482	20 558	21 705	22 928	24 233	25 623
13	20 813	22 057	23 393	24 826	26 364	28 015	29 787
14	23 311	24 825	26 461	28 229	30 138	32 201	34 430
15	25 975	27 798	29 781	31 936	34 281	36 831	39 605
16	28 815	30 989	33 368	35 973	38 824	41 947	45 367
17	31 841	34 411	37 243	40 364	43 803	47 595	51 776
18	35 062	38 080	41 426	45 137	49 255	53 826	58 902
19	38 490	42 010	45 937	50 323	55 221	60 696	66 818
20	42 137	46 217	50 800	55 952	61 746	68 266	75 606
21	46 014	50 719	56 040	62 060	68 877	76 601	85 358
22	50 133	55 534	61 681	68 683	76 666	85 774	96 173
23	54 508	60 680	67 751	75 861	85 169	95 863	108 160
24	59 153	66 179	74 281	83 636	94 447	106 956	121 440
25	64 083	72 051	81 301	92 053	104 566	119 145	136 148
26	69 312	78 319	88 845	101 163	115 597	132 534	152 428
27	74 857	85 008	96 948	111 017	127 617	147 234	170 444
28	80 734	92 141	105 649	121 671	140 710	163 369	190 372
29	86 962	99 747	114 986	133 187	154 966	181 071	212 407
30	93 559	107 853	125 004	145 629	170 482	200 486	236 767
31	100 545	116 489	135 748	159 066	187 364	221 773	263 687
32	107 940	125 687	147 266	173 574	205 726	245 106	293 429
33	115 766	135 479	159 610	189 232	225 692	270 673	326 280
34	124 045	145 901	172 835	206 127	247 396	298 682	362 556
35	132 801	156 991	186 999	224 350	270 982	329 358	402 606
36	142 059	168 786	202 165	244 001	296 606	362 946	446 812
37	151 845	181 329	218 399	265 185	324 439	399 715	495 598
38	162 187	194 664	235 771	288 016	354 662	439 958	549 426
39	173 114	208 836	254 356	312 616	387 474	483 993	608 807
40	184 654	223 894	274 233	339 115	423 088	532 169	674 304
41	196 842	239 890	295 488	367 654	461 736	584 865	746 535
42	209 708	256 877	318 211	398 383	503 668	642 496	826 182
43	223 289	274 914	342 496	431 463	549 154	705 513	913 993
44	237 622	294 060	368 446	467 066	598 487	774 410	1 010 793
45	252 743	314 379	396 170	505 377	651 983	849 724	1 117 489

TABLE X
Valeur du versement initial d'une annuité à progression géométrique pour atteindre un capital de 10 000 $ (en fin de période) — Inflation de 4 %

Formule générale

$$PMT = \cfrac{FV}{(1+i)^n \left[\cfrac{\left(\cfrac{1+r}{1+i}\right)^n - 1}{r-i} \right]}$$

Cas particuliers

Si $r = 0$, la formule revient à celle de la table VI

Si $r = i$, la formule devient :

$$PMT = \frac{FV}{n(1+i)^{n-1}}$$

où   PMT   = le versement initial, ou $\boxed{\text{PMT}}$

FV   = la valeur finale du capital, ou $\boxed{\text{FV}}$

n = le nombre d'années, ou $\boxed{\text{n}}$

i = le taux d'intérêt effectif annuel, ou $\boxed{\text{i}}$

r = l'inflation

Rendement Années	4 %	5 %	6 %	7 %	8 %	9 %	10 %
1	10 000	10 000	10 000	10 000	10 000	10 000	10 000
2	4 808	4 785	4 762	4 739	4 717	4 695	4 673
3	3 082	3 052	3 023	2 995	2 966	2 938	2 911
4	2 222	2 191	2 159	2 129	2 098	2 068	2 039
5	1 710	1 677	1 645	1 614	1 583	1 553	1 523
6	1 370	1 337	1 305	1 274	1 244	1 214	1 185
7	1 129	1 097	1 066	1 035	1 005	976	948
8	950	918	888	858	829	801	774
9	812	781	751	723	695	668	642
10	703	673	644	616	589	564	539
11	614	585	557	531	505	480	457
12	541	513	486	461	436	413	390
13	480	453	427	403	379	357	336
14	429	403	378	354	332	311	290
15	385	360	336	313	292	272	252
16	347	323	300	278	258	238	220
17	314	291	269	248	228	210	193
18	285	263	241	222	203	186	170
19	260	238	218	199	181	165	150
20	237	216	197	179	162	146	132
21	217	197	178	161	145	131	117
22	199	180	162	146	130	117	104
23	183	165	148	132	117	104	92
24	169	151	135	120	106	93	82
25	156	139	123	109	96	84	73
26	144	128	113	99	87	75	66
27	134	118	103	90	78	68	59
28	124	109	95	82	71	61	53
29	115	100	87	75	65	55	47
30	107	93	80	69	59	50	42
31	99	86	74	63	53	45	38
32	93	80	68	58	49	41	34
33	86	74	63	53	44	37	31
34	81	69	58	49	40	33	28
35	75	64	53	45	37	30	25
36	70	59	49	41	34	28	22
37	66	55	46	38	31	25	20
38	62	51	42	35	28	23	18
39	58	48	39	32	26	21	16
40	54	45	36	29	24	19	15
41	51	42	34	27	22	17	13
42	48	39	31	25	20	16	12
43	45	36	29	23	18	14	11
44	42	34	27	21	17	13	10
45	40	32	25	20	15	12	9

TABLE XI
Capital nécessaire pour alimenter une annuité à progression géométrique de 10 000 $ l'an (en fin de période) — Inflation de 4 %

Formule générale

$$PV = PMT\left[\dfrac{1 - \left(\dfrac{1+r}{1+i}\right)^{n}}{i - r}\right]$$

Cas particuliers

Si $r = 0$, la formule revient à celle de la table VII

Si $r = i$, la formule devient :

$$PV = n\left[PMT(1 + i)^{-1}\right]$$

où PV = la valeur actuelle du capital, ou PV

PMT = l'annuité ou le revenu annuel, ou PMT

n = le nombre d'années, ou n

i = le taux d'intérêt effectif annuel, ou i

r = l'inflation

Rendement Années	4 %	5 %	6 %	7 %	8 %	9 %	10 %
1	9 615	9 524	9 434	9 346	9 259	9 174	9 091
2	19 231	18 957	18 690	18 430	18 176	17 928	17 686
3	28 846	28 300	27 771	27 259	26 762	26 280	25 812
4	38 462	37 554	36 681	35 840	35 030	34 249	33 495
5	48 077	46 720	45 423	44 181	42 992	41 852	40 759
6	57 692	55 799	54 000	52 288	50 659	49 106	47 627
7	67 308	64 791	62 415	60 168	58 042	56 028	54 120
8	76 923	73 698	70 671	67 827	65 151	62 632	60 259
9	86 538	82 520	78 772	75 271	71 997	68 934	66 063
10	96 154	91 258	86 719	82 506	78 590	74 946	71 550
11	105 769	99 912	94 517	89 539	84 939	80 682	76 738
12	115 385	108 484	102 168	96 374	91 052	86 156	81 644
13	125 000	116 975	109 674	103 018	96 939	91 378	86 281
14	134 615	125 384	117 039	109 475	102 608	96 360	90 666
15	144 231	133 714	124 264	115 752	108 067	101 115	94 811
16	153 846	141 964	131 354	121 852	113 324	105 651	98 731
17	163 462	150 136	138 309	127 782	118 386	109 979	102 436
18	173 077	158 230	145 133	133 545	123 260	114 108	105 940
19	182 692	166 247	151 829	139 146	127 954	118 048	109 252
20	192 308	174 187	158 398	144 591	132 475	121 807	112 384
21	201 923	182 052	164 844	149 883	136 827	125 394	115 345
22	211 538	189 842	171 167	155 026	141 019	128 816	118 144
23	221 154	197 557	177 372	160 025	145 055	132 082	120 791
24	230 769	205 200	183 459	164 885	148 942	135 197	123 293
25	240 385	212 769	189 431	169 607	152 685	138 170	125 659
26	250 000	220 267	195 291	174 198	156 289	141 006	127 896
27	259 615	227 692	201 040	178 660	159 760	143 712	130 011
28	269 231	235 048	206 681	182 996	163 102	146 294	132 010
29	278 846	242 333	212 215	187 211	166 321	148 758	133 900
30	288 462	249 549	217 645	191 308	169 420	151 108	135 688
31	298 077	256 696	222 973	195 290	172 404	153 351	137 377
32	307 692	263 775	228 200	199 161	175 278	155 491	138 975
33	317 308	270 786	233 328	202 922	178 046	157 533	140 485
34	326 923	277 731	238 359	206 579	180 711	159 481	141 913
35	336 538	284 610	243 296	210 133	183 277	161 339	143 264
36	346 154	291 423	248 139	213 587	185 748	163 113	144 540
37	355 769	298 171	252 891	216 944	188 128	164 805	145 747
38	365 385	304 855	257 554	220 207	190 419	166 419	146 888
39	375 000	311 476	262 128	223 379	192 626	167 960	147 967
40	384 615	318 033	266 616	226 462	194 751	169 429	148 987
41	394 231	324 528	271 020	229 458	196 797	170 832	149 951
42	403 846	330 961	275 340	232 371	198 768	172 170	150 863
43	413 462	337 333	279 579	235 202	200 665	173 446	151 725
44	423 077	343 643	283 738	237 953	202 492	174 664	152 540
45	432 692	349 894	287 818	240 627	204 252	175 827	153 311

Note : Une douzième table, qui serait l'équivalence de la table VIII pour $r = 0$, n'est pas fournie. La formule générale pour une telle table peut facilement être dérivée de la formule générale de la table XI.

$$PMT = \frac{PV}{\left[\dfrac{1 - \left(\dfrac{1+r}{1+i}\right)^n}{i-r}\right]}$$

Un autre moyen serait tout simplement de prendre la réciproque des facteurs de la table XI (en utilisant toujours 1 $). Par exemple, pour $n = 15$ et $i = 10\%$, on prendrait la réciproque de $(1 \div 9,481\,1) \times 10\,000\,\$ = 1\,055\,\$$. Un montant de 1 055 $ reçu en fin de période annuelle et augmenté tous les ans de 4 % prendrait ainsi 15 ans, à 10 %, pour amortir un capital initial de 10 000 $. Avec la table VIII ($r = 0$), on obtiendrait dans les mêmes conditions une annuité fixe de 1 315 $ par année.

L'ANALYSE DE LA SITUATION FINANCIÈRE

B

CONTENU[1]

- **QUESTIONNAIRE Nº 1**
  Profil de la situation personnelle et familiale

- **QUESTIONNAIRE Nº 2**[2]
  Profil de la situation financière

---

1. Ces questionnaires, en blanc, se trouvent sur le site de Gaëtan Morin Éditeur (www.groupemorin.com).
2. Ce questionnaire contient des éléments financiers qui permettront d'établir le bilan personnel.

Les modules intégrés inc.[3]

Montréal, le 24 septembre 2001

Madame Francine Simard et Monsieur Claude Lajoie
100, rue Principale
Montréal (Québec)
H3H 1H1

Madame, Monsieur,

Ce premier questionnaire doit être rempli avec le plus de précision possible. Cependant, les questions exigeant plus de détails pourront être finalisées avec nos spécialistes au cours de la prochaine rencontre, au moment où nous discuterons plus en profondeur de vos objectifs personnels.

Obtenir ensemble un profil précis de votre situation personnelle est la première étape d'une bonne planification financière. Les questions vous aident à réfléchir sur votre situation actuelle et future, et favorisent un meilleur dialogue avec nos conseillers.

Pour la prochaine rencontre, il ne sera donc pas indispensable d'avoir fourni toutes les réponses, mais il serait utile d'apporter ce questionnaire et vos documents financiers ou légaux. À cet effet, nous avons inclus une liste des documents nécessaires à la fin du questionnaire.

Nous remplirons ensemble le questionnaire n° 2, qui concerne les éléments financiers de votre bilan.

Nous prévoyons vous remettre le rapport final le 1er novembre 2001 ; toutes les données financières doivent donc se rapporter à l'année débutant le 1er novembre 2001 et se terminant le 31 octobre 2002.

La prochaine rencontre nous procurera les renseignements de base qui permettront d'établir un premier plan d'ensemble dans le but d'atteindre le meilleur équilibre entre votre qualité de vie et votre indépendance financière.

Veuillez agréer, Madame Simard et Monsieur Lajoie, l'expression de mes sentiments distingués.

Pierre G. Rolland

Pierre G. Rolland
Conseiller en planification financière

---

3. Nom fictif.

PROFIL DE LA SITUATION PERSONNELLE ET FAMILIALE

1. Renseignements généraux

Nom(s) et prénom(s)	État civil	Date de naissance (âge)	Occupation(s)
Lajoie Claude	*marié*	*14 février 1969 (32 ans)*	*conseiller technique*
Simard Francine	*mariée*	*15 janvier 1972 (29 ans)*	*représentante*

Adresse Résidence Bureau principal Conjoint ☑ Conjointe ☐

	Résidence	Bureau principal
Nom		*ABC inc.*
Rue	*100, rue Principale*	*1050, Belle Rue*
Ville	*Montréal (Québec)*	*Montréal (Québec)*
Code postal	*H3H 1H1*	*H1H 3H3*
Téléphone	*(514) 101-1010*	*(514) 123-4321*

Adresse de correspondance Résidence ☐ Bureau ☑

Professionnels consultés : comptable, avocat, notaire, courtier en valeurs mobilières, courtier d'assurances, conseiller personnel, etc. (La liste des professionnels consultés n'est pas obligatoire, mais pourrait s'avérer très utile.)

Profession	Bureau	Nom	Téléphone

2. Renseignements familiaux

Cette planification financière concerne le couple ☑ une personne ☐

Enfants à charge Autre(s) personne(s) à charge (expliquer)

Prénom	Âge	*Aucune*
Nathalie	*6 ans*	
Jean-Michel	*1 an*	

Prévoyez-vous avoir d'autres enfants ? Oui ☐ Non ☑ Si oui, combien ? _____

Vos enfants possèdent-ils un compte en banque individuel ? Oui ☐ Non ☐

Enfant	Montant

3. Coût de vie mensuel (pour l'année qui vient, soit du 1er novembre 2001 au 31 octobre 2002)*

A) Maison

Loyer	—
Hypothèque**	534 $
Téléphone	60
Câble	40
Chauffage	75
Électricité	75
Taxes (total)	200
Entretien**	36
Assurances (feu, vol, etc.)	60
Ameublement**	30
Autres frais	—
TOTAL MENSUEL (A)	1 110 $

B) Transport

Essence et huile (auto)	140 $
Entretien (auto)	50
Assurance-auto	60
Automobile**	—
Immatriculation et permis	50
Stationnement	40
Location d'un garage	40
Taxis	40
Métro ou autobus	—
Autres frais	—
TOTAL MENSUEL (B)	420 $

C) Famille

Alimentation**	650 $
Habillement	80
Frais de scolarité	—
Sports et loisirs**	75
Sorties au restaurant	140
Pharmacie et cosmétiques	65
Journaux et magazines	25
Tabac et alcool	60
Frais de garderie	75
Dentiste ou optométriste	50
Allocation aux enfants	—
Loterie	10
Argent de poche	125
Autres frais	—
TOTAL MENSUEL (C)	1 355 $

D) Divers

Vacances et voyages**	275 $
Assurance-vie	25
Autres assurances	—
Dons ou cadeaux	30
Aide ménagère	—
Pension alimentaire	—
Autres frais	—
TOTAL MENSUEL (D)	330 $
TOTAL GÉNÉRAL MENSUEL (A) (B) (C) (D)	3 215 $
TOTAL ANNUEL	38 580 $
Ajouter 5 % pour imprévus	1 929
Coût de vie annuel	40 509
COÛT DE VIE ANNUEL (total arrondi à 100 $ près)	40 500 $

* Les données concernant le coût de vie mensuel sont reproduites au tableau 5.3.
** Ces éléments sont décrits à la sous-section 5.2.4.

4. Projets spéciaux

Il faut considérer ici les dépenses majeures que vous désirez effectuer d'ici cinq ans environ et qui n'ont pas déjà été incluses dans votre coût de vie.

	Année	Coût	Commentaires
Voyage			
Scolarité (extraordinaire)			
Maison (rénovations)	*2001-2002*	*5 500 $*	*Urgent — ajout d'un garage*
Maison (achat)			
Piscine	*2002-2003*	*9 500 $*	*Si possible seulement*
Chalet			
Copropriété			
Automobile			
Ordinateur			
Ameublement			
Autres (divers)			

5. Retraite

	Conjoint	Conjointe
Âge actuel	*32 ans*	*29 ans*
Âge de la retraite (1er choix)	*60 ans*	*57 ans*
(2e choix)	*65 ans*	*62 ans*

Ajustement au coût de vie à la retraite : réduction, augmentation ou aucun ajustement

Retraite   (1er choix)   *0 %*

(2e choix)   *0 %*

Dépenses totales relatives aux enfants : frais approximatifs pour l'année 2001-2002   *5 000 $*

Provision annuelle pour projets spéciaux : changement de meubles, d'auto, ou autres projets de toute nature (exclus du coût de vie) pour les 5 à 10 prochaines années   *6 000 $*

Prévoyez-vous un changement majeur dans votre vie familiale ou professionnelle ?

D'ici cinq ans   *Non*

À plus long terme   *Non*

6. Revenu de travail

Profil des salaires annuels	2001		2002*		2003*	
	Conjoint	Conjointe	Conjoint	Conjointe	Conjoint	Conjointe
Salaire brut	*55 600 $*	*16 000 $*				
Retenues à la source	*21 000 $*	*3 300 $*				
Salaire net	*34 600 $*	*12 700 $*				

Total des acomptes provisionnels effectués depuis le début de l'année civile

Montant _____*Aucun*_____ Date _____

Brève description de l'occupation d'où provient votre revenu salarial

*Claude : conseiller technique dans le domaine de la réfrigération*

*Francine : représentante dans une boutique de vêtements de cuir*

* Si vous n'avez pas inscrit de salaire pour 2002 et 2003, quelle augmentation annuelle
prévoyez-vous pour les prochaines années ? _____*2 %*_____

7. Revenu de location (immeuble habité ☐ ou non ☐ par le propriétaire) sans objet ☑

Note : Fournir tous les renseignements utiles (voir le site www.groupemorin.com pour une question détaillée).

8. Objectifs personnels et familiaux

Que signifie pour vous l'indépendance financière ?

*Possibilité d'une préretraite à 60 ans sans aucune dette ; études des enfants payées ; maison payée ;*

*vivre en toute tranquillité d'esprit sans problème financier.*

Jusqu'à quel âge limite prévoyez-vous être le soutien financier de vos enfants ?
(Cette question peut avoir une influence sur le montant d'assurance-vie.)

Enfant	Âge actuel	Âge limite
Nathalie	*6 ans*	*25 ans*
Jean-Michel	*1 an*	*25 ans*

Prévoyez-vous inclure dans vos besoins financiers en assurance-vie un montant d'argent pour un fonds spécial
d'études universitaires pour vos enfants ?   Oui ☑   Non ☐

Montant _____*2 × 10 000 $ = 20 000 $*_____

Votre âge à ce moment-là _____*Vers 36 ans, au moment où mes dettes seront payées.*_____

Avez-vous un REÉÉ pour vos enfants ?   Oui ☐   Non ☑

Prévoyez-vous en avoir un ? Oui ☑   Non ☐   Quand ? _____*Le plus tôt possible*_____

Recevez-vous du fédéral des prestations fiscales pour enfants ?   Oui ☑   Non ☐

Si oui, combien ? _____*100 $ par mois ou 1 200 $ l'an*_____

9. Placements

En fonction de votre tolérance au risque, quelle répartition de placements préférez-vous ?

Placements totalement sécuritaires (sans risque)   *40 %*

Placements partiellement sécuritaires (risque faible à moyen)   *30 %*

Placements spéculatifs (risque élevé)   *30 %*

Outre la rentabilité, quelle caractéristique majeure recherchez-vous dans vos placements ?

Rendement d'environ 10 % pour un portefeuille à long terme bien diversifié.

10. Succession

Date du mariage   *9 octobre 1993*

Régime matrimonial   *Société d'acquêts*

Contrat de mariage   Oui ☐   Non ☑

Avez-vous un testament ?   *Oui*   Votre conjoint ?   *Non*

Testament avec clause de décès simultané   Oui ☐   Non ☑

Quels sont vos objectifs majeurs pour votre succession ?

Assurer la qualité de vie à toute la famille survivante.

Y a-t-il des aspects précis qui vous préoccupent au sujet d'un testament ?

Qu'arrive-t-il aux enfants dans l'éventualité d'un décès simultané des deux parents ?

Est-il probable que vous ou votre conjoint héritiez ?   Oui ☐   Non ☑

Si oui, de combien ? _____   Quand ? _____

Avez-vous pensé à créer une fiducie testamentaire ?   Oui ☐   Non ☑

11. Assurances

Polices d'assurance-vie : Dressez la liste des polices d'assurance-vie de chaque membre de la famille.

Détenteur/Bénéficiaire	Compagnie	Genre de police	Prime annuelle	Valeur de rachat	Montant de protection
Claude/Francine	*XYZ Assurance-vie*	*T-10*	*300 $*	*Aucune*	*100 000 $*

Fumez-vous ?   Conjoint   *Non*   Conjointe   *Non*

Si oui, combien de cigarettes par jour ?   _____   _____

Commentaire(s)

La police T-10 a été contractée en avril 1994 et expire en avril 2004. Par contre, l'entreprise ABC inc.

pour laquelle Claude travaille lui fournit une assurance-vie temporaire collective de 25 000 $ sans aucuns

frais. Cette assurance contient une clause de protection conjoint-enfants.

Quel montant d'assurance-vie minimal désirez-vous maintenir ?   *75 000 $*

Assurance-hypothèque   Résidence principale   Oui ☐   Non ☑

Autre immeuble (spécifier)   Oui ☐   Non ☐   Sans objet ☑

Vos polices d'assurance-vie présentent-elles (dans l'incertitude, fournir les polices d'assurance) :

1) une clause d'assurance-salaire ?   *Non*

2) une clause de protection conjoint et enfants ?   *Oui*

3) autres ?   *—*

Donner les détails.

Conjoint : 10 000 $; enfants : 5 000 $ chacun (police collective fournie par ABC inc.)

Polices d'assurance-salaire (invalidité)   Oui ☐   Non ☑

12. Commentaires

Commentaires additionnels pouvant nous aider à mieux connaître vos objectifs personnels et familiaux

Notre objectif principal est de maintenir notre qualité de vie en payant nos dettes et en préparant

la retraite.

Date   *2 octobre 2001*   Lieu   *Montréal*

DOCUMENTS REQUIS (s'ils sont disponibles)

☑ Déclarations de revenus (trois ans)
☑ Idem pour le conjoint
☑ Bilans personnels (trois ans)
☑ Idem pour le conjoint
☐ États financiers d'entreprises
☑ Polices d'assurances
☐ Testaments

☐ Contrat de mariage
☐ Conventions entre associés
☐ Fiducies
☐ Acte de divorce
☑ Documents financiers (relevés de placements, comptes de banque, créances [ou comptes débiteurs], liste des dettes, avoir net, etc.)
☐ Autres _____

QUESTIONNAIRE Nº 2
PROFIL DE LA SITUATION FINANCIÈRE

1. Encaisse : solde de vos comptes bancaires   _1 800_ $

2. Comptes clients : total des sommes à recevoir (Régie, clients, autres)   — $

3. Assurances-vie : valeur de rachat   — $

4. Obligations d'épargne

Nom	Date d'achat	Échéance	Taux d'intérêt	Montant

                                                                                                           — $

5. Dépôts à terme ou certificats de placement garanti

Établissement financier	Type	Date d'achat	Échéance	Taux d'intérêt	Montant
Banque DICI	*CPG*		*2002-07-31*	*6 %*	*16 000 $*

Commentaires   *Il s'agit de quatre CPG au total, trois de 5 000 $ et un de 1 000 $.*   16 000 $

6. Autres produits financiers : obligations, actions, etc.
Fournir une liste avec tous les détails.   — $

7. REÉR traditionnel et autogéré

Nom de l'établissement financier	Type de REÉR	Date d'achat	Valeur à l'achat	Valeur totale actuelle
Caisse XYZ	*Fonds d'investissement équilibré*	*Environ 750 $ l'an depuis 1995*	*4 500 $*	*6 216 $*

                                                                                                           6 216 $

8. REÉÉ individuel ou familial

Nom de l'établissement financier	Type de REÉÉ	Contributions	Valeur totale actuelle
_____	_____	_____	_____
_____	_____	_____	_____

_____ $

9. Régime de pension agréé (RPA) — employeur

C'est le cas si vous êtes salarié et que vous participez à un régime de pension agréé de votre employeur.

Nom du régime   *RPA Idéal*

Type de régime   *Cotisations déterminées*

Cotisations pour l'année 2001   Employé :   *1 300 $*

                            Employeur :   *1 300 $*

Note : Les cotisations augmentent au taux de 2 % l'an.

Détails sur le régime   *À 65 ans, 45 % du salaire de la dernière année de travail ;*

                                à 60 ans, 40 %

Valeur actuelle du régime   *inconnue* $

10. Solde des prêts que vous avez consentis à d'autres personnes   _____ $

11. Autres éléments d'actif

Collection de timbres   _____

Œuvres d'art (peintures, sculptures, etc.)   _____

Meubles de collection   _____

Chaîne stéréo spéciale   _____

Bijoux   _____

Investissement (or, argent, diamant)   _____

Fourrures   _____

Autres   _____

_____ $

12. Immobilisations

	Coût	Valeur actuelle
Résidence principale	105 000 $	122 000 $
Ameublement général	24 000	18 000
Automobile(s)	25 000	19 000
Chalet		
Autres (bateau, avion, terrain)		

Valeur actuelle totale : _159 000_ $

13. Hypothèque sur votre résidence principale et votre résidence secondaire

	Résidence principale	Résidence secondaire
Date d'achat	Septembre 1994	
Prêteur	Banque DICI	
Date du prêt	1er nov. 1999	
Terme	5 ans	
Période d'amortissement en années à la date de prêt	20 ans	
Montant du prêt	60 000 $	
Solde du prêt*	57 602 $**	
Taux d'intérêt	9 %	
Remboursement mensuel (capital et intérêt)	534 $	
Autre mode de remboursement		
Commentaires		

* Ce solde est-il assuré ?   Oui ☐   Non ☑

** Calculatrice : 24 mois, puis (AMRT) 3 fois. Il faut avoir établi le remboursement mensuel de 534 $ (PMT) au préalable.

14. Autres dettes

Ne pas inclure ici la marge de crédit, mais toutes vos autres dettes telles que les emprunts bancaires, les emprunts personnels, les billets à ordre, etc.

	Emprunt n° 1	Emprunt n° 2	Emprunt n° 3	Autre
Nom du prêteur	Banque DICI			
Raison du prêt	Automobile			
Date du prêt	1er mai 2001			
Montant du prêt	22 000 $			
Échéance	1er mai 2006			
Solde actuel	20 217 $*			
Ce solde est-il assuré ?	Non			
Taux d'intérêt	9 %			
Montant mensuel (capital et intérêt)	457 $			
ou Intérêt seulement				
Autre mode de remboursement				

Commentaires   *En mai 2006, ou avant si possible, nous envisageons une location d'auto ou un prêt-rachat.*

* Calculatrice : 6 mois, puis [AMRT] 3 fois. Il faut avoir établi le versement mensuel de 457 $ au préalable.

15. Solde des cartes de crédit   3 900 $

16. Marge de crédit : montant autorisé   — $

17. Impôt à payer

Si vous n'avez pas réglé votre dernier compte avec le fédéral ou le provincial en avril dernier, indiquer le montant en cause. Si l'impôt est réglé, ne rien indiquer.   Année

                                       2000   925 $

18. Dette éventuelle

Si vous prévoyez une dette future, indiquer le montant et la date.   Date

                                         —   — $

SOLUTIONS DES EXERCICES

CHAPITRE 3

1. En ce sens, rendement réel signifie « intérêt moins inflation ».

   Donc 10 % – 5 % = 5 % de rendement réel.

   Par conséquent, 2 000 $ à 5 % sur 2 ans.

   Table III, 5 %, $n = 2$; facteur : 1 102,50 (deux décimales pour une réponse exacte) ; 1 102,50 × 2 (pour 2 000 $). Valeur finale = 2 205 $.

   Rendement réel en pourcentage : 5 %.

   Rendement réel en dollars : 2 205 $ – 2 000 $ = 205 $.

2. Intérêt simple
   200 $ l'an × 2 = 400 $.

   Intérêt composé
   200 $ + (200 $ × 1,10) = 420 $;
   ou table III, 10 %, $n = 2$;
   1 210 × 2 (pour 2 000 $) = 2 420 $;

   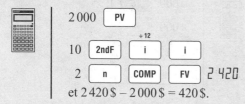

   et 2 420 $ – 2 000 $ = 420 $.

   Différence entre l'intérêt composé et l'intérêt simple : 420 $ – 400 $ = 20 $. Avec l'intérêt composé, l'intérêt de 200 $ la première année produit un intérêt de 20 $ (10 % × 200 $).

3. **a)** 2 000 $ à 15 % pour 3 ans ;
   Table I, facteur : 34,67 ;
   34,67 × 2 (pour 2 000 $) = 69,34 $.

   Paiement mensuel : 69,34 $ par mois.

   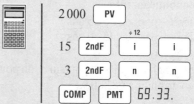

   Note : La différence de 1 ¢ provient de l'arrondissement dans les tables.

   b) Il faut conserver le résultat précédent, soit 69,33 $, puis calculer

4. **a)** Hypothèque de 70 000 $, 25 ans, à 9 % ;
   Table II, facteur : 8,28 ;
   8,28 × 70 (pour 70 000 $) = 579,60 $.

   Paiement mensuel : 579,60 $.

    Il faut en tout premier lieu arrimer la capitalisation des intérêts avec les paiements mensuels (voir le prêt hypothécaire à la sous-section 3.2.1) : on obtient 8,83… %, résultat que l'on pourra conserver exactement, sans l'arrondir.

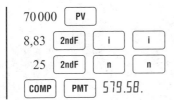

70 000 **PV**

8,83 **2ndF** **i** **i**

25 **2ndF** **n** **n**

COMP **PMT** 579.58.

b) Après le calcul du PMT :

60 **AMRT** **AMRT** **AMRT**

66 181.18.

Solde du capital après 60 versements en cinq ans : 66 181,18 $.

c) Période de 25 ans

Paiement total (579,60 × 12 × 25)	173 880 $
Moins : Capital	70 000
Intérêt payé	103 880 $

Période de 10 ans

Paiement total (12,58 × 70 [pour 70 000 $] × 12 × 10)	105 672 $
Moins : Capital	70 000
Intérêt payé	35 672 $

Économie en intérêt

Intérêt – période de 25 ans	103 880 $
Intérêt – période de 10 ans	35 672
Intérêt payé en moins	68 208 $

Note : Selon l'objectif poursuivi, on pourrait très bien arrondir à 68 200 $.

5. Table III, inflation : 6 %, $n = 25$ ans ;
Facteur : 4 291,87 ;
4 291,87 × 25 (pour 25 000 $) = 107 296,75 $ ou 107 297 $.

Montant à gagner pour contrer l'inflation : 107 297 $ l'an ou 107 300 $ (valeur arrondie à 100 $ près).

Note : On obtient le même résultat avec la calculatrice.

6. Cet exercice reprend exactement le calcul du prêt hypothécaire présenté à la sous-section 3.2.1.

a) Les trois taux sont équivalents.

b) 10 000 $ à 12,36 % (capitalisation annuelle) donne 1 236 $. Les trois taux offriraient le même rendement, donc le même montant total.

7. a) Table I, facteur : 23,20 ;
23,20 × 10 (pour 10 000 $) = 232 $ par mois.

Montant du versement mensuel : 232 $ par mois (232,68 $ avec la calculatrice).

b) 232 $ × 60 = 13 920 $;
Donc 13 920 $ − 10 000 $ = 3 920 $.

Montant total payé en intérêts : 3 920 $ (3 961 $ avec la calculatrice).

c) On demande : i = taux effectif ;
$j = 14 \%$;
$m = 12$ fois l'an.

Donc
$$i = \left(1 + \frac{0,14}{12}\right)^{12} - 1$$
$$= 1,1493 - 1 = 0,1493.$$

Taux effectif du prêt : 14,93 %.

12 **2ndF** →EFF **FV**

14 **=** 14.93.

Notes :

■ Le tableau 3.1 confirme le taux de 14,93 %.

■ Pour les calculs à la puissance 12, il faut utiliser les décimales « flottantes » (F) sur la calculatrice, c'est-à-dire 0,14/12 = 0,011 6666…

8. Règle du 72
72/Taux d'intérêt = 6 ans ;
72/6 = 12 %.

Table III

Au moyen de la table III, à $n = 6$, il suffit de localiser le facteur 2 000, pour 2 × 1 000. Avec le facteur 1 973,82 pour 12 %, on peut « confirmer » le résultat obtenu à partir de la règle du 72, qui est, rappelons-le, approximative.

Au moyen de la calculatrice, on trouve le taux exact de 12,25 % :

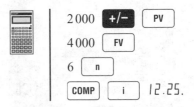

2 000 **+/−** **PV**

4 000 **FV**

6 **n**

COMP **i** 12.25.

9. a) Table III, 8 000 $, 8 %, $n = 5$;
Facteur : 1 469,33 ;
1 469,33 × 8 (pour 8 000 $). Capital = 11 754,64 $ ou 11 800 $ (valeur arrondie à 100 $ près).

Note : On obtient le même résultat avec la calculatrice.

Le capital de 11 800 $ est donc insuffisant.

b) Table IV, 12 900 $, $n = 5$.

On cherche le taux d'intérêt.

On sait que « facteur, table IV » × 12,9 = 8 000 $;
Donc facteur : 8 000/12,9 (pour 12 900 $) = 620,16.

On localise le facteur 620, sur la ligne $n = 5$;
Donc 10 % environ (facteur : 620,92).

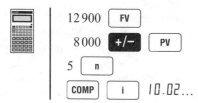

12 900 FV

8 000 +/- PV

5 n

COMP i $10.02...$

Taux annuel de l'investissement : Il faudra investir à un taux de 10 % au minimum.

AUTRE APPROCHE

12 900/8 000 = 1 612,50, qui est le facteur de la valeur finale. Il s'agit de localiser sur la table III le facteur 1 612,50 à $n = 5$; on obtient 10 % (facteur : 1 610,51).

Taux annuel : 10 % minimum.

10. Montant annuel investi : 2 000 $;
Intérêt : 10 % ; $n = 15$ ans.

a) Table V, 10 %, 15 ans ; facteur : 31 772,48 ;
Donc 31 772,48 × 2 (pour 2 000 $) = 63 544,96 $.

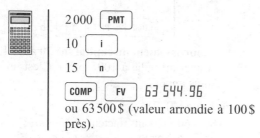

2 000 PMT

10 i

15 n

COMP FV $63 544.96$
ou 63 500 $ (valeur arrondie à 100 $ près).

Capital accumulé dans 15 ans, investissement annuel en fin de période : 63 544,96 $ de capital ou 63 500 $ (valeur arrondie à 100 $ près).

b) Pour des placements en début de période, il suffit de multiplier par (1 + taux d'intérêt). Donc 63 544,96 $ × 1,10 = 69 899,46 $* ou 69 900 $ (valeur arrondie à 100 $ près).

  * On peut multiplier le facteur 31 772,48 par 1,10 pour déterminer un facteur en début de

période (34 949,73) et obtenir exactement le même montant, soit 69 900 $.

 Mêmes calculs que ceux effectués en a) mais avec BGN $69 899.46$ ou 69 900 $ (valeur arrondie à 100 $ près).

11. Pour 15 000 $, $n = 5$, à 7 % après impôt ;
Table VI, facteur : 173,89.

a) Donc 15 (pour 15 000 $) × 173,89 = 2 608,35 $ ou 2 608 $.

Investissement en fin de période : 2 608 $ l'an ou 2 600 $ (valeur arrondie à 100 $ près).

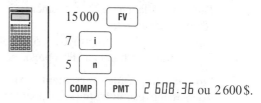

15 000 FV

7 i

5 n

COMP PMT $2 608.36$ ou 2 600 $.

b) En début de période, le montant annuel sera moindre.

Donc $2\,608/(1 + 0,07) = \dfrac{2\,608}{1,07} = 2\,437,38$ $ ou 2 437 $.

Investissement en début de période : 2 437 $ l'an ou 2 400 $ (valeur arrondie à 100 $ près).

 Avec BGN , on obtient le même résultat.

12. Capital requis : 775 000 $; $n = 30$ ans ;
Rendement après impôt : 7 %.

Annuités constantes

a) Table VI, facteur : 10,59 ;
Donc 10,59 × 775 (pour 775 000 $) = 8 207,25 $ ou 8 200 $ (valeur arrondie à 100 $ près).

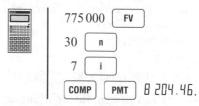

775 000 FV

30 n

7 i

COMP PMT $8 204.46.$

Montant du versement annuel – Annuités constantes : 8 200 $ à la fin de toutes les années pendant 30 ans.

b) Table V, rendement : 7 %, *n* = 30 ans ;
Facteur : 94 460,79 ;
Donc 94 460,79 × 5 (pour 5 000 $) = 472 303,95 $.

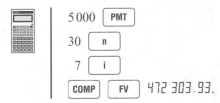

5 000 [PMT]

30 [n]

7 [i]

[COMP] [FV]   472 303.93.

Capitalisation obtenue : 472 300 $ (valeur arrondie à 100 $ près).

Annuités à progression géométrique

c) Table X, inflation : 4 %, rendement : 7 %, *n* = 30 ans ; facteur : 69.
Donc (69 × 775 000)/10 000 = 5 347,50 $ ou 5 300 $ (valeur arrondie à 100 $ près).

Montant du premier versement – Annuités à progression géométrique : Le premier versement est de 5 300 $; il devra être augmenté tous les ans du taux d'inflation, par exemple :

■ 2ᵉ année : 5 300 $ × 1,04 = 5 512 $ ou 5 500 $ (valeur arrondie à 100 $ près).

■ 3ᵉ année : 5 500 $ × 1,04 = 5 720 $ ou 5 700 $ (valeur arrondie à 100 $ près).

Note : En comparant ce versement de 5 300 $ au précédent de 8 200 $, on peut faire ressortir la puissance et l'utilité des annuités à progression géométrique.

d) Table IX, inflation : 4 %, rendement : 7 %, *n* = 30 ans ; facteur : 145 629 ;
Donc 145 629 × 5 (pour 5 000 $) = 728 145 $.

Capitalisation obtenue : 728 145 $ en capital ou 728 100 $ (valeur arrondie à 100 $ près).

13. Table IV, *n* = 65 – 25 = 40 ans ;
Inflation : 6 % (notons que l'inflation est équivalente ici au taux d'intérêt) ;
Capital : 1 000 000 $;
Facteur : 97,22 ;
Donc 97,22 × 1 000 (pour 1 000 000 $) = 97 220 $.

Capital à la retraite en valeur d'aujourd'hui : 1 000 000 $ dans 40 ans ne vaut que 97 220 $ en valeur d'aujourd'hui ou 97 200 $ (valeur arrondie à 100 $ près).

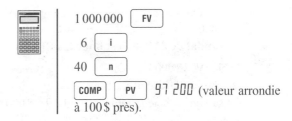

1 000 000 [FV]

6 [i]

40 [n]

[COMP] [PV]   97 200 (valeur arrondie à 100 $ près).

Note : Voilà une bonne occasion pour le professeur de souligner que le fait d'être millionnaire représente beaucoup plus un concept qu'un nombre.

14. a) Table VIII, capital de 500 000 $, *n* = 10 ans, rendement : 7 % ; facteur : 142,38 ;
Donc 142,38 × 500 (pour 500 000 $) = 71 190 $.

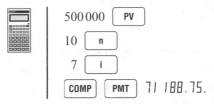

500 000 [PV]

10 [n]

7 [i]

[COMP] [PMT]   71 188.75.

Amortissement du capital sur 10 ans : Un revenu annuel de 71 200 $ (valeur arrondie à 100 $ près). C'est un capital après impôt.

b) Table VIII, *n* = 20 ans ; facteur : 94,39 ;
Donc 94,39 × 500 (pour 500 000 $) = 47 195 $.

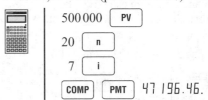

500 000 [PV]

20 [n]

7 [i]

[COMP] [PMT]   47 196.46.

Amortissement du capital sur 20 ans : 47 200 $ (valeur arrondie à 100 $ près). C'est un capital après impôt.

c) Table VII, 7 % ;
80 – 60 = 20 ans, facteur : 10 594,01 ;
85 – 60 = 25 ans, facteur : 11 653,58 ;
10 594,01 × 40 (pour 40 000 $) = 423 760,40 $;
11 653,58 × 40 (pour 40 000 $) = 466 143,20 $.

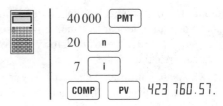

40 000 [PMT]

20 [n]

7 [i]

[COMP] [PV]   423 760.57.

Avec 25 [n]

[COMP] [PV] $466\ 143.27.$

Capitalisation nécessaire pour un coût de vie de 40 000 $ l'an:

- pour 80 ans, 423 800 $ (valeur arrondie à 100 $ près);

- pour 85 ans, 466 100 $ (valeur arrondie à 100 $ près).

Dans les deux cas, le client possède un certain capital pour réaliser ses projets à l'âge de 60 ans, soit 33 900 $ ou 76 200 $ selon le cas.

Note: Remarquons que le revenu annuel en a) et en b) ne tient pas compte de l'inflation et que, par conséquent, le revenu s'amenuise au fil des ans du taux de l'inflation.

Par ailleurs, il s'agit d'un revenu annuel «en fin de période», comme cela est indiqué à la table VIII.

15. a) Taux d'imposition: 40 %;
Donc 10 % − (40 % × 10 %) = 6 %.
Taux d'intérêt après impôt: 6 %.

Annuités constantes

b) Table VII, *n* = 25 ans, rendement: 6 % après impôt;
Facteur: 12 783,36 × 40 (pour 40 000 $) = 511 334,40 $ ou 511 300 $ (valeur arrondie à 100 $ près).

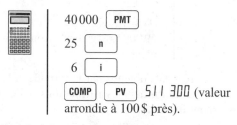

40 000 [PMT]

25 [n]

6 [i]

[COMP] [PV] $511\ 300$ (valeur arrondie à 100 $ près).

Annuités à progression géométrique

c) Table XI, *n* = 25 ans, inflation: 4 %, rendement: 6 % après impôt;
Facteur: 189 431 pour 10 000 $;
Donc (189 431 × 40 000 $)/10 000 $ = 757 724 $ ou 757 700 $ (valeur arrondie à 100 $ près).

Capital de retraite nécessaire: Le capital requis à 65 ans sera de 757 700 $ pour assumer un coût de vie de 40 000 $ l'an pendant 25 ans, tout en contrant l'inflation de 4 %. À 90 ans, le capital sera complètement épuisé.

d) Table III, *n* = 25 ans, inflation: 4 %;
Facteur: 2 665,84;
Donc 2 665,84 × 40 (pour 40 000 $) = 106 633,60 $ ou 106 600 $ (valeur arrondie à 100 $ près).

Revenu annuel pour la dernière année: À l'âge de 90 ans, le client recevra 106 600 $ pour assumer son coût de vie (même niveau qu'à l'âge de 65 ans).

Note: Les annuités à progression géométrique ne peuvent être calculées au moyen de la calculatrice Sharp EL-733A, car celle-ci n'incorpore pas la formule. Bien sûr, l'étudiant peut toujours résoudre lui-même la formule à l'aide de la calculatrice et obtenir ainsi la réponse.

16. a) Table III, *n* = 25 ans, inflation: 5 %; facteur: 3 386,35;
Donc 3 386,35 × 30 (pour 30 000 $) = 101 590,50 $.

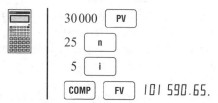

30 000 [PV]

25 [n]

5 [i]

[COMP] [FV] $101\ 590.65.$

Coût de vie à la retraite avec un taux d'inflation de 5 %: 101 600 $ l'an (valeur arrondie à 100 $ près).

b) Avec les mêmes données que ci-dessus, on obtient pour 6 % le facteur 4 291,87;
Donc 4 291,87 × 30 = 128 756,10 $.

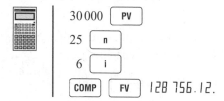

30 000 [PV]

25 [n]

6 [i]

[COMP] [FV] $128\ 756.12.$

Coût de vie à la retraite avec un taux d'inflation de 6 %: 128 800 $.
Écart: 128 800 $ − 101 600 $ = 27 200 $.

Annuités constantes

c) Table VII, rendement: 7 % après impôt, *n* = 25;
facteur: 11 653,58;
Donc 11 653,58 × 27,2 (pour 27 200 $) = 316 977,38 $.

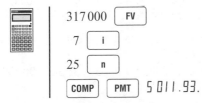

27 200 **PMT**

25 **n**

7 **i**

COMP **PV** $316\,977.46.$

Capitalisation additionnelle: Il faudra 317 000 $ (valeur arrondie à 100 $ près) de plus pour simplement «compenser» le coût de vie additionnel de 27 200 $.

d) Table VI, rendement: 7 %, $n = 25$ ans; facteur: 15,81;

Donc $15,81 \times 317$ (pour 317 000 $) = 5 011,77 $.

317 000 **FV**

7 **i**

25 **n**

COMP **PMT** $5\,011.93.$

Mises de fonds additionnelles: 5 000 $ l'an (valeur arrondie à 100 $ près).

Note: Cet exercice est excellent pour souligner deux aspects essentiels en planification financière:

■ L'importance d'utiliser à long terme un taux d'inflation prudent. Dans les chapitres de la partie II du volume, nous utilisons 4 %, mais ce taux est laissé à la discrétion du conseiller.

■ L'importance de commencer le plus tôt possible les mises de fonds annuelles (pour la retraite), qui seront d'autant plus raisonnables si la période s'échelonne sur 25 à 30 ans ou plus.

17. a) L'approche à utiliser est expliquée à la sous-section 3.2.8 du chapitre.

$$(1 + i)^{10} = \left(1 + \frac{0,12}{2}\right)^{2 \times 4} \left(1 + \frac{0,18}{4}\right)^{4 \times 6}$$

$$(1 + i)^{10} = 4,583\,93$$

$$i = (4,583\,93)^{1/10} - 1$$

$$i = 16,45\,\%$$

b) Formule:

$FV = 100\,000\,\$\,(4,583\,93)$

$= 458\,393\,\$$ ou $458\,400\,\$$ (valeur arrondie à 100 $ près).

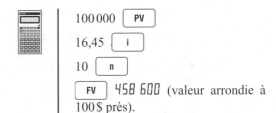

100 000 **PV**

16,45 **i**

10 **n**

FV $458\,600$ (valeur arrondie à 100 $ près).

Note: La différence est due à l'arrondissement des taux d'intérêt.

18. a) L'approche à utiliser est expliquée à la sous-section 3.2.8 du chapitre.

$$(1 + i)^{20} = \left(1 + \frac{0,06}{12}\right)^{12 \times 10} \left(1 + \frac{0,04}{12}\right)^{12 \times 10}$$

$$(1 + i)^{20} = 2,712\,42$$

$$i = (2,712\,42)^{1/20} - 1$$

$$i = 5,1\,\%$$

b) Formule:

$$FV = PV(1 + i)^{n}$$

Donc $FV = 18\,450\,\$ \times 2,712\,42$

$= 50\,044,15\,\$$ ou $50\,000\,\$$ (valeur arrondie à 100 $ près).

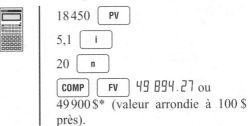

18 450 **PV**

5,1 **i**

20 **n**

COMP **FV** $49\,894.27$ ou $49\,900\,\$^{*}$ (valeur arrondie à 100 $ près).

Les résultats obtenus par la formule et la calculatrice confirment les affirmations de l'établissement financier.

* Nous avons utilisé un taux de 5,1 %, mais les calculs en a) donnaient un taux plus précis de 5,115 %, qui aurait permis d'obtenir le résultat attendu de 50 000 $.

CHAPITRE 4

1. a) Économie fiscale: $2\,000\,\$ \times 33,2\,\% = 664\,\$.$

b) Revenu imposable: $48\,000\,\$ - 3\,000\,\$ = 45\,000\,\$$;

Impôt supplémentaire : 4 000 $ × 43,4 %
(tableau 4.3) = 1 736 $.

2. a) Impôt supplémentaire : 3 000 $ × 49,2 %
(tableau 4.3) = 1 476 $.

b) Salaire brut : 45 600 $;
Revenu imposable : 45 600 $ – 4 000 $ = 41 600 $;
Économie fiscale : 4 000 $ × 43,4 % (tableau 4.3)
= 1 736 $.

3.

DÉTERMINATION DE L'IMPÔT À PAYER OU DU REMBOURSEMENT À RECEVOIR				
	Cas 1	Cas 2	Cas 3	Cas 4
Impôt sur le revenu imposable	7 000 $	5 000 $	6 000 $	8 000 $
Crédits d'impôt non remboursables	4 000	6 000	2 000	9 000
	3 000	—	4 000	—
Crédits d'impôt remboursables	5 000	2 000	1 000	1 000
IMPÔT À PAYER			3 000 $	
REMBOURSEMENT	2 000 $	2 000 $		1 000 $

4.

DÉTERMINATION DE L'IMPÔT À PAYER OU DU REMBOURSEMENT À RECEVOIR				
	Cas 1	Cas 2	Cas 3	Cas 4
Impôt sur le revenu imposable	5 000 $	4 000 $	4 000 $	6 000 $
Crédits d'impôt non remboursables	7 000	3 000	5 000	1 000
	—	1 000	—	5 000
Crédits d'impôt remboursables	4 000	2 000	2 000	4 000
IMPÔT À PAYER				1 000 $
REMBOURSEMENT	4 000 $	1 000 $	2 000 $	

5. a) RI.
b) CNR.
c) CNR et CR pour les montants payés en trop.
d) RNI.
e) CR.
f) RI.
g) D ou CNR.
h) RNI.
i) RI.
j) D.
k) RNI.

6. a) RI.
b) CNR.
c) CNR et CR pour les montants payés en trop.
d) CR.
e) RI.
f) D ou CNR.
g) CNR.
h) RNI.
i) RNI.
j) RI.

7.

M. Duplan ÉTAT DES RÉSULTATS		
Revenus de location		2 000 $
Dépenses déductibles		
Taxe municipale	1 400 $	
Assurances	600	
Chauffage central	800	
	2 800 $	
Portion déductible (50 %)		1 400
Peinture pour le logement loué	140	
Entretien et réparations — logement loué	600	740
BÉNÉFICE (OU PERTE) NET POUR IMPÔT		(140) $

Note : La déduction pour amortissement ne peut être utilisée, car il y a perte locative.

8. a)

Immeuble de location ÉTAT DES RÉSULTATS pour la période terminée		
Loyers bruts		36 000 $
Frais d'exploitation		
Taxes foncières	6 000 $	
Assurances	1 200	
Entretien et réparations	3 600	
Intérêts sur hypothèque	16 400	27 200
Bénéfice avant amortissement		8 800 $
Amortissement fiscal[1]		6 680
REVENU DE LOCATION		2 120 $

(1) FNACC : 167 000 $;
Taux d'amortissement : 4 % ;
DPA (4 %) : 6 680 $.

b)

Bénéfice avant amortissement	8 800 $	
Amortissement fiscal[1]	8 800	
REVENU DE LOCATION	0 $	
SOLDE DE LA FNACC L'AN PROCHAIN		
(244 000 $ − 8 800 $)	235 200 $	

(1) FNACC : 244 000 $;
    DPA (4 %) : 9 760 $;
    DPA admissible : 8 800 $.

9.

REVENU IMPOSABLE — M. BEAUPRÉ

Revenus		
Salaire brut	24 000 $	
Intérêts	900	
Dividendes (600 $ × 125 %)	750	

Gains en capital		
([60 000 $ − 50 000 $] × 50 %)	5 000	30 650 $
Déductions		
Cotisations à un RPA		3 200
REVENU IMPOSABLE		27 450 $

10.

Revenus		
Salaire brut	23 000 $	
Intérêts	1 200	
Dividendes (800 $ × 125 %)	1 000	
Gains en capital		
([80 000 $ − 60 000 $] × 50 %)	10 000	35 200 $
Déductions		
Cotisations à un RPA		3 000
REVENU IMPOSABLE		32 200 $

11.

RÉCUPÉRATION DE L'AMORTISSEMENT (OU PERTE FINALE) ET GAIN EN CAPITAL — M. ALLAIRE

	Immeuble A	Immeuble B	Immeuble C
Coût en capital (20X1)	240 000 $	120 000 $	180 000 $
Déduction pour amortissement (20X1) : 4 % (règle du demi-taux)	4 800	2 400	3 600
Fraction non amortie du coût en capital (début 20X2)	235 200	117 600	176 400
Déduction pour amortissement (20X2) : 4 %	9 408	4 704	7 056
Fraction non amortie du coût en capital (début 20X3)	225 792	112 896	169 344
Moindre du coût ou du produit de disposition	240 000	115 000	160 000
RÉCUPÉRATION DE L'AMORTISSEMENT	14 208 $	2 104 $	
PERTE FINALE			9 344 $[1]
GAIN EN CAPITAL	40 000 $	—	—
GAIN EN CAPITAL IMPOSABLE (50 % × 40 000 $)	20 000 $		

(1) La perte finale pourrait être diminuée et appliquée en partie en diminution du gain en capital du terrain. (Ce genre de disposition n'est pas traité dans le présent volume.)

Note : Les immeubles de location coûtant plus de 50 000 $ doivent être considérés individuellement et ne doivent pas être regroupés en catégories.

12. a) ABC ltée : 700 actions à 11,25 $ l'action[1] ;
    XYZ ltée : 400 actions à 8,50 $ l'action[2].

(1)   300   actions à 3 000 $
   + 500   actions à 6 000 $
      800   actions à 9 000 $, d'où 11,25 $ le coût moyen
          d'une action.
    Vente de 100 actions au coût moyen de 11,25 $
    l'action. Il reste donc 700 actions (800 − 100) à
    11,25 $ l'action.

(2) Achat (20 mars)	4 000 $ ÷ 500 = 8 $
Vente (28 août)	200
Solde	300 × 8 $ = 2 400 $
Achat (1er octobre)	2 700 $ ÷ 300 = 9 $
Coût moyen	(2 400 $ + 2 700 $) ÷ 600 = 8,50 $
Solde	600 × 8,50 $ = 5 100 $
Vente (1er novembre)	200 au coût de 8,50 $
Solde des actions restantes	400 actions à 8,50 $ l'action

b)

28 août		
Produit de disposition, XYZ ltée (200 actions × 9 $)		1 800 $
Moins : Prix de base (200 actions × 8 $)[1]	1 600	
Frais de courtage (3 % × 1 800 $)	54	
Gain (perte) en capital		146 $
22 septembre		
Produit de disposition, ABC ltée (100 actions × 11 $)		1 100 $
Moins : Prix de base (100 actions × 11,25 $)[2]	1 125	
Frais de courtage (3 % × 1 100 $)	33	
Gain (perte) en capital		(58 $)
1er novembre		
Produit de disposition, XYZ ltée (200 actions × 8 $)		1 600 $
Moins : Prix de base (200 actions ¥ 8,50 $)[3]	1 700	
Frais de courtage (3 % × 1 600 $)	48	
Gain (perte) en capital		(148 $)
GAIN EN CAPITAL NET (PERTE)		(60 $)

(1) 4 000 $/500 actions = 8 $.

(2) 9 000 $/800 actions = 11,25 $.

(3) Voir la solution a).

c) Cette perte n'est pas déductible. Ce solde est reportable sur trois ans en arrière et sur un nombre indéterminé d'années à venir jusqu'à extinction du solde de la perte.

Le solde est reportable sur le gain en capital (il vient s'y soustraire) réalisé les années du report. C'est la seule possibilité de traiter cette perte en capital.

CHAPITRE 5

1. a) Coût de vie annuel : 2 600 $ par mois × 12 = 31 200 $

31 200 $ × 1,05 (+ 5 % pour les imprévus) = 32 800 $

b)

CALCUL DES DISPONIBILITÉS FINANCIÈRES ET DES LIQUIDITÉS (année 2001-2002)	
Revenus nets	45 400 $
Coût de vie	32 800
Disponibilités financières	12 600 $
Versements sur emprunts	9 600
EXCÉDENT DE LIQUIDITÉS	3 000 $

2.

M. Thébert BILAN PERSONNEL au 31 juillet 2001		
ACTIF		
Liquidités		
Encaisse		860 $
Placements		
Dépôts à terme	6 000 $	
Intérêt couru, après impôt[1]	99	
Fonds accumulés — REÉR	18 400	24 499
Biens personnels (valeur marchande)		
Meubles	5 500	
Automobile	6 500	12 000
TOTAL DE L'ACTIF		37 359 $
PASSIF		
Dettes à court terme		
Solde des cartes de crédit		560 $
Dettes à long terme		
Emprunt bancaire — automobile		3 850
Impôt éventuel sur REÉR[2]		7 360
VALEUR NETTE		25 589
TOTAL DU PASSIF ET DE LA VALEUR NETTE		37 359 $

(1) 6 000 $ × 7 % = 420 $; 420 $ × (6/12) = 210 $; 210 $ − (210 $ × 53 %) = 99 $ (à 1 $ près).

(2) 18 400 $ × 40 % = 7 360 $.

3.

Famille Lebrun
BILAN FAMILIAL
au 31 août 2001

ACTIF

Liquidités		
Encaisse		3 550 $
Placements		
Obligations d'épargne	5 000 $	
Intérêt couru, après impôt[1]	56	
Fonds accumulés dans un REÉR	14 980	20 036
Biens personnels (valeur marchande)		
Résidence familiale	110 000	
Meubles	14 000	

Automobile	8 000	132 000
TOTAL DE L'ACTIF		155 586 $

PASSIF

Dettes à court terme		
Solde des cartes de crédit		400 $
Dettes à long terme		
Solde du prêt automobile	5 400 $	
Solde de l'hypothèque	66 600	72 000
Impôt éventuel sur REÉR[2]		5 992
VALEUR NETTE		77 194
TOTAL DU PASSIF ET DE LA VALEUR NETTE		155 586 $

(1) 5 000 $ × 7 % = 350 $; 350 $ × (3/12) = 88 $; 88 $ − (88 $ × 36 %) = 56 $.

(2) 14 980 $ × 40 % = 5 992 $.

4.

M. Lebœuf
DISPONIBILITÉS FINANCIÈRES ET LIQUIDITÉS

Avril		2001-2002	2002-2003	2003-2004
Salaire brut	55 700 $			
Impôt et retenues salariales[1]	21 012			
Salaire net	34 688 $	35 729 $	36 801 $	37 905 $
Revenu de placements		900		
Impôt (900 $ × 49 %)		441		
Revenu de placements, après impôt (à 100 $ près)		459 $		
REVENU TOTAL, APRÈS IMPÔT		36 188	36 801	37 905
Moins : Coût de vie		20 000	20 600	21 218
DISPONIBILITÉS FINANCIÈRES		16 188 $	16 201 $	16 687 $
Moins : Versements mensuels sur emprunts		4 700	4 700	4 700
EXCÉDENT DE LIQUIDITÉS		11 488 $	11 501 $	11 987 $

(1) 752 + 1 162 + 3 953 + 890 + 7 097 + 7 158 = 21 012 $.

5.

Couple Jeanneau
DISPONIBILITÉS FINANCIÈRES ET LIQUIDITÉS

Septembre		2001-2002	2002-2003	2003-2004
Salaire brut, Paul Jeanneau	55 400 $			
Impôts et retenues salariales	20 600			
Salaire net	34 800 $	35 844 $	36 919 $	38 027 $
Revenu de placements, Paul Jeanneau		1 400		
Impôt (47 %)		658		
Revenu de placements, après impôt		742 $	742	742

Salaire brut, Pauline Jeanneau	56 200 $			
Impôt et retenues salariales	21 000			
Salaire net	35 200 $	36 256	37 344	38 464
Revenu de placements, Pauline Jeanneau		2 100		
Impôt (47 %)		987		
Revenu de placements, après impôt		1 113 $	1 113	1 113
REVENU TOTAL, APRÈS IMPÔT		73 955	76 118	78 346
Moins : Coût de vie		37 080	38 192	39 338
DISPONIBILITÉS FINANCIÈRES		36 875 $	37 926 $	39 008 $
Moins : Versements sur emprunts				
(480 $ + 412 $ + 612 $) × 12		18 048	18 048	18 048
EXCÉDENT DE LIQUIDITÉS		18 827 $	19 878 $	20 960 $

6.

M. Turgeon
BILAN PERSONNEL
au 30 mai 2001

ACTIF

Placements		
Dépôts à terme	8 000 $	
Intérêt couru, après impôt[1]	57	
Fonds accumulés — REÉR	19 400	27 457 $
Biens personnels		
Résidence familiale	165 000	
Meubles	8 000	
Automobile	8 400	181 400
TOTAL DE L'ACTIF		208 857 $

PASSIF

Dettes à court terme		
Impôt (année précédente)		2 200 $
Dettes à long terme		
Emprunt — Brault-Parizeau inc.		6 000
Impôt éventuel sur REÉR[2]		7 760
VALEUR NETTE		192 897
TOTAL DU PASSIF ET DE LA VALEUR NETTE		208 857 $

(1) 8 000 $ × 8 % = 640 $; 640 $ × (2/12) = 107 $; 107 $ − (107 $ × 47 %) = 57 $.

(2) 19 400 $ × 40 % = 7 760 $.

7.

Famille Beaulieu
BILAN FAMILIAL
au 31 mai 2002

ACTIF

Liquidités		
Encaisse		940 $
Placements		
Obligations d'épargne	4 500 $	
Intérêt couru, après impôt[1]	94	
Fonds accumulés — REÉR	12 000	16 594
Biens personnels (valeur marchande)		
Résidence familiale	110 000	
Meubles	18 000	
Automobile	12 000	140 000
TOTAL DE L'ACTIF		157 534 $

PASSIF

Dettes à court terme		
Marge de crédit		5 000 $
Dettes à long terme		
Hypothèque	72 000 $	
Emprunt — Léon Meublant inc.	4 000	76 000
Impôt éventuel sur REÉR[2]		4 800
VALEUR NETTE		71 734
TOTAL DU PASSIF ET DE LA VALEUR NETTE		157 534 $

(1) 4 500 $ × 6 3/4 % = 304 $; 304 $ × (7/12) = 177 $; 177 $ − (177 $ × 47 %) = 94 $.

(2) 12 000 $ × 40 % = 4 800 $.

8.

M. Benoit DISPONIBILITÉS FINANCIÈRES ET LIQUIDITÉS					
Mars		2001-2002	2002-2003	2003-2004	2004-2005
Salaire brut[1]	42 400 $				
Impôt et retenues salariales[2]	15 420				
Salaire net	26 980 $	27 789 $	28 623 $	29 482 $	30 366 $
Revenu de placements		1 400			
Impôt (1 400 $ × 47 %)		658			
Revenu de placements, après impôt (à 100 $ près)		742 $			
REVENU TOTAL, APRÈS IMPÔT		28 531	28 623	29 482	30 366
Moins : Coût de vie		17 700	18 231	18 778	19 341
DISPONIBILITÉS FINANCIÈRES		10 831 $	10 392 $	10 704 $	11 025 $
Moins : Versements mensuels sur emprunts		3 600	3 600	3 600	3 600
EXCÉDENT DE LIQUIDITÉS		7 231 $	6 792 $	7 104 $	7 425 $

(1) 1 630,76 $ × 26 = 42 399,76 $, valeur arrondie à 42 400 $.

(2) (28,92 $ + 44,69 $ + 18,84 $ + 274,07 $ + 226,57 $) × 26 = 15 420 $.

9.

Couple Couture DISPONIBILITÉS FINANCIÈRES ET LIQUIDITÉS (résultats arrondis à 1 $ près)					
Août		2001-2002	2002-2003	2003-2004	2004-2005
Salaire brut, Nicole Couture	22 000 $				
Impôt et retenues salariales	5 200				
Salaire net	16 800 $	17 304 $	17 823 $	18 358 $	18 909 $
Salaire brut, Maurice Couture	10 000				
Impôt et retenues salariales	1 100				
Salaire net	8 900 $	9 167	9 442	9 725	10 017
Revenu de placements, Nicole Couture		350			
Impôt (37 %)		130			
Revenu de placements, après impôt		220 $			
REVENU TOTAL, APRÈS IMPÔT		26 691	27 265	28 083	28 926
Moins : Coût de vie[1]		17 304	17 823	18 358	18 909
DISPONIBILITÉS FINANCIÈRES		9 387 $	9 442 $	9 725 $	10 017 $
Moins : Paiements mensuels prévisibles sur emprunts[2]		9 392	7 152	2 272	
EXCÉDENT (OU DÉFICIT) DE LIQUIDITÉS		(5 $)	2 290 $	7 453 $	10 017 $

(1) 1 400 $ × 12 = 16 800 $ pour l'année dernière.

(2) Auto de Nicole : 312 $ × 12 = 3 744 $ pour les deux prochaines années ;

   Auto de Maurice : 284 $ × 12 = 3 408 $ pour les deux prochaines années ; 284 $ × 8 = 2 272 $ pour la troisième année ;

   Meubles : 320 $ × 7 paiements = 2 240 $.

	2001-2002	2002-2003	2003-2004	2004-2005
Versements pour auto — Nicole (base annuelle)	3 744 $	3 744 $		
Versements pour auto — Maurice (base annuelle)	3 408	3 408	2 272 $	
Versements pour meubles (base annuelle)	2 240			
PAIEMENTS MENSUELS SUR EMPRUNTS	9 392 $	7 152 $	2 272 $	

10.

M. Bonneau
PROGRAMMATION DES DISPONIBILITÉS FINANCIÈRES

Du 1er juillet au 30 juin	2001-2002	2002-2003	2003-2004
RECETTES			
Encaisse au début	2 200 $	1 094 $	2 710 $
Disponibilités financières	6 594	6 786	6 984
	8 794 $	7 880 $	9 694 $
DÉBOURS			
Comptes engagés			
Solde des cartes de crédit	2 800 $		
Paiement de l'automobile[1]	2 740	2 740 $	2 740 $
	5 540 $	2 740 $	2 740 $
Paiements suggérés			
REÉR (montant à investir)	4 000 $	4 500 $	5 000 $
Moins : Économie d'impôt sur REÉR[2]	(1 840)	(2 070)	(2 300)
Règlement de l'automobile[3]			4 226
	2 160 $	2 430 $	6 926 $
SOLDE EN FIN DE PÉRIODE	1 094	2 710	28
Plus : Obligations détenues	6 000	6 000	6 000
RÉSERVE DE BASE	7 094 $	8 710 $	6 028 $

(1) Table I, 5 ans, 9 %, 20,76 pour 1 000 $; d'où 20,76 $ × 11 = 228,36 $; 228,36 $ × 12 = 2 740,32 $ ou 2 740 $. (Voir (3).)

(2) Taux d'imposition marginal: 46 %, d'où 46 % × 4 000 $ = 1 840 $; 46 % × 4 500 $ = 2 070 $; 46 % × 5 000 $ = 2 300 $.

(3) Calculatrice: 40 mois puis [AMRT] (3 fois) = 4 226 $ de solde après avoir calculé le paiement mensuel de 228,36 $ en (1).

11.

M. Huneault
PROGRAMMATION DES DISPONIBILITÉS FINANCIÈRES

Du 1er septembre au 31 août	2001-2002	2002-2003	2003-2004
RECETTES			
Encaisse au début	17 500 $	6 613 $	10 521 $

	2001-2002	2002-2003	2003-2004
Disponibilités financières	11 000	11 600	12 100
	28 500 $	18 213 $	22 621 $
DÉBOURS			
Comptes engagés			
Solde des cartes de crédit	2 500 $		
Impôt de l'année précédente	3 000		
Versements — automobile[1]	2 136		
Versements — meubles[2]	2 790	2 790 $	
	10 426 $	2 790 $	
Paiements suggérés			
REÉR	4 630 $	5 000 $	5 370 $
Moins : Économie d'impôt sur REÉR	(2 130)	(2 300)	(2 470)
Règlement — automobile (fin août 2002)[3]	5 961		
Règlement — meubles (fin août 2002)[4]		2 202	
Règlement — hypothèque résidentielle (fin août 2004)[5]			12 518
Projet — réparation du toit	3 000		
	11 461 $	4 902 $	15 418 $
SOLDE EN FIN DE PÉRIODE (réserve de base)	6 613 $	10 521 $	7 203 $

(1) Table I, 22,25 (5 ans, 12 %); 22,25 × 8 (pour 8 000 $) × 12 = 2 136 $.

(2) Table I, 33,22 (3 ans, 12 %); 33,22 × 7 (pour 7 000 $) × 12 = 2 790 $.

(3) Solde après 19 mois (calculatrice) et [AMRT] (3 fois) = 5 961 $.

(4) Solde après 26 mois et [AMRT] (3 fois) = 2 202 $.

(5) Solde après 36 mois et [AMRT] (3 fois) = 12 518 $. Il faut convertir le 11 % en taux nominal avec 12 capitalisations l'an.

M. Samson
BUDGET DE CAISSE MENSUEL

12.

2001	Total à répartir	Juillet	Août	Sept.	Oct.	Nov.	Déc.	Janv.	Févr.	Mars	Avril	Mai	Juin
Encaisse au début		8 000 $	10 622 $	11 344 $	12 066 $	12 788 $	13 510 $	14 232 $	14 954 $	15 676 $	16 398 $	17 120 $	19 742 $
Recettes													
Salaire net(1)	50 700 $	4 225	4 225	4 225	4 225	4 225	4 225	4 225	4 225	4 225	4 225	4 225	4 225
Intérêt encaissé	700	700											
Placements à liquider	18 000	18 000											
Remboursement d'impôt(2)	1 900											1 900	
Débours													
Coût de vie(3)	33 400	2 783	2 783	2 783	2 783	2 783	2 783	2 783	2 783	2 783	2 783	2 783	2 783
Dettes et paiements divers													
Solde des cartes de crédit	2 000	2 000											
Impôt de l'an dernier	3 300	3 300											
Paiement de l'automobile	5 139	428	428	428	428	428	428	428	428	428	428	428	428
Paiement des meubles	3 502	292	292	292	292	292	292	292	292	292	292	292	292
REÉR	4 500	4 500											
Règlement des meubles	7 176												7 176
Rénovations	7 000	7 000											
SOLDE À LA FIN		10 622 $	11 344 $	12 066 $	12 788 $	13 510 $	14 232 $	14 954 $	15 676 $	16 398 $	17 120 $	19 742 $	13 288 $(4)

(1) Salaire net : 50 700 $ ÷ 12 = 4 225 $.

(2) Économie sur REÉR   2 250 $
Impôt sur intérêts (50 %)   (350)
Remboursement d'impôt   1 900 $

(3) Coût de vie : 33 400 $ ÷ 12 mois = 2 783 $.

(4) Écart de 5 $ par rapport au montant indiqué sur le tableau de programmation des disponibilités financières (13 283 $) en raison de l'arrondissement des valeurs dans ce tableau-ci.

13.

M. Belhumeur
BUDGET DE CAISSE MENSUEL

2001	Total à répartir	Sept.	Oct.	Nov.	Déc.	Janv.	Févr.	Mars	Avril	Mai	Juin	Juillet	Août
Encaisse au début		500$	11806$	12312$	12818$	13324$	13830$	14336$	14842$	15348$	15854$	16710$	17216$
Recettes													
Revenus(1)	50000$	4167	4167	4167	4167	4167	4167	4167	4167	4167	4167	4167	4167
Intérêt encaissé	1800	1800											
Placements à liquider	17000	17000											
Remboursement d'impôt(2)	350										350		
Débours													
Coût de vie(3)	39000	3250	3250	3250	3250	3250	3250	3250	3250	3250	3250	3250	3250
Dettes et paiements divers													
Solde des cartes de crédit	2500	2500											
Impôt de l'an dernier	3000	3000											
Mensualités — automobile	2136	178	178	178	178	178	178	178	178	178	178	178	178
Mensualités — meubles	2790	233	233	233	233	233	233	233	233	233	233	233	233
REÉR	2500	2500											
Règlement — automobile	5960												5960
SOLDE À LA FIN		11806$	12312$	12818$	13324$	13830$	14336$	14842$	15348$	15854$	16710$	17216$	11762$(4)

(1) Total des revenus : 50000 $ (sauf intérêt) ; 50000 $ ÷ 12 = 4167 $.

(2) Économie sur REÉR   1250 $

    Impôt sur intérêts   (900)

    Remboursement d'impôt   350 $

(3) Coût de vie : 39000 $ ÷ 12 mois = 3250 $.

(4) Écart de 2 $ par rapport au montant indiqué sur le tableau de programmation des disponibilités financières (11764 $) en raison de l'arrondissement des valeurs dans ce tableau-ci.

CHAPITRE 6

1. Investissement dans un REÉR

Table V, 25 ans, 10 % ; facteur 98 347,06.

Donc 98 347,06 × 2,2 (pour 2 200 $, car c'est en début d'année) = 216 364 $ ou 216 400 $ (à 100 $ près).

CAPITAL DISPONIBLE POUR 60 ANS : 216 400 $.

Capital libéré d'impôt (216 400 $ × 70 %) = 151 480 $ ou 151 500 $ (à 100 $ près).

Investissement en dépôts à terme (garantis) (hors REÉR)

Table V, 25 ans, 7 % (10 % – 3 % [30 % × 10 %]) ; facteur : 63 249,04.

Investissement : 2 000 $ × 70 %* × 1,07 = 1 498 $ ou 1 500 $ (à 100 $ près).

Donc 63 249,04 × 1,5 (pour 1 500 $) = 94 874 $ ou 94 900 $ (à 100 $ près).

Avantage du REÉR : 56 600 $
(151 500 $ – 94 900 $).

Le REÉR est à recommander fortement.

*   Afin de tenir compte de l'économie d'impôt sur le REÉR.

2. Investissement dans un REÉR

Table V, 5 ans, 10 % ; facteur 6 105,10.

Donc 6 105,10 × 10 (pour 10 000 $) = 61 051 $ ou 61 100 $ (à 100 $ près).

Impôt de libération (35 %) : 21 385 $ ou 21 400 $.

Fonds après impôt : 39 700 $ (61 100 $ – 21 400 $).

Investissement dans un placement traditionnel

Table V, 5 ans ; facteur 5 525,63.

Donc 5 525,63 × 5* (pour 5 000 $) = 27 628 $ ou 27 600 $ (à 100 $ près).

*   10 000 $ investis en REÉR correspondent à 5 000 $ en placement traditionnel si le taux marginal du contribuable est de 50 %. En effet, 10 000 $ en REÉR rapportent 5 000 $ en diminu-

tion d'impôt pour un investissement réel de 5 000 $.

Avantage du REÉR : 12 100 $
(soit 39 700 $ – 27 600 $).

3. a) Investissement dans un REÉR

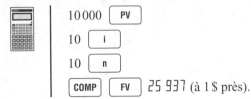

10 000   PV

10   i

10   n

COMP   FV   25 937 (à 1 $ près).

REÉR libéré d'impôt :
25 937 $ × 50 % = 12 969 $.

Investissement hors REÉR

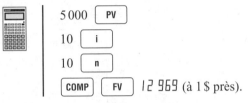

5 000   PV

10   i

10   n

COMP   FV   12 969 (à 1 $ près).

Gain en capital : 12 969 $ – 5 000 $ = 7 969 $.

Impôt à payer : 7 969 $ × (50 % × 50 %) = 1 992 $.

Montant disponible : 12 969 $ – 1 992 $ = 10 977 $.

Avantage du REÉR : 1 992 $.

b) Vous devez faire remarquer deux points importants à votre ami :

- L'avantage du REÉR est évident et représente le montant d'impôt à payer sur l'investissement hors REÉR… un cadeau des gouvernements.

- Il n'est pas réaliste d'investir uniquement en actions spéculatives dans un REÉR, un véhicule qui doit servir pour amasser des fonds en vue de la retraite et qui doit être **diversifié**. De tels placements sont très spéculatifs et doivent s'inscrire dans une stratégie de placements équilibrée.

4. a)

Situation nº 1		Renseignements généraux		Situation nº 2	
Dépôts (début d'année)	Capital et intérêts (fin d'année)	Année	Âge en début de période	Dépôts (début d'année)	Capital et intérêts (fin d'année)
4 000 $	4 400 $[1]	1	28		
4 000 $	41 744 $[2]	7	34		
		8	35	4 000 $	4 000 $
	801 249 $[3]	38	65	4 000 $	800 551 $[4]
Total				Total	
28 000 $	801 200 $[3]			124 000 $	800 600 $[4]

[1] Taux de 10 % en franchise d'impôt (REÉR).

   Donc 4 000 $ × 1,1 = 4 400 $ en fin d'année.

[2] Table V, 7 ans, 10 % ; facteur 9 487,17.

   Donc 9 487,17 × 4,4 (pour 4 400 $) = 41 743,55 $ ou 41 744 $ (à 1 $ près pour extrapolation).

[3] Table III, 31 ans, 10 % ; facteur 19 194,34. (Le montant de 41 744 $ est le capital accumulé à 34 ans, donc à extrapoler de 35 à 65 ans inclusivement. Ainsi, le capital sera investi pour 31 ans et non pour 30 ans. Pour bien comprendre cette situation, on peut prendre pour exemple un investissement de l'âge de 25 ans à 30 ans inclusivement ; on constate alors qu'il s'agit bien de 6 ans et non de 5 ans.)

   Donc 19 194,34 × 41,744 (pour 41 744 $) = 801 248,53 $ ou 801 249 $ (à 100 $ près).

[4] Table V, 31 ans, 10 % ; facteur 181 943,43.

   Donc 181 943,43 × 4,4 (pour 4 400 $ par année) = 800 551,09 $ ou 800 600 $ (à 100 $ près).

b) Les mises de fonds totales seraient respectivement de 28 000 $ (4 000 $ × 7) pour la situation nº 1 et de 124 000 $ (4 000 $ × 31) pour la situation nº 2.

c) Les capitaux accumulés sont respectivement de 801 200 $ pour la situation nº 1 (7 ans de mises de fonds de 4 000 $) et de 800 600 $ pour la situation nº 2 (31 ans de mises de fonds de 4 000 $).

d) L'explication est simple : « Le temps, c'est de l'argent. » On voit que 31 années sont nécessaires pour rattraper le « temps perdu ». L'avantage de commencer tôt est évident !

Note : Tous ces calculs peuvent être effectués avec la calculatrice en utilisant les touches $\boxed{\text{i}}$, $\boxed{\text{n}}$, $\boxed{\text{PV}}$, $\boxed{\text{PMT}}$ et $\boxed{\text{FV}}$. Les résultats finals sont les mêmes.

5. a)

Approche de Claudia		Renseignements généraux		Approche de Marc-André	
Dépôts (début d'année)	Capital et intérêts (fin d'année)	Année	Âge en début de période	Dépôts (début d'année)	Capital et intérêts (fin d'année)
2 000 $	2 200 $[1]	1	20		
2 000 $	35 062 $[2]	10	29		
		11	30	2 000 $	2 000 $
	1 083 860 $[3]	46	65	2 000 $	658 079 $[4]
Total				Total	
20 000 $	1 083 900 $[3]			72 000 $	658 700 $[4]

(1) Taux de 10 % en franchise d'impôt (REÉR).

Donc 4 000 × 1,1 = 4 400 $ en fin d'année.

(2) Table V, 7 ans, 10 % ; facteur 9 487,17.

Donc 9 487,17 × 4,4 (pour 4 400 $) = 41 743,55 $ ou 41 744 $ (à 1 $ près pour extrapolation).

(3) Table III, 31 ans, 10 % ; facteur 19 194,34 (Le montant de 41 744 $ est le capital accumulé à 34 ans, donc à extrapoler de 35 à 65 ans inclusivement. Ainsi, le capital sera investi pour 31 ans et non pour 30 ans. Pour bien comprendre cette situation, on peut prendre pour exemple un investissement de l'âge de 25 ans à 30 ans inclusivement ; on constate alors qu'il s'agit bien de 6 ans et non de 5 ans).

Donc 19 194,34 × 41,744 (pour 41 744 $) = 801 248,53 $ ou 801 249 $ (à 100 $ près).

(4) Table V, 31 ans, 10 % ; facteur 181 943,43.

Donc 181 943,43 × 4,4 (pour 4 400 $ par année) = 800 551,09 $ ou 800 600 $ (à 100 $ près).

b) Le capital accumulé par Claudia au bout de 10 ans, en fin d'année, est de 35 062 $.

c) Le capital accumulé par Claudia à 65 ans, en fin d'année, serait de 1 083 900 $. Elle a bien sûr raison. La question qu'il faut se poser relativement à ce million est : Que vaudra-t-il à ce moment-là ? Le facteur qu'il faut prendre en considération est l'inflation. Selon la table IV, avec une inflation de 4 % le capital à 65 ans ne vaudrait que 264 100 $ en valeur d'aujourd'hui.

d) Marc-André n'a sûrement pas raison. Sa façon de faire produirait un capital de 658 100 $. On voit de nouveau l'importance de cotiser tôt et régulièrement au REÉR.

6. Intérêt : 10 % ;

Taux d'imposition marginal — Richard et Yvon : 50 % ;

Investissement — Richard : 7 500 $;

Investissement — Yvon : 3 750 $.

a)

	CAPITAL ACCUMULÉ	
En fin de période	**Richard (REÉR)***	**Yvon (hors REÉR)****
5 ans	50 367 $	21 757 $
10 ans	131 484	49 525
15 ans	262 123	84 966
20 ans	472 519	130 197
25 ans	811 363	187 925

*   Table V, avec 10 % d'intérêt, il faut faire une correction à cause des mises en début d'année, en multipliant par 1,10.

** Table V, avec 5 % d'intérêt après impôt, il faut faire une correction à cause des mises en début d'année, en multipliant par 1,05.

Note : Les résultats sont arrondis à 1 $ près. En pratique, les résultats seraient sensiblement les mêmes s'ils étaient arrondis à 100 $ près. L'étudiant est encouragé à refaire les calculs en arrondissant à 100 $ près.

b) Avec un taux de 50 %, il aura à payer 405 682 $ et il lui restera l'autre 50 %, soit 405 681 $.

Fonds accumulé en REÉR à 69 ans (fin d'année) 811 363 $

Impôt (50 %) (à 1 $ près) 405 682

FONDS LIBRE D'IMPÔT 405 681 $

c) Avant impôt : 811 363 $ × 1 % = 8 114 $ par mois ou 97 368 $ par année.

Avec un taux marginal de 50 % :

MONTANT REÇU APRÈS IMPÔT : 97 368 $ × 0,50 = 48 684 $ par année, ou 4 057 $ par mois.

Note : Richard ne possède plus aucun capital.

d) Capital : 187 925 $;

Intérêt de 10 % : 18 793 $ par année avant impôt.

MONTANT REÇU APRÈS IMPÔT : 18 793 × 0,50 = 9 397 $ par année, ou 783 $ par mois.

Note : Yvon possède toujours son capital.

e) Richard : 48 684 $ l'an après impôt ;

Yvon : 9 397 $ l'an après impôt.

Différence : 39 287 $ en faveur de Richard.

f) Les deux frères retirent donc 9 397 $ tous les ans, et Richard décide d'investir les 39 287 $ à 10 %, avec un taux marginal de 50 %.

Table V, avec intérêt de 5 % après impôt.

Capital amassé par Richard :

- 5 ans ; facteur 5 525,63 ; 5 525,63 × 39,287 (pour 39 287 $) = 217 085 $;
- 10 ans ; facteur 12 577,89 ; 12 577,89 × 39 287 $ = 494 148 $.

Yvon possède un capital de 187 925 $. Il est évident qu'après cinq ans Richard a déjà dépassé ce capital.

Nombre d'années nécessaires à Richard pour rivaliser avec son frère Yvon : En 4 ans, Richard aurait accumulé 169 332 $ (4 310,13 × 39,287). Par conséquent, cela prendrait environ un peu moins de 4,5 ans pour rivaliser avec son frère Yvon.

7. Vous lui faites remarquer qu'il enfreint les règles d'attribution et qu'il devra ajouter ce montant de 1 200 $ d'intérêt à ses autres revenus ; par conséquent, c'est lui qui sera imposé et non sa conjointe. Par contre, si elle investissait ce même montant à 8 %, le revenu de 96 $ serait imposé en son nom à elle, car les règles d'attribution ne s'appliquent pas sur ce montant de 96 $.

8. a) Nathalie doit savoir qu'elle enfreint les règles d'attribution et qu'elle sera imposée sur les revenus générés par ce capital.

b) Nathalie a le choix entre trois actions :

- Elle demande à André de lui rembourser le prêt dans les plus brefs délais.
- Elle acquitte les impôts sur les revenus générés par le montant du prêt.
- Elle fait avec André une entente de prêt au taux prescrit par le fisc, et André lui paie les intérêts dans les 30 jours suivant la fin de l'année.

c) Trois stratégies fiscales sont possibles (une seule est requise) (voir la section 6.2.2) :

- Prêter à André pour qu'il puisse investir dans une entreprise.
- Investir dans un REÉR au nom d'André.
- Verser un salaire à André (ou des honoraires de consultation), pour autant que le travail est bel et bien effectué par lui dans l'entreprise de Nathalie et que le salaire est raisonnable.

9. Investissement dans un REÉÉ

Table V ; facteur 31 772,48.

Donc 31 772,48 × 3 (pour 3 000 $) (à 1 $ près).

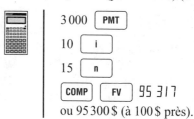

3 000 PMT
10 i
15 n
COMP FV **95 317**

ou 95 300 $ (à 100 $ près).

Capital investi : 3 000 $ × 15 = 45 000 $.

Rendement du REÉÉ : 95 300 $ − 45 000 $ = 50 300 $.

PLUS : SCÉÉ de 600 $ (2 REÉÉ de 1 500 $ × 2 × 20 %) ; 31 772,48 × 0,6 (pour 600 $) = 19 063 $ ou 19 100 $ (à 100 $ près).

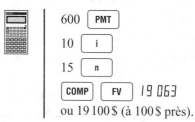

600 PMT
10 i
15 n
COMP FV **19 063**

ou 19 100 $ (à 100 $ près).

Total du REÉÉ : 95 300 $ + 19 100 $ = 114 400 $.

Investissement hors REÉÉ

Table V ; facteur 21 578,56.

Donc 21 578,56 × 3 (pour 3 000 $) = 64 736 $ ou 64 700 $ (à 100 $ près).

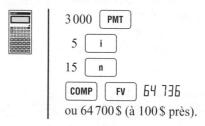

3 000 PMT
5 i
15 n
COMP FV **64 736**

ou 64 700 $ (à 100 $ près).

Avantage du REÉÉ : 114 400 $ − 64 700 $ = 49 700 $.

Recommandation : utiliser le REÉÉ, qui offre de nombreux avantages : capital garanti, possibilité de nommer Nathalie à titre de bénéficiaire, etc. (voir la sous-section 6.4.1).

10. Il y aura certainement un impact fiscal sur la contribution maximale permise au REÉR de Francine, car le retrait aux fins du RAP a été fait à l'intérieur de la période de 90 jours suivant la cotisation au REÉR (du 28 février au 3 mai, donc 65 jours).

La cotisation maximale permise sera de 2 000 $ seulement, soit :

Cotisation au REÉR	7 000 $
Moins : Écart négatif au REÉR (10 000 $ – 15 000 $)	5 000
Cotisation permise	2 000 $

11. a)

Placement annuel dans le REÉR	Crédits d'impôt de 30 %*	+	Économie d'impôt sur le REÉR**	=	Économie totale
3 000 $	900 $	+	1 350 $	=	2 250 $

* Réduction de l'impôt québécois (crédit de 15 %) et fédéral (crédit de 15 %) : 30 % × 300 $.

** Économie basée sur le taux marginal de 45 % : 45 % × 3 000 $.

b) Contribution nette par paie : (3 000 $ – 2 250 $) ÷ 26 = 28,85 $ par paie.

12. Le retrait de 20 000 $ lié au RAP s'est effectué à l'intérieur de la période de 90 jours (environ 67 jours) suivant la date de contribution au REÉR ; la contribution de Marcel ne sera donc pas acceptée. La situation est la suivante :

Contribution au REÉR 1999	10 000 $
Moins : Écart non déductible entre le retrait de 20 000 $ pour le RAP et le solde de 15 000 $ du REÉR avant la cotisation de l'année	5 000
Cotisation maximale permise en 1999	5 000 $

CHAPITRE 7

1.

RECETTES NÉCESSAIRES À 65 ANS — M. Blanchet (valeurs arrondies à 100 $)		
	À 58 ans	À 65 ans
Coût de vie (58-59 ans)	35 000 $	
Ajustement (réduction) : 15 %	5 300	
Moins : Versements hypothécaires annuels	8 000	

Moins : Frais reliés aux enfants	3 000	
Plus : Provision annuelle pour projets spéciaux	5 000	
COÛT DE VIE RAJUSTÉ POUR LA RETRAITE	23 700 $	31 200 $[1]
Moins : Rentes du Québec, après impôt		4 000 [2]
RECETTES NÉCESSAIRES À 65 ANS		27 200 $
Capital pour recettes nécessaires		388 600 [3]
CAPITAL PRÉCÉDENT SOUS FORME DE REÉR		485 800 $[4]

(1) 65 – 58 = 7 ans, 4 % d'inflation.

Table III ; facteur 1 315,93.

Donc 1 315,93 × 23,7 (pour 23 700 $) = 31 188 $ ou 31 200 $ (à 100 $ près).

(2) Rentes du Québec avant impôt à 58 ans : 5 000 $.

Rentes du Québec avant impôt à 65 ans :

Table III, 2 %, 7 ans ; facteur 1 148,69.

Donc 1 148,69 × 5 (pour 5 000 $) = 5 743 $ ou 5 700 $ (à 100 $ près).

Rentes après impôt : 5 700 $ × 0,70 = 3 990 $ ou 4 000 $ (à 100 $ près).

(3) Méthode du diviseur du taux de rendement :

27 200 $ ÷ 0,07 (10 % – impôt de 30 %) = 388 571 $ ou 388 600 $ (à 100 $ près).

(4) 388 600 $ ÷ 80 % (pour 20 % de taux de transformation) = 485 750 $ ou 485 800 $ (à 100 $ près).

Recettes nécessaires à 65 ans : 27 200 $.

Capital sous forme de REÉR : 555 100 $.

2. a)

MISES DE FONDS ANNUELLES — André et Marie	
Coût de vie à la retraite (60 ans) (table III, 4 %, 15 ans ; facteur 1 800,94 × 45 [pour 45 000 $] = 81 042 $ ou 81 000 $ [à 100 $ près])	81 000 $
Moins : RPA à la retraite (après impôt) 20 (pour 20 000 $) × 1 800,94 = 36 019 $ ou 36 000 $ (à 100 $ près)	36 000
Manque à gagner	45 000 $
Capital pour alimenter le manque à gagner (45 000 $ ÷ 7 % = 642 857 $ ou 642 900 $ [à 100 $ près])	642 900 $
Capital sous forme de REÉR (642 900 $ ÷ 80 % = 803 625 $ ou 803 600 $ [à 100 $ près])	803 600 $

Mises de fonds en REÉR
(table VI, 10 %, $n = 15$; facteur 31,47 ;
d'où $31,47 \times 803,600$ [pour 803 600 $]) .... 25 300 $

Ainsi, Marie et André devraient investir annuellement chacun 12 650 $ (soit 25 300 $ ÷ 2). Quel choc pour eux ! On voit donc que les mises de fonds proposées de 5 000 $ sont nettement insuffisantes.

b) Recommandations :

- Réduire leur coût de vie actuel et par conséquent leur coût de vie à la retraite d'une façon appréciable.

- Investir la majorité de leurs liquidités dans des REÉR et des placements traditionnels.

- Considérer des annuités à progression géométrique, ce qui leur permettrait d'investir moins au début.

Note : Les étudiants sont encouragés à refaire les calculs en prenant ces trois recommandations en considération. Nous suggérons de former des équipes et de discuter en classe des résultats.

3. Calculs des mises de fonds

Annuités constantes

L'inflation n'est pas pertinente pour ces calculs.

a) Table VI, 20 ans, 6% de rendement ; facteur 27,18.

Donc $27,18 \times 1 000$ (pour 100 000 $) = 27 180 $.

Mises de fonds annuelles de 45 ans à 65 ans (mise à 65 ans non incluse) :
27 200 $ (à 100 $ près).

b) Table VI, 8 ans (donc capital pour l'âge de 50 ans lorsqu'il n'y aura aucune mise de fonds), 6% de rendement ; facteur 101,04.

Donc $101,04 \times 720$ (pour 720 000 $) = 72 749 $.

Mises de fonds annuelles :
72 700 $ (à 100 $ près).

c) M. Lafortune possède déjà 400 000 $.

Valeur finale de ce montant dans 5 ans :

Table III, 5 ans, 6% après impôt ; facteur 1 338,23.

Donc $1 338,23 \times 400$ (pour 400 000 $) = 535 292 $ ou 535 300 $ (à 100 $ près).

M. Lafortune devra accumuler en 5 ans :
1 000 000 $ − 535 300 $ déjà acquis = 464 700 $ en nouveaux capitaux.

Table VI, 5 ans, 6 % de rendement ; facteur 177,40 (il faut utiliser deux décimales).

Donc $177,40 \times 464,700$ (pour 464 700 $) = 82 438 $.

Mises de fonds annuelles :
82 400 $ (à 100 $ près).

4. a)

MISES DE FONDS POUR LA RETRAITE — M. Hautbois		
	À 44 ans	À 65 ans
Coût de vie	45 000 $ l'an	
Ajustement		
Moins : Versements hypothécaires	11 600 l'an	
Moins : Frais reliés aux enfants	5 500 l'an	
Plus : Provision annuelle pour projets spéciaux à la retraite	4 500 l'an	
COÛT DE VIE RAJUSTÉ POUR LA RETRAITE	32 400 $	73 800 $[1]
Moins : Revenus après impôt		
Régime de pension agréé[2]		21 200
Régime des rentes du Québec[3]	5 600	8 500
Pension de la sécurité de la vieillesse	—	—
		29 700 $
RECETTES NÉCESSAIRES		44 100
Capital pour recettes nécessaires[4]		630 000
CAPITAL PRÉCÉDENT SOUS FORME DE REÉR[5]		787 500
Moins : Fonds accumulés en REÉR[6]		407 000
CAPITAL À ACCUMULER SOUS FORME DE REÉR		380 500 $
MISES DE FONDS REQUISES EN REÉR		
Annuités constantes[7]		5 900 $
Annuités à progression géométrique[8]		4 500 $

(1) Table III, 4 % d'inflation, 21 ans (44 à 65 ans ; pour le début de 65 ans, donc à la fin de 64 ans) ; facteur 2 278,77.

Donc $2 278,77 \times 32,4$ (pour 32 400 $) = 73 832 $ ou 73 800 $ (à 100 $ près).

(2) $30 300 \$ \times 70 \%$ (après impôt) = 21 210 $ ou 21 200 $ (à 100 $ près).

MISES DE FONDS POUR LA RETRAITE — M. Hautbois (*suite*)

(3) 8 000 $ × 0,70 (30 % d'impôt) = 5 600 $ après impôt.

Table III, 2 % d'inflation, 21 ans ; facteur 1 515,67.

Donc 1 515,67 × 5,6 (pour 5 600 $) = 8 488 $ ou 8 500 $ (à 100 $ près).

(4) 44 100 $ ÷ 0,07 = 630 000 $.

(5) 630 000 $ ÷ 80 % (20 % de taux de transformation) = 787 500 $.

(6) Table III, 10 %, 21 ans ; facteur 7 400,25.

Donc 7 400,25 × 55 (pour 55 000 $) = 407 014 $ ou 407 000 $ (à 100 $ près).

(7) Table VI, 10 %, 21 ans ; facteur 15,62.

Donc 15,62 × 380,5 (pour 380 500 $) = 5 900 $ (à 100 $ près).

(8) Table X, 4 % d'inflation, 10 %, 21 ans ; facteur 117.

Donc 117 × 38,05 (pour 380 500 $ ÷ 10 000 $) = 4 500 $ (à 100 $ près).

b) Suivant la règle d'or, M. Hautbois devrait investir 6 000 $ l'an (10 % de 60 000 $) moins la contribution au RPA de 2 000 $ l'an. La mise minimale annuelle devrait donc être de 4 000 $ (6 000 $ − 2 000 $). Par contre, le calcul indique des mises de 5 900 $, et ce sont ces dernières qui devraient prévaloir.

5.

MISES DE FONDS POUR LA RETRAITE — M. Juneau (valeurs arrondies à 100 $)

	À 47 ans	À 65 ans
Coût de vie	36 000 $[(1)]	
Ajustement (hausse de 5 %)	1 800	
Moins : Versements hypothécaires	12 000	
Moins : Frais reliés aux enfants	4 500	
Plus : Provision annuelle pour projets spéciaux à la retraite	5 000	
COÛT DE VIE RAJUSTÉ POUR LA RETRAITE	26 300 $	53 300 $[(2)]
Moins : Revenus après impôt		
Rente viagère		21 000

Rentes du Québec[(3)]	5 400	10 900
Pension de la sécurité de la vieillesse	—	—
		31 900 $
RECETTES NÉCESSAIRES		21 400 $
CAPITAL POUR RECETTES NÉCESSAIRES		305 700 $[(4)]
Capital précédent sous forme de REÉR		382 100 [(5)]
Moins : Fonds accumulés en REÉR		250 200 [(6)]
CAPITAL À ACCUMULER SOUS FORME DE REÉR		131 900 $
MISES DE FONDS REQUISES EN REÉR		
Annuités constantes		2 900 $[(7)]
Annuités à progression géométrique		2 200 $[(8)]

(1) Table III, 5 ans, 2 % ; facteur 1 104,08.

Donc 1 104,08 × 32,6 (pour 32 600 $) = 35 993 $ ou 36 000 $ (à 100 $ près).

(2) Table III, 18 ans (65 − 47 = 18 ans pour que le capital soit disponible à 65 ans lorsqu'il n'y aura aucune mise), inflation 4 % ; facteur 2 025,82.

Donc 2 025,82 x 26,3 (pour 26 300 $) = 53 279 $ ou 53 300 $ (à 100 $ près).

(3) 7 000 $ × 0,7 (pour 30 % d'impôt) = 4 900 $ à 42 ans.

Table III, 5 ans, 2 % ; facteur 1 104,08.

Donc 1 104,08 × 4,9 (pour 4 900 $) = 5 410 $ ou 5 400 $ (à 100 $ près) à 47 ans.

Pour 65 ans : table III, 18 ans, 4 % d'inflation ; facteur 2 025,82.

Donc 2 025,82 × 5,4 (pour 5 400 $) = 10 939 $ ou 10 900 $ (à 100 $ près).

(4) 21 400 $ ÷ 0,07 (10 % − 30 % d'impôt) = 305 714 $ ou 305 700 $ (à 100 $ près).

(5) 305 700 $ ÷ 0,80 (facteur de conversion de 20 %) = 382 125 $ ou 382 100 $ (à 100 $ près).

(6) Table III, 18 ans, 10 % ; facteur 5 559,92.

Donc 5 559,92 × 45 (pour 45 000 $) = 250 196 $ ou 250 200 $ (à 100 $ près).

(7) Table VI, 18 ans, 10 % ; facteur 21,93.

Donc 21,93 × 131,9 (pour 131 900 $) = 2 893 $ ou 2 900 $ (à 100 $ près).

(8) Table X, 18 ans, 10 %, 4 % d'inflation ; facteur 170.

Donc 170 x 13,19 (pour 131 900 $ ÷ 10 000 $) = 2 242 $ ou 2 200 $ (à 100 $ près).

6.

RAPPORT — Diane	
Montant transférable au REÉR	
2 000 $ × 21 (de 1975 à 1995 inclusivement)	42 000 $
Plus : 1 500 $ × 4 (de 1975 à 1978 inclusivement)	6 000
TOTAL TRANSFÉRABLE	48 000 $
Solde imposable	
Indemnité de départ	58 000 $
Moins : Montant transférable	48 000
SOLDE IMPOSABLE	10 000 $
Cotisation normale au REÉR	
Diane peut utiliser ses droits inutilisés au REÉR pour réduire le revenu imposable à zéro :	
Solde imposable (ci-dessus)	10 000 $
Moins : Cotisation au REÉR	10 000
SOLDE IMPOSABLE	0 $

Note : Diane devra contribuer à son REÉR pour 1997 avant la fin de février 1998.

CHAPITRE 9

1. a) Taux de rendement périodique pour 98 jours =

$$\left(\frac{10\,000 - 9\,850}{9\,850}\right) = 1,52\,\%$$

(décimales non retenues)

b) Taux de rendement nominal annuel* =

$$1,52 \times \left(\frac{365}{98}\right) = 5,65\,\%$$

(ou 5,67 % si toute les décimales sont retenues avec la calculatrice)

* Il s'agit du taux annoncé dans la presse financière.

c) Taux de rendement effectif annuel = 5,77 %.

365 ÷ 98 = **2ndF**

→EFF

FV

5,65 **=** 5.77

(ou 5,79 % si le taux utilisé est 5,67 %).

Note : On pourrait calculer directement le taux effectif sans passer par le taux nominal :

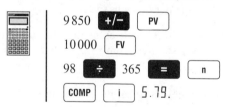

9850 **+/-** PV

10000 FV

98 ÷ 365 **=** n

COMP i 5.79.

2. a) Taux de rendement périodique :

$$\left(\frac{10\,000 - 9\,911,30}{9\,911,30}\right) = 0,89\,\%$$

b) Taux de rendement nominal :

$$0,89 \times \left(\frac{365}{91}\right) = 3,57\,\% \ *$$

* Si l'on utilisait la calculatrice en conservant les décimales, la réponse finale serait 3,59 % au lieu de 3,57 %.

3. Les obligations traditionnelles avec coupons

a) À partir des tables financières

La table IV permet de calculer la PV de l'obligation principale de 50 000 $: $n = 24$ semestres, $i = 4\,\%$ (8 % ÷ 2) ; facteur = 390,12.
Donc PV = 390,12 × 50 = 19 506 $.

La table VII permet de calculer la PV des 24 coupons : $n = 24$, $i = 4\,\%$; facteur = 15 246,96.
Donc PV = 15 246,96 × 1,75 (pour 1 750 $ ou [50 000 $ × 7 %] ÷ 2) = 26 682,18 $.
PV de l'obligation : 19 506 $ + 26 682,18 $ = 46 188,18 $.

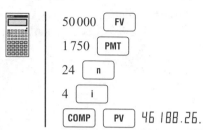

50 000 FV

1 750 PMT

24 n

4 i

COMP PV 46 188.26.

Donc, l'obligation se vend **à escompte** parce que le taux du marché (8 %) est supérieur au taux des coupons (7 %).

b) PV = 54 233,89 $. L'obligation se vend **à prime,** car le taux du marché (6 %) est inférieur au taux des coupons (7 %).

c) PV = 39 651,02 $. L'obligation se vend **à escompte,** car le taux exigé (10 %) est supérieur au taux des coupons (7 %).

d) PV = 50 000 $. L'obligation se vend **au pair,** donc à sa valeur nominale, car les deux taux sont identiques (7 %).

Les obligations à coupons détachés

e) PV de l'obligation maîtresse

Table IV, n = 24 semestres, i = 6 % ; facteur = 246,98.

Donc PV = 246,98 × 50 (pour 50 000 $) = 12 349 $.

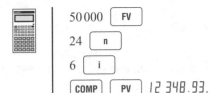

f) PV du premier coupon

Table IV, n = 1 semestre, i = 6 % ; facteur = 943,40.

Donc PV = 943,40 × 1,75 (pour 1 750 $) = 1 650,95 $.

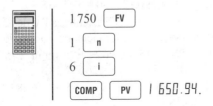

g) PV du dernier coupon

Table IV, n = 24 semestres, i = 6 % ; facteur = 246,98.

Donc PV = 246,98 × 1,75 (pour 1 750 $) = 432,22 $.

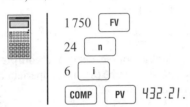

Note : Pour effectuer les exercices 4 et 5, il faut avoir lu le document à la fin du chapitre.

4. La formule est la suivante :

$$\text{Taux de rendement périodique} = \frac{40 - 35}{35} + \frac{4,10}{35} = 26\%$$

5. Le fonds B, car il offre le rendement le plus élevé pour le risque (écart type) le plus bas.

CHAPITRE 10

1. a) Étant donné l'âge du client, un portefeuille axé sur la croissance paraît approprié. Par contre, le client recherche un rendement raisonnable à long terme de 10 %. Un test de profil d'investisseur pourrait dévoiler une personnalité financière assez prudente compte tenu de l'âge. Par contre, le client indique une zone de confort qui peut tolérer jusqu'à 60 % de placements partiellement sécuritaires et spéculatifs (total des deux catégories). Pour son âge, un portefeuille qui contiendrait de 65 % à 75 % d'actions canadiennes et étrangères serait raisonnable. Voici nos recommandations :

- Fonds monétaires et titres à revenu fixe (obligations) : 35 % ;
- Actions canadiennes : 45 % ;
- Actions internationales : 20 %.

L'idéal sera d'effectuer un suivi efficace et d'adapter éventuellement le portefeuille pour bénéficier avec le temps de la proportion de 30 % de contenu étranger. Trois ou quatre fonds d'investissement pourraient très bien répondre aux besoins de ce jeune client.

b) Placements totalement sécuritaires :
- obligations d'épargne ;
- dépôts à terme ;
- certificats de placement garanti (CPG) ;
- bons du Trésor ;
- fonds du marché monétaire.

Placements partiellement sécuritaires :
- obligations gouvernementales et municipales ;
- obligations et débentures d'entreprises de premier ordre ;
- actions de premier ordre (*blue chips*) ;
- fonds d'investissement de revenu.

Placements spéculatifs :

- actions ;
- actions accréditives, obligations, etc. ;
- parts de sociétés en commandite ;
- droits de souscription (*rights*) ;
- fonds d'investissement de croissance nationaux et internationaux.

2. M. Troplein désire prendre sa retraite dans 10 ans, à l'âge de 65 ans. Il lui faut un portefeuille raisonnablement prudent. Par contre, il recherche un rendement de 15 %, ce qui semble en contradiction (dans une certaine mesure) avec une période de 10 ans pour préparer la retraite. Il recherche surtout des produits sécuritaires (55 %), ce en quoi il a raison.

Nous lui recommandons donc la prudence et, si possible, un rendement un peu moins élevé (par exemple 10 %) :

- Fonds du marché monétaire : 20 % ;

- Titres à revenu fixe : 40 % ;
- Actions canadiennes : 30 % ;
- Actions étrangères : 10 %.

3. M. Lafortune a 40 ans et désire prendre sa retraite dans 20 ans. Le rendement recherché avec un REÉR est de 10 %, ce qui est raisonnable. Son profil financier est cependant celui d'un investisseur très prudent (80 % de produits sécuritaires), bien que le modèle intégrateur suggère un portefeuille un peu plus audacieux, de type équilibré. Il faudrait en discuter avec lui.

Voici nos recommandations pour un portefeuille axé sur la prudence mais tout de même raisonnablement équilibré :

- Fonds du marché monétaires : 10 % ;
- Titres à revenu fixe : 40 % ;
- Actions canadiennes : 35 % ;
- Actions étrangères : 15 %.

CHAPITRE 11

1.

	M. Bello		M. Belland		M. Bélair	
ÉVALUATION DES REVENUS GAGNÉS, APRÈS IMPÔT (à 100 $ près)						
	À 36 ans	À 41 ans	À 42 ans	À 47 ans	À 34 ans	À 39 ans
Taux d'impôt utilisé	30 %		35 %		40 %	
Rentes du Québec, après impôt	3 400 $ [1]		3 200 $ [2]		2 100 $ [3]	
Salaire, après impôt	4 900 [4]		7 200 [5]		20 400 [6]	
Loyers, après impôt	3 500 [7]		3 900 [8]		0	
REVENUS GAGNÉS, APRÈS IMPÔT	11 800 $	15 100 $ [9]	14 300 $	18 300 $ [10]	22 500 $	28 700 $ [11]

[1]   4 800 $ × 70 % =   3 360 $ ou 3 400 $.

[2]   4 900 $ × 65 % =   3 185 $ ou 3 200 $.

[3]   3 500 $ × 60 % =   2 100 $.

[4]   7 000 $ × 70 % =   4 900 $.

[5]   11 000 $ × 65 % =   7 150 $ ou 7 200 $.

[6]   34 000 $ × 60 % = 20 400 $.

[7]   5 000 $ × 70 % =   3 500 $.

[8]   6 000 $ × 65 % =   3 900 $.

[9] Table III, 5 ans, 5 % d'inflation ; facteur 1 276,28. Donc 1 276,28 × 11,8 (pour 11 800 $) = 15 060 $ ou 15 100 $.

[10] Table III, 5 ans, 5 % d'inflation ; facteur 1 276,28. Donc 1 276,28 × 14,3 (pour 14 300 $) = 18 251 $ ou 18 300 $.

[11] Table III, 5 ans, 5 % d'inflation ; facteur 1 276,28. Donc 1 276,28 × 22,5 (pour 22 500 $) = 28 716 $ ou 28 700 $.

2. a)

ÉVALUATION DU CAPITAL NÉCESSAIRE, AU DÉCÈS — Dr Aristide Bellecroc
(à 100 $ près)

	Âge au décès : 29 ans	33 ans
	Nombre d'années : 15 ans	11 ans
Coût de vie, après le décès		
Coût de vie actuel	50 000 $	
Plus : Provision annuelle		
pour les projets spéciaux	3 000	
Coût de vie à long terme	53 000 $	
Moins : Versements hypothécaires (1 750 $ × 12)	21 000	
Coût de vie rajusté	32 000 $	
Ajustement suggéré	0	
Coût de vie net (ou après décès)	32 000 $	
Moins : Revenus gagnés, après impôt, par le conjoint survivant		
Rentes du Québec (4 300 $ × 70 %)	3 000	
Revenu salarial (18 500 $ × 70 %)	13 000	
	16 000 $	
Revenu manquant pour assumer le coût de vie	16 000	20 200 $ [1]
Capital nécessaire pour assumer le coût de vie	145 700 [2]	151 500 [3]
Plus : Capital de libération	70 000	30 000
Legs particulier	10 000	10 000
CAPITAL NÉCESSAIRE, AU DÉCÈS	225 700 $	191 500 $

(1) Table III, $n = 4$ ans, 6 % d'inflation ; facteur 1 262,48.
   Donc 1 262,48 × 16 (pour 16 000 $) = 20 200 $ (à 100 $ près).

(2) Table VII, $n = 15$ ans, 7 % de rendement après impôt ; facteur 9 107,91.
   Donc 9 107,91 × 16 (pour 16 000 $) = 145 727 $ ou 145 700 $.

(3) Table VII, $n = 11$ ans, 7 % de rendement après impôt ; facteur 7 498,67.
   Donc 7 498,67 × 20,2 (pour 20 200 $) = 151 473 $ ou 151 500 $.

b)

CALCUL DE LA PROTECTION MANQUANTE — Dr Aristide Bellecroc

	Âge au décès : 29 ans	33 ans
Capital nécessaire, au décès (voir a)	225 700 $	191 500 $
Moins : Capital disponible		
Placements actuels hors REÉR (après impôt)	115 500	145 800 [1]
Placements hors REÉR (après impôt) dans 4 ans	—	30 000
Assurance-vie actuelle (vie entière)	50 000	50 000
Assurance-vie hypothécaire (existante, mais non considérée)	—	—
Capital disponible	165 500 $	225 800 $
ASSURANCE-VIE MANQUANTE	60 200 $	(34 300 $)

(1) Table III, $n = 4$ ans, 6 % d'inflation ; facteur 1 262,48.
   Donc 1 262,48 × 115,5 (pour 115 500 $) = 145 816 $ ou 145 800 $.

c) Il y a lieu pour le Dr Bellecroc de conserver l'assurance-vie entière de 50 000 $ comme assurance minimale. Actuellement, le Dr Bellecroc (29 ans) a besoin de quelque 60 000 $ d'assurance-vie et ses besoins décroissent à 0 $ dans quatre ans (à 33 ans).

Par conséquent, le Dr Bellecroc est suffisamment assuré.

3.

CAPITAL NÉCESSAIRE AU COÛT DE VIE (à 100 $ près)				
	M. Alpha		M. Bêta	
	À 35 ans	À 40 ans	À 29 ans	À 33 ans
Revenu manquant pour assumer le coût de vie	14 000 $	18 700 $[1]	22 000 $	27 800 $[2]
Nombre d'années	22 ans	17 ans	25 ans	21 ans
Taux d'imposition présumé: 30 %				
Taux de rendement après impôt: 7 % (10 % − 3 %)				
CAPITAL NÉCESSAIRE AU COÛT DE VIE	154 900 $[3]	182 600 $[4]	256 400 $[5]	301 200 $[6]

[1] Table III, 5 ans, 6 %; facteur 1 338,23. Donc 1 338,23 × 14 (pour 14 000 $) = 18 735 $ ou 18 700 $.

[2] Table III, 4 ans, 6 %; facteur 1 262,48. Donc 1 262,48 × 22 (pour 22 000 $) = 27 775 $ ou 27 800 $.

[3] Table VII, 22 ans, 7 % après impôt; facteur 11 061,24. Donc 11 061,24 × 14 (pour 14 000 $) = 154 857 $ ou 154 900 $.

[4] Table VII, 17 ans, 7 % après impôt; facteur 9 763,22. Donc 9 763,22 × 18,7 (pour 18 700 $) = 182 572 $ ou 182 600 $.

[5] Table VII, 25 ans, 7 % après impôt; facteur 11 653,58. Donc 11 653,58 × 22 (pour 22 000 $) = 256 379 $ ou 256 400 $.

[6] Table VII, 21 ans, 7 % après impôt; facteur 10 835,53. Donc 10 835,53 × 27,8 (pour 27 800 $) = 301 228 $ ou 301 200 $.

4. a)

ÉVALUATION DU CAPITAL NÉCESSAIRE, AU DÉCÈS — M. D'Amours (à 100 $ près)		
Âge au décès:	28 ans	33 ans
Nombre d'années:	20 ans	15 ans
Coût de vie, après le décès		
Coût de vie actuel	35 000 $	
Plus : Provision annuelle pour les projets spéciaux	2 000	
Coût de vie à long terme	37 000 $	
Moins : Versements hypothécaires	11 600	
Coût de vie rajusté	25 400 $	
Ajustement suggéré	0	
Coût de vie net (après décès)	25 400 $	

ÉVALUATION DU CAPITAL NÉCESSAIRE, AU DÉCÈS — M. D'Amours
(à 100 $ près) (*suite*)

	Âge au décès: 28 ans	33 ans
	Nombre d'années: 20 ans	**15 ans**
Moins: Revenus gagnés, après impôt, par le conjoint survivant (Mme D'Amours)		
Rentes du Québec (3 000 $ × 70 %)	2 100	
Salaire de Mme D'Amours (34 000 $ × 70 %)	23 800	
	25 900 $	
Revenu manquant pour assumer le coût de vie	0 (1)	0 $
Capital nécessaire pour assumer le coût de vie	0	0
Plus: Capital de libération		
Derniers débours	6 000	8 000 (2)
Dettes au décès	85 000 (3)	35 000
	91 000 $	43 000 $
Plus: Fonds spécial	0	0
CAPITAL NÉCESSAIRE, AU DÉCÈS	91 000 $	43 000 $

(1) Le revenu manquant est indiqué comme étant de 0 $ bien qu'il soit en fait de −500 $, donc un surplus de revenu. À moins que ce surplus ne soit très appréciable, il est préférable de ne pas en tenir compte dans le calcul du capital requis au décès.

(2) Table III, $n = 5$ ans, 6 % d'inflation; facteur 1 338,23.
Donc 1 338,23 × 6 (pour 6 000 $) = 8 029 $ ou 8 000 $.

(3) Les dettes au décès ne représentent que l'hypothèque, qui n'est pas assurée.

CALCUL DE LA PROTECTION MANQUANTE — M. D'Amours

	Âge au décès: 28 ans	33 ans
	Nombre d'années: 20 ans	**15 ans**
Capital nécessaire, au décès	91 000 $	43 000 $
Moins: Capital disponible		
Assurance-vie entière (M. D'Amours)	50 000	50 000
Assurance hypothécaire	—	—
ASSURANCE-VIE MANQUANTE	41 000 $	0 $

b)

ÉVALUATION DU CAPITAL NÉCESSAIRE, AU DÉCÈS — Mme D'Amours (à 100 $ près)

	Âge au décès:	24 ans	29 ans
	Nombre d'années:	20 ans	15 ans
Coût de vie, après le décès			
Coût de vie actuel		35 000 $	
Plus : Provision annuelle pour les projets spéciaux		2 000	
Coût de vie à long terme		37 000 $	
Moins : Versements hypothécaires		11 600	
Coût de vie rajusté		25 400 $	
Ajustement suggéré		0	
Coût de vie net (après décès)		25 400 $	
Moins : Revenus gagnés, après impôt, par le conjoint survivant (Mme D'Amours)			
Rentes du Québec (3 000 $ × 70 %)		2 100	
Salaire de M. D'Amours (14 000 $ × 70 %)		9 800	
Revenu manquant pour assumer le coût de vie		13 500 $	18 100 $[(1)]
Capital nécessaire pour assumer le coût de vie		143 000 $[(2)]	164 900 $[(3)]
Plus : Capital de libération			
Derniers débours		6 000	8 000 [(4)]
Dettes au décès		85 000 [(5)]	35 000
		91 000 $	43 000 $
Plus : Fonds spécial		20 000	20 000
		111 000 $	63 000 $
CAPITAL NÉCESSAIRE, AU DÉCÈS		254 000 $	227 900 $

(1) Table III, $n = 5$ ans, 6 % d'inflation ; facteur 1 338,23.
Donc 1 338,23 × 13,5 (pour 13 500 $) = 18 066 $ ou 18 100 $.

(2) Table VII, $n = 20$ ans, 7 % de rendement après impôt (10 % − 30 % d'impôt) ; facteur 10 594,01.
Donc 10 594,01 × 13,5 (pour 13 500 $) = 143 019 $ ou 143 000 $.

(3) Table VII, $n = 15$ ans, 7 % de rendement ; facteur 9 107,91.
Donc 9 107,91 × 18,1 (pour 18 100 $) = 164 853 $ ou 164 900 $.

(4) Table III, $n = 5$ ans, 6 % d'inflation ; facteur 1 338,23.
Donc 1 338,23 × 6 (pour 6 000 $) = 8 029 $ ou 8 000 $.

(5) L'hypothèque non assurée est la seule dette.

CALCUL DE LA PROTECTION MANQUANTE — Mme D'Amours

	Âge au décès :	24 ans	29 ans
Capital nécessaire, au décès		254 000 $	227 800 $
Moins : Capital disponible			
Assurance-vie temporaire (T-10)		150 000	150 000
Assurance hypothécaire		—	—
ASSURANCE-VIE MANQUANTE		104 000 $	77 800 $

c) M. D'Amours possède déjà une assurance-vie entière de 50 000 $. Ses besoins additionnels sont temporaires ; par conséquent, une assurance temporaire additionnelle serait de mise. Il faudrait aussi décider de conserver un montant d'assurance-vie minimal, peut-être celui de l'assurance-vie entière de 50 000 $.

Quant à Mme D'Amours, la situation demande réflexion. Il faudra mieux comprendre pourquoi M. D'Amours ne gagne que 14 000 $ l'an de salaire. Les besoins totaux en assurance-vie sont de l'ordre de 254 000 $ à 24 ans et de 227 800 $ à 29 ans, ce qui est énorme. Il y aurait donc lieu d'appliquer cer-

taines mesures pour réduire les besoins telles que réduire le coût de vie au décès de 20 % et prendre un régime enregistré d'épargne-études (REÉÉ) pour l'enfant plutôt que de prévoir un fonds spécial d'études au décès. Ces mesures devraient permettre de réduire les besoins aux alentours de 150 000 $. Mme D'Amours possède déjà une assurance-vie T-10 de 150 000 $. Il serait préférable, vu son jeune âge, de considérer une assurance-vie entière additionnelle ou une assurance-vie temporaire T-100 additionnelle de 50 000 $ à 100 000 $. D'ici quelques années, l'assurance T-10 ne serait probablement plus nécessaire. Une réévaluation de la situation tous les trois ans s'impose dans ce cas.

5. a)

ÉVALUATION DU CAPITAL NÉCESSAIRE, AU DÉCÈS — M. Latulipe (à 100 $ près)		
Âge au décès :	42 ans	45 ans
Nombre d'années :	22 ans	19 ans
Coût de vie, après le décès		
Coût de vie actuel	39 000 $	
Plus : Provision annuelle pour les projets spéciaux	3 000	
Coût de vie à long terme	42 000 $	
Moins : Versement hypothécaire annuel	10 800	
Coût de vie rajusté	31 200 $	
Ajustement suggéré	0	
Coût de vie net (après décès)	31 200 $	
Moins : Revenus gagnés, après impôt, par le conjoint survivant		
Rentes du Québec (4 600 $ × 70 %)	3 200	
Revenu de travail (12 000 $ × 70 %)	8 400	
	11 600 $	
Revenu manquant pour assumer le coût de vie	19 600 $	20 800 $[1]
Capital nécessaire pour assumer le coût de vie	216 800 $[2]	215 000 $[3]
Plus : Capital de libération		
Derniers débours	8 000	8 500 [4]
Dettes au décès (hypothèque non assurée)	111 000 [5]	0
Impôt exigible au décès	0	0
	119 000 $	8 500 $
Plus : Fonds spéciaux (aucune mention)	0	0
	119 000 $	8 500 $
CAPITAL NÉCESSAIRE, AU DÉCÈS	335 800 $	223 500 $

(1) Table III, 3 ans, 2 % ; facteur 1 061,21.
     Donc 1 061,21 × 19,6 (pour 19 600 $) = 20 800 $ (à 100 $ près).

(2) Table VII, 22 ans, 7 % de rendement après impôt ; facteur 11 061,24.
     Donc 11 061,24 × 19,6 (pour 19 600 $) = 216 800 $.

(3) Table VII, 19 ans, 7 % de rendement après impôt ; facteur 10 335,60.
     Donc 10 335,60 × 20,8 (pour 20 800 $) = 214 980 $ ou 215 000 $.

(4) Table III, 3 ans, 2 % ; facteur 1 061,21.
     Donc 1 061,21 × 8 (pour 8 000 $) = 8 500 $ (à 100 $ près).

(5) 6 000 $ + 105 000 $ = 111 000 $ (voir le bilan).

DÉTERMINATION DE LA PROTECTION MANQUANTE — M. Latulipe
(à 100 $ près)

	Âge au décès :	42 ans	45 ans
Capital nécessaire, au décès		335 800 $	223 500 $
Moins : Capital disponible			
Liquidités		5 000 [(1)]	
Placements actuels hors REÉR		80 000 [(2)]	98 000 [(3)]
Placements prévus hors REÉR		0	0
Assurance-vie actuelle		25 000	25 000
Assurance hypothécaire		0	0
Capital disponible		110 000 $	123 000 $
ASSURANCE-VIE MANQUANTE		225 800 $	100 500 $

(1) 2 000 $ + 3 000 $ = 5 000 $.

(2) 10 000 $ + 70 000 $ = 80 000 $ (voir le bilan).

(3) Table III, 3 ans, 7 % de rendement après impôt ; facteur 1 225,04.
     Donc 1 225,04 × 80 (pour 80 000 $) = 98 000 $ (à 100 $ près).

b) M. Latulipe devra conserver son assurance-vie entière de 25 000 $; c'est une protection à vie. M. Latulipe est travailleur autonome et aurait avantage à considérer une assurance-vie universelle, et ce après avoir réglé ses dettes à court et à long terme (voir le bilan) et contribué au maximum à son REÉR. Sinon, une assurance-vie temporaire additionnelle sera nécessaire : environ 225 000 $ à 42 ans et 100 000 $ à 45 ans. Il faudra évaluer à nouveau les besoins à 45 ans.

6. a)

ÉVALUATION DU CAPITAL NÉCESSAIRE, AU DÉCÈS — M. Aubry (à 100 $ près)		
Âge au décès :	**40 ans**	**44 ans**
Date :	**31 août 2001**	**31 août 2005**
Protection sur :	**20 ans**	**16 ans**
Coût de vie, après le décès		
Coût de vie actuel	35 000 $	
Coût de vie après le décès		
Coût de vie actuel	35 000 $	
Plus : Provision annuelle pour les projets spéciaux	3 000	
Coût de vie à long terme	38 000 $	
Moins : Versements hypothécaires	—	
Coût de vie rajusté	38 000 $	
Moins : Réduction suggérée de 10 %	3 800	
Coût de vie net (ou après décès)	34 200 $	
Moins : Revenus gagnés, après impôt, par le conjoint survivant		
Rentes du Québec (4 000 $ × 70 %)	2 800	
Salaire (15 000 $ × 70 %)	10 500	
Revenus de location	—	
	13 300 $	
Revenu manquant pour assumer le coût de vie	20 900	22 600 $[1]
Capital nécessaire pour assumer le coût de vie	302 200 [2]	275 400 [3]
Plus : Capital de libération		
Débours imputables au décès	6 000	6 500 [4]
Dettes au décès	2 000 [5]	—
Plus : Fonds spéciaux (études)	—	—
CAPITAL NÉCESSAIRE, AU DÉCÈS	310 200 $	281 900 $

(1) Table III, $n = 4$ ans, 2 % d'inflation (moyen terme) ; facteur 1 082,43.
Donc 1 082,43 × 20,9 (pour 20 900 $) = 22 623 $ ou 22 600 $.

(2) Table XI, $n = 20$ ans, 4 % d'inflation (long terme), 7 % de rendement après impôt ; facteur 144 591.
Donc 144 591 × (20 900 $/10 000 $) = 302 195 $ ou 302 200 $.

(3) Table XI, $n = 16$ ans, 4 % d'inflation, 7 % de rendement après impôt ; facteur 121 852.
Donc 121 852 × (22 600 $/10 000 $) = 275 385 $ ou 275 400 $.

(4) Table III, $n = 4$ ans, 2 % d'inflation ; facteur 1 082,43.
Donc 1 082,43 × 6 (pour 6 000 $) = 6 495 $ ou 6 500 $.

(5) Voir le bilan à la rubrique Solde des cartes de crédit.

CALCUL DE LA PROTECTION MANQUANTE — M. Aubry

	Âge au décès :	40 ans	44 ans
Capital nécessaire, au décès		310 200 $	281 900 $
Moins : Capital disponible			
Encaisse		8 000 (1)	5 000
Placements actuels hors REÉR (après impôt)		129 100 (2)	139 700 (3)
Placements programmés hors REÉR		—	—
Assurance-vie entière actuelle		50 000	50 000
Assurance-vie hypothécaire		—	—
		187 100 $	194 700 $
ASSURANCE-VIE MANQUANTE		123 100 $	87 200 $

(1) Voir le bilan à la rubrique Encaisse (âge : 40 ans). Pour l'âge de 44 ans, M. Aubry suggère une encaisse minimale de 5 000 $.

(2) *Selon le bilan*

Obligations			20 000 $
Intérêt couru			1 667
Immeuble de location (valeur marchande)		200 000 $	
Moins : Hypothèque		38 000	
Moins : Impôt à la vente			
Récupération de l'amortissement	14 840		
Gain en capital	39 750	107 410	
Placements actuels hors REÉR (après impôt)			129 077 $
PLACEMENTS ACTUELS HORS REÉR (APRÈS IMPÔT) (à 100 $ près)			129 100 $

(3) Table III, $n = 4$ ans, 2 % d'inflation ; facteur 1 082,43.
Donc 1 082,43 × 129,1 (pour 129 100 $) = 139 742 $ ou 139 700 $ (à 100 $ près).

---

b) L'assurance-vie entière achetée à l'âge de 30 ans doit être conservée comme une assurance minimale à vie. Les besoins additionnels sont plutôt raisonnables pour un professionnel qui possède un commerce (une pharmacie). Pour ce type de personne, l'assurance-vie universelle est tout indiqué. Sa souplesse et sa viabilité à long terme en font un produit bien adapté aux besoins de la famille Aubry.

Par ailleurs, une assurance-vie temporaire d'environ 125 000 $ à l'âge de 40 ans serait également très acceptable.

7. a)

ASSURANCE INVALIDITÉ — M. Rock Dassier (à 100 $ près)

1) Revenu professionnel	121 200 $
Moins : Frais d'exploitation	36 000
Revenu gagné avant impôt	85 200 $
Impôt (35 %)	29 800
REVENU PROFESSIONNEL, APRÈS IMPÔT	55 400 $
2) COÛT DE VIE ANNUEL	52 000 $

ASSURANCE INVALIDITÉ — M. Rock Dassier
(à 100 $ près) (*suite*)

3) RECOMMANDATIONS

Rente mensuelle		4 600 $
Rente annuelle		55 200 $
Délai de carence : 30 jours		
Prime annuelle		
(selon le tableau 5 du document)		
([30 $/100 $] × 1,10 [30 jours])	33 $/100 $	
Plus : Indexation	7 $/100	
PRIME TOTALE ANNUELLE		
(40 $ × 46 [pour 4 600 $])	40 $/100 $	1 840 $

b)

ASSURANCE FRAIS GÉNÉRAUX — M. Rock Dassier

Délai de carence : 30 jours	
Période maximale : 18 mois	
Frais admissibles : 36 000 $ l'an ou 3 000 $ par mois	
PRIME ANNUELLE (selon le tableau 6 du document)	
(14 $ × 30)	420 $

8. a)

ASSURANCE INVALIDITÉ — M. CLAUDE LECHIFFRE
(à 100 $ près)

1) Revenu de profession	95 000 $
Moins : Frais d'exploitation	20 000
Revenu gagné avant impôt	75 000 $
Impôt (35 %)	26 300
REVENU DE PROFESSION ANNUEL, APRÈS IMPÔT	48 700 $
2) COÛT DE VIE ANNUEL	40 000 $
3) RENTE BASÉE SUR LE REVENU MENSUEL	
(48 700 $ ÷ 12) (à 100 $ près)	4 100 $
Délai de carence : 90 jours	
Prime de base (selon le tableau 5 du document)	
(40 $/100 $ l'an, d'où 40 × 41 [pour 4 100 $])	1 640 $
4) RENTE BASÉE SUR LE COÛT DE VIE MENSUEL	
(40 000 $ ÷ 12) (à 100 $ près)	3 300 $
Prime de base (selon le tableau 5 du document)	
(40 $/100 $ l'an, d'où 40 × 33 [pour 3 300 $])	1 320 $

b)

ASSURANCE FRAIS GÉNÉRAUX — M. Claude Lechiffre

Délai de carence : 30 jours	
Période maximale : 18 mois	
Frais admissibles	20 000 $
PRIME ANNUELLE (selon le tableau 6 du document)	
(17 × 17 [pour 1 700 $])	289 $

CHAPITRE 12

1.

Claude Lajoie et Francine Simard
BILAN SUCCESSORAL
au 1er novembre 2001

Valeur nette selon le bilan familial[1]	96 230 $
Plus : Impôt éventuel sur REÉR	2 486
Valeur nette rajustée	98 716 $
Plus : Assurance-vie privée[2]	100 000
Assurance collective	25 000
Prestation au décès (RRQ)[3]	1 500
	225 216 $
Moins : Impôts au décès[4]	—
Règlement de succession[5]	10 000
AVOIRS SUCCESSORAUX	215 216 $

(1) La valeur nette prend en considération l'impôt éventuel sur les REÉR de 2 486 $. Étant donné que les REÉR seront transférés au conjoint, on pourrait ajouter ce montant à la valeur nette au moment de la rédaction du testament.

(2) Le produit de cette assurance-vie est payable au conjoint survivant (questionnaire no 1 de l'annexe B).

(3) Le montant brut alloué par la RRQ est de 2 500 $ moins 40 % pour l'impôt (voir le tableau 5.1).

(4) Il n'y a aucun impôt à payer, car il y a roulement des biens au conjoint.

(5) Il s'agit des derniers débours.

Claude Lajoie et Francine Simard
ÉTAT DES LIQUIDITÉS SUCCESSORALES
au 1er novembre 2001

Actif liquide au bilan		
Encaisse	1 800 $	
Placements plus intérêt	16 144	
		17 944 $
Plus : Assurance-vie privée	100 000	
Assurance-vie collective	25 000	
Prestation au décès (RRQ)	1 500	126 500
		144 444 $
Moins : Passif au bilan		
Dettes à court terme	4 825	
Prêt automobile	20 217	
Hypothèque	57 602	82 644
Impôts au décès		—
Règlement (succession)		10 000
LIQUIDITÉS SUCCESSORALES		51 800 $

Dr Bistouri Bonsoins
État des liquidités successorales
au 1er avril 2001

Actif liquide au bilan		
Encaisse	23 800 $	
Comptes débiteurs	9 000	
Placements	34 000	
Intérêt couru	3 100	
		69 900 $
Plus : Assurance-vie (au conjoint)	75 000	
Prestation au décès (RRQ)	1 500	76 500
		146 400 $
Moins : Passif au bilan		
Dettes à court terme	5 925	
Dettes à long terme	93 377	
	99 302	
Impôts au décès	—	
Règlement (succession)	25 000	
		124 302
LIQUIDITÉS SUCCESSORALES		22 098 $

2.

Dr Bistouri Bonsoins
BILAN SUCCESSORAL
au 1er avril 2001

Valeur nette selon le bilan	320 598 $	
Plus : Impôt éventuel (REÉR)	10 000	(ajustement)
Valeur nette rajustée	330 598 $	
Plus : Assurance-vie	75 000	
Prestation au décès (RRQ)[1]	1 500	
	407 098 $	
Moins : Impôts au décès	—	
Règlement de succession	25 000	
AVOIRS SUCCESSORAUX	382 098 $	

(1) La prestation de la RRQ est de 2 500 $ brut moins l'impôt de 40 % (voir le bilan au document du chapitre 5).

---

3. **a)** Les REÉR seront transférés à Marie-Anne en franchise d'impôt ; par conséquent, il n'y aura aucun impôt à payer pour l'un ou pour l'autre. Mais Marie-Anne sera imposée sur tout retrait de REÉR et, à son décès, des impôts s'appliqueront, car elle sera présumée avoir disposé de ses REÉR. La possession d'une assurance-vie au deuxième décès permettrait d'acquitter ces impôts.

b) Dans le cas de l'immeuble de location, Jean (la succession) aura à payer un impôt sur le gain en capital et sur la récupération de l'amortissement.

Gain en capital

JVM (au 1er juin 2001)	270 000 $
Moins : Coût d'acquisition	130 000
Gain en capital	140 000 $
Gain en capital imposable (50 %)	70 000 $
Impôt à payer (50 %)	35 000 $

Récupération de l'amortissement

Coût d'acquisition	130 000 $
FNACC	70 000

Amortissement accumulé	60 000 $
Impôt à payer (50 %)	30 000 $
IMPÔT TOTAL À PAYER (35 000 $ + 30 000 $)	65 000 $

Note : Si Jean avait légué l'immeuble à Marie-Anne, il n'y aurait eu aucun impôt à payer, étant donné le roulement en franchise d'impôt.

4. a) Actions

Produit de disposition présumé	12 000 $
Prix de base rajusté	4 000
Gain en capital	8 000 $
Gain en capital imposable	4 000 $
Impôt (35 %)	1 400 $

REÉR

Fonds accumulés	20 000 $
Impôt (35 %)	7 000 $
IMPÔT TOTAL À PAYER (1 400 $ + 7 000 $)	8 400 $

b) Il devrait refuser, car la succession a plus de dettes que de biens (33 400 $ de dettes – 33 000 $ de biens).

Argent disponible pour le fils

Solde bancaire	1 000 $	
Actions	12 000	
REÉR	20 000	33 000 $

Montants dus

Emprunt bancaire	15 000 $	
Impôt sur le revenu avant décès	4 500	
Impôt sur legs	8 400	
Frais de notaire	1 500	
Frais funéraires	4 000	33 400 $

BIBLIOGRAPHIE

Association de planification fiscale et financière. « Les fiducies : première partie », *Revue APFF : planification fiscale et successorale,* vol. 18, n° 4, 1996.

Association de planification fiscale et financière. « Les fiducies : deuxième partie », *Revue APFF : planification fiscale et successorale,* vol. 19, n° 1, 1997.

Association de planification fiscale et financière. *Revue APFF : planification fiscale et successorale,* vol. 21, n° 4, 1999-2000.

Association de planification fiscale et financière. « Chroniques : planification successorale », *Revue APFF : planification fiscale et successorale,* vol. 22, n° 2, 2000-2001.

Beaulne, Jacques. *Droit des fiducies,* Montréal, Wilson & Lafleur, coll. « Bleue », 1998.

Bodie, Zvi, Kane, Alex, Marcus, Alan J., Perrakis, Stylianos, et Ryan, Peter J. *Investments, Third Canadian Edition,* Toronto, McGraw-Hill Ryerson, 2000.

Chilton, David. *Un barbier riche : le bon sens appliqué à la planification financière,* Montréal, Éditions du Trécarré, 1993.

Dazé, J.Y. Serge. *Relever le défi en matière d'assurances et de rentes,* 2e éd., Sainte-Foy, Université du Québec, Télé-Université, 2000.

Fédération des associations coopératives d'économie familiale (FACEF). *Budget,* en collaboration avec *Protégez-vous,* fascicule annuel.

KPMG. *Vous, votre famille et le fisc 2001,* Toronto, Carswell, 2001.

Lavallée, Mario. *Exercices en gestion financière,* Montréal, Guérin éditeur, 1999.

Lévesque, Louise. *Planification successorale* (sous la dir. de Yves Groleau), Sainte-Foy, Université du Québec, Télé-Université, 1999.

Matte, André M. *L'après-REÉR,* Montréal, Les Éditions Transcontinental, coll. « Affaires PLUS », 1999.

Morissette, Denis. *Valeurs mobilières et gestion de portefeuille,* 3e édition, Trois-Rivières, Éditions SMG, 1999.

Pelletier, Jean-Jacques, et Normand, Carmand. *Caisses de retraite et placements : introduction à la gestion des placements,* Montréal, Éditions sciences et culture, 1994.

PGF. *Planiguide fiscal 2000-2001,* Raymond Chabot Grant Thornton, Réseau Grant Thornton international.

Pollan, Stephen M. *Dépensez tout/vivez heureux,* Paris, Le cherche midi éditeur, 1999.

Royer, Pierre, et Drew, James. *Impôts et planification,* Montréal, Éditions sciences et culture, coll. «Impôts», 2001.

INDEX

A

abattement du Québec, 81

ABC (Association des banquiers canadiens), 411

ABF (analyse des besoins financiers en assurance-vie), 318-319, 327-336

abris fiscaux québécois, 177-178
voir aussi incitatifs fiscaux

ACCAP (Association canadienne des compagnies d'assurances de personnes), 411

accidents, *voir* assurances générales

ACCOVAM (Association canadienne des courtiers en valeurs mobilières), 410

ACEF (associations coopératives d'économie familiale), 412

achat
d'une résidence, 254-255
sur marge, 265-266

acomptes provisionnels, 80, 96, 146

actif(s), 109
répartition stratégique des __ (RSA), 299-300

action(s)
voir aussi incitatifs fiscaux, placement(s) *et* RPA
accréditives, 177
de compagnie, 88-89
de premier ordre, 262-263
fonds d'__, 174
ordinaires, 263-266
privilégiées, 262

valeur intrinsèque d'une __, 263-264

administrateurs agréés, 414

affectation
d'une fiducie, 377
patrimoine d'__, 377-378

agents d'assurances, 416

amortissement, 101, 112
déduction pour __, 101-103
financier, 39
période d'__, 39
récupération de l'__, *voir* récupération de l'amortissement

analyse
de la situation, 24-25
des besoins financiers en assurance-vie (ABF), 318-319, 327-336

annuité(s), 53-61
à progression géométrique, 59-61
calcul des __, 37-38
constante, 53-58

APFF (Association de planification fiscale et financière), 411-412

approche
modulaire et intégrée de la planification financière personnelle, 29-30
systématique (globale et intégrée), 1-2

après-REÉR, 221-236

Association
canadienne des compagnies d'assurances de personnes (ACCAP), 411

canadienne des courtiers en valeurs mobilières (ACCOVAM), 410
de planification fiscale et financière (APFF), 411-412
des banquiers canadiens (ABC), 411

associations coopératives d'économie familiale (ACEF), 412

assurance(s), 303-321
voir aussi assurance-vie
agents d'__, 416
automobile, 305-306
compagnies d'__, 407
courtiers d'__, 416
de personnes, 306, 320-321
définition de l'__, 305
frais généraux, 306, 321, 338
générales, 305-306
habitation, 305
invalidité, 306, 319-320, 336-338
délai de carence de l'__, 337
régimes d'__, 310-311
responsabilité
civile, 320-321
professionnelle, 320

assurance-emploi, 80

assurance-vie, 306
analyse des besoins financiers en __ (ABF), 318-319, 327-336
commerciale, 308
des enfants, 307-308
domaine de l'__, 308-311
entière, 313-315
familiale, 306-308
minimale, 311

philanthropique, 308
prime(s) en __, 309-310, 314
produits d'__, 311-318
temporaire, 312-313
universelle, 316-318
avantages imposables, 85
avocats, 415

B

Banque du Canada, 404-405
banques, 405-406
voir aussi institutions financières
   conseillers des __, 416
bénéficiaire, 376, 378-379
besoins, hiérarchie des, 6
biens, 346-348
   amortissables, 101
   du patrimoine familial, 345
   liquides, 113
   non enregistrés au décès, 366
   non réalisables, 223
   partage des __, 345-346
   personnels
      évaluation des __, 111
   réalisables, 223
   transfert de __
      entre vifs, 350-353
bilan
   personnel, 109-114
   successoral, 362-364
bons
   voir aussi placement(s)
   de souscription, 267
   du Trésor, 252-253
bourse(s), 245-246
   au Canada, 408
   aux États-Unis, 408-409
Bourse canadienne des produits
   dérivés, 268
Bourse de Montréal, 408
Bourse de Toronto, 408
Bourse de Vancouver, 408
BSF (Bureau des services financiers), 399-401
budget(s), 125-133
   de caisse mensuel, 129-133
   familial, 125, 126-129

budgétisation, phase de, 109-137
Bureau des services financiers
   (BSF), 399-401
buy and hold (gestion passive),
   291, 293-294

C

caisse(s)
   comptabilité de __, 95
   populaires Desjardins, 406, 416
   voir aussi institutions finan-
      cières
   conseillers des __, 416
calculatrice financière, 37-38
Canada
   Banque du __, 404-405
   déclaration de revenus au __,
      voir déclaration(s) de revenus
capacité financière, 8, 199-200
capital
   coût en __
      non amorti (CCNA), 101
   de REÉR, 223
   de retraite, 185-186
   futur
      valeur actualisée d'un __, 52
   gain(s) en __, *voir* gain(s) en
      capital
   hors REÉR, 232
   liquidation du __, 223
   nécessaire
      à la retraite, 57, 60-61, 188-
         201
      au décès, 328-334
      pour produire un revenu à la
         retraite, 57
   non enregistré, 232-236
   perte en __, 87, 89
   pour recettes nécessaires, 192-
      194
   revenu annuel pour amortir un
      __, 57-58
   sous forme de REÉR, 194-195
capitalisation
   des intérêts, 39
   période de __, 39
carte de crédit, 120-121

CCNA (coût en capital non
   amorti), 101
CD (compte distinct), 416
certificats de placement garanti,
   voir CPG
cessation d'emploi, 229-230
ChAD (Chambre de l'assurance de
   dommages), 401
Chambre
   de l'assurance de dommages
      (ChAD), 401
   de la sécurité financière (CSF),
      400
clause d'indexation, 337
client salarié
   bilan personnel du __, 109-114
   budget de caisse du __, 129-133
   budget familial du __, 125, 126-
      129
Code civil du Québec, 344, 348-
   349
coefficient bêta, 289
Commission des valeurs mobilières du Québec (CVMQ), 400-
   401
compagnie(s)
   actions de __, 88-89
   d'assurances, 407
comptabilité d'exercice et de
   caisse, 95
comptables, 414-415
compte(s)
   de retraite immobilisé (CRI),
      230
   distinct (CD), 416
conjoint(s)
   de fait, 349
   fiducie exclusive en faveur du
      __, 382-383
   montant pour __, 80
   paiement de montants dus par le
      __, 156
   REÉR au __, 170
   réversion en faveur du __, 226
   salaire ou honoraires au __, 155
   survivant
      revenus du __, 330
conjoncture économique, 296

conseillers, 416
consolidation des dettes, 134, 135
consommation
    dettes de __, 134
    indice des prix à la __, 11-13
    taux d'intérêt à la __, 16
constituant d'une fiducie, 376, 378
contrats à terme, 270
contrôle
    de gestion, 28
    organismes de __, 400, 409-412
conversion
    d'un taux nominal j_1 en un taux nominal j_2, 46-47
    du taux nominal en taux effectif, 43-46
    facteur de __, 194-195
    processus de __, 194-195
corrélation, 291
cotisation(s)
    à l'assurance-emploi, 80
    au Régime des rentes du Québec, 80
    maximale à un REÉR, 162-164
coupon(s)
    détachés
        obligations à __, 260-261
    taux du __, 259
courtiers
    d'assurances, 416
    en valeurs mobilières, 245, 410, 415
coût
    de vie, 7-8, 114, 125
        après le décès, 328-329
        budgétisé, 126
        composantes du __, 119-120
        évaluation du __, 117
        paiement du __, 120-121, 155
        projeté, 126
        rajusté pour la retraite, 186, 188
        retraite en fonction du __, 186-188
    en capital non amorti (CCNA), 101
CPG (certificats de placement garanti), 251

boursiers, 256
    indiciels, 256
crédit(s), 134
    carte de __, 120-121
    d'impôt, 78, 79-81
        non remboursables, 79-80
        remboursables, 80-81
CRI (compte de retraite immobilisé), 230
CSF (Chambre de la sécurité financière), 400
CSN, 174
CVMQ (Commission des valeurs mobilières du Québec), 400-401

D

day trading (investissement en ligne), 291, 294-295
débentures, 261
décès
    biens non enregistrés au __, 366
    capital nécessaire au __, 328-334
    coût de vie après le __, 328-329
    fiscalité au __, 361-366
    régimes enregistrés au __, 365-366
    transfert du REÉR au __, 171
déclaration(s) de revenus, 77-97
    conformes à la loi, 153
décloisonnement, 397
déduction(s)
    du revenu, 78, 79
    pour amortissement, 101-103
déficit de liquidités, 114
degré de risque toléré, 286
délai de carence d'une assurance invalidité, 337
demi-taux, règle du, 102
dépenses non déductibles, 96
dépôt(s)
voir aussi placement(s)
    à terme, 251
    volontaire, 135
déréglementation, 397
Desjardins, caisses populaires, 406, 416

détermination
    des deux âges clés, 327-328
    des objectifs, 26-27
dettes
voir aussi endettement, gestion de l', *et* surendettement, solutions au
    consolidation des __, 134, 135
    de consommation, 134
    étalement du paiement des __, 122
    personnelles, 124, 135-137
disponibilités financières, 114-121
    calcul des __, 114, 145
    programmation des __, 121-125, 145-147
diversification, 286-291
    formes de __, 288
    internationale, 289, 290-291
dividendes, revenu de, 86-87
voir aussi gain(s) en capital
divorce, 230
donation, 350-351
dons de bienfaisance planifiés, 367-368
dossier
    du planificateur financier, 32
    fiscal, 152
Dow Jones Industrial Average, 246
droit(s)
    d'option, 354
    de souscription, 267-268

E

économie fiscale, 174-175
emploi
    cessation d'__, 229-230
    revenu d'__, 83-85
emprunt, terme d'un, 39
voir aussi prêt
endettement, gestion de l', 133-137
voir aussi dettes
enfants
    assurance-vie des __, 307-308
    fiducie en faveur des __, 384

enrichissement, 10

entité fiscale hybride, 381

entreprise(s)

comptabilité d'__, 93-95

obligations d'__, 261-262

revenu d'__, 92-95

état des résultats et __, 93-95

prêt pour un __, 155

Régime des rentes du Québec et __, 93

retraits ou prélèvements et __, 92-93

épargne, 137

obligations d'__, 251

épargne-actions, régime d', 176-177

épargne-études, régime enregistré d', *voir* REÉÉ

épargne-retraite, régime(s) enregistré(s) d', *voir* REÉR

étalement du paiement des dettes, 122

étape(s)

de l'indépendance financière, 9, 109, 121, 185

de la planification financière personnelle, 23-29

état des résultats, 93-95

études, *voir* REÉÉ

évaluation

des biens personnels, 111

du coût de vie, 117

excédent de liquidités, 114

exercice, comptabilité d', 95

F

FACEF (Fédération des associations coopératives d'économie familiale), 30, 412

facteur

d'équivalence (FÉ), 163

pour services passés (FÉSP), 163

d'équivalence rectifié (FÉR), 163

de conversion, 194-195

faillite, 135

FCP (fonds commun de placement), 249, 253, 270-272

FÉ (facteur d'équivalence), 163

fédéral, *voir* Canada, déclaration(s) de revenus et incitatifs fiscaux

Fédération des associations coopératives d'économie familiale (FACEF), 30, 412

FÉR (facteur d'équivalence rectifié), 163

FERR (fonds enregistré de revenu de retraite), 224, 227-228

FÉSP (facteur d'équivalence pour services passés), 163

fiduciaire, 376, 378

choix d'un __, 379

fiducie(s), 360-361, 373-391, 406-407

acteurs d'une __, 378-379

affectation d'une __, 377

bénéficiaire d'une __, 376, 378-379

classification des __, 376-377

conseillers des __, 416

constituant d'une __, 376, 378

contextes juridique et fiscal des __, 375

d'utilité privée

commerciale, 390

non commerciale, 389-390

d'utilité sociale, 390

de protection d'actifs, 389-390

définition d'une __, 376

discrétionnaire, 385

en faveur d'enfants majeurs, 384

en faveur d'enfants mineurs, 384

entre vifs, 380-385

caractéristiques légales de la __, 380

exemples de __, 382-385

fiscalité de la __, 381-382

exclusive en faveur du conjoint, 382-383

finalité légale d'une __, 377

nouvelles, 388

objectifs d'une __, 376

parts de __, 268

personnelle, 379-380

testamentaire, 385-388

fin(s)

d'utilité privée, 377

d'utilité sociale, 377

particulière, 376

personnelles, 377

firme

d'investissement en ligne, 408

de courtage réduit, 407-408

de courtage traditionnel, 407

fiscalité

au décès, 361-366

de la fiducie entre vifs, 381-382

FISF (Fonds d'indemnisation des services financiers), 401

Fondaction (CSN), 174

fonds

communs de placement (FCP), 249, 253, 270-272

d'actions, 174

d'investissement, 249, 270-272

de revenu

d'un REÉR, 223-228

d'un RPA, 228-231

viager (FRV), 230-231

des syndicats québécois, 174-176

distincts, 272

enregistré de revenu de retraite (FERR), 224, 227-228

mutuels, 270-272

Fonds d'indemnisation des services financiers (FISF), 401

Fonds de solidarité FTQ, 174

formules mathématiques, 37

fractionnement du revenu, 153-156

FRV (fonds de revenu viager), 230-231

FTQ, 174

G

gain(s) en capital, 87-89, 167-168, 350

impôt éventuel sur le __, 113

gel successoral, 385

gestion
  active, 291, 294
  budgétaire, 107-137
  contrôle de __, 28
  de l'endettement, 133-137
  de portefeuille, 281-300
  fiscale, 151-153
  passive, 291, 293-294
gestionnaires de portefeuille, 415-416
gouvernement, *voir* Canada, déclaration(s) de revenus, incitatifs fiscaux *et* Québec

H

habitation, *voir* assurance(s) (habitation), immeuble de location *et* résidence
hiérarchie des besoins, 6
hypothèque
voir aussi résidence
  inversée, 232, 235-236
  REÉR et __, 171
  remboursement d'une __, 47-48

I

IARD (incendies, accidents et risques divers), 305
IBC (Institut des banquiers canadiens), 410
ICVM (Institut canadien des valeurs mobilières), 410
IFIC (Institut des fonds d'investissement du Canada), 412
IGIF (Inspecteur général des institutions financières), 409
immeuble de location, 90-92, 103, 266-267
immobilisations, 87-88
imposition au décès, 362
impôt(s)
  à payer, 96
    solde d'__, 112
  crédits d'__, 78, 79-81
  directs, 16
  éventuel, 110, 112-113
  sur la récupération de l'amortissement fiscal, 113
  sur le gain en capital, 113
  sur un REÉR, 112-113
  indirects, 16
  minimum de remplacement, 96
  paiement des __
    à temps, 152-153
  retenues d'__, 80
  revenus après __, 154-157
  sur le revenu
    des particuliers, 75-97
    imposable, 78, 79
IMR (impôt minimum de remplacement), 96
inaptitude, mandat en prévision de l', 359-360
incitatifs fiscaux, 176-178
indépendance financière, 8-10
  étape(s) de l'__, 9
    deuxième __, 185
    première __, 109, 121
  retraite et __, 217-219
indexation
  clause d'__, 337
  des revenus, 13
indice(s)
  boursiers, 246-247
  des prix à la consommation (IPC), 11-13
inflation, 10-14, 17
Inspecteur général des institutions financières (IGIF), 409
Institut
  canadien des valeurs mobilières (ICVM), 410
  des banquiers canadiens (IBC), 410
  des fonds d'investissement du Canada (IFIC), 412
  québécois de planification financière (IQPF), 401-404
institutions financières, 21, 405-408
intérêt(s), 14, 38-52
  calcul des __, 37-38
  capitalisation des __, 39
  composé, 42
  couru, 111
  revenu d'__, 85-86
  simple, 42
  taux d'__, *voir* taux (d'intérêt)
intermédiaires, 21
  de marché, 412-416
  du milieu financier, 398
invalidité, *voir* assurance(s) (invalidité)
investissement, 137, 298
voir aussi immeuble de location, placement(s) *et* résidence (principale)
  à long terme, 291-295
  en ligne, 291, 294-295
    firme d'__, 408
  fonds d'__, 249, 270-272
  périodique, 295
IPC (indice des prix à la consommation), 11-13
IQPF (Institut québécois de planification financière), 401-404

L

legs
  à titre particulier, 357-358
  à titre universel, 357
  universel, 357
levier financier, 298
liquidateur, 358-359
liquidation
  d'une succession, 358-359
  du capital, 223
liquidité(s), 114-121, 145, 242
location
  d'une résidence, 254-255
  immeuble de __, 90-92, 103, 266-267
  revenu de __, 89-92
logiciels, 38
Loi Lacombe, 135
Loi sur la distribution de produits et services financiers (projet de loi 188), 399
Loi sur le patrimoine familial (projet de loi 146), 344-346
Loi sur les intermédiaires de marché (projet de loi 134), 399

M

mandat en prévision de l'inaptitude, 359-360
marché(s)
boursier, 245-248
voir aussi bourse(s)
des fonds d'investissement, 249
financiers, 244-250
hors bourse, 248-249
immobilier, 250
intermédiaires de __, 412-416
Internet, 250
monétaire, 249
market timing (gestion active), 291, 294
Maslow, A., 6
mathématiques financières, 37-61
médias d'information, 416-417
mesure du rendement, 277-279
métaux précieux, 268
méthode(s)
de planification, 30-33
du diviseur du taux de rendement, 192-193
du nombre d'années pour épuiser le capital, 193
du nombre d'années protégées, 194
milieu financier, 21, 23, 395-417
intermédiaires du __, 398
organismes de contrôle du __, 400, 409-412
mises de fonds
au-delà du REÉR, 201
capacité financière et __, 199-200
dans un REÉR, 188-197
modèle intégrateur, 284, 296
portefeuille de placements et __, 283-284
montant
de base, 80
pour conjoint, 80
moyenne
arithmétique, 277
géométrique, 277-278
moyens d'action, 27-28

N-O

NASDAQ, 246
notaires, 415
objectifs, 26-27
obligation(s)
voir aussi placement(s)
à coupons détachés, 260-261
alimentaire, 348-349
convertibles, 261-262
d'entreprises, 261-262
d'épargne, 251
gouvernementales et municipales, 256-260
taux de rendement d'une __, 260
valeur (prix) d'une __, 257-259
œuvres d'art, 268
options, 269-270
organismes de contrôle du milieu financier, 400, 410-412

P

partage des biens, 345-346
parts
de fiducie, 268
de sociétés en commandite, 268
passif, 109
patrimoine, 342
d'affectation, 377-378
familial, 344-346
fiduciaire, 377
transmission du __, 341, 342-343
performance financière, 8
période
d'amortissement, 39
de capitalisation, 39
périodicité, 295
perte
en capital, 87, 89
finale, 102-103
phase de budgétisation, 109-137
placement(s), 239-273
admissibles au REÉR, 169
analyse des __, 299
caractéristiques d'un __, 242-243

fonds communs de __ (FCP), 249, 253, 270-272
garanti
certificats de __, *voir* CPG
politique prioritaire de __, 297-298
portefeuille de __, 283-284
diversification d'un __, 286-291
rendement d'un __, 285-286
risque d'un __, 285-286, 288-290
rendement d'un __, *voir* rendement(s)
risque d'un(des) __, 8, 242-243
rôle du planificateur financier relativement aux __, 297, 298-300
stratégie de __, 296-297
traditionnel, 232
traitement fiscal d'un __, 243
valeur finale d'un __, 48-50
planificateur(s) financier(s), 31-33, 413-414
dossier du __, 32
recommandation du __, 297
rémunération du __, 413
rôle du __, 298-300, 414
tâches du __, 413-414
planification
financière, 5-17
appliquée, 30-31
définition de la __, 5-6
schéma intégrateur pour la __, 21-23
séance de __, 30-31
financière personnelle, 6
approche modulaire et intégrée de la __, 29-30
caractéristiques de la démarche de __, 28-29
étapes de la __, 23-29
intégrée, 5
fiscale, 149-178
méthodes de __, 30-33
testamentaire, 339-369
patrimoine familial et __, 344-346

régimes matrimoniaux et __, 346-348

successorale, 341-342

politique prioritaire de placements, 297-298

portefeuille

de placements, *voir* placement(s) (portefeuille de)

gestion de __, 281-300

gestionnaires de __, 415-416

pouvoir d'achat, 14

prélèvements, 92-93

prêt

voir aussi emprunt(s), terme d'un

hypothécaire, 41-42

personnel, 39-40

pour un revenu d'entreprise, 155

prime(s) en assurance-vie, 309-310, 314

processus

administratif, 1

d'enrichissement, 10

de conversion, 194-195

planification financière personnelle en tant que __, 28-29

procuration, 360

productions cinématographiques, 178

produit(s)

de disposition, 351-353

dérivés, 268-270

financiers

voir aussi placement(s)

classification des __, 244

partiellement sécuritaires, 256-263

sécuritaires, 251-256

spéculatifs, 263-268

typologie des __, 250-268

profil de vie familial, 296-297

programmation des disponibilités financières, 121-125, 145-147

Programme de la sécurité de la vieillesse, 185, 192, 210

projets spéciaux, 117-119

proposition de consommateur, 135

pyramide des priorités, 298

Q

qualité de vie, 6-8, 9-10

Québec

voir aussi abris fiscaux *et* déclaration(s) de revenus

abattement du __, 81

Régime des rentes du __, *voir* Régime des rentes du Québec

questionnaire

n° 1 : Profil de la situation personnelle et familiale, 25

n° 2 : Profil de la situation financière, 25

R

RADQ (Régie de l'assurance-dépôts du Québec), 410

RAP (régime d'accession à la propriété), 172-173

rapport final, 32-33

RÉA (régime d'épargne-actions), 176-177

recettes nécessaires, 192

capital pour __, 192-194

recherche-développement (R-D), 177

récupération de l'amortissement

impôt éventuel sur la __, 113

perte finale et __, 102-103

REÉÉ (régime enregistré d'épargne-études), 157-161

avantage financier du __, 160-161

caractéristiques du __, 157-158

types de __, 159

utilisation d'un __, 159-160

REÉP (régime d'encouragement à l'éducation permanente), 173-174

REÉR (régime(s) enregistré(s) d'épargne-retraite), 162-172, 186

assurance-vie universelle et __, 318

au conjoint, 170

autogéré, 169-170

capital de __, 223

capital hors __, 232

capital sous forme de __, 194-195

collectif, 170

contributions excédentaires à un __, 164

cotisation maximale à un __, 162-164

échéance du __, 169

fonds de revenu d'un __, 223-228

force exponentielle du __, 166-167

hypothèque, 170

hypothèque et __, 171

impôt éventuel sur un __, 112-113

mises de fonds dans un __, 188-197

placements admissibles au __, 169

retrait du __, 224

RPA et __, 203, 204

temps au service du __, 164-165

transfert du __ au décès, 171

transfert entre __, 171

types de __, 169-170

versus hors REÉR, 167-168

Régie

de l'assurance-dépôts du Québec (RADQ), 410

des rentes du Québec (RRQ), 156

voir aussi Régime des rentes du Québec

régime(s)

collectifs, 310-311

d'accession à la propriété (RAP), 172-173

d'assurances, 310-311

d'encouragement à l'éducation permanente (REÉP), 173-174

d'épargne-actions (RÉA), 176-177

d'investissement coopératif (RIC), 177
de l'employeur, 201-209
de la communauté de biens, 347-348
de la séparation de biens, 347
de la société d'acquêts, 346-347
de participation différée aux bénéfices (RPDB), 186, 205-206
de pension agréé (RPA), *voir* RPA
de retraite simplifié (RRS), 206-207
des employés de la fonction publique, 207
enregistré(s), 156-157
au décès, 365-366
d'épargne-études (REÉÉ), *voir* REÉÉ
d'épargne-retraite (REÉR), *voir* REÉR
de revenu de retraite, 231-232
gouvernementaux, 310
individuel(s), 310
de retraite (RIR), 206
matrimoniaux, 346-348
étrangers, 348
Régime de retraite des employés du gouvernement et des organismes publics (RREGOP), 207
Régime des rentes du Québec, 185, 191, 209
cotisations au __, 80
paiements en trop au __, 81
revenu d'entreprise et __, 93
règle(s)
d'attribution, 153-154
cessation des __, 156
du revenu, 350
d'or
de l'investisseur, 283-284
du 10 %, 198-199
du demi-taux, 102
du 72, 51-52
remboursement
d'une hypothèque, 47-48
des dettes personnelles, 135-137

rendement(s), 242
espéré, 17, 278-279, 285
exigé, 278-279
futur, 278-279
historiques, 277-278
mesure du __, 277-279
méthode du diviseur du taux de __, 192-193
passés, 277-278
réel, 16-17, 278
taux de __, *voir* taux (de rendement)
rente(s)
certaine, 224, 225, 232-233
viagère, 224, 225-227, 228-229, 232, 233
dos à dos, 232, 233-235
répartition stratégique des actifs (RSA), 299-300
Réseau des intervenants de l'industrie financière (RIIF), 404
réserve de base, 113
résidence
familiale, 349
principale, 253-256
voir aussi placement(s)
responsabilité, *voir* assurance(s) (responsabilité)
retenues
à la source, 85
d'impôt sur le salaire, 80
salariales, 114
retrait(s), 92-93
du REÉR, 224
retraite, 217
capital de __
accumulation du __, 185-186
capital nécessaire à la __, 57, 60-61, 188-201
contextes de la __, 217-219
en fonction du coût de vie, 186-188
indépendance financière à la __, 217-219
normale, 229
résidence principale et __, 253-256
revenus de __, 223-236

revenu(s)
annuel pour amortir un capital, 57-58
après impôt, 189-192
brut, 186
d'emploi, 83-85
d'entreprise, *voir* entreprise(s)
d'intérêts, 85-86
de dividendes, 86-87
de location, 89-92
de retraite, 223-236
à partir d'un capital non enregistré, 232-236
fonds enregistré de __ (FERR), 224, 227-228
régime enregistré de __, 231-232
déclaration(s) de __, 77-97, 153
déductions du __, 78, 79
disponible, 116
du conjoint survivant, 330
familial(aux), 114, 116
fractionnement du __, 153-156
gagné, 163
imposable, 78, 79, 81
impôt sur le __, 75-97
indexation des __, 13
net, 78, 79
non imposables, 95-96
règles d'attribution du __, 350
sources de __, 83-95
temporaire, 231
total, 77, 78
réversion en faveur du conjoint, 226
RIC (régime d'investissement coopératif), 177
rights (droits de souscription), 267-268
RIIF (Réseau des intervenants de l'industrie financière), 404
RIR (régime individuel de retraite), 206
risque, 242-243
d'un portefeuille, 285-286, 288-290
du marché, 289
évaluation du __, 279

faible à moyen, 256-263
moyen à très élevé, 263-268
non systématique, 288-289
nul à très faible, 251-256
spécifique, 288-289
systématique, 289
toléré, 286
total d'un portefeuille, 288-290
RPA (régime(s) de pension
　agréé(s)), 186, 190, 201-205
　à cotisations déterminées
　　(RPACD), 201, 204-205
　à prestations déterminées
　　(RPAPD), 201, 202-203
　fonds de revenu d'un __, 228-
　　231
RPACD (RPA à cotisations déter-
　minées), 201, 204-205
RPAPD (RPA à prestations déter-
　minées), 201, 202-203
RPDB (régime(s) de participation
　différé aux bénéfices), 186, 205-
　206
RREGOP (Régime de retraite des
　employés du gouvernement et
　des organismes publics), 207
RRQ, *voir* Régime des rentes du
　Québec
RRS (régime de retraite simplifié),
　206-207
RSA (répartition stratégique des
　actifs), 299-300

S

saisine, 354
salaire, 83
　au conjoint, 155
　retenus d'impôt sur le __, 82
salarié, *voir* client salarié
SCÉÉ (subvention canadienne
　pour l'épargne-études), 158-159
schéma intégrateur, 21-23
séance de planification financière
　appliquée, 30-31
sécurité de la vieillesse, 185, 192,
　210

services financiers, 397-399
SICAV (sociétés d'investissement
　à capital variable), 270
Société de placement dans l'entre-
　prise québécoise (SPEQ), 177
sociétés
　d'investissement à capital va-
　　riable (SICAV), 270
　de valeurs mobilières, 407-408
　en commandite
　　parts de __, 268
solde d'impôt à payer, 112
sources de revenus, 83-95
SPEQ (Société de placement dans
　l'entreprise québécoise), 177
stratégie(s)
　active, 259
　de placements, 296-297
　fiscales, 151
　passive, 259
　pour fractionner le revenu, 154-
　　156
style de vie, 6
subvention canadienne pour
　l'épargne-études (SCÉÉ), 158-
　159
successible, 354
succession, 354
voir aussi décès, planification
　(successorale) *et* testament
　gel d'une __, 385
　légale, 354
　liquidation d'une __, 358-359
　ouverture de la __, 354
　transmission de la __, 354
surendettement, solutions au, 135
voir aussi dettes
survie de l'obligation alimentaire,
　348-349

T

tables financières, 37, 419-432
taux
　d'imposition
　　effectif, 81
　　marginal, 81-82
　　moyen, 81-82

d'intérêt, 14-16
　à la consommation, 16
　effectif, 43-46
　nominal, 43-47
　successifs, 50-51
de rendement
　d'une obligation, 260
　méthode du diviseur du __,
　　192-193
directeur, 15
officiel d'escompte, 15
préférentiel, 16
privilégié, 16
terme, 39
testament, 355-358
voir aussi fiducie(s), legs, planifi-
　cation (testamentaire) *et* succes-
　sion
　biologique, 360
　contenu du __, 357-358
　devant témoins, 356
　invalidité d'un __, 357
　notarié, 356
　olographe, 355-356
transfert de biens entre vifs, 350-
　353
transmission
　de la succession, 354
　du patrimoine, 341
　　méthodes de __, 342-343
travailleur autonome, 145-147
TSE 300 (Toronto), 246

V-W

valeur(s)
　actualisée d'un capital futur, 52
　d'une obligation, 257-259
　d'une résidence, 255-256
　finale
　　d'un placement, 48-50
　　d'une somme investie tous les
　　　ans, 54-55
　intrinsèque d'une action, 263-
　　264
　mobilières, 410
　　courtiers en __, 245, 410, 415
　　sociétés de __, 407-408

nette, 109, 114
variables
  contrôlables, 21-22
  externes, 21
  incontrôlables, 21, 22-23
  personnelles, 21

véhicule d'accumulation du capital de retraite, 185-186
vente à découvert, 264-265
versements trimestriels, *voir*
  acomptes provisionnels
vie

coût de __, *voir* coût
profil de __, 296-297
qualité de __, 6-8, 9-10
style de __, 6
warrants (bons de souscription),
  267